파워포인트 & 프레지 멀티 프레젠테이션

이중구 지음

Foreign Copyright:
Joonwon Lee
Address: 127, Yanghwa-ro, Mapo-gu, Chomdan Building 6ᵗʰ floor,
            Seoul, Korea
Telephone: 82-70-4345-9818
E-mail: jwlee@cyber.co.kr

대한민국 No.1 멀티 프레젠터 이중구의

파워포인트 & 프레지 멀티 프레젠테이션

2016.   6.   17.   1판 1쇄 인쇄
2016.   6.   22.   1판 1쇄 발행

저자와의
협의하에
인지생략

지은이 | 이중구
펴낸이 | 이종춘
펴낸곳 | BM 주식회사 성안당
주소 | 04032 서울시 마포구 양화로 127 첨단빌딩 5층(출판기획 R&D 센터)
         10881 경기도 파주시 문발로 112(제작 및 물류)
전화 | 02) 3142-0036
         031) 950-6300
팩스 | 031) 955-0510
등록 | 1973. 2. 1. 제406-2005-000046호
출판사 홈페이지 | www.cyber.co.kr
도서 내용 문의 | leejg8552@naver.com
ISBN | 978-89-315-5445-8 (13000)
정가 | 25,000원

이 책을 만든 사람들
책임 | 최옥현
기획 · 진행 | 앤미디어
본문 · 표지 디자인 | 앤미디어
홍보 | 전지혜, 박연주
국제부 | 이선민, 조혜란, 김해영, 김필호
마케팅 | 구본철, 차정욱, 나진호, 이동후, 강호묵
제작 | 김유석

Preface

13년간 수만 명에게 프레젠테이션 관련(기획/디자인/스피치) 강의를 했습니다. 심도 있는 이론과 실전 중심의 실습으로 수준 높은 프레젠테이션 자료를 만들 수 있도록 Artcompt Academy 네이버 카페에서는 PT 관련 이론과 디자인 자료를 무료로 제공하고 있습니다.

강의때마다 청중에게 하는 질문이 하나 있습니다. "프레젠테이션 슬라이드를 만들 때 메시지(전달 내용), PT 디자인, 애니메이션 효과 중 순위를 정한다면 무엇이 우선일까요?" 당연히 전달 내용이 우선입니다. 내용이 부실한 상태에서 세련된 디자인과 역동적인 애니메이션은 사상누각(沙上樓閣)이기 때문입니다. '재료가 부실하면 양념을 많이 써야 한다.'는 말이 있지만, 부실한 내용을 디자인이나 애니메이션 효과로 적당히 위장해서는 안 됩니다. 내용을 충분히 정리하여 다진 다음에는 본격적으로 디자인 단계에서 완성도를 높여야 하며 마지막으로 애니메이션을 통해 메시지 전달 효과를 극대화할 필요가 있습니다.

『프레젠테이션 DESIGN COLLECTION 100』 서적을 시작으로『프레젠테이션 디자인 클리닉 100』,『프레젠테이션 디자인 테크닉 100』등 중·고급 수준의 프레젠테이션 디자인 관련 책을 출판하여 10만 명 이상의 독자에게 크고 작은 도움을 주고 있습니다. 이러한 관심에 힘입어 이번에 프레젠테이션의 꽃이라 할 수 있는 프레젠테이션 애니메이션에 관한 서적을 출간하였습니다. 막강한 기능을 갖춘 파워포인트(PowerPoint)와 최근 주목받고 있는 프레지(Prezi) 애니메이션을 중심으로 집필하였습니다.

국내에는 파워포인트 관련 서적이 많지만 애니메이션 중심의 서적은 극히 드물고 난이도 또한 초급 수준에 머물고 있어 중·고급 사용자 입장에서는 더욱 심도 있는 책을 기다려 왔을 것입니다. 프레지의 경우 대부분 프레지 기초와 기능에 중점을 두고 있어 심도 있는 디자인이나 고품격 테크닉에 대해서는 제대로 다루는 책이 드문 것이 사실입니다. 프레젠테이션 디자인 입문자가 보기에 이 책은 적지 않은 부담이 따를 만큼 중·고급 수준에 맞춰졌습니다. 그래서 초급자에게는 확실한 동기유발을 심어주고, 중·고급자에게는 프레젠테이션 애니메이션에 관한 상당 부분의 갈증을 풀어줄 것이라 확신합니다.

스스로 학습을 도와주는 이론과 실습 동영상 강좌

이 책은 이론 부분을 다섯 가지로 분류하여 소개합니다. 이중 가장 중요한 두 가지 '왜 프레지와 파워포인트를 연계해야 하나?'와 '왜 원스톱플랜테이션이 필요한가?'는 1시간가량의 동영상 강좌로 제작하여 부록 DVD에 수록하였습니다.

독자 여러분의 반응에 따라 'PSG(프레젠테이션 디자인 스타일 가이드)'와 '파워포인트 애니메이션 Q&A 10', '프레지 애니메이션 Q&A 10'은 따로 동영상 강좌를 만들어 인터넷(네이버 카페 Artcompt Academy)에서 확인할 수 있도록 하겠습니다.

50가지 프레젠테이션 애니메이션 테크닉

중·고급 수준에 맞춰 프레젠테이션 애니메이션 테크닉을 위한 50가지 예제로 구성하여 초급자가 따라 하려면 파워포인트, 프레지의 기본 기능에 관한 선행 학습이 필요합니다.

'파워포인트 애니메이션 테크닉 30'은 실전 프레젠테이션에 바로 적용할 수 있도록 10가지 도해, 5가지 차트, 5가지 템플릿, 5가지 타이포그래피, 5가지 사진 및 그래픽 요소로 구성되었습니다. '프레지 애니메이션 테크닉 20'은 프레지의 주요 기능인 줌 인–아웃, 프레임, 3D 배경, 페이드인 효과 등 10가지 기능을 중심으로 도해/차트, 템플릿, 캘리그래피, 한문 활용 등 실전에 필요한 응용 예제들로 구성하였습니다.

아트컴피티 아카데미(http://cafe.naver.com/artcomptacademy)와의 연계

아트컴피티 아카데미(네이버 카페)의 질의·응답코너에서 책 내용을 지속해서 업그레이드할 예정입니다. 프레젠테이션 애니메이션 중심으로 집필했지만 '이것은 어떻게 디자인했지?'처럼 궁금한 점이 있을 것입니다. 따라 하기 과정에서 이해되지 않는 부분도 있을 수 있습니다. 질의·응답코너에 올라온 질문은 그날 바로 답변하기 때문에 빠르게 궁금증을 해결할 수 있습니다.

"기초 없이 이룬 성취는 단계를 오르는 게 아니라 성취 후 다시 바닥으로 돌아가게 된다." 드라마 '미생'의 명대사입니다. 이 책에 수록된 50개 예제를 대충 따라 하고 필요한 것만 적당히 이해하는 방식으로는 실력이 늘지 않을 것입니다. 예제의 테크닉 일부를 차용하여 호평을 받았다 하더라도 계속해서 좋은 반응을 끌어내기는 어려울 것입니다.

실력을 향상시키는 비법은 따로 없습니다. 그러므로 이 책에 수록된 50가지 예제를 시간 날 때마다 따라 하면서 기초를 단단하게 다지고 점차 응용 범위를 넓혀나갈 필요가 있습니다. 머리로 이해하는 동시에 손끝으로 체화하는 훈련 과정을 충분하다 싶을 때까지 지속해야 합니다. 애니메이션 테크닉 뿐만 아니라 PT 디자인 부분도 역량을 키워나갈 필요가 있습니다. 디자인이 부실한 상태에서 테크니컬한 애니메이션은 오히려 역효과를 낼 뿐입니다.

'積羽沈舟(적우침주)'라 했습니다. 새의 깃털이라도 쌓이고 쌓이면 배를 가라앉힐 수 있다는 뜻입니다. 프레젠테이션 디자인과 애니메이션 역량은 하루아침에 형성되지 않습니다. 매일 매일 연습이 필요합니다. 그렇게 조금씩 실력을 쌓아 간다면 어느 순간 고수의 반열에 올라가 있을 것입니다. 부디 이 책을 효과적으로 활용하여 프레젠테이션의 최강자로 급부상하기를 기원합니다.

이 책이 나올 때까지 많은 분의 성원이 있었습니다. 우선 성안당의 최옥현 상무님과 앤미디어 분들께 감사드립니다. 사랑하는 아내와 언제나 응원해 주는 큰딸 지영, 작은딸 지원에게 고마운 마음을 전합니다. 마지막으로 디자인과 글 쓰는 재능을 주시고 이 책이 나올 때까지 크나큰 성원을 아끼지 않으신 어머님께 이 책을 바칩니다.

이중구

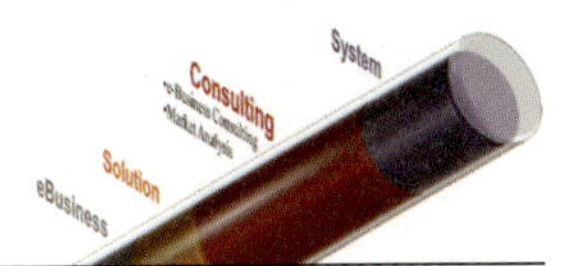

멀티 프레젠테이션의 이해

성공 프레젠테이션을 위한 파워포인트+프레지의 이해

파워포인트, 프레지를 연계하여 프레젠테이션의 시너지 효과를 높이기 위한 프로그램별 장단점, 원스톱 플랜테이션, PSG(프레젠테이션 스타일 가이드)를 통해 성공 프레젠테이션 완성 노하우를 살펴봅니다.

파워포인트+프레지 애니메이션 Q&A 20

파워포인트, 프레지를 이용하여 프레젠테이션 애니메이션을 완성할 때 반드시 알아 두어야 할 20가지 질의·응답을 핵심 내용만 간추려 설명합니다.

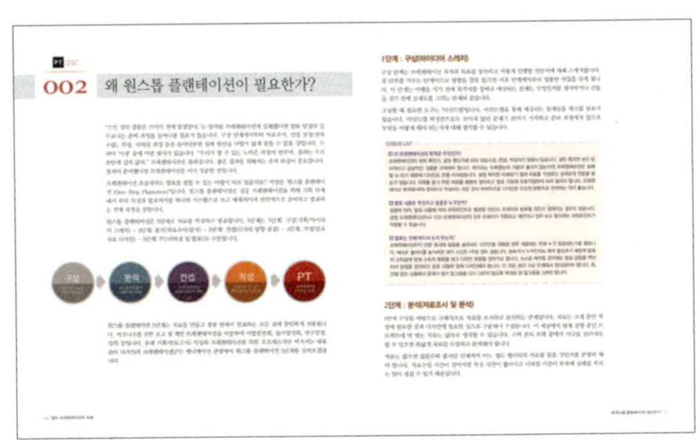

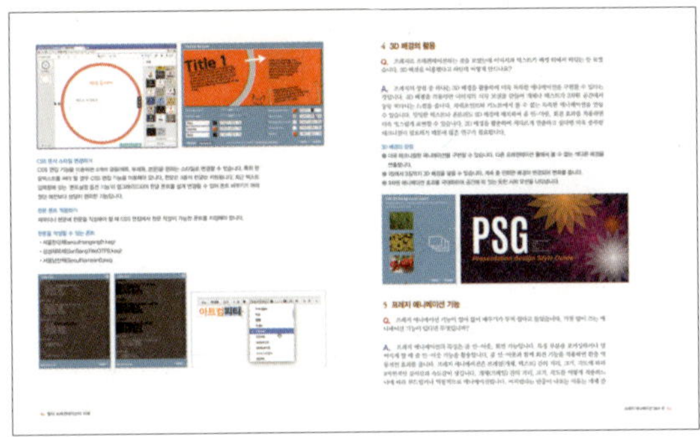

파워포인트 &프레지 테크닉 50

프레젠테이션 애니메이션 미리 보기

50가지 멀티 프레젠테이션 실습 예제를 따라 하기 전에 완성된 주요 이미지와 핵심 화면, 애니메이션 작업 포인트를 살펴봅니다.

디자인 소스 및 완성 파일

부록 DVD에서 실습 예제에 필요한 예제 파일과 완성 파일, 동영상 파일 경로를 소개합니다.

애니메이션 테크닉 TIP

특별한 기능, 주의해야 할 점에 관한 부연 및 관련 정보 등을 알려줍니다.

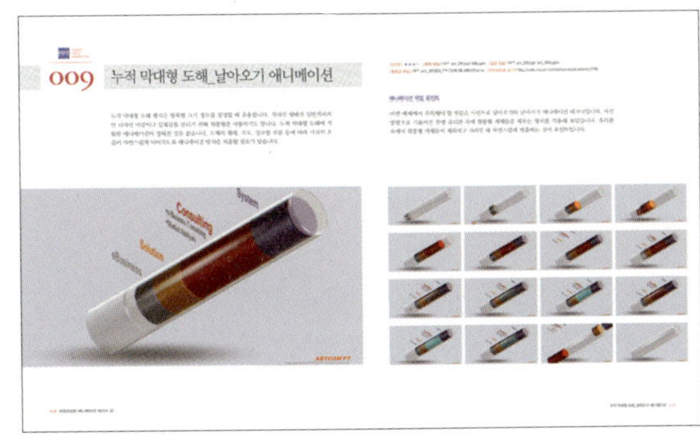

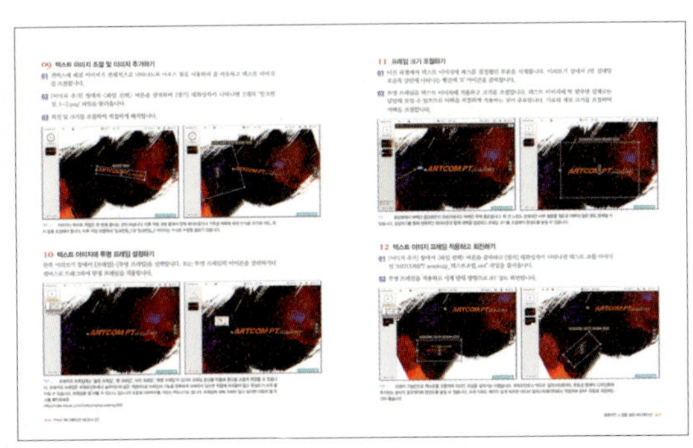

Multi *presentation*
PowerPoint & Prezi

Contents

Part 01
멀티 프레젠테이션의 이해   10

Part 02
파워포인트 애니메이션 테크닉 30 60

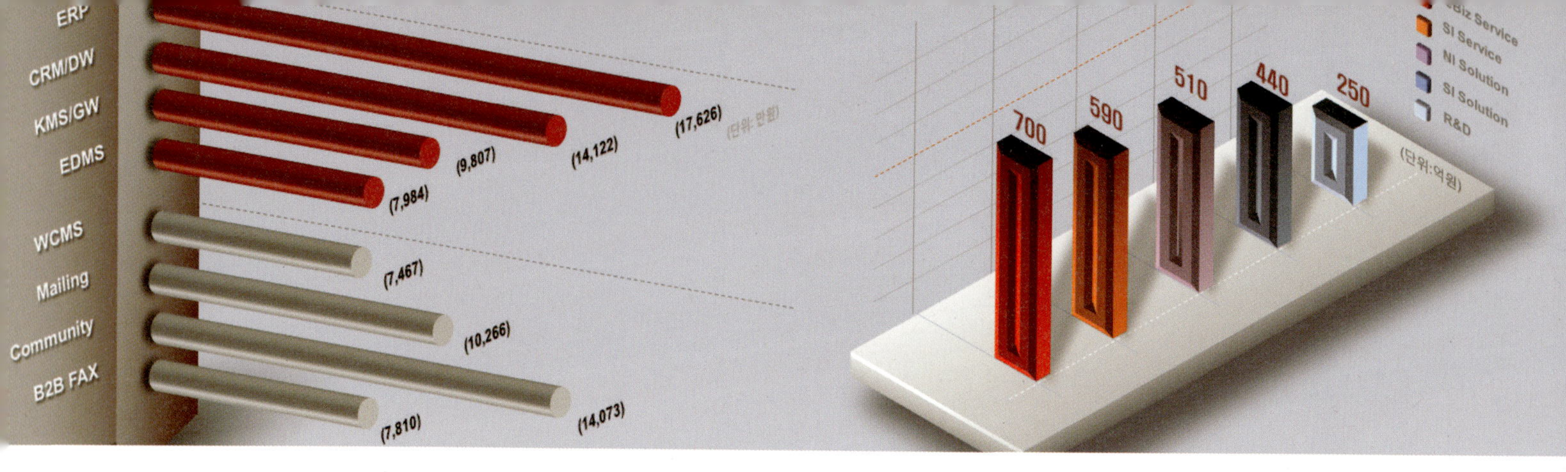

Part 03
프레지 애니메이션 테크닉 20 242

예제 및 완성 파일 사용법

성안당 홈페이지(http://www.cyber.co.kr/)에 접속하고 '회원가입'을 클릭하여 회원으로 가입합니다. 로그인하고 메인 화면에서 '자료실'을 클릭하세요. 〔부록CD〕 탭을 클릭하고 검색 창에 '파워포인트&프레지 멀티 프레젠테이션'을 입력한 다음 〈검색〉 버튼을 클릭하면 예제 및 완성 파일이 검색됩니다.

검색된 목록을 클릭하고 〈자료 다운로드 바로가기〉 버튼을 클릭하여 예제 및 완성 파일을 다운로드한 다음 찾기 쉬운 위치에 압축을 해제하여 사용하세요.

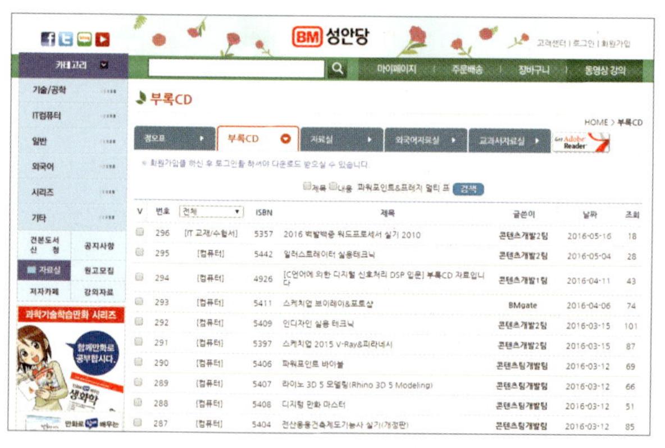

Introduction

'ARTCOM PT' 카페 소개

ARTCOM PT 연구소를 통해 최상의 전략 프레젠테이션 기법과 커뮤니케이션 디자인(고품격 PT 디자인 테크닉/멀티 프레젠테이션)을 연구하고 있으며 최단 시간 실무 역량 향상을 위해 ARTCOM PT 아카데미를 운영 중입니다.

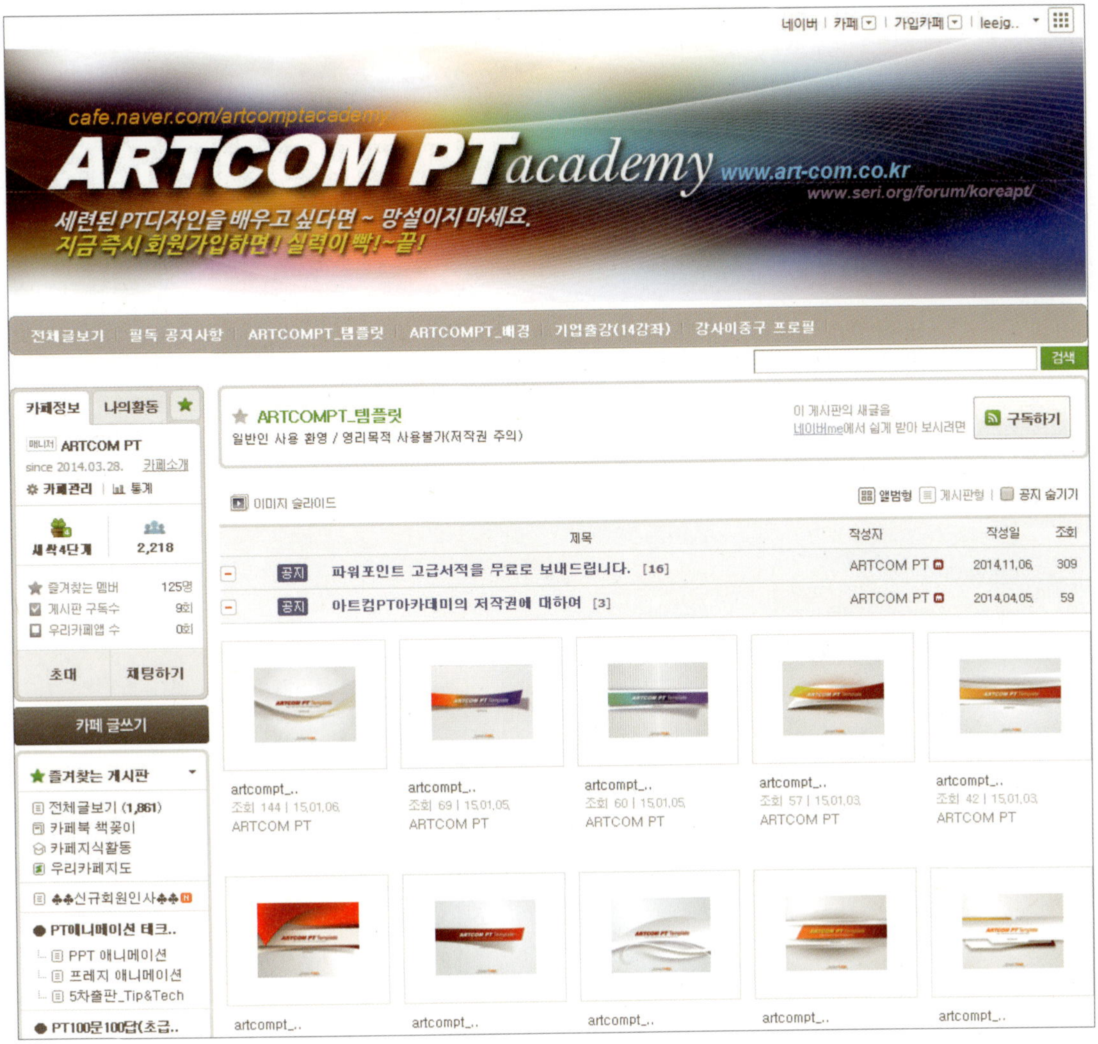

Cafe.naver.com/artcomptacademy

Multi

presentation

PowerPoint & Prezi

멀티 프레젠테이션의 이해

001 왜 파워포인트, 프레지를 연계해야 하나?

|동영상 파일| Multi Presentation\이론 01_02동영상강좌_64분.mp4

예전에는 차트지에 매직으로 글씨를 쓰고 그래프 등을 그려 발표하던 시절이 있었습니다. 좀 더 나은 경우 OHP 필름이나 실물 환등기, 슬라이더, VTR 등을 사용하였습니다. 오늘날에는 하루 수천만 건의 프레젠테이션이 진행된다고 합니다. 대부분 컴퓨터를 이용해 발표 내용을 작성하고 빔프로젝터를 통해 투사하는 형식입니다. 즉 아날로그에서 디지털로 발표 도구가 완전히 바뀌게 된 것입니다. 가까운 미래에는 스마트 시스템으로 프레젠테이션(PT) 방식이 옮겨가고 점차 3D 가상 현실 시스템으로 전환해 가겠죠.

발표 도구의 다양화로 발표를 준비하는 과정에서 고민해야 할 것이 많아졌습니다. 네이버 지식 iN을 보면 종종 파워포인트로 발표해야 할지, 프레지로 발표해야 할지 고민하는 글이 올라옵니다. 중고등학생은 물론 대학생, 직장인까지 발표자의 업종이나 연령층도 다양합니다. 오랫동안 프레젠테이션 도구로써 최강자의 자리를 차지했던 파워포인트는 스티브 잡스(Steve Jobs)의 PT 도구로 유명한 키노트(Keynote)와 프레지(Prezi)의 등장으로 점점 자리를 보전하기 어려운 상황 입니다.

그렇다면 프레젠테이션에서는 어떤 도구로 작성하고 발표해야 좋을까요? 아무래도 '파워포인트 +프레지'의 조합이 가장 합리적이지 않을까 합니다. 짜장이냐 짬뽕이냐 고민하지 말고 짬짜면으 로 문제를 해결하듯이 파워포인트에서 문서를 만들고 그래픽 요소를 디자인한 다음 프레지에서 편집하는 방식으로 프레젠테이션의 효과와 효율을 높여야 합니다. 파워포인트와 프레지 상호 간 의 장점을 적극 수용하고 단점을 보완하면 생각 이상으로 시너지 효과를 낼 수 있습니다.

파워포인트+프레지 = 시너지 효과(성공 프레젠테이션)

'시너지 효과'는 '1+1=2'가 아니라 그 이상의 효율을 만들어내는 것을 의미합니다. 성공한 드라마 나 영화를 보면 각각의 배우들이 조화를 이루면서 극의 시너지 효과가 극대화되는 것을 볼 수 있 습니다. 대박 난 상품에도 시너지 효과를 어렵지 않게 찾아볼 수 있습니다. 파워포인트와 프레지 가 그렇듯이 상호 간의 장점을 제대로 살린다면 효과는 극대화 될 것입니다.

영화 상의원에서는 "바느질이란 두 개의 다른 세상을 하나로 묶는 것"이라는 대사가 있습니다. 프레지와 파워포인트 또한 각각의 세상이므로 바느질하듯 각각의 강점들을 묶어 새로운 가치를 창출해야 할 것입니다.

1 파워포인트(PowerPoint)의 장단점

파워포인트는 마이크로소프트(MS) 사의 간판 소프트웨어이며 정식 이름은 마이크로소프트 오피스 파워포인트입니다. 약칭으로는 PPT라고도 하며 누구나 알고 있듯이 전 세계에서 가장 많이 사용하는 툴이고 문서 작성은 물론 프레젠테이션 도구로 가장 익숙한 툴입니다. 프레지나 키노트는 쓸 줄 몰라도 파워포인트는 다룰 수 있어야 사회생활에 지장이 없을 정도로 업무와도 직간접적으로 연결되어 있습니다.

파워포인트의 장점

첫째, 보편적인 프레젠테이션 도구이다.

파워포인트는 프레젠테이션 도구의 최강자로 전 세계 90% 이상의 점유율을 차지하고, 10억대 이상의 컴퓨터에 설치된 매우 보편적인 프로그램입니다. 인터넷에서는 쉽게 무료로 사용할 수 있는 파워포인트 템플릿이나 클립아트, 이미지 등을 찾을 수 있습니다. 실제로 보고서 작성이나 프레젠테이션 자료를 만들 때 파워포인트는 선택이 아닌 필수 프로그램으로 인식하여 오래전부터 익숙하게 사용했던 툴을 바꾸기란 쉬운 일이 아닙니다.

둘째, 강력한 그래픽 저작 도구이다.

파워포인트는 그래픽 프로그램이 필요 없을 정도로 진화를 거듭하고 있습니다. 그만큼 포토샵 의존도가 낮아진 것이죠. SmartArt 기능과 WordArt 기능으로 포토샵 없이도 텍스트 편집이나 도해 작성에서 디자인 퀄리티를 한층 높일 수 있습니다. 여기에 그라데이션 효과, 입체 효과, 그림자 효과, 3차원 회전 효과 등을 적용하여 보다 차별화되고 퀄리티 높은 디자인(도해, 차트, 타이포그래피 등)이 가능해졌습니다. 예전에는 특정 전문가에 의해서만 만들 수 있었던 것들로 포토샵과 3D 프로그램을 동원해 많은 시간을 들여야 했으나 이제는 초보자도 간편하게 만들 수 있을 정도로 단순한 기술이 되었습니다.

셋째, 지속해서 업그레이드되고 있다.

파워포인트 2003 버전부터 그래픽 제작 기능이 제대로 갖춰지고, 파워포인트 2007 버전에서 한층 강력해졌습니다. 파워포인트 2010 버전에서는 사진 편집 기능이 개선되고 화면 전환 효과가 보다 다양해졌으며, 간단하게나마 동영상이나 사운드를 편집할 수 있습니다. 무엇보다 슬라이드 쇼를 동영상으로 저장할 수 있다는 점이 획기적입니다. 파워포인트의 진화는 아직 끝나지 않았으며 앞으로 얼마나 더 발전할지 알 수 없습니다.

파워포인트의 단점

첫째, 딱딱하고 보수적인 느낌을 준다.

보편적이라서 청중에게는 신선할 것이 없으므로 진부한 느낌을 주고 발표가 지루하게 느껴집니다.

둘째, 사용법을 제대로 익히려면 오랜 시간이 걸린다.

파워포인트 기능은 의외로 복잡해서 일반적으로 10%도 사용하지 않습니다. 대부분 짜깁기로 기존 PPT 자료에서 텍스트를 바꾸거나 도형 또는 차트를 교체하는 정도입니다. 제대로 배우려면 최소한 40시간 이상이 필요하며 체화될 때까지는 수개월이 걸릴 수 있습니다.

셋째, 구매비용이 비싸다.

비즈니스 용도로 프로그램을 구매하려면 가격이 만만치 않습니다.

2 프레지(Prezi)의 장단점

프레지는 TED 프레젠테이션에서 선보여지면서 청중들의 빠른 반응을 계기로 점차 퍼지기 시작했으며, 파워포인트와는 확실히 다른 특징을 가지고 있습니다. 클라우드 서비스 기반으로 프로그램을 설치하지 않고 인터넷 접속을 통해 발표 자료를 작성한 다음 프레지 서버에 저장합니다. 또한, 플래시와 같은 벡터 형식이기 때문에 프레지에서 작성한 도형이나 텍스트를 크게 확대해도 계단 모양으로 깨지는 현상이 나타나지 않습니다. 심플한 디자인과 역동적인 애니메이션은 젊은층에게 주목받으며 빠르게 사용자층을 넓혀나가고 있습니다. 프레젠테이션 경진대회에서 파워포인트와의 차별화를 위해 프레지를 선택하는 경우가 점점 많아지고 있으며 실제 프레젠테이션 현장에서는 청중의 호응도가 높습니다.

프레지의 장점

첫째, 스토리텔링 기법으로 메시지를 한층 흥미롭게 전달할 수 있다.

프레지를 일명 '스토리텔링–프레지'라고도 합니다. 파워포인트는 슬라이드를 한 장씩 넘기면서 내용을 전달하는 방식이지만, 프레지는 방송 카메라가 움직이는 형식으로 내용을 전달합니다. 꼬리에 꼬리를 무는 형식으로 스토리텔링을 전개하며 메시지를 보다 흥미롭게 전달할 수 있습니다. 애니메이션 또한 매우 유연하며 파워포인트와 차별화된 것이 특징입니다. 한 장의 거대 캔버스에 자료를 작성(도해, 차트, 텍스트, 동영상 등을 구성)한 다음 줌 인–아웃, 트위닝(회전)하면서 스토리텔링을 전개하는 방식입니다.

둘째, 직관적인 인터페이스로 배우기 쉬운 툴이다.

프레지는 매우 직관적이고 단순한 툴로 크기와 각도를 조절할 때는 수치를 입력하지 않습니다. 파워포인트만큼 기능이 많지 않아 배우기 쉬워서 "3시간이면 충분히 익힐 수 있다!"는 말이 나올 정도입니다. 프레지의 설치, 테마 설정, 패스 설정, 프레임 설정, CSS 편집, 3D 배경, 텍스트 작성, 멀티미디어 파일 삽입 방법 등만 알아두면 배운지 1시간 만에도 발표 자료를 만들 수 있습니다.

셋째, 온라인 기반이며 무료로 활용할 수 있다.

인터넷 환경에서 프레젠테이션을 작성하기 때문에 언제 어디에서나 프로그램 설치 없이 인터넷 접속만으로 발표 자료를 작성 가능합니다. 또한 무료로 자료를 만들어 발표할 수 있습니다.

프레지의 단점

첫째, 그래픽 제작이 어렵고 다양한 애니메이션 기능이 없다.

그래픽 저작 도구가 아니기 때문에 대부분의 그래픽 요소는 외부에서 제작하여 불러들여야 합니다. 애니메이션 기능 또한 줌 인–아웃, 회전 기능만으로 오랜 시간 발표하다 보면 어지럽거나 지루할 수 있습니다.

둘째, 문서 도구로 호환이 어렵다.

프레지의 가장 큰 약점 중에 하나로, 출력 전용이 아니기 때문에 문서화하기 어렵고 업무 자료로 공유하기도 어렵습니다.

셋째, 무료 버전은 무조건 공개된다.

누구나 프레지로 작성한 자료를 볼 수 있습니다. 또한 원하지 않아도 화면마다 프레지 워터마크가 찍힙니다. 이 문제를 해결하기 위한 유일한 방법은 유료로 전환하는 것입니다.

3 시너지 효과(성공 프레젠테이션)=파워포인트+프레지

일반적인 발표 자료는 전문가가 작성한 것 같은 최고의 퀄리티를 요구하지 않습니다. 조금 앞서 가는 것만으로도 충분히 주목받을 수 있습니다. 그러나 획일적인 프레젠테이션이 되지 않기 위해서는 파워포인트와 프레지를 자유자재로 활용할 수 있어야 합니다. 양쪽 날개처럼 프로그램 어느 하나에 치우치지 않고 적절히 활용하여 시너지 효과를 높일 수 있다면 그 순간 프레젠테이션 최강자로 급부상할 수 있습니다.

첫째, 상호 시너지 효과를 높인다!

취향에 따라 한쪽에 치우치지 말고 파워포인트와 프레지의 강점을 제대로 활용해야 합니다. 기본적으로 파워포인트를 이용하여 문서를 작성한 다음 그래픽 요소를 만들고, 발표는 프레지로 합니다. 이 경우 비중은 파워포인트 70%+프레지 30%가 적절합니다. 스토리텔링이 중요한 경우 파워포인트에서 디자인 요소만 제작하여 프레지 비중을 70%로 높일 수도 있습니다.

둘째, 단점을 상호 보완해야 한다!

파워포인트에서는 프레지에서 볼 수 있는 역동적인 애니메이션 구현이 어렵고, 프레지는 파워포인트만큼 다양한 애니메이션 기능 없이 오직 줌 인-아웃과 회전 기능뿐입니다. 각각의 프로그램에서 장점을 살리기 위해 프로그램끼리 직접 연동할 수도 있습니다. 하지만 발표 도중 연결하는 시간이 오래 걸리거나 연결 도중 에러가 발생할 수 있으므로 동영상으로 제작하여 삽입하는 방식을 권장합니다. 파워포인트 슬라이드쇼나 프레지쇼는 고해상도 동영상 캡처가 가능합니다. 파워포인트 슬라이드에 프레지쇼 동영상을 삽입하고, 프레지에서는 파워포인트에서 '비디오 만들기'로 만든 슬라이드쇼 동영상을 삽입하여 애니메이션의 단점을 상호 보완할 수 있습니다. 이때 동영상 선명도가 좋기 때문에 발표 시 퀄리티에는 문제가 없습니다.

셋째, 균형 있게 역량을 키워나가야 한다!

오랫동안 파워포인트를 사용했음에도 불구하고 90% 정도는 초급 수준을 벗어나지 못하고 있습니다. 이유야 많겠지만 "지금도 큰 어려움 없어.", "전문가가 될 것도 아닌데", "또 다른 것을 배우고 싶지만 배울 시간이 없어." 등의 이유로 현실에 안주하면서 그때그때의 상황만 모면해 왔기 때문입니다. 프레지도 처음 접할 때는 매우 쉬워 보이지만 경쟁력을 갖추기 위해서는 제대로 공부해야 합니다. '게으른 자는 밥 먹는 숟가락도 무겁다.'고 했습니다. 어려운 것을 피하고 쉬운 것만을 찾다 보면 실력은 늘 제자리입니다. 초급 수준을 벗어나기 위해서는 생각을 바꾸고 조금 더 분발하여 역량을 향상시킬 필요가 있습니다.

002 왜 원스톱 플랜테이션이 필요한가?

|동영상 파일| Multi Presentation\이론 01_02동영상강좌_64분.mp4

"쓰인 것의 결함은 쓰이기 전에 발생한다."는 말처럼 프레젠테이션에 실패했다면 발표 당일의 실수보다는 준비 과정을 들여다볼 필요가 있습니다. 구상 단계에서부터 자료조사, 컨셉 설정(전략 수립), 작성, 리허설 과정 등을 들여다보면 실패 원인을 어렵지 않게 찾을 수 있을 것입니다. 드라마 '미생' 중에 이런 대사가 있습니다. "우리가 할 수 있는 노력은 과정이 전부야. 결과는 우리 손안에 있지 않아." 프레젠테이션은 결과입니다. 좋은 결과를 위해서는 준비 과정이 중요합니다. 철저히 준비했다면 프레젠테이션은 이미 성공한 것입니다.

프레젠테이션 초급자라도 발표를 잘할 수 있는 비법이 따로 있을까요? 비법은 '원스톱 플랜테이션(One-Stop Plantation)'입니다. 원스톱 플랜테이션은 성공 프레젠테이션을 위해 기획 단계에서부터 작성과 발표까지를 하나의 시스템으로 보고 체계적이며 전략적으로 준비하고 발표하는 전체 과정을 말합니다.

원스톱 플랜테이션은 5단계로 자료를 작성하고 발표합니다. 5단계는 '1단계: 구상(기획/아이디어 스케치) – 2단계: 분석(자료조사/분석) – 3단계: 컨셉(디자인 방향 설정) – 4단계: 작성(발표자료 디자인) – 5단계: PT(리허설 및 발표)'로 구분됩니다.

원스톱 플랜테이션 5단계는 자료를 만들고 청중 앞에서 발표하는 모든 것에 동일하게 적용됩니다. 비즈니스를 위한 보고 및 제안 프레젠테이션을 비롯하여 사업설명회, 입시설명회, 연구설명, 강의 등입니다. 본래 기획서(보고서) 작성과 프레젠테이션을 위한 프로세스지만 여기서는 내용보다 디자인과 프레젠테이션(PT) 애니메이션 관점에서 원스톱 플랜테이션 5단계를 살펴보겠습니다.

1단계 : 구상(아이디어 스케치)

구상 단계는 프레젠테이션 목적과 목표를 정의하고 어떻게 진행할 것인지에 대해 스케치합니다. 첫 단추를 끼우는 단계이므로 방향을 잘못 잡으면 이후 단계에서부터 엉뚱한 작업을 하게 됩니다. 이 단계는 여행을 가기 전에 목적지를 정하고 예상되는 문제는 무엇인지를 생각하거나 건물을 짓기 전에 설계도를 그리는 단계와 같습니다.

구상할 때 필요한 도구는 '마인드맵'입니다. 마인드맵을 통해 예상되는 문제들을 체크할 필요가 있습니다. 마인드맵 작성만으로도 보이지 않던 문제가 보이기 시작하고 준비 과정에서 앞으로 무엇을 어떻게 해야 하는지에 대해 생각할 수 있습니다.

CHECK LIST

□ 이 프레젠테이션의 목적은 무엇인가?
프레젠테이션이 설득 쪽인가, 설명 쪽인가에 따라 자료수집, 컨셉, 작성까지 영향이 있습니다. 설득 쪽이면 보다 심리적이고 감성적인 것들을 고려해야 합니다. 머리로는 이해했는데 가슴이 울리지 않는다면 프레젠테이션은 실패할 수 있기 때문에 디자인도 한층 어려워집니다. 설명 쪽이면 이해하기 쉽게 자료를 작성하고 상세하게 전달할 필요가 있습니다. 이해를 돕기 위한 자료를 충분히 찾아보고 발표 자료에 유효적절하게 녹여 넣어야 합니다. 프레젠테이션 목적에 따라 준비하고 작성하는 모든 것이 뒤바뀌므로 디자인은 단순한 방향으로 전개하는 것이 좋습니다.

□ 발표 내용은 무엇이고 청중은 누구인가?
청중에 따라, 발표 내용에 따라 파워포인트로 발표할 것인지, 프레지로 발표할 것인지 정해지는 경우도 있습니다. 경쟁 프레젠테이션이나 TED 프레젠테이션의 경우 프레지가 적합하고 제안이나 업무 보고 형식에는 파워포인트가 적절할 수 있습니다.

□ 발표는 언제 어디서 누가 하는가?
프레젠테이션(PT) 전문 회사에 발표용 슬라이드 디자인을 의뢰할 경우 처음에는 언제 누가 발표하는가를 묻습니다. 제대로 퀄리티를 높이려면 제작 시간은 1주일 정도 걸립니다. 발표자가 누구인지도 매우 중요하기 때문에 발표자 스타일에 맞춰 스토리텔링을 짜고 디자인 방향을 정하기도 합니다. 스스로 제작할 경우에도 발표 당일을 역산하여 일정을 관리하고 발표 내용에 맞춰 디자인해야 합니다. 이 모든 것이 구상 단계에서 정리되어야 합니다. 즉, 진행 중인 상황에서 문제가 생겨 밑그림을 다시 그리지 않도록 제대로 된 밑그림을 그려야 합니다.

2단계 : 분석(자료조사 및 분석)

1단계 구상을 바탕으로 구체적으로 자료를 조사하고 분석하는 단계입니다. 자료는 크게 문안 작성에 필요한 것과 디자인에 필요한 것으로 구분해서 수집합니다. 이 세상에서 현재 진행 중인 프로젝트에 딱 맞는 자료는 없다고 생각할 수 있습니다. 수백 톤의 모래 중에서 사금을 골라내듯 될 수 있으면 폭넓게 자료를 수집하고 분석해야 합니다.

자료는 많으면 많을수록 좋지만 언제까지 어느 정도 퀄리티의 자료를 찾을 것인가를 분명히 해야 합니다. 자료수집 시간이 길어지면 작성 시간이 짧아지고 리허설 시간이 부족해 실패를 부르는 일이 생길 수 있기 때문입니다.

자료를 수집할 때 디자인 컨셉을 설정하거나 작성 단계에서 참고할 만한 사례도 함께 찾아보는 것이 좋습니다. 경쟁 프레젠테이션을 준비하는 과정이라면 이전에 발표했던 자료나 유사한 자료를 찾아 분석하는 일이 절대적으로 중요합니다. 어떻게 해야 기존 것보다 향상시킬 수 있으며 차별화된 프레젠테이션을 완성할 수 있을지 연구해야 합니다.

□ 작성을 위한 참고 자료
개요에서부터 본문 문안이나 도해, 차트 작성을 위해서는 참고할 기본 자료가 필요합니다. 인터넷에서 발표 내용에 참고할 만한 hwp, ppt, excel, pdf 파일 등 자료를 수집하고 필요한 부분을 발췌하거나 응용할 필요가 있습니다.

□ 디자인을 위한 참고 자료
많은 자료를 수집하더라도 막상 사용하려면 쓸만한 것이 거의 없기 때문에 10개 중 1개 쓴다는 생각으로 자료를 한층 폭넓게 수집할 필요가 있습니다. 영양가 있는 자료는 저작권자가 따로 있을 가능성이 크기 때문에 문제가 되지 않도록 사전에 점검해야 합니다.

□ 분류와 분석
수집된 자료는 A, B, C등급으로 구분하여 분류합니다. 디자인 자료는 될 수 있으면 모두 디지털화하고 폴더를 만들어 즉시 활용할 수 있도록 준비합니다. 예를 들어 템플릿, 이미지, 클립아트, 디자인 소스 등으로 분류합니다.

3단계 : 컨셉(디자인 방향 설정)

컨셉 단계에서는 디자인을 어떤 방향으로 전개할지 결정해야 합니다. 예를 들면 디자인을 밝게 갈 것인지, 귀엽게 갈 것인지, 모던하게 갈 것인지, 고전적인 느낌으로 갈 것인지를 정하는 것입니다. 발표 내용은 사업전략에 관한 것인데 귀여운 느낌이나 고전적인 느낌으로 가는 것은 맞지 않습니다. 여성을 대상으로 하는 발표에 어둡고, 딱딱한 느낌으로 가는 것도 맞지 않습니다.

컨셉이 정해지면 배색, 폰트, 레이아웃, 디자인 요소 등을 컨셉에 맞춰야 합니다. 작성자 취향에 맞춰서는 안 되며 슬라이드 디자인에서부터 애니메이션에 이르기까지 일관성을 유지해야 합니다.

디자인 컨셉을 정하는 일은 초급자에게는 보통 어려운 일이 아닐 수 없습니다. 일반적으로 짜깁기 형식으로 디자인 문제를 해결하려는 경향이 강하지만 무료 템플릿을 이용하거나 기존 자료를 수정(짜깁기)하는 정도로는 좋은 결과를 기대하기 어렵습니다.

컨셉 단계에서는 핵심 내용을 어떻게 부각시킬 것인가도 생각해야 합니다. 프레젠테이션 슬라이드 중 가장 중요한 페이지는 '전략'이나 '문제 해결' 부분으로 디자인은 핵심 내용 페이지에 집중해야 합니다. 초급자들은 모든 페이지가 중요하다는 생각 때문에 한 페이지, 한 페이지 정성을 다하므로 작성 시간이 턱없이 부족해져서 이 부분을 놓치는 경우가 많습니다. 페이지마다 힘을 주다 보니 초반부터 지치는 경우도 있습니다. 전체적으로 디자인에도 강약 중강 약의 리듬감이 필요하기 때문에 전체 페이지가 강이거나 약으로 되어 있으면 좋지 않습니다.

❑ 디자인 컨셉은 적절한가?

디자인 컨셉에 억지가 있어서는 안 됩니다. 맞춤옷처럼 편안하고 자연스러워야 합니다. 부자연스러운 디자인 컨셉의 대부분은 짜깁기한 디자인에서 찾을 수 있습니다. 기존에 사용했던 파워포인트에 내용만 바꾸거나 이곳 저곳에서 좋아 보이는 것들을 가져다 조합하다 보니 누더기가 되는 것입니다.

❑ 작성자가 소화할 수 있는 부분인가?

디자인 컨셉을 제대로 정하더라도 작성 역량이 부족하면 컨셉 방향에 맞추기 어렵습니다. 내공 부족으로 처음에 생각한 것과 점점 다르게 표현되는 것입니다. 결과적으로 디자인이 산으로 가는 것이죠. 즉, 작성자가 소화할 범위에서 디자인 방향을 정하는 것이 맞습니다.

❑ 참고할 만한 자료는 있는가?

참고 자료를 다양하게 수집하고 벤치마킹하여 디자인 방향을 정하는 것이 중요합니다. 초급자는 물론 중급자라도 순수 창작보다는 기존에 잘된 자료를 응용하는 것이 좋습니다. 응용하는 것과 짜깁기는 확실히 다릅니다. 응용은 디자인 흐름이나 폰트, 레이아웃 형식, 표현기법 등을 차용하지만 디자인 방향에 맞춰 일관성 있게 디자인을 전개하는 것을 말합니다. 예를 들어 벤치마킹 대상이 녹색 계열이고 작성하는 슬라이드가 파란색 계열이라면 녹색 계열의 디자인을 모두 파란색 계열로 바꾸는 것이며 짜깁기처럼 단순히 좋은 디자인을 복사하여 붙이는 형식은 아닙니다.

4단계 : 작성(발표 자료 디자인 / 파워포인트 + 프레지)

디자인 컨셉(방향)이 정해지면 발표 자료를 작성해야 합니다. 기본적으로는 파워포인트로 작성(디자인)하고 프레지에서 편집하여 발표하는 것이 좋습니다. 파워포인트에서 디자인한 도해, 차트는 물론 배경이나 디자인 요소, 타이포그래피 등은 PNG 파일로 저장하고 프레지에서 불러들여 편집합니다. 필자의 경우 작업 시간이나 비중을 따지면 파워포인트 70% + 프레지 30% 정도입니다. 즉, 10시간 작업에서 7시간은 파워포인트, 3시간은 프레지에서 작업하는 방식입니다. 처음부터 파워포인트를 배제하고 프레지로 발표 자료를 만들 수도 있습니다. 디자인보다는 텍스트 위주로 발표 자료를 만들어도 무방하거나 사진 위주로 내용을 구성해도 무리가 없는 경우입니다.

파워포인트 이외에 어도비 포토샵이나 일러스트레이터 등의 사용 여부도 결정해야 합니다. 퀄리티가 높은 그래픽 합성이나 벡터 이미지(SWF 파일)를 작성할 경우 파워포인트로는 제작이 불가능합니다. 본문 텍스트는 프레지에서 작성하는 것이 좋으며 프레지의 텍스트는 벡터 방식이기 때문에 아무리 확대해도 깨지지 않아 매우 유용합니다.

❑ 그래픽 툴은 무엇인가?

대부분의 그래픽 디자인은 파워포인트로 작업하고 파워포인트에서 제작할 수 없거나 고퀄리티 부분만 어도비 포토샵과 일러스트레이터를 이용합니다. 무료 프로그램으로는 잉크스케이프(Inkscape)와 김프(GIMP)가 있으며, 잉크스케이프는 벡터 이미지를 제작할 때 사용하고, 김프는 비트맵 이미지를 제작하기 위한 포토샵 대용으로 활용합니다.

❑ 발표는 내부용인가 외부용인가?

내부용 발표 자료에서 디자인이나 애니메이션에 힘을 주면 오히려 마이너스 요인이 되어 "그 시간에 기획을 더하라!"는 지적을 받습니다. 그러나 외부용 발표 자료는 디자인이나 애니메이션에 신경을 써야 합니다. 프로젝트 제안이나 회사 소개, 경쟁 프레젠테이션일 경우 더욱 그렇습니다.

☐ **작성하고 디자인할 시간은 여유 있는가?**
작성 시간이 부족한 경우 퀄리티를 보장하기 어렵습니다. 예를 들어 20페이지 슬라이드를 만들 때 최소한 3~7일 정도의 제작 시간이 필요합니다. 3일간 제작할 경우 첫날은 기본 스케치(디자인 터잡기)를 하고 2일째에 본격적으로 텍스트 입력과 디자인을 한 다음 3일째는 수정과 보완 작업을 하는 것이 적절합니다. 7일간 제작할 경우에는 디자인 시간이 보다 충분하기 때문에 퀄리티가 높아지는 것은 당연합니다. 그러나 하루, 이틀의 작업 시간이 주어진다면 3~7일간 해야 할 일을 최소화해야 하므로 그만큼 퀄리티가 떨어질 수밖에 없습니다.

5단계 : 발표(프레젠테이션)

발표 자료가 작성되면 스토리보드를 작성하여 리허설을 합니다. 이때 발표 자료와 발표자가 일체화될 때까지 연습해야 하며 발표자와 자료가 하나되지 못하고 겉돌면 안 됩니다. 리허설 과정에서 내용이나 디자인 부분에 문제가 보이면 즉시 보완해야 합니다. 외부에서 만든 자료나 작성자가 다른 경우 리허설 과정 중 수정에 어려움을 겪을 수 있습니다.

또한 발표 장소와 장비에 대한 점검이 필요합니다. 파워포인트의 경우 2010 버전으로 제작했는데 발표 장소의 컴퓨터에는 2007 버전이라면 문제될 수 있습니다. 휴대용 프레지로 발표하는 경우에도 컴퓨터에 따라 매우 느리게 열리거나 열리지 않는 경우도 있습니다. 인터넷에 접속하여 프레지를 발표하는 경우에도 상황에 따라 렉(버벅거림) 현상이 발생할 수 있습니다. 무엇이든 확신해서는 안 됩니다. 오직 점검하여 문제가 발생하지 않도록 예방하는 것이 중요합니다.

··· CHECK LIST ·······

☐ **스토리보드는 작성하였는가?**
스토리보드는 대본과도 같으며 영화나 드라마를 촬영할 때 가장 중요한 것 중의 하나가 대본입니다. 프레젠테이션 실패 원인을 멀리서 찾을 것 없이 스토리보드의 존재 여부부터 짚어 봐야 합니다. 대부분의 초급자는 스토리보드 없이 발표합니다. 스토리보드가 있더라도 약식으로 작성되었거나 작성 내용이 허술합니다. 중요한 프레젠테이션의 경우 발표 3일 전에는 스토리보드 초안이 작성되어야 합니다. 연습을 통해 문제된 부분을 보완하면서 지속해서 스토리보드를 업그레이드해야 합니다. 프레젠테이션에서 스토리보드 작성은 선택이 아니라 필수입니다.

☐ **리허설할 시간은 확보하였는가?**
발표에 앞서 리허설할 시간을 반드시 확보해야 합니다. 무대에서 무의식적으로도 줄줄 말할 수 있을 정도로 연습해야 합니다. 부자연스러운 부분이 없도록 슬라이드에서부터 발표자의 제스처, 목소리까지 리허설을 통해 다듬어야 합니다. 즉, 발표자와 작성된 슬라이드가 겉돌지 않도록 리허설을 통해 일체화하는 것이 매우 중요합니다. 리허설 시간이 부족하면 프레젠테이션의 달인이라도 최상의 발표를 기대하기 어렵습니다.

☐ **발표 장소와 발표 장비를 점검하였는가?**
발표 도중 동영상이 나오지 않거나 인터넷에 접속되지 않아 당황하는 일이 종종 발생합니다. 발표 도중 문제가 생기면 분위기가 급속도로 냉각되기 때문에 철저하게 발표 장소와 발표 장비를 점검해야 합니다. 발표할 노트북에 빔프로젝터 라인을 연결할 수 없거나 빔프로젝터에 동영상이 재생되지 않는 경우도 있습니다. 파워포인트 버전이 달라 심하게 렉 현상이 발생하는 경우도 있습니다. 컴퓨터에 따라 휴대용 프레지가 재생되지 않을 수도 있습니다. 이처럼 발표 당일 생길 수 있는 문제를 예상하여 철저히 대비해야 합니다. 컴퓨터(노트북), 저장장치(USB), 빔프로젝터, 마이크, 스피커, 레이저 포인터 등의 장비에서 언제든 문제가 발생할 수 있기 때문입니다.

003   PSG_프레젠테이션 스타일 가이드

PSG는 프레젠테이션 스타일 가이드(Presentation Style Guide), 즉 'PT 디자인 통합계획'을 말합니다. 퀄리티가 크게 떨어지는 프레젠테이션(PT) 슬라이드를 보면 PSG가 보이지 않습니다. 한마디로 조악하기 짝이 없는 상태입니다. 물론 작성한 본인은 이런 상태를 잘 알지 못합니다. 디자인에 대한 기본 상식이 없고 보는 눈도 없으며 주변 동료 또한 비슷한 수준이기 때문에 문제를 지적받거나 조언을 듣지도 못하기 때문입니다.

템플릿은 발표 내용과 무관한 것을 적용하고, 폰트는 개인 취향에 따라 다양하게 선택하며, 텍스트는 보다 눈에 잘 띄기 위해 채도가 높은 빨간색, 노란색, 파란색을 이용한 촌스러운 배색을 볼 수 있습니다. 본문은 구성했다기보다 잡동사니를 늘어놓은 것처럼 요란하며 금방 피로감을 느끼게 합니다. 불필요한 디자인 요소들을 이곳저곳에 주렁주렁 매달아 한마디로 '조형 문법'을 완전히 무시한 것입니다. 애니메이션 이전에 디자인이 먼저입니다. 디자인은 조악한데 애니메이션 퀄리티를 높이려 한다면 그야말로 사상누각(沙上樓閣)입니다.

PSG는 초급자들이 범할 수 있는 디자인 모순들을 단번에 해결할 비책을 제시합니다. 수천만 가지 컬러 중에 메인 컬러와 서브 컬러를 규정하여 색상을 극도로 제한하고 수천 개의 폰트 중에 제목, 부제목, 본문, 캡션 폰트를 규정한 다음 그 이상 쓰지 못하도록 하는 것입니다. 이미지나 클립아트 또한 엄격하게 사용을 제한합니다.

PSG는 크게 5가지 요소를 매뉴얼화하고 디자인 스타일을 규정합니다.

PSG 디자인 요소 5가지

1. 시각적 컨셉(Visual Concept)
2. 레이아웃(Layout)
3. 컬러(Color)
4. 폰트(Font)
5. 그래픽 요소(Graphic Elements)

파워포인트(PowerPoint)를 위한 PSG

파워포인트는 문서 작성이나 그래픽 디자인을 위해 거의 모든 기능을 갖추며 퀄리티 또한 좋습니다. 또한 기본 템플릿 뿐만 아니라 인터넷에 PPT 무료 템플릿이 넘쳐납니다. 수천 가지 폰트를 적용할 수 있으며 수천만 가지 색상을 그대로 사용할 수 있고 스마트아트와 워드아트를 통해 도해 작성은 물론 텍스트를 보다 화려하게 디자인할 수도 있습니다. 수천만 개의 디자인 요소(이미지, 클립아트, 화살표 등) 또한 인터넷에서 자료를 수집하여 슬라이드에 적용할 수 있습니다. 이러한 것들을 특별한 규정 없이 적용하면 현란하고 복잡한 문서를 만들게 됩니다. 표현 자원이 풍부하다 보니 필요 이상으로 치장하는 것입니다. PSG는 프레지보다 파워포인트에서 디자인할 때 반드시 적용해야 할 필요가 있습니다.

프레지(Prezi)를 위한 PSG

프레지는 애니메이션 툴이기 때문에 파워포인트만큼 디자인 제작 기능이 많지 않으며 색상이나 폰트도 한정되어 있습니다. 텍스트 박스에서 색상은 20가지 안에서 배색해야 하고, 텍스트 또한 영문 40여 종과 한글 19종이 전부입니다. 레이아웃 또한 프레임에 들어가는 내용이 단순하기 때문에 몇 가지 디자인 규칙만 만들면 그만입니다. 그래픽 요소 또한 직접 만들 수 없기 때문에 최소한의 것만 불러들여 장식 요소로 활용하므로 난잡한 디자인을 피할 수 있습니다.

PSG의 5가지 요소에 대해 구체적으로 살펴보겠습니다.

1 시각적 컨셉(Visual Concept)

시각적 컨셉은 발표 내용에 맞춰 디자인 방향을 정하는 것으로 템플릿을 통해 정의할 수 있습니다. 템플릿은 표지, 목차, 본문, 클로징까지 5~7페이지 정도의 디자인 형식(서식)을 정의한 것입니다. 인터넷에서 무료로 배포되거나 유료로 판매되는 것도 많습니다.

프로와 아마추어의 가장 큰 차이는 템플릿을 따로 개발할 수 있는가와 없는가에 있습니다. 아마추어에게는 처음부터 디자인 방향을 설정하고 스스로 템플릿을 개발하는 것이 절대 쉽지 않습니다. 일반적으로 기존의 발표 슬라이드를 고쳐 쓰거나 인터넷에서 템플릿을 구하는 경우가 대부분입니다. 하지만 발표 내용과 딱 맞는 서식을 찾기는 쉽지 않습니다. 중요한 기획이나 제안, 경쟁 프레젠테이션의 경우 대부분 차별화된 디자인을 추구하기 때문에 템플릿을 개발하려는 경향이 강하므로 프레젠테이션(PT) 디자인 회사에 제작을 의뢰합니다.

파워포인트의 시각적 컨셉

파워포인트에는 기본으로 제공하는 다양한 테마와 서식 파일이 있으며 인터넷에서 무료로 제공하는 템플릿도 넘쳐납니다. 테마는 서식 파일의 상위 버전으로 슬라이드 마스터와 제목 마스터에서 배경색, 디자인 요소, 글꼴 등을 정의한 것입니다.

서식 파일은 테마의 하위 버전으로 애니메이션, 화면 전환, 표, 그림, 글자 등이 들어갈 수 있습니다. 테마를 기본으로 기본 예제를 만든 것입니다. 인터넷에는 수만 가지의 파워포인트(PPT) 템플릿이 존재하지만 발표 내용에 딱 맞는 것을 찾기란 쉽지 않습니다. 거의 없다고 볼 수 있습니다.

차별화된 프레젠테이션을 원한다면 발표 내용에 따라 시각적 컨셉을 정하고 표지를 포함하여 7페이지 정도의 템플릿(표지, 목차, 개요, 본문, 도해, 차트, 클로징)을 직접 개발하는 것이 이상적입니다.

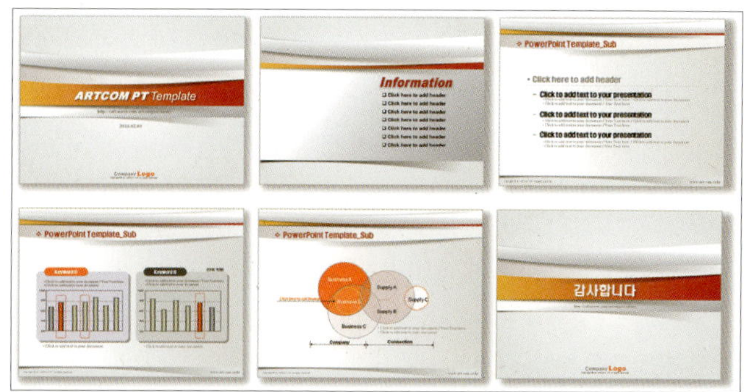

프레지의 시각적 컨셉

프레지도 파워포인트처럼 기본 템플릿을 제공합니다. '인기 템플릿'이라는 사용빈도가 높은 템플릿을 따로 보여주기도 합니다. 벡터 기반이므로 템플릿 디자인이 한결같이 심플하며 초급자라도 템플릿을 선택하고 텍스트를 작성하는 것만으로도 손쉽게 발표 자료를 만들 수 있습니다. 물론 템플릿은 기성복이기 때문에 맞춤복과는 레벨이 달라 제공되는 템플릿만으로는 차별화된 프레젠테이션 디자인을 기대할 수 없습니다.

프레지는 자체적으로 지원하는 디자인 기능이 약하기 때문에 시각적 컨셉을 제대로 정의하지 않으면 줌 인-아웃, 회전 효과에만 의존한 허술한 프레젠테이션이 될 수 있습니다.

기본으로 제공하는 프레지 템플릿

비주얼 컨셉에 따라 개발한 프레지 템플릿

2 레이아웃(Layout)

레이아웃은 디자인 컨셉에 맞도록 구성 요소들을 짜임새 있게 배치하는 것입니다. 전달 효과를 높이기 위한 수단으로 텍스트(타이포그래피), 사진, 클립아트, 도해, 차트 등의 구성요소들이 논리적으로 배열되었을 때 시각적인 안정감을 줍니다. 짜임새 있는 레이아웃은 보다 정확하게 메시지가 전달되므로 레이아웃에서 한정된 공간에 텍스트와 개체(이미지, 도해, 차트 등)를 배치하는 것이 중요합니다. 텍스트나 개체 크기를 조절하고, 색상을 배색하며, 여백을 확보하는 모든 것이 레이아웃 작업에서 이루어집니다. 편집 디자인에서 레이아웃할 때는 그리드 시스템으로 구성하는데 파워포인트와 프레지에서는 그리드 시스템 개념을 도입하기가 쉽지 않습니다. 프레지는 특히 직관적인 인터페이스에서 디자인해야 하기 때문에 감각적인 구성 능력이 요구됩니다.

프레젠테이션 디자인 레이아웃의 5가지 조건

1. **주목성** : 청중의 시선을 끌어들이고 집중시켜야 합니다.
2. **가독성** : 핵심 메시지가 한눈에 파악되어야 하고 크고 작은 텍스트는 제대로 읽혀야 합니다.
3. **심미성** : 보기 좋은 떡은 먹기도 좋은 법이기 때문에 짜임새 있고 보기 좋아야 합니다.
4. **차별성** : 식상하지 않도록 레이아웃에도 변화를 주고 경쟁 PT일 경우 디자인 차별화가 필요합니다.
5. **회상성** : 장면이 기억에 남을 수 있도록 특히 중요한 페이지 레이아웃은 연구해야 합니다.

파워포인트 레이아웃

파워포인트 레이아웃은 표지, 목차, 간지, 본문, 클로징, 첨부 페이지 등 부문별로 구성(레이아웃) 형식을 모색해야 합니다. 레이아웃 설계에서 가장 중요한 부분은 본문 페이지이므로 본문 내용을 구성하는 텍스트, 도해, 차트, 이미지, 동영상 등의 개체를 짜임새 있게 배치해야 합니다. 전체적인 구성이 안정감 있으면서 물 흐르듯 자연스러워야 좋은 레이아웃입니다.

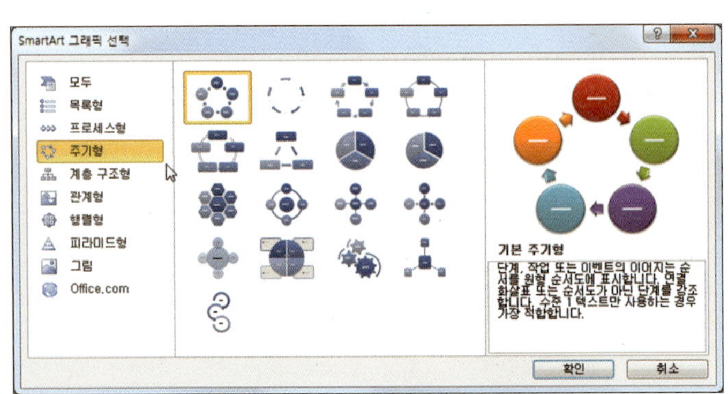

파워포인트에서 기본으로 제공하는 스마트아트(SmartArt)

차별화된 레이아웃을 위해 개발한 디자인

프레지 레이아웃

프레지 레이아웃은 금방 보기에는 파워포인트보다 어렵지 않지만 디자인 결과물을 보면 아마추어가 작업한 것인지, 프로가 작업한 것인지 금세 알 수 있습니다. 같은 프레임, 텍스트, 도형, 이미지만 주어져도 프로와 아마추어는 결과물이 다릅니다. 프로들은 레이아웃할 때 강약 중강 약의 리듬을 감각적으로 살리기 때문에 질적인 차이가 날 수밖에 없습니다.

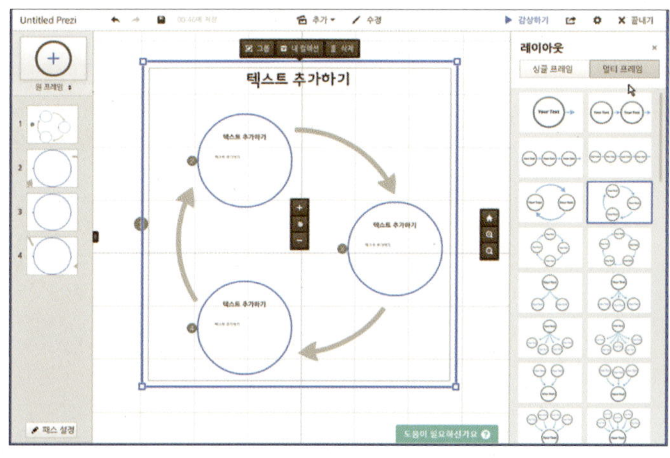

프레지에서 기본으로 제공하는 레이아웃

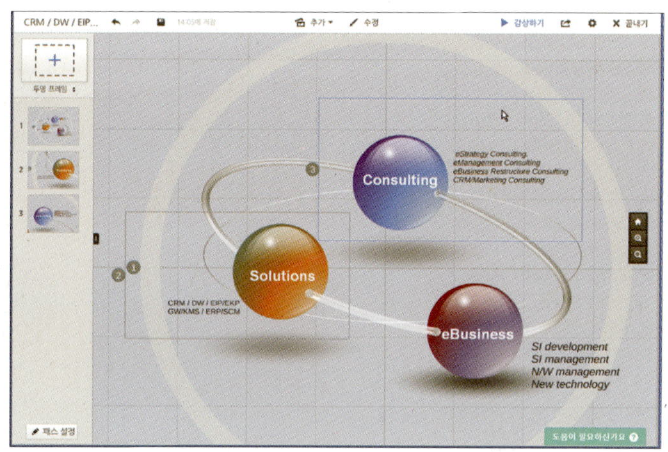

파워포인트에서 그래픽을 디자인하고 프레지에서 텍스트를 편집한 레이아웃

3 컬러(Color)

프레젠테이션 디자인에 사용하는 색상은 디자인 컨셉에 따라 색상을 규정하는 것이 무엇보다 우선입니다. 규정된 색상은 배경색과 도해, 차트, 텍스트에 적용되어 일관성 있게 배색되어야 합니다. 퀄리티가 떨어지는 슬라이드의 공통점은 배색이 잘못된 것입니다. 지나치게 색상을 많이 사용하고, 원색 계열의 채도가 높은 색상을 무절제하게 사용한 데 있습니다. 과유불급, 지나침은 모자람과 같으므로 다양한 색상보다는 오히려 부족하다 싶은 색상이 좋습니다. 우선 메인 컬러와 서브 컬러를 선정할 때 조직(회사, 공공단체 등)의 문서 작성 규정이나 CI에 명시된 컬러 계획을 참고하는 것도 좋은 방법입니다. 규정이 없을 경우에는 디자인 컨셉에 맞춰 배색하며, 컬러는 전체 페이지에 영향을 미치므로 신중하게 계획하는 것이 좋습니다.

파워포인트 컬러

파워포인트에서 색상 계획을 수립할 때는 우선 메인 컬러(Basic Color)와 서브 컬러(Application Color), 포인트 컬러(Point Color)를 선정하며 모두 3~7색 이내로 제한하는 것이 좋습니다.

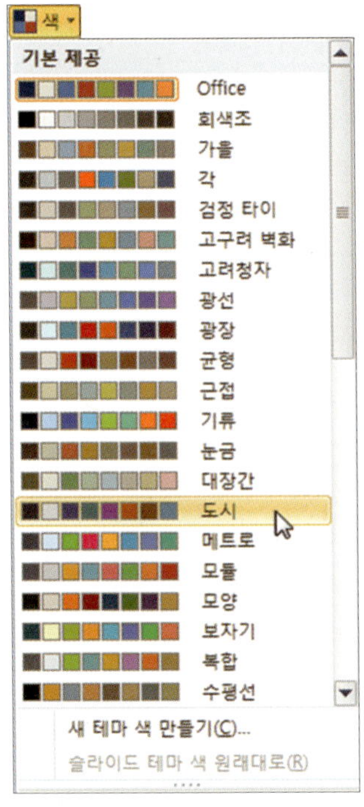

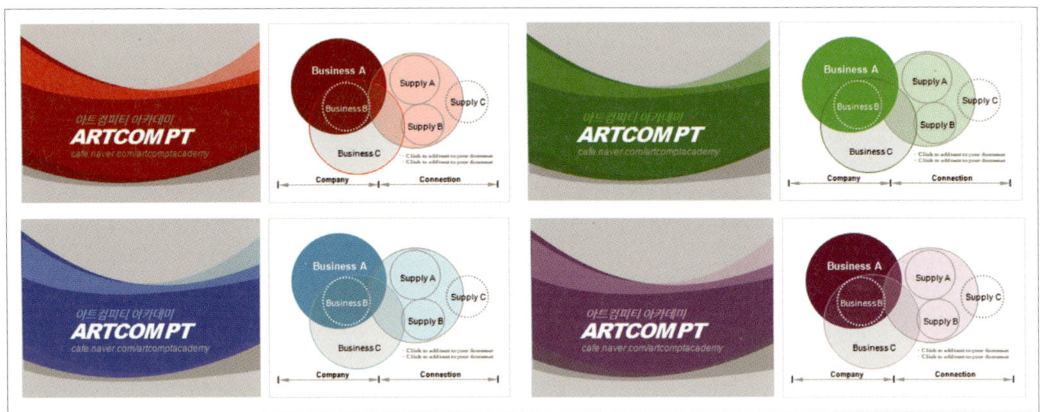

파워포인트에서 제공하는 테마 색상   컬러 계획에 따른 배색(http://cafe.naver.com/artcomptacademy)

프레지 컬러

프레지는 기본 테마를 선택하면 배경색과 폰트, 화살표, 프레임 색상이 정해집니다. 폰트 색상을
변경하고 싶을 때는 텍스트 에디터에 주어진 20가지 컬러 중에서 선택합니다. 파워포인트처럼 수
천만 컬러 중에서 배색하는 방식이 아닙니다. [Theme Wizard] 대화상자와 [CSS Editor] 창에서
RGB 값이나 Web 컬러 수치를 입력하여 변경할 수도 있습니다. 색상을 설정하는 것이 불편한 만
큼 주어진 최소한의 색상으로 배색해야 합니다. 오히려 디자인을 단순하게 하는데 도움이 됩니다.

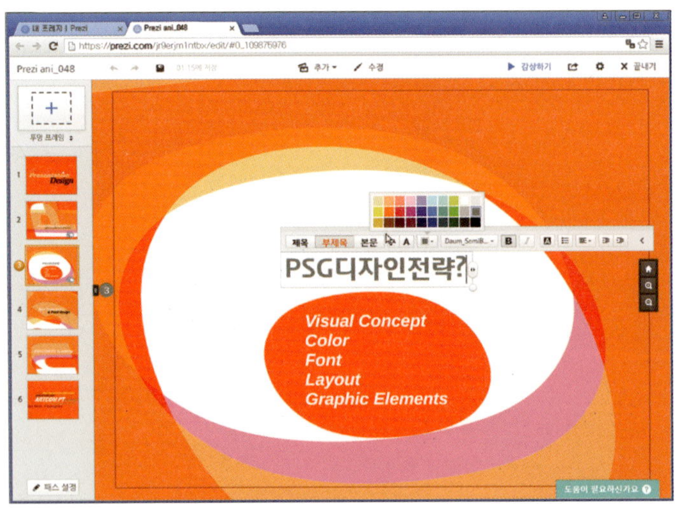

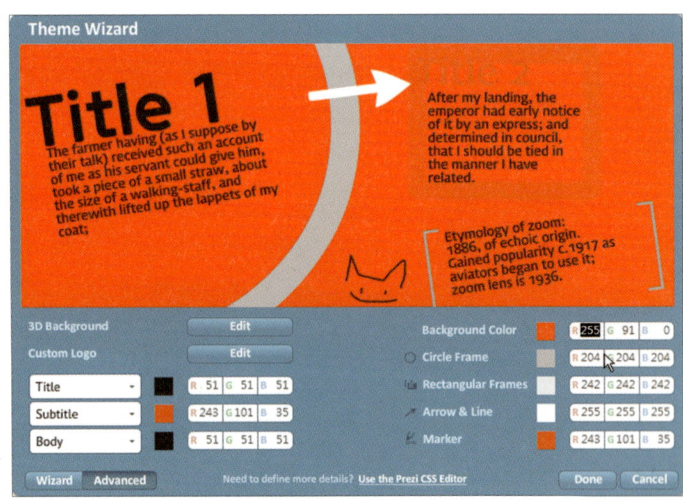

4 폰트(Font)

PSG는 수천 개의 폰트 중에서 슬라이드에 적용되는 폰트를 최소한으로 제한합니다. 너무 많은 폰트는 일관성에 문제가 생길 뿐 아니라 가독성도 문제가 되기 때문입니다.

폰트는 디자인 컨셉에 따라 종류와 크기, 색상을 정의해야 합니다. 파워포인트의 경우 폰트 선정이 매우 중요합니다. 본문 디자인 요소 중 텍스트가 70% 정도를 차지하기 때문입니다. 폰트를 잘못 선정하면 가독성 문제뿐만 아니라 주변 디자인 요소와도 조화를 이루지 못하여 퀄리티를 떨어뜨리는 직접적인 원인이 됩니다.

폰트는 크게 한글 폰트와 영문 폰트를 분명하게 구분하여 적용하는 것이 좋습니다. 한글은 한글 폰트로, 영문은 영문 폰트를 사용하는 것을 원칙으로 해야 합니다. 한글과 영문이 혼용될 경우 한글 3종, 영문 2종을 넘지 않아야 합니다.

본문 폰트를 지정할 때 감성적인 경우에는 명조 계열, 가독성이나 시인성을 높여야 할 경우에는 고딕 계열을 사용하면 크게 문제가 없습니다.

파워포인트 폰트

본문 폰트(Body Font), 헤드라인(Headline), 설명이나 사진 캡션을 위한 폰트, 이미지에 사용하는 폰트 등을 구분하여 세부적으로 정의하는 것이 중요합니다. 제목에 해당하는 폰트는 고딕 계열로 가독성, 심미성 등에 문제 없으면서 굵은 폰트가 좋습니다. 본문에 사용하는 폰트는 얇은 것이 좋으며 텍스트가 여러 줄 배열되었을 때 짜임새 있어야 합니다. 최근에는 무료 폰트 중에서도 가독성, 심미성이 뛰어난 폰트가 많아 제대로 선택하면 디자인 완성도를 한층 높일 수 있습니다.

> **· 추천 폰트**
>
> 헤드라인(제목) : 헤드라인체, 견명조, 견고딕, 나눔고딕 ExtraBold
>
> 서브 헤드(부제목) : 나눔고딕OTF, 나눔명조 ExtraBold
>
> 본문 : 맑은고딕, 바탕, 굴림, 나눔바른고딕
>
> 한문 : 견명조, 견고딕, 한양해서, (한)hcho_HANGUL
>
> 영문 : Arial, Arial Black, Impact, Times New Roman, Tahoma

파워포인트 텍스트 효과

파워포인트에는 텍스트 효과를 위한 기능이 많기 때문에 평범한 텍스트를 디자인 의도에 따라 다양하게 표현할 수 있습니다. 파워포인트 역량이 중급 이상이라면 이러한 기능들을 자유자재로 활용할 수 있어야 합니다. 밋밋했던 텍스트에 그림자, 반사, 네온, 입체, 3차원 회전, 변환 기능 등을 적절하게 적용하면 그래픽 프로그램 못지 않은 타이포그래피 디자인이 가능합니다.

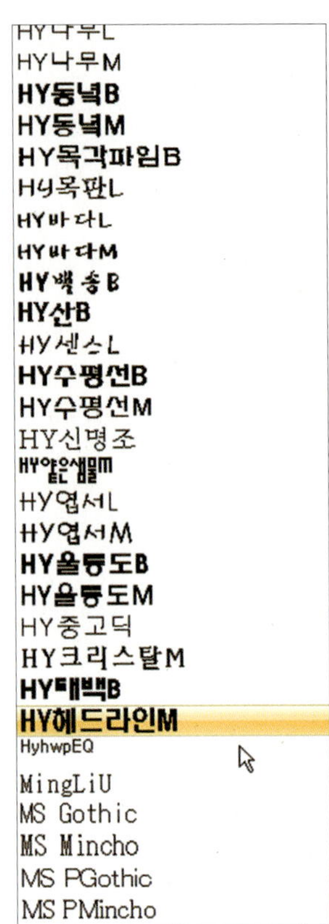

파워포인트에서 제공하는 폰트와 워드아트(WordArt)   파워포인트 기능을 활용한 타이포그래피

프레지 폰트

현재 프레지에서 지원하는 한글 폰트는 19종(48개 개별 폰트)입니다. [CSS Editor] 창에서 제목 (head), 부제목(strong), 본문(body) 폰트를 변경할 수 있습니다. 최근 기능이 업그레이드되어 텍스트 박스에서 바로 한글과 영문 폰트를 변경할 수 있습니다. 한문 폰트는 서울한강, 상상제목, 서울남산체의 3종만 지원합니다.

· **프레지 추천 폰트**

제목 : 나눔명조Bold, 나눔고딕Bold, 상상타이틀B, 바른바탕B, 서울남산EB

부제목 : 고도체Bold, 상상타이틀M, 바른바탕M, 서울남산B, 다음체 Semi Bold

본문 : 다음 레귤러, 나눔고딕L, 나눔명조L, 바른바탕L, 서울한강M, 고도체M

손글씨 : 막걸리, 비비트리

한문 : SeoulHangang(서울한강), SanSangTitleOTFB(상상제목), SeoulNamsanB(서울남산)

영문 : Arimo, Noto Sans, FreeSerif, Roboto, Oswald, League Gothic 등

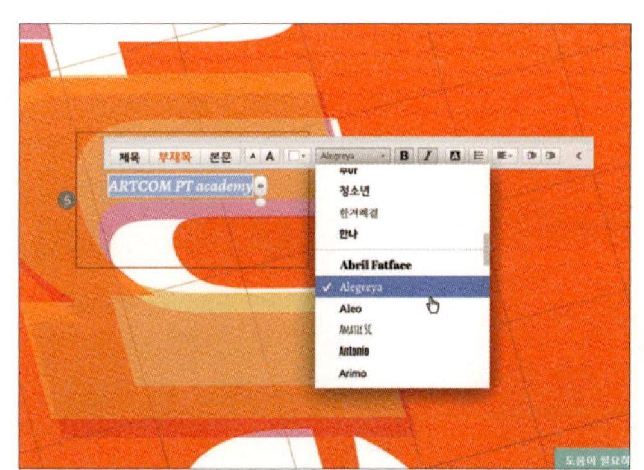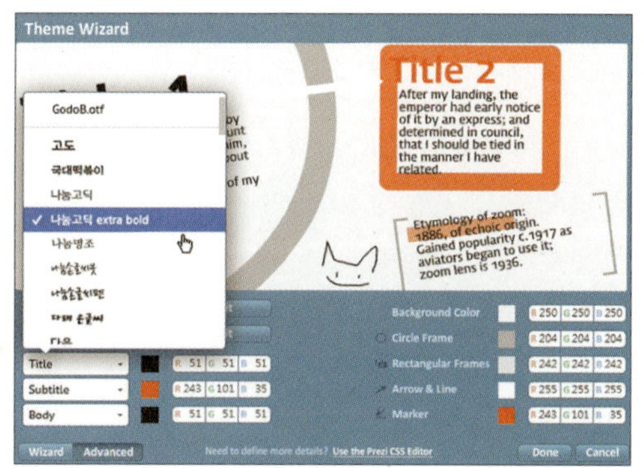

프레지는 폰트를 3가지 방법을 이용하여 변경할 수 있습니다.

5 그래픽 요소(Graphic Elements)

그래픽 요소는 메시지 자체보다 메시지를 보조하거나 디자인 미감을 살리는 장식 요소라 할 수 있습니다. 즉 텍스트나 사진, 도해, 차트 이외에 구성되는 것들은 대부분 그래픽 요소라 할 수 있습니다. 그래픽 요소는 디자인 미감을 살릴 뿐 아니라 전체 페이지의 통일감을 조성하는 데 매우 중요한 역할을 합니다. 그래픽 요소에는 라인, 스트라이프, 텍스트 박스, 도형, 화살표, 클립아트, 붓터치, 타이틀 바, 타이포그래피, 배경 이미지, 패턴 등이 포함됩니다.

그래픽 요소는 철저히 디자인 컨셉에 의해 개발해야 합니다. 예를 들어 고전적(한국적)인 느낌으로 디자인 컨셉이 정해졌다면 그래픽 요소는 한문 이미지, 옛 문양, 오래된 느낌의 배경, 붓터치 효과, 먹물 번짐 효과 등이 적용되어야 합니다.

차별화된 디자인을 원한다면 기존의 것을 활용하기보다 직접 개발하는 것이 좋습니다. 그러나 초급자에게는 쉬운 일이 아니기 때문에 개발은 둘째치고 기존 그래픽 요소를 선택하기조차 어려워 슬라이드의 그래픽 요소들이 조잡하게 구성된 것을 볼 수 있습니다. 여기저기에서 좋은 것들을 복사하여 붙여 넣다 보니 멋스러운 것이 아니라 누더기가 되는 것입니다. 그래픽 요소는 향신료와 같아서 주재료의 맛을 끌어 올리기도 하지만 반대로 무슨 맛인지 모르게 만들거나 잡탕을 만들기도 합니다.

파워포인트의 그래픽 요소

텍스트를 편집할 때 사용하는 그래픽 요소는 단순하게는 글머리기호, 라인, 화살표, 붓터치, 기본 도형 등이며 좀 더 복잡하고 높은 퀄리티를 요구하는 것으로는 타이틀 바, 텍스트 박스, 스트라이프, 패턴, 라인아트, 먹물 번짐, 일러스트, 회화적 배경, 배경 이미지 등이 있습니다. 도해, 차트를 작성할 때에도 텍스트 편집할 때 사용하는 그래픽 요소를 그대로 적용할 수 있으며 이 외에도 한층 다양한 그래픽 요소가 필요하기도 합니다. 개발한 그래픽 요소는 체계적으로 정리하여 클립아트처럼 활용하면 효과적입니다. 비트맵 형식은 jpg, bmp, png 파일로 저장하고 벡터 방식은 wmf 파일로 저장하여 유형별 폴더를 만들어 관리합니다.

파워포인트에서 기본으로 제공하는 클립아트는 디자인 일관성 차원에서 사용하기 어렵기 때문에 직접 개발하는 것이 좋습니다.

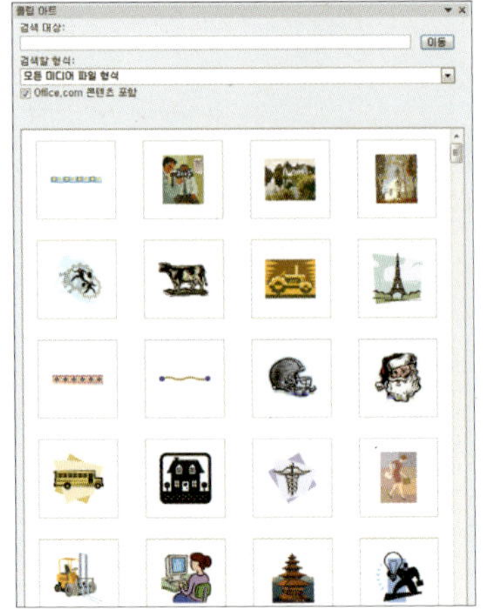

파워포인트에서 제공하는 클립아트

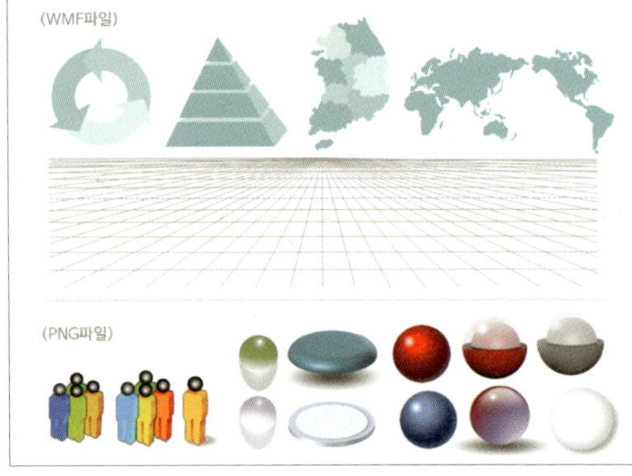

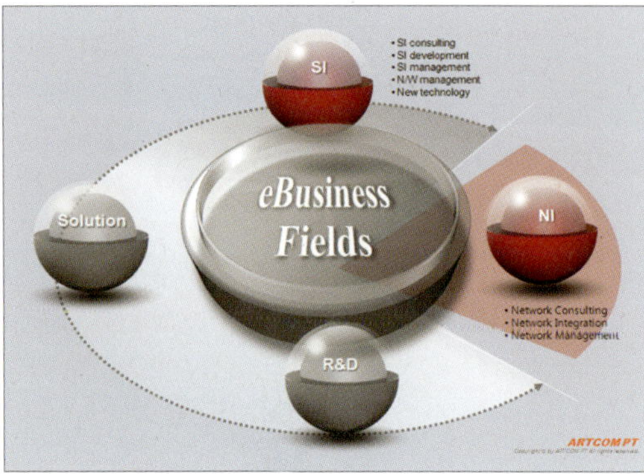

디자인 효율성과 일관성을 위해 개발한 WMF 파일과 PNG 파일 디자인 사례

프레지의 그래픽 요소

프레지에서 사용하는 그래픽 요소들은 파워포인트에서 작성하거나 어도비 일러스트레이터와 포토샵 등에서 디자인한 것을 불러들여야 합니다. 필자의 경우 프레지에서 필요한 그래픽 요소를 만들 때 70% 정도는 파워포인트에서 제작하고, 20% 정도는 일러스트레이터, 10% 정도는 포토샵에서 작업합니다. 물론 상황에 따라 다르지만 파워포인트를 가장 많이 활용하고 있습니다. 프레지에서 사용하는 그래픽 요소는 패턴, 스트라이프, 라인아트, 3D 배경 이미지, 텍스트 박스, 타이포그래피 등입니다. 비트맵 방식은 PNG 파일이 적절하며 벡터 방식은 SWF 파일로 작성해야 합니다. 클로즈업(줌 인)을 많이 해야 할 경우 그래픽 요소는 비트맵 이미지보다 벡터 이미지가 좋습니다.

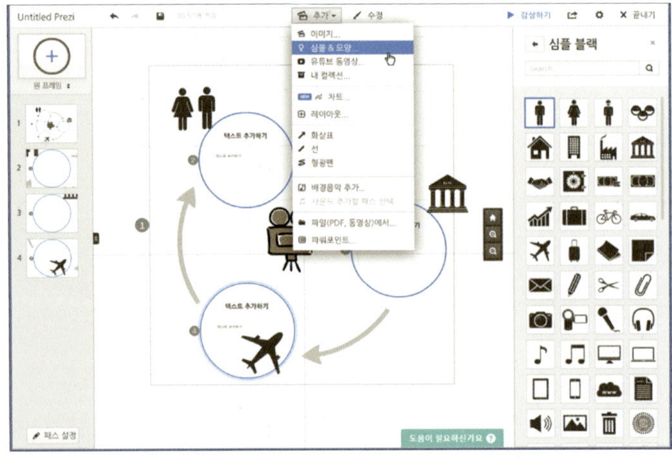

프레지에서 제공하는 심볼

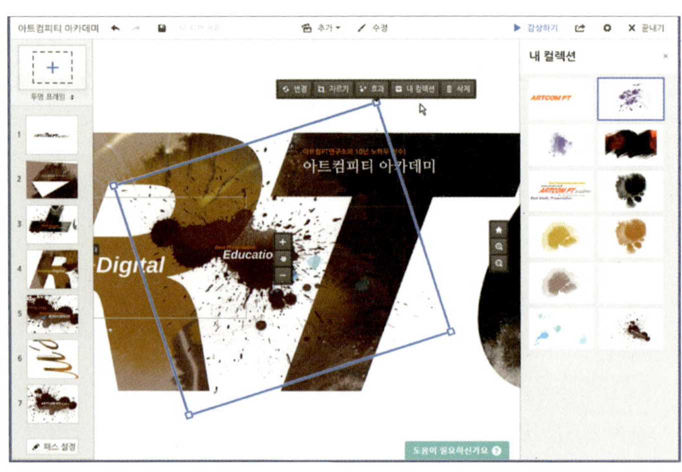

붓터치, 먹물 번짐 등 개발한 그래픽 요소를 내 컬렉션에 저장하여 활용한 사례

004 파워포인트 애니메이션 Q&A 10

파워포인트는 생각 이상으로 애니메이션 기능이 막강하지만 파워포인트 애니메이션을 환상적이라고 하는 사람들은 많지 않습니다. 오히려 무난하거나 식상하다는 쪽입니다. 네이버 지식 iN에 자주 올라오는 질문 중 하나는 "파워포인트 말고 색다르게 애니메이션을 연출할 수 있는 프로그램은 없나요?"입니다. 이처럼 파워포인트에서 프레지로 갈아타려는 사람들이 늘어나고 있습니다. 그러나 파워포인트 입장에서는 정말 억울한 일입니다. 왜냐하면 파워포인트 애니메이션 기능을 제대로 알지도 못하면서 식상하다고 단정 짓기 때문입니다.

필자가 직접 분석한 결과 일반적으로 파워포인트 기능의 10%도 제대로 활용하지 못합니다. 실제로 파워포인트 교육 전에 사전조사를 해보면 80% 정도가 초급자 수준입니다. 17% 정도가 중급 수준이죠. 엄밀하게 말하면 중급자라고 보기도 힘든 것이 스스로 3분짜리 슬라이드쇼를 적정 퀄리티를 유지하며 제작하지 못합니다. 적어도 중급자라면 프로만큼은 아니더라도 PPT 애니메이션 기능을 활용하여 자동으로 돌아가는 슬라이드쇼(회사 소개, 제품 안내) 정도는 제작할 수 있어야 합니다. 물론 적정 수준의 디자인 역량이나 멀티미디어 활용 능력을 갖추어야 하죠. 이렇게 따지면 10 중 8, 9가 초급 수준이거나 초급보다 좀 더 나은 수준입니다. 스스로 PPT 중급자라고 생각한다면 한 번쯤 "나는 과연 중급자 수준에 맞게 PPT 기능을 제대로 알고 있는가?"에 관해 생각해 볼 필요가 있습니다.

프로들은 파워포인트의 기본 기능만으로도 행사장에서 멋진 인트로 애니메이션을 제작할 수 있습니다. 슬라이드쇼를 통해 드라마 인트로나 뮤직비디오처럼 연출할 수도 있습니다. 파워포인트의 기본 기능만으로도 충분히 청중을 압도하는 프레젠테이션 자료를 만들 수 있습니다. 지금까지 수많은 성공 프레젠테이션이 파워포인트로 제작되었습니다. 지금도 비즈니스 현장에서, 강연장에서 파워포인트는 그 역할을 다 하고 있습니다.

파워포인트를 잘하는 방법은 '깊이 알고, 많이 보고, 많이 작성해 보는 것'입니다. 무엇보다 파워포인트 기능에 대해 제대로 알아야 하며 수박 겉핥기식으로 대충 알아서는 안 됩니다. 네이버 지식 iN에서 파워포인트에 관한 수백 건의 질문을 받았습니다. PPT 문서 편집, 디자인, 애니메이션, 비디오 저장, 멀티미디어 자료 편집, 버전별 기능 등이 주를 이루는 수많은 질문 중 PPT 애니메이션에서 반드시 알아야 할 10가지 핵심 내용만 간추려 설명합니다.

1 버전별 애니메이션 기능

Q. 파워포인트 2010과 2013 버전을 쓰고 있는데 예전에 자주 쓰던 컬러 타자기, 늘이기, 펼치기 등 애니메이션 기능이 없습니다. 2007 버전에 있었던 애니메이션 기능이 많이 삭제된 것으로 알고 있습니다. 삭제된 기능들을 2010 이상 버전에서도 적용할 수 있을까요?

A. 아쉽게도 파워포인트 2007 버전에 있었던 애니메이션 기능 중 30여 개가 2010 버전에서 삭제되었습니다. 그러나 파워포인트 2010 이상 버전에서 2007 버전의 모든 애니메이션(삭제된 기능 포함) 기능이 그대로 재생됩니다. 파워포인트 2007에서 작성한 애니메이션을 '애니메이션 복사' 기능을 이용하여 해당 개체에 붙여 넣으면 삭제된 애니메이션 기능을 그대로 적용할 수 있습니다. 예를 들어 2010 버전에 없는 컬러 타자기 효과를 적용하고자 할 때 2007 버전에서 작성한 슬라이드를 열고 컬러 타자기 효과가 적용된 텍스트를 '애니메이션 복사' 기능을 이용하여 복사한 다음 해당 텍스트에 붙여 넣습니다.

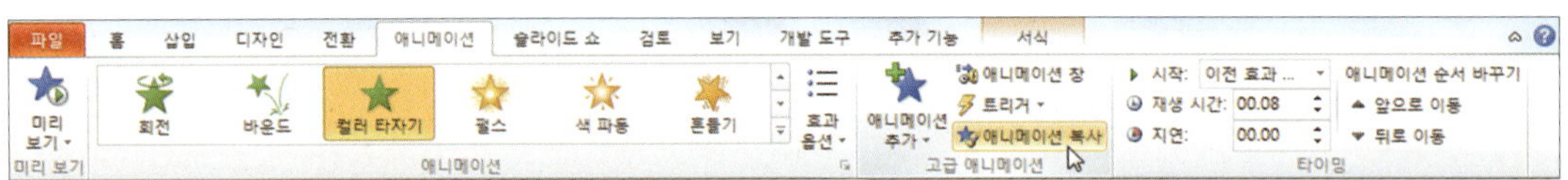

'애니메이션 복사' 기능을 이용하면 2010 이상 버전에서도 삭제된 애니메이션을 적용할 수 있습니다. 삭제된 기능 중 컬러 타자기, 베일 벗기, 늘이기, 압축, 실, 펼치기 기능 등은 계속 활용할 필요가 있습니다. 테크니컬한 PPT 애니메이션을 구현하고 싶다면 없어서는 안 될 기능들입니다.

파워포인트 2010 버전에서 삭제된 효과

보라색 부분은 파워포인트 2007에는 있지만 2010 버전에서 삭제된 효과들입니다.

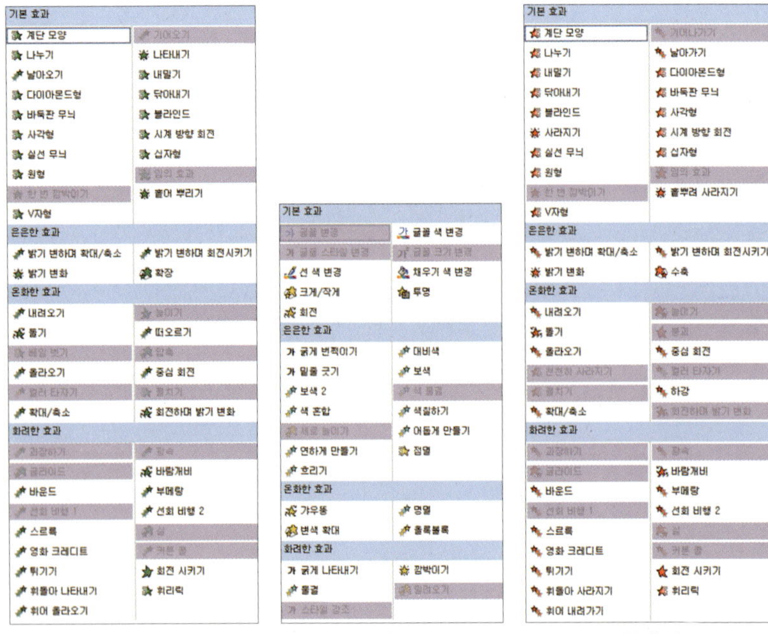

나타내기　　　　　강조　　　　　끝내기

이동 경로 애니메이션의 경우 파워포인트 2007 기능 중 삭제된 것이 거의 없습니다(기타 경로 중 '돌고 또 돌고' 기능 삭제).

변경된 효과의 이름(파워포인트 2007 → 2010 버전)

나타내기	강조	끝내기
밝기 변하며 확대/축소 → 확대/축소 내려오기 → 아래로 내리기 올라오기 → 위로 올리기 확대/축소 → 기본 확대/축소 스르륵 → 떨어지기 회전시키기 → 기본 회전	갸우뚱 → 흔들기 색칠하기 → 개체 색 점멸 → 펄스 명멸 → 색 파동	밝기 변하며 확대/축소 → 확대/축소 내려오기 → 아래로 내리기 올라오기 → 위로 올리기 확대/축소 → 기본 확대/축소 스르륵 → 떨어지기 회전시키기 → 기본 회전

나타내기와 끝내기 애니메이션은 거의 동일하게 기능이 삭제되고 이름도 변경되었습니다.

2 테크니컬한 PPT 애니메이션

Q. PPT 애니메이션을 통해 청중의 시선을 끌고 싶습니다. PPT 애니메이션 기능 중 특히 테크니컬한 느낌을 줄 수 있는 기능 위주로 알려주세요.

A. 파워포인트 2007 버전에는 테크니컬한 애니메이션 기능들이 많았으나 2010 버전에서는 30여 개가 삭제되었습니다. 삭제된 기능 중 컬러 타자기 효과와 베일 벗기, 압축 효과 등은 활용 가치가 높습니다. 프로들이 자주 쓰는 애니메이션 효과 위주로 몇 가지만 알아보겠습니다.

컬러 타자기 효과

'컬러 타자기' 효과는 중요 키워드를 부각시킬 때 적용하면 매우 효과적입니다. 글자마다 텍스트 색상이 바뀌면서 타자기를 치는 듯한 느낌을 주기 때문에 경쾌하면서도 심미감을 줍니다. 텍스트 애니메이션 효과 중에 으뜸이라 할 수 있습니다.

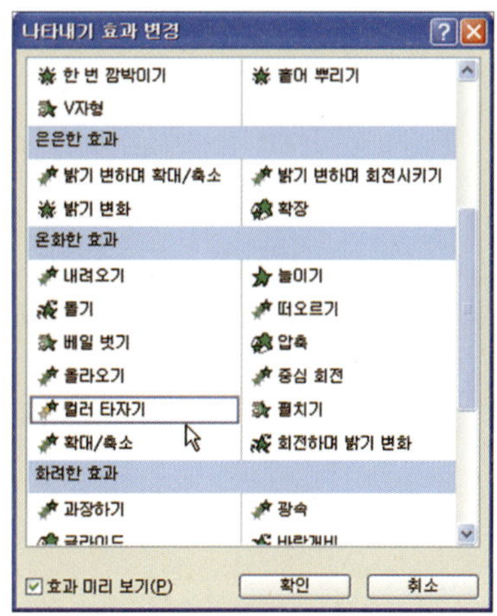

본문 예제 022_워드아트2_타이포그래피 애니메이션 참고

베일 벗기 효과

'베일 벗기' 효과는 일반적으로 잘 사용하지 않습니다. '닦아내기' 효과나 '늘이기' 효과와 큰 차이가 없어 간과하기 쉽지만 한 장의 사진을 모노톤으로 여러 장 만든 다음 '베일 벗기' 효과를 적용하면 매우 독특한 느낌을 연출할 수 있습니다. 도형이나 타이포그래피에 적용해도 효과적입니다.

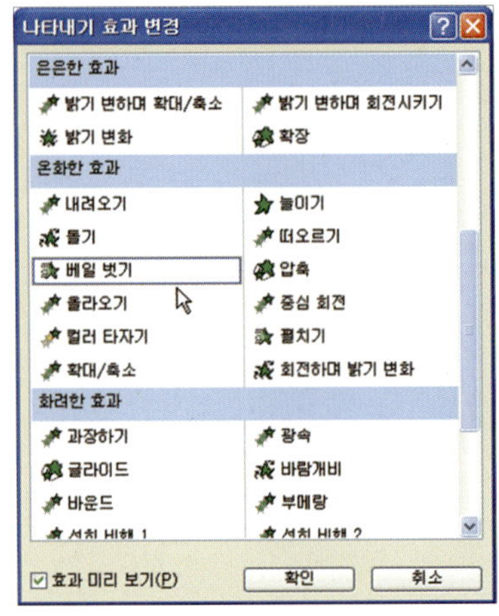
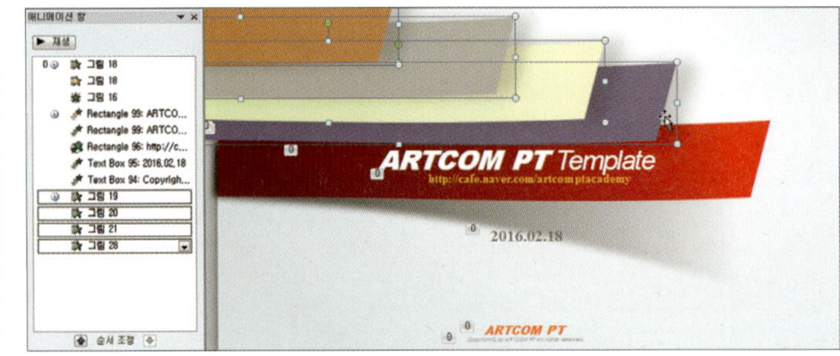

본문 예제 018_템플릿3_표지 애니메이션 참고

늘이기 효과

'늘이기' 효과는 텍스트나 도해 등에 적용해도 좋으며 특히 막대 그래프에 활용하면 효과적입니다. 막대 그래프는 '늘이기' 효과 또는 '닦아내기' 효과를 적용하면 보다 자연스럽습니다. '늘이기'는 나타내기 효과뿐 아니라 끝내기 효과에 적용해도 테크니컬한 느낌을 연출할 수 있습니다. 본문 예제 '029_배경 응용1_조명 애니메이션'을 참고하세요.

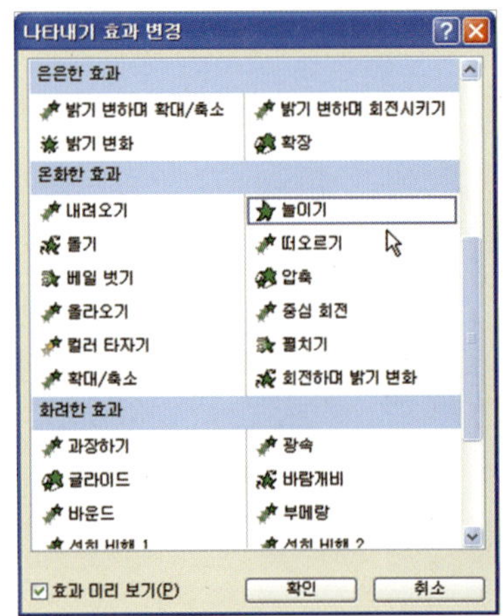
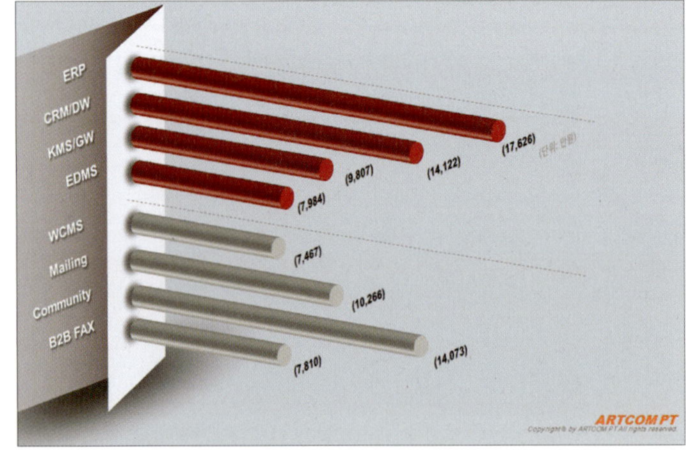

본문 예제 012_가로 막대형 차트_강조 애니메이션 참고

압축 효과

'압축' 효과는 그래프나 도해 등에 적용하기도 하지만 특히 텍스트에 적용하면 효과적입니다. 텍스트에 '압축' 효과를 적용할 경우 효과 옵션을 '한꺼번에'에서 '문자 단위로'로 변경하면 문자들이 겹치면서 독특한 느낌을 연출할 수 있습니다.

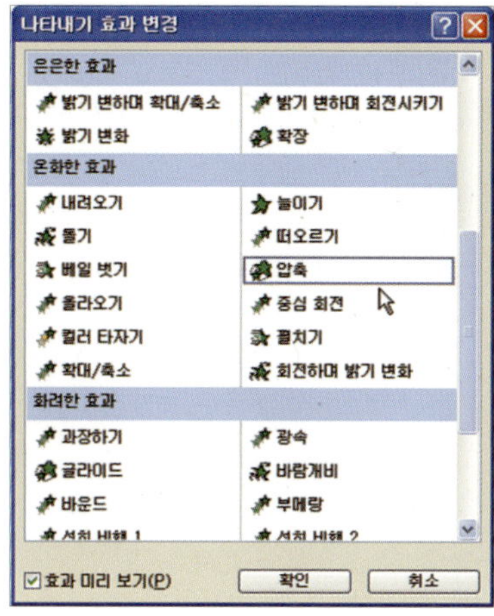

본문 예제 024_워드아트4_타이포그래피 애니메이션 참고

실 효과

'실' 효과는 이미지, 도형, 화살표 등에도 적용하지만 텍스트에 적용하면 보다 효과적입니다. 특히 그래프의 숫자들을 역동적으로 보여줘야 할 때 '실' 효과를 적용하면 속도감을 줄 수 있습니다.

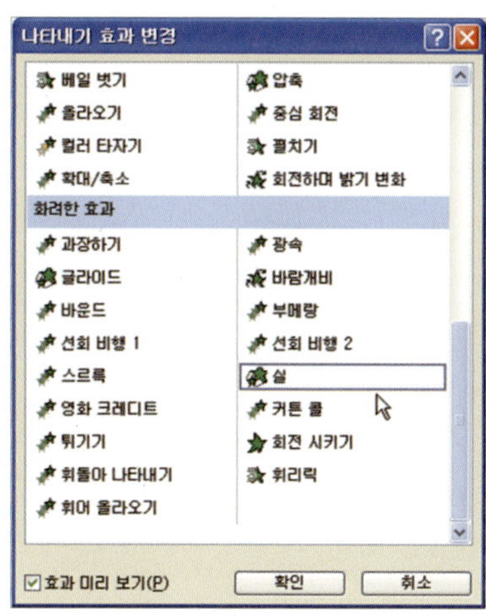

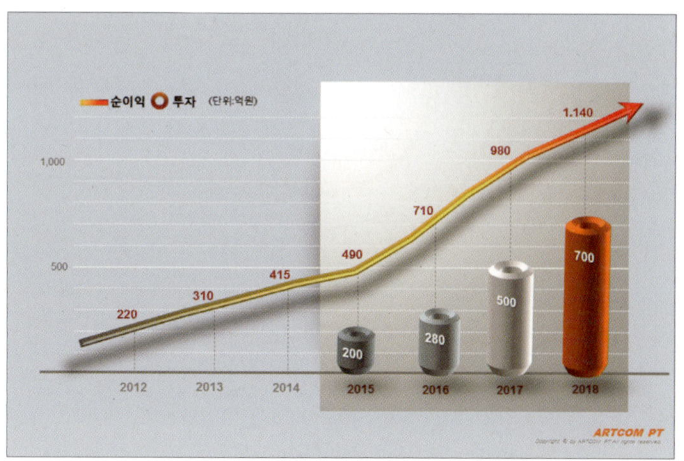

본문 예제 015_혼합형 차트_강조 애니메이션 참고

펼치기 효과

'펼치기' 효과는 '압축' 효과와 '실' 효과처럼 텍스트에 적용하면 효과적입니다. 텍스트에 '펼치기' 효과를 적용할 때는 효과 옵션에서 '한꺼번에'를 '문자 단위로'로 변경하면 문자 단위로 압축되면서 독특한 느낌을 연출할 수 있습니다.

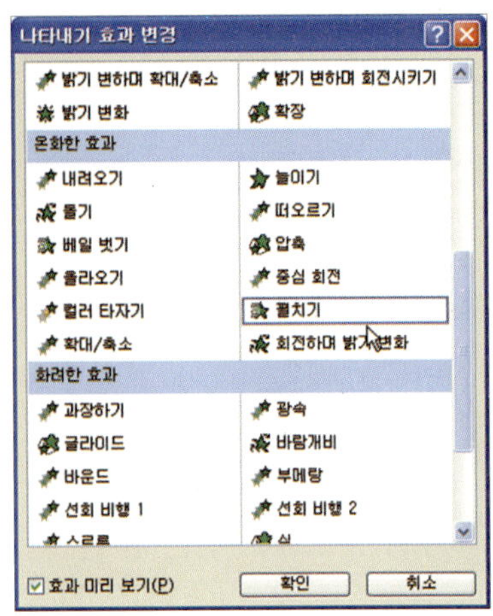

본문 예제 026_사진 편집1_이미지 애니메이션 참고

회전 효과

'강조하기' 효과에서 '회전' 효과는 시계 방향으로 회전과 시계 반대 방향으로 회전할 수 있으며 각도를 설정할 수 있어 다양한 응용이 가능합니다. 텍스트를 둥글게 회전할 수 있고, 자동차 바퀴나 톱니바퀴 이미지를 회전할 수 있으며 시계추나 시소처럼 일정한 각도로 움직일 수도 있습니다. '회전' 효과는 파워포인트 2007 버전은 물론 2010 버전에서도 제공됩니다.

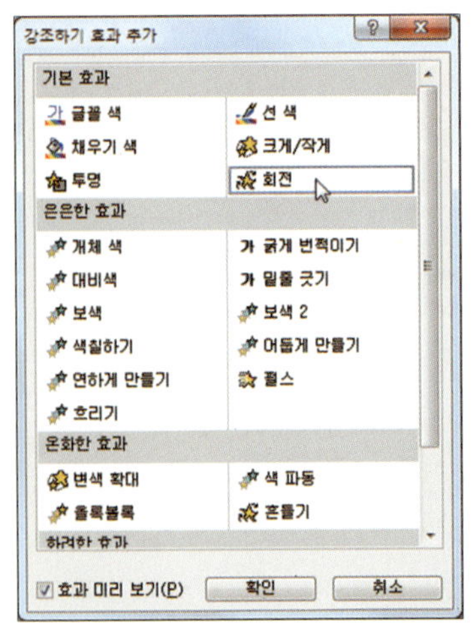

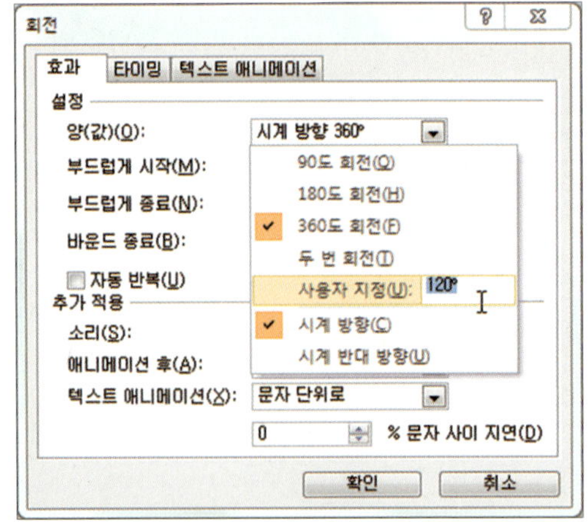

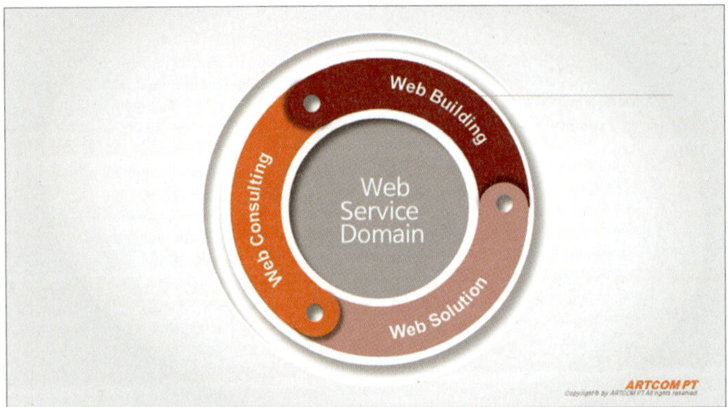

본문 예제 015_혼합형 차트_강조 애니메이션 참고

밝기 변화 효과

'밝기 변화' 효과는 페이드인 효과에 많이 쓰이며 인트로(슬라이드쇼)에서도 유용하게 쓰이는 기능입니다. 속도나 반복 기능을 이용하여 텍스트를 강조하거나 특정 영역을 반짝이는 효과 등을 연출할 수 있습니다. '밝기 변화' 효과는 파워포인트 2007 버전은 물론 2010 버전에서도 제공됩니다.

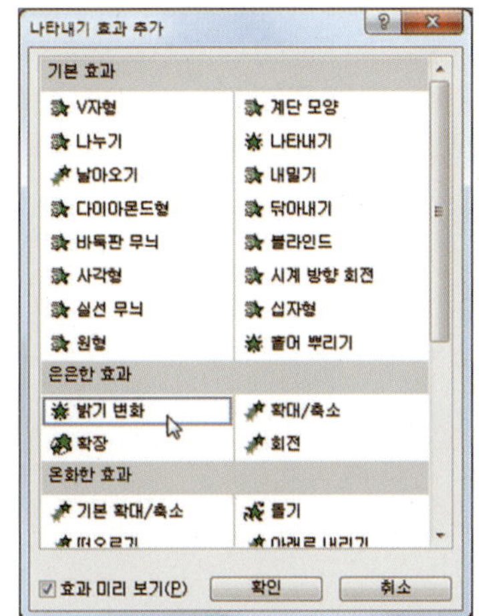

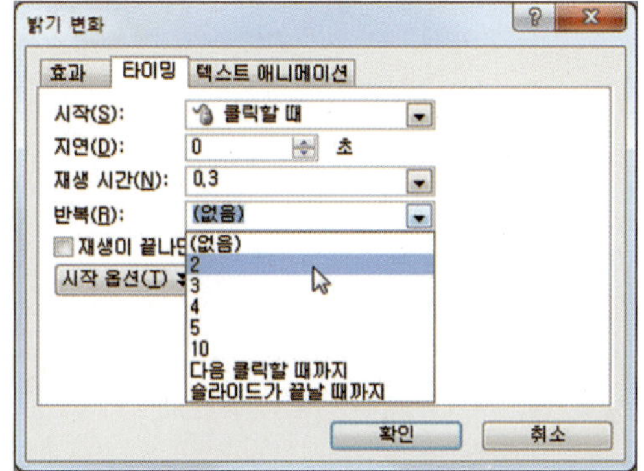

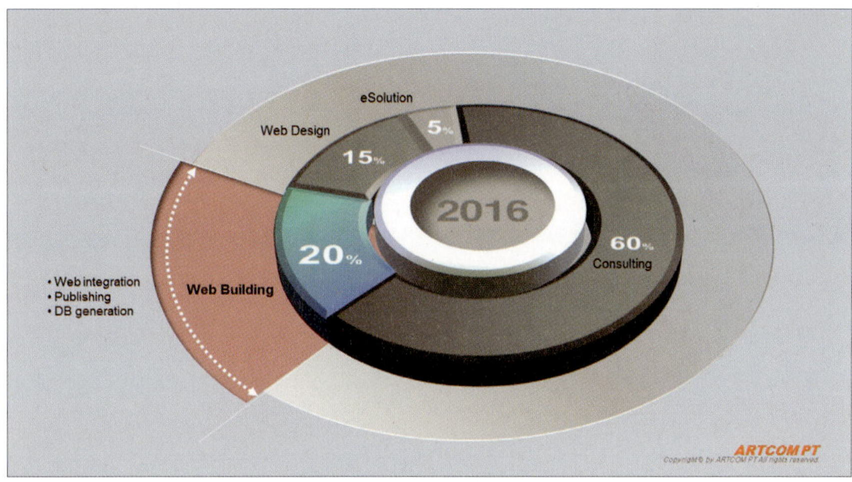

본문 예제 008_도넛형 도해_강조 애니메이션 참고

점멸(펄스) / 명멸(색 파동) 효과

'점멸'이나 '명멸' 효과는 강조하는 기법에 자주 쓰입니다. 특정 개체나 키워드를 강조해야 할 때 '점멸/명멸' 효과를 적용하면 한층 테크니컬한 느낌을 연출할 수 있습니다. 파워포인트 2010 버전에서는 이름이 변경되어 '점멸 → 펄스 / 명멸 → 색 파동'으로 나타냅니다.

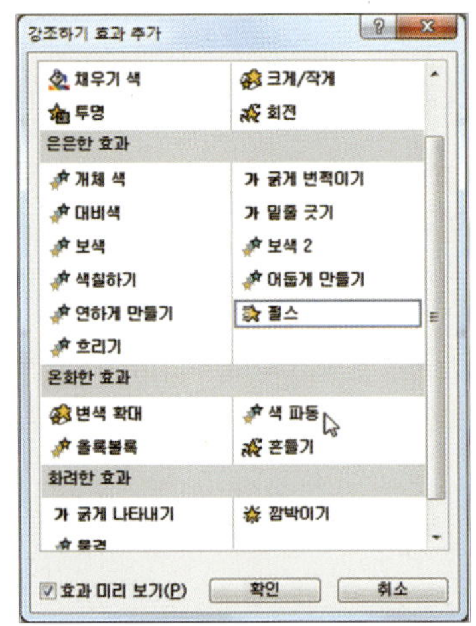 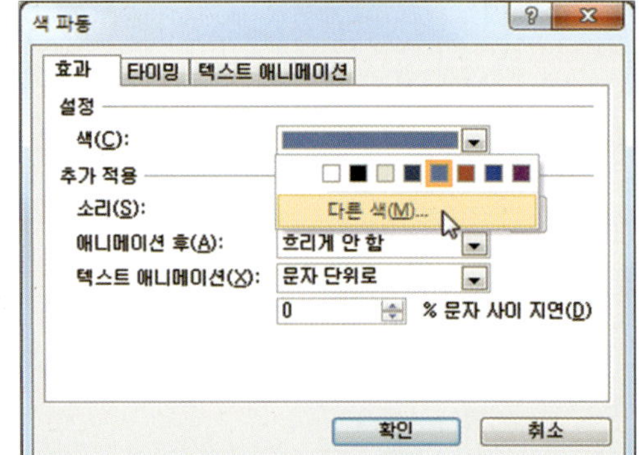

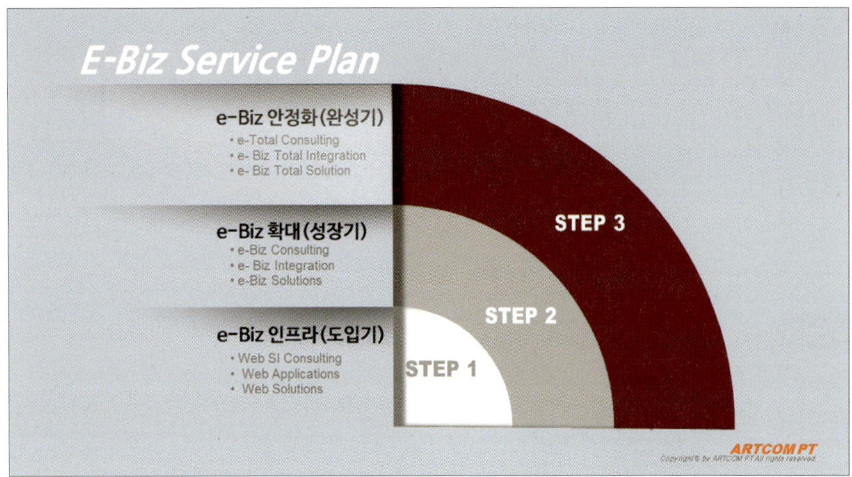

본문 예제 002_계층형 도해_명멸 애니메이션 참고

3 시작 옵션 기능

Q. 퀴즈 형식으로 프레젠테이션을 진행하려 합니다. 예를 들어 지도에서 특정 지역을 클릭하면 해당 지역에 관한 상세한 설명이 나오게 하고 싶습니다. 퀴즈에서 특정 번호를 클릭하면 해답이 나오는 방식입니다.

A. 시작 옵션 기능을 이용하면 됩니다. '시작 옵션'은 애니메이션을 어떻게 시작할지 설정하는 것입니다. 특정 개체(번호, 지역)를 클릭하면 해당 이미지나 텍스트가 나오는 형식입니다. 시작 옵션 기능은 [타이밍] 탭에서 설정하며 '다음을 클릭하면 효과 시작'으로 옵션을 선택합니다. 날아오기, 밝기 변화, 회전 기능 등의 애니메이션 효과를 가미하면 한층 테크니컬한 느낌을 연출할 수 있습니다. 시작 옵션과 하이퍼링크 기능을 조합하면 프레젠테이션에서 유용하게 활용할 수 있습니다. 슬라이드에 도움말(Help) 메뉴나 리모컨을 만들어 필요할 때마다 호출하여 하이퍼링크를 연결하는 방식으로 애니메이션 효과 중 으뜸이라 할 수 있습니다.

❶ 특정 개체에 애니메이션을 지정합니다.

❷ [애니메이션 창]에서 해당 개체의 팝업 아이콘(▼)을 클릭합니다.

❸ [타이밍] 탭의 시작 옵션에서 다음을 클릭하면 효과 시작의 개체를 지정합니다.

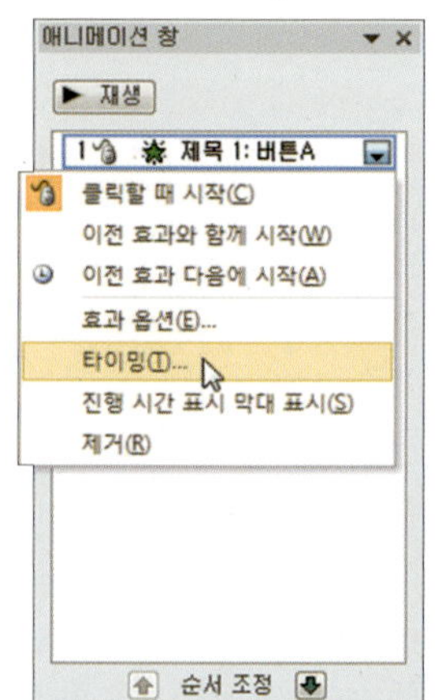

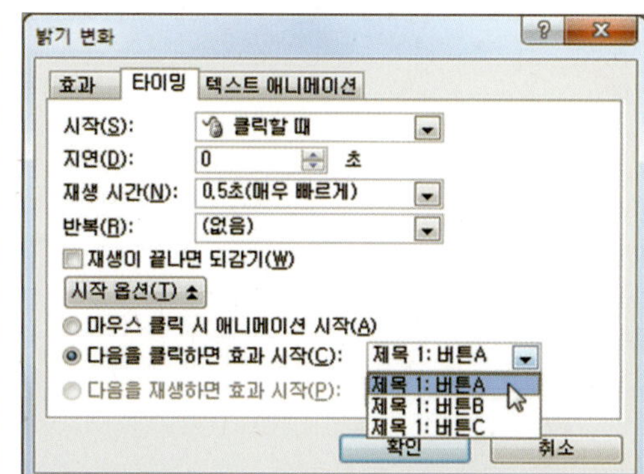

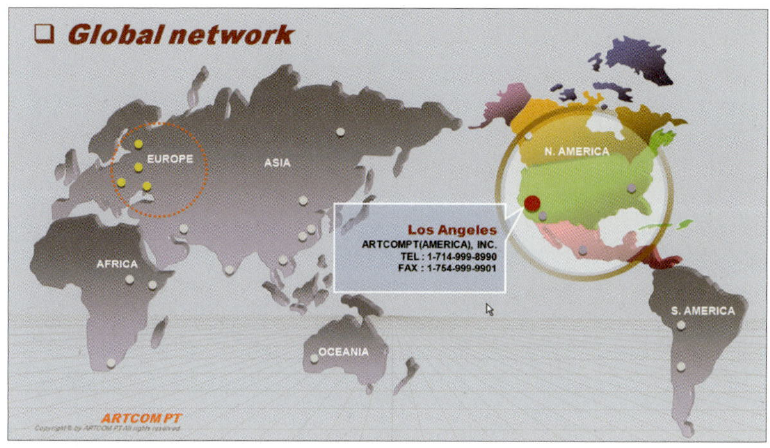

4 비디오 만들기

Q. 파워포인트 슬라이드쇼를 동영상으로 만들고 싶습니다. HD TV에서도 볼 수 있도록 화질이 좋아야 합니다. 슬라이드쇼는 물론 배경음악과 중간중간 삽입된 동영상도 함께 녹화되어야 하겠지요.

A. 파워포인트 2010 버전부터 제공하는 '비디오 만들기' 기능을 이용하면 됩니다. 애니메이션 효과는 물론 음악과 슬라이드에 삽입된 비디오까지 함께 동영상으로 만들어지기 때문에 매우 효과적입니다. 예행연습을 통해 시간을 설정할 수 있으며 스크린세이버나 인트로도 만들 수 있습니다. 일반적인 수준에서는 단순히 파워포인트 슬라이드쇼 정도만 비디오로 만들 수 있지만 전문가 수준에 이르면 여러 모니터에서 동시에 상영할 수 있는 비디오 아트나 TV 방송 인트로 수준의 작품을 만들 수도 있습니다.

파워포인트 2010 버전에서 비디오 만들기는 아직 안정되지 않아 제대로 녹화되지 않을 수도 있습니다. 소리가 녹화되지 않을 수 있고 예행연습과 다르게 싱크가 맞지 않을 수도 있습니다.

비디오 만들기

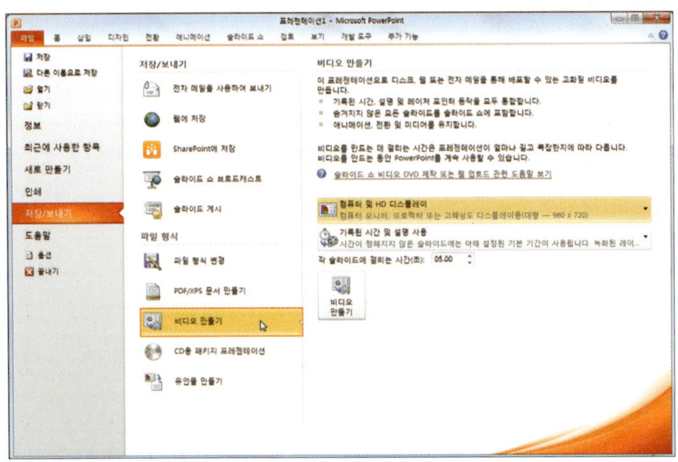

영상 화질

파워포인트 2010 버전의 경우 가장 보편적인 해상도(화질)는 640×480입니다. HD TV나 빔프로젝터를 통해 상영해야 할 경우 해상도는 960×720을 선택해야 합니다.

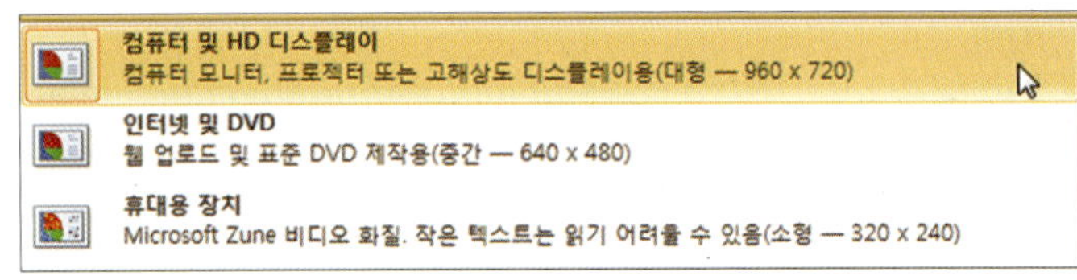

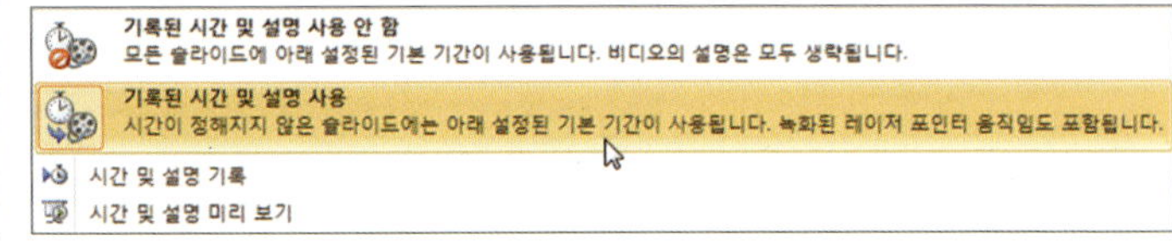

파워포인트 2013 버전과 2016 버전에서는 보다 높은 해상도까지 녹화할 수 있습니다.
(파워포인트 2013 버전_HD급 1280×720 녹화 가능/PPT 2016 버전_Full HD급 1920X1080까지 녹화 가능)

유의할 점

- 비디오 크기는 슬라이드 크기에 따라 결정되므로 스마트폰처럼 세로가 긴 직사각형으로 만들 수도 있습니다.
- 비디오 만들기에는 시간이 다소 걸립니다. 너무 오래 걸리는 경우 에러일 가능성이 있습니다.
- 비디오 만들기는 되는데 소리가 녹화되지 않는 경우도 있습니다. 화면만 나오는 상태는 분명 잘못된 것입니다.
- 사운드카드 드라이브를 다시 설치하거나 최신 코덱을 설치하는 등 여러 방법을 써도 소리가 녹화되지 않으면 최악의 경우에는 시스템을 다시 설치해야 합니다.

5 사운드 편집

Q. 음악 편집 유틸리티 없이 파워포인트에서 음악을 편집할 수 있다고 들었습니다. 배경음악을 필요한 만큼만 자르고 싶습니다.

A. 파워포인트 2010 버전부터 슬라이드에 삽입된 음악을 편집할 수 있습니다. 2007 버전 사용자들은 음악 편집을 위한 유틸리티를 사용해야 합니다. 파워포인트 2010 버전의 음악 편집 기능은 최소한의 편의만 제공할 뿐이므로 정밀하게 작업하려면 골드웨이브 등의 유틸리티를 활용하는 것이 좋습니다. 골드웨이브는 사용하기 쉬우며 매우 정밀하게 음악을 편집할 수 있습니다.

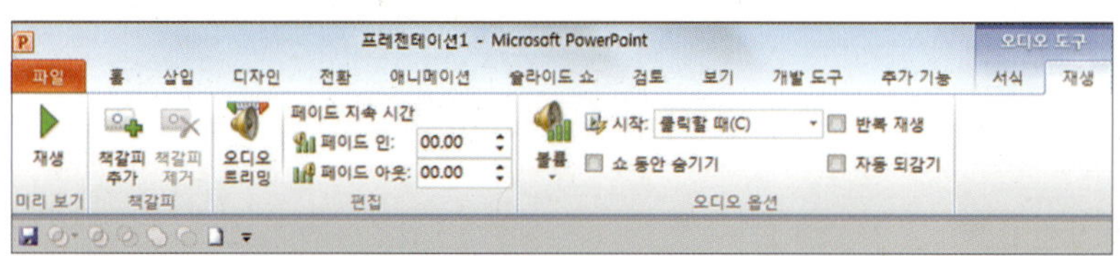 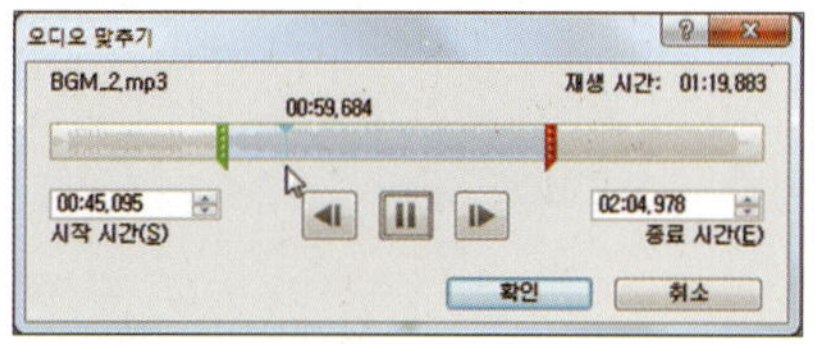

파워포인트 2010 버전에서 음악 편집하기

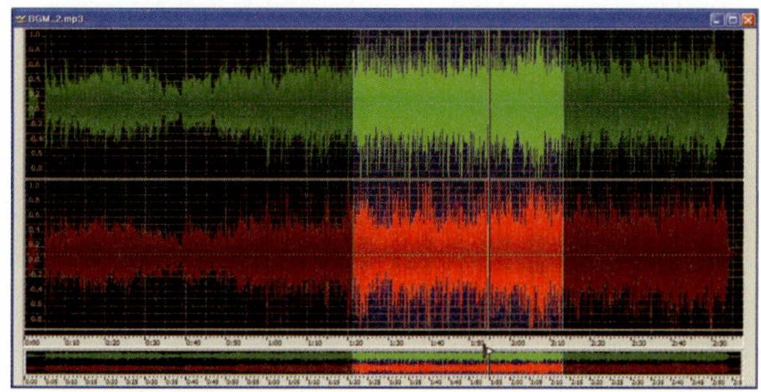

골드웨이브에서 음악 편집하기

6 동영상 편집

Q. 파워포인트 2010 버전 사용자입니다. 슬라이드에 삽입된 동영상을 편집하는 방법이 궁금합니다.

A. 파워포인트 2010 버전부터 슬라이드에 삽입된 음악이나 동영상 편집이 가능해졌습니다. 영상 편집, 북마크, 페이드인-아웃, 동영상 색상 변경, 모양과 테두리 변경 등 여러 가지 부가 기능이 많지만 그중 유용한 기능 3가지만 설명하겠습니다.

❶ 동영상을 트리밍하여 보여주고 싶은 부분만 보여줄 수 있습니다. 파워포인트 2007 버전 사용자는 다음 팟코더와 무비메이커를 활용해서 동영상을 편집해야 합니다.

❷ 이미지에 적용한 효과를 동영상에서도 적용 가능합니다. 동영상에 다양한 표현 기법을 적용할 수 있습니다.

❸ 동영상 위에 워드아트나 개체를 올려놓을 수 있는 것이 무엇보다 중요한 변화입니다. 이전에는 그래픽보다 동영상이 무조건 앞에 배열되었기 때문에 문제였습니다. 동영상 위에 PNG 파일을 올릴 수 있어 무비메이커에서 작업한 것과 질적인 차이를 연출할 수 있습니다.

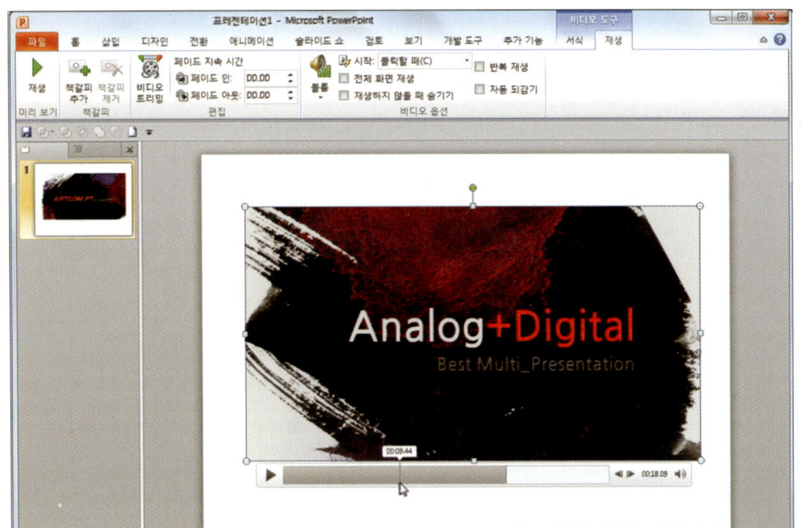

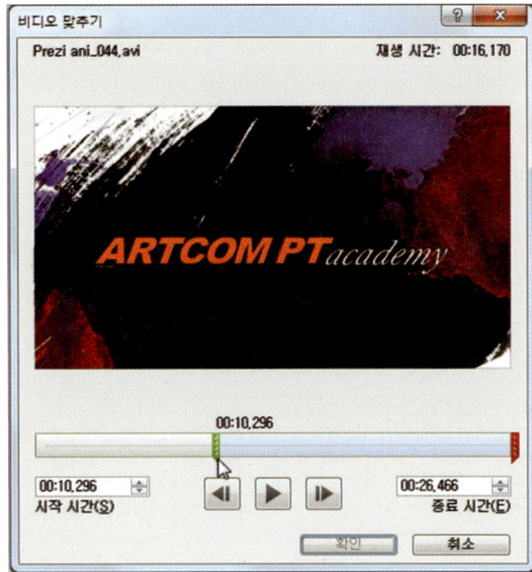

유의할 점

- 슬라이드에 링크하지 않고 삽입하는 개념이기 때문에 슬라이드가 무거워질 수 있습니다.
- 비디오 만들기를 진행하면 동영상은 나오는데 소리가 나오지 않을 수 있습니다.

7 배경음악 추가

Q. ❶ 배경음악에 사용하는 파일은 mp3, wav 파일 중에서 어떤 것이 좋나요?

❷ 배경음악을 넣었는데 음악이 표지에서만 나옵니다. 13페이지 정도 되는 슬라이드 끝까지 나오게 하는 방법이 있나요?

❸ 어떤 경우에는 20페이지 슬라이드쇼 중 18페이지에서 음악이 끝나는 경우가 있고 슬라이드쇼가 끝났는데 음악이 계속되는 경우도 있습니다. 음악과 애니메이션을 딱 맞추려면 어떻게 해야 하나요?

A. ❶ 배경음악은 일반으로 mp3, wav 파일을 사용하지만 wav 파일은 데이터가 커서 mp3 파일로 삽입하는 것이 좋습니다.

❷ 효과 옵션의 오디오 재생 부분에서 지금부터 몇 페이지까지로 지정해야 음악이 원하는 부분까지 나옵니다.

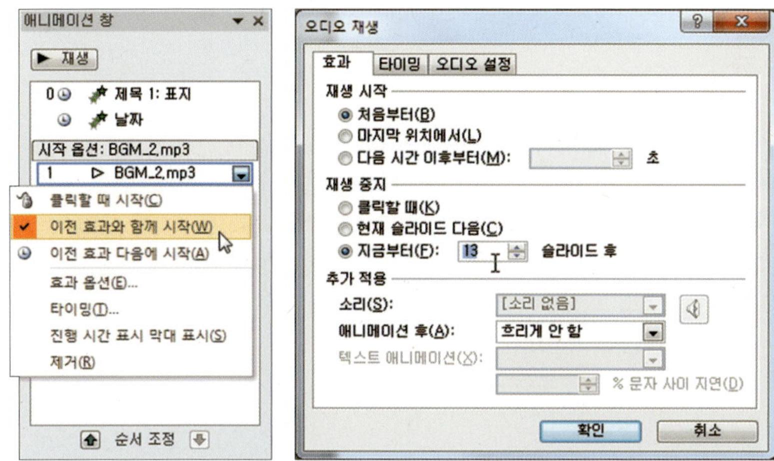

❸ 골드웨이브 등 음악 편집 유틸리티를 이용하여 음악을 재편집해야 합니다. 음악을 편집할 때는 페이드인, 페이드아웃 효과를 적용하여 음악이 서서히 시작해서 서서히 끝나도록 편집하는 것이 좋습니다.

8 플래시 파일 삽입

Q. 파워포인트 2010 버전에서 플래시 파일을 간단하게 삽입하는 방법에 대해 알려주세요.

A. 플래시 파일 삽입 방법은 매우 복잡해 보여도 한번 따라해 보면 절대 잊지 않을 거예요. 머리로 외우려 하지 말고 이해하는 것이 중요하며 직접 따라 하면서 손으로 외우세요. 인터넷에서 '파워포인트에 플래시 삽입하기'를 검색하면 다양한 방법을 확인할 수도 있습니다. 간단하게는 다음과 같은 6단계로 작업합니다.

❶ 개발 도구에서 망치처럼 생긴 아이콘을 클릭합니다.
❷ [기타 컨트롤] 대화상자에서 스크롤 바를 많이 내려 'Shockwave flash object'를 선택합니다.
❸ 슬라이드에 플래시가 들어올 크기만큼 드래그하여 X자 박스를 그립니다.
❹ Movie에 경로를 삽입합니다. 플래시 파일을 찾아 경로를 정확하게 복사하여 붙여 넣습니다. 이때 확장자 swf까지 정확하게 넣어야 합니다.
❺ Embedmovie를 변경합니다(false → True). 해당 플래시 파일을 슬라이드에 포함합니다. 이후 플래시 파일은 따로 필요하지 않습니다.
❻ 슬라이드쇼를 클릭합니다. 반드시 슬라이드쇼를 클릭해야 플래시가 재생됩니다.

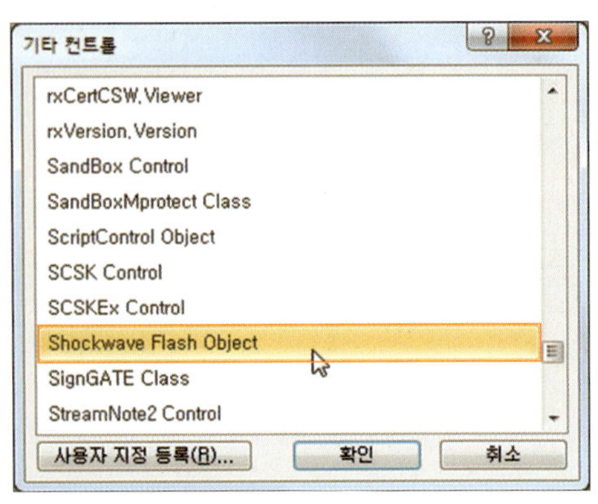 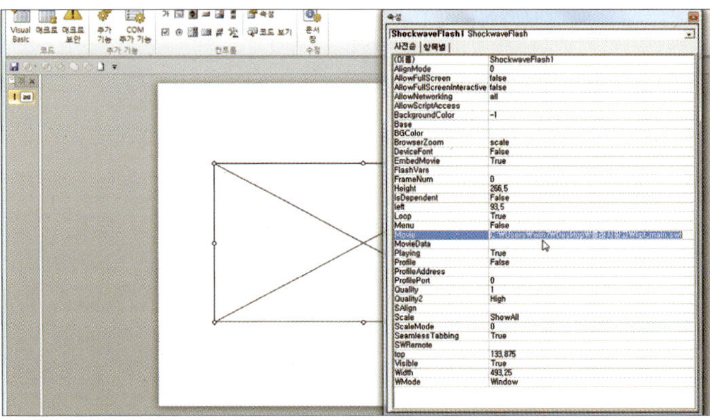

9 화면 전환 효과

Q. 파워포인트 2007 버전보다 2010 버전의 화면 전환 효과가 보다 화려해진듯합니다. 화면 전환 효과 중 특별히 추천할 만한 것은 무엇인가요?

A. 화면 전환 효과는 슬라이드를 넘길 때 3차원적으로 표현하면서 한층 부드럽게 전환할 수 있습니다. 파워포인트 2010 버전은 개별 애니메이션 기능을 삭제한 대신 다양한 화면 전환 효과를 제공합니다. 화면 전환 효과는 프레젠테이션 슬라이드에 적용해도 좋지만 3분 정도의 인트로(자동 슬라이드쇼)를 제작할 때 매우 유용합니다. 파워포인트 2010 버전은 큐브, 물결 파동, 셀 조각 등이 재미있으며 2013 버전에서는 종이접기, 벗겨내기, 비행기, 바람 등이 흥미롭습니다. 재미있는 화면 전환 효과는 청중에 따라 유치해 보일 수 있으므로 주의해야 합니다. 무엇이든 과유불급입니다. 화면 전환 효과를 너무 많이 쓰면 오히려 산만해지거나 식상할 수 있습니다.

유의할 점

• 파워포인트 2013 버전에서는 2010 버전보다 넘어지기, 늘어뜨리기, 커튼, 바람, 등장하기, 부서지기, 구겨지기, 벗겨내기, 페이지 말기, 비행기, 종이접기 등 다양한 화면 전환 효과가 추가되었습니다.

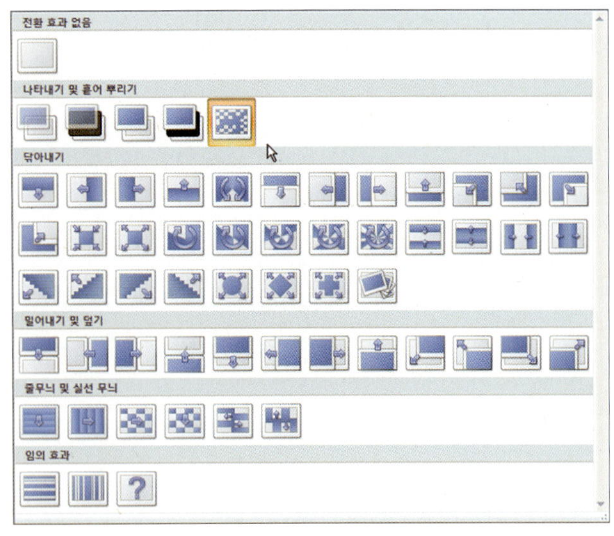 

(좌) 파워포인트 2007 버전의 화면 전환 효과

(우) 파워포인트 2010 버전의 화면 전환 효과

10 슬라이드쇼

Q. 슬라이드쇼를 통해 간단한 홍보 영상이나 인트로 같은 애니메이션 슬라이드를 만들고 싶습니다. 슬라이드는 20페이지 정도이고 음악이나 동영상, 내레이션 등도 삽입할 예정입니다. 어떻게 만드나요?

A. 필자의 경우 원스톱 플랜테이션 5단계를 거쳐 인트로 작품을 제작합니다.
원스톱 플랜테이션 5단계 과정 : 구상(기획)−분석(내용 분석/자료수집)−컨셉(디자인 컨셉)−
작성(디자인)−발표(슬라이드쇼/동영상 제작)

단계마다 철저하게 작업하지 않으면 시간 내에 완성하지 못하거나 퀄리티가 떨어지는 작품이 나오므로 단계별 완성도를 높이기 위한 노하우도 상당히 요구됩니다.

슬라이드쇼(인트로 애니메이션)는 총체적인 기술이 필요합니다. 중급 수준에서도 제작하기 매우 어렵습니다. 전문 업체도 3~7일 정도의 제작 기간을 가져야 작업이 가능합니다. 자료는 텍스트보다 이미지가 많을수록 좋으며 오래된 것보다 최신 것으로, 해상도는 높게 준비하는 것이 좋습니다.

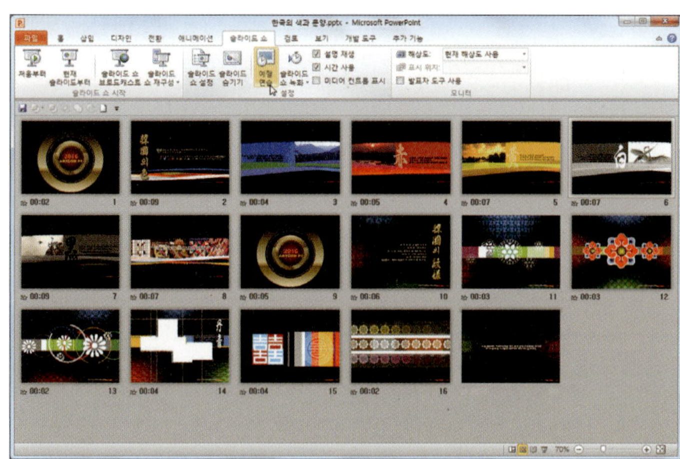

사례 분석_'한국의 색과 문양' 슬라이드쇼 습작(ARTCOMPT 연구소)

유의할 점

• 예행연습

  예행연습의 녹화 기능을 제대로 활용하려면 일정한 기술이 필요합니다. 특히 음악과 애니메이션을 딱 맞춰야 할 경우 수십 번 애니메이션 속도를 조절하고 녹화해야 하는 경우도 있습니다. 예를 들어 가사가 있는 음악을 20페이지 정도 슬라이드쇼로 만들어야 한다면 페이지마다 가사와 음악이 딱 맞는 것이 중요합니다. 가사에 맞게 애니메이션을 녹화하려면 상당한 노하우가 필요합니다.

싱크가 맞지 않을 때가 있습니다. 정확하게 예행연습을 했는데 '비디오 만들기'를 진행하면 음악과 슬라이드쇼가 일치하지 않는 경우입니다.
해법은 배경음악이 MP3 파일인 경우 WAV 파일로 변환해 보세요.

• 배경음악

20페이지 정도의 슬라이드쇼를 돌리려 하는데 표지에 삽입한 음악만 나오고 다음 페이지로 넘어가지 않는 경우가 있습니다. 음악과 함께 다양한 애니메이션을 적용할 경우 음악이 나오지 않거나 음악은 나오는데 애니메이션이 진행되지 않을 수 있습니다. 표지에 음악을 넣으려 할 경우 한 가지 방법이 있다면 표지를 2페이지로 분리하여 표지1에 음악을 넣고 표지2에는 타이틀과 이미지, 날짜 등을 애니메이션하는 것입니다.

파워포인트 버전이 다르면 재생하는데 음악과 애니메이션 싱크가 맞지 않는 경우도 있습니다. 파워포인트 2007 버전에서 제작하고 2010 버전에서 재생할 때 슬라이드쇼가 딱 맞지 않습니다. 파워포인트(PPT) 슬라이드쇼를 준비한다면 만약을 위해 동영상으로 녹화하는 것이 좋습니다.

• 반복

슬라이드쇼를 계속 반복하려면 [쇼 설정] 대화상자에서 '〈Esc〉 키를 누를 때까지 계속 실행'에 체크 표시해야 합니다. 이것은 전시장에서 자동으로 반복 재생하거나 스크린세이버 형식으로 돌려야 할 때 유용합니다.

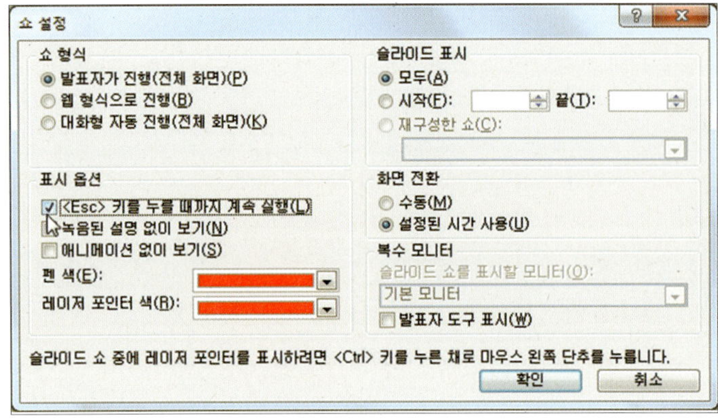

• 비디오 만들기 오류

예행연습을 끝내고 '비디오 만들기'를 진행했는데 소리는 녹화되지 않는 경우가 있습니다. 이때는 코덱이나 사운드카드에 문제가 있을 경우 소리가 녹화되지 않은 동영상을 무비메이커로 불러들여 음악을 삽입합니다.

005 프레지 애니메이션 Q&A 10

프레지는 인터넷 기반의 프레젠테이션 툴로 웹에서 만들고 시연할 수 있으며 TED 프레젠테이션으로 단번에 유명해졌습니다. 스토리텔링 형식으로 전개하기 때문에 보다 흥미를 갖고 몰입하게 됩니다. 프레젠터에게는 기존 PT 프로그램보다 매력적인 툴인 것은 분명합니다. 청중을 보다 압도하고 싶은 마음 때문이겠지요.

프레지는 분명 파워포인트와는 다른 강력한 특징이 있습니다. 우선 벡터 기반이기 때문에 디자인이 산뜻하고 간결한 느낌을 줍니다. 줌 인–아웃, 회전 효과는 그 어떤 프레젠테이션 툴에서도 볼 수 없는 역동적인 애니메이션 기능입니다. 몇 가지 안 되는 기능만으로도 청중의 시선을 단번에 끌어들일 수 있다는 것이 놀랍습니다. 파워포인트의 수많은 화면 전환 효과와 개체에 적용할 수 있는 애니메이션 기능들이 무색할 정도입니다. 필자 또한 프레지를 이용하여 프레젠테이션하거나 강의에 활용하기도 하는데 주로 청중(수강생)의 반응에서 확인할 수 있습니다.

프레지는 3시간만 배워도 사용할 수 있을 만큼 쉽다고 하지만 수박 겉핥기식으로 알아서는 완성도 높은 작품을 만들 수 없습니다. 사실 파워포인트의 기본 기능 익히기도 3시간이면 됩니다. 프레지의 장점에도 불구하고 청중의 반응은 오히려 산만하다거나 어지럽다는 반응이 있습니다. 대충 알고 제대로 작성하지 못하면 역효과를 내는 것입니다.

필자는 아트컴피티 아카데미를 통해 회원들의 궁금증을 해결하고 있습니다. 단순한 것도 모르면 답답한 법이죠. 프레지에 관한 질문 중 가장 많은 비중을 차지하는 것은 "파워포인트와 프레지의 차이가 무엇인가?"입니다. 그리고 "무료 버전은 기능이 제한되어 있는가?", "인터넷 없이도 발표에 문제가 없는가?" 등이 뒤를 잇습니다. 프레지 관련 질의·응답 중 중급자라도 꼭 알아야 할 10가지만 간추려 살펴보겠습니다.

1 프레지의 무료와 유료 차이

Q. 프레지는 무료로 설치할 수 있습니까? 무료와 유료의 차이는 무엇입니까?

A. 무료(Public)도 유료(Enjoy, Pro)와 같은 기능을 대부분 이용할 수 있습니다. 문제는 저장 용량이 100MB만 주어지고, 프레지(Prezi) 워터마크가 찍히며 작성한 내용이 모두 공개된다는 것입니다. 초기에 학습하는 상태에서는 무료로 사용하는 것이 좋지만, 기업에서 보고서나 제안서를 작성하여 발표용으로 활용할 때는 무료 계정에 문제가 있습니다.

- 작성 내용이 공개되지 않습니다. 공개/비공개 옵션이 있습니다.
- 프레지 워터마크가 찍히지 않습니다. 나만의 로고로 변경할 수 있습니다.
- 프로 라이선스의 경우 프레지 데스크톱을 설치하여 오프라인에서 작성 가능합니다.
- 저장 공간을 무제한으로 이용할 수 있습니다.

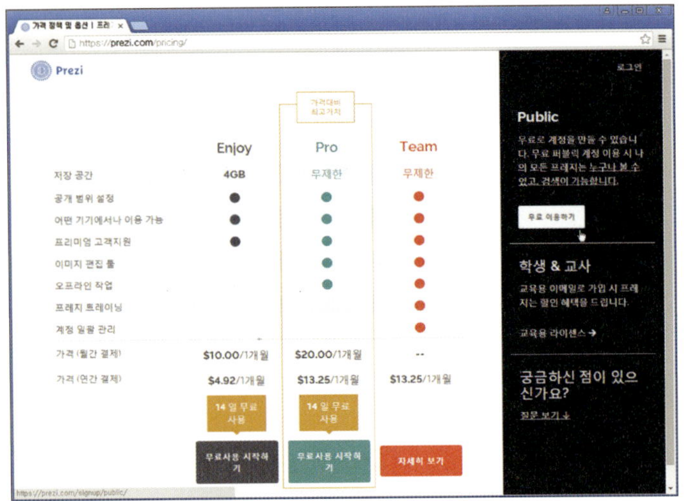

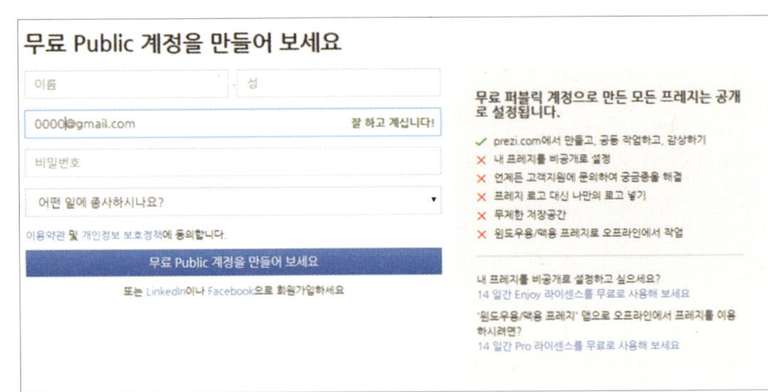

2 프레임의 용도와 활용

Q. 프레지에서 프레임이 중요하다고 들었습니다. 프레임의 용도는 무엇입니까?

A. 프레지는 흔히 3가지 텍스트, 색상 그리고 프레임이 중요합니다. 프레임은 원형, 사각, 괄호, 투명 프레임이 있으며 캔버스 가득 나열된 정보 중 일부를 포커싱(그룹화)합니다. 파워포인트로 말하면 한 페이지의 슬라이드가 되는 것입니다.

프레지는 3차원 캔버스를 사용하기 때문에 '슬라이드'가 아닌 '프레임'이라는 이름을 사용합니다. 초급자의 경우 원형 프레임을 선호하는 경향이 있지만 조금만 익숙해지면 투명 프레임을 가장 많이 사용합니다.

프레임은 레이아웃 개념에서도 매우 중요합니다. 초급자와 전문가는 레이아웃 작업에서 확연한 차이를 드러냅니다. 프레임 안의 개체나 텍스트를 짜임새 있게 구성하고 여백을 적절하게 확보하는 일은 초급자에게는 쉬운 일이 아니므로 패스를 설정할 때에도 프레임을 이용하는 것이 좋습니다. 개체나 텍스트에 바로 패스를 설정하면 화면에 꽉 차게 디스플레이되기 때문에 디자인 완성도가 크게 떨어집니다. 프레임을 제대로 활용하면 디자인 퀄리티를 한 차원 높일 수 있습니다.

- 프레임은 카메라의 촬영 범위를 결정하는 것으로 파워포인트의 슬라이드(Slide)와 같습니다.
- 프레임 안에 있는 텍스트와 개체가 그룹화됩니다. 프레임을 이동하거나 확대하면 안에 있는 개체도 함께 변경됩니다.
- 프레임을 이용하여 여백을 확보하고 짜임새 있게 레이아웃하는 것은 디자인에서 매우 중요한 개념입니다.
- 프레임 안에서 페이드인 효과를 줄 수 있습니다.

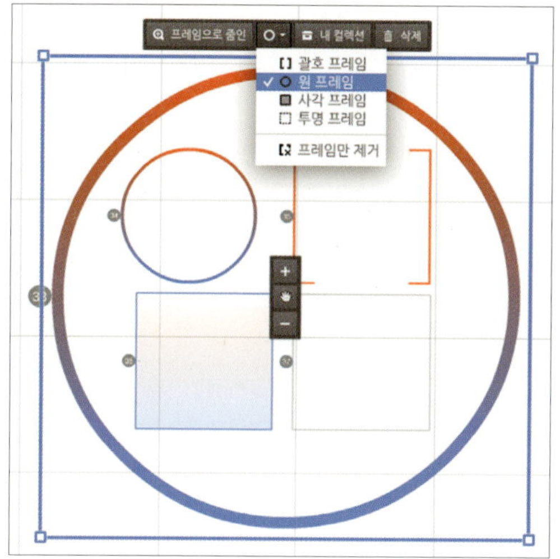

기본으로 제공되는 4종류 프레임

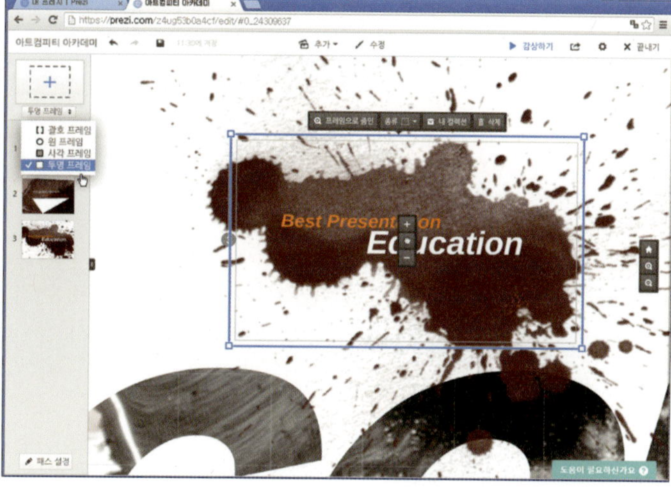

이미지 위에 투명 프레임을 적용한 예

3 테마와 CSS 편집

Q. 프레지도 파워포인트처럼 슬라이드 마스터 개념이 있나요? 슬라이드 마스터를 통해 폰트를 설정하고 테마 색도 정하잖아요.

A. 테마는 초급 수준에서 프레지 작업을 할 때 도움이 됩니다. 폰트, 색상 등을 보다 쉽게 지정할 수 있습니다. 또한 CSS 편집 기능을 이용하여 원하는 폰트로 변경할 수 있어 편리합니다.

테마 설정하기

프레지에서 테마를 설정하려면 메뉴에서 [수정]을 선택하고 오른쪽에 적용할 테마(20개의 한글테마 지원)가 나타나면 하나를 선택하여 3종 폰트, 배경색, 프레임 색상, 폰트 색상 등이 자동으로 정해집니다. [Theme Wizard] 대화상자에서 지정한 테마 색상을 변경하거나 3D 배경을 삽입할 수 있습니다.

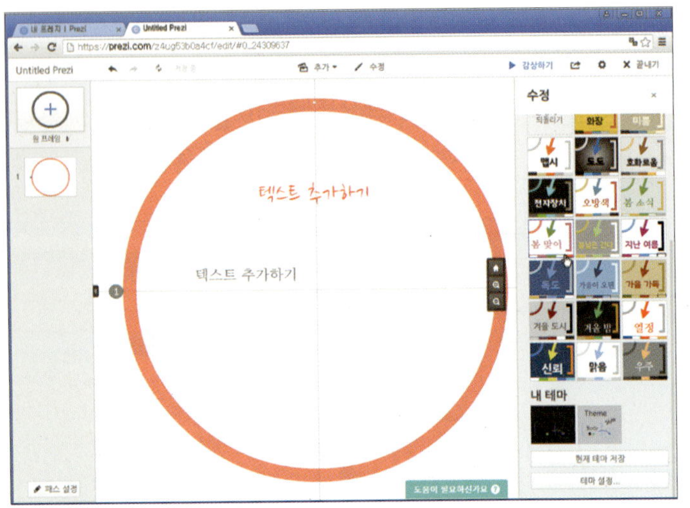
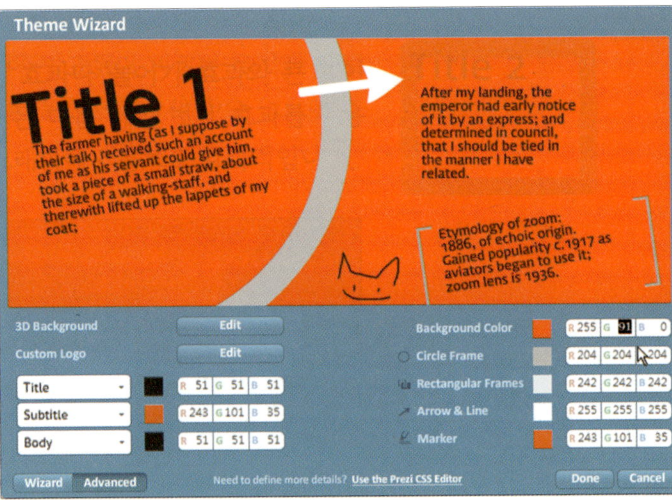

CSS 문서 스타일 변경하기

CSS 편집 기능을 이용하면 3개의 글꼴(제목, 부제목, 본문)을 원하는 스타일로 변경할 수 있습니다. 특히 한문텍스트를 써야 할 경우 CSS 편집 기능을 이용해야 합니다. 한문은 3종의 한글만 지원됩니다. 최근 텍스트 입력창에 있는 '폰트 설정 옵션 기능'이 업그레이드되어 한글 폰트를 쉽게 변경할 수 있어 폰트 바꾸기가 어려웠던 예전보다 상당히 편리한 기능입니다.

한문 폰트 적용하기

제목이나 본문에 한문을 작성해야 할 때 CSS 편집에서 한문 작성이 가능한 폰트를 지정해야 합니다.

한문을 작성할 수 있는 폰트

- 서울한강체(seoulHangangB.keg)
- 상상제목체(SanSangTitleOTFB.keg)
- 서울남산체(SeoulNamsanB.keg

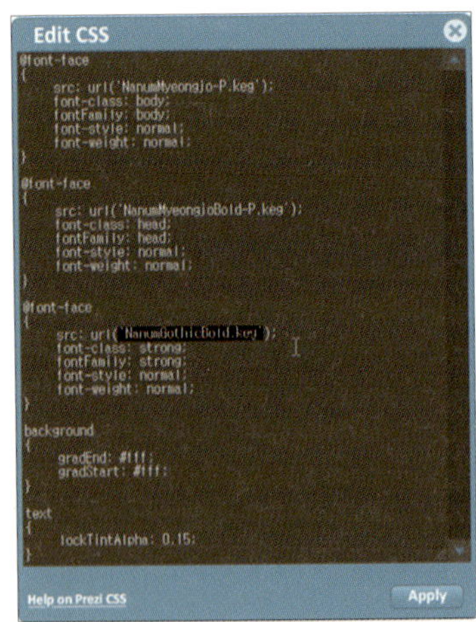
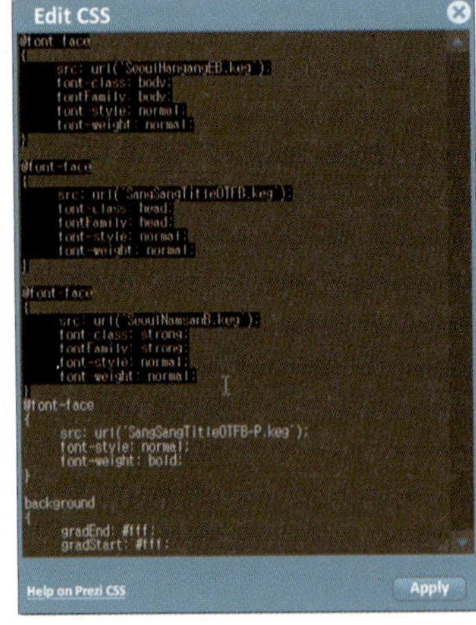
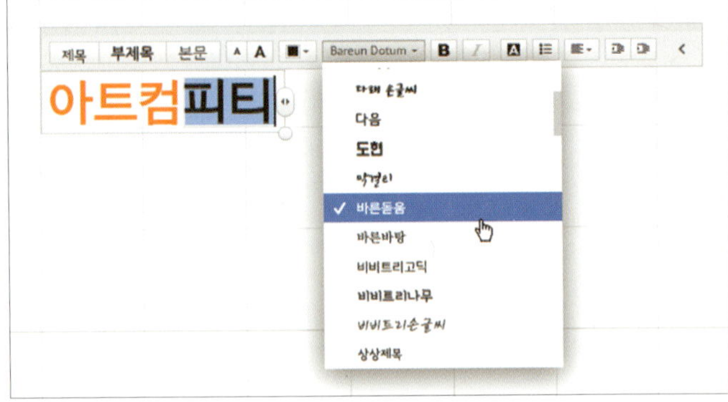

4 3D 배경의 활용

Q. 프레지로 프레젠테이션하는 것을 보았는데 이미지와 텍스트가 배경 위에서 떠있는 듯 보였습니다. 3D 배경을 이용했다고 하던데 어떻게 만드나요?

A. 프레지의 장점 중 하나는 3D 배경을 활용하여 한층 독특한 애니메이션을 구현할 수 있다는 것입니다. 3D 배경을 적용하면 이미지의 시차 모션을 만들어 개체나 텍스트가 3차원 공간에서 둥둥 떠다니는 느낌을 줍니다. 파워포인트와 키노트에서 볼 수 없는 독특한 애니메이션을 만들 수 있습니다. 밋밋한 텍스트나 폰트라도 3D 배경에 배치하여 줌 인-아웃, 회전 효과를 적용하면 한층 멋스럽게 표현할 수 있습니다. 3D 배경을 활용하여 색다르게 연출하고 싶다면 한층 풍부한 테크니컬이 필요하기 때문에 많은 연구가 필요합니다.

3D 배경의 장점

❶ 보다 테크니컬한 애니메이션을 구현할 수 있습니다. 다른 프레젠테이션 툴에서 볼 수 없는 색다른 배경을 연출합니다.

❷ 1장에서 3장까지 3D 배경을 넣을 수 있습니다. 계속 줌 인하면 배경이 변경되어 변화를 줍니다.

❸ 3차원 애니메이션 효과를 극대화하여 공간에 떠 있는 듯한 시차 모션을 나타냅니다.

5 프레지 애니메이션 기능

Q. 프레지는 애니메이션 기능이 얼마 없어 배우기가 무척 쉽다고 들었습니다. 가장 많이 쓰는 애니메이션 기능이 있다면 무엇입니까?

A. 프레지 애니메이션의 특징은 줌 인-아웃, 회전 기능입니다. 특정 부분을 포커싱하거나 멀어지게 할 때 줌 인-아웃 기능을 활용합니다. 줌 인-아웃과 함께 회전 기능을 적용하면 한층 역동적인 효과를 줍니다. 프레지 애니메이션은 프레임(개체, 텍스트) 간의 거리, 크기, 각도에 따라 3차원적인 깊이감과 속도감이 생깁니다. 개체(프레임) 간의 거리, 크기, 각도를 어떻게 적용하느냐에 따라 부드럽거나 역동적으로 애니메이션됩니다. 어지럽다는 반응이 나오는 이유는 개체 간

의 거리가 멀어 속도가 빨라지는 것입니다. 줌 인–아웃이 심하거나 회전 각도가 클 경우에도 어지럽거나 시각적 피로감을 줄 수 있습니다.

프레지는 파워포인트만큼 개체에 적용할 수 있는 애니메이션이 없습니다. 단 한 가지가 있다면 페이드인 기능입니다. 텍스트나 이미지를 발표자 의도에 따라 나타나게 하는 효과로 파워포인트의 밝기 변화와 비슷합니다. 프레지가 지속적으로 업그레이드되는 만큼 개체에 적용할 애니메이션 효과가 추가되리라 생각됩니다.

줌 인(Zoom In)–줌 아웃(Zoom Out)

줌 인–아웃 기능은 프레지의 가장 큰 특징으로, 꼬리에 꼬리를 물면서 카메라가 쫓는 형식입니다. 카메라가 멀어지기도 하고 가까워지기도 합니다. 줌 인–아웃 기능은 무한대는 아닙니다. 느낌표가 나타나면 더 이상 줌 인이나 줌 아웃을 할 수 없습니다.

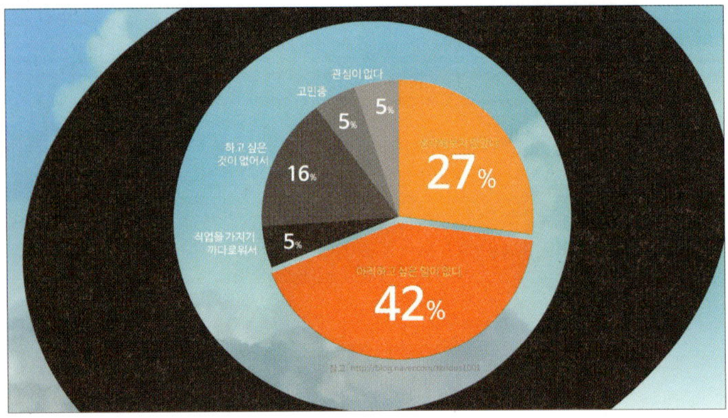

회전

줌 인-아웃과 함께 회전 효과를 적용하면 놀이기구를 타는 것처럼 극적인 효과를 연출할 수 있습니다. 지나
치면 어지러울 수 있습니다. 프레지는 직관적인 툴이기 때문에 회전 각도를 수치로 입력하지 않습니다.

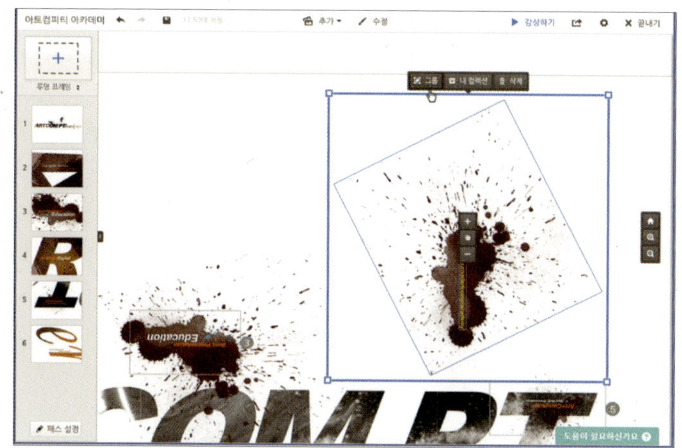
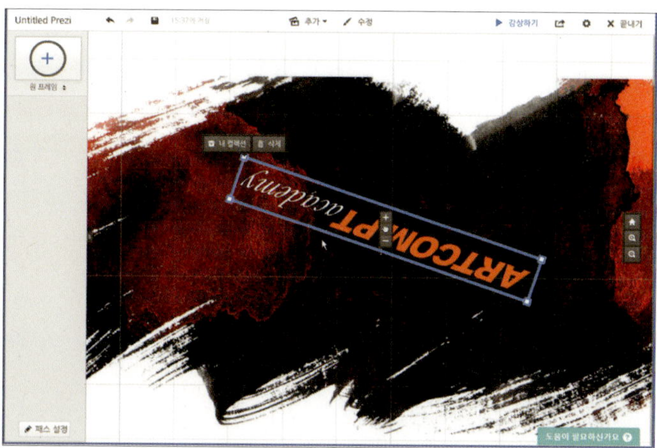

페이드인(Fade-in)

원하는 내용을 클릭할 때 서서히 나타나게 하는 형식입니다. 파워포인트의 밝기 변화와 비슷한 개념이죠. 페
이드인 효과를 응용하면 페이드아웃 효과도 가능합니다. 배경색과 동일한 직사각형을 텍스트나 개체 위에 올
려 놓고 페이드인 효과를 적용합니다. 직사각형에 페이드인 효과를 적용하면 개체나 텍스트를 덮으면서 사라
지는 느낌을 줍니다.

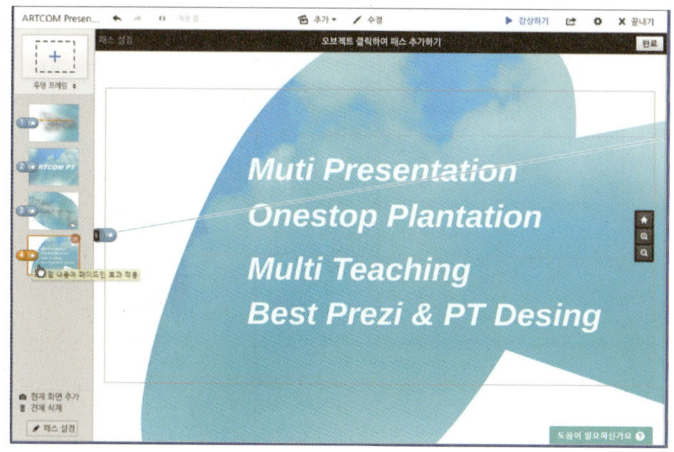

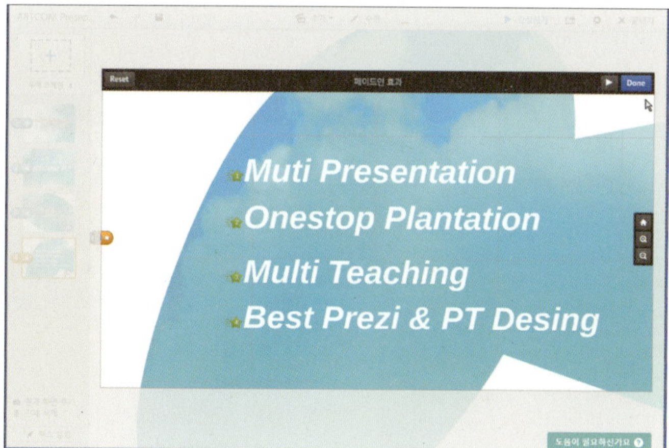

페이드인 효과가 적용되지 않을 때

이미지나 텍스트가 너무 작게 축소되면 페이드인 효과가 적용되지 않습니다. 이 경우 전체적으로 프레임들을
2~3배 키워줘야 합니다.

6 이미지 파일 형식과 활용

Q. 프레지에서 사용 가능한 이미지 파일은 무엇입니까? 그리고 텍스트나 도형들을 매우 크게 확대해도 깨지지 않는 방법이 있다면 무엇입니까?

A. 프레지에서 사용할 수 있는 이미지는 비트맵 방식(jpg, gif, png)와 벡터 방식(swf)이 있습니다. 이미지 크기(해상도)는 2880×2880 픽셀로 한정되어 있습니다. 크기가 크면 경고 메시지가 나타납니다. 도표나 차트의 경우 엑셀이나 파워포인트로 작업하여 pdf 파일로 저장해서 프레지에서 불러들이는 것이 좋습니다. 사진은 외부에서 편집하여 불러들이는 것이 좋습니다. 최대한 파워포인트에서 작업하고 퀄리티를 높이려면 포토샵을 이용하는 것이 좋습니다.

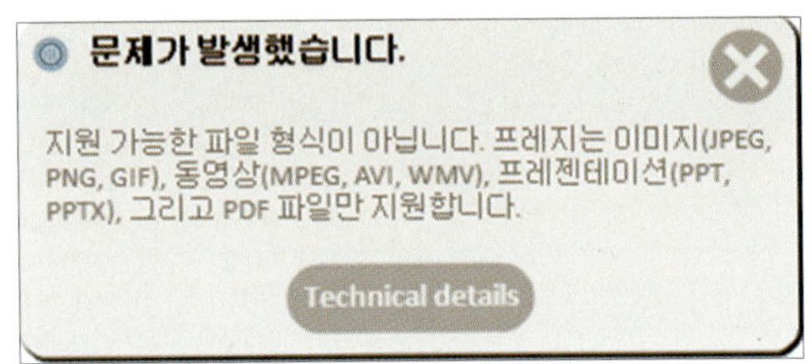

프레지에 이미지를 추가할 때 지원 가능한 파일 형식이 아닐 경우 나타나는 경고 메시지

비트맵 이미지(PNG 파일)

파워포인트에서 디자인한 것을 PNG 파일로 저장하여 프레지에서 조합하는 형식이 가장 일반적입니다. 대부분 파워포인트로 작업해도 충분하지만 합성이나 퀄리티가 높은 이미지 작업은 포토샵 프로그램을 이용합니다.

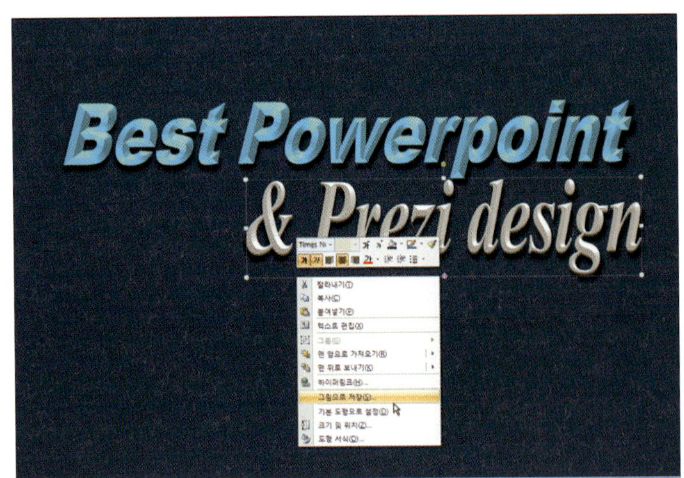

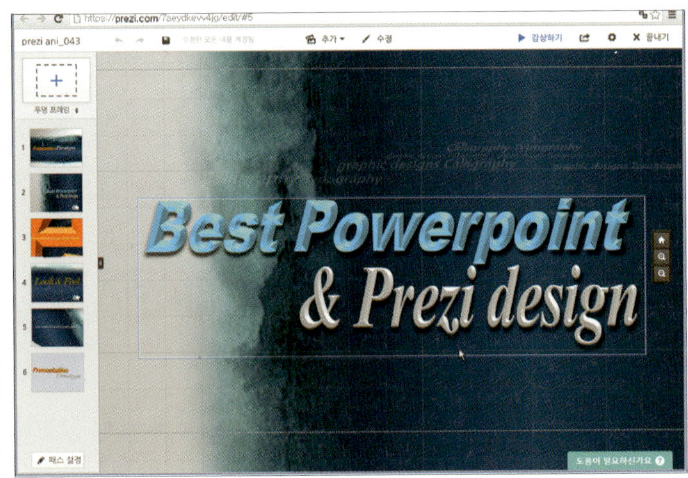

어도비 일러스트레이터에서 SWF 파일을 만들어 불러들이면 줌 인(클로즈업)해도 깨지는 일이 없습니다. 벡터 이미지를 만들 때 잉크스케이프(Inkscape)와 같은 무료 프로그램을 이용해도 좋습니다. 문제는 SWF 파일로 저장할 수 없기 때문에 완성된 벡터 이미지(SVG)를 다른 프로그램을 이용하여 SWF 파일로 변환해야 합니다.

어도비 일러스트레이터에서 SWF 파일 만들기

- [File] → Export를 실행하고 [Export] 대화상자에서 파일 형식을 'Flash(*.SWF)'로 지정합니다.
- 텍스트를 SWF 파일로 만들고 싶다면 [Type] → Create Outlines를 실행해야 합니다. 텍스트에서 마우스 오른쪽 버튼을 클릭해도 됩니다.
- 그라데이션이 적용된 SWF 이미지의 경우 프레지에 삽입하면 그라데이션 일부가 깨질 수 있습니다.

(좌) 어도비 일러스트레이터에서 SWF 파일을 만드는 과정
(우) 프레지에서 SWF 파일을 불러들여 편집하는 과정

7 멀티미디어 파일 활용

Q. 동영상과 배경음악, 음향효과, 내레이션 등을 넣어야 합니다. 프레지에서도 파워포인트처럼 멀티미디어 파일 삽입이 가능합니까? 이왕이면 예전에 작업했던 플래시 파일도 삽입하면 좋겠습니다.

A. 멀티미디어 파일 삽입이 가능합니다. 그러나 파워포인트만큼 멀티미디어 작업을 위한 옵션이 많지는 않습니다. 최근 업데이트된 프레지에서는 플래시 애니메이션의 경우 더 이상 지원되지 않는 것이 아쉽습니다.

배경음악 삽입하기

'감상' 모드에서 배경음악의 재생 여부를 확인합니다.
메뉴에서 [추가]–[배경음악 추가]를 실행하여 배경음악을 넣을 수 있으며 특정 패스에 음악을 넣으려면 미리보기 창의 해당 섬네일에서 마우스 오른쪽 버튼을 클릭하여 '패스에 사운드 추가'를 선택합니다.

· 프레지에서 재생 가능한 사운드 파일 : MP3, M4A, FLAC, WMA, WAV, OGG, AAC, 3GP

· 특정 패스에 동영상이 있는 경우 : 배경음악이 재생되다가 정지됩니다.

· 특정 패스 음악 : 패스에 짧은 음악이나 내레이션을 넣을 수 있습니다. '패스에 사운드 추가'를 설정합니다.

동영상 삽입

프레지에서는 내 컴퓨터에 있는 동영상을 삽입하거나 유튜브 동영상을 추가할 수 있으며 '감상' 모드에서 재생 여부를 확인할 수 있습니다.

· 프레지에서 재생 가능한 동영상 파일 : FLV, MOV, WMV, F4V, MPG, MPEG, MP4, M4V, 3GP

· AVI 파일은 삽입되었더라도 문제가 생길 수 있어 FLV, WMV 파일을 추천합니다.

· 업로드 동영상 크기 : 프로 라이선스는 더 크게 업로드가 가능하지만 부드러운 재생을 위해 퍼블릭, 인조이 회원은 50MB가 넘지 않는 것을 권장합니다.

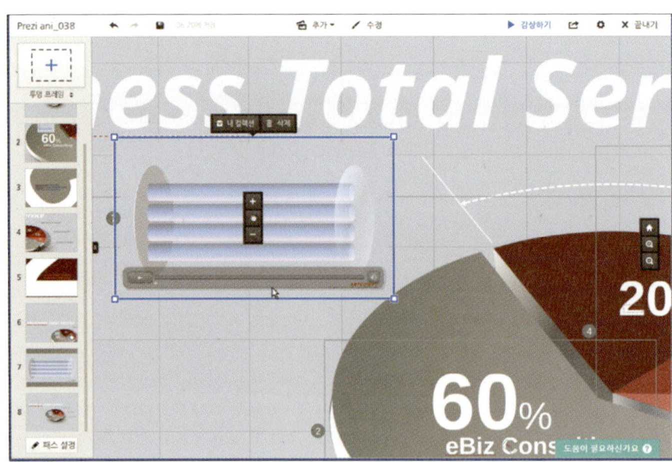

본문 예제 038_동영상 활용 애니메이션 참고

8 파워포인트 파일 삽입

Q. 프레지에 파워포인트에서 작성한 PPT 파일을 그대로 넣을 수 있나요? 만약 삽입된다면 프레지에서 PPT 파일 편집도 가능한가요?

A. 프레지에 파워포인트를 넣을 수 있습니다. 메뉴에서 [추가]−[파워포인트]를 실행해 ppt와 pptx 파일을 불러올 수 있습니다. 파워포인트 슬라이드를 프레지로 전환하면 swf 이미지로 프레지 캔버스에 삽입(추가)할 수 있습니다.

프레지에서의 파워포인트 문제 해결

- 프레지에 파워포인트를 삽입하는 기능은 매우 편리하지만 텍스트를 편집할 수 없습니다. 당연히 애니메이션이나 동영상 등도 재생되지 않습니다.

  '파워포인트 불러오기' 이외에 텍스트를 제거하고 이미지 슬라이드만 png 파일로 캡처하여 불러들이는 방법도 있습니다. 슬라이드 디자인은 파워포인트에서 작업하고 텍스트는 프레지에서 작성하여 조합하면 파워포인트의 그래픽 장점과 프레지의 벡터 장점을 동시에 활용할 수 있습니다. 또한 텍스트를 바로 수정할 수 있어 효과적입니다.

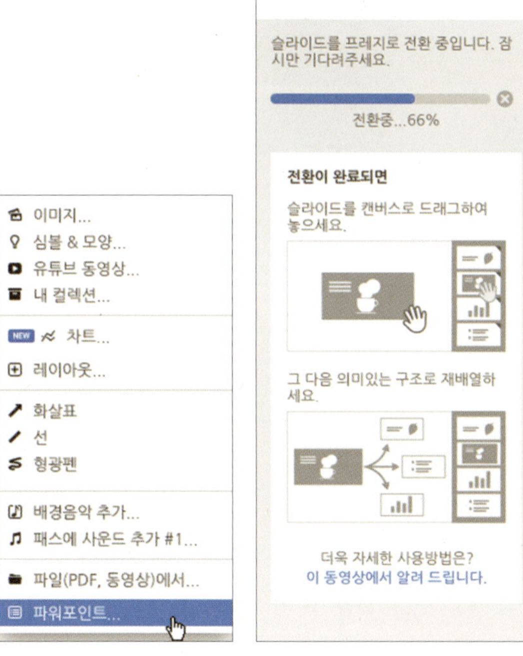

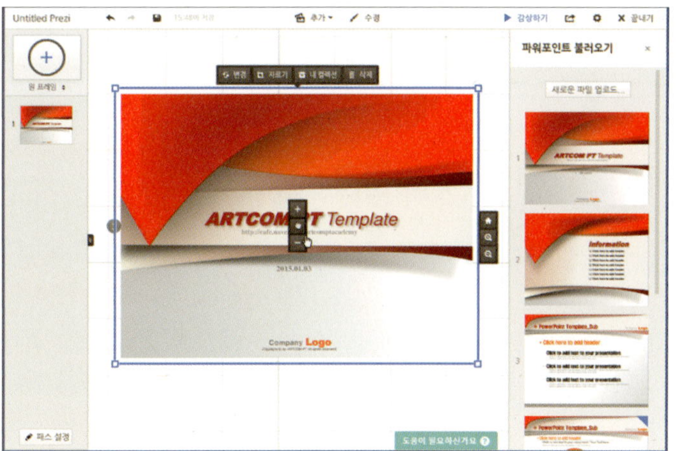

9 패스 설정 및 활용

Q. 프레지에서는 패스가 중요하다고 들었습니다. 패스를 만들 때 참고할 만한 팁이 있다면 알려주세요.

A. 프레지는 패스(Path) 기능이 매우 중요합니다. 패스는 프레임에 설정하는 것이 일반적이지만 의도에 따라 텍스트나 개체에 설정하기도 합니다. 패스 설정은 발표 순서를 결정하는 일입니다. 스토리텔링이 중요하기 때문에 발표 순서는 지속적으로 점검하고 수정해야 할 부분이므로 패스 작업(스토리텔링 구성)에는 풍부한 경험이 필요합니다.

· 프레임을 적용하면 자동으로 패스가 설정됩니다.
· 패스 순서를 바꾸려면 미리보기 창의 섬네일 중에서 선택하고 위, 아래로 이동시켜 배치하면 됩니다.
· 설정한 패스는 '감상 모드'에서 점검할 수 있습니다.

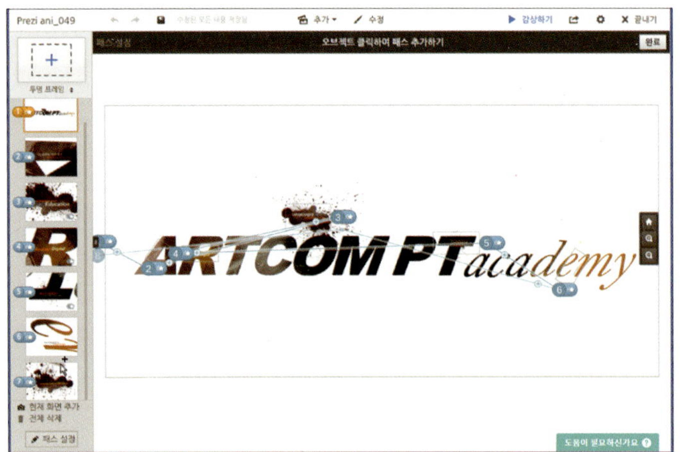

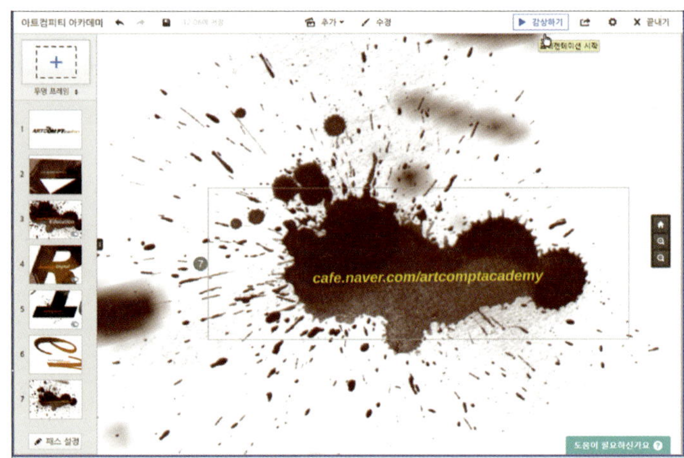

10 휴대용 프레지 저장 및 활용

Q. 인터넷에 연결되지 않은 상태에서도 제작한 프레지를 열어 놓고 발표할 수 있을까요?

A. 인터넷 사용이 어려운 곳에서 발표하려면 제작한 프레지를 '휴대용 프레지' 형식으로 다운로드해야 합니다. 다운로드한 '휴대용 프레지'는 USB에 저장하여 발표할 때 압축을 풀고 'Prezi.exe(실행파일)'를 클릭하면 작성한 프레지가 재생됩니다. '휴대용 프레지'는 감상 전용으로 편집이 불가능합니다.

· 휴대용 프레지 다운로드는 메뉴에서 [공유]를 클릭하거나 [끝내기] 후 '프레지 파일 관리모드'에서 다운로드 할 수 있습니다.

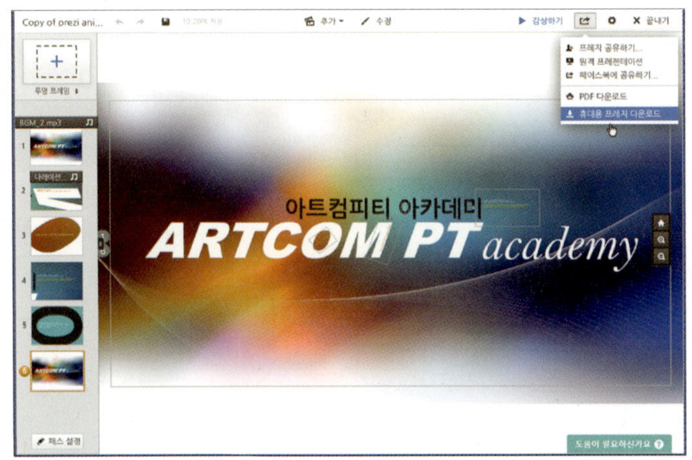

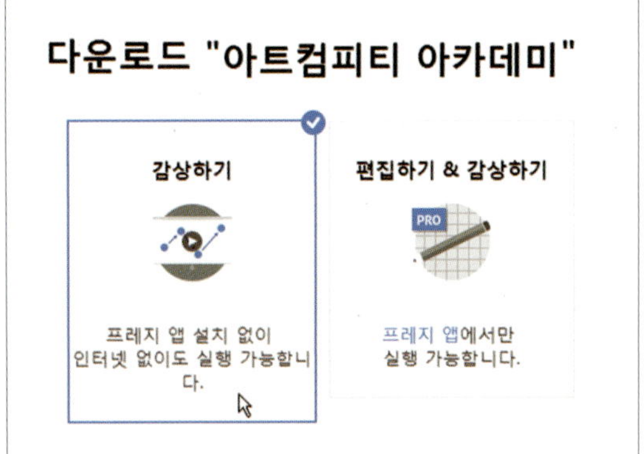

· 휴대용 프레지는 동영상, 이미지, 폰트까지 모두 저장되어 따로 파일을 찾는 일이 없으며 데이터에 있는 이미지나 동영상, 음악 파일 등을 그대로 활용해도 됩니다.
  파일 위치 : 휴대용 프레지 → Content → data
· 휴대용 프레지는 ZIP 파일로 압축되어 저장되는데 압축을 풀면 두 배 가까이 데이터가 늘어납니다. 휴대용 프레지를 점검하는 과정에서 동영상을 중간만 보다가 다음으로 넘기면 발표할 때 동영상이 중간부터 재생되기 때문에 발표 전에 동영상을 시작 부분으로 돌려놓아야 합니다.

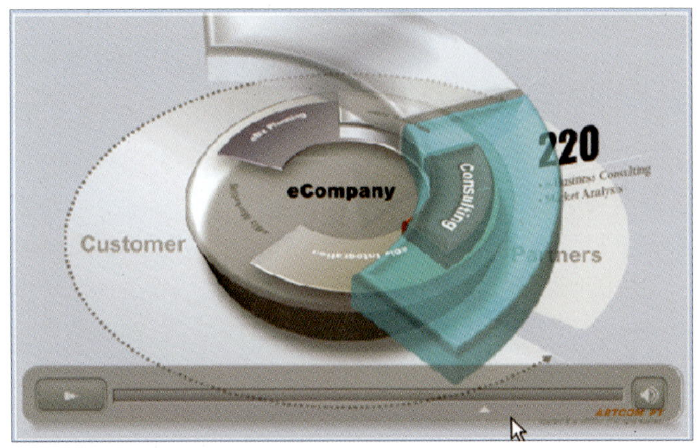

휴대용 프레지의 문제

· 시스템에 따라 느리게 열리기도 하고, 중간쯤 열리다가 에러가 나기도 합니다. 대부분 문제없이 잘 열립니다.
· 유튜브에 연결된 동영상은 재생되지 않습니다.

Multi
presentation

PowerPoint & Prezi

Part 02

파워포인트 애니메이션 테크닉 30

001 회전형 도해_회전 애니메이션

원형에 맞춰 개체와 텍스트를 회전하는 방법에 대해 알아보겠습니다. 회전형 도해의 경우 원형을 따라 애니메이션을 표현하면 한층 더 시선을 끌 수 있습니다. 원형으로 도는 회전형 도해 애니메이션은 쉬워 보여도 직접 표현하기 위해서는 어느 정도 애니메이션 내공이 필요합니다. 즉, 적절한 회전 방식, 방향 설정, 속도 등 감각이 필요합니다. 애니메이션은 과유불급입니다. 지나치면 모자란 것과 같죠. 눈을 어지럽힐 정도의 과도한 회전 효과는 피로감을 줄 수 있으므로 주의합니다.

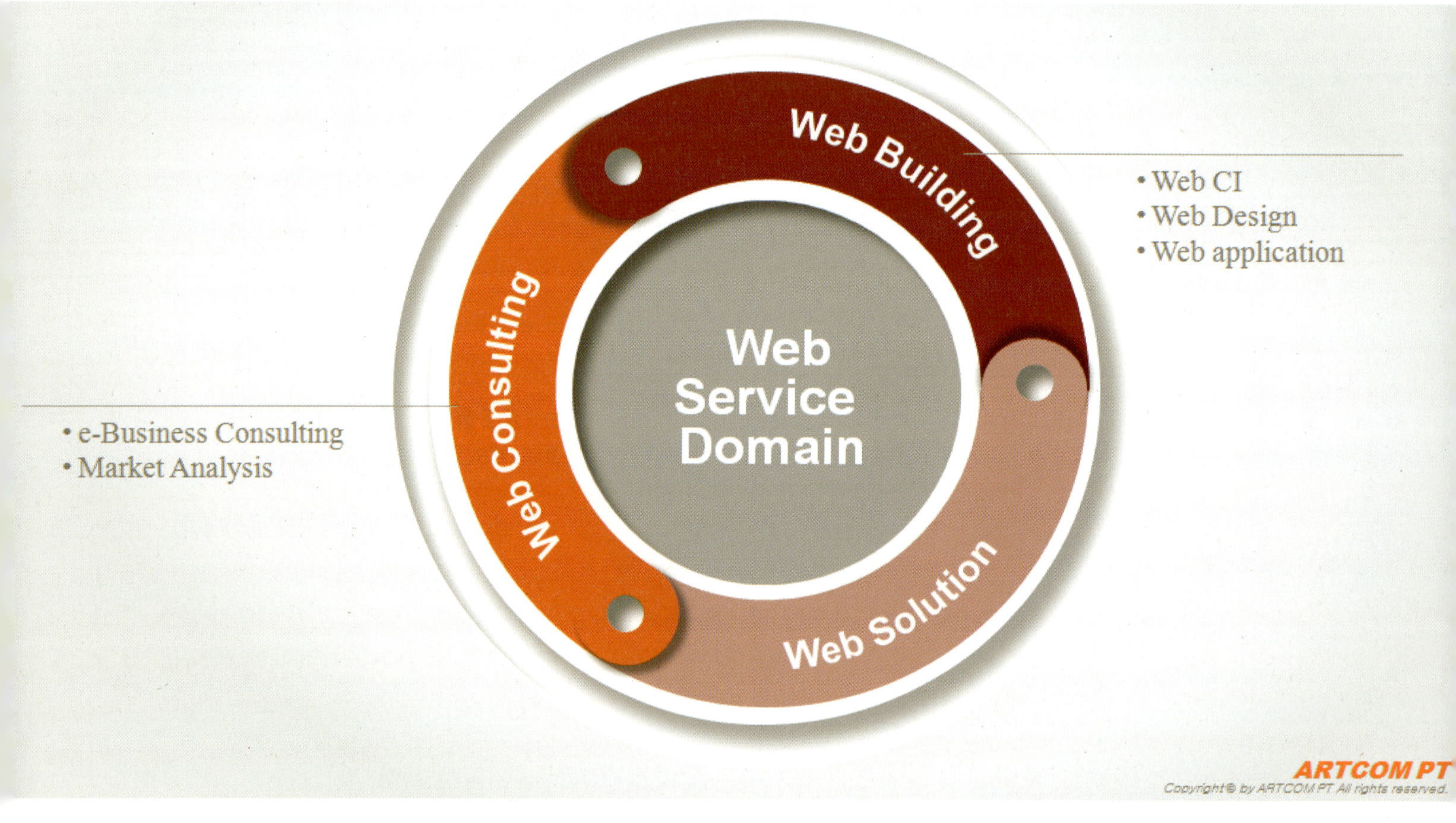

|난이도| ★★★☆ |예제 파일| PPT ani_01\ppt 001.pptx |결과 파일| PPT ani_01\PPT ani_001.pptx
|동영상 파일| PPT ani_01\001_PPT도해 애니메이션.wmv |인터넷으로 보기| http://cafe.naver.com/artcomptacademy/1716

애니메이션 작업 포인트

3컨셉으로 구성된 개체와 둥근 텍스트를 다이얼을 돌리듯 회전시킵니다. 이때 따로 작성된 개체와 텍스트를 각각의 그룹으로 묶는 것이 중요하며, 회전하는 과정에서 구멍 난 타이어처럼 기우뚱거리지 않아야 합니다. 타원에 맞춰 도해를 정교하게 구성하여 회전시키는 작업은 초급자에게는 어려운 작업입니다.

01 타원을 날아가면서 회전시키기

01 큰 타원을 오른쪽 여백으로 다소 빠르게 날아가게 합니다.

- **파일 열기** : PPT ani_01\ppt 001.pptx   • **애니메이션 추가** : 나타내기 – 날아오기
- **효과 옵션** : 방향 – 왼쪽에서, 애니메이션 후 – 흐리게 안 함
- **시작** : 이전 효과 다음에 시작   • **재생 시간** : 0.5초(매우 빠르게)

02 날아오기 효과와 함께 회전 효과를 적용합니다.

- **애니메이션 추가** : 강조 – 회전   • **효과 옵션** : 양(값) – 시계 방향 360°
- **시작** : 이전 효과와 함께 시작   • **재생 시간** : 0.5초(매우 빠르게)

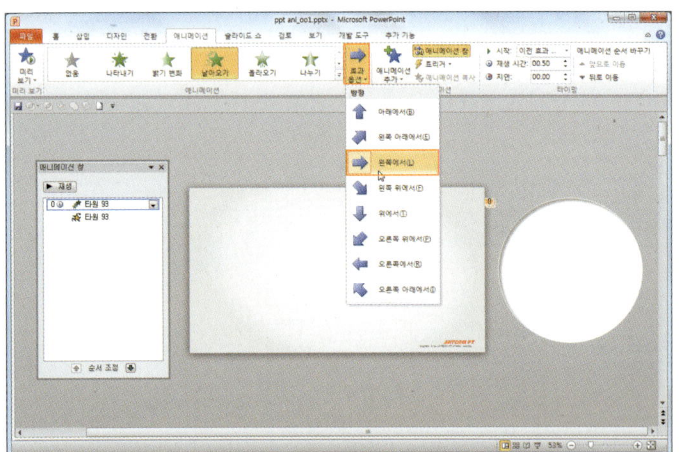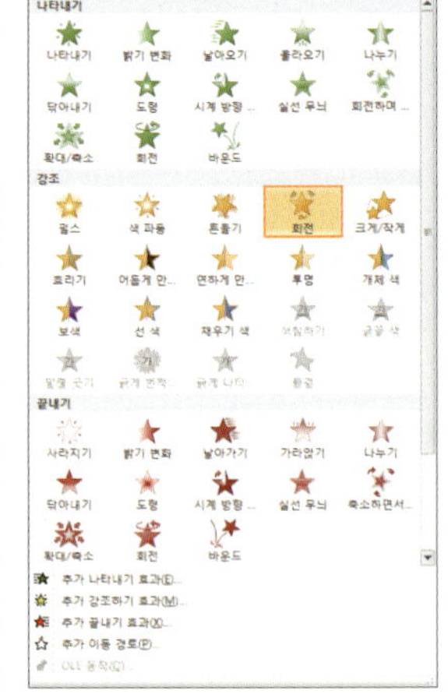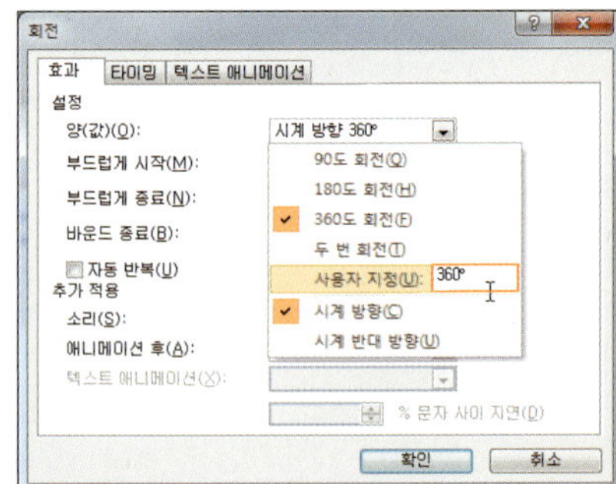

TIP • 날아오기, 회전 효과를 동시에 적용하기 위해서는 시작에서 '이전 효과와 함께 시작'을 선택합니다. 모든 개체나 텍스트에 애니메이션을 지정할 때 3가지 선택사항이 있습니다. 반드시 '클릭할 때 시작', '이전 효과와 함께 시작', '이전 효과 다음에 시작' 중 하나를 선택해야 합니다.

02 타원 위치 되돌리기

오른쪽으로 날아갔던 큰 타원이 다시 중심부로 날아오는 것처럼 표현합니다.

01번 과정의 큰 타원이 날아갔다가 회전하면서 다시 중심부로 날아오는 듯한 기법으로, 실전에서 가끔

이용하며 흥미 요소로 활용할 수 있습니다.

- **애니메이션 추가** : 나타내기 – 날아오기   • **효과 옵션** : 방향 – 오른쪽에서
- **시작** : 이전 효과 다음에 시작   • **재생 시간** : 0.5초(매우 빠르게)

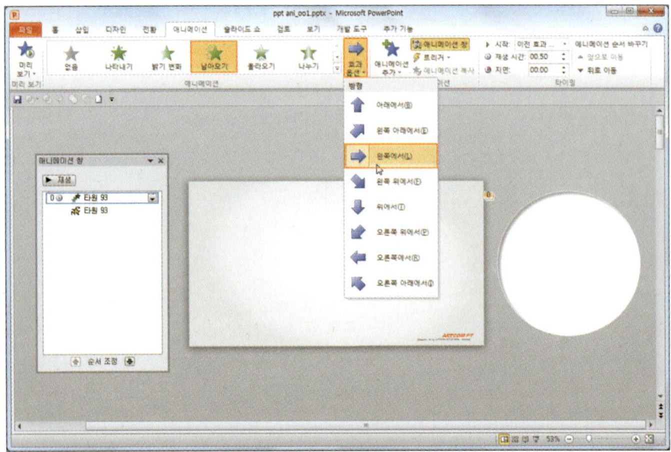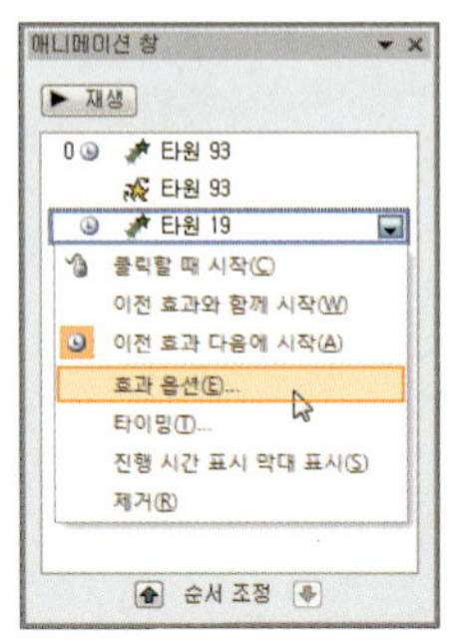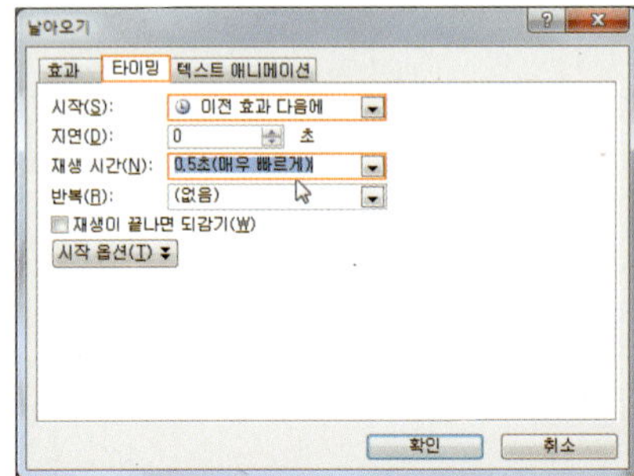

03 작은 타원을 중심에서부터 확대하기

중심부의 작은 타원은 소실점으로부터 확대되는 느낌으로 표현합니다.

- **애니메이션 추가** : 나타내기 – 확대/축소   • **효과 옵션** : 소실점 – 개체 센터
- **시작** : 이전 효과 다음에 시작   • **애니메이션 후** : 흐리게 안 함   • **재생 시간** : 1초(빠르게)

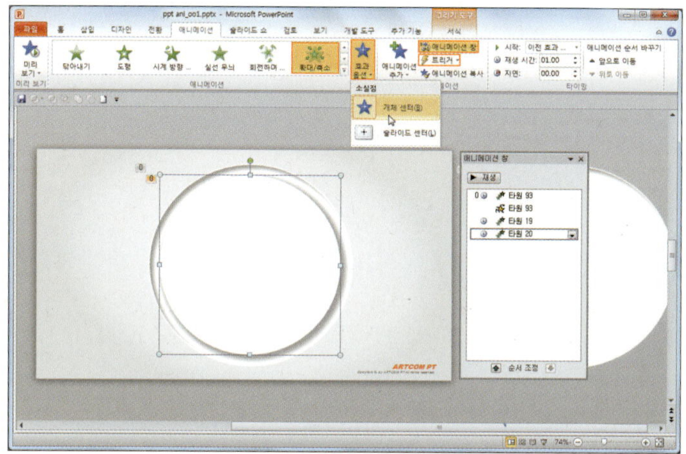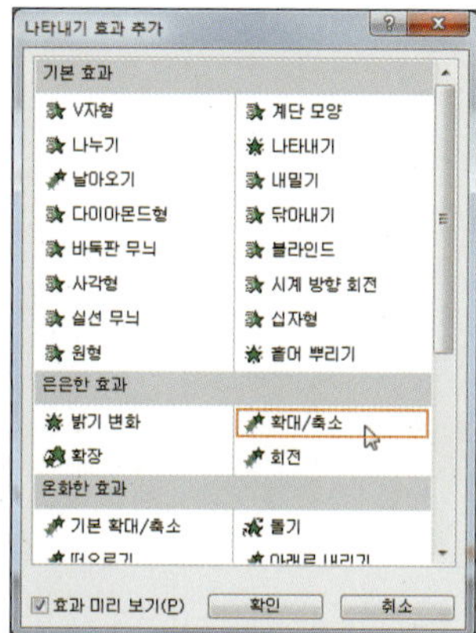

TIP • 확대/축소 애니메이션은 효과 옵션의 '개체 센터'와 '슬라이드 센터' 중에서 기준점을 선택할 수 있습니다.

04 회색 타원과 텍스트 확대 및 회전하기

01 회색 타원과 텍스트 박스는 소실점으로부터 확대되는 느낌으로 표현합니다.

- **애니메이션 추가** : 나타내기 – 확대/축소
- **효과 옵션** : 소실점 – 개체 센터
- **시작** : 이전 효과와 함께 시작   • **재생 시간** : 0.5초(매우 빠르게)

02 텍스트는 회전하며 밝기 변화 애니메이션을 적용합니다.

- **애니메이션 추가** : 추가 나타내기 효과 – 온화한 효과 – 회전하며 밝기 변화
- **효과** : 텍스트 애니메이션 – 한꺼번에
- **시작** : 이전 효과와 함께 시작   • **재생 시간** : 1초 빠르게

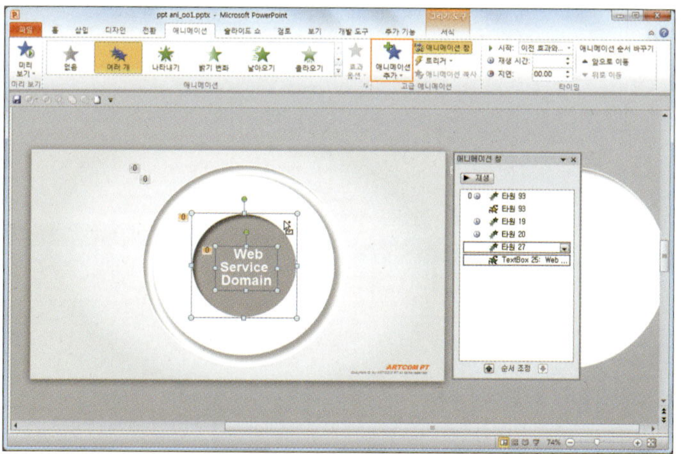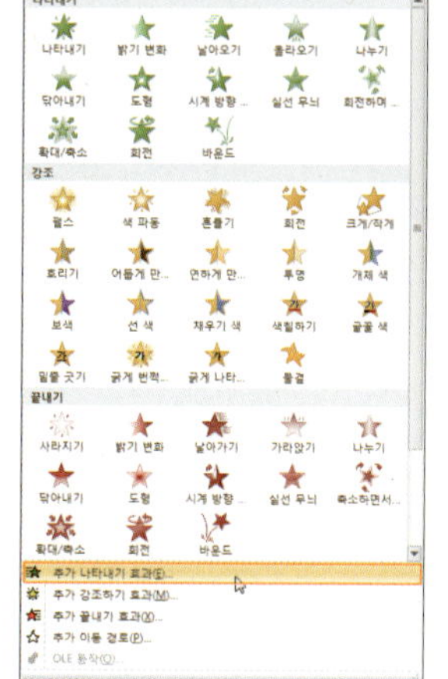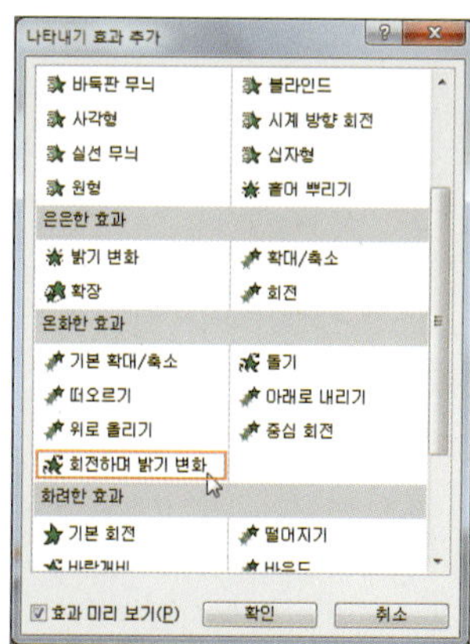

TIP • 텍스트 애니메이션의 경우 3가지 기능(한꺼번에, 단어 단위로, 문자 단위로) 중에서 선택할 수 있습니다. 일반적으로 '한꺼번에'를 많이 적용하지만 키워드를 강조할 때는 '문자 단위로'를 적용하기도 합니다.

05 3컨셉 회전형 도해 360도 회전하기

01 3컨셉 회전형 도해에 나타내기 효과를 적용합니다.

- **애니메이션 추가** : 나타내기 – 나타내기   • **시작** : 이전 효과 다음에 시작

02 나타내기 효과와 함께 360도 회전 애니메이션 효과를 적용합니다.

- **애니메이션 추가** : 강조 – 회전   • **효과 옵션** : 방향 – 시계 방향, 양(값) – 360도 회전
- **시작** : 이전 효과와 함께 시작   • **재생 시간** : 0.5초(매우 빠르게)

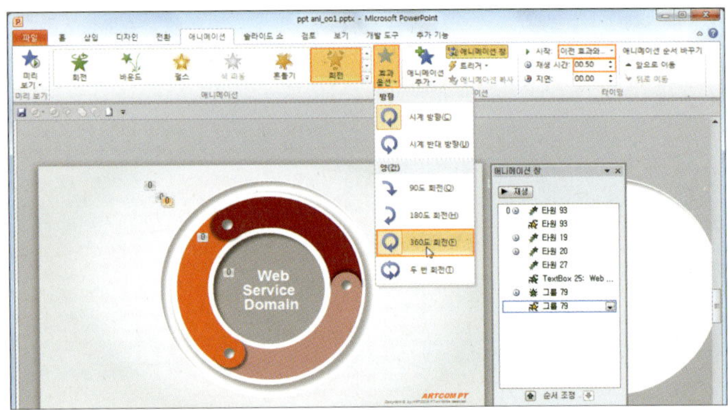

TIP • [나타내기] 효과는 특별한 애니메이션 효과가 없어 중요하지 않아 보일 수 있습니다. 그러나 개체나 텍스트를 안 보이게 했다가 정해진 순서,
시간에 맞춰 나타내는 매우 중요합니다.
3컨셉 회전형 도해는 기본 도형의 타원과 막힌 원호로 만들 수 있습니다. 'PPT ani_01' 폴더의 'PPT ani_001.pptx' 파일을 열어 그룹을 해제하면 작업
방법을 확인할 수 있습니다.

06 3컨셉 회전형 도해 속 텍스트 360도 회전하기

01 둥근 텍스트에 나타내기 효과를 적용합니다.

- **애니메이션 추가** : 나타내기 – 나타내기   • **시작** : 이전 효과 다음에 시작

02 나타내기 효과와 함께 360도 회전 애니메이션 효과를 적용합니다.

- **애니메이션 추가** : 강조 – 회전   • **효과 옵션** : 방향 – 시계 반대 방향, 양(값) – 360도 회전
- **시작** : 이전 효과와 함께 시작   • **재생 시간** : 0.5초(매우 빠르게)

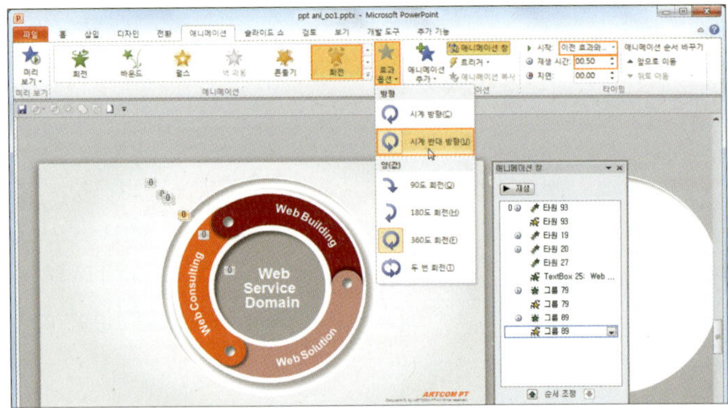

TIP • 05번 과정의 3컨셉 회전형 도해가 시계 방향으로 회전한다면 원형 텍스트는 시계 반대 방향으로 회전하는 것이 한층 테크니컬합니다. 1초 안에
시계 방향과 시계 반대 방향으로 개체와 텍스트가 회전되어야 매끄럽게 느껴집니다. 애니메이션이 조금만 늘어져도 리듬을 잃어 답답함을 주기 때문입니다.
타원에 맞춰 텍스트를 둥글게 배열하는 방법은 ARTCOM PT academy 카페 게시물을 참고하세요.
http://cafe.naver.com/artcomptacademy/1841

07 오른쪽 상단 라인과 텍스트 부드럽게 효과주기

01 오른쪽 상단 라인은 닦아내는 느낌의 애니메이션 효과를 적용합니다.

- **애니메이션 추가** : 나타내기 – 닦아내기　　　**효과 옵션** : 방향 – 오른쪽에서, 애니메이션 후 – 흐리게 안 함
- **시작** : 이전 효과 다음에 시작　　**재생 시간** : 0.5초(매우 빠르게)

02 텍스트는 부드럽게 아래로 내려오는 애니메이션 효과를 적용합니다.

- **애니메이션 추가** : 추가 나타내기 효과 – 온화한 효과 – 아래로 내리기
- **효과** : 텍스트 애니메이션 – 한꺼번에　　**시작** : 이전 효과 다음에 시작　　**재생 시간** : 1초(빠르게)

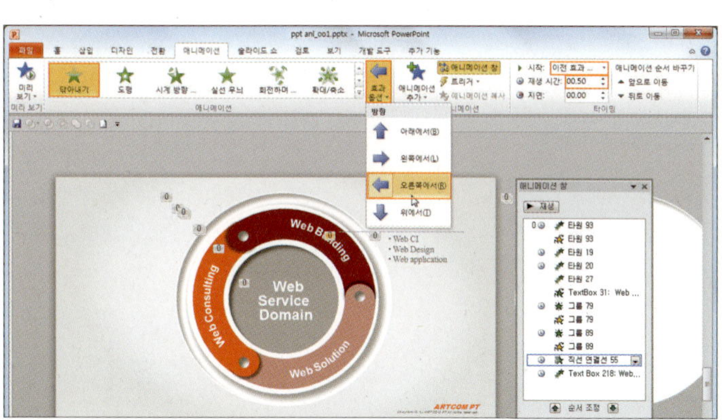
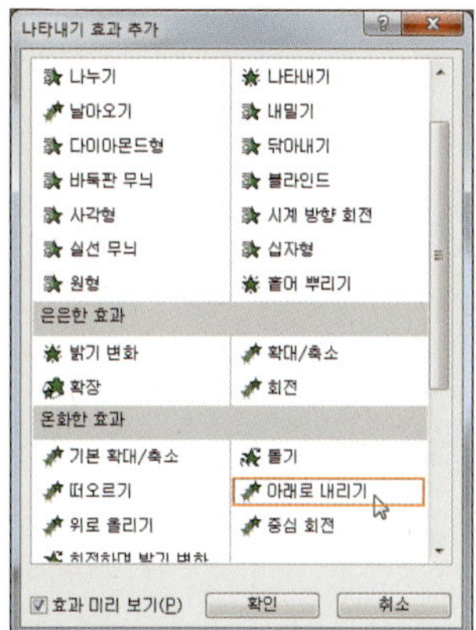

TIP • 　라인에 닦아내기 효과를 적용할 때는 방향이 매우 중요합니다. 닦아내기 기능을 이용해 시선을 유도할 수 있기 때문에 메인 이미지나 키워드에 집중할 수 있도록 방향을 지정해야 합니다.

08 왼쪽 하단 라인과 텍스트 부드럽게 나타내면서 끝내기

01 왼쪽 하단 라인도 닦아내는 느낌의 애니메이션 효과를 적용합니다.

- **애니메이션 추가** : 나타내기 – 닦아내기　　　**효과 옵션** : 방향 – 왼쪽에서, 애니메이션 후 – 흐리게 안 함
- **시작** : 이전 효과 다음에 시작　　**재생 시간** : 0.5초(매우 빠르게)

02 텍스트는 부드럽게 아래로 내려오는 애니메이션 효과를 적용합니다.

- **애니메이션 추가** : 추가 나타내기 효과 – 온화한 효과 – 아래로 내리기
- **효과** : 텍스트 애니메이션 – 한꺼번에　　**시작** : 이전 효과 다음에 시작　　**재생 시간** : 1초(빠르게)

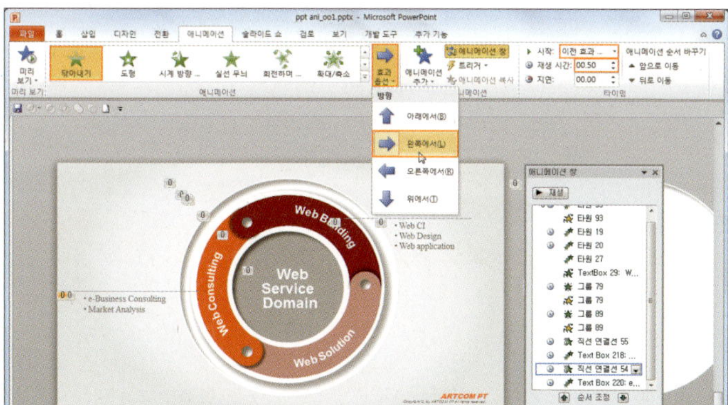

TIP • 　이번 과정의 경우 07번 과정과 거의 동일한 애니메이션이므로 [애니메이션 복사] 기능을 이용하면 작업시간을 단축할 수 있습니다.
파워포인트 2007 버전에서는 애니메이션 복사 기능이 없으므로 같은 애니메이션이라도 일일이 선택하여 애니메이션을 지정해야 했지만, 2010 버전부터
는 애니메이션 효과를 복사하여 바로 해당 개체에 서식을 복사하듯 적용할 수 있습니다. 애니메이션 효과를 복사하기 위해서는 고급 애니메이션 그룹의
[애니메이션 복사]를 선택합니다.

002 계층형 도해_명멸 애니메이션

계층형 도해는 매우 일반적인 도해 형식입니다. 문제는 어떻게 애니메이션했느냐에 따라 평범한 도해도 색다른 느낌을 줍니다. 계층별로 애니메이션을 전개할 때 특정 부분이 섬광처럼 밝아졌다 사라진다면 보다 흥미롭게 느껴질 것입니다. 번쩍이는 효과를 유효적절하게 적용한다면 산뜻한 느낌을 주면서 프레젠테이션 완성도를 한 차원 높일 수 있을 것입니다.

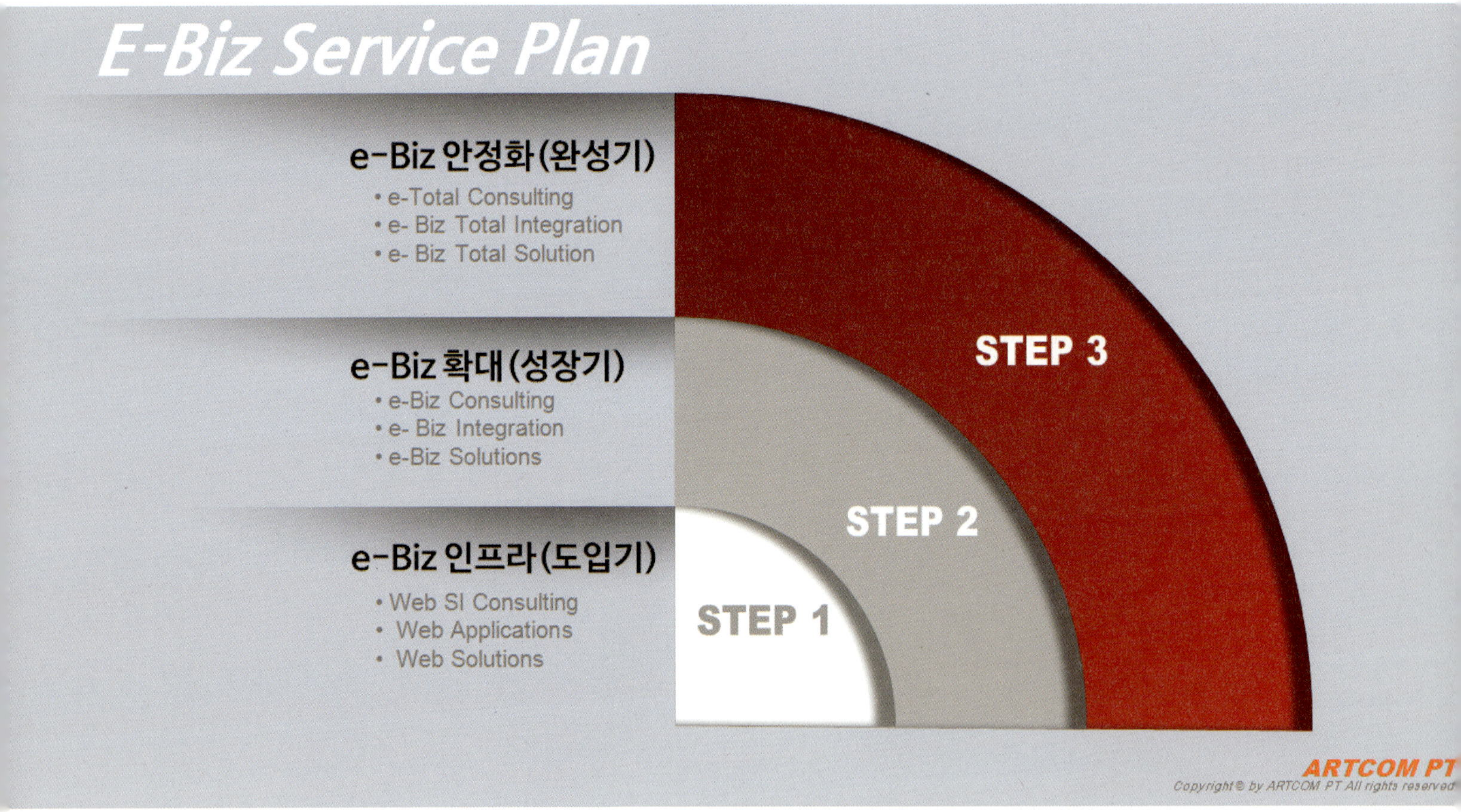

|난이도| ★★★☆ |예제 파일| PPT ani_02\ppt 002.pptx |결과 파일| PPT ani_02\ppt ani_002.pptx
|동영상 파일| PPT ani_02\002_PPT도해 애니메이션.wmv |인터넷으로 보기| http://cafe.naver.com/artcomptacademy/1718

애니메이션 작업 포인트

이번 예제에서 주목해야 할 애니메이션은 명멸(색 파동) 효과로 단순한 기능이지만 특정 개체를 강
조해야 할 때 시선을 끌 만한 효과를 제공합니다. 매우 짧은 순간 컬러가 바뀌면서 섬광처럼 번쩍
이는 느낌을 주기 때문입니다.

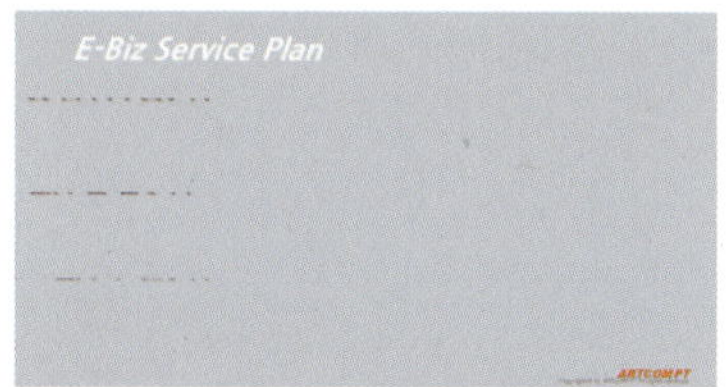 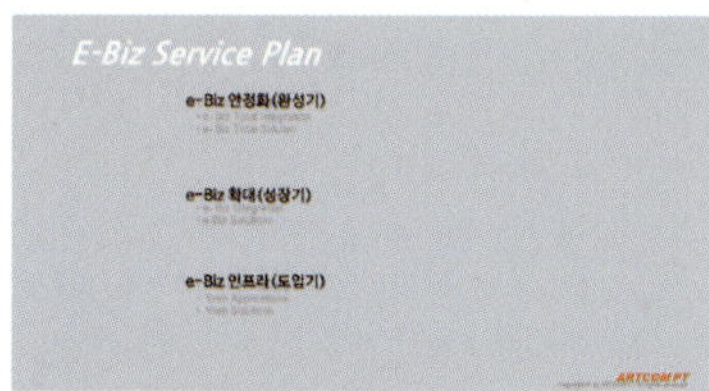  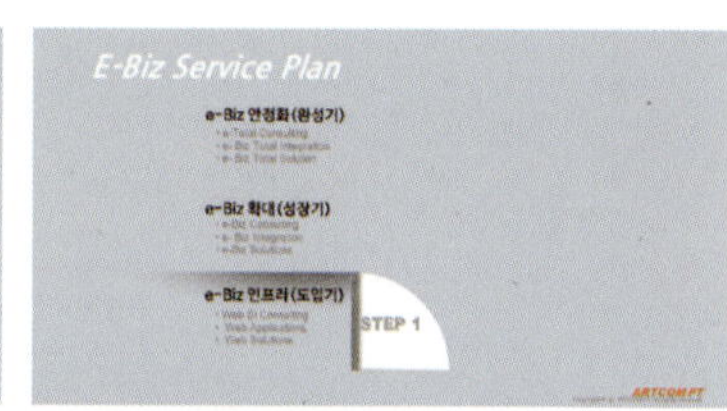
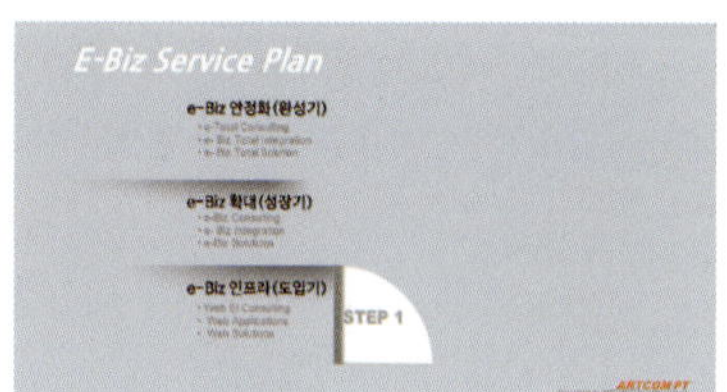 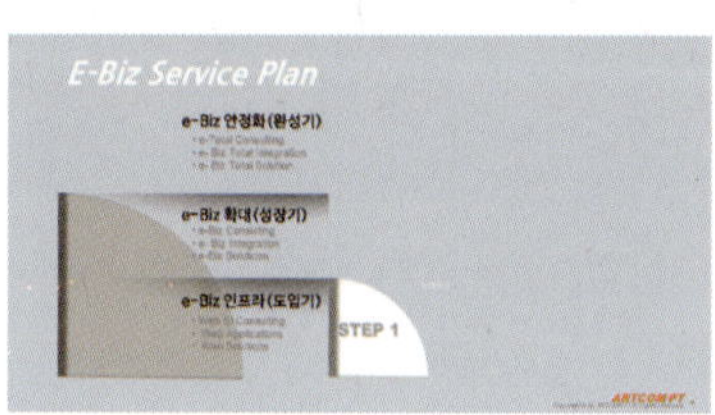  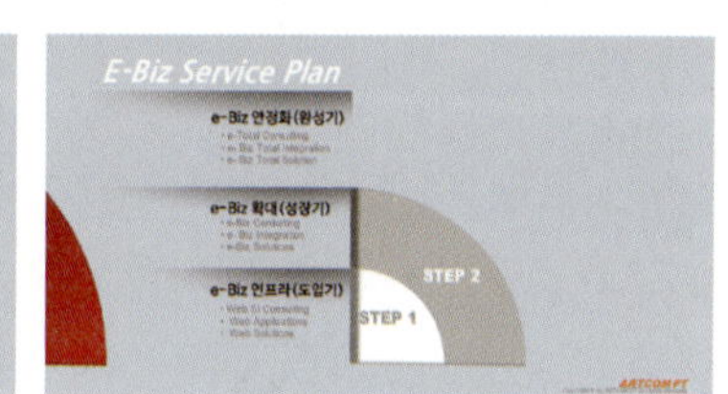
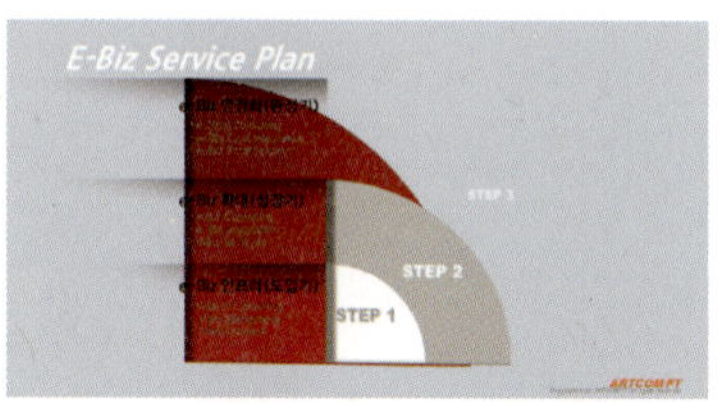 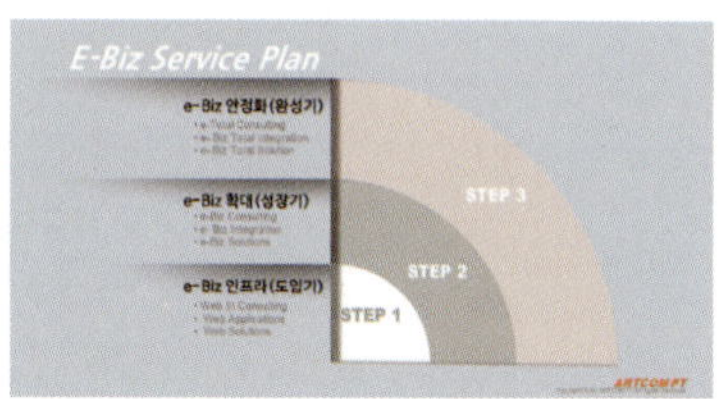 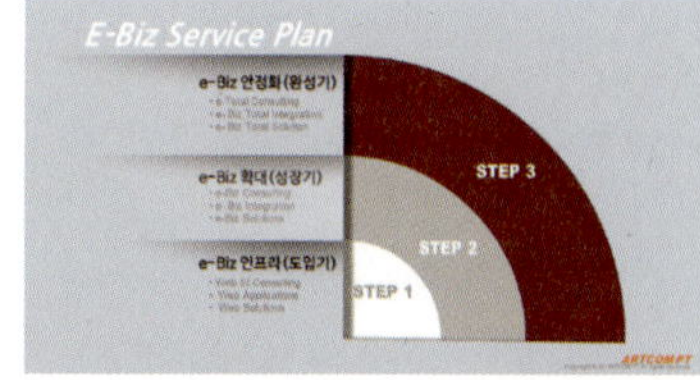 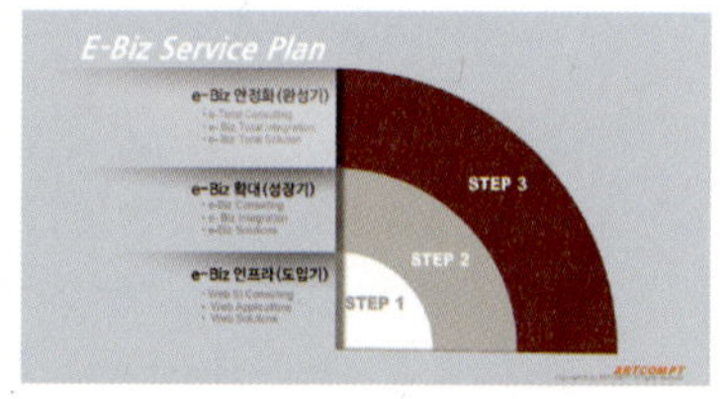
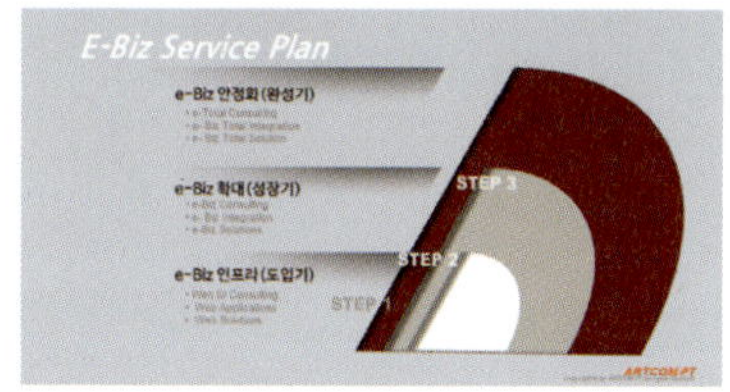 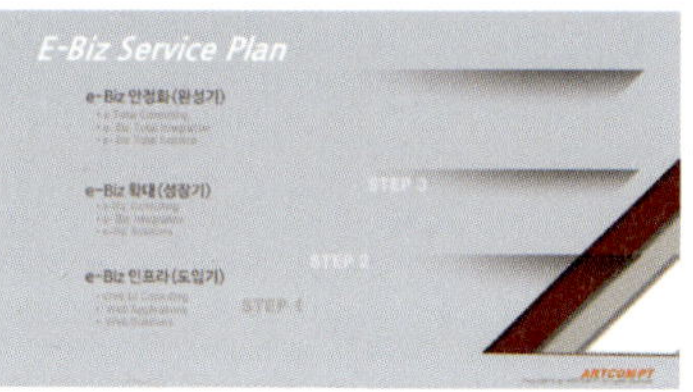 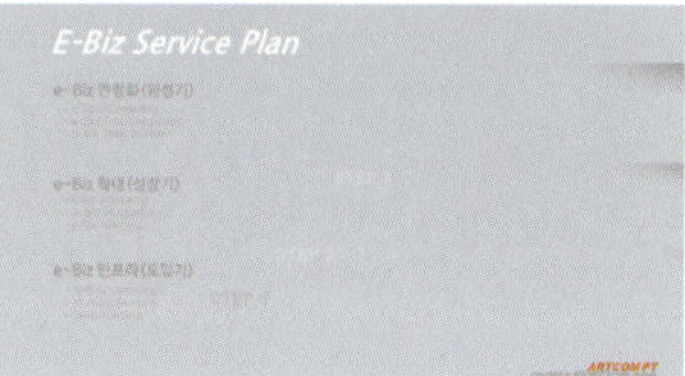

O1 타이틀 문자 휘리릭 날아오기

애니메이션이 적용되지 않은 PPT 파일의 타이틀에 [휘리릭] 효과를 적용합니다.

- **파일 열기** : PPT ani_02\ppt 002.pptx
- **효과** : 텍스트 애니메이션 – 문자 단위로
- **애니메이션 추가** : 추가 나타내기 효과 – 화려한 효과 – 휘리릭
- **시작** : 이전 효과 다음에 시작
- **재생 시간** : 0.5초(매우 빠르게)

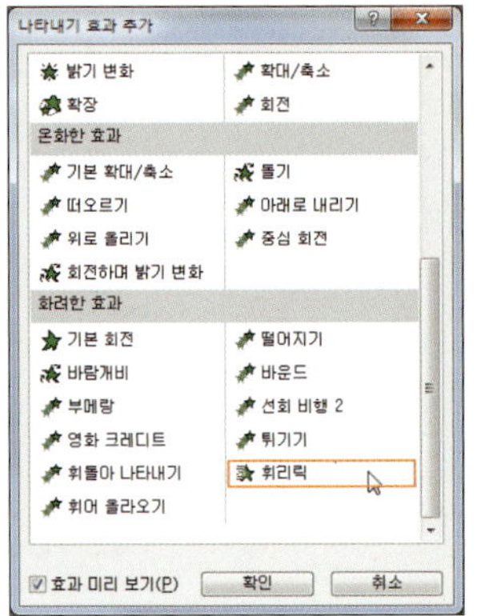
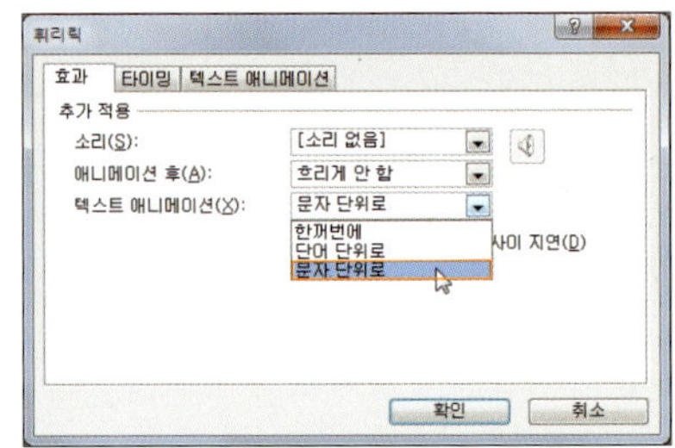

TIP · 　효과 옵션에서 반드시 텍스트 애니메이션을 '문자 단위로'로 지정해야 합니다. '한꺼번에' 등으로 지정하면 애니메이션이 단순해져 동적인 느낌을 반감시킬 수 있습니다.

O2 본문 텍스트 불러오기

01 3단계 본문 내용 중 굵은 텍스트 3개를 선택하여 [실] 애니메이션 효과를 적용합니다. 'ppt ani_002.pptx' 파일을 열고 [실] 애니메이션이 적용된 텍스트에서 애니메이션을 복사한 다음 해당 텍스트에 적용합니다.

- **애니메이션 복사** : PPT ani_02\ppt ani_002.pptx 파일 – [실] 애니메이션 복사 – 본문 제목에 적용
- **효과** : 텍스트 애니메이션 – 한꺼번에
- **시작** : 첫 번째 제목 – 이전 효과 다음에 시작, 두세 번째 제목 – 이전 효과와 함께 시작
- **재생 시간** : 0.5초(매우 빠르게)

02 서브에 해당하는 작은 텍스트 3개를 모두 선택하여 부드럽게 [아래로 내리기] 애니메이션 효과를 적용합니다.

- **애니메이션 추가** : 추가 나타내기 효과 – 온화한 효과 – 아래로 내리기
- **시작** : 첫 번째 문단 – 이전 효과 다음에 시작, 두세 번째 문단 – 이전 효과와 함께 시작
- **재생 시간** : 1초(빠르게)

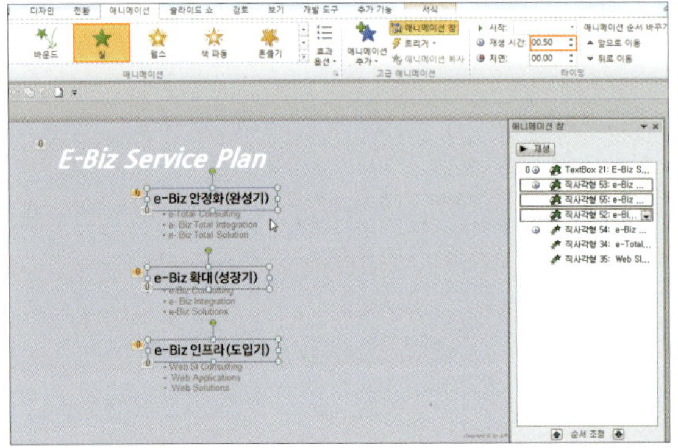

TIP · 　애니메이션을 복사하기 위해서는 먼저 [실] 효과가 적용된 텍스트를 클릭한 다음 리본 메뉴에서 [애니메이션 복사]를 선택합니다. 적용한 대상에 커서를 올려놓으면 커서가 붓 모양으로 바뀝니다.

03 1단계 도입기 강조 애니메이션 만들기

01 그림자에 [닦아내기] 애니메이션을 적용합니다.
- **애니메이션 추가** : 나타내기 – 닦아내기   • **효과 옵션** : 방향 – 왼쪽에서
- **시작** : 이전 효과 다음에 시작   • **재생 시간** : 0.5초(매우 빠르게)

02 원형 파이에 [날아오기] 애니메이션을 적용합니다.
- **애니메이션 추가** : 나타내기 – 날아오기   • **효과 옵션** : 방향 – 왼쪽에서
- **시작** : 이전 효과 다음에 시작   • **재생 시간** : 0.5초(매우 빠르게)

03 워드아트(STEP 1)에 [확대/축소] 애니메이션을 적용합니다.
- **애니메이션 추가** : 추가 나타내기 효과 – 은은한 효과 – 확대/축소   • **효과 옵션** : 소실점 – 개체 센터
- **효과** : 텍스트 애니메이션 – 한꺼번에   • **재생 시간** : 0.5초(매우 빠르게)   • **시작** : 이전 효과와 함께 시작

04 원형 파이에 [펄스] 효과를 적용합니다.
- **애니메이션 추가** : 강조 – 펄스   • **시작** : 이전 효과 다음에 시작   • **재생 시간** : 0.5초(매우 빠르게)

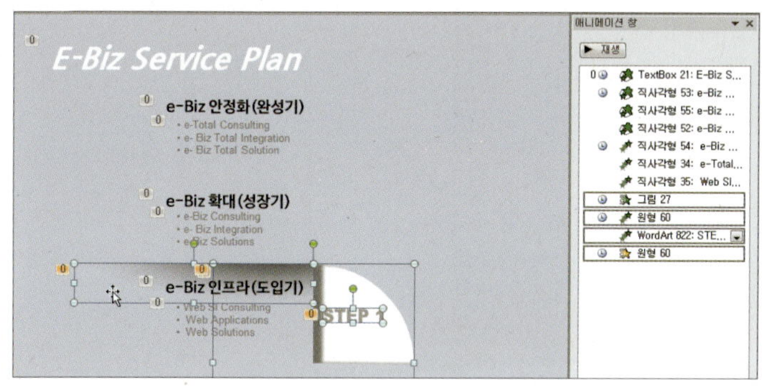

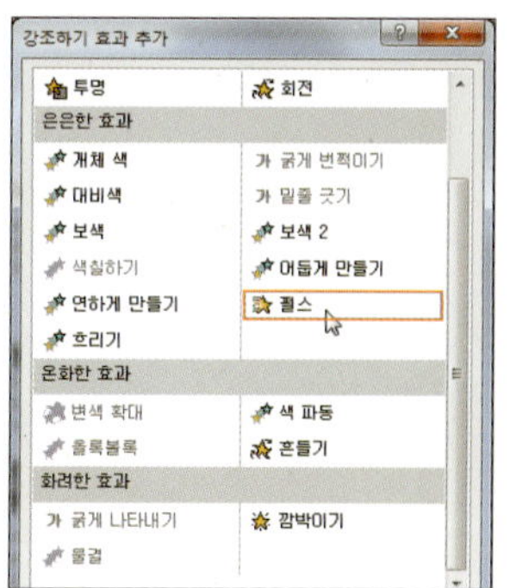

04 2단계 성장기 강조 애니메이션 만들기

01 1단계 도입기 애니메이션의 워드아트(STEP 1)와 동일하게 그림자와 원형 파이, 워드아트에 애니메이션 효과를 적용합니다.
- **그림자** – 애니메이션 추가 : 나타내기 – 닦아내기, **시작** : 이전 효과 다음에 시작
- **원형 파이** – 애니메이션 추가 : 나타내기 – 날아오기, **시작** : 이전 효과 다음에 시작
- **워드아트(STEP 2)** – 애니메이션 추가 : 나타내기 – 확대/축소, **시작** : 이전 효과와 함께 시작

02 원형 파이에 [색 파동] 효과를 적용합니다.
- **애니메이션 추가** : 추가 강조하기 효과 – 온화한 효과 – 색 파동   • **시작** : 이전 효과 다음에 시작
- **재생 시간** : 0.5초(매우 빠르게)

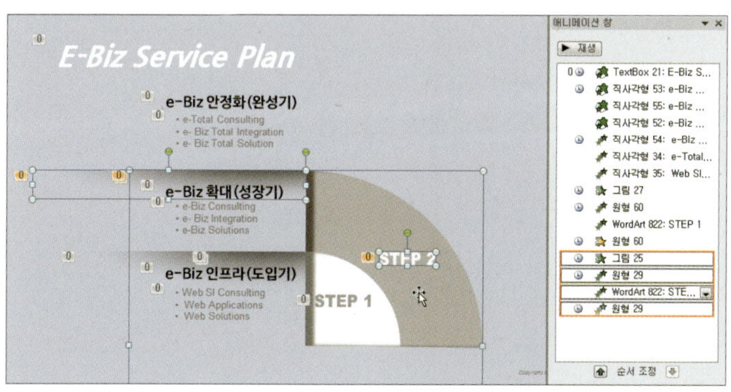

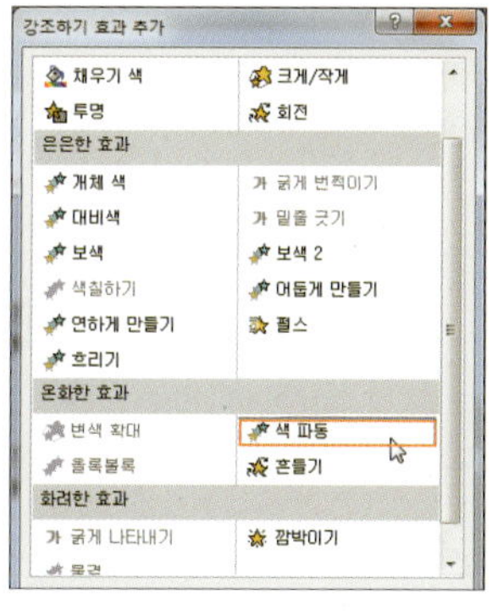

TIP • 1단계에 [색 파동] 효과를 적용하지 않은 것은 흰색이므로 명멸하는 효과가 나타나지 않기 때문입니다.

05 3단계 완성기 강조 애니메이션 만들기

01 2단계 성장기 애니메이션과 동일한 방식으로 그림자와 원형 파이, 워드아트에 애니메이션 효과를 적용합니다.

- 그림자 – 애니메이션 추가 : 나타내기 – 닦아내기, **시작** : 이전 효과 다음에 시작
- 빨간색 원형 파이 – 애니메이션 추가 : 나타내기 – 날아오기, **시작** : 이전 효과 다음에 시작
- STEP 3 문자 – 애니메이션 추가 : 나타내기 – 확대/축소, **시작** : 이전 효과와 함께 시작

02 원형 파이에 [색 파동] 효과를 적용합니다.

- **애니메이션 추가** : 추가 강조하기 효과 – 온화한 효과 – 색 파동
- **시작** : 이전 효과 다음에 시작   • **재생 시간** : 0.5초(매우 빠르게)

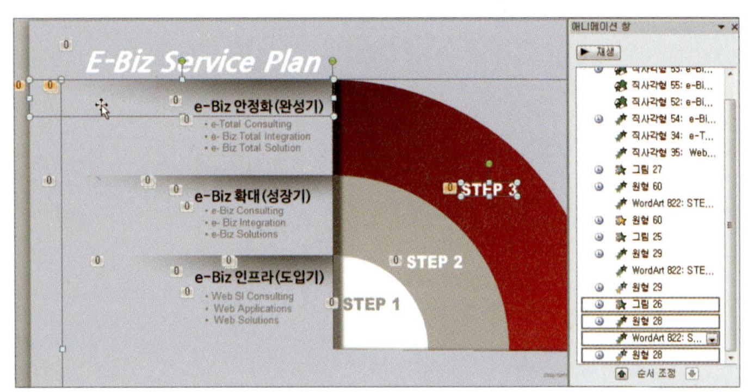

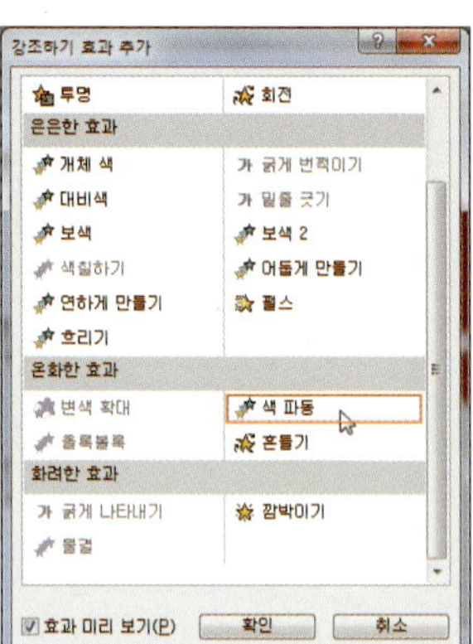

06 단계별 본문 텍스트 밝게 효과주기

01 왼쪽 윈도우에 있는 3개의 투명 셀로판지 느낌의 사각형 박스를 텍스트 위에 올려놓습니다. 원형 파이와 틈이 벌어지지 않도록 정확하게 붙입니다.

02 3개의 투명 셀로판지에 각각 [밝기 변화] 애니메이션을 적용합니다.

- **애니메이션 추가** : 추가 나타내기 효과 – 은은한 효과 – 밝기 변화
- **효과** : 애니메이션 후 – 애니메이션 후 숨기기   • **시작** : 이전 효과 다음에 시작   • **재생 시간** : 0.3(직접 입력)

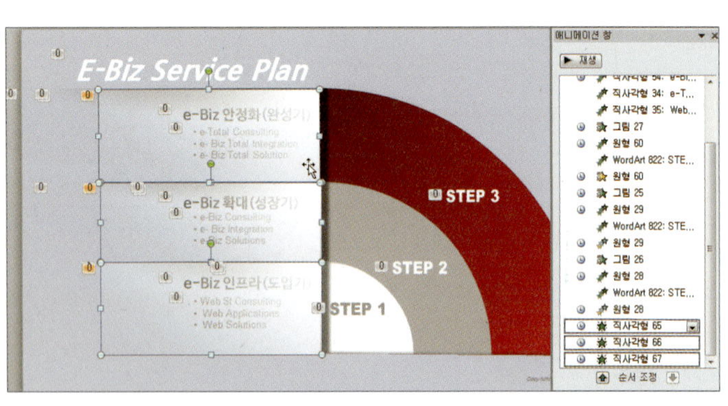

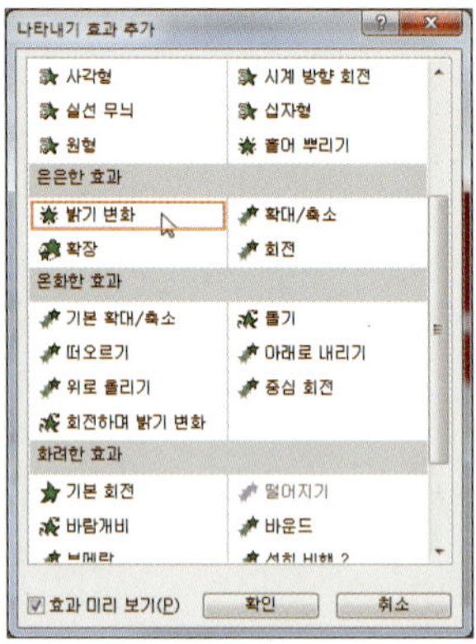

기본 도형의 사각형을 이용해 직사각형을 그린 다음 흰색을 적용합니다. 도형 채우기에서 그라데이션을 클릭하고 선형 대각선 그라데이션 효과를 적용합니다. 도형에서 마우스 오른쪽 버튼을 클릭하여 **도형 서식**을 선택합니다. [도형 서식] 대화상자에서 그라데이션 중지점 중 흰색만 남기고 오른쪽을 100% 투명으로 설정합니다.

+ 동영상에서 작성 방법 보기 : http://cafe.naver.com/artcomptacademy/1842

07 디자인 요소 빠르게 사라지기

01 Shift 키를 누른 채 디자인 요소(투명 셀로판지, 원형 파이, 그림자 등)를 모두 선택합니다.

02 선택한 디자인 요소에 'ppt ani_002.pptx' 파일의 [광속] 효과를 복사하여 적용합니다.
- **애니메이션 복사** : PPT ani_02\ppt ani_002.pptx 파일 – [광속] 애니메이션 복사 – 디자인 요소에 적용
- **시작** : 첫 번째 사각형 – 이전 효과 다음에 시작, 다른 개체 – 이전 효과와 함께 시작
- **재생 시간** : 1초(빠르게)

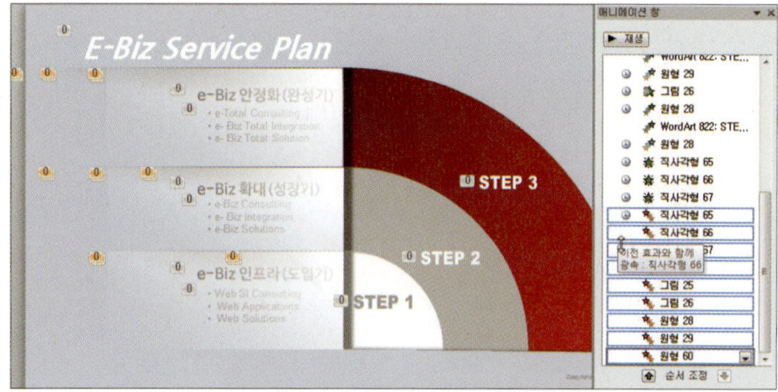

TIP • 파워포인트 애니메이션은 [나타내기]나 [강조하기]만큼 [끝내기] 애니메이션이 중요합니다. [끝내기] 애니메이션은 다음 슬라이드로 넘어가기 전에 짧게 적용(1~2초 이내)하는 것이 좋으며, 프레젠테이션 시 한층 테크니컬한 느낌을 줍니다.

08 텍스트 사라지면서 끝내기

01 Shift 키를 누른 채 텍스트(본문 텍스트, 워드아트 등)를 모두 선택합니다.

02 선택한 텍스트에 'ppt ani_002.pptx' 파일의 [천천히 사라지기] 효과를 복사하여 적용합니다.
- **애니메이션 복사** : PPT ani_02\ppt ani_002.pptx 파일 – [천천히 사라지기] 애니메이션 복사 – 텍스트에 적용
- **효과** : 텍스트 애니메이션 – 한꺼번에   • **시작** : 이전 효과와 함께 시작   • **재생 시간** : 1초(빠르게)

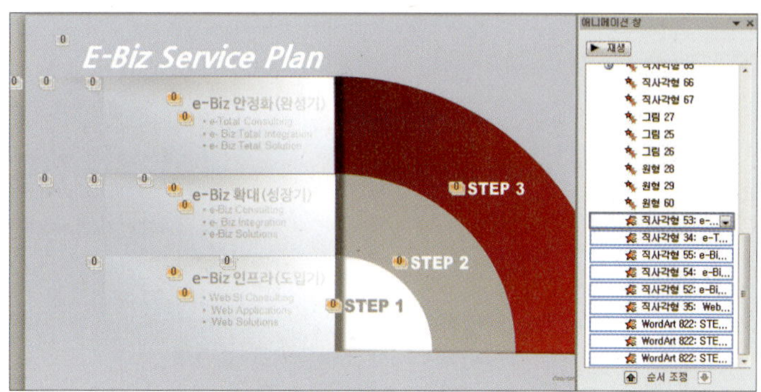

TIP • 본문 텍스트는 투명 셀로판지를 옆으로 이동한 다음 선택합니다. 파워포인트 2010 버전에서는 끝내기 애니메이션에 [천천히 사라지기] 효과가 없습니다.

TIP • 파워포인트 2010 버전에서는 2007 버전의 애니메이션 효과가 많이 삭제되었으므로 2007 버전에서 적용했던 애니메이션을 그대로 구현하려면 [애니메이션 복사] 기능을 이용합니다.

OO3 상향형 도해_라인 빛 애니메이션

상향형 도해는 상단에 핵심 키워드를 배치하여 전개하는 형식이며 주로 목표나 비전을 제시할 때 사용합니다. 하단 내용에서 시작하여 최종 핵심 키워드를 강조하는 형식으로 애니메이션을 진행하는 것이 일반적입니다.

애니메이션 작업 포인트

이번 예제에서 주목할 애니메이션은 이동 경로를 따라 움직이는 빛입니다. [사용자 지정 경로] 기능을 이용하여 이동 경로를 그리고 점 편집을 통해 정교하게 이동 경로를 정리할 수 있습니다. 초급자의 경우 이동 경로 편집이 쉽지 않으므로 완성도를 높이기 위해서는 점 편집 등의 기능을 능숙하게 다룰 수 있도록 연습이 필요합니다.

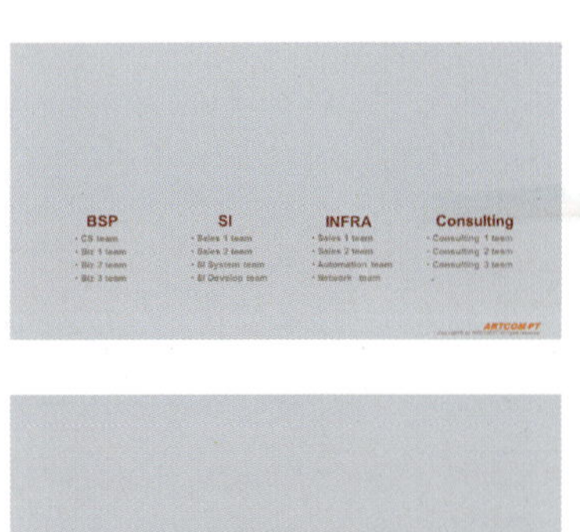
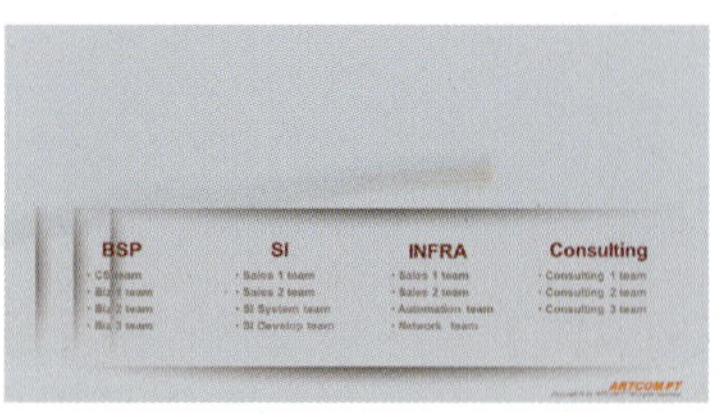
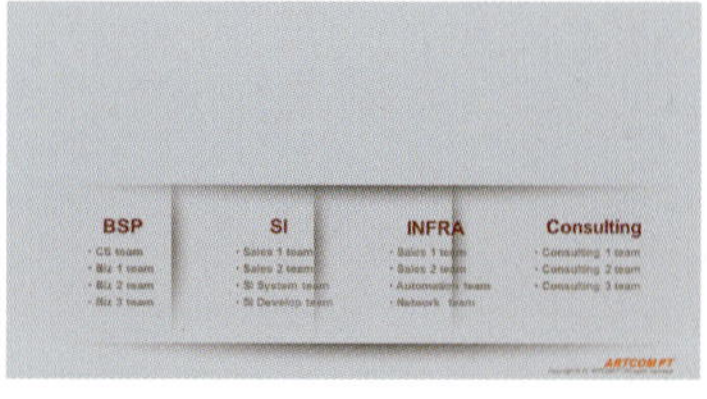
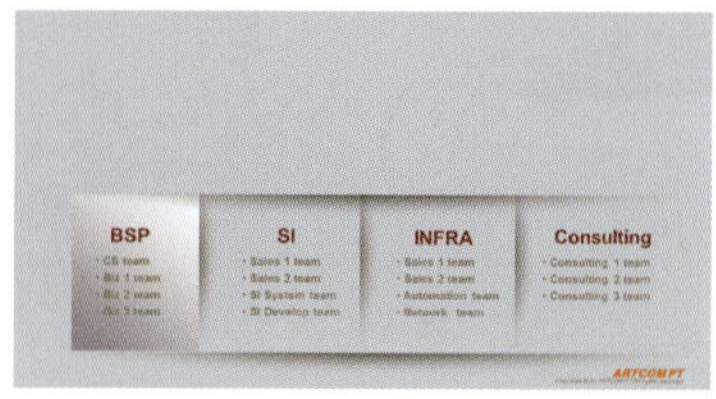
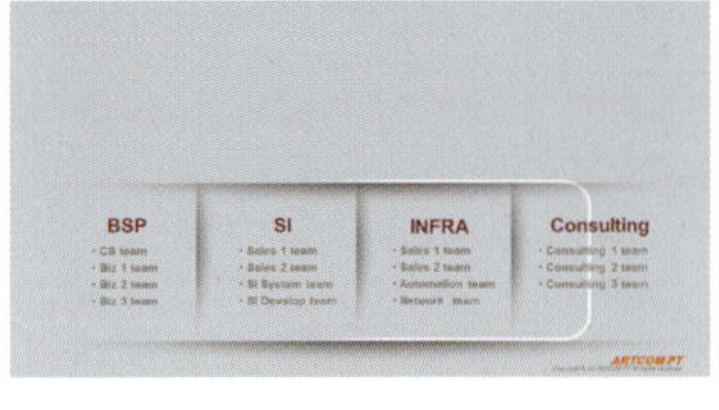
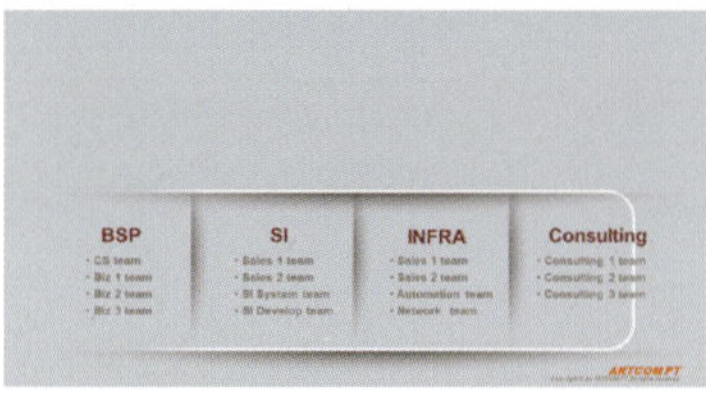
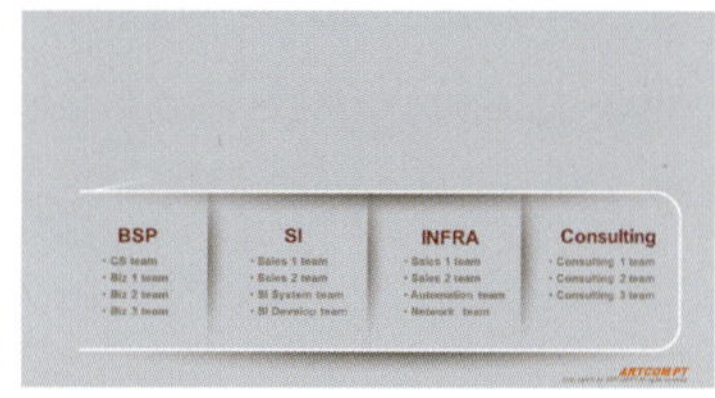
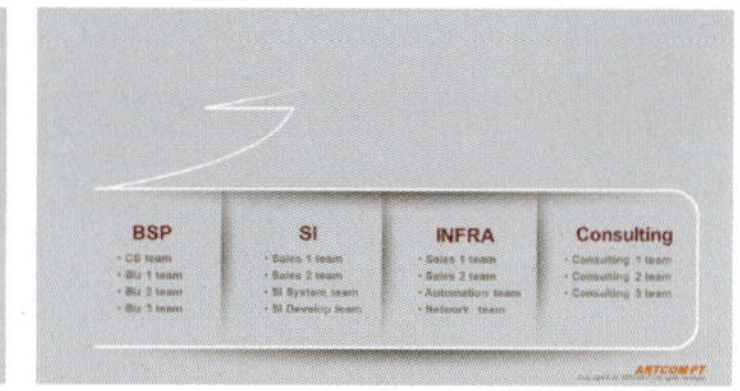
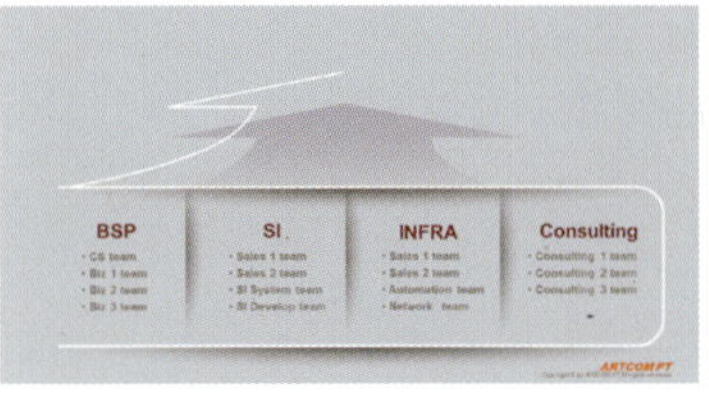
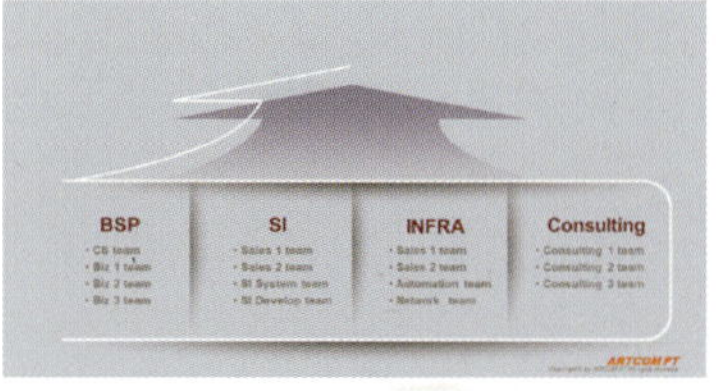
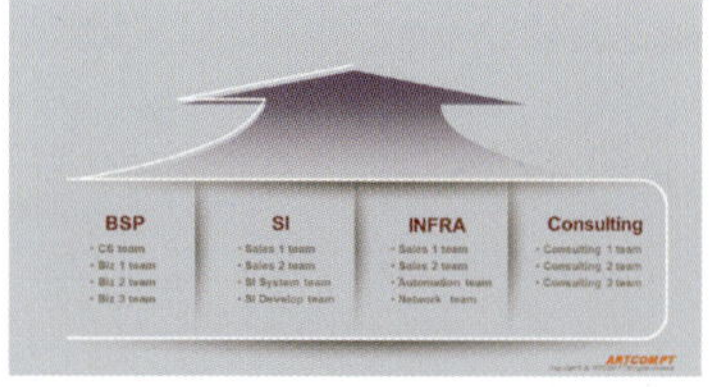
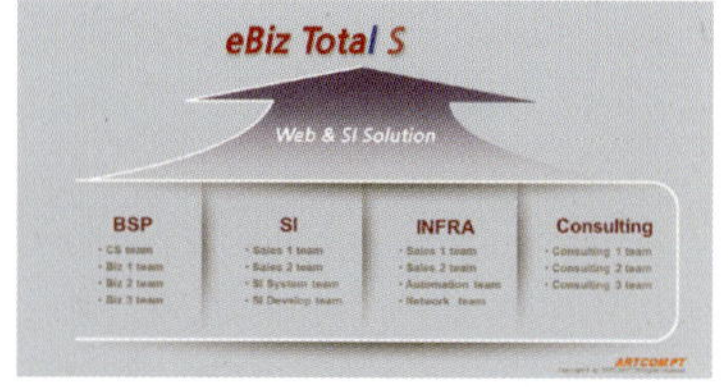

01 텍스트 상하로 효과주기

01 하단 텍스트 중에서 키워드에 [떠오르며 올라오기] 효과를 적용합니다.
- 파일 열기 : PPT ani_03\ppt 003.pptx
- 효과 옵션 : 방향 – 떠오르며 올라오기
- 애니메이션 추가 : 나타내기 – 올라오기
- 시작 : 이전 효과 다음에 시작
- 재생 시간 : 1초(빠르게)

02 서브 텍스트에는 [떠오르며 내려가기] 효과를 적용합니다.
- 애니메이션 추가 : 나타내기 – 올라오기
- 효과 옵션 : 방향 – 떠오르며 내려가기
- 시작 : 이전 효과와 함께 시작
- 재생 시간 : 1초(빠르게)

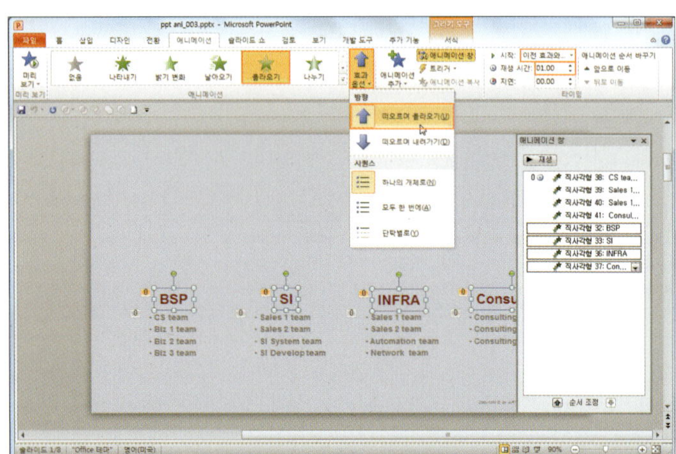
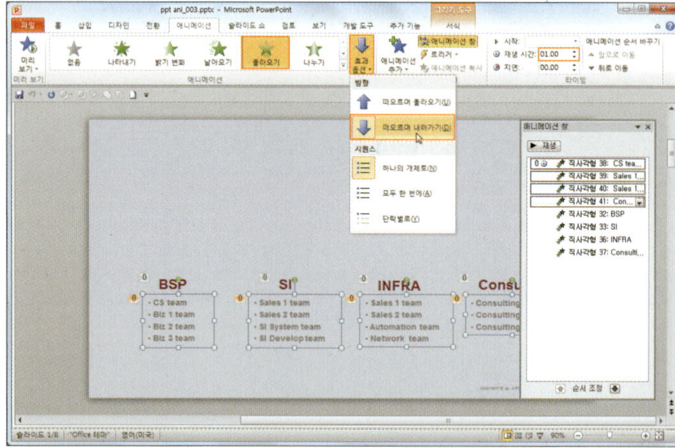

TIP • **분리된 텍스트를 모두 선택하려면?**
① Shift 키를 누른 채 텍스트 박스를 클릭하여 선택합니다.　② 텍스트 영역을 그물로 포획하듯 넓게 드래그하여 한 번에 선택합니다.

02 텍스트 상하에 가로 그림자 날아오기

01 텍스트 상하의 얇은 가로 그림자에 [날아오기] 효과를 적용합니다.
- 애니메이션 추가 : 나타내기 – 날아오기

02 애니메이션의 효과(방향), 시작, 타이밍을 지정합니다.
- 그림 51(아래쪽 그림자) – 효과 옵션 : 방향 – 아래에서, **시작** : 이전 효과 다음에 시작, **재생 시간** : 0.5초(매우 빠르게)
- 그림 45(위쪽 그림자) – 효과 옵션 : 방향 – 위에서, **시작** : 이전 효과와 함께 시작, **재생 시간** : 0.5초(매우 빠르게)

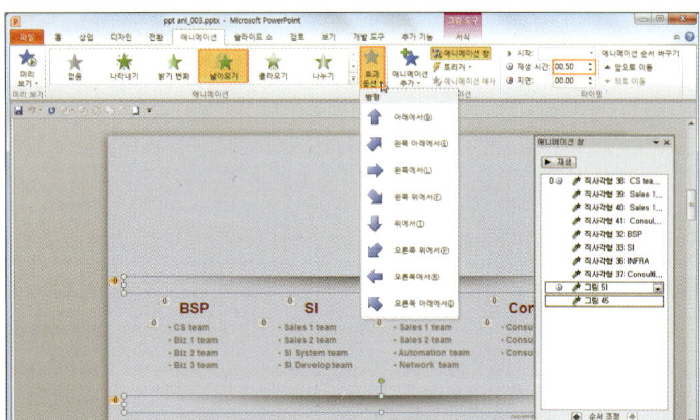

TIP • 파워포인트 애니메이션 중 [날아오기] 효과는 보편적으로 사용합니다. 문제는 슬라이드 상하좌우, 대각선 방향 등으로 애니메이션을 현란하게 적용했을 경우입니다. 과도한 날아오기 애니메이션은 오히려 눈에 피로감을 주고 프레젠테이션 효과를 반감시킬 수 있습니다.

03 얇은 세로 그림자 날아오기

__01__ 02번 과정과 같은 방법으로 3개의 얇은 세로 그림자에 [날아오기] 효과를 적용합니다.

- 애니메이션 추가 : 나타내기 – 날아오기

__02__ 애니메이션의 효과(방향), 시작, 타이밍을 지정합니다.

- **효과 옵션** : 방향 – 왼쪽에서　　• **시작** : 그림 46, 47 – 이전 효과와 함께 시작, 그림 48 – 이전 효과 다음에 시작
- **재생 시간** : 0.5초(매우 빠르게)

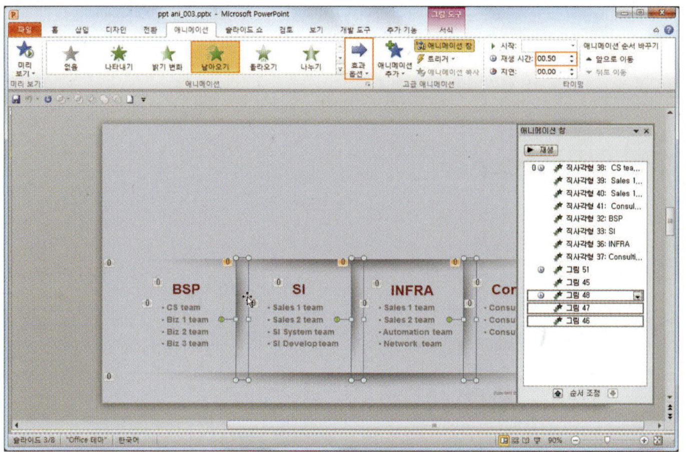

04 텍스트 박스 밝게 효과주기

__01__ 하단의 4개의 텍스트 영역을 강조하기 위해 [밝기 변화] 효과를 적용합니다.

- 애니메이션 추가 : 추가 나타내기 효과 – 은은한 효과 – 밝기 변화

__02__ 애니메이션에 효과(방향), 시작, 타이밍을 지정합니다.

- **효과** : 애니메이션 후 – 애니메이션 후 숨기기　　• **시작** : 이전 효과 다음에 시작　　• **재생 시간** : 0.3초(직접 입력)

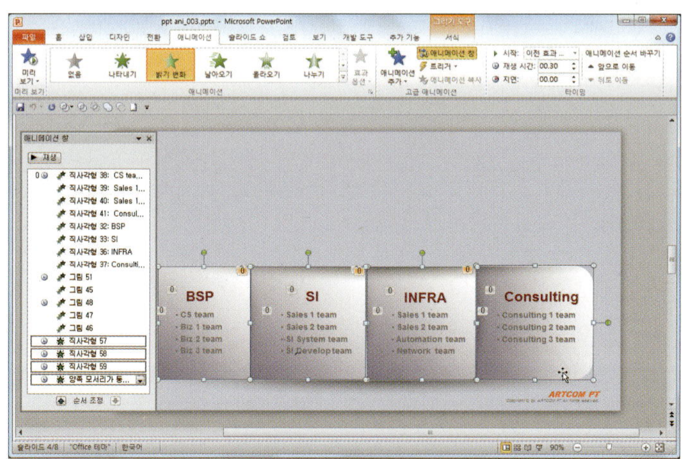
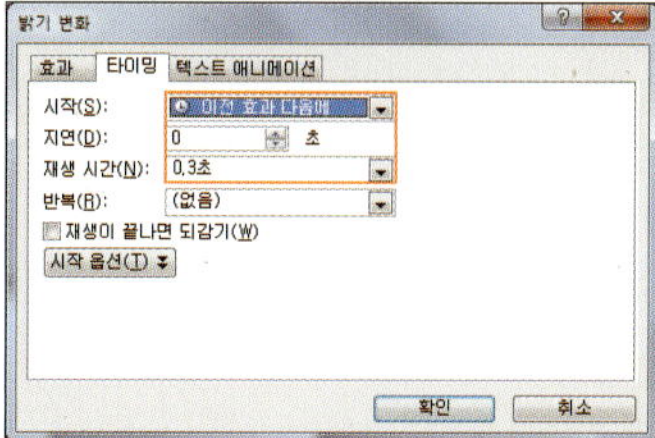

TIP •　그라데이션 텍스트 박스를 만들려면?

[삽입] 탭의 일러스트레이션 그룹에서 기본 도형의 '직사각형'과 '양쪽 모서리가 둥근 사각형'을 선택하여 드래그한 다음 [선형 대각선 그라데이션] 효과를
적용합니다. 도형에서 마우스 오른쪽 버튼을 클릭하여 **도형 서식**을 선택합니다. [도형 서식] 대화상자의 그라데이션 중지점에서 중지점 2를 제거한 다음
흰색은 투명도 0%, 어두운 보라색은 투명도 42%로 설정합니다.

\+ 동영상에서 작성 방법 보기 : http://cafe.naver.com/artcomptacademy/1843

05 흰색 라인 불러오기

01 텍스트들을 감싸는 흰색 둥근 라인에 'ppt ani_003.pptx' 파일의 [베일 벗기] 효과를 적용합니다.

- 애니메이션 복사 : PPT ani_03\ppt ani_003.pptx 파일 – [베일 벗기] 애니메이션 복사 – 흰색 곡선에 적용

02 애니메이션의 효과(방향), 시작, 타이밍을 지정합니다.

- 재생 시간 : 1초(빠르게)　　• 시작 : 이전 효과 다음에 시작

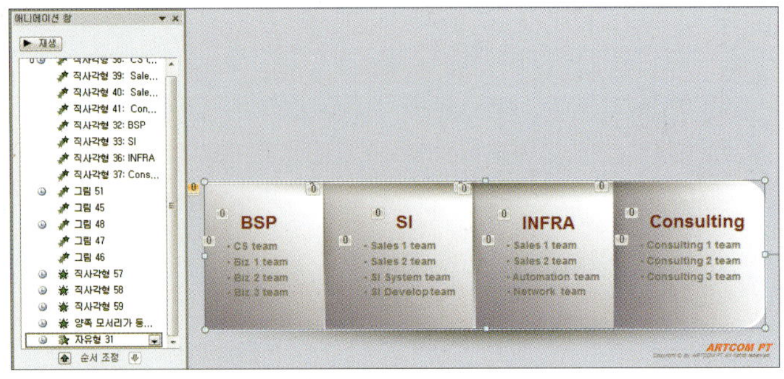

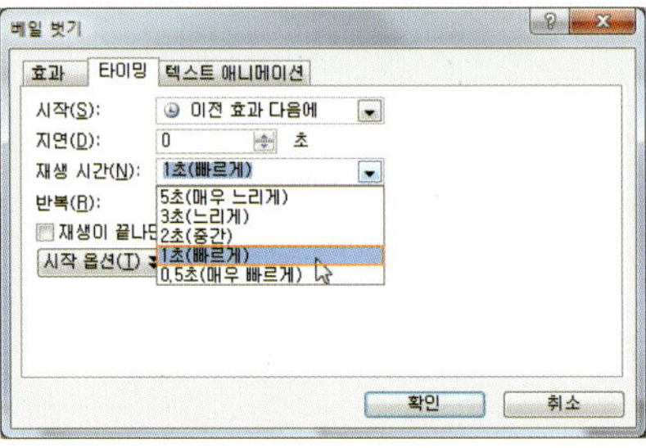

TIP •　**흰색 곡선을 만들려면?**
[삽입] 탭의 일러스트레이션 그룹에서 [도형]을 선택하고 [양쪽 모서리가 둥근 사각형]을 선택합니다. 한쪽 면을 없애기 위해 점 편집에서 [경로 열기]를 선택한 다음 점 삭제를 실행하면 손쉽게 만들 수 있습니다(도형 서식 – 선 색 : 흰색 / 선 스타일 : 너비 3pt).

TIP •　[베일 벗기] 효과는 파워포인트 2007 버전에는 있지만 2010 버전에서는 삭제된 기능입니다. [날아오기], [닦아내기] 효과와 비슷하지만 테크니컬한 효과를 연출할 수 있습니다. [애니메이션 복사]를 선택하면 파워포인트 2007 애니메이션 기능을 그대로 활용할 수 있습니다.

06 큰 화살표 아래에서 위로 닦아내듯 올라오기

01 화살표 왼쪽 흰색 라인에 [닦아내기] 효과를 적용합니다.

- 애니메이션 추가 : 나타내기 – 닦아내기　　• 효과 옵션 : 방향 – 아래에서
- 시작 : 이전 효과 다음에 시작　　• 재생 시간 : 0.5초(매우 빠르게)

02 [올라오기] 효과를 추가합니다.

- 애니메이션 추가 : 나타내기 – 올라오기　　• 효과 옵션 : 방향 – 떠오르며 올라오기
- 시작 : 이전 효과 다음에 시작　　• 재생 시간 : 1초(빠르게)

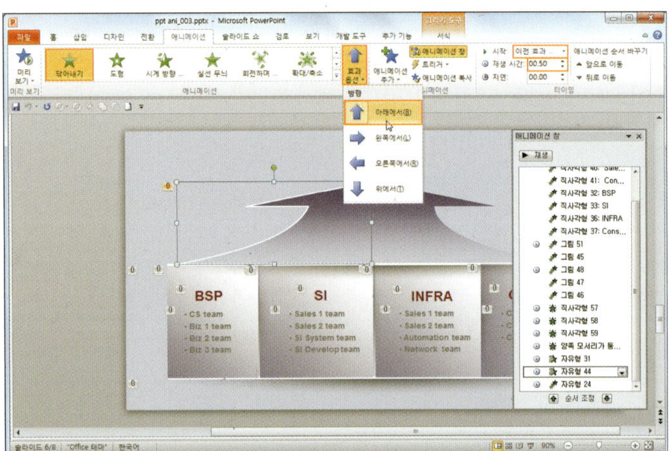

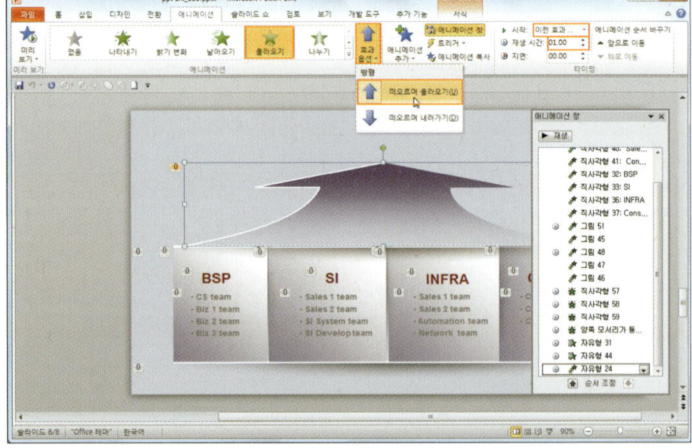

TIP •　애니메이션 그룹에 [올라오기] 효과가 보이지 않는다면 고급 애니메이션 그룹에서 [애니메이션 추가]–[추가 나타내기 효과]를 선택합니다.
[나타내기 효과 추가] 대화상자에서 온화한 효과의 '위로 올리기'를 선택한 다음 〈확인〉 버튼을 클릭합니다.

01 화살표의 텍스트(Web & SI Solution)에 [실] 효과를 적용합니다.

- **애니메이션 복사** : PPT ani_03\ppt ani_003.pptx 파일 – [실] 애니메이션 복사 – 화살표 텍스트에 적용
- **효과** : 텍스트 애니메이션 – 한꺼번에 **시작** : 이전 효과 다음에 시작 **재생 시간** : 0.5초(매우 빠르게)

02 상단의 핵심 키워드(eBiz Total Service)에 [컬러 타자기] 효과를 적용합니다.

- **애니메이션 복사** : PPT ani_03\ppt ani_003.pptx 파일 – [컬러 타자기] 애니메이션 복사 – 핵심 키워드에 적용
- **효과** : 텍스트 애니메이션 – 문자 단위로 **시작** : 이전 효과 다음에 시작 **재생 시간** : 0.08초

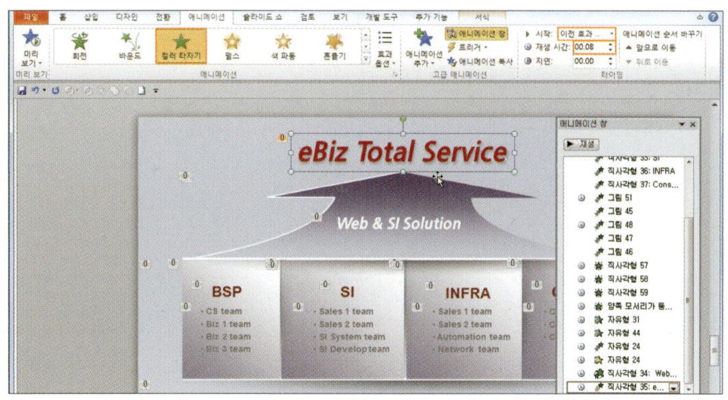
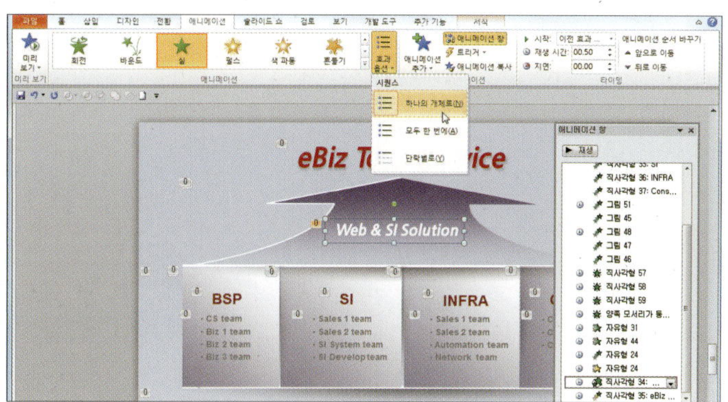

08 라인을 따라 흐르는 빛 추가하여 끝내기

01 흰색 불빛 모양에 [나타내기] 효과를 적용합니다.

- **애니메이션 추가** : 나타내기 – 나타내기 **시작** : 이전 효과 다음에 시작

02 흰색 불빛 모양을 클릭한 다음 흰색 라인을 따라 사용자 지정 경로를 그립니다.

- **애니메이션 추가** : 이동 경로 – 사용자 지정 경로 **효과** : 애니메이션 후 – 애니메이션 후 숨기기
- **시작** : 이전 효과 다음에 시작 **재생 시간** : 2초(중간)

03 큰 화살표에 [펄스] 효과를 적용합니다.

- **애니메이션 추가** : 강조 – 펄스 **시작** : 이전 효과 다음에 시작 **재생 시간** : 0.5초(매우 빠르게)

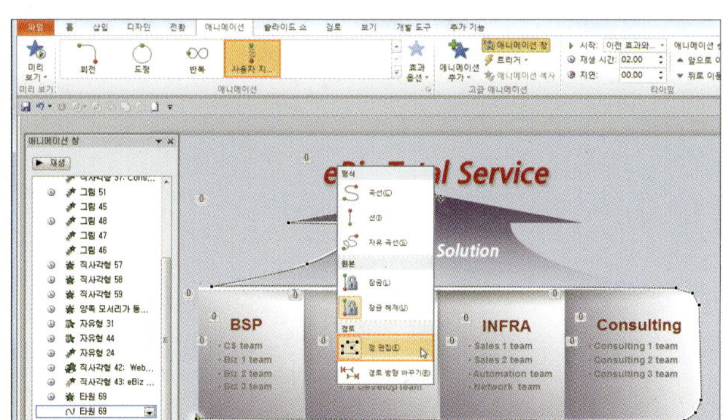
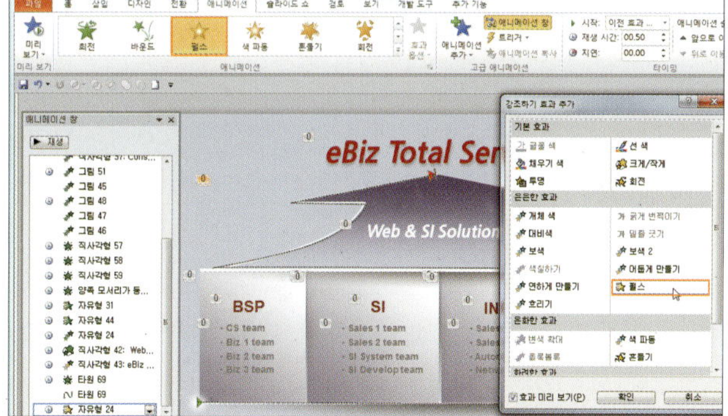

TIP • [사용자 지정 경로]에서 라인을 그리고 점을 편집하는 방식은 도형과 같습니다. 클릭+드래그+클릭하여 경로를 만들며 드래그할 때는 클릭하면
안 됩니다. 클릭하면 커서가 + 모양이 되며, 연필 모양이 나타나지 않도록 마우스만 이동하고 클릭하며 마지막 지점에서는 더블클릭합니다.

사용자 지정 경로 점 편집 방법
① [사용자 지정 경로] 라인에 커서를 위치시켜 모양이 바뀌면 마우스 오른쪽 버튼을 클릭하고 **점 편집**을 선택합니다.
② 작은 사각형의 점들이 나타나면 커서를 올려 모양이 바뀔 때 마우스 오른쪽 버튼을 클릭한 다음 **기준점**을 선택합니다.
③ 모양 조절 핸들이 나오면 핸들을 조정하여 웨이브 형태를 만듭니다.

004 피라미드 도해_삼각 형태 애니메이션

피라미드 도해는 삼각형 형태의 평이하면서도 간결한 형식이며, 일반적으로 위계 관계를 설명하거나 비전 등을 제시할 때 활용합니다. 피라미드 도해 애니메이션은 삼각형의 특징을 적극적으로 활용하는 것이 좋습니다. 삼각형을 활용하여 어떻게 전개하고 어떻게 끝낼 것인가는 개인별 역량에 따라 수십, 수백 가지 방식이 존재할 수 있습니다.

|난이도| ★★★ |예제 파일| PPT ani_04\ppt 004.pptx |결과 파일| PPT ani_04\ppt ani_004.pptx
|동영상 파일| PPT ani_04\004_PPT도해 애니메이션.wmv |인터넷으로 보기| http://cafe.naver.com/artcomptacademy/1728

애니메이션 작업 포인트

이번 예제에서 주목해야 할 애니메이션은 삼각 형태를 활용한 전개와 끝내기 효과입니다. 단순한
삼각형이지만 파워포인트에서 제공하는 애니메이션 기능만으로도 테크니컬한 애니메이션을 연출
할 수 있습니다.

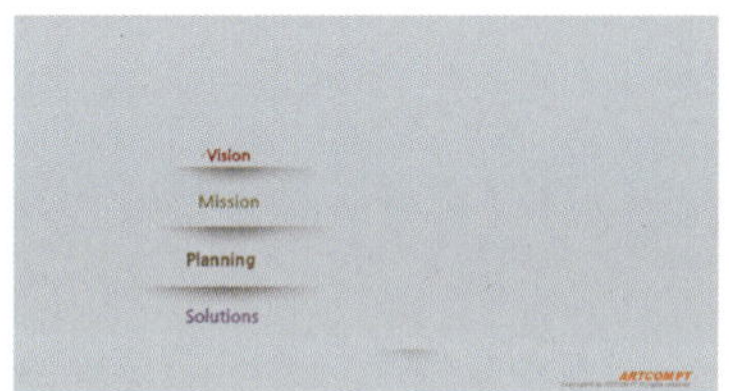
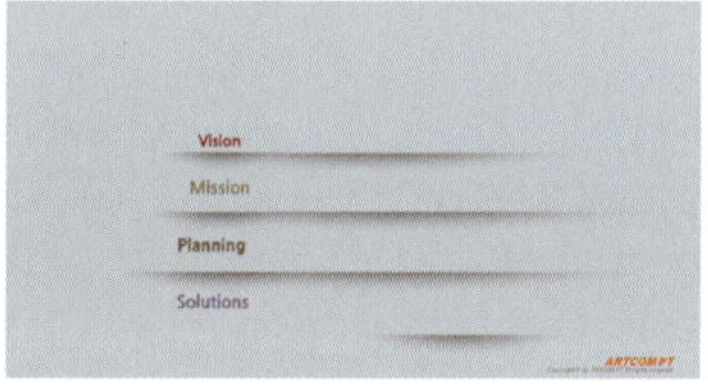
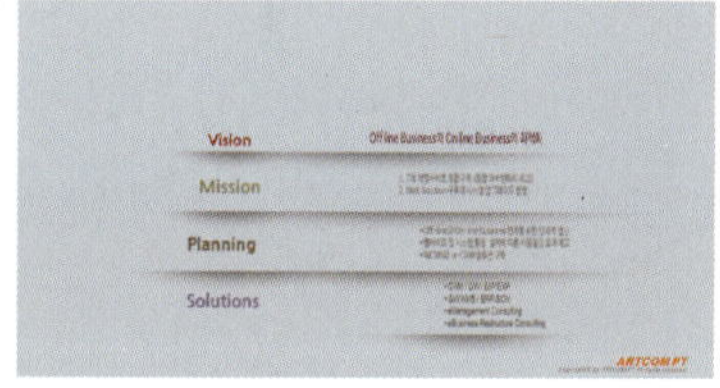
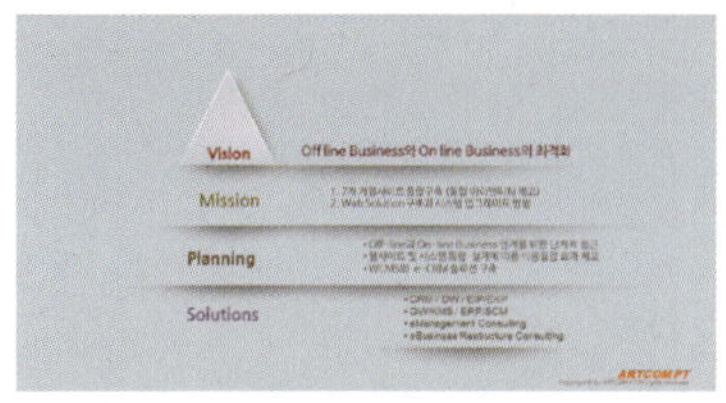

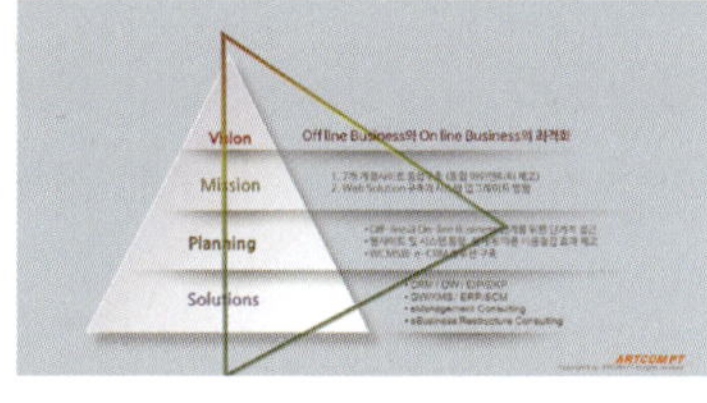
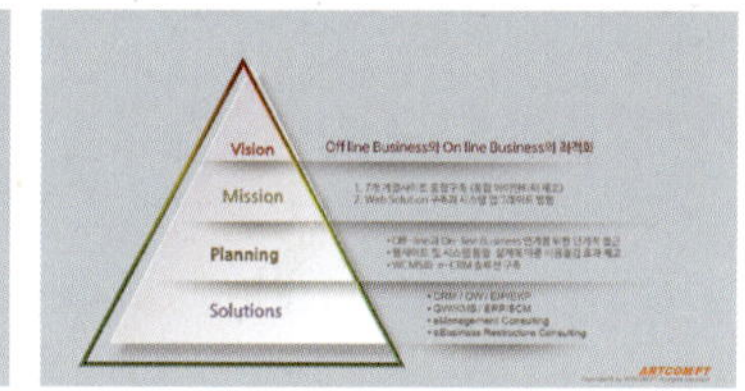
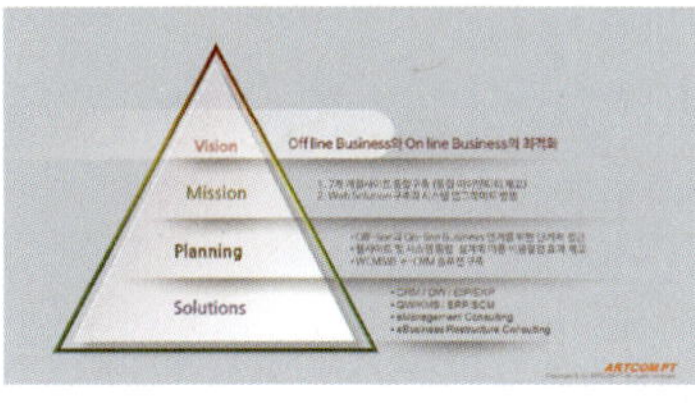
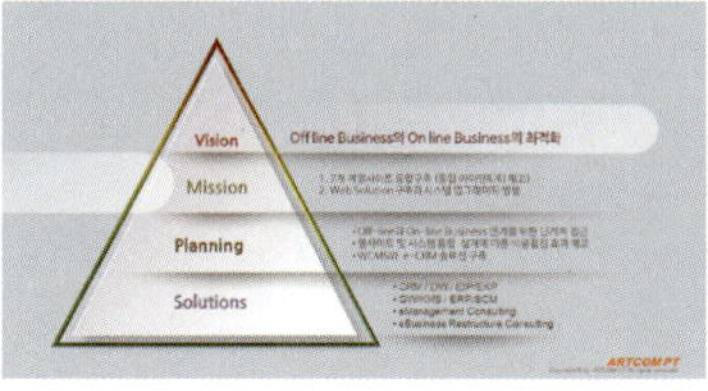
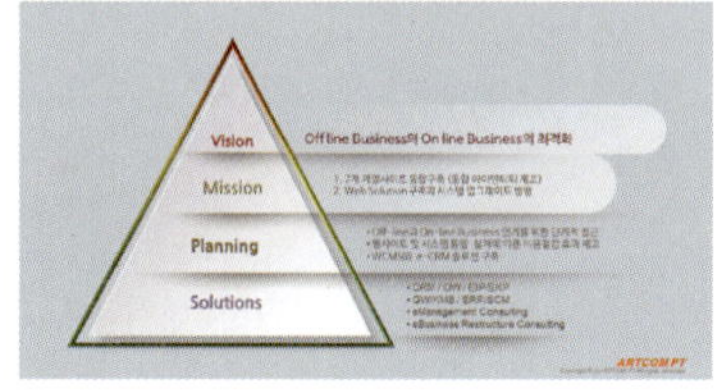
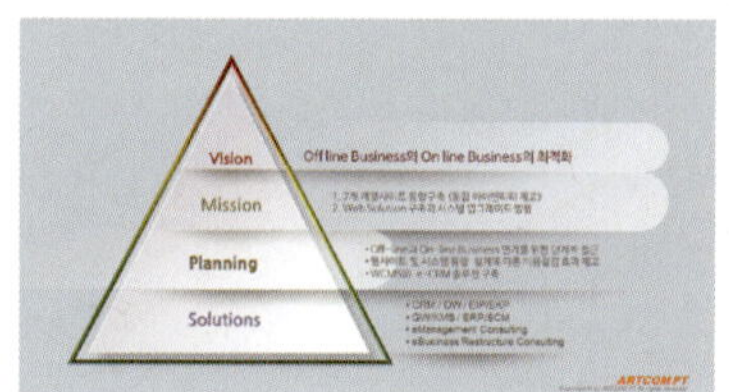
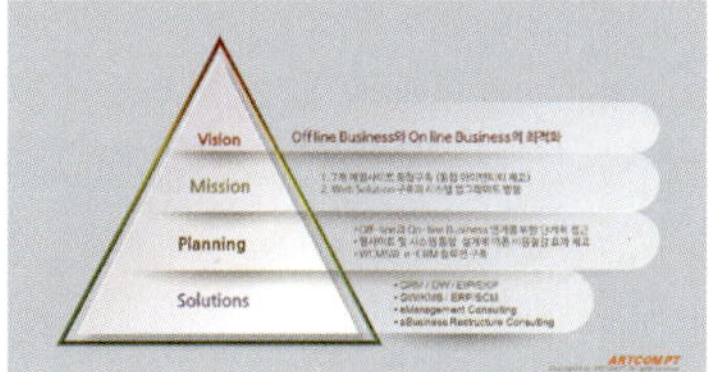
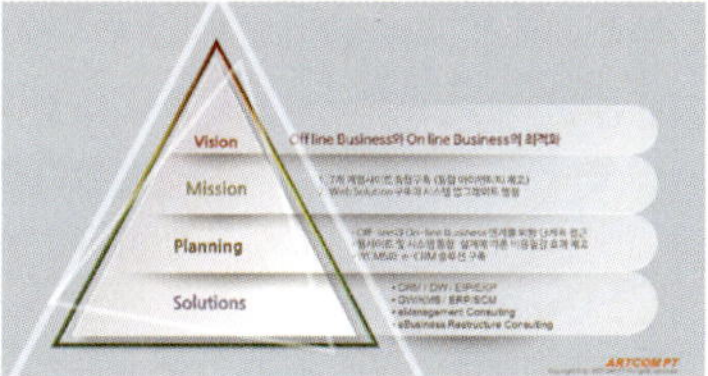
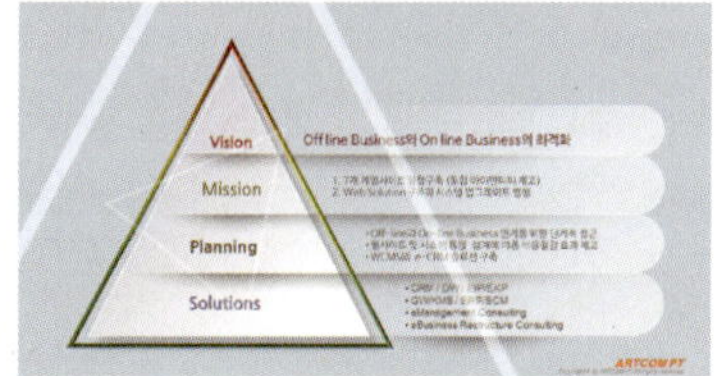
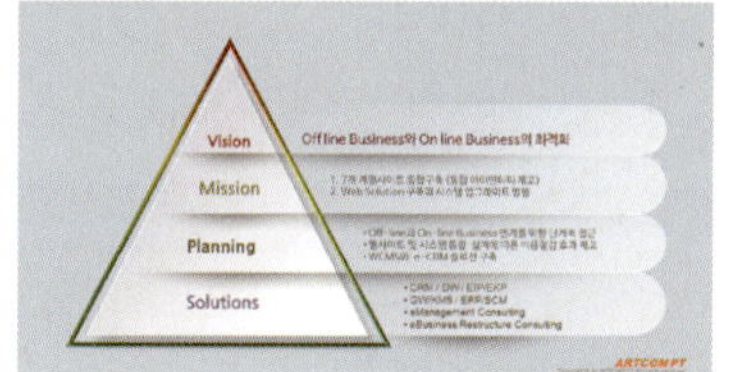

01 핵심 키워드 날아오기

핵심 키워드에 [실] 애니메이션 효과를 적용합니다.

- 애니메이션 복사 : PPT ani_04\ppt 004.pptx 파일 – [실] 애니메이션 복사 – 핵심 키워드에 적용
- 효과 : 텍스트 애니메이션 – 한꺼번에
- 시작 : 첫 번째 텍스트 – 이전 효과 다음에 시작, 3개의 텍스트 – 이전 효과와 함께 시작
- 재생 시간 : 0.5초(매우 빠르게)

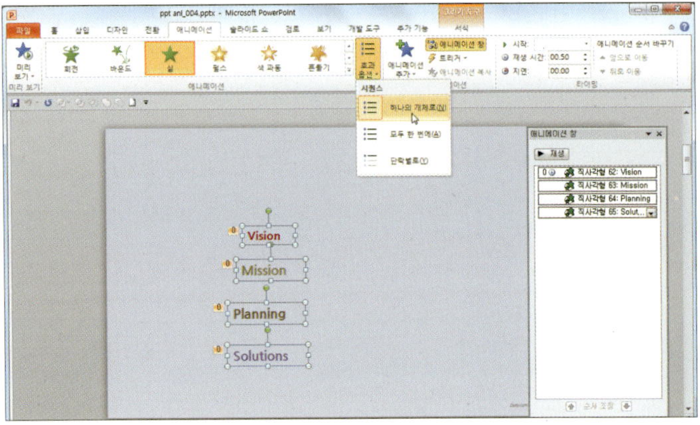

02 가로 그림자 닦아내듯 불러오기

01 그림자에 [닦아내기] 효과를 적용합니다.

- 애니메이션 추가 : 나타내기 – 닦아내기

02 애니메이션의 효과(방향), 시작, 타이밍을 지정합니다.

- 효과 옵션 : 방향 – 왼쪽에서
- 시작 : 첫 번째 그림자 – 이전 효과 다음에 시작, 3개의 그림자 – 이전 효과와 함께 시작
- 재생 시간 : 0.5초(매우 빠르게)

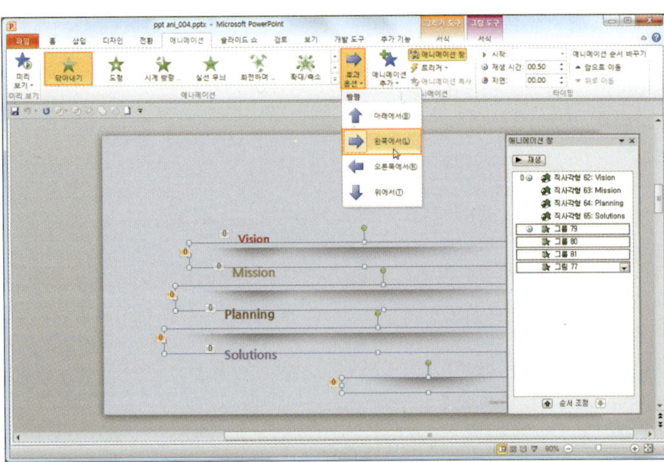
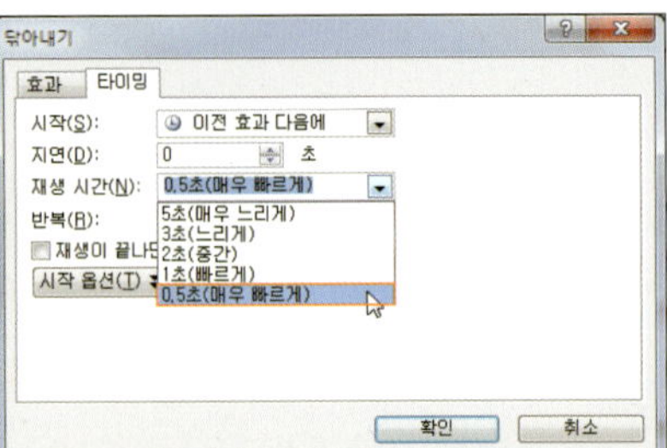

TIP • **그림자를 만들려면?**

기본 도형에 있는 타원 중심부에서 그라데이션 효과를 적용하고 도형 서식에서 중지점의 투명도를 조절한 다음 PNG 파일로 저장합니다. 저장된 PNG 파일을 삽입하여 반으로 자릅니다.

+ 동영상에서 작성 방법 보기 : http://cafe.naver.com/artcomptacademy/1844

03 서브 텍스트 늘이기

서브 텍스트를 모두 선택하고 [늘이기] 애니메이션 효과를 적용한 다음 효과(방향), 시작, 타이밍을 지정합니다.

- **애니메이션 복사** : PPT ani_04\ppt ani_004.pptx 파일 – [늘이기] 애니메이션 복사 – 서브 텍스트에 적용
- **효과 옵션** : 방향 – 옆으로 　**시작** : 첫 번째 텍스트 – 이전 효과 다음에 시작, 3개의 텍스트 – 이전 효과와 함께 시작
- **재생 시간** : 0.5초(매우 빠르게)

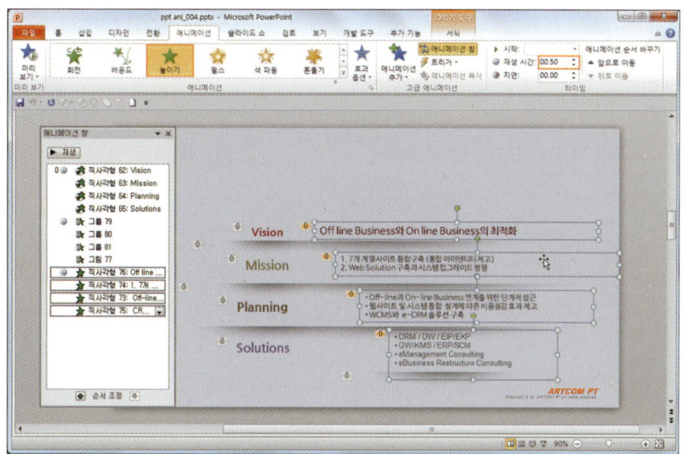

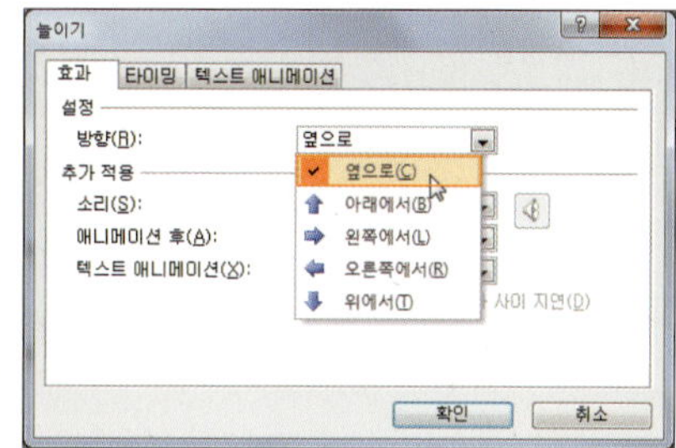

TIP • 　예제에서는 네이버에서 제공하는 '나눔바른 고딕OTF'와 '나눔고딕 ExtraB' 서체를 적용했습니다. 나눔 글꼴은 네이버(http://hangeul.naver.com/2014/nanum)에서 무료로 다운받을 수 있습니다. 무료 폰트를 상업적으로 사용할 때는 반드시 저작권 문제를 확인해야 합니다.

04 밝은 회색 삼각형을 상하로 닦아내듯 불러오기

01 밝은 회색 삼각형에 [닦아내기] 효과를 적용합니다.
- **애니메이션 추가** : 나타내기 – 닦아내기

02 애니메이션의 효과(방향), 시작, 타이밍을 지정합니다.
- **효과 옵션** : 방향 – 위에서 　**시작** : 이전 효과 다음에 시작 　**재생 시간** : 0.5초(매우 빠르게)

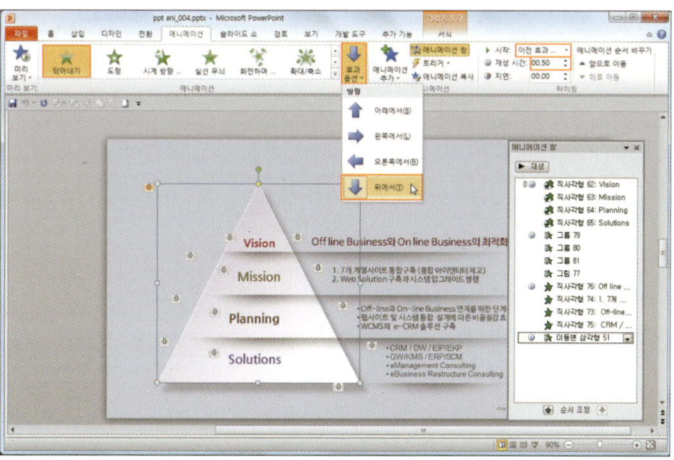

TIP • 　[닦아내기] 효과의 방향은 리본 메뉴에서 애니메이션 그룹의 [효과 옵션]에서 지정하거나 [애니메이션 창]의 풀다운 메뉴에서 해당 효과를 선택하여 [효과 옵션] 대화상자에서 지정할 수 있습니다.

05 무지개색 삼각형 선회 비행하기

01 삼각 라인에 나타내기 효과 중 [선회 비행 2] 효과를 적용합니다.

- **애니메이션 추가** : 추가 나타내기 효과 – 화려한 효과 – 선회 비행 2

02 애니메이션의 시작, 재생 시간을 지정합니다.

- **시작** : 이전 효과 다음에 시작 　•**재생 시간** : 1초(빠르게)

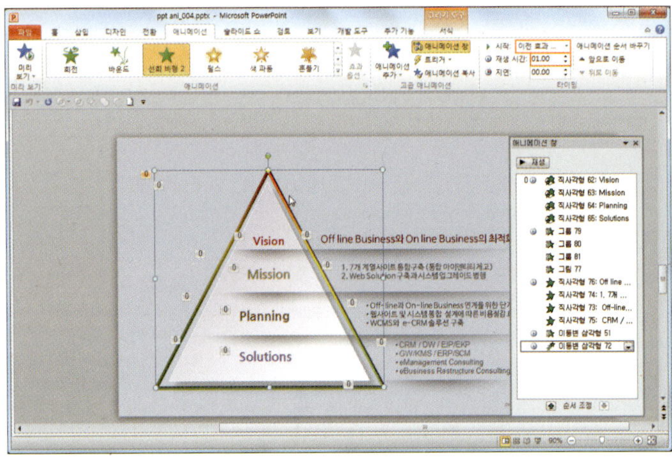 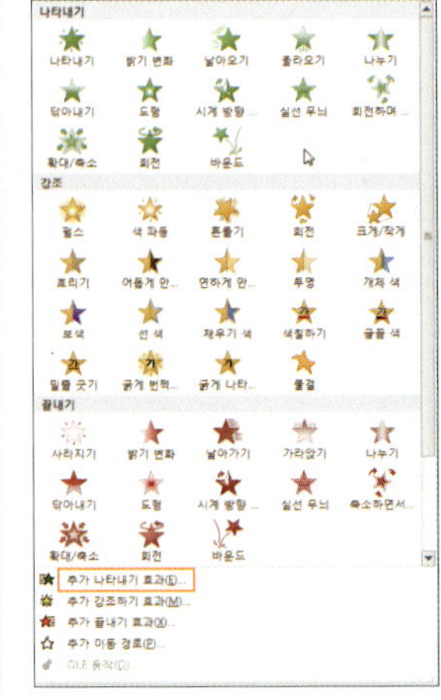 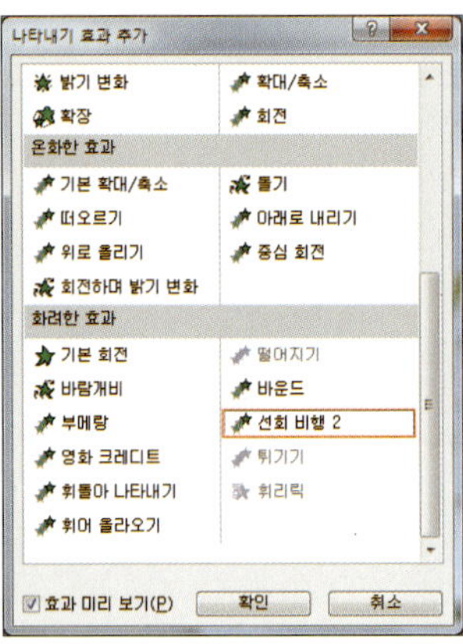

TIP •　[나타내기 효과 추가] 대화상자에서 '선회 비행 2' 효과를 한 번에 찾기 어렵습니다. 대화상자 오른쪽의 스크롤바를 아래로 내리고 온화한 효과 중에서 선택합니다.

06 둥근 텍스트 박스 날아오기

01 피라미드 오른쪽 4개의 둥근 텍스트 박스에 [날아오기] 효과를 적용합니다.

- **애니메이션 추가** : 나타내기 – 날아오기

02 애니메이션의 효과(방향), 시작, 타이밍을 지정합니다.

- **효과 옵션** : 방향 – 왼쪽에서 　•**시작** : 이전 효과 다음에 시작 　•**재생 시간** : 0.5초(매우 빠르게)

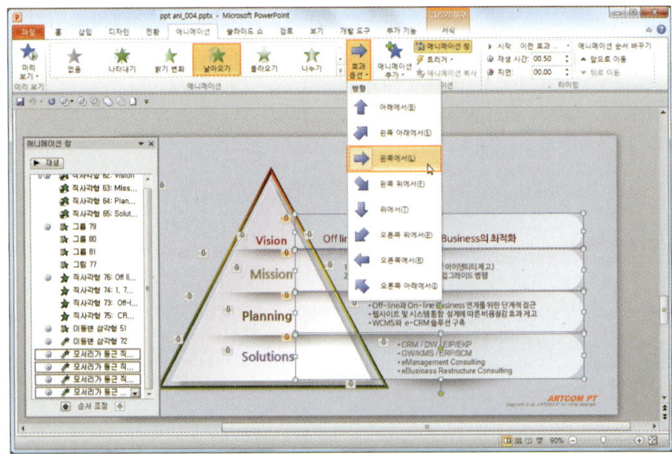 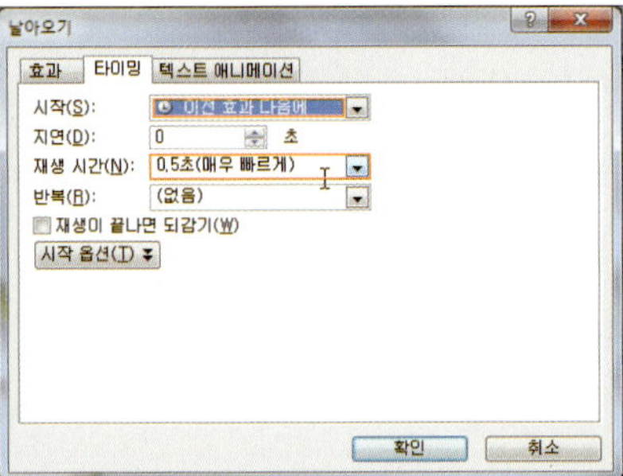

TIP •　**둥근 텍스트 박스를 만들려면?**

[삽입] 탭에서 일러스트레이션 그룹의 [도형]–[모서리가 둥근 직사각형]에서 그라데이션 효과와 투명도 효과를 적용하여 만듭니다. 기본 그라데이션을 적용하면 3개의 중지점이 생기는데 텍스트 박스 왼쪽 투명도를 좀 더 부드럽게 표현하기 위해 중심부 중지점 2를 없앱니다.

+ 동영상에서 작성 방법 보기 : http://cafe.naver.com/artcomptacademy/1844

07 밝은 회색 삼각형 반짝이기

01 밝은 회색 삼각형에 [펄스] 효과를 적용합니다.

- 애니메이션 추가 : 강조 – 펄스

02 애니메이션의 시작, 타이밍(재생 시간)을 지정합니다.

- **시작** : 이전 효과 다음에 시작　　**재생 시간** : 0.5초(매우 빠르게)

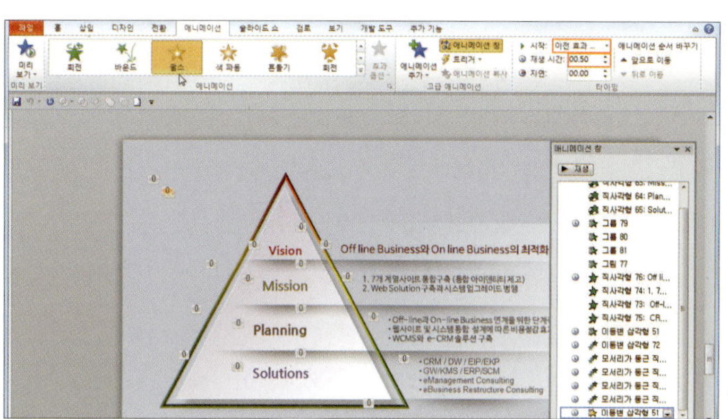

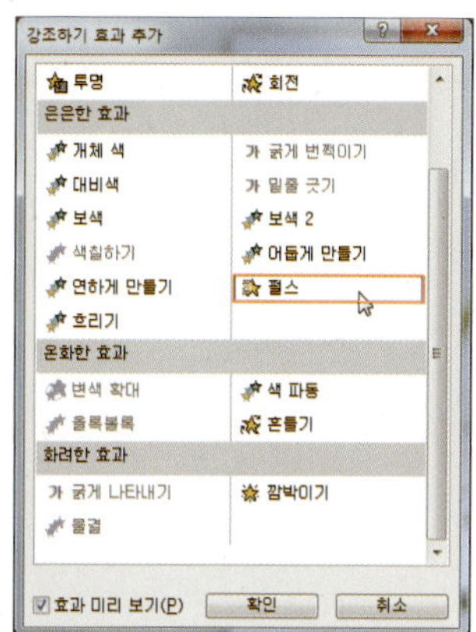

08 투명한 삼각 라인을 축소하면서 회전 및 강조하여 끝내기

01 왼쪽 윈도우의 크고 작은 투명한 삼각 라인 두 개를 선택하여 무지개색 삼각 라인에 맞춥니다. 작은 투명 삼각형에 나타내기 애니메이션을 적용합니다.

- **삼각 라인 배치**　　• **애니메이션 추가** : 나타내기 – 나타내기　　• **시작** : 이전 효과 다음에 시작

02 작은 투명 삼각형에 끝내기의 [축소하면서 회전] 효과를 적용합니다.

- **애니메이션 추가** : 추가 나타내기 효과 – 끝내기 – 축소하면서 회전
- **시작** : 이전 효과와 함께 시작　　• **재생 시간** : 1초(빠르게)

03 바깥쪽 투명 삼각형을 선택하고 [나타내기] 효과를 적용합니다.

- **애니메이션 추가** : 나타내기 – 나타내기　　• **시작** : 이전 효과와 함께 시작

04 바깥쪽 투명 삼각형에 강조 효과를 적용합니다.

- **애니메이션 추가** : 추가 나타내기 효과 – 강조 – 크게/작게
- **효과** : 크기 – 250%, 애니메이션 후 – 애니메이션 후 숨기기
- **시작** : 이전 효과와 함께 시작　　• **재생 시간** : 0.5초(매우 빠르게)

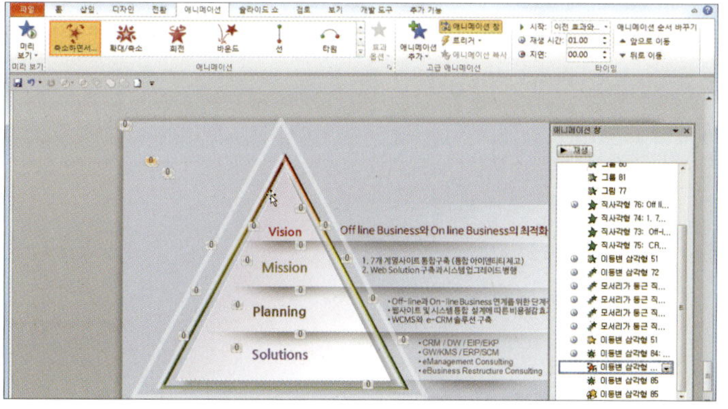

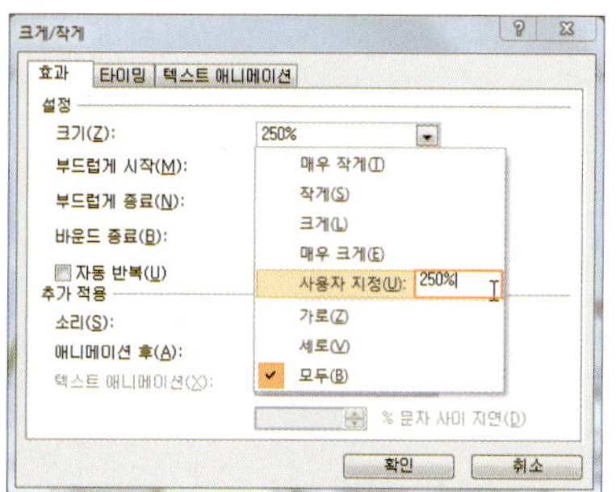

005 외주형 도해_타원 애니메이션

외주형 도해는 슬라이드 디자인에서 흔히 쓰이는 도해 형식이며 핵심 키워드를 중심으로 위성처럼 주변을 도는 애니메이션입니다. 디자인을 하거나 애니메이션 기능을 적용할 때 중심부의 핵심 키워드를 강조하면서 외주 형식으로 배치된 보조 텍스트에 시선이 흐를 수 있도록 연출해야 합니다.

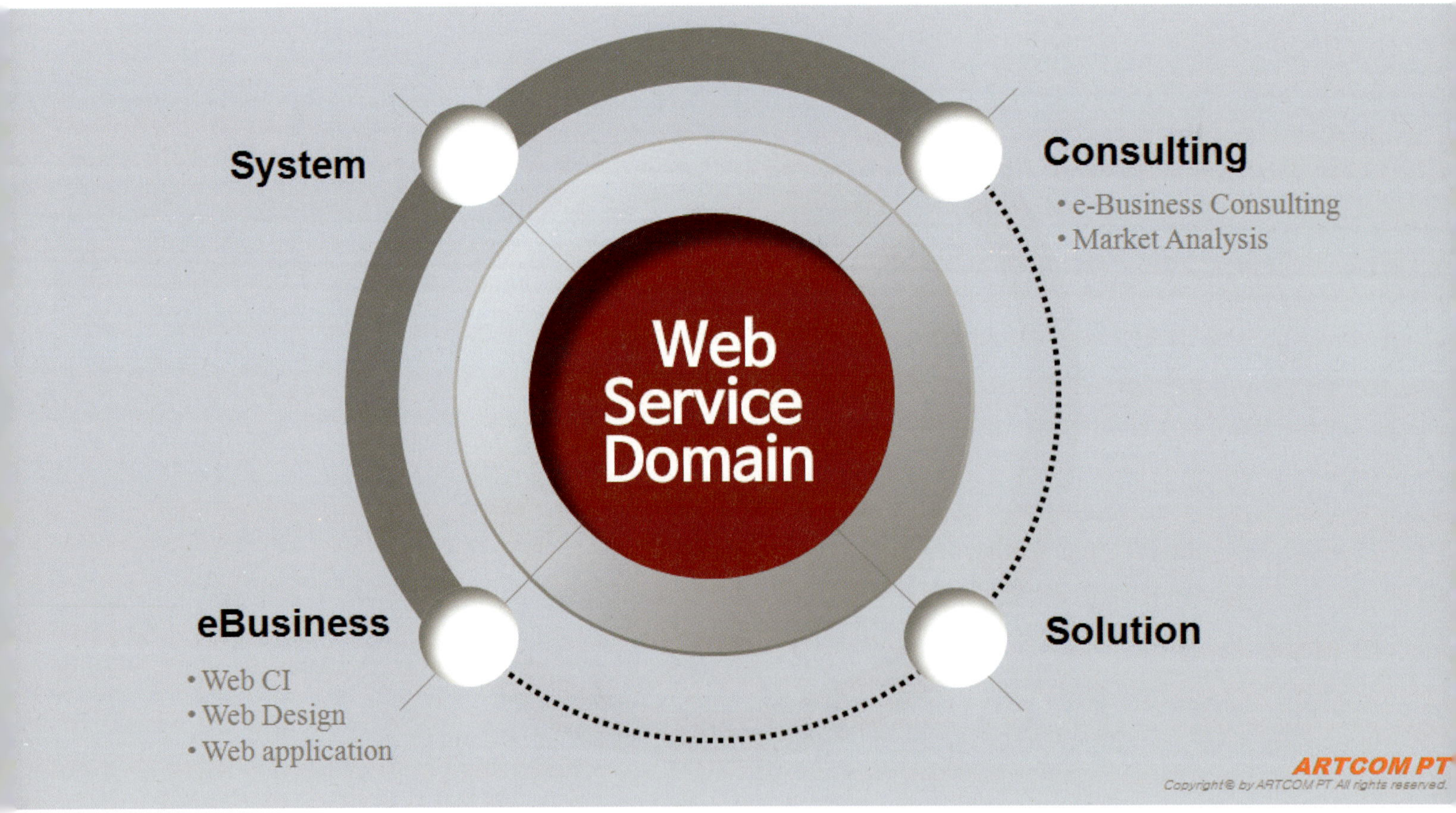

|난이도| ★★★ |예제 파일| PPT ani_05\ppt 005.pptx |결과 파일| PPT ani_05\ppt ani_005.pptx
|동영상 파일| PPT ani_05\005_PPT도해 애니메이션.wmv |인터넷으로 보기| http://cafe.naver.com/artcomptacademy/1731

애니메이션 작업 포인트

이번 예제에서 주목해야 할 부분은 타원을 중심으로 한 애니메이션 전개와 끝내기 효과입니다. 핵
심 키워드를 중심으로 모이거나 흩어지고, 타원 라인을 따라 개체가 회전하는 등 리듬감 있으면서
역동적으로 연출할 필요가 있습니다.

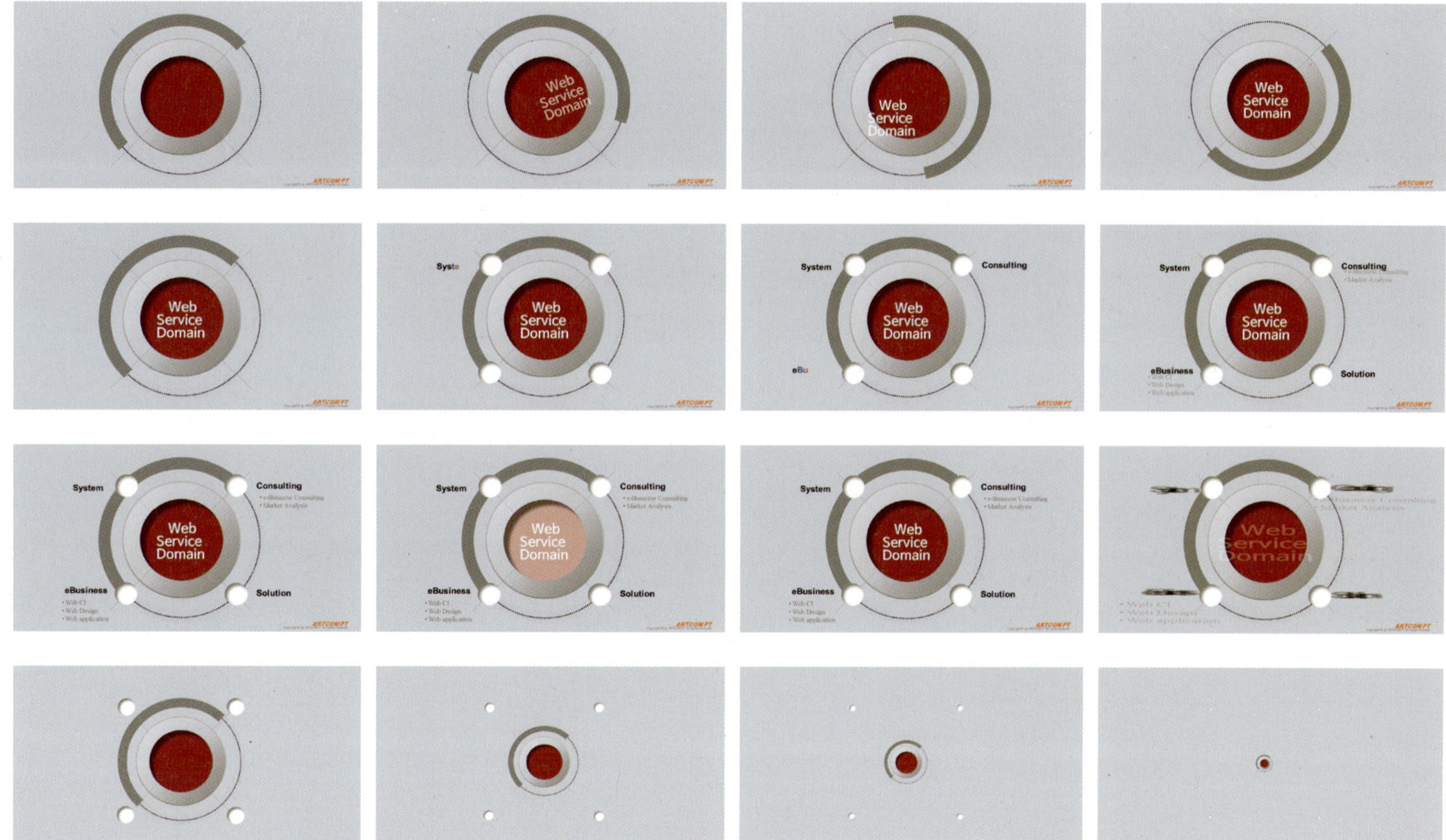

OI 핵심 키워드 선회 비행하기

중심부 핵심 키워드에 나타내기 효과 중 [선회 비행 2] 효과를 적용합니다.

- **파일 열기** : PPT ani_05\ppt 005.pptx   - **애니메이션 추가** : 추가 나타내기 효과 – 화려한 효과 – 선회 비행 2
- **시작** : 이전 효과와 다음에 시작   - **재생 시간** : 1초(빠르게)

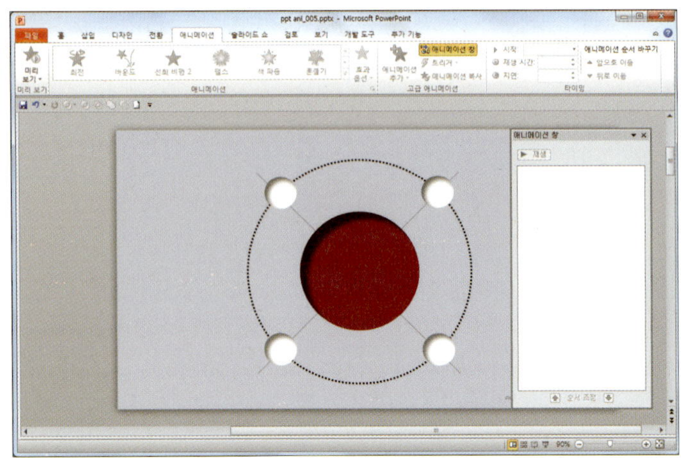 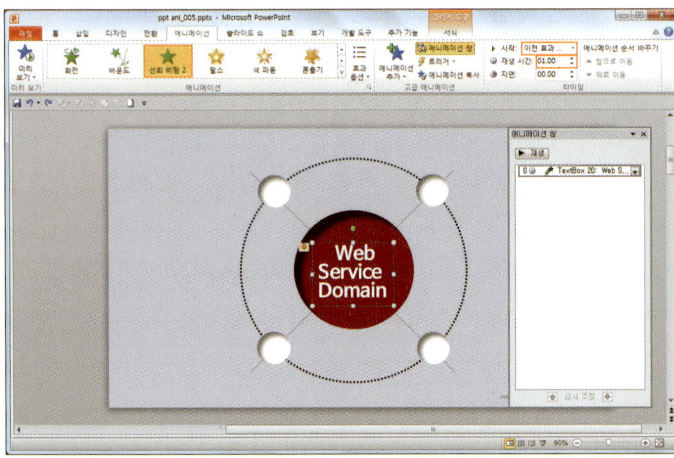

TIP •   부록 DVD에는 애니메이션이 적용된 PPT 파일과 애니메이션이 적용되지 않은 PPT 파일이 있습니다. 애니메이션이 적용되지 않은 파일을 열
어 단계별로 따라해 보고 이해되지 않으면 애니메이션이 적용된 파일(결과)을 참고하시기 바랍니다.

O2 회색 막힌 원호 360도 회전하기

01 회색 막힌 원호에 시계 방향으로 360도 회전 애니메이션 효과를 적용합니다.

- **애니메이션 추가** : 강조 – 회전   - **시작** : 이전 효과와 함께 시작

02 애니메이션의 효과(방향), 시작, 타이밍을 지정합니다.

- **효과 옵션** : 방향 – 시계 방향, 양(값) – 360도 회전   - **시작** : 이전 효과와 함께 시작
- **재생 시간** : 0.5초(매우 빠르게)

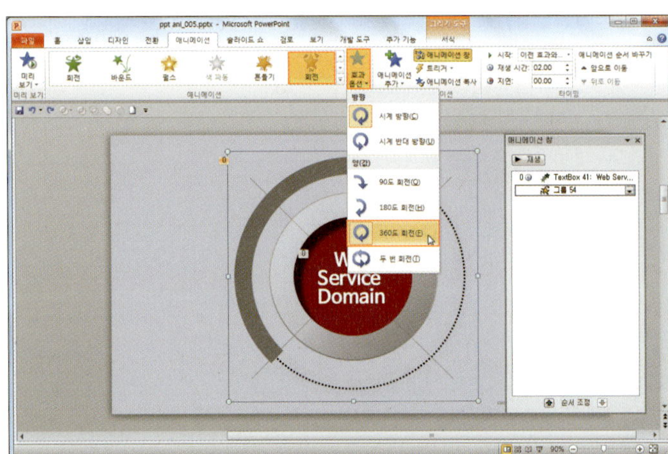 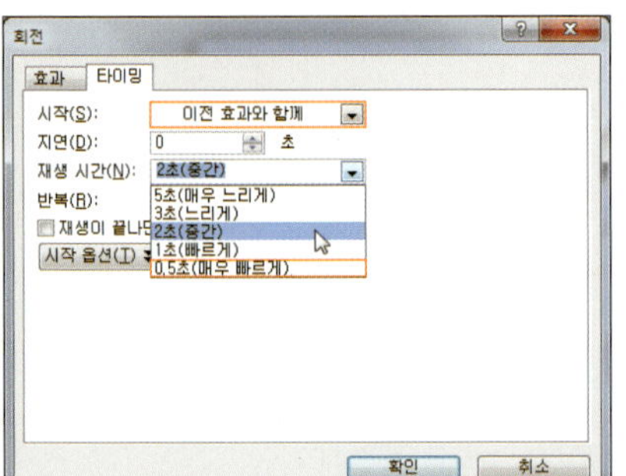

TIP •   반으로 잘린 원호를 그대로 회전하면 타원을 따라 부자연스럽게 회전합니다. 회전하는 중심점이 반으로 잘린 부분이므로
막힌 원호 반대쪽에 임의로 원호를 만들어 정확하게 타원을 만들어야 합니다. 임의로 만든 원호는 투명도를 99%로 설정해 보이지
않게 합니다.

하늘색은 임의로 만든 타원
+ 동영상에서 작성 방법 보기 : http://cafe.naver.com/artcomptacademy/1845

03 4개의 흰색 타원 날아오기

01 4개의 흰색 타원에 [날아오기] 효과를 적용합니다.

- **애니메이션 추가** : 나타내기 – 날아오기
- **시작** : 왼쪽 위 타원 – 이전 효과 다음에 시작, 나머지 흰색 타원 – 이전 효과와 함께 시작
- **재생 시간** : 0.5초(매우 빠르게)

02 날아오기 방향을 지정합니다.

- **효과 옵션** : 방향 – 오른쪽 아래에서/왼쪽 아래에서/오른쪽 위에서/왼쪽 위에서

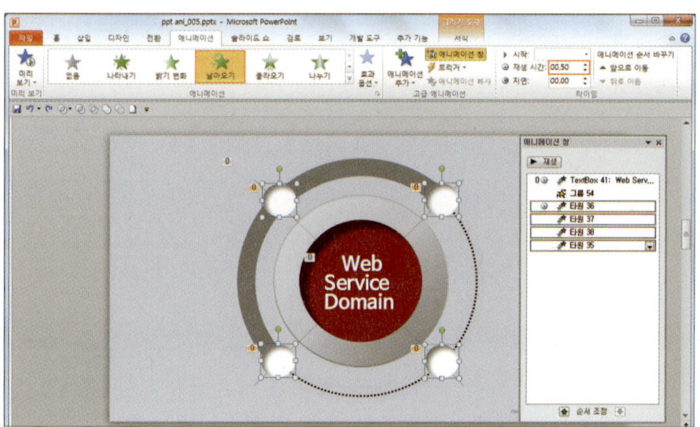
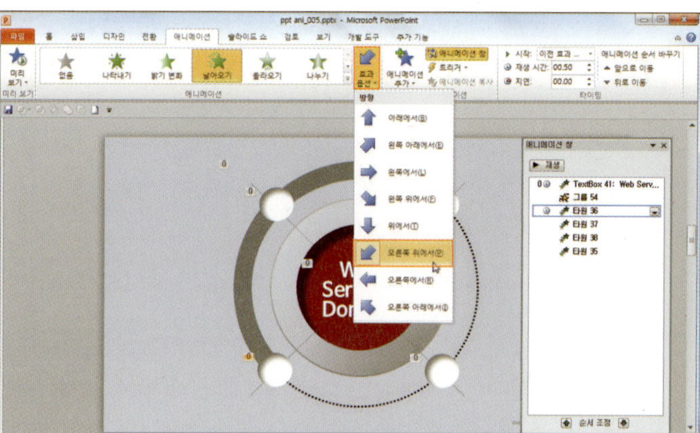

TIP • 보다 역동적인 애니메이션이 되도록 대각선 방향으로 길게 날아오는 위치를 지정합니다. 개체가 대각선 방향으로 배치되었을 때는 대각선으로 [날아오기] 효과를 적용합니다. 수직이나 수평 방향에서 날아오는 것보다 테크니컬하게 느껴집니다. 날아오는 속도는 다소 빠른 것이 좋습니다.

04 4개의 텍스트 추가하기

01 4개 영역의 키워드를 모두 선택하여 [컬러 타자기] 효과를 적용합니다.

- **애니메이션 복사** : PPT ani_05\ppt ani_005.pptx 파일 – [컬러 타자기] 애니메이션 복사 – 4개의 텍스트에 적용
- **효과** : 텍스트 애니메이션 – 문자 단위로   • **시작** : 이전 효과 다음에 시작   • **재생 시간** : 0.08초

02 2개의 서브 텍스트에는 [떠오르며 내려가기] 효과를 적용합니다.

- **애니메이션 추가** : 나타내기 – 올라오기   • **효과 옵션** : 방향 – 떠오르며 내려가기
- **시작** : 첫 번째 텍스트 – 이전 효과 다음에 시작, 나머지 텍스트 – 이전 효과와 함께 시작
- **재생 시간** : 1초(빠르게)

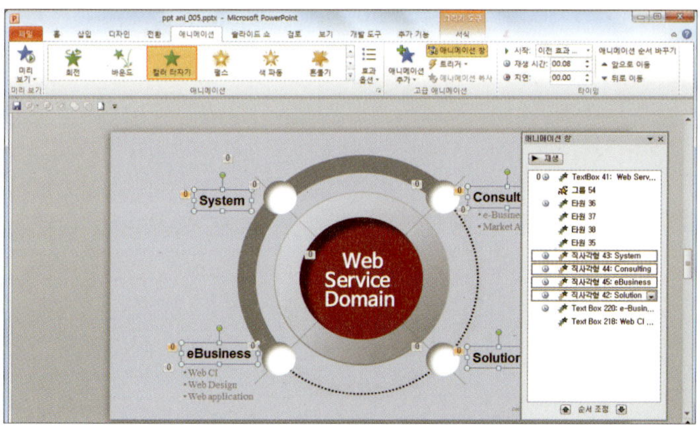
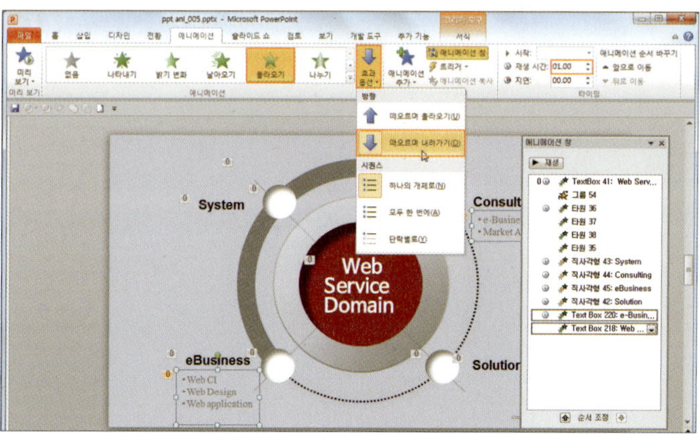

TIP • [떠오르며 내려가기] 효과는 [나타내기 효과 추가] 대화상자에서 온화한 효과의 [아래로 내리기] 효과와 같습니다.

05 중심부 타원 강조하기

01 중심부 빨간색 타원에 [색 파동] 효과를 적용합니다.
- 애니메이션 추가 : 강조 – 색 파동
- 시작 : 이전 효과 다음에 시작
- 재생 시간 : 0.5초(매우 빠르게)

02 중심부 회색 타원에 [펄스] 효과를 적용합니다.
- 애니메이션 추가 : 강조 – 펄스
- 시작 : 이전 효과 다음에 시작
- 재생 시간 : 0.5초(매우 빠르게)

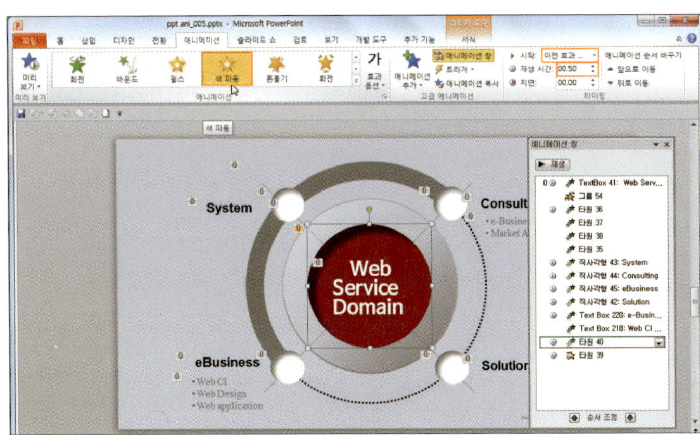
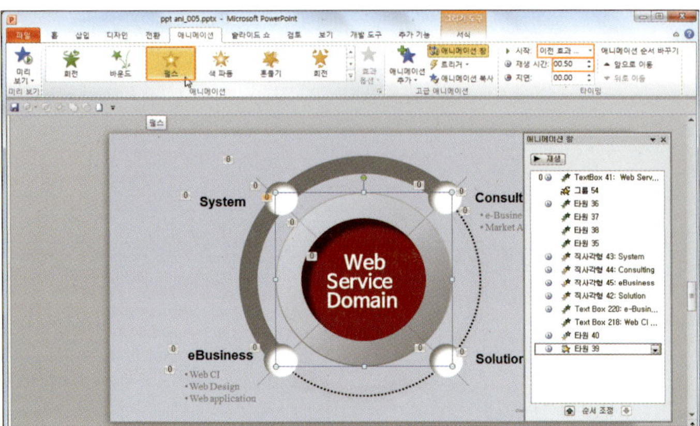

TIP • 강조하기 효과의 [색 파동]과 [펄스] 효과는 특정 키워드나 개체를 강조할 때 매우 유용합니다. 개체나 텍스트가 유채색일 때는 [색 파동] 효과가 유용하고, 무채색일 때는 [펄스] 효과를 적용하는 것이 좋습니다.

06 회색 막힌 원호 반짝이기

회색 막힌 원호에 [펄스] 효과를 적용합니다.

- 애니메이션 추가 : 강조 – 펄스
- 시작 : 이전 효과 다음에 시작
- 재생 시간 : 0.5초(매우 빠르게)

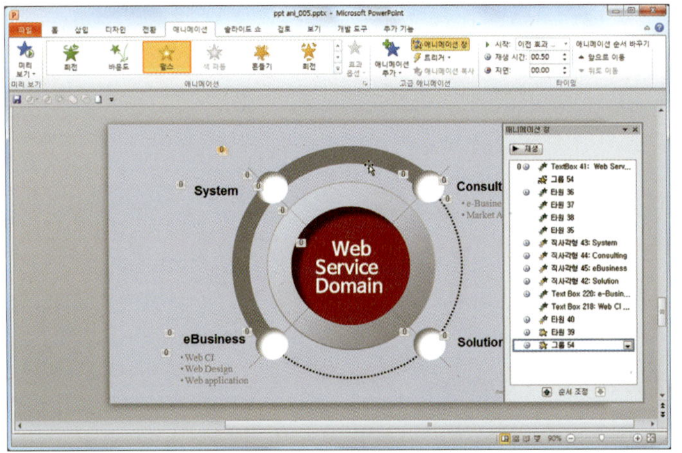
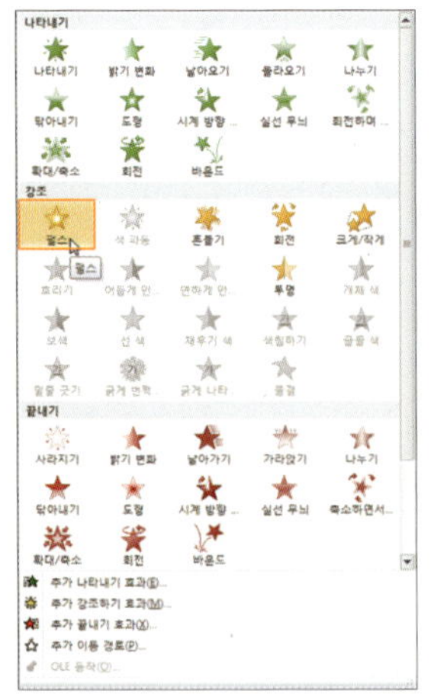
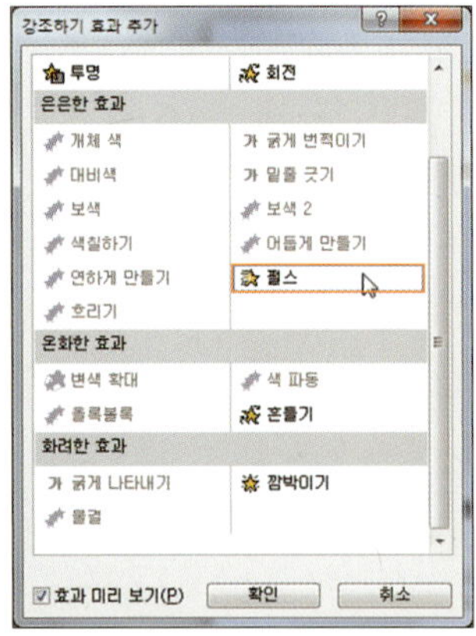

TIP • 막힌 원호도 무채색이므로 [펄스] 효과를 적용하여 한 번 더 강조했습니다. 보다 역동적인 느낌을 주려면 02번 과정처럼 막힌 원호를 한 번 더 회전한 다음 [펄스] 효과를 적용하면 효과적입니다.

07 텍스트 늘여서 사라지기

01 Shift 키를 누른 채 텍스트(중심부 키워드, 서브 텍스트 등)를 모두 선택합니다.

02 선택한 텍스트에 [늘이기] 효과를 적용합니다.

- 애니메이션 복사 : PPT ani_05\ppt ani_005.pptx 파일 - [늘이기] 애니메이션 복사 - 텍스트에 적용
- 효과 옵션 : 텍스트 애니메이션 - 문자 단위로   • 재생 시간 : 1초(빠르게)
- 시작 : 왼쪽 위 텍스트 - 이전 효과 다음에 시작, 나머지 텍스트 - 이전 효과와 함께 시작

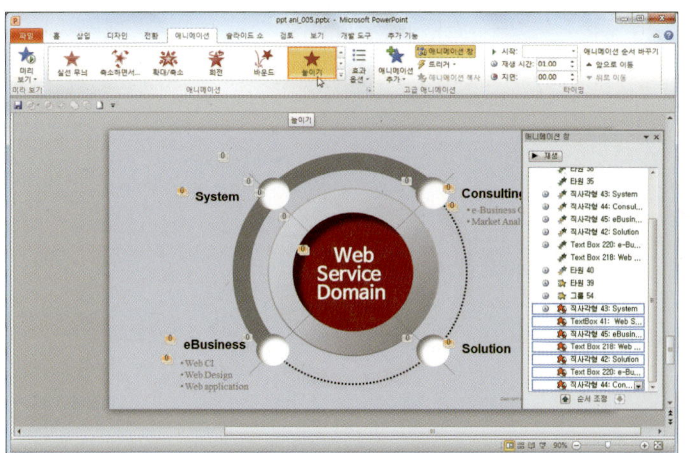
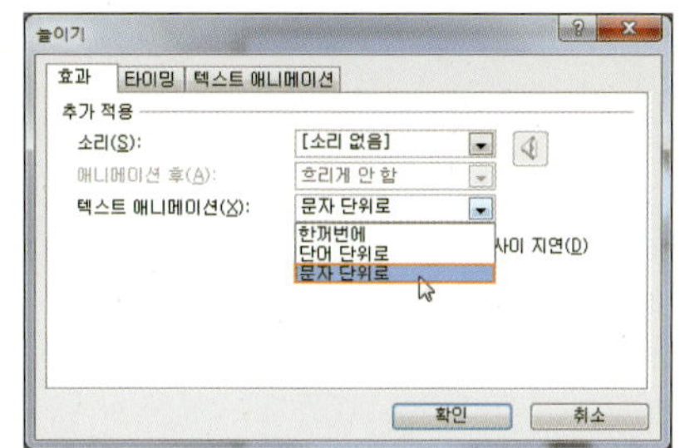

TIP • 다른 슬라이드를 열어 애니메이션을 복사하기 번거롭다면 끝내기 효과 중 온화한 효과나 화려한 효과 중에서 적용하는 것도 좋습니다.

08 디자인 요소 축소하여 끝내기

01 Shift 키를 누르고 디자인 요소(막힌 원호, 중심부 타원, 4개의 흰색 타원, 사선 등)를 모두 선택합니다.

02 선택한 디자인 요소에 [기본 확대/축소] 효과를 적용합니다.

- 애니메이션 추가 : 추가 끝내기 효과 - 온화한 효과 - 기본 확대/축소   • 효과 옵션 : 확대/축소 - 바깥쪽
- 시작 : 막힌 원호 - 이전 효과 다음에 시작, 다른 개체 - 이전 효과와 함께 시작
- 재생 시간 : 2초(중간)

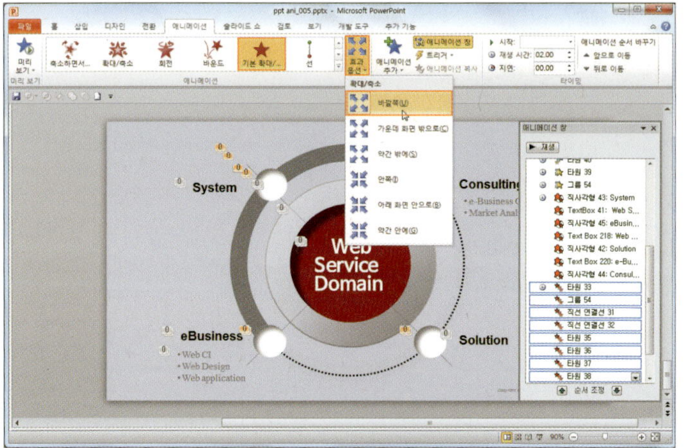
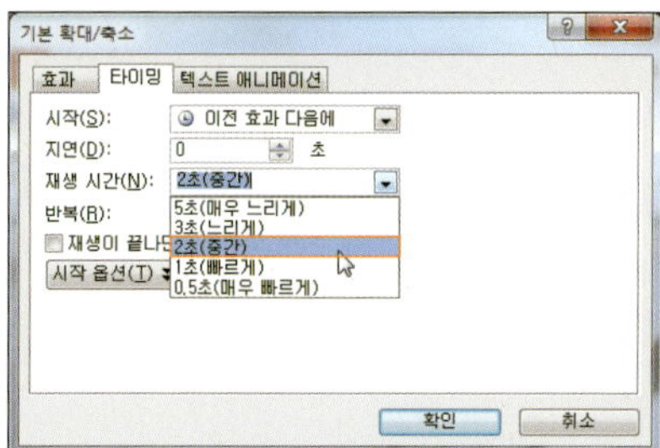

TIP • 파워포인트 애니메이션에서 재생 시간 설정은 매우 중요합니다. 너무 느려도 안 되고 너무 빨라도 안 되므로 적절해야 합니다. 여기서는 텍스트 애니메이션을 끝낼 때 조금 느리다 싶은 '2초(중간)' 정도가 적절합니다.

006 3컨셉 도해_타원 라인 애니메이션

3컨셉 도해는 3개의 항목으로 구성됩니다. 항목마다 메인 키워드가 있고 서브 텍스트가 배치되는 형식입니다. 디자인할 때나 애니메이션 기능을 적용할 때 메인 키워드를 강조하면서 서브 텍스트에 시선이 흐를 수 있도록 연출해야 합니다.

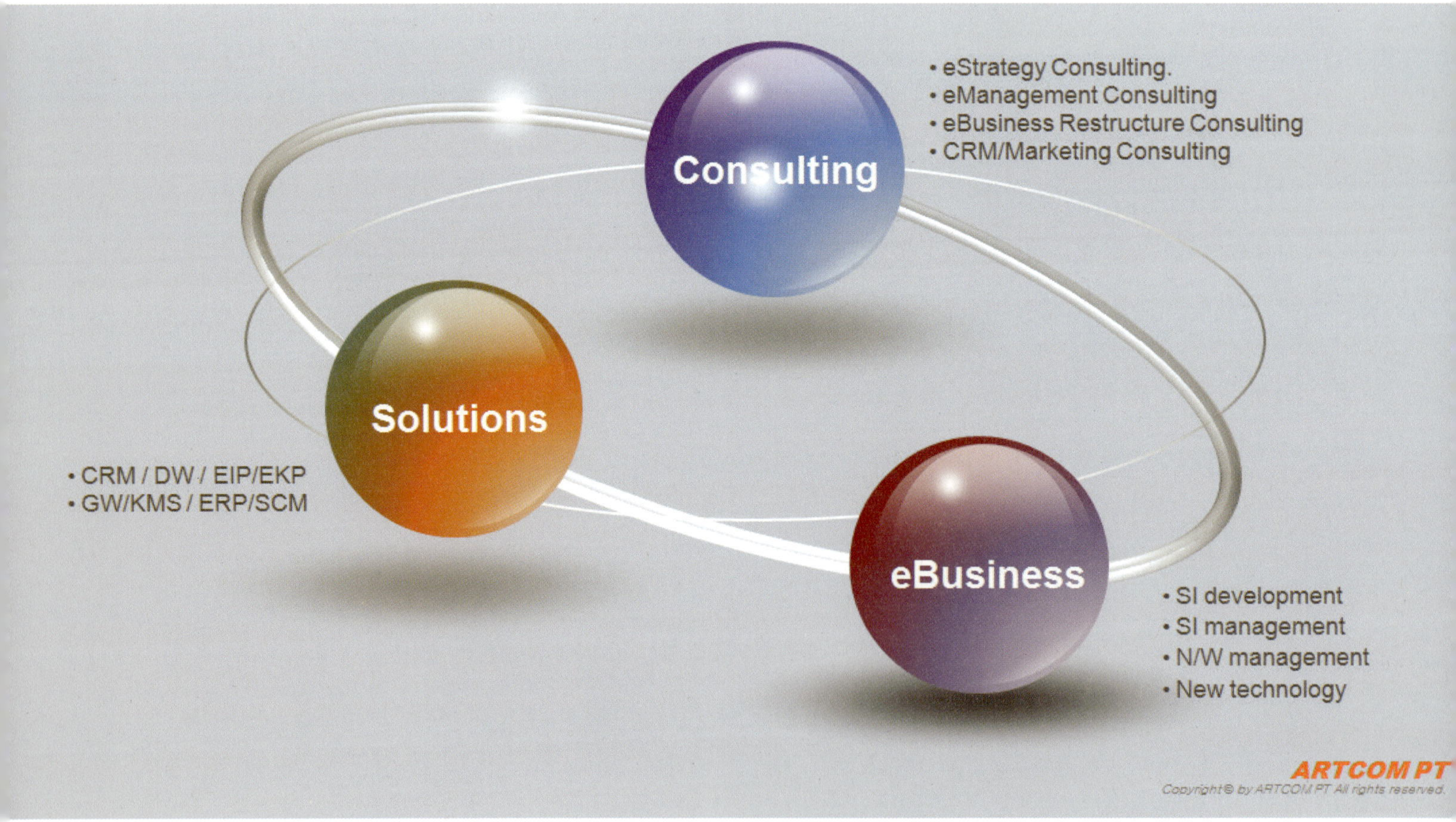

|난이도| ★★★★ |예제 파일| PPT ani_06\ppt 006.pptx |결과 파일| PPT ani_06\ppt ani_006.pptx
|동영상 파일| PPT ani_06\006_PPT도해 애니메이션.wmv |인터넷으로 보기| http://cafe.naver.com/artcomptacademy/1738

애니메이션 작업 포인트

이번 예제에서 주목해야 할 부분은 타원 라인 애니메이션 테크닉입니다. 3개의 항목을 연결하는
타원 라인을 따라 빛을 회전시켜 3개 항목에 시선을 유도하였습니다. 스틸 느낌의 타원 라인을 따
라 빛이 자연스럽게 애니메이션되도록 연출하는 것이 포인트입니다.

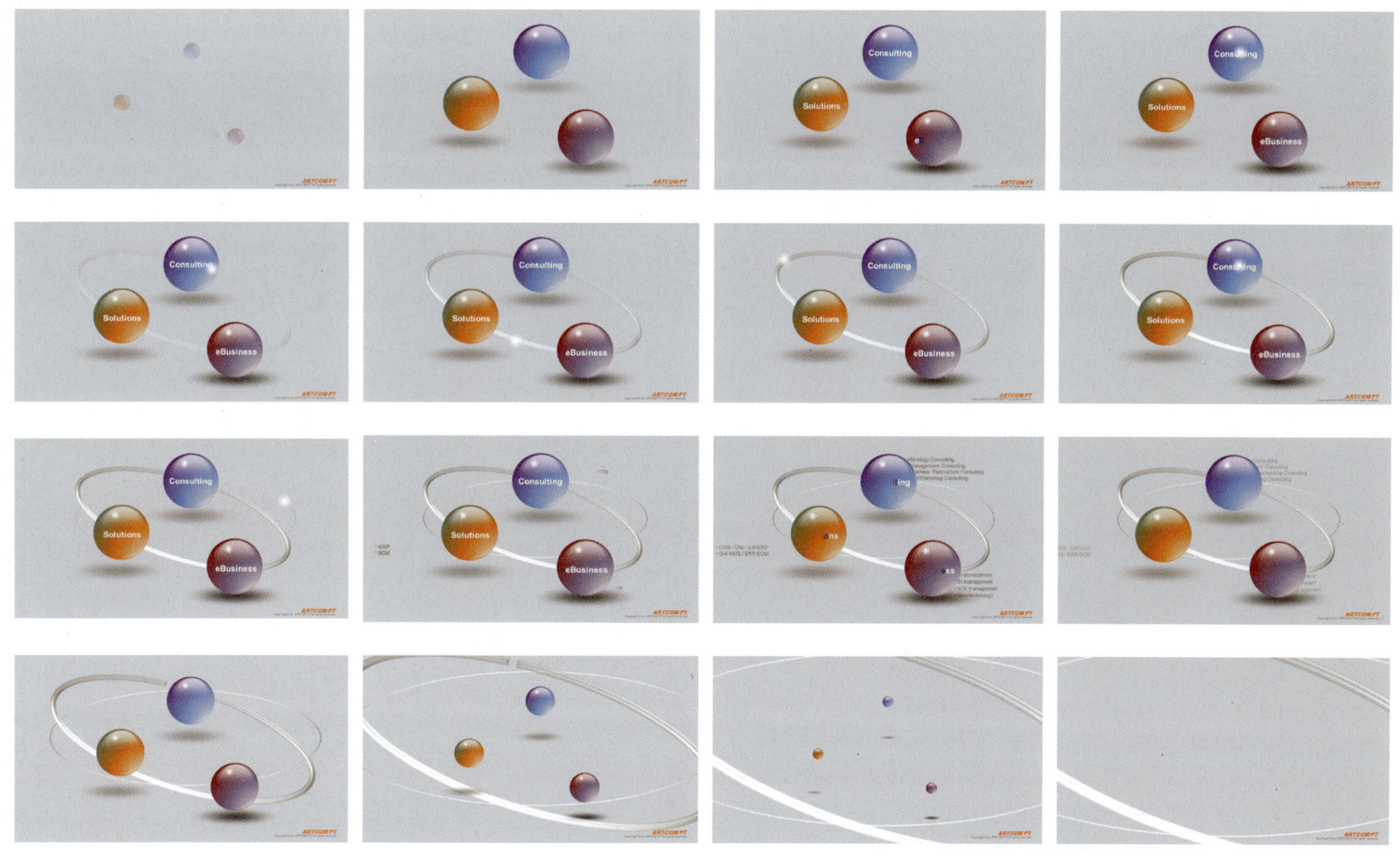

O1 3개의 컬러 구슬 회전하면서 밝게 효과주기

세 개의 구슬에 나타내기 효과 중 [회전하면 밝기 변화] 효과를 적용합니다.

- **파일 열기** : PPT ani_06\ppt 006.pptx　　　**애니메이션 추가** : 나타내기 – 회전하며 밝기 변화
- **시작** : 왼쪽 구슬 – 이전 효과 다음에 시작, 나머지 구슬 – 이전 효과와 함께 시작　　**재생 시간** : 1초(빠르게)

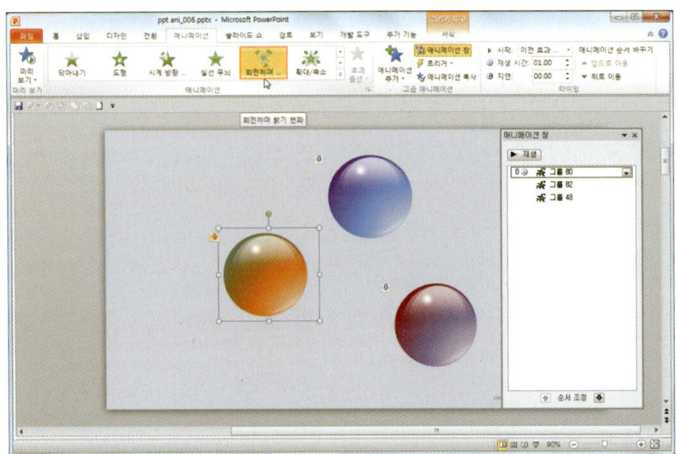
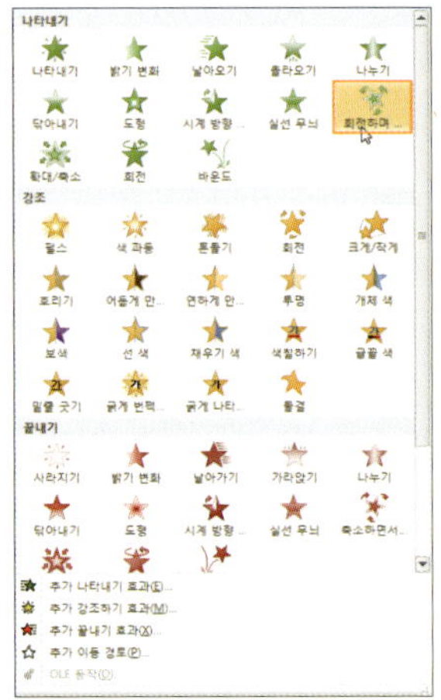

TIP •　　애니메이션을 적용할 때 [애니메이션 추가]를 선택하여 풀다운 메뉴에서 지정하려는 효과가 없으면 하단에 추가 효과인 **추가 나타내기 효과**를 선택합니다. [나타내기 효과 추가] 대화상자가 나타나면 파워포인트 2010 버전에서 지원하는 [나타내기] 효과를 모두 확인할 수 있습니다.

O2 3개의 그림자 점점 진하게 효과주기

01 첫 번째 컬러 구슬 그림자에 [밝기 변화] 효과를 적용합니다.

- **애니메이션 추가** : 나타내기 – 밝기 변화　　**시작** : 이전 효과 다음에 시작　　**재생 시간** : 1초(빠르게)

02 나머지 그림자에도 [밝기 변화]를 적용하고 재생 시간을 다소 늦게 적용합니다.

- **애니메이션 추가** : 나타내기 – 밝기 변화　　**시작** : 이전 효과와 함께 시작　　**재생 시간** : 2초(중간)

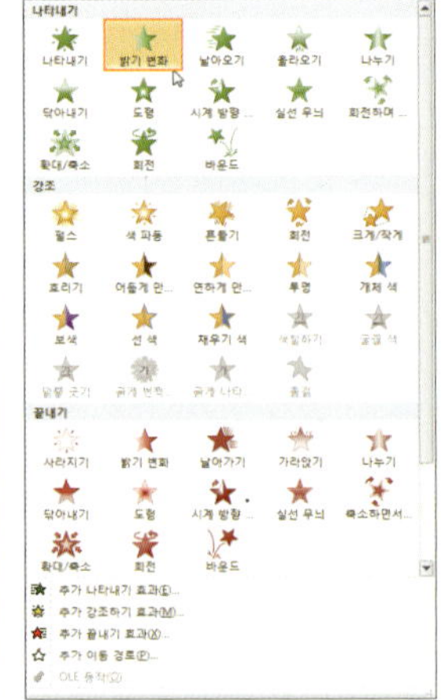

TIP •　　리본 메뉴에서 [밝기 변화] 애니메이션을 바로 선택하여 적용할 수도 있습니다.

TIP •　　그림자가 너무 늦게 나타나면 리듬감을 잃기 때문에 적절한 타이밍을 적용해야 합니다. 3개의 그림자를 같은 속도로 지정하는 방법도 있지만 각각 차례대로 밝아지도록 시차를 주는 방법도 있습니다.

03 3개의 메인 키워드 불러오기

01 3개의 메인 키워드에 [컬러 타자기] 애니메이션 효과를 적용합니다.

- 애니메이션 복사 : PPT ani_06\ppt ani_006.pptx 파일 – [컬러 타자기] 애니메이션 복사 – 메인 키워드에 적용

02 애니메이션에 시작, 타이밍, 효과를 지정합니다.

- **효과** : 텍스트 애니메이션 – 문자 단위로   • **시작** : 이전 효과 다음에 시작   • **재생 시간** : 0.08초

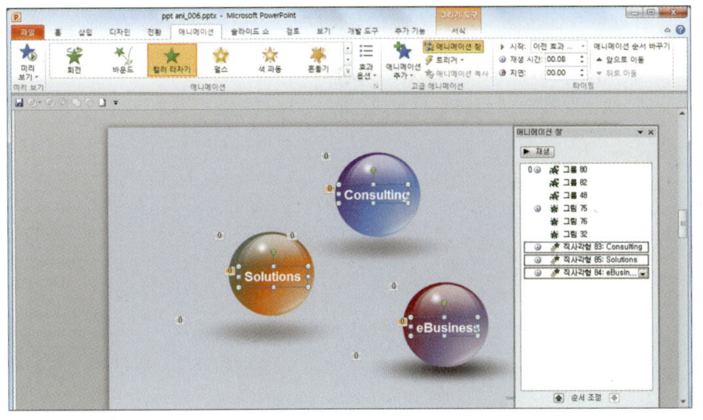
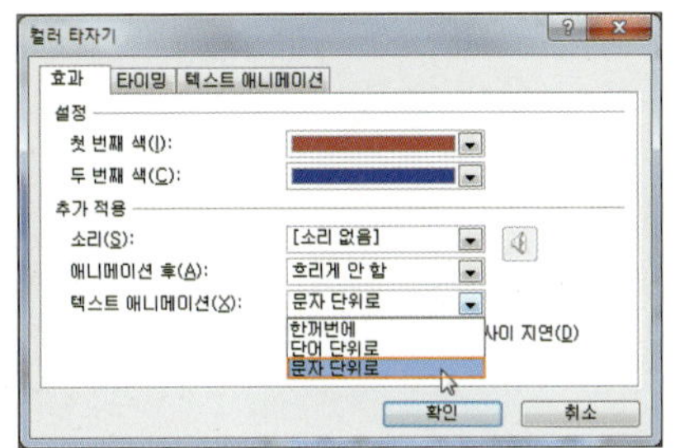

04 두꺼운 타원 라인과 빛 추가하기

01 두꺼운 타원 라인의 왼쪽 흰색 빛을 선택하고 [나타내기] 효과를 적용합니다.

- 애니메이션 추가 : 나타내기 – 나타내기   • **시작** : 이전 효과 다음에 시작

02 흰색 빛을 선택하고 [원형] 이동 경로를 지정합니다. 사선에 맞춰 이동 경로를 따라 회전시키고 타원
과 같이 이동 경로 형태를 조정합니다.

- 애니메이션 추가 : 추가 이동 경로 – 기본 경로 – 원형   • **효과** : 애니메이션 후 – 애니메이션 후 숨기기
- **시작** : 이전 효과와 함께 시작   • **재생 시간** : 2초(중간)

03 사선으로 기울어진 두꺼운 타원 라인을 선택하고 [밝기 변화] 효과를 지정합니다.

- 애니메이션 추가 : 나타내기 – 밝기 변화   • **시작** : 이전 효과와 함께 시작   • **재생 시간** : 2초(중간)

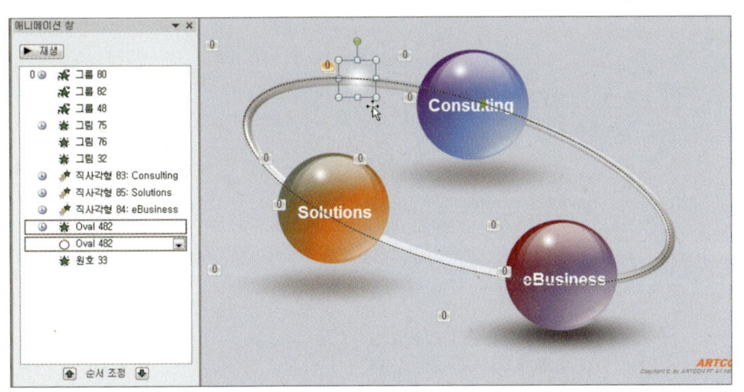
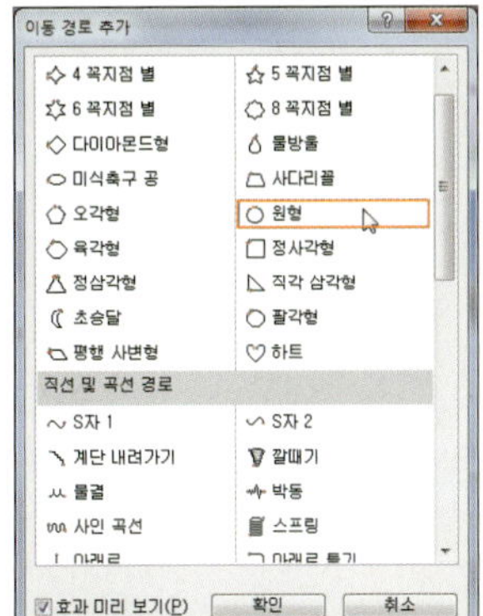
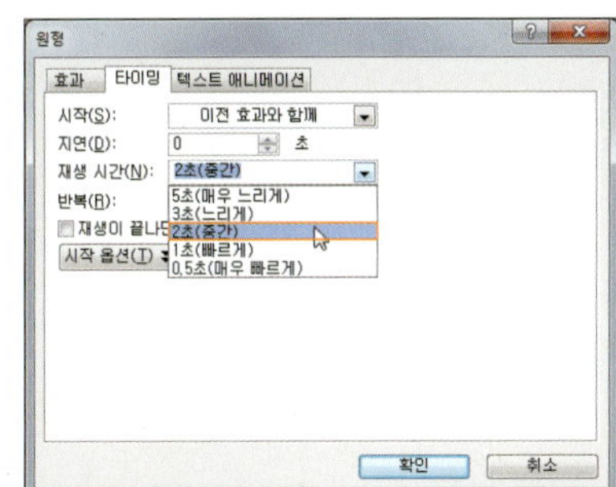

TIP •   [원형] 이동 경로가 타원과 일치하지 않으면 완성도가 떨어집니다. 기울기는 이동 경로에 나타나는 회전 핸들(녹색 점)을 이용하여 각도를 조정
하고 이동 경로에 나타나는 조절점(작은 흰색 점)을 이용해서 타원에 맞춰 이동 경로 형태(점선)를 조절해야 합니다.
흰색 빛은 타원에 그라데이션 효과를 적용한 다음 바깥쪽 중지점에 투명도를 적용하면 손쉽게 만들 수 있습니다.
+ 동영상에서 작성 방법 보기 : http://cafe.naver.com/artcomptacademy/1846

05 얇은 타원 라인과 빛 추가하기

01 상단의 파란 구슬에서 흰색 빛을 선택하여 [나타내기] 효과를 지정합니다.

- 애니메이션 추가 : 나타내기 – 나타내기　　• 시작 : 이전 효과 다음에 시작

02 흰색 빛을 선택하고 이동 경로 모양을 조정하기 위해 [원형] 이동 경로를 지정합니다.

- 애니메이션 추가 : 추가 이동 경로 – 기본 경로 – 원형
- 효과 : 애니메이션 후 – 애니메이션 후 숨기기　　• 시작 : 이전 효과와 함께 시작　　• 재생 시간 : 2초(중간)

03 얇은 타원 라인을 선택하고 [밝기 변화] 효과를 적용합니다.

- 애니메이션 추가 : 나타내기 – 밝기 변화　　• 시작 : 이전 효과와 함께 시작　　• 재생 시간 : 2초(중간)

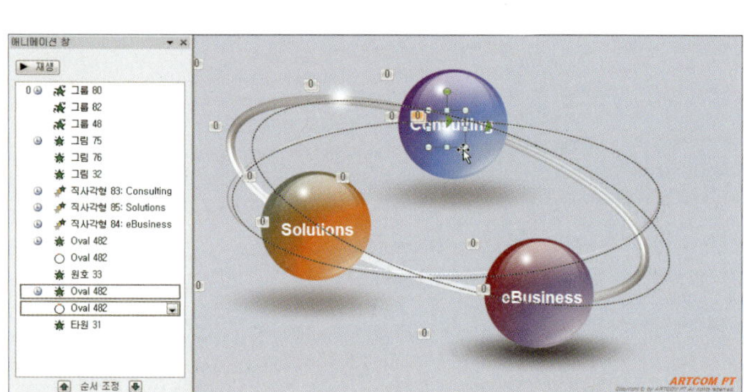
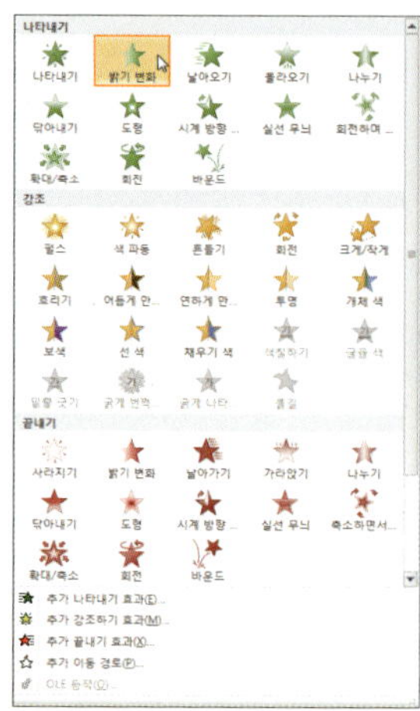

TIP • 얇은 타원 라인에 적용한 [원형] 이동 경로 지정과 모양 조정하기는 04번 과정과 같습니다. 이때 타원 라인과 정확하게 일치시키는 것이 중요합니다. 타원 라인을 선택할 때는 이동 경로 라인을 살짝 이동한 다음 선택합니다.

06 서브 텍스트 추가하기

Shift 키를 누른 채 3개의 서브 텍스트를 선택하고 [베일 벗기] 효과를 적용합니다.

- 애니메이션 복사 : PPT ani_06\ppt ani_006.pptx 파일 – [베일 벗기] 애니메이션 복사 – 서브 텍스트에 적용
- 효과 : 텍스트 애니메이션 – 한꺼번에　　• 재생 시간 : 1초(빠르게)
- 시작 : 첫 번째 서브 텍스트 – 이전 효과 다음에 시작, 나머지 서브 텍스트 – 이전 효과와 함께 시작

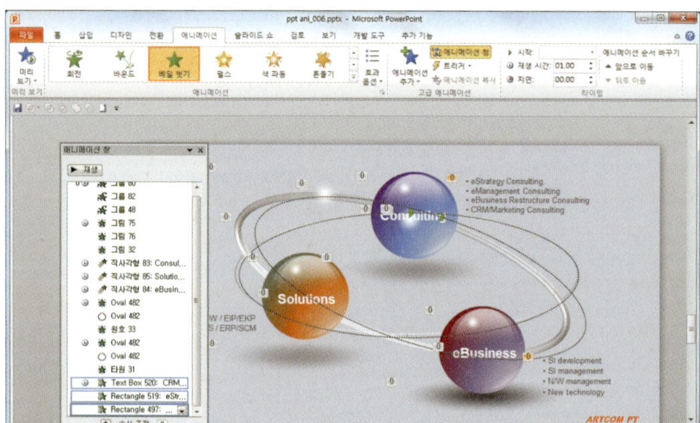

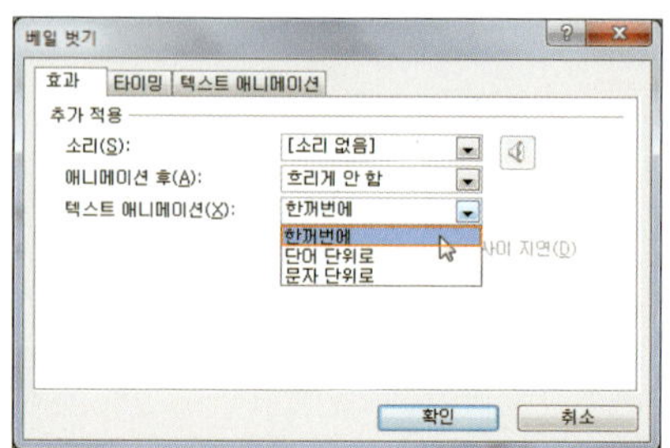

TIP • 다른 슬라이드를 열어 [베일 벗기] 애니메이션을 복사하기 번거롭다면 [나타내기] 효과 중 [올라오기], [닦아내기] 효과 등을 적용합니다.

07 텍스트 색상 강조하고 천천히 사라지기

01 메인 키워드를 선택하고 끝내기의 [컬러 타자기] 효과를 적용합니다.

- **애니메이션 복사** : PPT ani_06\ppt ani_006.pptx 파일 – [컬러 타자기] 애니메이션 복사 – 메인 키워드에 적용
- **효과** : 텍스트 애니메이션 – 문자 단위로
- **시작** : 첫 번째 메인 키워드 – 이전 효과 다음에 시작, 나머지 키워드 – 이전 효과와 함께 시작   **• 재생 시간** : 0.08초

02 서브 텍스트를 선택하고 끝내기의 [천천히 사라지기] 효과를 적용합니다.

- **애니메이션 추가** : 끝내기 – 천천히 사라지기   **• 효과** : 텍스트 애니메이션 – 한꺼번에
- **시작** : 이전 효과와 함께 시작   **• 재생 시간** : 1초(빠르게)

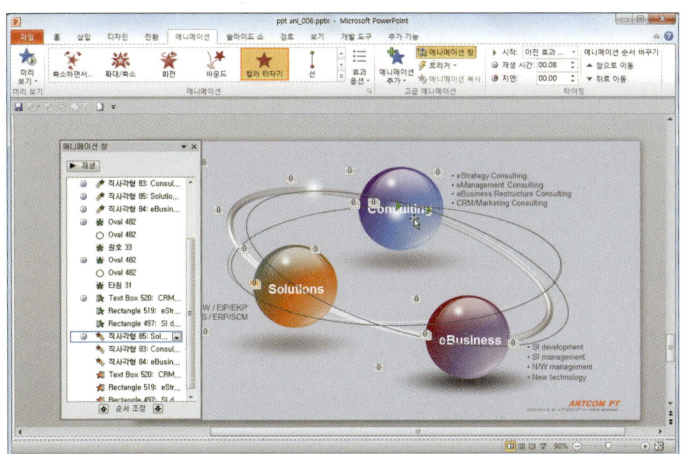
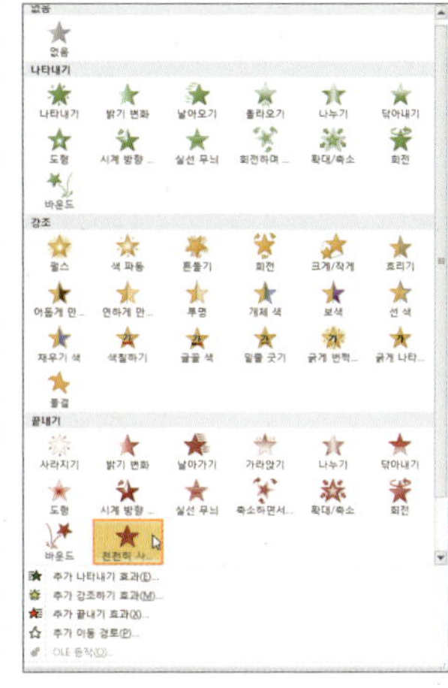

TIP • 텍스트 끝내기 애니메이션을 적용할 때 비슷한 유형(메인 키워드/서브 텍스트)을 나누어 각각 애니메이션 효과를 지정하는 것이 좋습니다.

08 디자인 요소 확대 및 축소하여 끝내기

01 Shift 키를 누른 채 디자인 요소(컬러 구슬, 그림자 등)를 모두 선택합니다.

02 선택한 디자인 요소에 끝내기의 [기본 확대/축소] 효과를 적용합니다.

- **애니메이션 추가** : 추가 끝내기 효과 – 온화한 효과 – 기본 확대/축소
- **효과 옵션** : 확대/축소 – 바깥쪽
- **시작** : 첫 번째 개체 – 이전 효과 다음에 시작, 다른 개체 – 이전 효과와 함께 시작   **• 재생 시간** : 2초(중간)

03 2개의 타원 라인에 강조의 [크게/작게] 효과를 적용합니다.

- **애니메이션 추가** : 강조 – 크게/작게   **• 효과** : 크기 – 250%, 애니메이션 후 – 애니메이션 후 숨기기
- **시작** : 이전 효과와 함께 시작   **• 재생 시간** : 2초(중간)

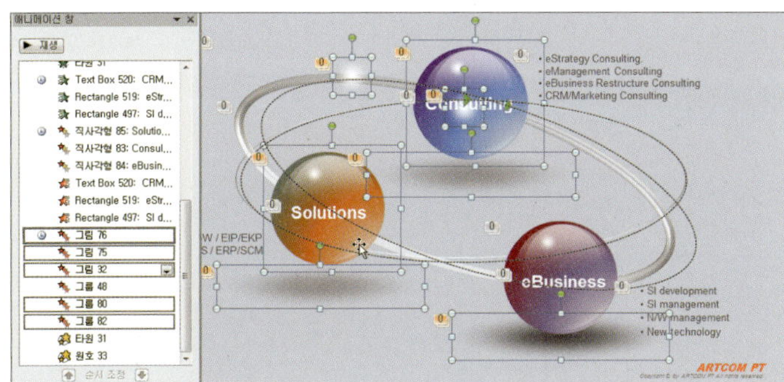
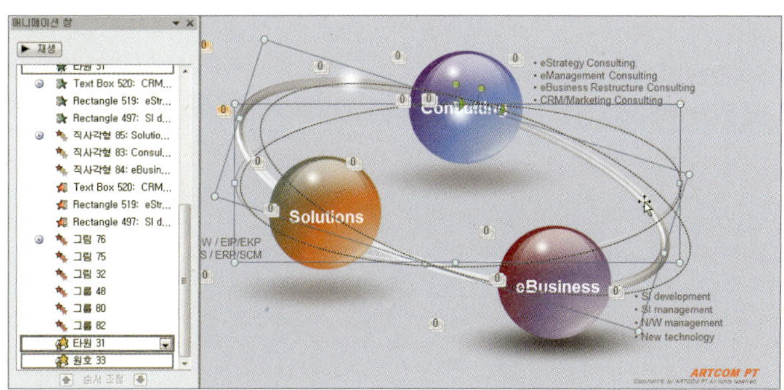

007 차트형 도해_원형 파이 애니메이션

차트형 도해는 차트 형식으로 구성되어 수치와 함께 표기됩니다. 원형이나 도넛, 막대 형식 등이 활용되며 엑셀에서 작성한 듯한 차트는 심미감이 떨어지기 때문에 디자인적인 장식 요소를 가미할 필요가 있습니다. 원형 차트 형식 도해에 애니메이션을 적용할 때는 타원형에 맞춰 시계 방향으로 회전하는 것이 일반적입니다.

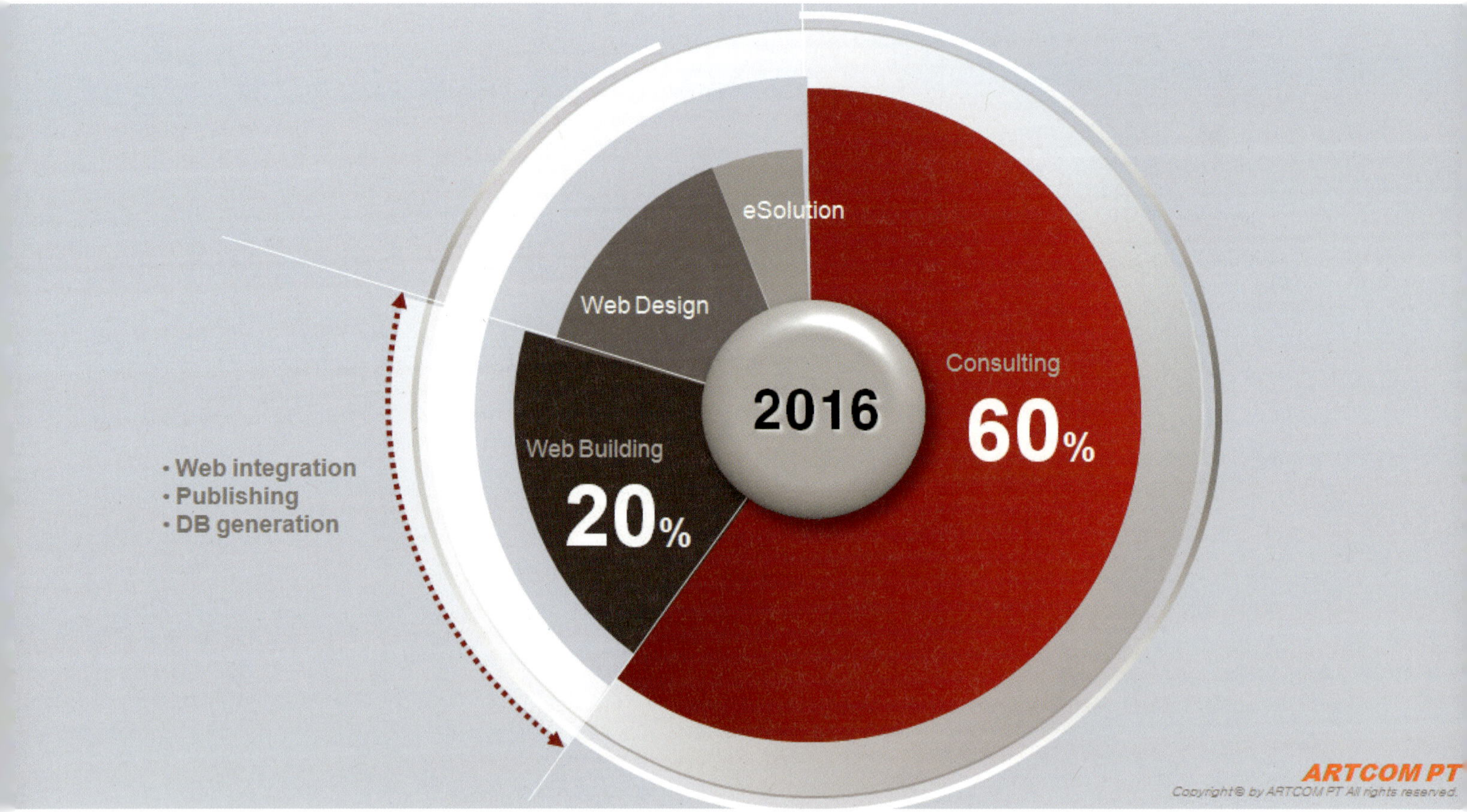

|난이도| ★★★☆　|예제 파일| PPT ani_07\ppt.007.pptx　|결과 파일| PPT ani_07\ppt ani_007.pptx
|동영상 파일| PPT ani_07\007_PPT도해 애니메이션.wmv　|인터넷으로 보기| http://cafe.naver.com/artcomptacademy/1742

애니메이션 작업 포인트

이번 예제에서 주목해야 할 부분은 원형 파이 애니메이션 테크닉입니다. 원형 차트 형식의 파이를
회전시켜 주목성을 끌어올리면서 메시지를 단계적으로 전달하였습니다. 원형 파이를 중심으로 디
자인 요소와 텍스트 등이 리드미컬하게 애니메이션되도록 연출하는 것이 포인트입니다.

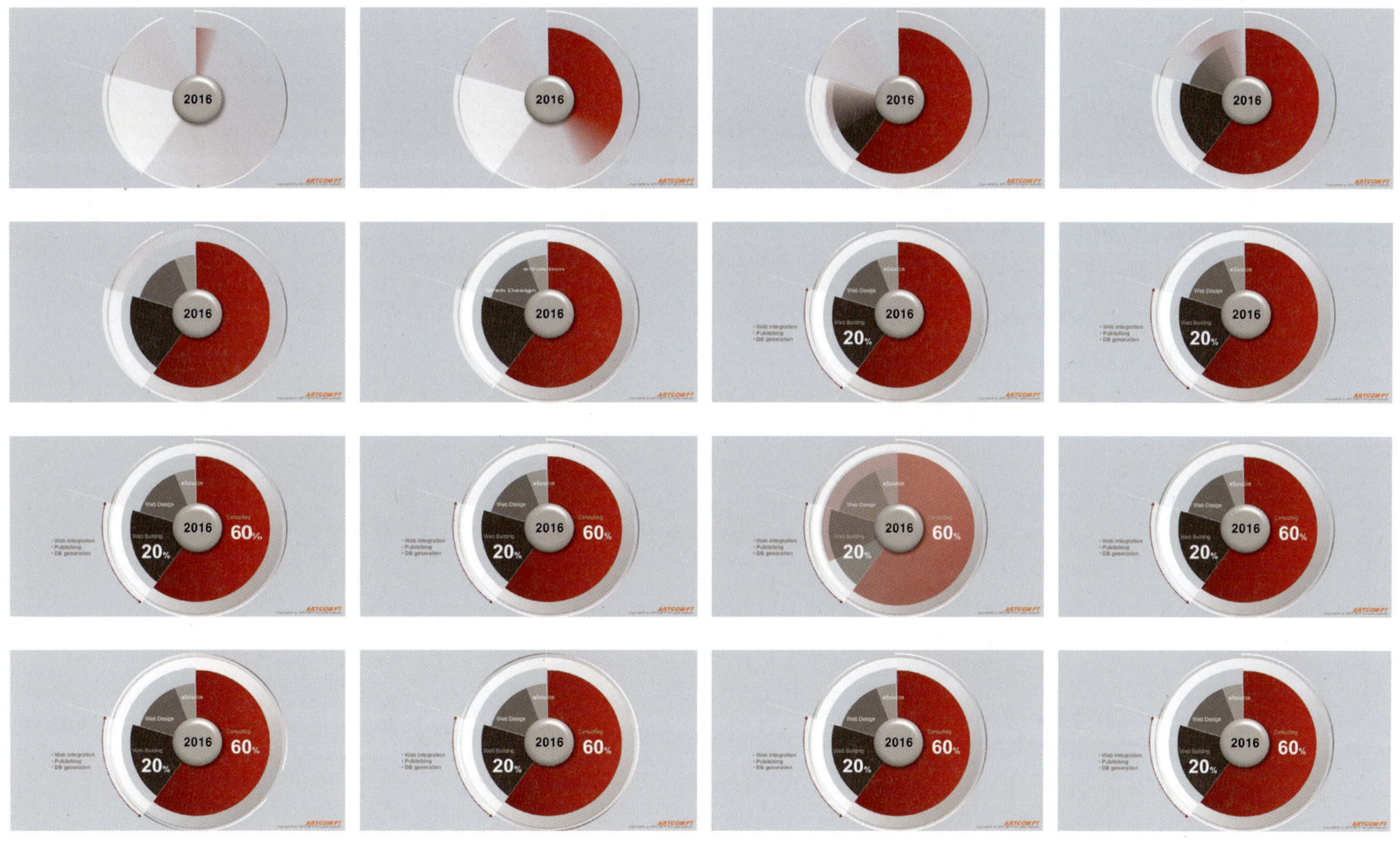

O1 중심부 텍스트 색으로 강조하고 원형 차트 360도 회전하기

01 중심부 2016에 [컬러 타자기] 애니메이션 효과를 적용합니다.
- 파일 열기 : PPT ani_07\ppt 007.pptx 파일
- 애니메이션 복사 : PPT ani_07\ppt ani_007.pptx 파일 – [컬러 타자기] 애니메이션 복사 – 원형 차트 중심부 2016에 적용
- 효과 : 텍스트 애니메이션 – 문자 단위로   • 시작 : 이전 효과 다음에 시작   • 재생 시간 : 0.08초

02 원형 차트 형식의 그룹에 시계 방향으로 360도 회전 애니메이션 효과를 줍니다.
- 애니메이션 추가 : 추가 나타내기 효과 – 기본 효과 – 시계 방향 회전
- 효과 옵션 : 살 – 살 1개   • 시작 : 이전 효과와 함께 시작   • 재생 시간 : 2초(중간)

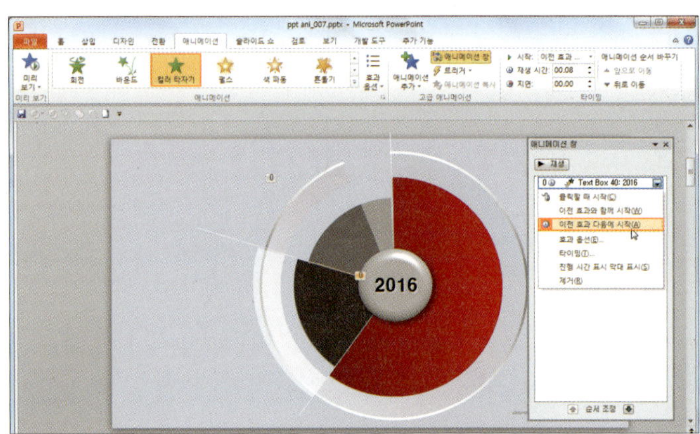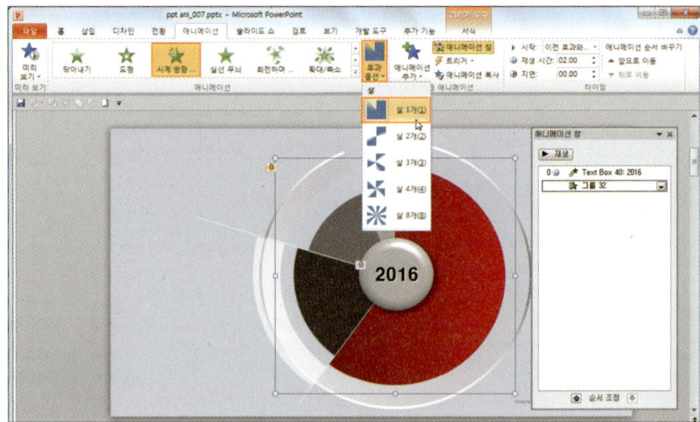

TIP •   [시계 방향 회전] 효과를 적용할 때 12시 방향에서부터 부채가 펼쳐지듯 애니메이션을 진행하려면 [효과 옵션]에서 '살 1개'를 지정해야 합니다. 원형 파이의 펼쳐지는 속도가 너무 빠르지 않도록 애니메이션 재생 시간을 '중간' 정도로 지정합니다.

TIP •   원형 파이 만들기는 [기본 도형]에 있는 원형으로 작도합니다.
\+ 동영상에서 작성 방법 보기 : http://cafe.naver.com/artcomptacademy/1847

O2 외곽의 흰색 타원 반짝이기

01 원형 차트 외곽의 흰색 타원에 [나타내기] 효과를 적용합니다.
- 애니메이션 추가 : 나타내기 – 나타내기   • 시작 : 이전 효과 다음에 시작

02 흰색 타원에 [밝기 변화] 효과를 추가합니다.
- 애니메이션 추가 : 나타내기 – 밝기 변화   • 시작 : 이전 효과 다음에 시작   • 재생 시간 : 0.3초   • 반복 : 2

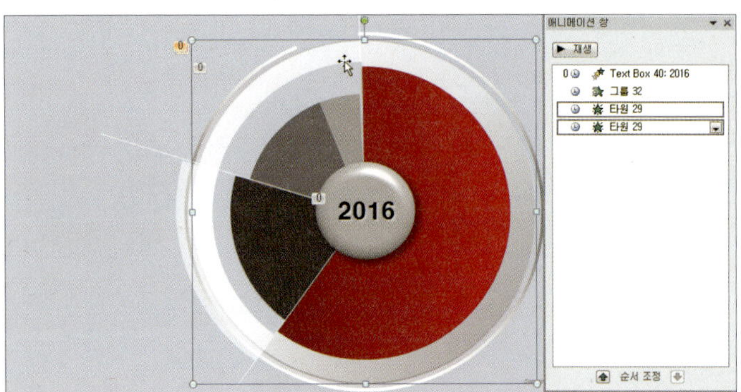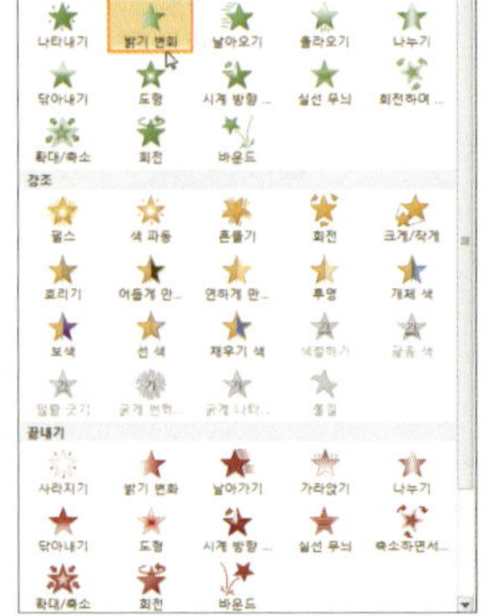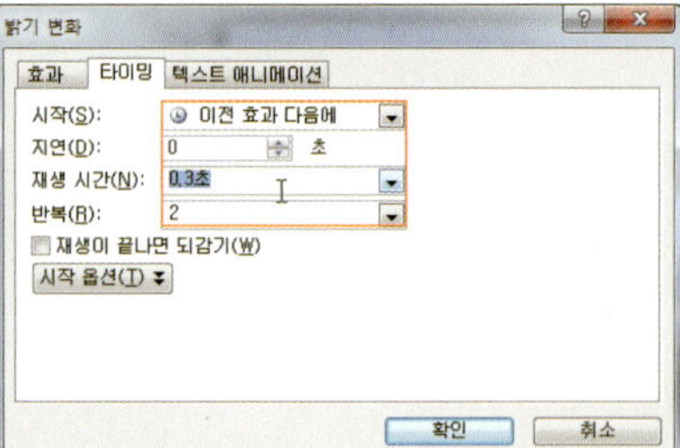

TIP •   [밝기 변화]의 반복을 2회로 설정하여 강조합니다. 강조를 위해 반복할 때 반복횟수가 너무 많아도 좋지 않으며 2~3회 정도가 적절합니다.

03 회색 파이 텍스트 불러오기

01 11시 방향에 있는 텍스트 2개에 [실] 애니메이션 효과를 적용합니다.

- 애니메이션 복사 : PPT ani_07\ppt ani_007.pptx 파일 – [실] 애니메이션 복사 – 11시 방향 텍스트에 적용

02 애니메이션의 시작, 효과, 재생 시간을 지정합니다.

- 효과 : 텍스트 애니메이션 – 한꺼번에
- 시작 : 첫 번째 텍스트 – 이전 효과 다음에 시작, 나머지 텍스트 – 이전 효과와 함께 시작
- 재생 시간 : 0.5초(매우 빠르게)

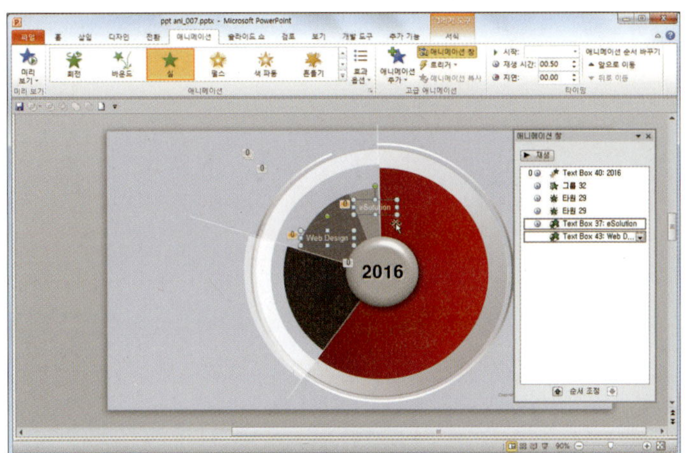

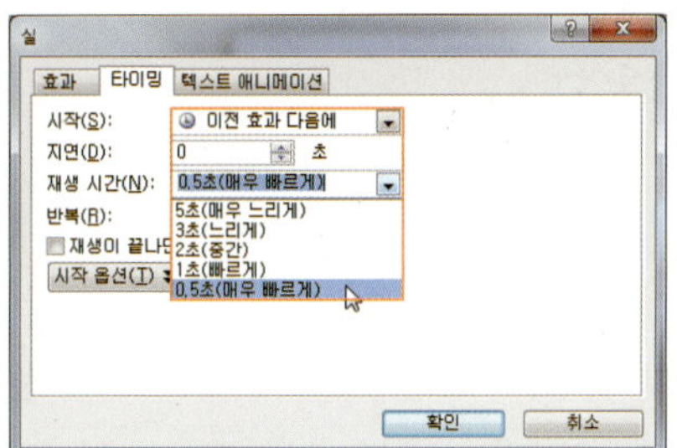

04 20% 파이 텍스트 추가하기

01 20%에 [날아오기] 애니메이션을 적용합니다.

- 애니메이션 추가 : 나타내기 – 날아오기   • 효과 옵션 : 방향 – 왼쪽에서
- 시작 : 이전 효과 다음에 시작   • 재생 시간 : 0.5초(매우 빠르게)

02 Web Building 텍스트에 [실] 애니메이션 효과를 적용합니다.

- 애니메이션 복사 : **03**번 과정의 [실] 애니메이션 복사   • 시작 : 이전 효과와 함께 시작

03 서브 텍스트에 [늘이기] 애니메이션 효과를 적용합니다.

- 애니메이션 복사 : PPT ani_07\ppt ani_007.pptx 파일 – [늘이기] 애니메이션 복사 – 서브 텍스트에 적용
- 효과 옵션 : 오른쪽에서   • 시작 : 이전 효과와 함께 시작   • 재생 시간 : 0.5초(매우 빠르게)

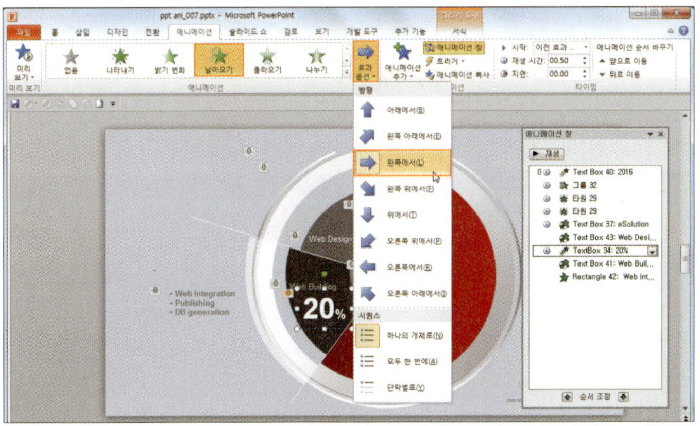

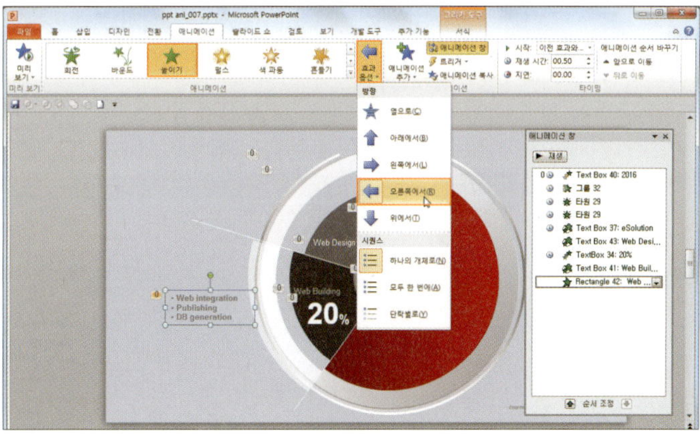

05 원호 화살표 닦아내듯 효과주기

01 20%의 원호 화살표에 [닦아내기] 효과를 적용합니다.

- 애니메이션 추가 : 나타내기 – 닦아내기

02 애니메이션에 효과(방향), 시작, 타이밍을 지정합니다.

- **효과 옵션** : 방향 – 아래에서   • **시작** : 이전 효과와 함께 시작   • **재생 시간** : 1초(빠르게)

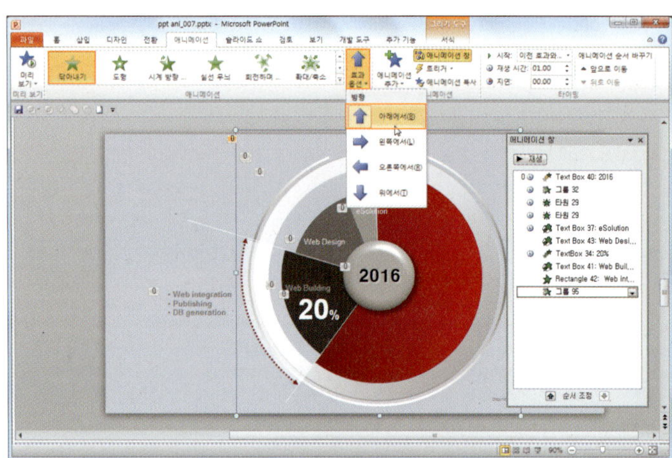
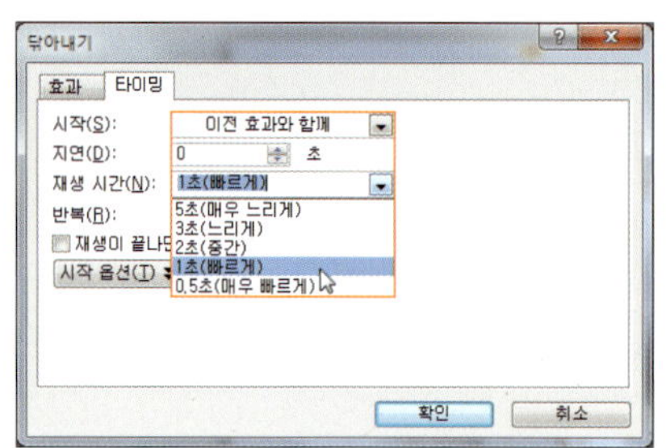

TIP • 원호 화살표 만들기는 [기본 도형]의 '원호'로 작도하고 [도형 윤곽선] – [화살표]에서 '화살표 스타일 7'을 선택하여 만듭니다.
+ 동영상에서 작성 방법 보기 : http://cafe.naver.com/artcomptacademy/1847

06 60% 파이 텍스트 추가하기

01 Consulting 텍스트에 [실] 애니메이션 효과를 적용합니다.

- **애니메이션 복사** : 03번 과정의 [실] 애니메이션 복사   • **시작** : 이전 효과 다음에 시작

02 60%에 [압축] 애니메이션을 적용합니다.

- **애니메이션 복사** : PPT ani_07\ppt ani_007.pptx 파일 – [압축] 애니메이션 복사 – 60% 텍스트에 적용
- **효과** : 텍스트 애니메이션 – 문자 단위로   • **시작** : 이전 효과 다음에 시작   • **재생 시간** : 1초(빠르게)

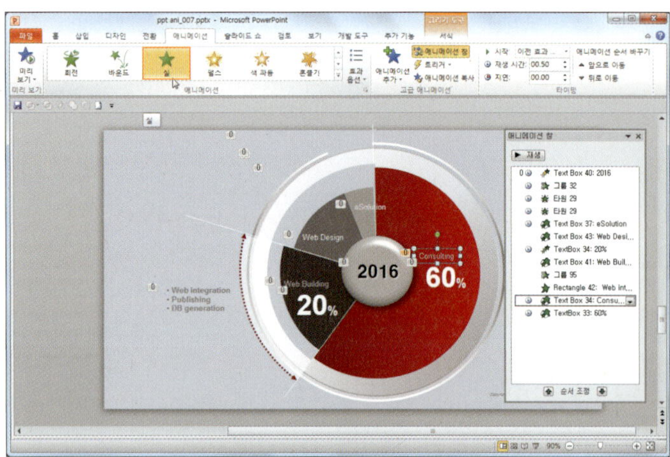
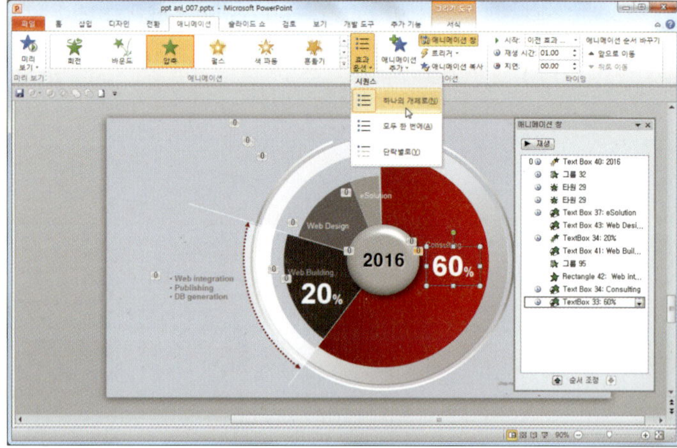

07 중심부 원형 차트 반짝이기

01 중심부 원형 차트 그룹을 선택하고 [펄스] 효과를 적용합니다.

- 애니메이션 추가 : 강조 – 펄스

02 애니메이션의 시작, 타이밍을 지정합니다.

- 시작 : 이전 효과 다음에 시작　　　• 재생 시간 : 0.5초(매우 빠르게)

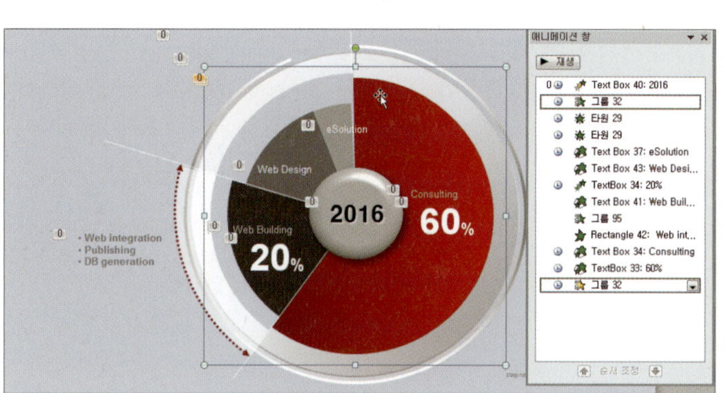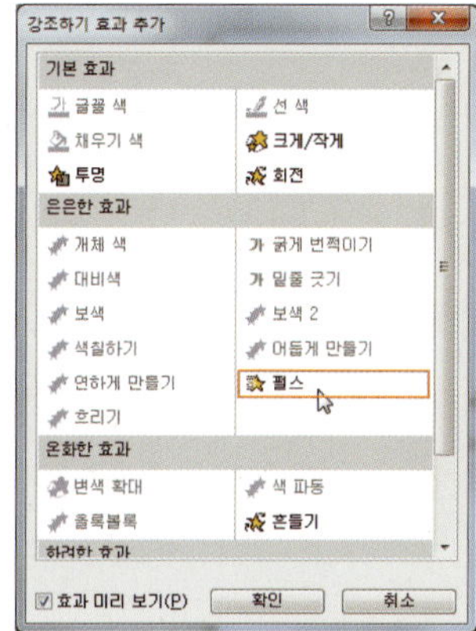

TIP •　파워포인트는 같은 개체에 여러 번의 애니메이션 효과 적용이 가능합니다. 애니메이션을 제거할 때는 [애니메이션 창]에서 해당 항목을 선택한 다음 풀다운 메뉴에서 **제거**를 선택합니다.

08 바깥쪽 타원 라인 반짝이며 끝내기

01 가장 바깥쪽 흰색 타원 라인(원호 51)을 선택하고 시계 방향으로 360도 회전 애니메이션 효과를 적용합니다.

- 애니메이션 추가 : 강조 – 회전

02 애니메이션의 효과, 시작, 타이밍을 지정합니다.

- 효과 : 양(값) – 시계 방향 360°　　　• 시작 : 이전 효과 다음에 시작　　　• 재생 시간 : 2초(중간)

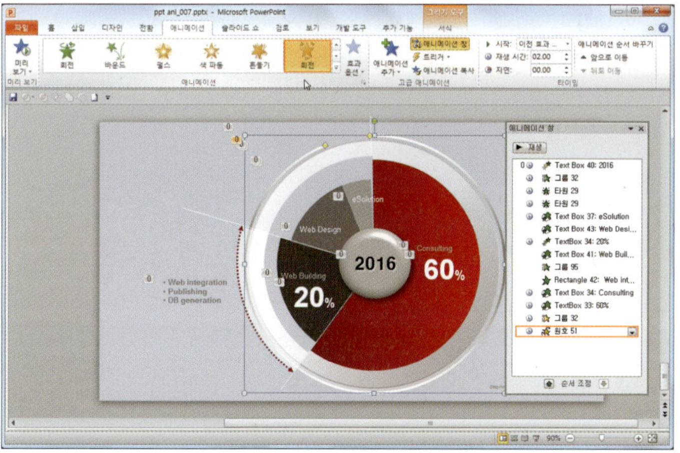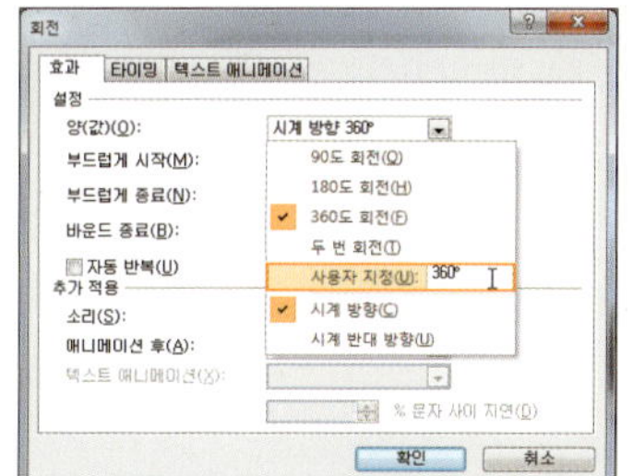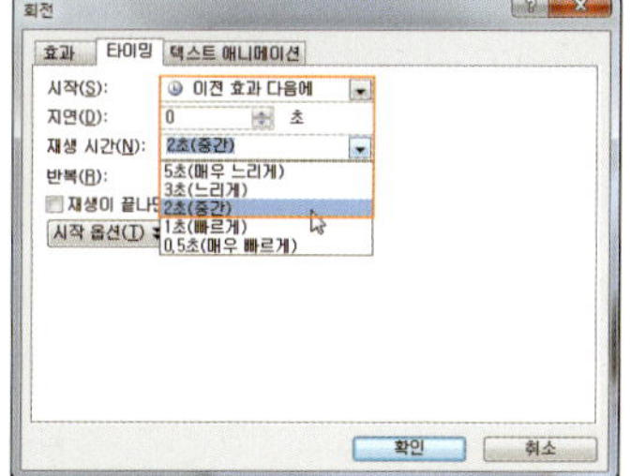

TIP •　애니메이션 작업의 기본은 시작, 효과, 타이밍을 점검하는 것입니다. 특히 예행 연습을 통해 슬라이드쇼 상태를 반복하고 싶을 때는 [시작] 옵션에서 [클릭할 때 시작]을 반드시 [이전 효과 다음에 시작]이나 [이전 효과와 함께 시작]로 지정해야 합니다.

OO8 도넛형 도해_강조 애니메이션

도넛형 도해 형식은 도넛 차트 모양을 유지하면서 텍스트와 수치가 함께 표기됩니다. 단순히 차트를 그대로 활용하면 디자인 미감이 떨어지므로 입체 효과와 장식 요소를 가미할 필요가 있습니다. 도넛형 도해 또한 원형 차트 형식의 도해처럼 타원형에 맞춰 애니메이션 효과를 적용하고 시계 방향으로 회전하는 것이 일반적입니다.

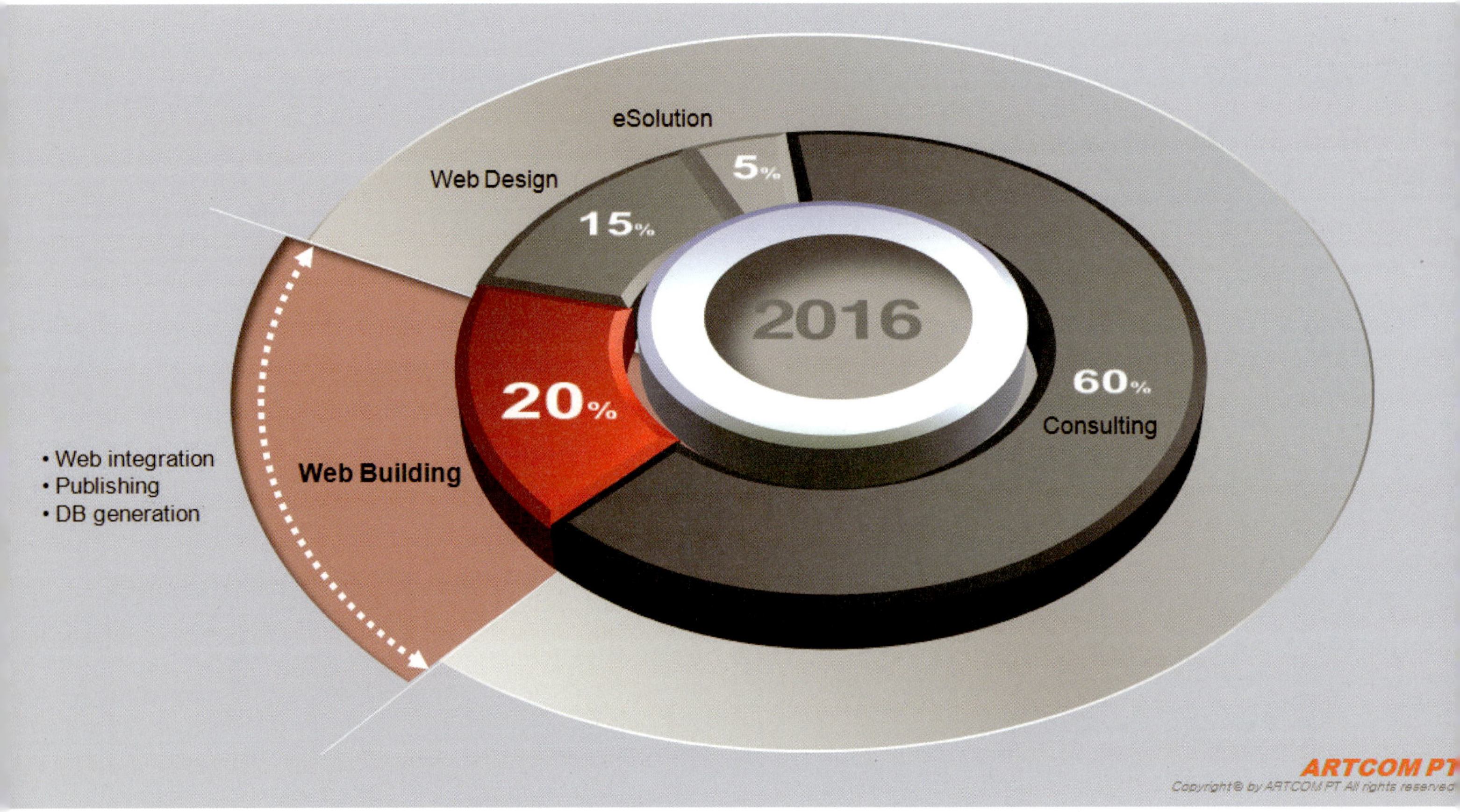

|난이도| ★★★☆ |예제 파일| PPT ani_08\ppt 008.pptx |결과 파일| PPT ani_08\ppt ani_008.pptx
|동영상 파일| PPT ani_08\008_PPT도해 애니메이션.wmv |인터넷으로 보기|| http://cafe.naver.com/artcomptacademy/1745

애니메이션 작업 포인트

이번 예제에서 주목해야 할 부분은 도넛형 파이 한쪽을 강조하는 애니메이션 테크닉입니다. 특정
영역에 시선을 집중시키기 위해 일정하게 불빛이 깜빡이는 효과를 적용해 보았습니다. 깜빡이는
불빛이 주변 디자인 요소와 어울리면서도 색상, 속도 등이 자연스럽게 느껴지도록 연출하는 것이
포인트입니다.

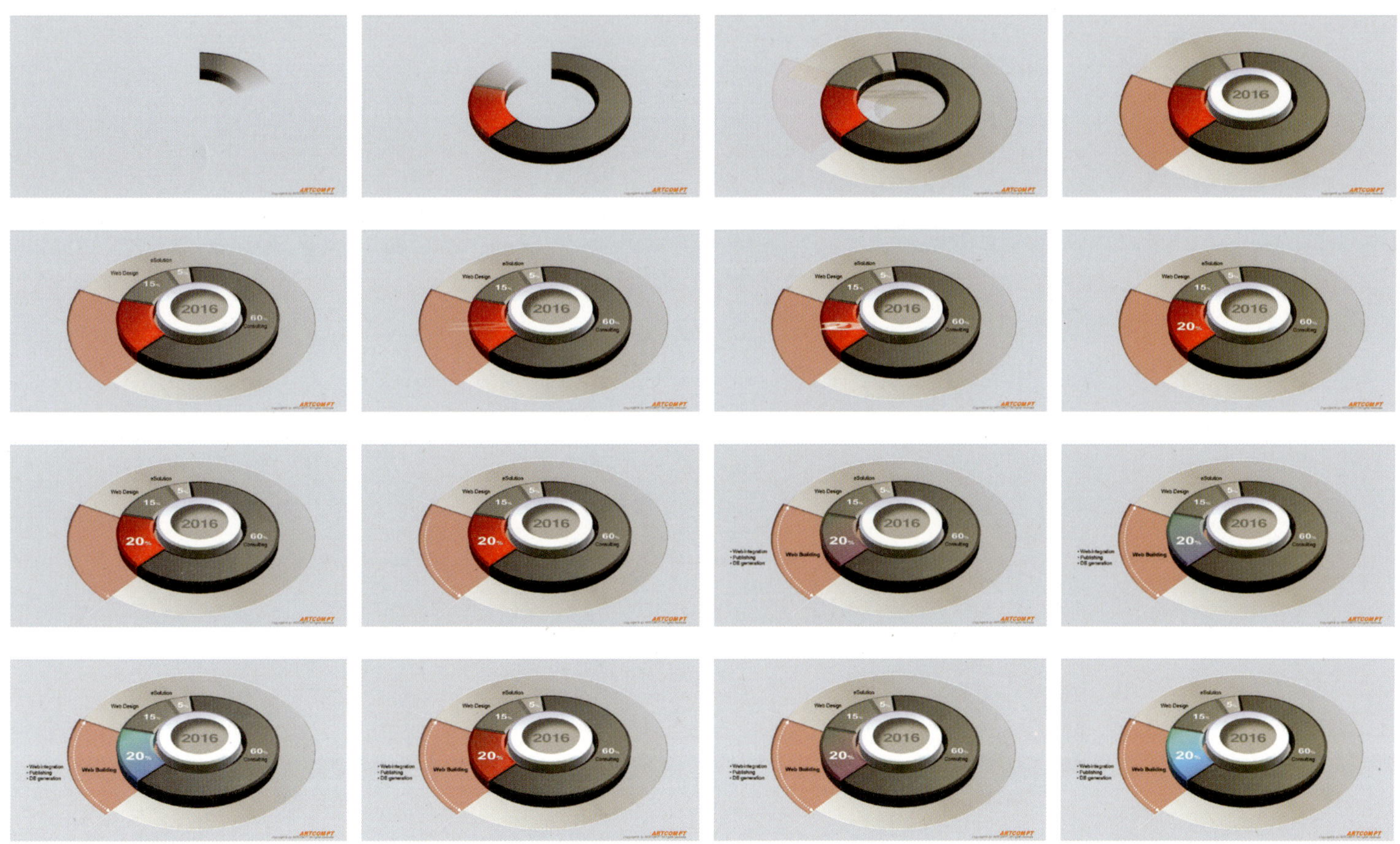

01 도넛형 개체를 시계 방향으로 회전하기

도넛형 개체에 시계 방향으로 회전 애니메이션 효과를 적용합니다.

- **파일 열기** : PPT ani_08\ppt 008.pptx　　• **애니메이션 추가** : 추가 나타내기 효과 – 기본 효과 – 시계 방향 회전
- **효과 옵션** : 살 – 살 1개　　• **시작** : 이전 효과 다음에 시작　　• **재생 시간** : 2초(중간)

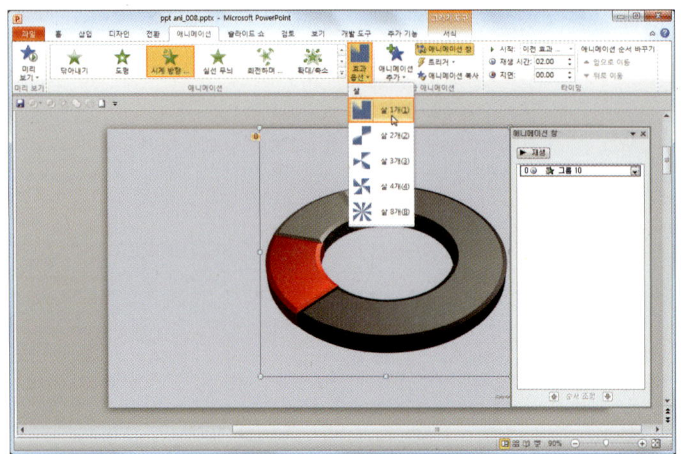

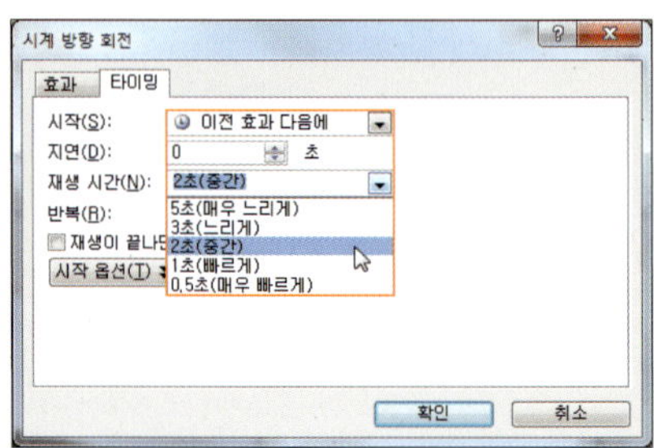

TIP • 　도넛형에 시계 방향 회전 효과를 적용하려면 반드시 조각난 파이를 모두 묶어 그룹화해야 합니다. 분리되면 각각에 애니메이션이 적용됩니다.
도넛형 도해는 [기본 도형]에 있는 '막힌 원호'로 디자인하고 [입체 효과] 및 [3차원 회전] 효과를 적용합니다.
+ 동영상에서 작성 방법 보기 : http://cafe.naver.com/artcomptacademy/1848

02 원호와 중심부 입체 타원 확대하기

01 투명도가 적용된 밝은 회색 원호에 [확대/축소] 효과를 적용합니다.

- **애니메이션 추가** : 나타내기 – 확대/축소　　• **효과 옵션** : 소실점 – 개체 센터
- **시작** : 이전 효과 다음에 시작　　• **재생 시간** : 0.5(매우 빠르게)

02 중심부 입체 타원에 [올라오기] 효과를 적용합니다.

- **애니메이션 추가** : 나타내기 – 올라오기　　• **효과 옵션** : 방향 – 떠오르며 올라오기
- **시작** : 이전 효과 다음에 시작　　• **재생 시간** : 1초(빠르게)

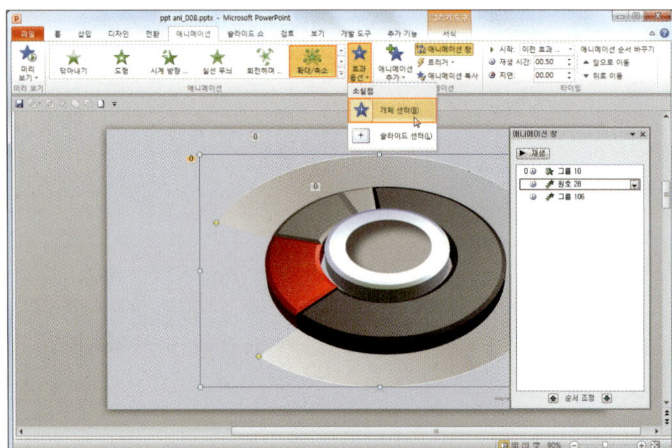

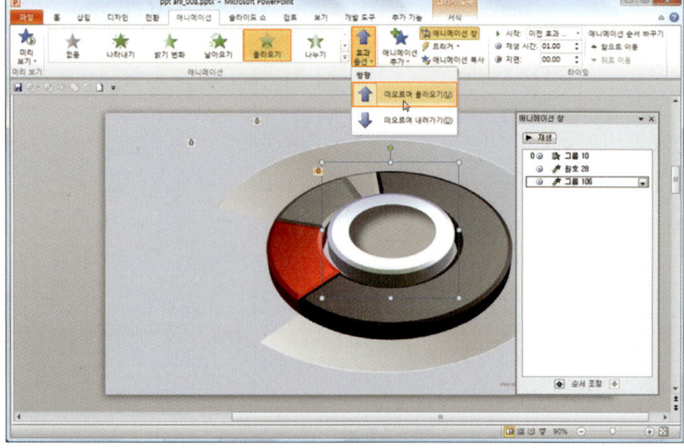

TIP • 　리본 메뉴의 [올라오기] 효과 옵션에는 [떠오르며 올라오기]와 [떠오르며 내려가기]가 있습니다. 같은 효과로는 고급 애니메이션 그룹의 [애니메이션 추가]–[추가 나타내기 효과]를 선택하여 [나타내기 효과 추가] 대화상자에서 온화한 효과의 [위로 올리기]와 [아래로 내리기] 효과가 있습니다.

03 원호와 중심부 텍스트 추가하기

01 외곽의 밝은 갈색 원호에 [내려가기] 효과를 적용합니다.

- **애니메이션 추가** : 나타내기 – 올라오기   • **효과 옵션** : 방향 – 떠오르며 내려가기
- **시작** : 이전 효과와 함께 시작   • **재생 시간** : 1초(빠르게)

02 중심부 2016 텍스트에 [압축] 애니메이션 효과를 적용합니다.

- **애니메이션 복사** : PPT ani_08\ppt ani_008.pptx 파일 – [압축] 애니메이션 복사 – 중심부 2016 텍스트에 적용
- **효과** : 텍스트 애니메이션 – 문자 단위로   • **시작** : 이전 효과와 함께 시작   • **재생 시간** : 1초(빠르게)

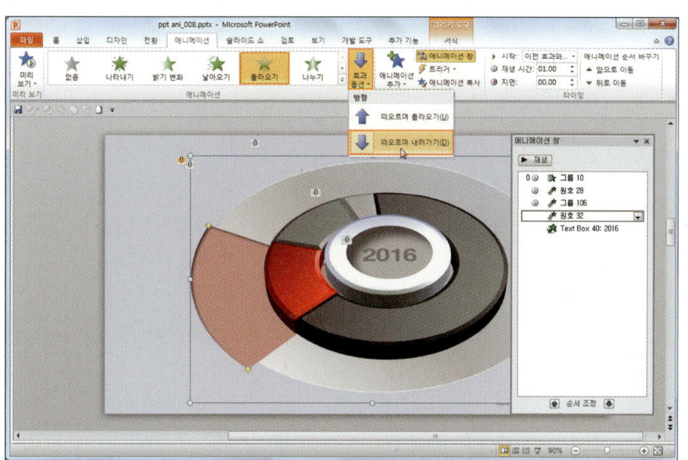
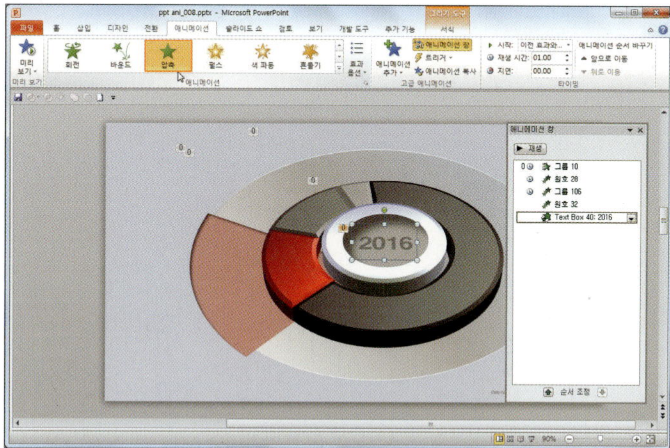

TIP •　　텍스트에 [압축] 효과를 적용할 때 '문자 단위로'로 지정하면 한층 멋스러운 애니메이션이 완성됩니다. 그러나 텍스트가 많은 경우에는 렉(버벅거림) 현상이 발생할 수 있으므로 주의가 필요합니다.

04 차트 내용 텍스트 내리기

01 비슷한 내용의 텍스트를 묶어 [올라오기] 효과를 적용합니다.

- **애니메이션 추가** : 나타내기 – 올라오기

02 애니메이션의 시작, 효과, 재생 시간을 지정합니다.

- **효과 옵션** : 방향 – 떠오르며 내려가기   • **시작** : 이전 효과 다음에 시작   • **재생 시간** : 1초(빠르게)

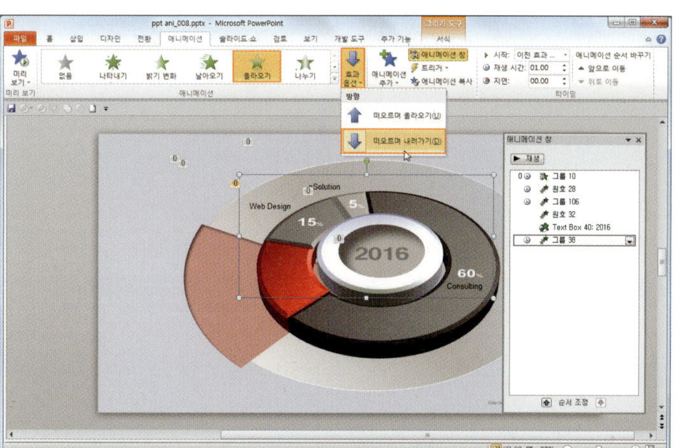
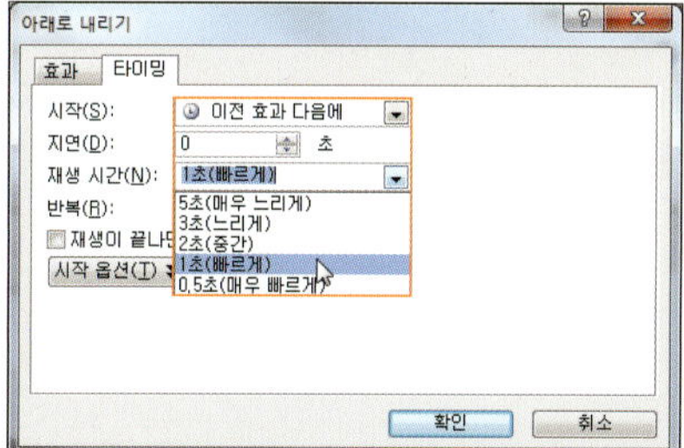

TIP •　　비슷한 유형의 텍스트는 묶어 애니메이션을 적용해야 타이밍을 적절히 유지할 수 있습니다. 텍스트 애니메이션을 하나씩 진행하면 전체적으로 주목성이 떨어지고 리듬감을 잃게 됩니다.

05 20% 텍스트 불러오기

01 빨간색 파이의 20% 텍스트에 [압축] 애니메이션 효과를 적용합니다.

- 애니메이션 복사 : **03**번 과정에서 2016에 적용한 [압축] 애니메이션 복사

02 애니메이션의 시작, 효과, 재생 시간을 지정합니다.

- **효과** : 텍스트 애니메이션 – 문자 단위로　　• **시작** : 이전 효과 다음에 시작　　• **재생 시간** : 1초(빠르게)

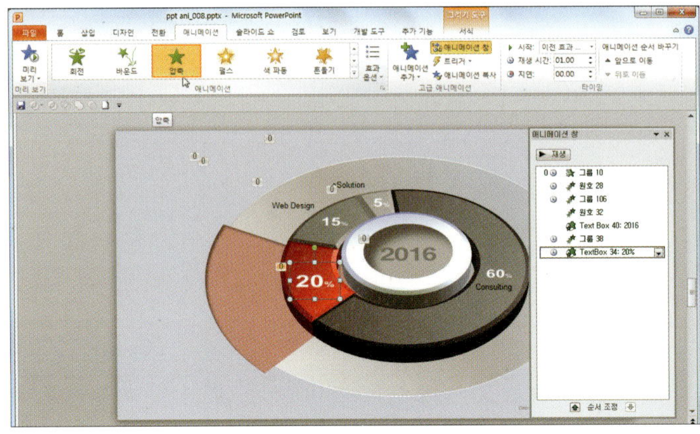
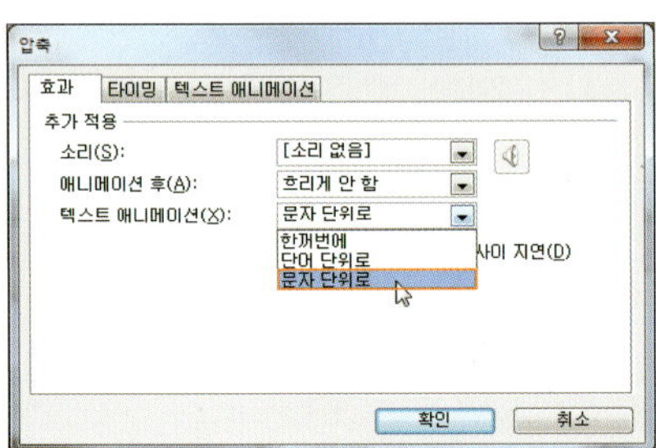

06 흰색 라인과 원호 닦아내듯 효과주기

01 외곽의 밝은 갈색 원호에 있는 2개의 흰색 보조선에 [닦아내기] 효과를 줍니다.

- **애니메이션 추가** : 나타내기 – 닦아내기　　• **효과 옵션** : 방향 – 위쪽 라인_왼쪽에서, 아래쪽 라인_오른쪽에서
- **시작** : 윗선 – 이전 효과 다음에 시작, 아랫선 – 이전 효과와 함께 시작　　• **재생 시간** : 0.5(매우 빠르게)

02 밝은 갈색 원호 상단의 흰색 원호에 [닦아내기] 효과를 적용합니다.

- **애니메이션 추가** : 나타내기 – 닦아내기　　• **효과 옵션** : 방향 – 아래에서
- **시작** : 이전 효과 다음에 시작　　• **재생 시간** : 0.5(매우 빠르게)

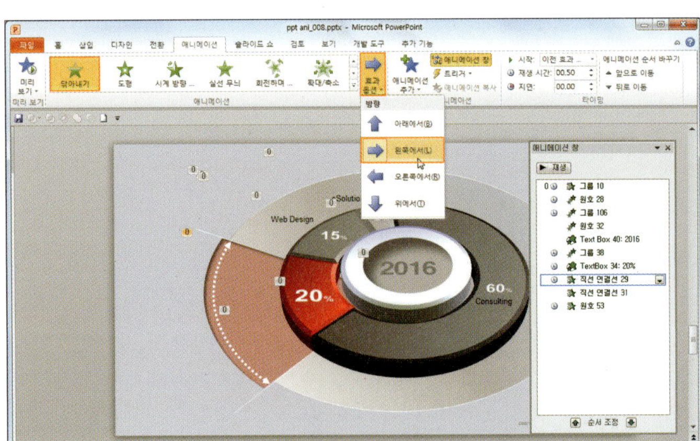
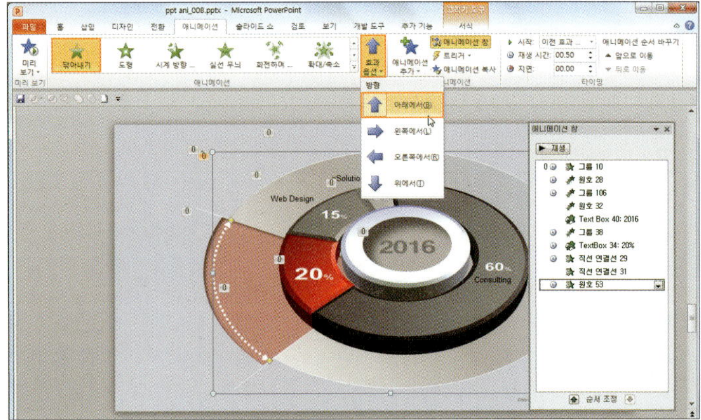

07 서브 텍스트 추가하기

01 20%를 설명하는 2개의 서브 텍스트에 [실] 애니메이션 효과를 적용합니다.

- 애니메이션 복사 : PPT ani_08\ppt ani_008.pptx 파일 – [실] 애니메이션 복사 – 서브 텍스트에 적용

02 애니메이션의 시작, 효과, 재생 시간을 지정합니다.

- **시작** : 이전 효과 다음에 시작   • **재생 시간** : 0.5초(매우 빠르게)

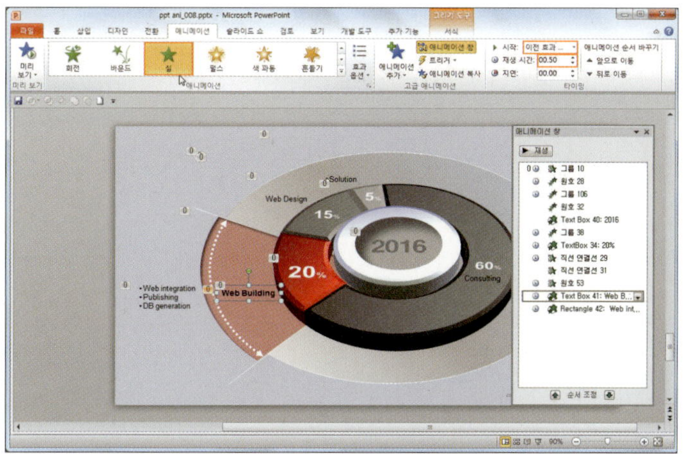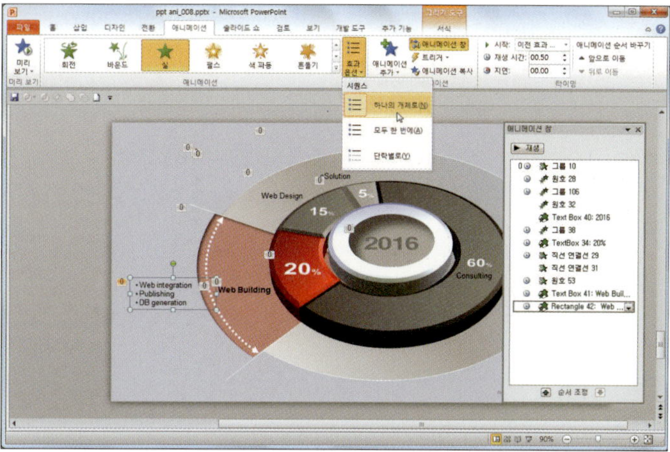

TIP •   파워포인트 2010 버전에서 제공하지 않는 애니메이션 효과도 2007 버전에서 작성한 효과는 리본 메뉴의 애니메이션 그룹에 나타납니다.

08 파란색 파이 조각을 푸르게 밝히며 끝내기

01 왼쪽 도넛형 도해(파란색 파이)를 슬라이드 중심부로 이동하고 빨간색 도넛 도해와 정확하게 일치
시킵니다. 삽입한 도해 때문에 기존 디자인 요소나 텍스트가 보이지 않는지 레이어를 점검합니다.

02 파란색 파이 조각의 도넛 형태에 [밝기 변화] 효과를 적용합니다.

- **애니메이션 추가** : 나타내기 – 밝기 변화   • **시작** : 이전 효과 다음에 시작
- **재생 시간** : 2초(중간)   • **반복** : 3번

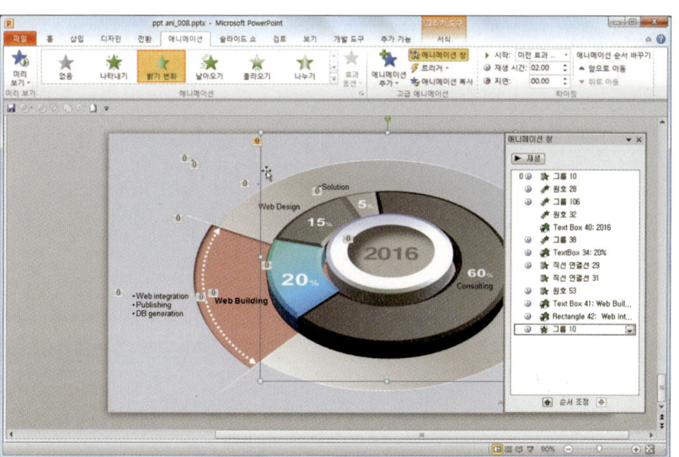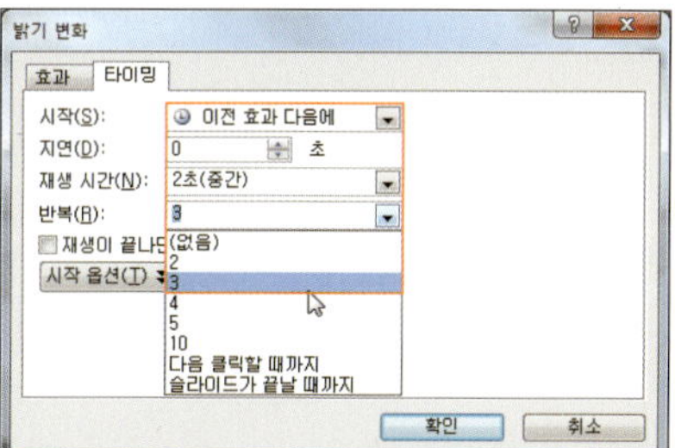

TIP •   개체를 삽입할 때는 레이어 문제로 텍스트가 가리거나 디자인 요소에 문제 없는지 꼼꼼하게 점검해야 합니다. 가려진 부분이 있다면 맨 앞으로
가져오기, 맨 뒤로 보내기 등을 실행하여 레이어를 조정합니다. 개체를 미세하게 이동시킬 때는 [Ctrl] 키를 누른 채 방향키를 눌러 조정합니다.

009 누적 막대형 도해_날아오기 애니메이션

누적 막대형 도해 형식은 항목별 크기 정도를 설명할 때 유용합니다. 직사각 형태가 일반적이지만 디자인 미감이나 입체감을 살리기 위해 원통형을 사용하기도 합니다. 누적 막대형 도해에 적합한 애니메이션이 정해진 것은 없습니다. 도해의 형태, 각도, 강조할 부분 등에 따라 시선의 흐름이 자연스럽게 이어지도록 애니메이션 방식을 적용할 필요가 있습니다.

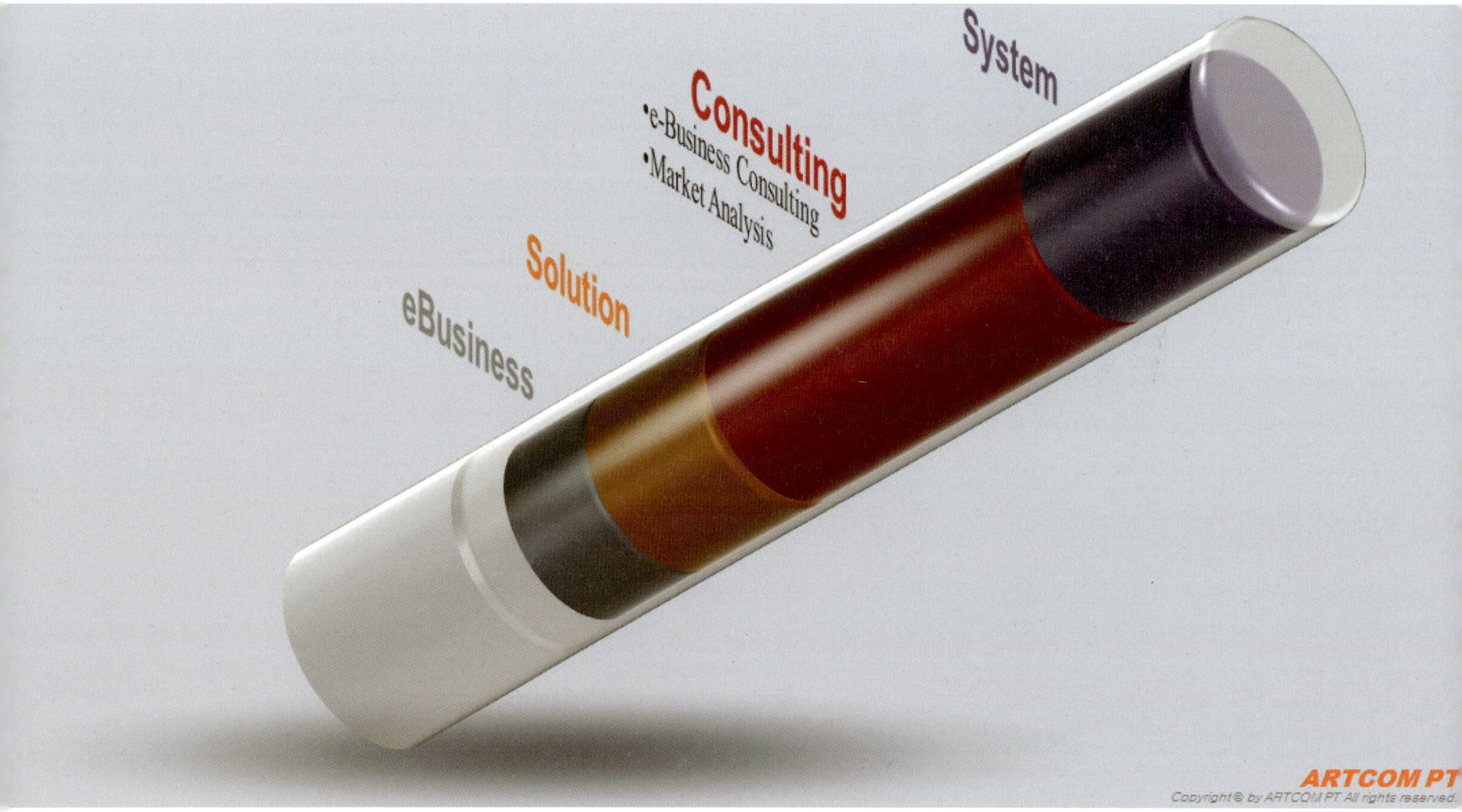

|난이도| ★★★☆ |예제 파일| PPT ani_09\ppt 009.pptx |결과 파일| PPT ani_09\ppt ani_009.pptx
|동영상 파일| PPT ani_09\009_PPT도해 애니메이션.wmv |인터넷으로 보기| http://cafe.naver.com/artcomptacademy/1746

애니메이션 작업 포인트

이번 예제에서 주목해야 할 부분은 사선으로 날아오기와 날아가기 애니메이션 테크닉입니다. 사선
방향으로 기울어진 투명 유리관 속에 원통형 개체들을 채우는 형식을 적용해 보았습니다. 유리관
속에서 원통형 개체들이 채워지고 사라질 때 자연스럽게 연출하는 것이 포인트입니다.

01 회색과 주황색 원통형 개체 날아오면서 확대하기

01 회색 원통형 개체에 [날아오기] 효과를 적용합니다.
- **파일 열기** : PPT ani_09\ppt 009.pptx   **애니메이션 추가** : 나타내기 – 날아오기
- **효과 옵션** : 방향 – 왼쪽 아래에서   **시작** : 이전 효과 다음에 시작   **재생 시간** : 0.5초(매우 빠르게)

02 회색 원통형 개체에 [확대/축소] 효과를 추가합니다.
- **애니메이션 추가** : 나타내기 – 확대/축소   **효과 옵션** : 소실점 – 개체 센터
- **시작** : 이전 효과와 함께 시작   **재생 시간** : 0.5초(매우 빠르게)

03 주황색 원통(타원 46번)도 회색 원통과 동일하게 [날아오기]와 [확대/축소] 애니메이션을 적용합니다.

TIP • 투명 유리관이 사선으로 기울어져 있으므로 날아오기 애니메이션 또한 사선 방향으로 지정합니다. 애니메이션에서 중요한 것은 시선의 흐름을 최대한 자연스럽게 하는 것입니다.

02 빨간색과 보라색 원통형 개체 날아오면서 확대하기

01 빨간색과 보라색 원통(타원 47번/48)도 동일하게 [날아오기]와 [확대/축소] 애니메이션을 적용합니다.

02 단, 보라색 원통(타원 48번)은 날아오는 방향을 [오른쪽 위에서]로 지정합니다.

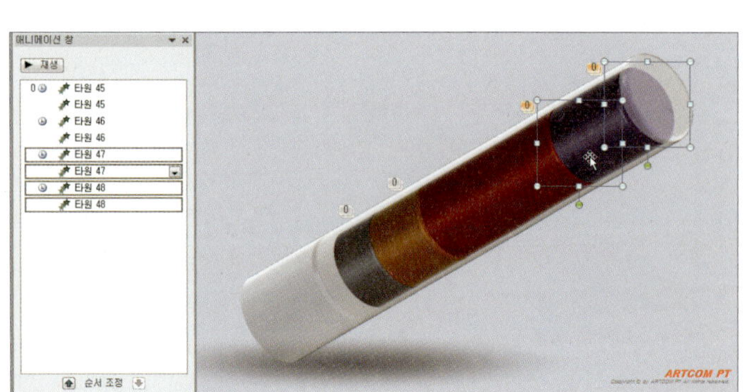
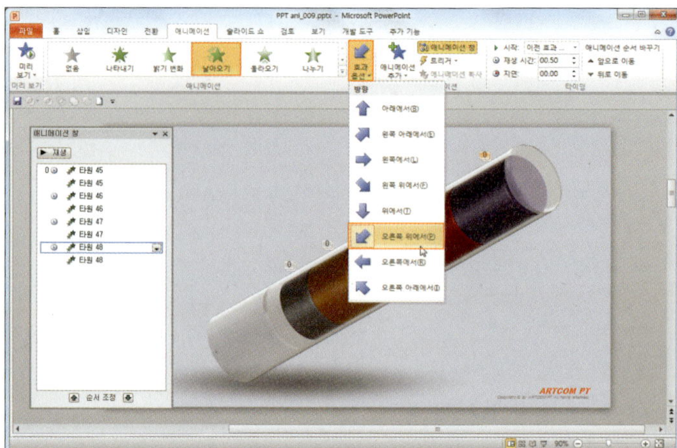

TIP • [날아오기] 효과의 방향을 바꾸려면 리본 메뉴에서 애니메이션 그룹의 [효과 옵션]을 선택하여 쉽게 바꿀 수 있습니다.

03 하이라이트 추가하기

사선으로 길게 놓인 하이라이트에 [밝기 변화] 효과를 적용합니다.

- **애니메이션 추가** : 나타내기 – 밝기 변화　　• **시작** : 이전 효과 다음에 시작　　• **재생 시간** : 0.5초(매우 빠르게)

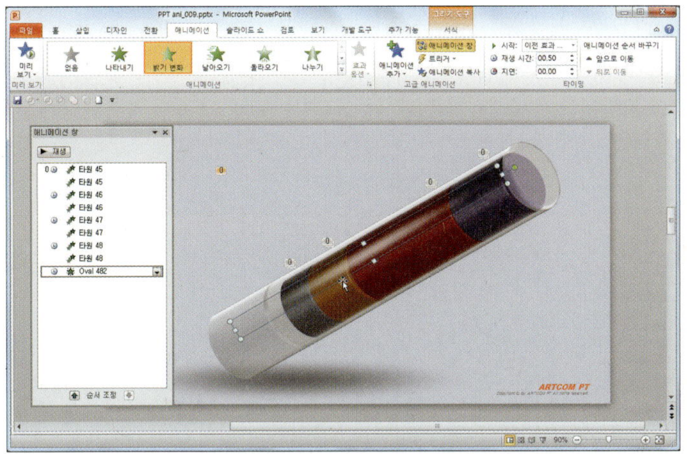
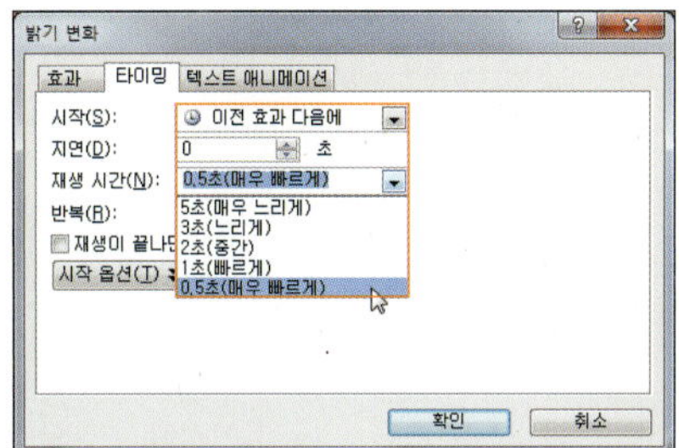

TIP ·　하이라이트는 타원에 그라데이션 효과를 적용한 다음 바깥쪽 중지점에 투명도를 적용하여 만들 수 있습니다.
+ 동영상에서 작성 방법 보기 : http://cafe.naver.com/artcomptacademy/1849

04 왼쪽 위에서 텍스트 날아오기

01 워드아트로 만든 텍스트는 모두 왼쪽 위에서 [날아오기] 효과를 적용합니다.

- **애니메이션 추가** : 나타내기 – 날아오기　　• **효과 옵션** : 방향 – 왼쪽 위에서

02 애니메이션의 시작, 효과, 재생 시간을 지정합니다.

- **시작** : 첫 번째 텍스트 – 이전 효과 다음에 시작, 나머지 텍스트 – 이전 효과와 함께 시작
- **재생 시간** : 0.5초(매우 빠르게)

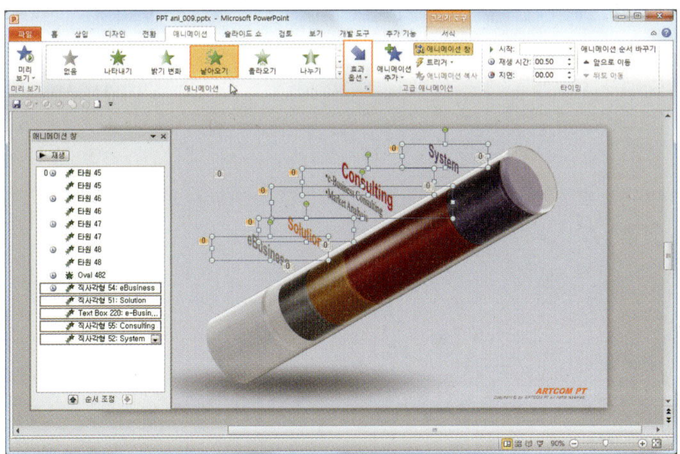

TIP ·　텍스트를 모두 선택하려면 Shift 키를 누른 채 하나씩 클릭하면서 추가합니다.

05 원통형 개체별로 반짝이기

01 4개의 원통형에 [색 파동] 효과를 적용합니다.
- **애니메이션 추가** : 강조 − 색 파동

02 애니메이션의 시작, 타이밍을 지정합니다.
- **시작** : 이전 효과 다음에 시작   • **재생 시간** : 0.5초(매우 빠르게)

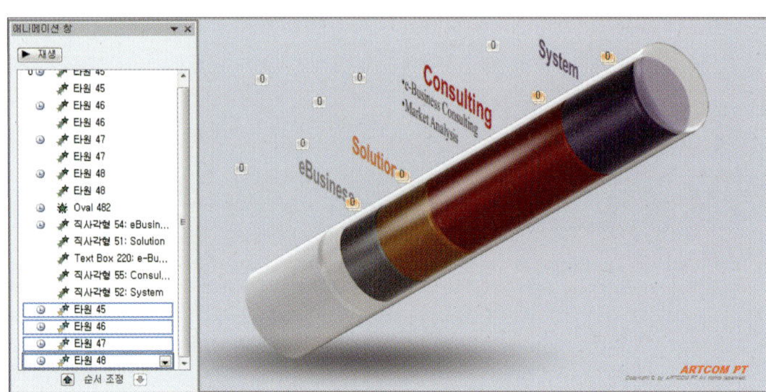
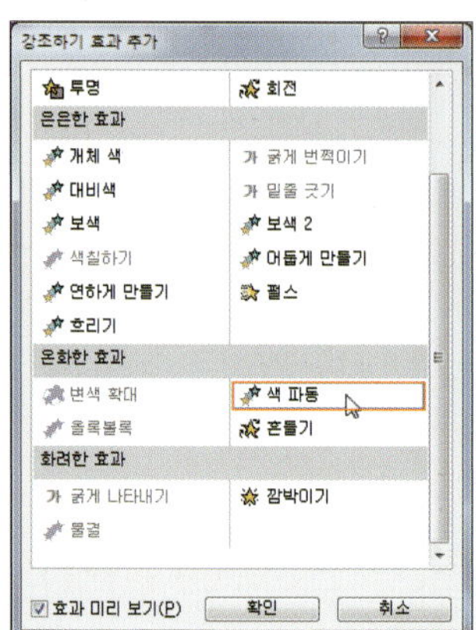

TIP • 　4개의 개체를 순서대로 강조할 때 순서는 아래에서부터 위로 올라가는 것이 자연스럽습니다.

06 밝은 청록색으로 개체 빛내기

01 왼쪽 윈도우의 밝은 청록색 원통형 개체(타원 60)를 빨간색 개체와 정확하게 일치시킵니다. 삽입한 개체 때문에 기존 디자인 요소에 이상이 없는지 레이어를 점검합니다.

02 밝은 청록색 원통형 개체(타원 60)에 [나타내기] 효과를 지정합니다.
- **애니메이션 추가** : 나타내기 − 나타내기   • **시작** : 이전 효과 다음에 시작

03 밝은 청록색 원통형 개체(타원 60)에 [밝기 변화] 효과와 함께 시작, 효과, 재생 시간을 지정합니다.
- **애니메이션 추가** : 나타내기 − 밝기 변화   • **효과** : 애니메이션 후 − 애니메이션 후 숨기기
- **시작** : 이전 효과 다음에 시작   • **재생 시간** : 2초(중간)   • **반복** : 3

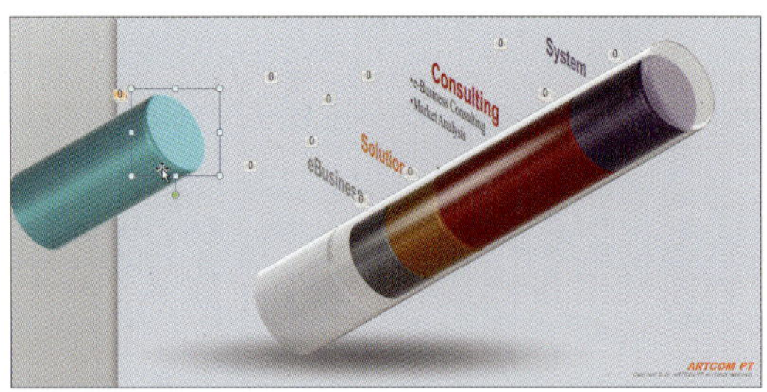
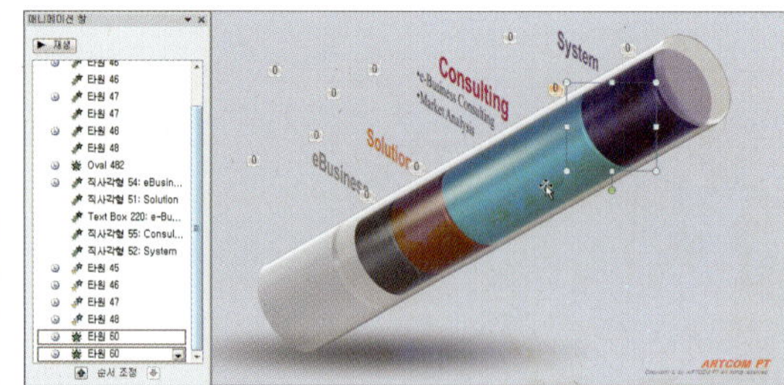
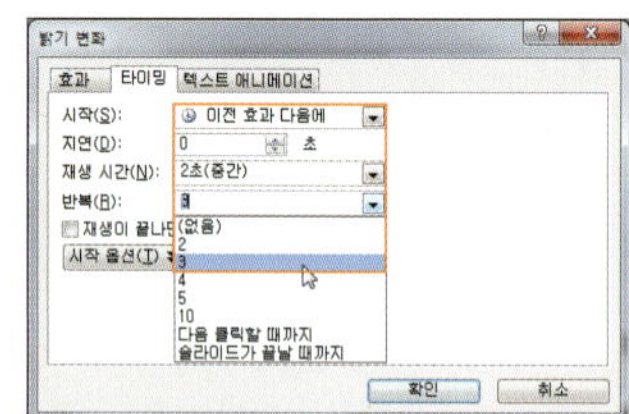

TIP • 　밝은 청록색 개체는 빨간색 부분을 강조하기 위해 삽입된 것이므로 3번의 강조가 끝나면 원래의 빨간색 개체가 보이도록 [애니메이션 후 숨기기]로 지정해야 합니다.

TIP • 　파워포인트 애니메이션 중 애니메이션 후 효과를 지정하는 [애니메이션 후 숨기기] 기능은 매우 중요합니다. 강조해야 할 상태에서만 잠깐 나타났다 사라지는 형식으로, 의외로 필요할 때가 많습니다.

07 4개의 원통형 개체 밖으로 날아가기

Shift 키를 누른 채 4개의 원통을 모두 선택하고 왼쪽 아래와 오른쪽 위로 [날아가기] 효과를 적용합니다.

- **애니메이션 추가** : 끝내기 – 날아가기
- **효과 옵션** : 방향 – 타원 47/45_왼쪽 아래로, 타원 48/46_오른쪽 위로
- **시작** : 첫 번째 개체 – 이전 효과 다음에 시작, 다른 개체들 – 이전 효과와 함께 시작
- **재생 시간** : 0.5초(매우 빠르게)

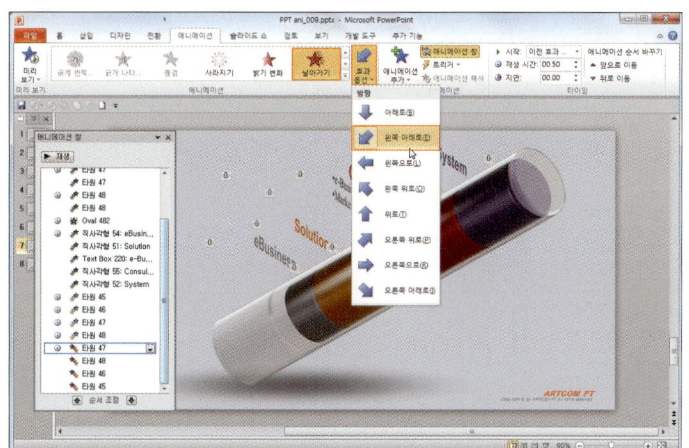
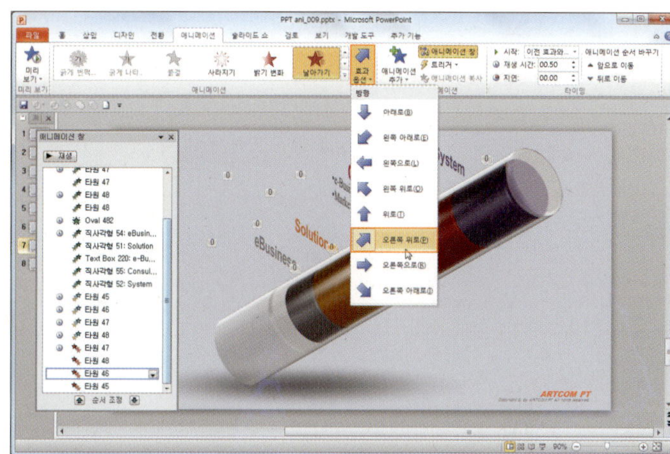

TIP • 끝내기 애니메이션을 적용할 때 [날아오기]와 동일하게 사선 방향으로 [날아가기] 효과를 지정하는 것이 자연스럽습니다.

08 텍스트를 밖으로 날아가게 하여 끝내기

01 Shift 키를 누른 채 워드아트로 디자인된 텍스트를 모두 선택합니다.

02 5개 텍스트에 [날아가기] 효과를 적용합니다.

- **애니메이션 추가** : 끝내기 – 날아가기　　• **시작** : 이전 효과와 함께 시작
- **재생 시간** : 0.5초(매우 빠르게)　　• **효과 옵션** : 방향 – 왼쪽 위로

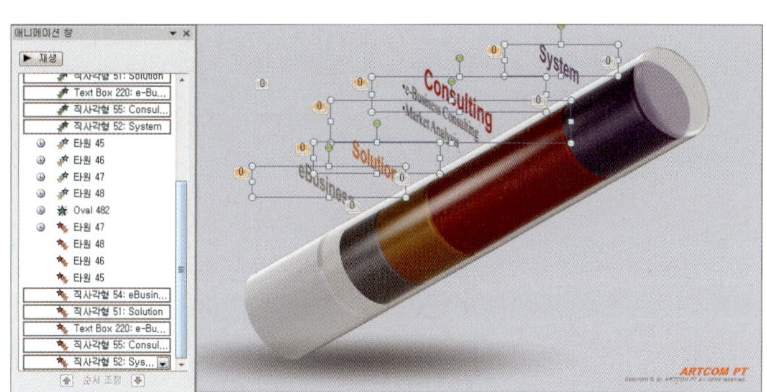
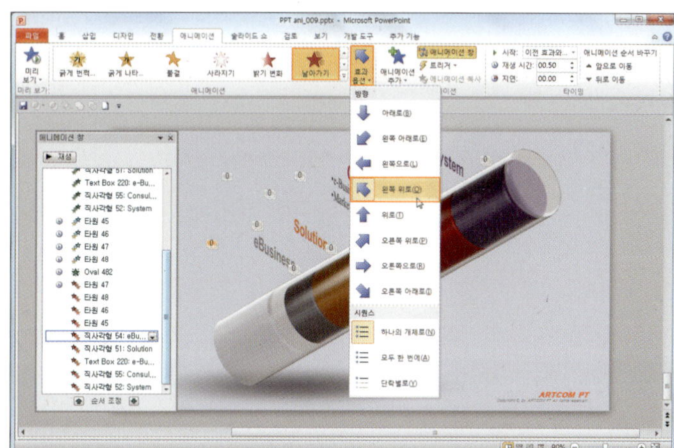

TIP • 텍스트 각도에 맞춰 끝내기 방향을 지정하는 것이 자연스럽습니다. 끝내기 애니메이션을 적용할 때 속도가 너무 느리지 않도록 타이밍을 다소 빠르게 지정합니다.

010 열거형 도해_투명 느낌 애니메이션

열거형 도해는 항목을 짜임새 있게 열거하여 설명하는 형식이기 때문에 산만하게 전개되지 않도록 애니메이션에도 일정한 규칙이 필요합니다. 구성되어 있는 도해 형태에 따라, 설명 순서에 따라 시선의 흐름을 유도하면서 강조하고 싶은 곳 등을 자연스럽게 연출해야 합니다.

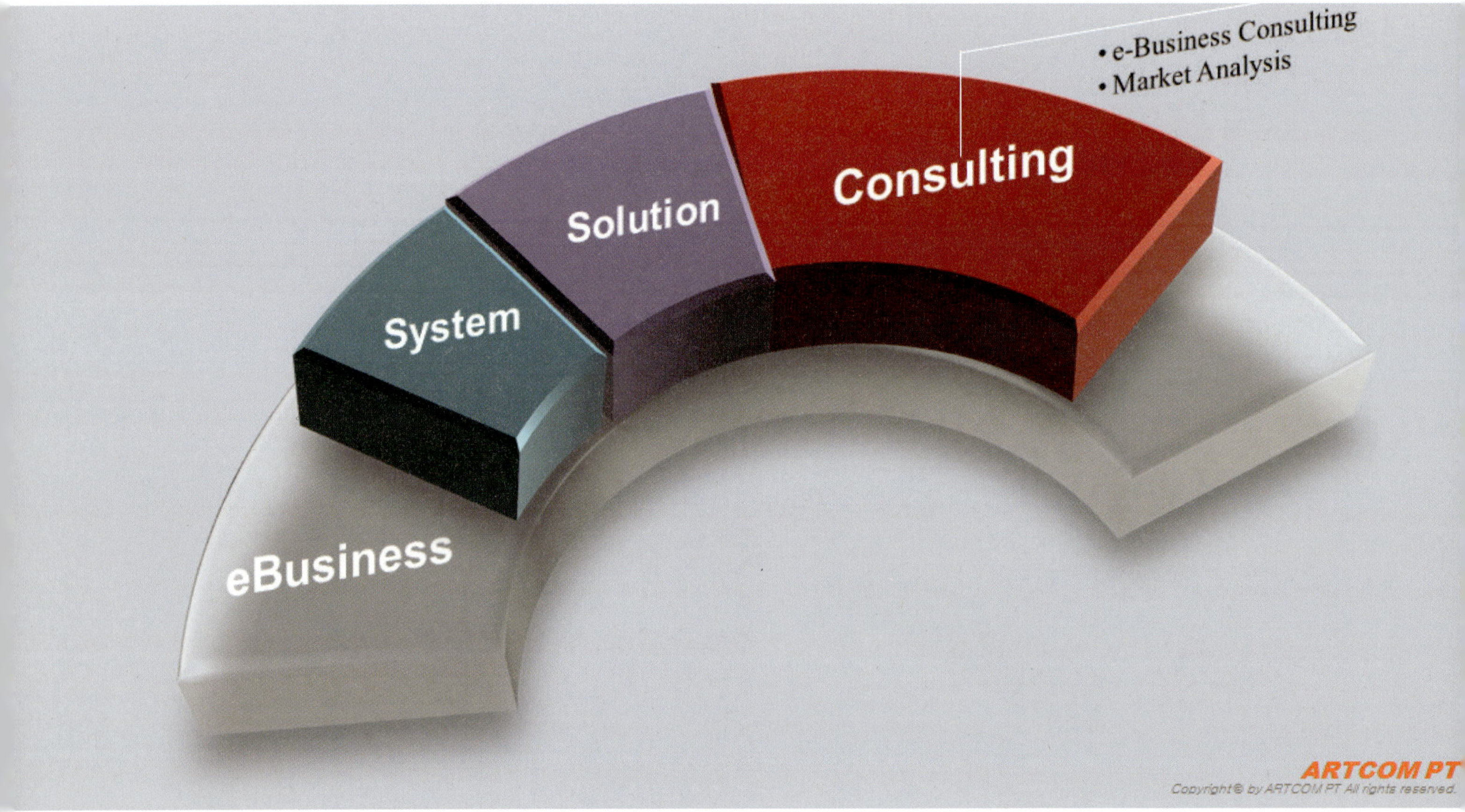

|난이도| ★★★☆ |예제 파일| PPT ani_010\ppt 010.pptx |결과 파일| PPT ani_010\ppt ani_010.pptx
|동영상 파일| PPT ani_010\010_PPT도해 애니메이션.wmv |인터넷으로 보기| http://cafe.naver.com/artcomptacademy/1749

애니메이션 작업 포인트

이번 예제에서 주목해야 할 부분은 투명한 느낌의 애니메이션 테크닉입니다. 개체 하단의 투명 아
크릴 느낌을 애니메이션에도 적용하였습니다. 개체에 투명도를 주는 것이 아니라 애니메이션 효과
중 점멸 효과만으로 투명한 느낌을 연출할 수 있습니다.

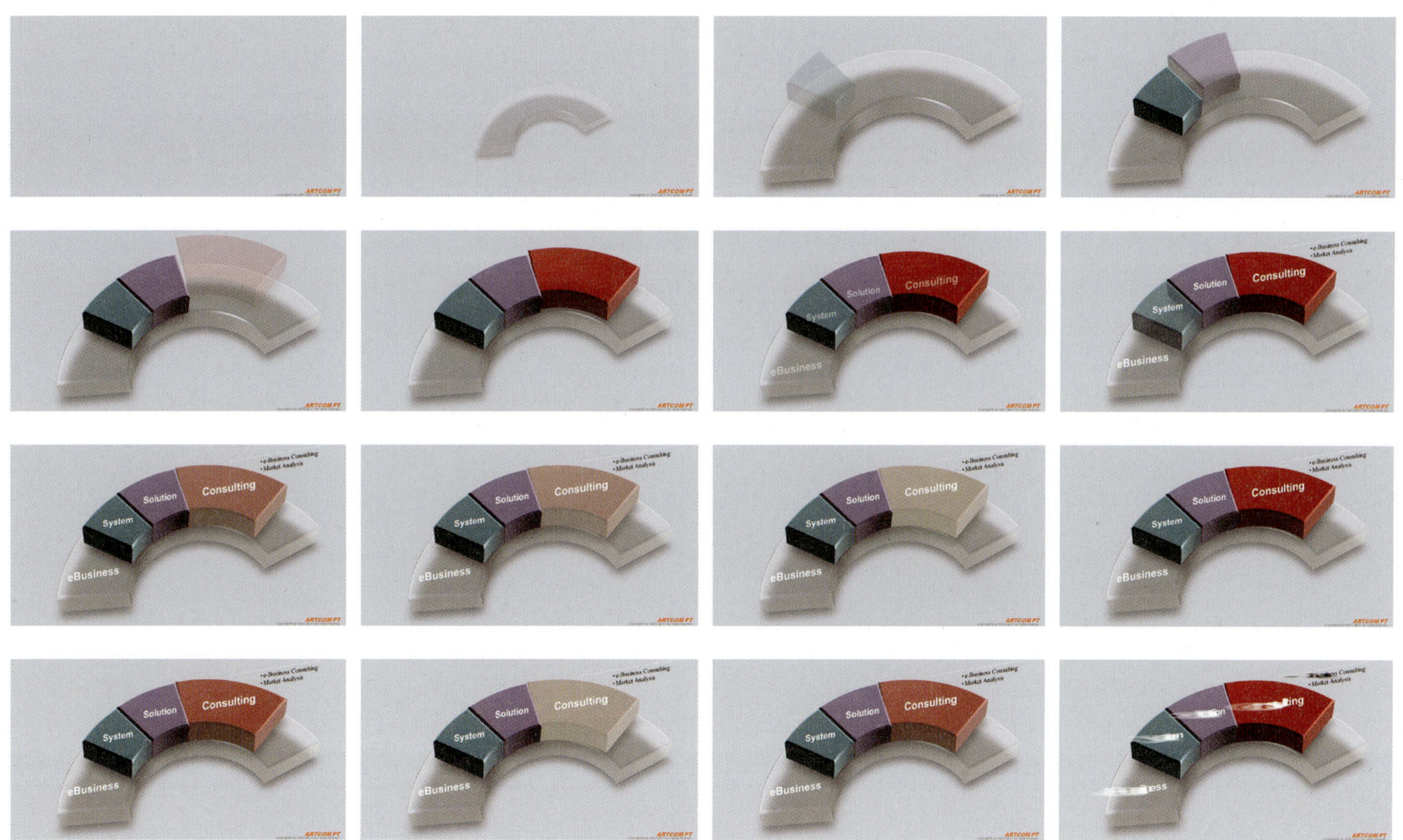

01 투명 아크릴 느낌의 받침대 확대하기

하단부 투명 아크릴 느낌 받침대에 [확대/축소] 효과를 적용합니다.

- **파일 열기** : PPT ani_010\ppt 010.pptx   · **애니메이션 추가** : 나타내기 – 확대/축소   · **효과 옵션** : 소실점 – 개체 센터
- **시작** : 이전 효과 다음에 시작   · **재생 시간** : 0.5초(매우 빠르게)

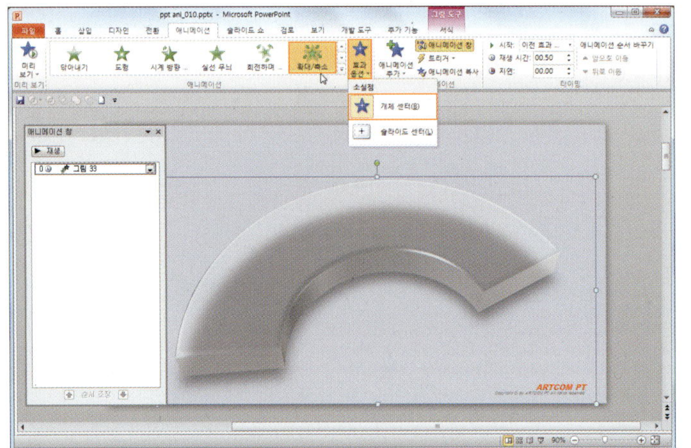

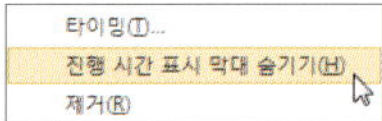

TIP ·   [애니메이션 창]의 효과 목록에서 시계(🕐)나 마우스(🖱) 아이콘이 보이지 않을 때 목록 오른쪽의 '풀다운' 아이콘(▼)을 클릭하여 **진행 시간 표시 막대 숨기기**를 선택합니다.

02 3개의 파이 조각 내리기

초록색, 보라색, 빨간색 파이 조각에 [떠오르며 내려가기] 효과를 적용하고 시작, 효과, 재생 시간을 지정합니다.

- **애니메이션 추가** : 내려가기 – 올라오기   · **효과 옵션** : 방향 – 떠오르며 내려가기
- **시작** : 이전 효과 다음에 시작   · **재생 시간** : 0.5초(매우 빠르게)

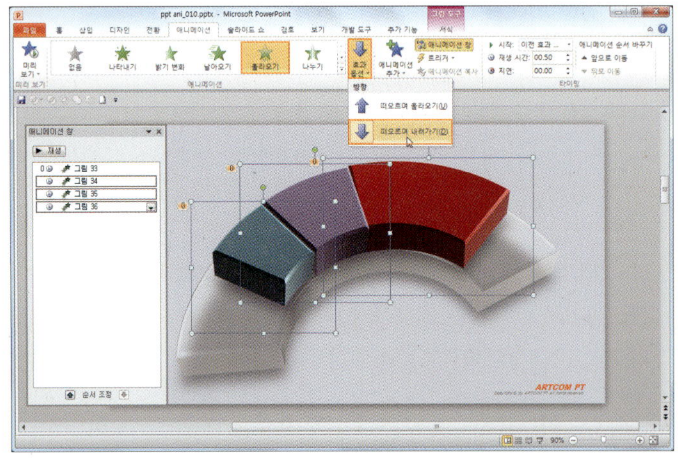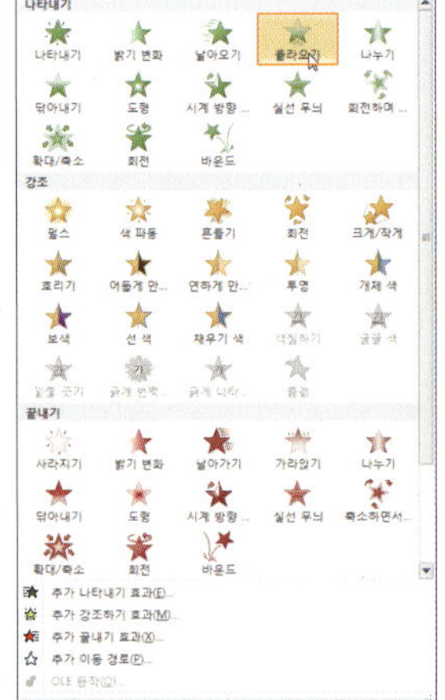

TIP ·   리본 메뉴에서 애니메이션 그룹의 [올라오기] 효과 옵션에는 [떠오르며 올라오기], [떠오르며 내려가기]가 있습니다. 같은 효과로는 [애니메이션 추가]–[추가 나타내기 효과]를 선택하여 [나타내기 효과 추가] 대화상자의 온화한 효과에서 [위로 올리기]와 [아래로 내리기] 효과가 있습니다.

03 텍스트 올라오기

4개의 텍스트에 [올라오기] 효과를 적용하고 애니메이션의 시작, 효과, 재생 시간을 지정합니다.

- **애니메이션 추가** : 내려가기 – 올라오기   • **효과 옵션** : 방향 – 떠오르며 올라오기
- **시작** : 첫 번째 텍스트 – 이전 효과 다음에 시작, 나머지 텍스트 – 이전 효과와 함께 시작   • **재생 시간** : 1초(빠르게)

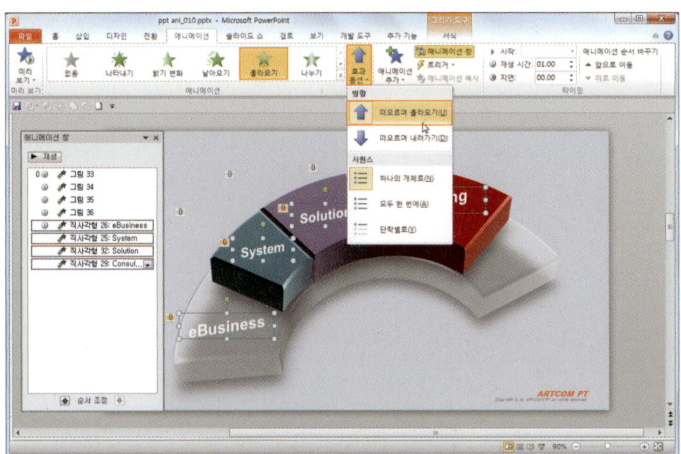
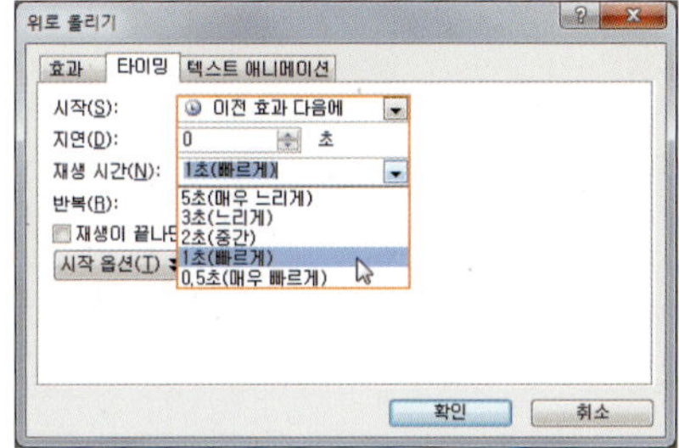

TIP •   텍스트가 쉽게 선택되지 않을 때(특히 eBusiness) 텍스트를 직접 클릭하지 않고 텍스트 주변에 넓게 그물을 던지듯 포획하는 방식으로 선택
해야 합니다.

04 흰색 라인 나타내고 서브 텍스트 휘어 올라오기

01 ㄱ자로 꺾인 2개의 흰색 라인에 [닦아내기] 효과를 적용합니다.

- **애니메이션 추가** : 나타내기 – 닦아내기   • **효과** : 방향 – 수평선_왼쪽에서, 수직선_위에서
- **시작** : 수평선/수직선 – 이전 효과 다음에 시작   • **재생 시간** : 0.5(매우 빠르게)

02 흰색 라인의 서브 텍스트에 나타내기 효과 중 [휘어 올라오기] 효과를 적용합니다.

- **애니메이션 추가** : 추가 나타내기 효과 – 화려한 효과 – 휘어 올라오기
- **시작** : 이전 효과와 함께 시작   • **재생 시간** : 1초(빠르게)

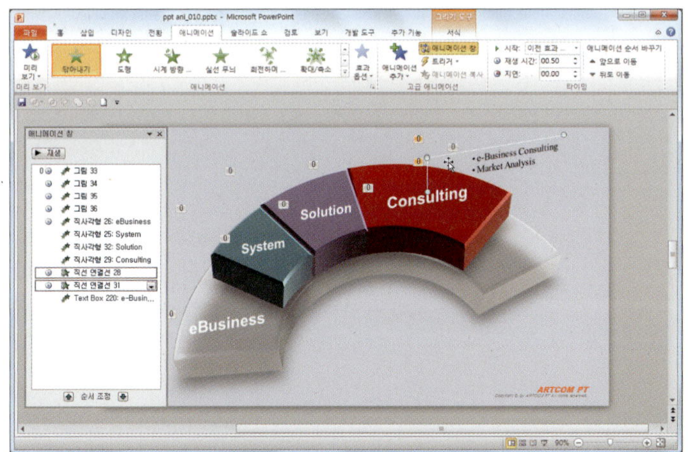
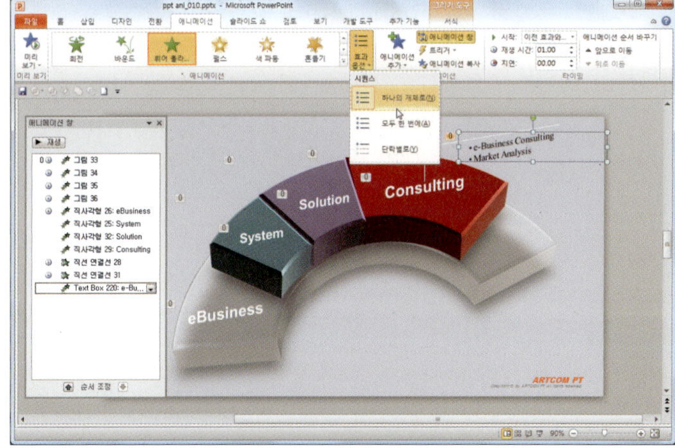

TIP •   [휘어 올라오기] 효과 대신 [선회 비행 2] 효과로 대체해도 무리는 없습니다. 경쟁 프레젠테이션이나 비즈니스를 위한 프레젠테이션의 경우 애
니메이션을 적용할 때 장난스럽거나 가벼워 보이지 않도록 신경 써야 합니다. 반대로 가벼운 소감이나 스토리텔링 형식의 발표에 지나치게 딱딱한 느낌
도 문제가 있습니다. 즉, 상황에 따라 애니메이션의 무게 조절이 필요합니다.

05 3개의 파이 각각 반짝이기

4개의 파이 조각에 [펄스] 효과를 적용하고 시작, 재생 시간을 지정합니다.

- 애니메이션 추가 : 강조 – 펄스   • 시작 : 이전 효과 다음에 시작   • 재생 시간 : 0.5초(매우 빠르게)

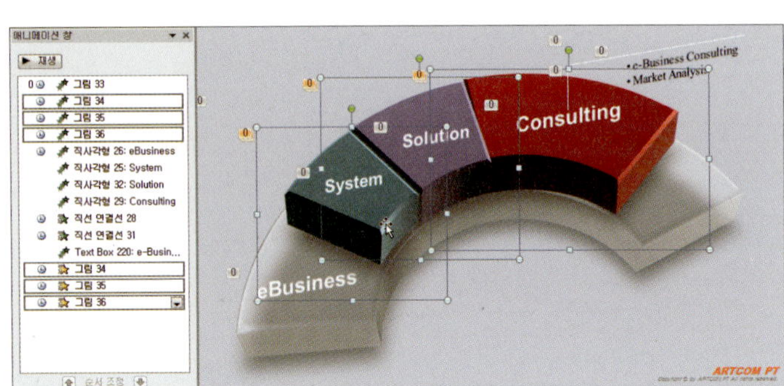

TIP • [펄스] 효과는 컬러가 있는 개체에 적용하는 것이 좋으며 애니메이션이 실행되면서 잠시 동안 투명해졌다가 되돌아오는 느낌을 줍니다. 주변 디자인 요소들이 투명 유리를 통해 보는 것처럼 느껴져 한층 심미감을 살립니다.

06 회색 파이 밝게 효과주기

01 왼쪽 윈도우의 회색 파이(그림 37)를 빨간색 파이와 정확하게 일치시킵니다. 삽입한 개체 때문에 기존 디자인 요소에 이상이 없는지 레이어를 점검합니다.

02 회색 파이에 [나타내기] 효과를 지정합니다.

- 애니메이션 추가 : 나타내기 – 나타내기   • 시작 : 이전 효과 다음에 시작

03 회색 파이(그림 37)에 [밝기 변화] 효과를 적용하고 시작, 효과, 재생 시간을 지정합니다.

- 애니메이션 추가 : 나타내기 – 밝기 변화   • 효과 : 애니메이션 후 – 애니메이션 후 숨기기
- 시작 : 이전 효과와 함께 시작   • 재생 시간 : 2초(중간)   • 반복 : 3

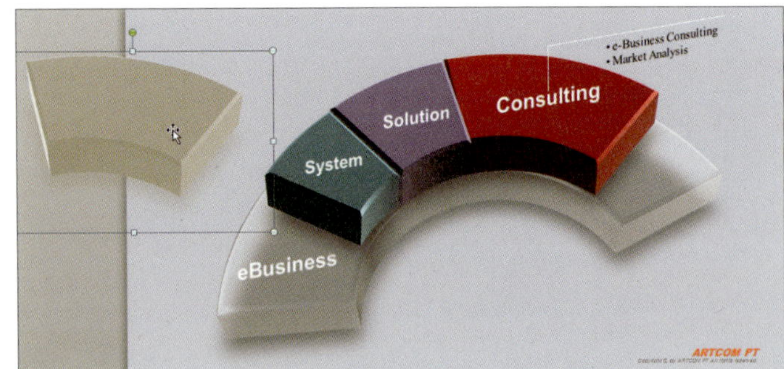
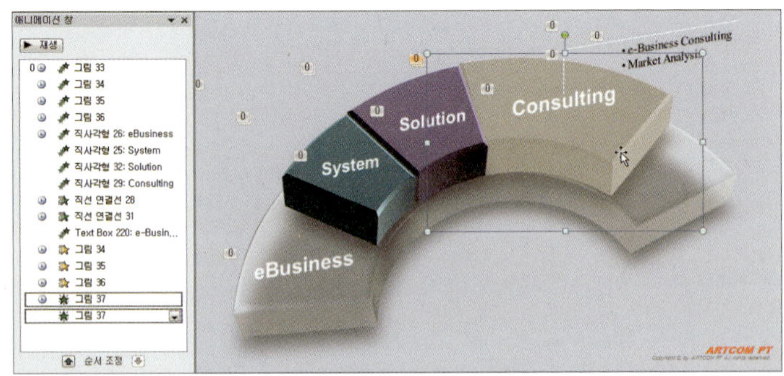

TIP • 회색 파이는 빨간색 부분을 강조하기 위해 삽입된 것이므로 3번 강조가 끝나면 원래의 빨간색 파이가 보이도록 [애니메이션 후 숨기기]를 지정합니다.

07 각각의 텍스트 늘이면서 사라지기

Shift 키를 누른 채 텍스트(본문 텍스트, 워드아트 등)를 모두 선택하고 선택한 텍스트에 [늘이기] 효과를 적용합니다.

- **애니메이션 복사** : PPT ani_010\ppt ani_010.pptx 파일 – [늘이기] 애니메이션 복사 – 텍스트에 적용
- **효과** : 텍스트 애니메이션 – 문자 단위로
- **시작** : 처음 텍스트 – 이전 효과 다음에 시작, 다른 텍스트 – 이전 효과와 함께 시작 　　• **재생 시간** : 1초(빠르게)

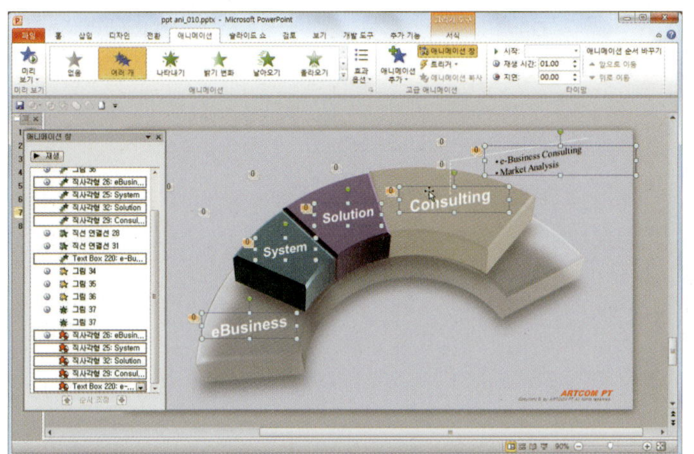

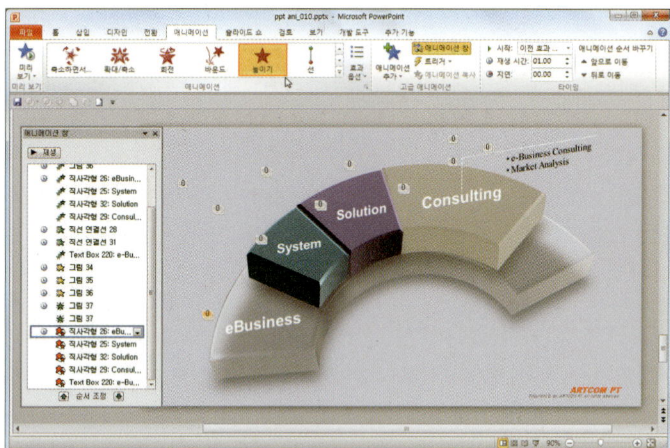

TIP • 　[늘이기] 효과를 적용한 텍스트는 '문자 단위로' 효과를 적용하면 한층 멋스럽게 끝납니다. 단지 전체적으로 애니메이션 재생 시간이 길어지는 문제가 있습니다.
다른 슬라이드를 열어 애니메이션을 복사하기 번거로운 경우 [끝내기 효과 추가] 대화상자의 텍스트에서 적절한 효과를 적용하는 것도 좋습니다.

08 디자인 요소 왼쪽으로 천천히 사라지면서 끝내기

01 디자인 요소(하부 받침대, 색상별 파이, 흰색 라인 등)를 모두 선택합니다. 빨간색 파이를 선택할 때는 회색 파이를 옆으로 이동한 다음 선택합니다.

02 선택한 디자인 요소에 [천천히 사라지기] 효과를 적용합니다.
- **애니메이션 복사** : PPT ani_010\ppt ani_010.pptx 파일 – [천천히 사라지기] 애니메이션 복사 – 디자인 요소에 적용
- **시작** : 처음 개체 – 이전 효과 다음에 시작, 다른 디자인 요소 – 이전 효과와 함께 시작
- **재생 시간** : 하부 투명 받침대 – 3초, 나머지 – 1초(빠르게)

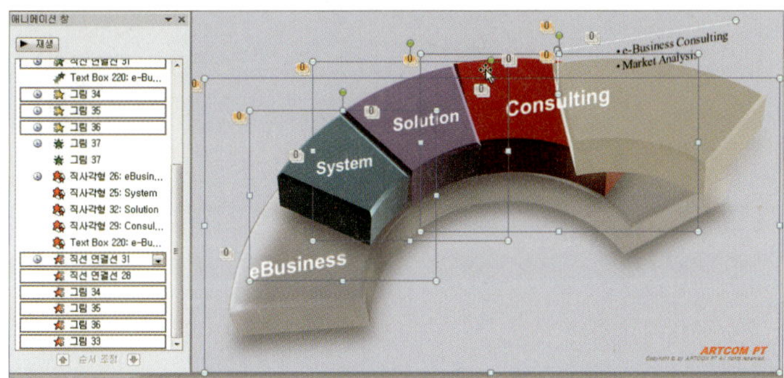

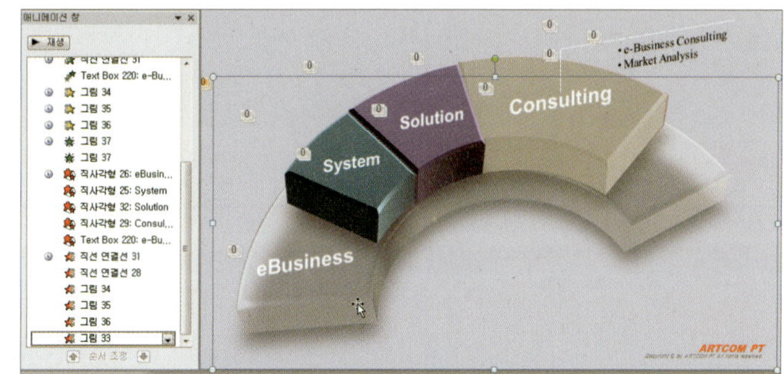

TIP • 　모든 객체에 같은 재생 시간을 적용할 수 있지만 투명 받침대 하나는 다소 느리게 설정하여 다른 디자인 요소와 겹치면서 끝내는 것도 테크닉입니다.

OII 꺾은선형 차트_강조 애니메이션

꺾은선형 차트는 그래프를 작성할 때 가장 많이 쓰이는 유형 중 하나입니다. 엑셀에서 작성한 꺾은선형 차트는 작성의 편의성은 높은 반면 디자인적으로 기대하기 어렵기 때문에 꺾은선 간격과 높낮이만 차용하여 다시 디자인하는 것이 좋습니다. 한마디로 리모델링이 필요합니다.

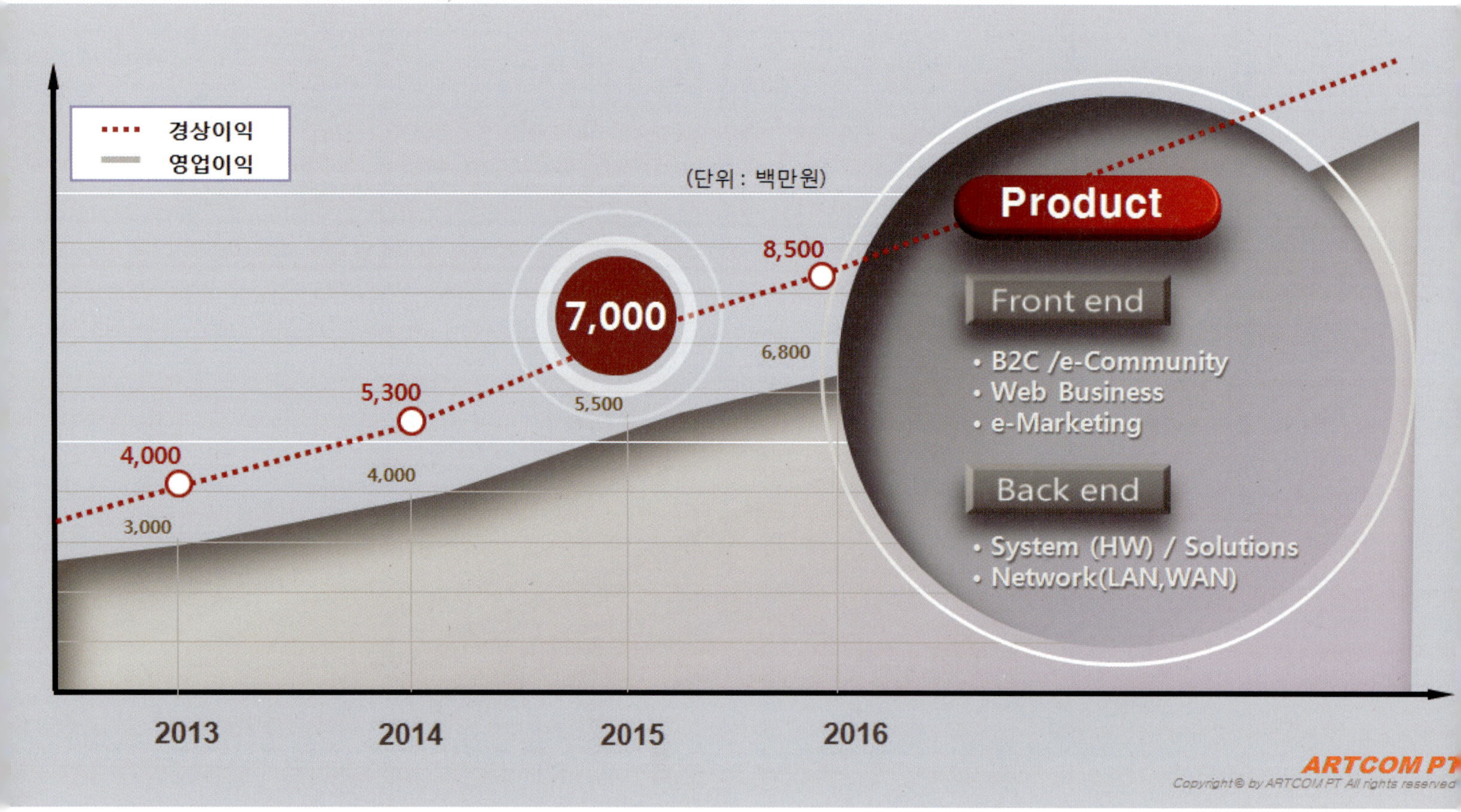

|난이도| ★ ★ ★ ☆ |예제 파일| PPT ani_011\ppt 011.pptx |결과 파일| PPT ani_011\ppt ani_011.pptx
|동영상 파일| PPT ani_011\011_PPT차트 애니메이션.wmv |인터넷으로 보기| http://cafe.naver.com/artcomptacademy/1832

애니메이션 작업 포인트

이번 예제에서 주목해야 할 부분은 차트에서의 강조 애니메이션 테크닉입니다. 특정 숫자를 강조
하기 위해 점멸 효과와 파문형으로 확산하는 애니메이션 기법을 적용하였습니다. 파문형은 주변
디자인 스타일과도 어울리면서 한층 테크니컬한 느낌을 줍니다.

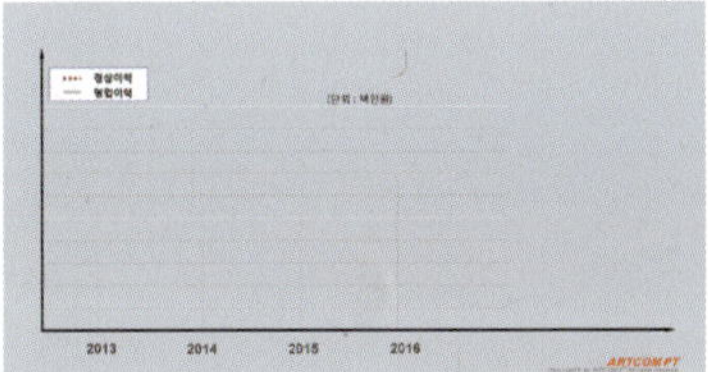 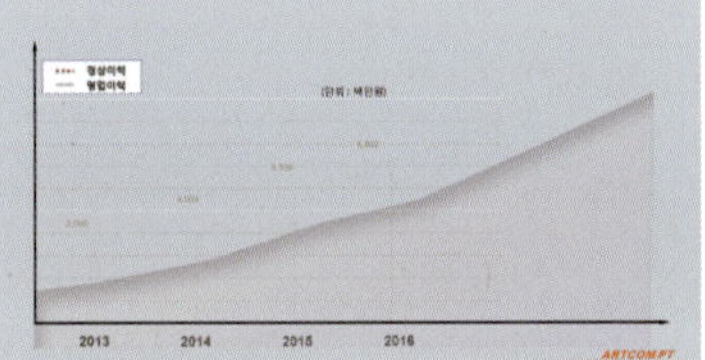 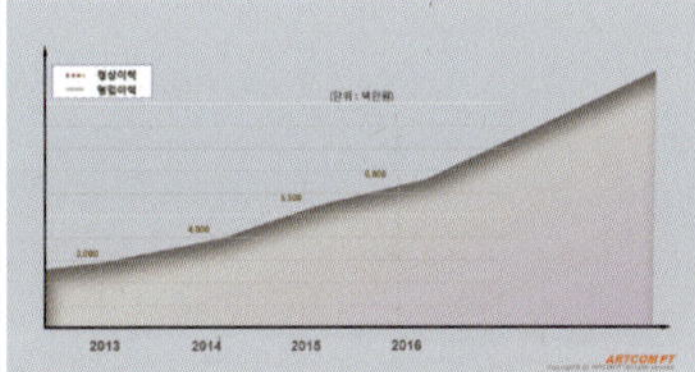 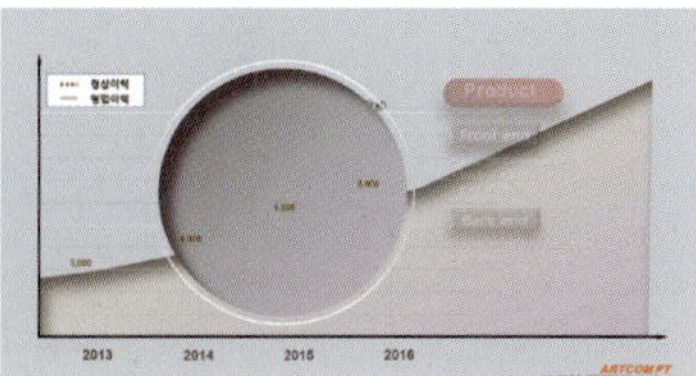
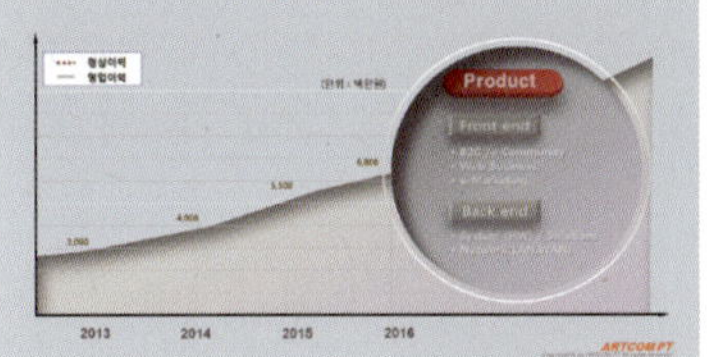 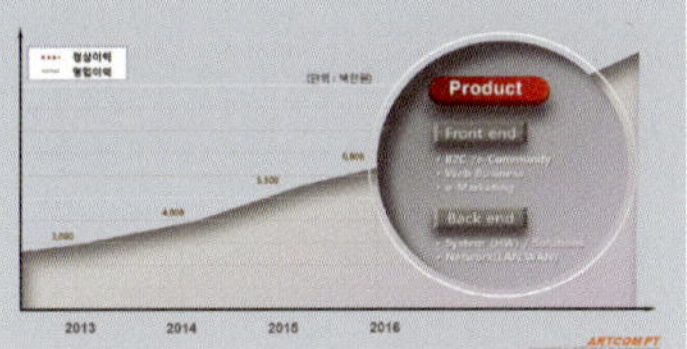 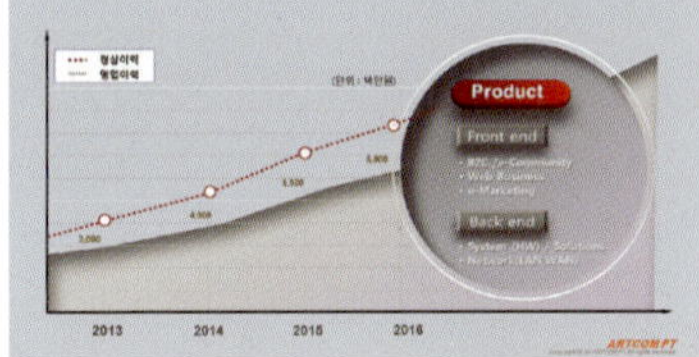 
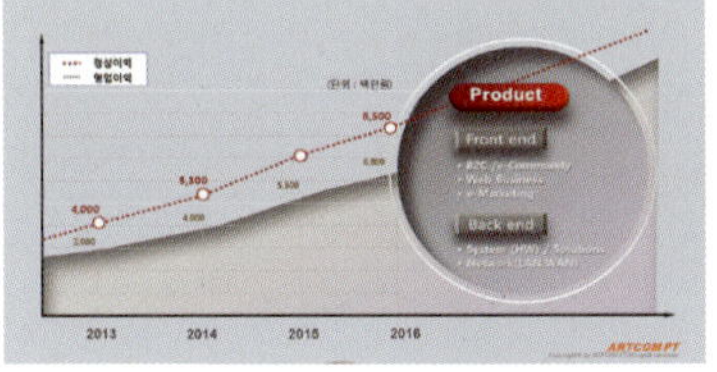 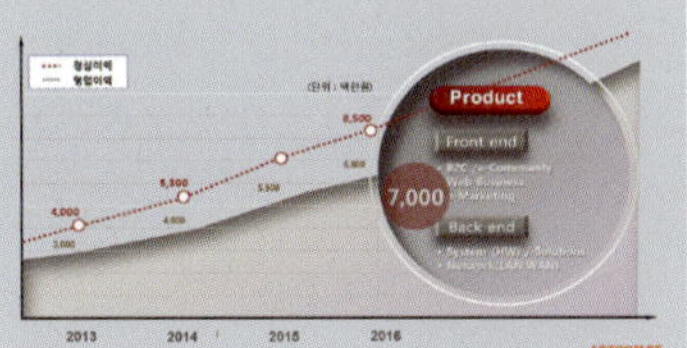 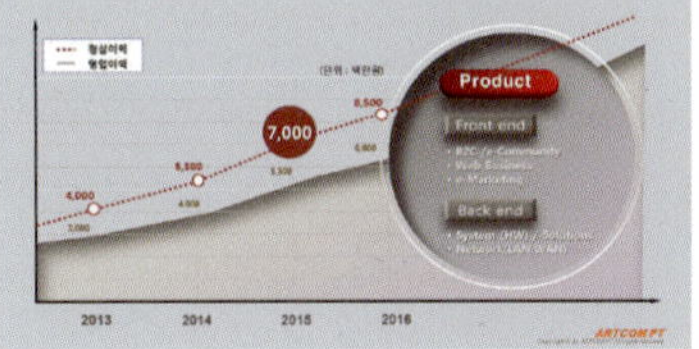 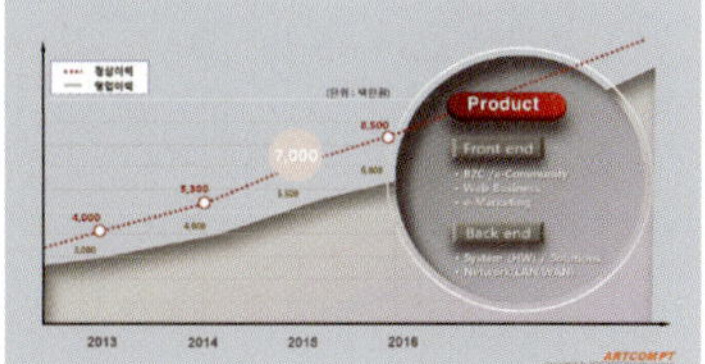
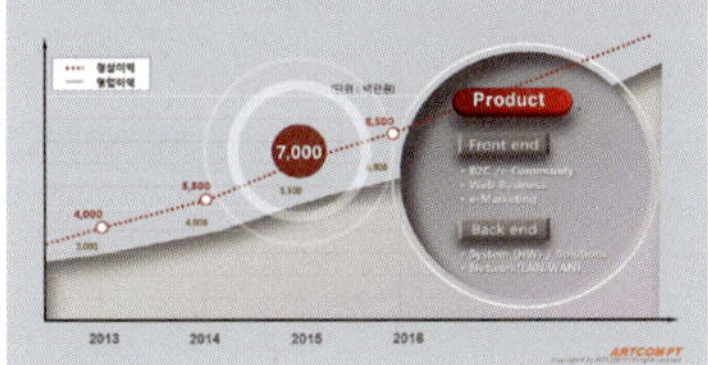  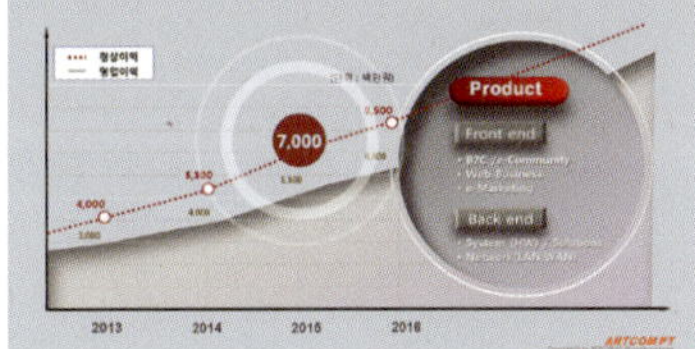 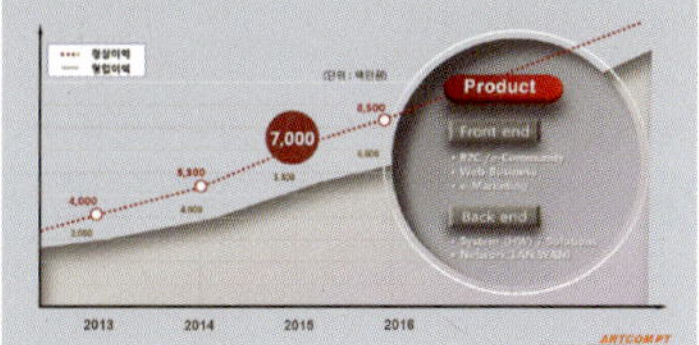

OI 하단부 차트와 텍스트 상하로 효과주기

01 그림자가 있는 차트에 [올라오기] 효과를 적용합니다.

- **파일 열기** : PPT ani_011\ppt 011.pptx
- **애니메이션 추가** : 나타내기 – 올라오기
- **효과 옵션** : 방향 – 떠오르며 올라오기
- **시작** : 이전 효과 다음에 시작
- **재생 시간** : 1초(빠르게)

02 텍스트 그룹에 [내려가기] 효과를 적용합니다.

- **애니메이션 추가** : 나타내기 – 올라오기
- **효과 옵션** : 방향 – 떠오르며 내려가기
- **시작** : 이전 효과와 함께 시작
- **재생 시간** : 1초(빠르게)

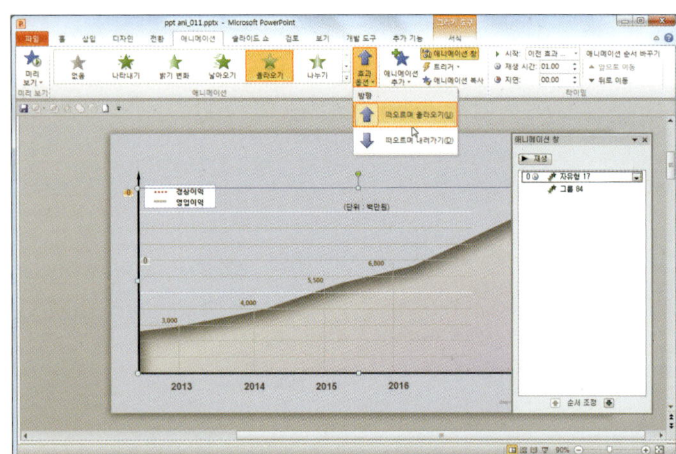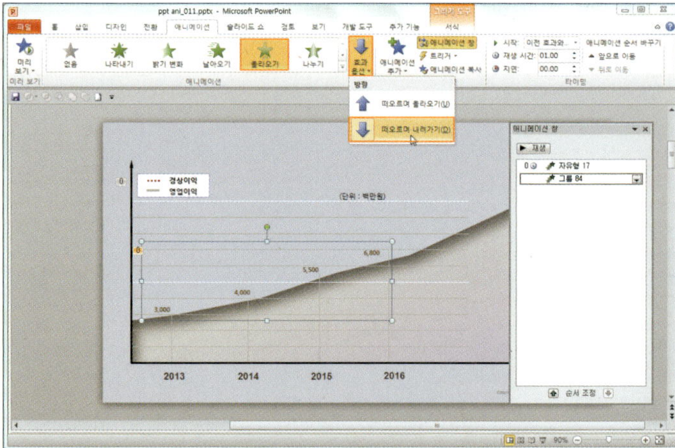

O2 타원을 왼쪽에서부터 날아오고 텍스트 내리기

01 오른쪽 그림자가 있는 타원에 [날아오기] 효과를 적용합니다.

- **애니메이션 추가** : 나타내기 – 날아오기
- **효과 옵션** : 방향 – 왼쪽에서
- **시작** : 이전 효과 다음에 시작
- **재생 시간** : 0.5초(매우 빠르게)

02 타원의 텍스트 그룹에 [내려가기] 효과를 적용합니다.

- **애니메이션 추가** : 나타내기 – 올라오기
- **효과 옵션** : 방향 – 떠오르며 내려가기
- **시작** : 이전 효과와 함께 시작
- **재생 시간** : 1초(빠르게)

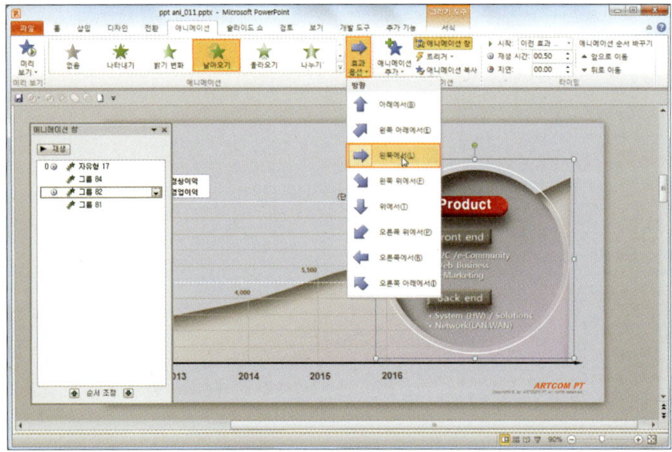

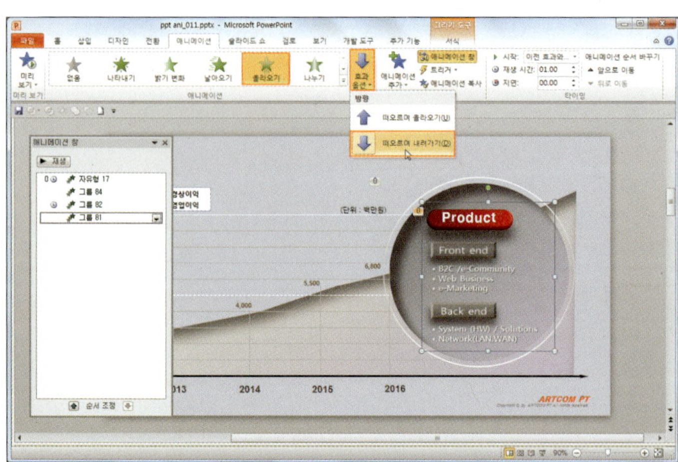

03 꺾은선형(점선) 차트 닦아내듯 효과주기

점선으로 된 꺾은선형 차트에 [닦아내기] 효과를 적용하고 시작, 효과(방향), 재생 시간을 지정합니다.

- **애니메이션 추가** : 나타내기 – 닦아내기   • **효과 옵션** : 방향 – 왼쪽에서
- **시작** : 이전 효과 다음에 시작   • **재생 시간** : 0.5초(매우 빠르게)

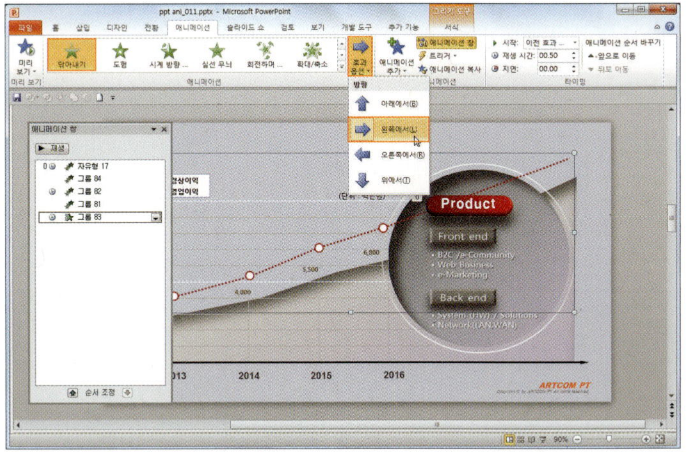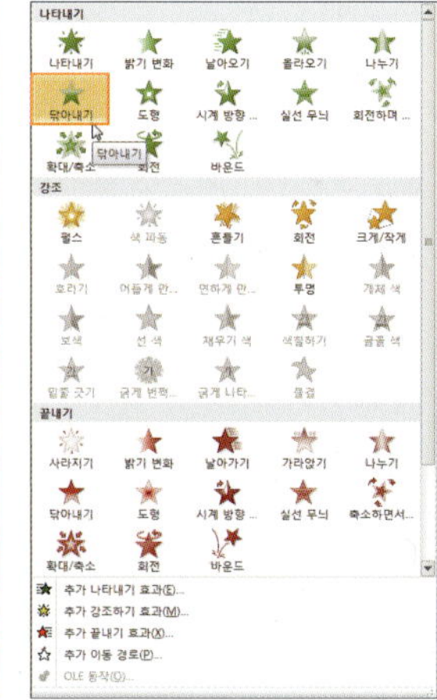

TIP •   꺾은선형 차트가 오른쪽 타원 뒤에 배열되지 않아야 합니다. 슬라이드 디자인이나 애니메이션 적용 시 레이어 개념이 매우 중요하므로 실수가 없도록 사전에 체크하는 습관이 필요합니다.

04 빨간색 숫자 텍스트 추가하기

빨간색 숫자 텍스트에 [실] 효과와 시작, 효과, 재생 시간을 지정합니다.

- **애니메이션 복사** : PPT ani_011\ppt ani_011.pptx 파일 – [실] 애니메이션 복사 – 텍스트에 적용
- **효과** : 텍스트 애니메이션 – 한꺼번에
- **시작** : 처음 텍스트 – 이전 효과 다음에 시작, 나머지 텍스트 – 이전 효과와 함께 시작   • **재생 시간** : 0.5초(매우 빠르게)

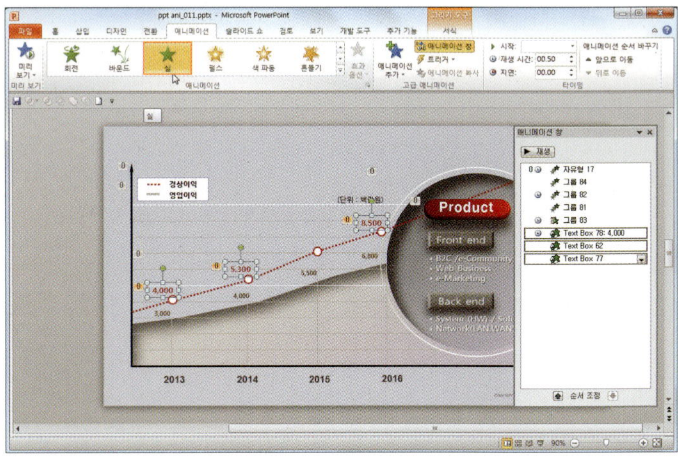

TIP •   그래프 수치에 [실] 효과를 적용하면 속도감이 느껴지면서 한층 더 경쾌한 느낌을 줍니다.

05 숫자 7,000 타원 휘어 올라오기

숫자 7,000 타원에 나타내기 효과 중 [휘어 올라오기] 효과를 적용하고 시작, 재생 시간을 지정합니다.

- **애니메이션 추가** : 추가 나타내기 효과 – 화려한 효과 – 휘어 올라오기
- **시작** : 이전 효과 다음에 시작   • **재생 시간** : 1초(빠르게)

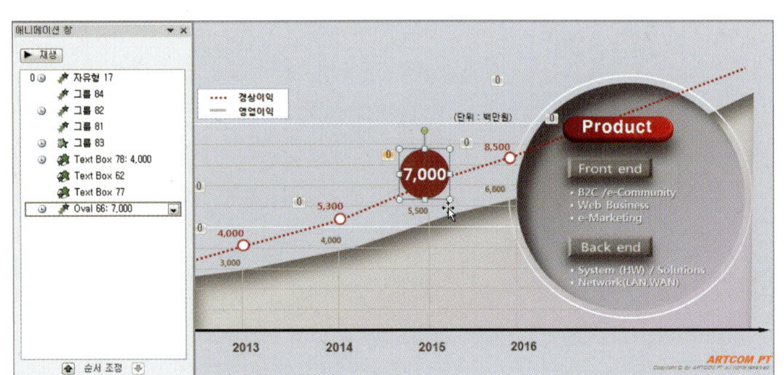
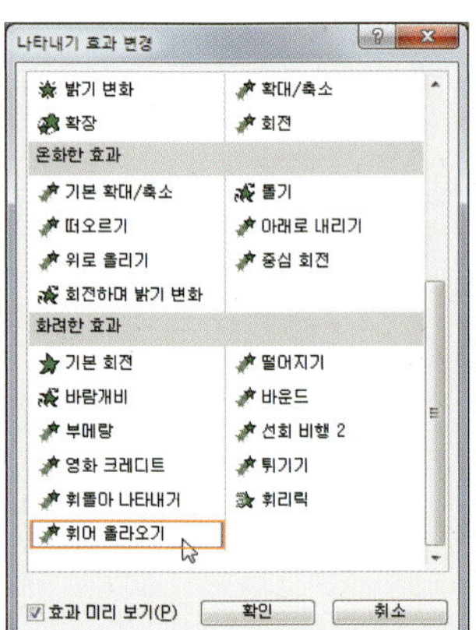

TIP • 강조할 텍스트는 상황에 따라 액션을 크게 주는 것이 좋습니다. [휘어 올라오기] 효과는 말 그대로 공이 아래에서 휘어 올라오듯 크게 움직이며 흥미를 유발하며 시선을 끄는 효과가 있습니다.

06 숫자 7,000 타원 반짝이기

숫자 7,000 타원에 [색 파동] 효과를 적용하고 시작, 재생 시간을 지정합니다.

- **애니메이션 추가** : 강조 – 색 파동
- **시작** : 이전 효과 다음에 시작   • **재생 시간** : 0.5초(매우 빠르게)

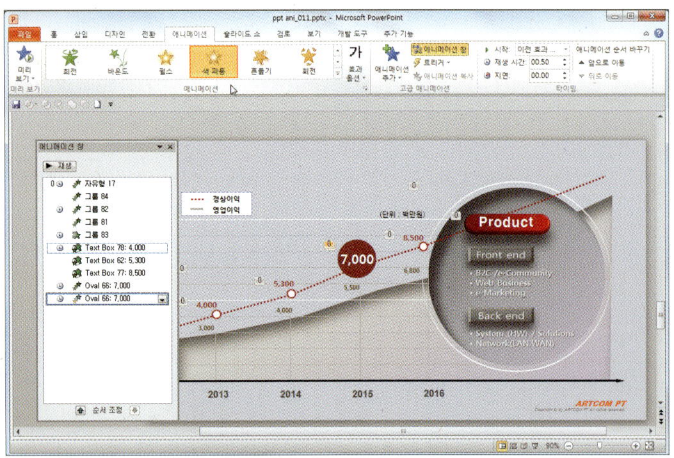
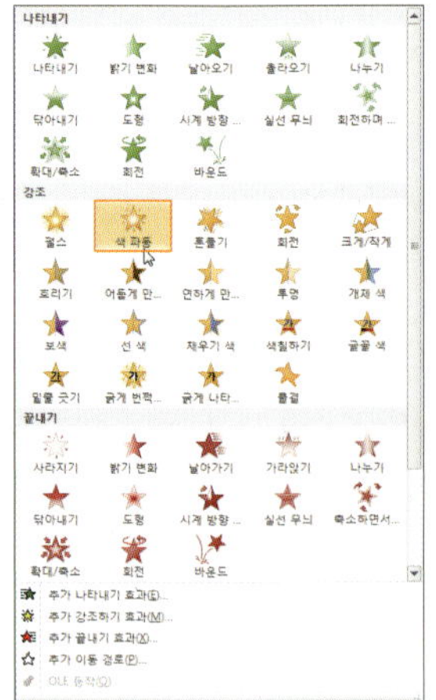

TIP • 같은 숫자에도 여러 개의 애니메이션 효과를 지정할 수 있습니다. 이때 애니메이션의 시작 옵션과 타이밍이 중요합니다. 잘못 지정하면 나중에 적용한 효과가 제대로 표현되지 않을 수 있습니다.

07 2개의 흰색 도넛 확대하여 강조하기

01 투명도가 적용된 두 개의 흰색 도넛에 [나타내기] 효과를 적용합니다.

- **애니메이션 추가** : 나타내기 – 나타내기
- **시작** : 도넛 86 – 이전 효과 다음에 시작, 도넛 87 – 이전 효과와 함께 시작

02 2개의 흰색 도넛에 [크게/작게] 효과를 적용합니다.

- **애니메이션 추가** : 강조 – 크게/작게　　**효과 옵션** : 크기 – 400%
- **시작** : 도넛 86 – 이전 효과 다음에 시작, 도넛 87 – 이전 효과와 함께 시작
- **재생 시간** : 0.5초(매우 빠르게)

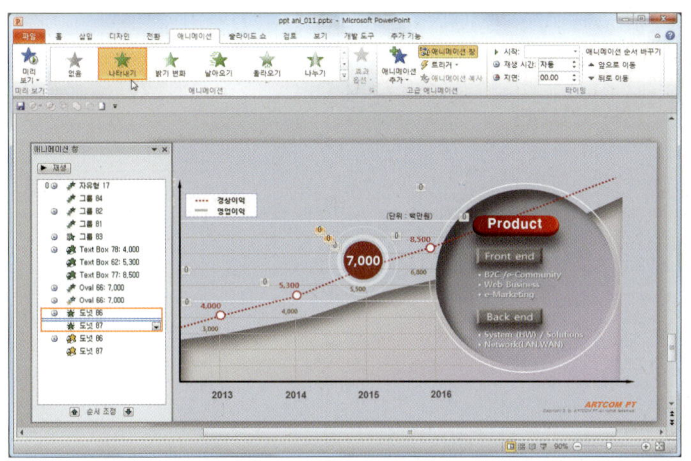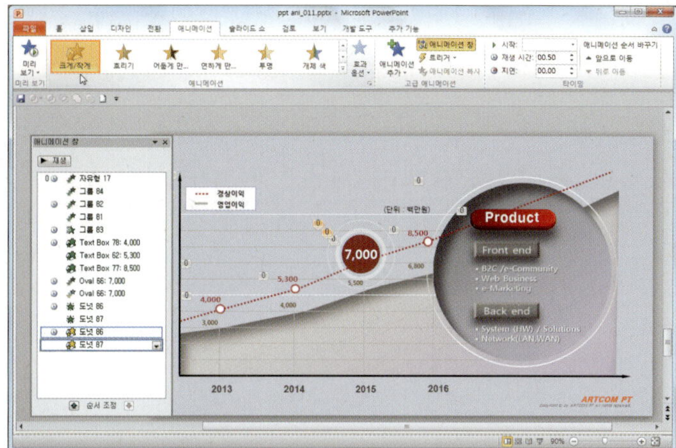

TIP • 　크기를 지정하려면 효과 옵션에 있는 사용자 지정에 '400'을 입력하고 Enter 키를 누릅니다. 두 개의 타원을 선택하기 위해서는 ⬛ 키를 누른 채 클릭합니다.

TIP • **투명 타원을 만들려면?**
기본 도형에 있는 도넛을 선택하여 모양을 만들고 두께를 조절한 다음 투명도를 적용합니다.
+ 동영상으로 작성 방법 보기 : http://cafe.naver.com/artcomptacademy/1850

08 2개의 흰색 도넛 축소하여 끝내기

2개의 흰색 도넛에 [기본 확대/축소] 효과를 적용하고 시작, 효과(방향), 재생 시간을 지정합니다.

- **애니메이션 추가** : 추가 끝내기 효과 – 온화한 효과 – 기본 확대/축소
- **시작** : 도넛 86 – 이전 효과 다음에 시작, 도넛 87 – 이전 효과와 함께 시작
- **효과 옵션** : 바깥쪽　　**재생 시간** : 0.5초(매우 빠르게)

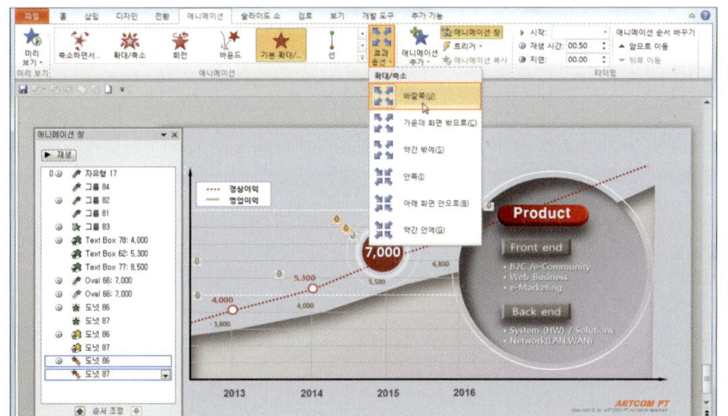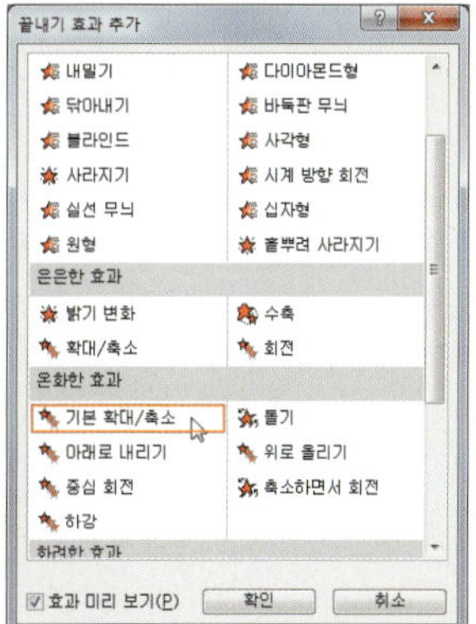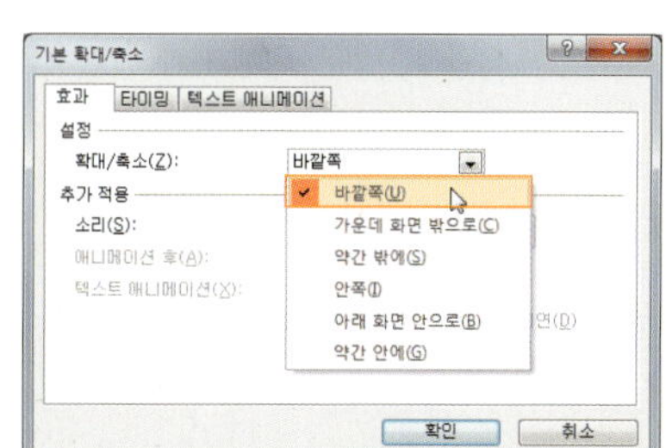

OI2 가로 막대형 차트_강조 애니메이션

가로 막대형 차트는 세로 막대형 차트와 함께 많이 쓰이는 그래프 유형입니다. 엑셀에서 작성한 막대형 차트는 가벼운 보고서에는 무난하지만 차별화된 프레젠테이션을 위해서는 다시 디자인 하는 것이 좋습니다.

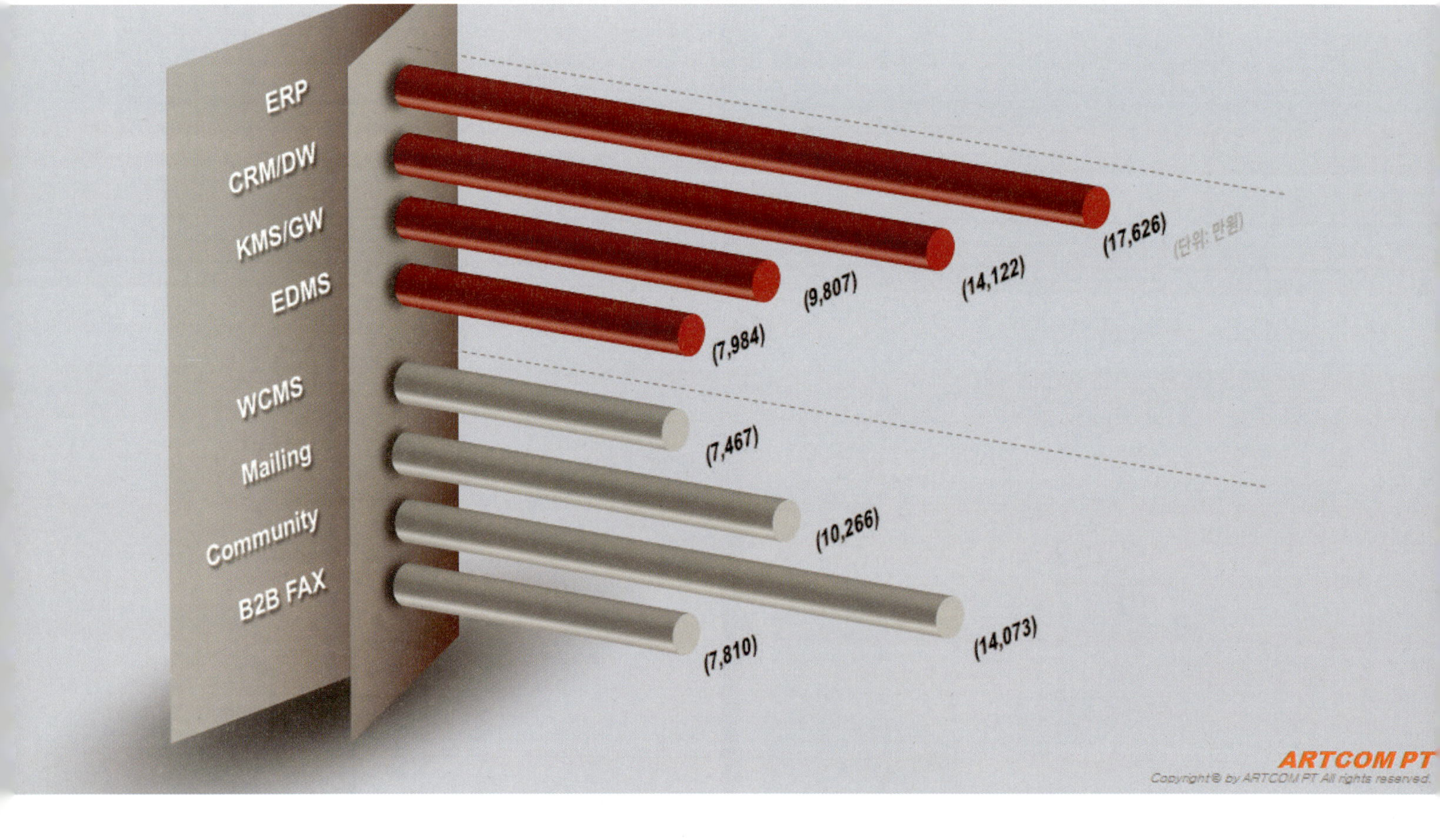

|난이도| ★★★☆ |예제 파일| PPT ani_012\ppt 012.pptx |결과 파일| PPT ani_012\ppt ani_012.pptx
|동영상 파일| PPT ani_012\012_PPT차트 애니메이션.wmv |인터넷으로 보기| http://cafe.naver.com/artcomptacademy/1833

애니메이션 작업 포인트

이번 예제에서 주목해야 할 부분은 가로 막대형 차트에서의 강조 애니메이션 테크닉입니다. 일반
적으로 막대형 차트 애니메이션의 경우 특정 부분을 강조해도 밋밋한 경우가 많으므로 요란하지
않으면서도 시선을 유인할 수 있도록 펄스 효과, 색 파동 효과 등을 적용하는 것이 좋습니다.

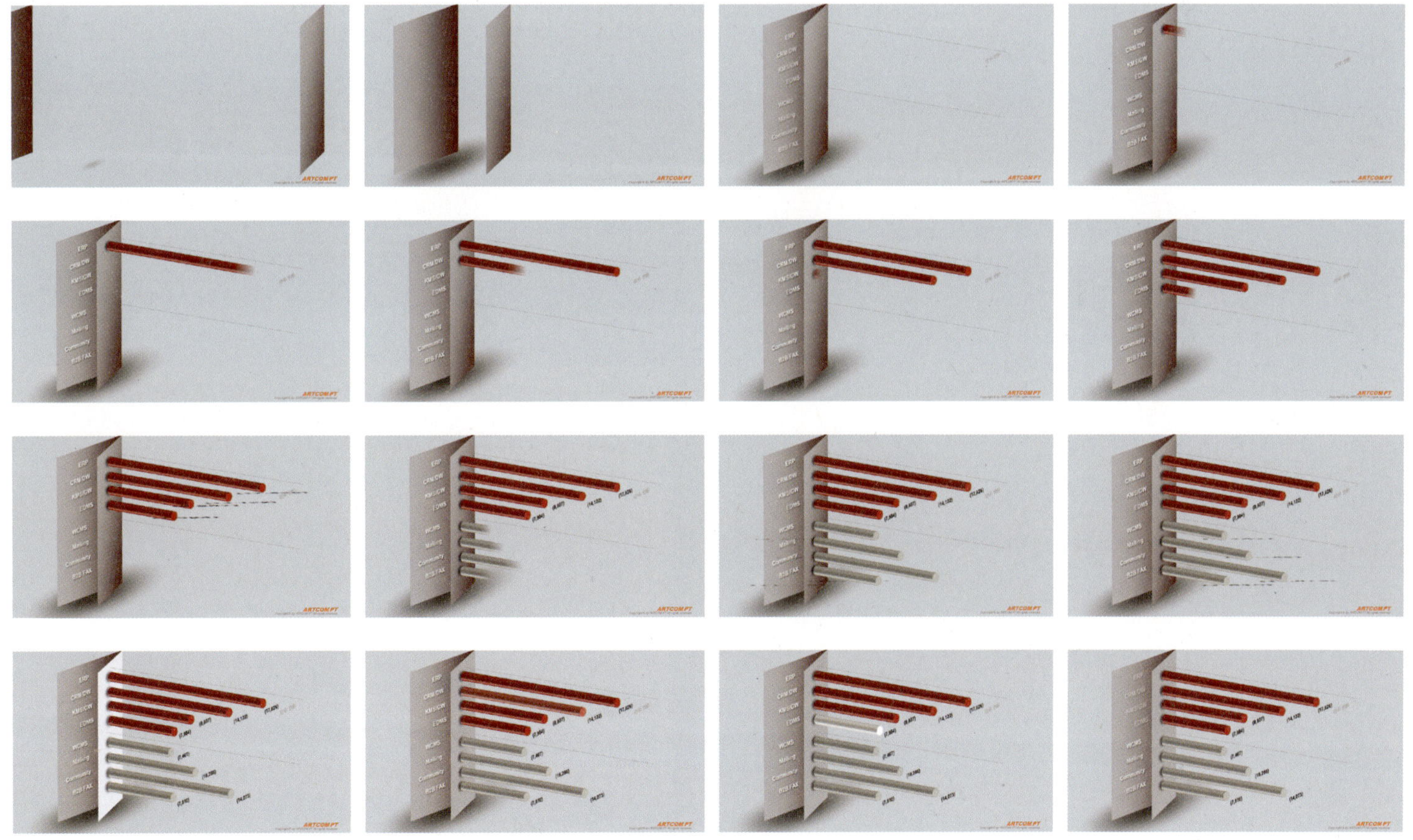

OI 접힌 종이 형태 날아오기

01 얇은 종이 느낌의 2개의 개체에 [날아오기] 효과를 적용합니다.

- **파일 열기** : PPT ani_012\ppt 012.pptx　　• **애니메이션 추가** : 나타내기 – 날아오기
- **효과** : 방향 – 자유형 82_왼쪽에서, 자유형 83_오른쪽에서
- **시작** : 자유형 82 – 이전 효과 다음에 시작, 자유형 83 – 이전 효과와 함께 시작
- **재생 시간** : 0.5초(매우 빠르게)

02 그림자에 [확대/축소] 효과를 적용합니다.

- **애니메이션 추가** : 나타내기 – 확대/축소　　• **효과** : 소실점 – 개체 센터
- **시작** : 이전 효과와 함께 시작　　• **재생 시간** : 0.5초(매우 빠르게)

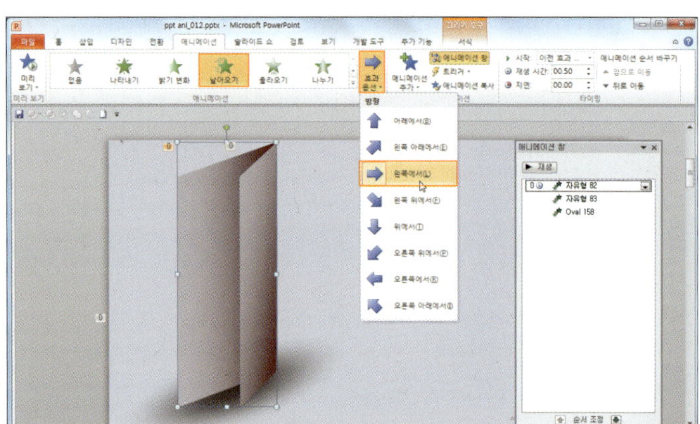 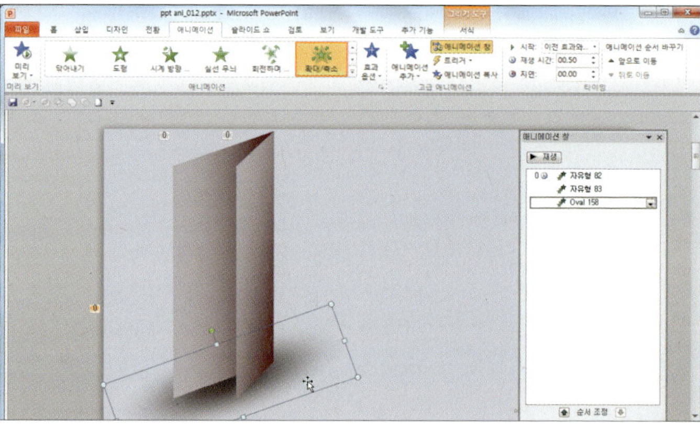

TIP • 　[날아오기] 효과를 적용할 때 가능하면 개체를 먼 곳에서 날아오게 하는 경우 한층 동작이 크게 느껴집니다. 즉, 개체가 왼쪽에 있는 경우 날아오기 방향을 [오른쪽에서]로 지정하는 것이 효과적입니다.

O2 2개의 점선 닦아내기

그래프를 구분하기 위해 2개의 점선에 [닦아내기] 효과를 적용하고 시작, 효과(방향), 재생 시간을 지정합니다.

- **애니메이션 추가** : 나타내기 – 닦아내기　　• **효과** : 방향 – 왼쪽에서
- **시작** : 아래쪽 점선 – 이전 효과 다음에 시작, 위쪽 점선 – 이전 효과와 함께 시작
- **재생 시간** : 0.5초(매우 빠르게)

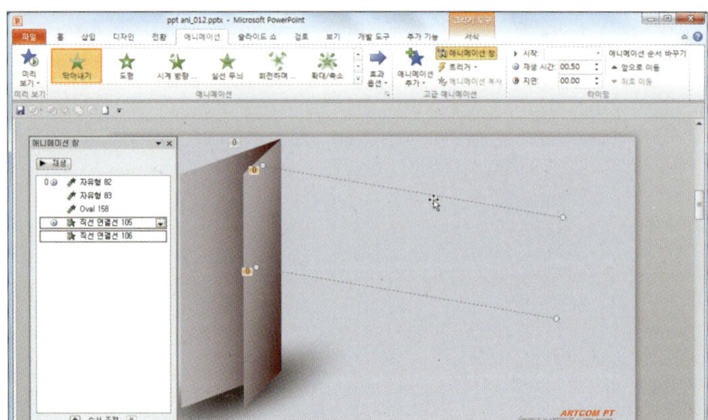 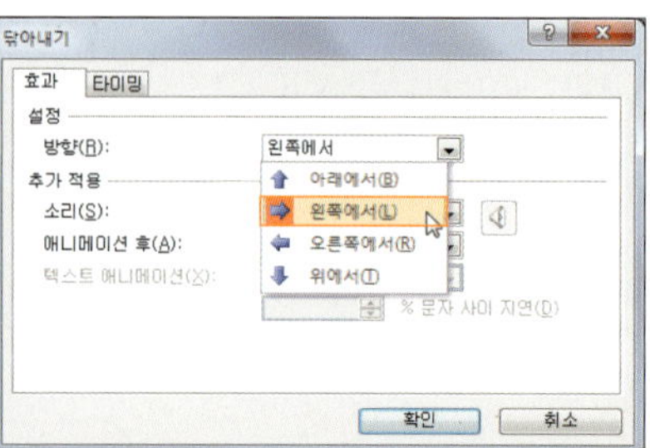

TIP • 　애니메이션은 타이밍과 리듬감이 매우 중요합니다. 프로와 아마추어를 가리는 척도이기도 합니다. 2개의 개체를 하나씩 전개해야 할지, 함께 전개해야 할지를 상황에 맞게 판단해야 합니다.

03 텍스트 상하로 추가하기

01 왼쪽에 있는 2개의 텍스트 그룹에 [올라오기] 효과를 적용합니다.

- **애니메이션 추가** : 나타내기 – 올라오기　　　**효과 옵션** : 방향 – 떠오르며 올라오기
- **시작** : 위쪽 텍스트 그룹 – 이전 효과 다음에 시작, 아래쪽 텍스트 그룹 – 이전 효과와 함께 시작
- **재생 시간** : 1초(빠르게)

02 단위에 [내려가기] 효과를 적용합니다.

- **애니메이션 추가** : 나타내기 – 올라오기　　　**효과 옵션** : 방향 – 떠오르며 내려가기
- **시작** : 이전 효과와 함께 시작　　　**재생 시간** : 1초(빠르게)

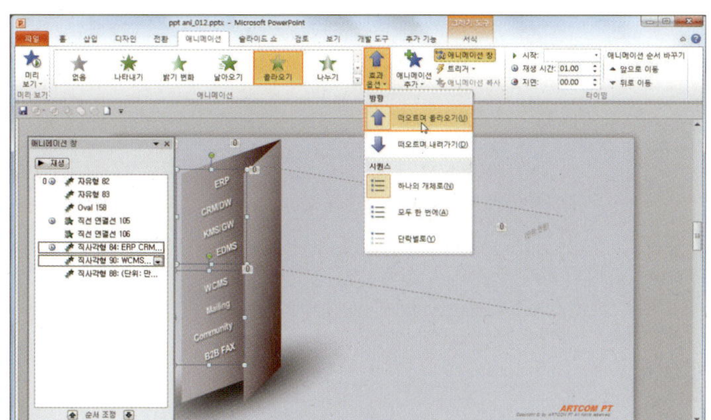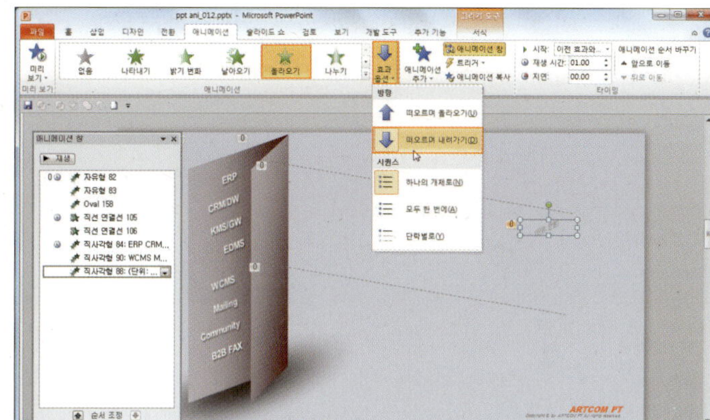

04 가로 막대형 차트 왼쪽에서부터 불러오기

빨간색 가로 막대형 차트에 [닦아내기] 효과를 적용하고 시작, 효과(방향), 재생 시간을 지정합니다.

- **애니메이션 추가** : 나타내기 – 닦아내기　　　**효과** : 방향 – 왼쪽에서
- **시작** : 이전 효과 다음에 시작　　　**재생 시간** : 0.5초(매우 빠르게)

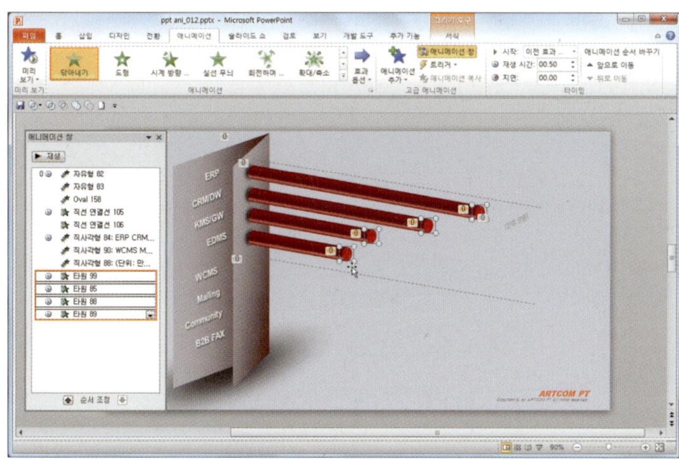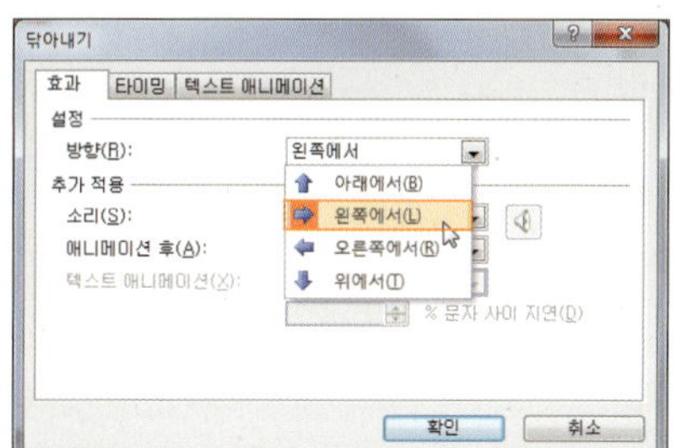

TIP • 　[닦아내기] 효과의 방향은 개체가 놓여 있는 각도에 따라 달라집니다. 가로일 때는 [왼쪽에서], 세로일 때는 [아래에서]부터 애니메이션을 전개
하는 것이 일반적입니다.

TIP • 　**사선 방향으로 전개되는 원통형 가로 막대 차트를 만들려면?**
3차원 서식과 3차원 회전 기능을 이용합니다.
+ 동영상으로 작성 방법 보기 : http://cafe.naver.com/artcomptacademy/1851

05 텍스트(수치) 추가하기

빨간색 막대그래프 텍스트(수치)에 [실] 애니메이션 효과를 적용합니다.

- **애니메이션 복사** : PPT ani_012\ppt ani_012.pptx　　**효과** : 텍스트 애니메이션 – 한꺼번에
- **시작** : 첫 번째 텍스트 – 이전 효과 다음에 시작, 다른 텍스트 – 이전 효과와 함께 시작
- **재생 시간** : 0.5초(매우 빠르게)

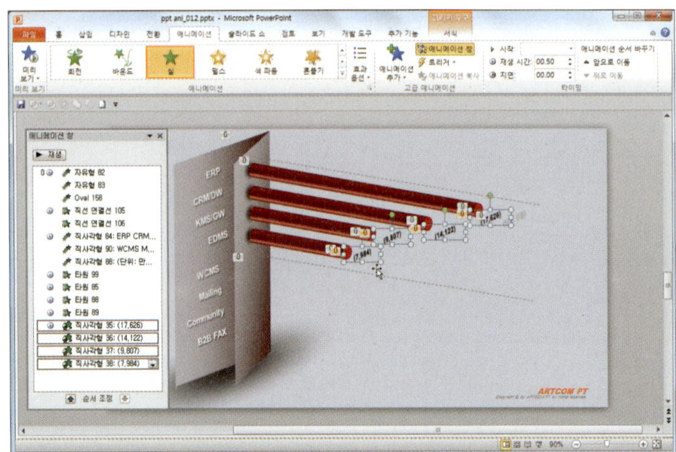

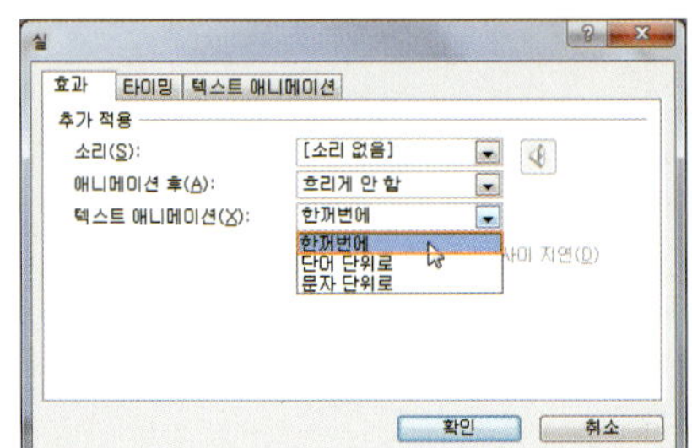

TIP • 다른 슬라이드에서 애니메이션 복사하기가 번거로운 경우 [나타내기 효과 추가] 대화상자의 은은한 효과나 화려한 효과 중에서 텍스트에 적절한 효과를 적용하는 것도 좋습니다.

06 회색 막대 차트와 텍스트 불러오기

01 4개의 회색 막대 차트에 [닦아내기] 효과를 적용합니다.

- **애니메이션 추가** : 나타내기 – 닦아내기　　**효과 옵션** : 방향 – 왼쪽에서
- **시작** : 첫 번째 텍스트 – 이전 효과 다음에 시작, 다른 텍스트 – 이전 효과와 함께 시작
- **재생 시간** : 0.5초(매우 빠르게)

02 회색 막대 차트 텍스트에 [실] 효과를 적용합니다.

- **애니메이션 복사** : **05**번 과정의 [실] 애니메이션 복사

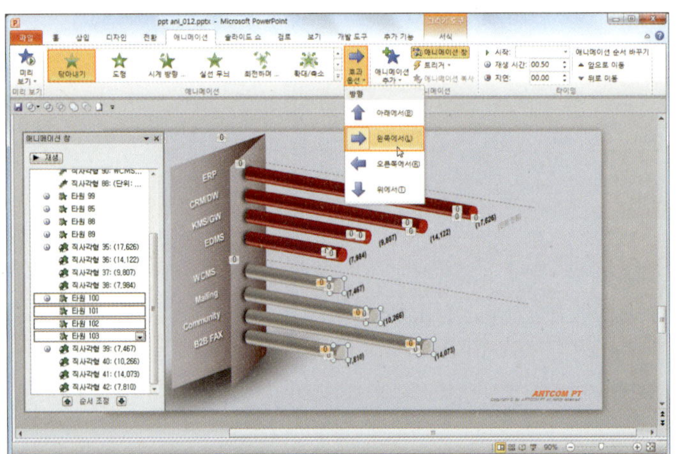

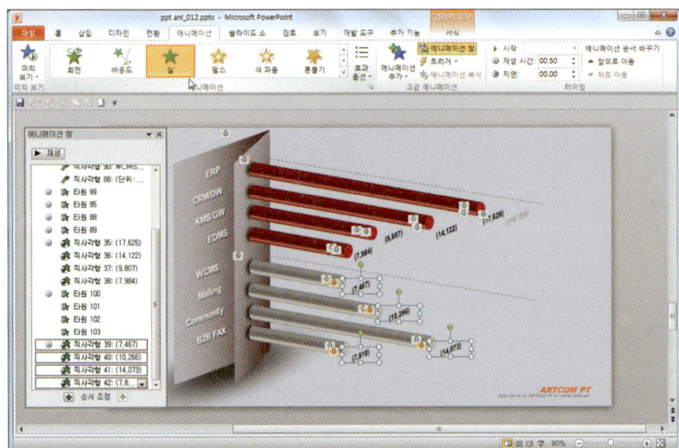

TIP • 프레젠테이션에서 비슷한 개념에는 같은 애니메이션을 적용해야 일관성이 있고 시각적 피로감을 줄일 수 있습니다. 파워포인트 애니메이션은 디자인 원칙처럼 통일감과 리듬감이 매우 중요합니다.

07 그래프 시작 부분 강조하기

그래프가 시작하는 개체(자유형 83)에 [색 파동] 효과를 적용합니다.

- 애니메이션 추가 : 강조 – 색 파동
- 시작 : 이전 효과 다음에 시작   • 재생 시간 : 0.5초(매우 빠르게)

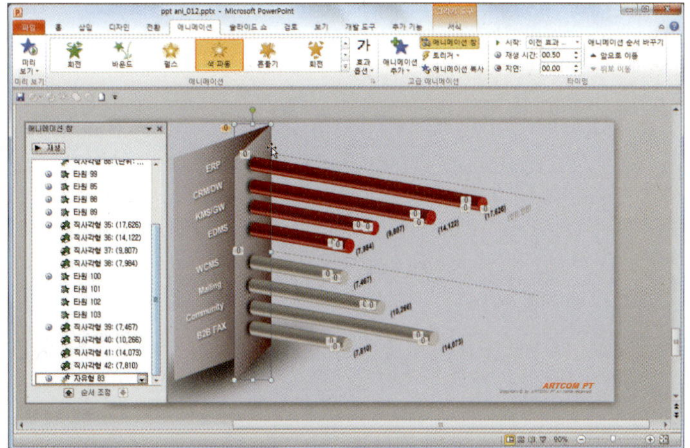 

TIP •   빨간색 그래프 애니메이션 전에 먼저 그래프와 인접한 개체를 강조하여 시선을 유도합니다.

08 빨간색 그래프와 텍스트 반짝이고 끝내기

01 4개의 빨간색 그래프에 [색 파동] 효과를 적용합니다.

- 애니메이션 추가 : 강조 – 색 파동
- 시작 : 이전 효과 다음에 시작   • 재생 시간 : 0.2초(직접 입력)

02 빨간색 차트 왼쪽 텍스트 그룹에 [펄스] 효과를 적용합니다.

- 애니메이션 추가 : 강조 – 펄스
- 시작 : 이전 효과 다음에 시작   • 재생 시간 : 0.5초(매우 빠르게)

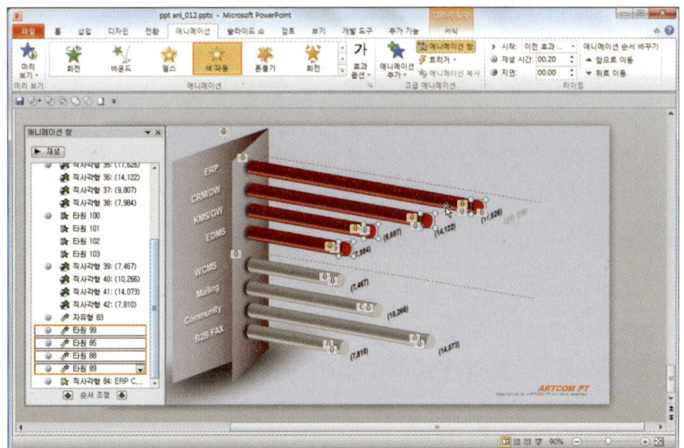 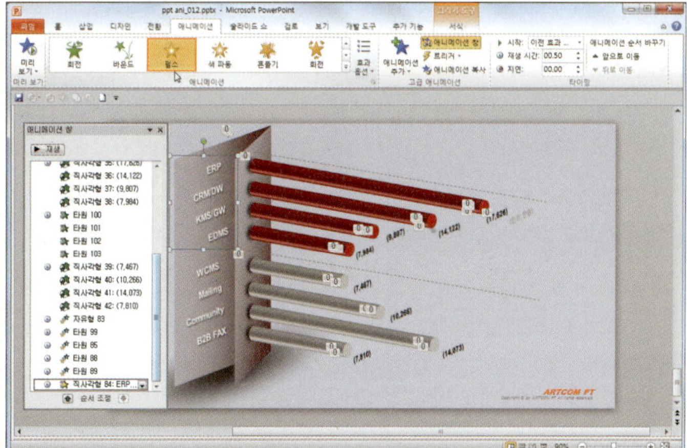

TIP •   타이밍을 직접 입력하려면 [애니메이션 창]에서 해당 항목을 선택하고 오른쪽 풀다운 아이콘을 클릭하여 **타이밍**을 선택하거나 타이밍 그룹의
재생 시간에서 직접 입력합니다.
이 단계에서는 [색 파동] 효과의 재생 시간을 0.2초로 짧게 지정하면 빠르고 긴장감 있게 강조할 수 있습니다.

OI3 세로 막대형 차트_강조 애니메이션

엑셀에서 작성한 세로 막대형 차트는 단순 보고서용으로 적합하지만, 프레젠테이션을 위해서는 다시 작성하는 것이 좋습니다. 보다 차별화된 디자인을 위해 입체 효과를 적용하고 보는 각도를 평이하지 않게 하여 색다른 미감을 연출해 보는 것도 좋습니다.

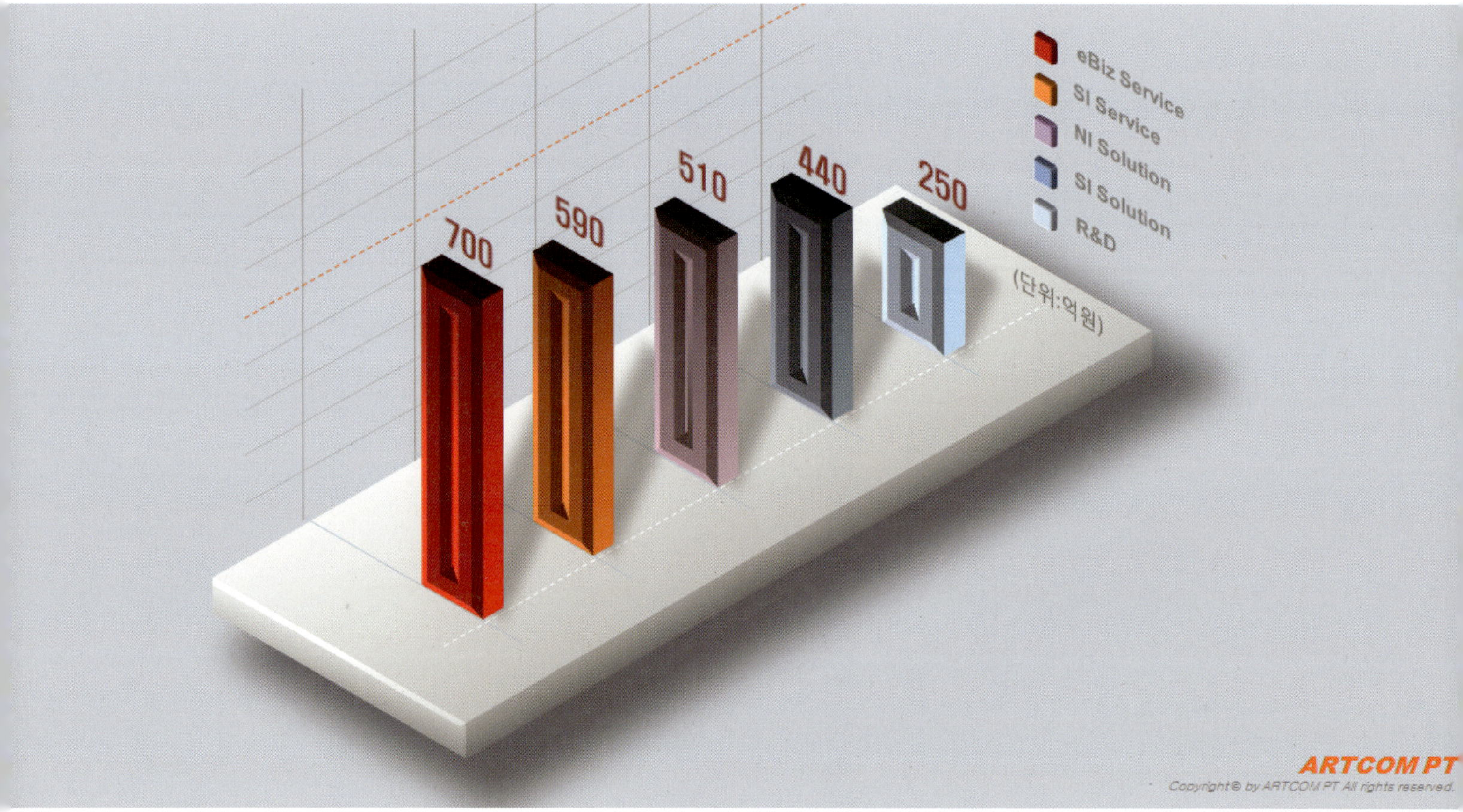

|난이도| ★★★☆ |예제 파일| PPT ani_013\ppt 013.pptx |결과 파일| PPT ani_013\ppt ani_013.pptx
|동영상 파일| PPT ani_013\013_PPT차트 애니메이션.wmv |인터넷으로 보기| http://cafe.naver.com/artcomptacademy/1835

애니메이션 작업 포인트

이번 예제에서 주목해야 할 부분은 세로 막대형 차트에서의 강조하기 애니메이션 테크닉입니다.
막대형 차트를 강조하는 방법은 다양하지만, 간단하게 펄스 효과나 색 파동 효과를 적용하는 것만
으로도 산뜻하게 강조 효과를 나타낼 수 있습니다.

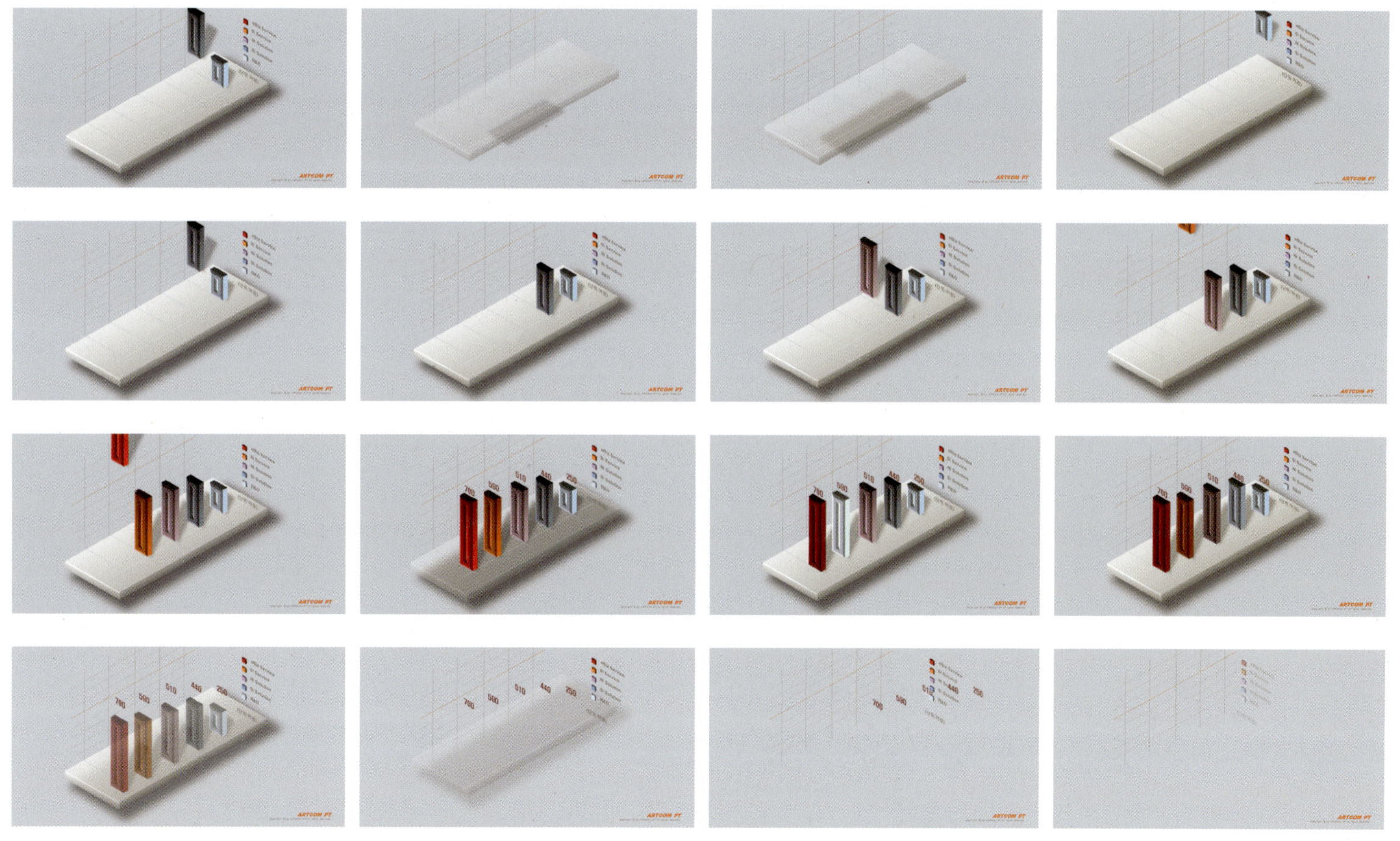

OI 흰색 테이블과 그림자 불러오기

01 흰색 테이블에 [내려가기] 효과를 적용합니다.

- **파일 열기** : PPT ani_013\ppt 013.pptx
- **애니메이션 추가** : 나타내기 – 올라오기
- **효과 옵션** : 방향 – 떠오르며 내려가기
- **시작** : 이전 효과 다음에 시작
- **재생 시간** : 1초(빠르게)

02 그림자에 [확대/축소] 효과를 적용합니다.

- **애니메이션 추가** : 나타내기 – 확대/축소
- **효과 옵션** : 소실점 – 개체 센터
- **시작** : 이전 효과와 함께 시작
- **재생 시간** : 1초(빠르게)

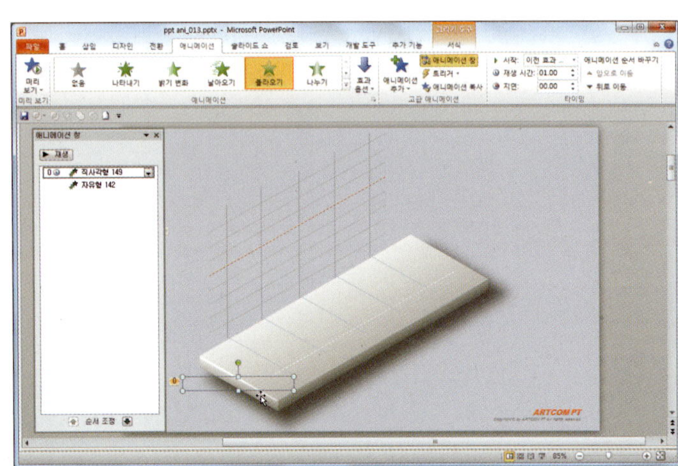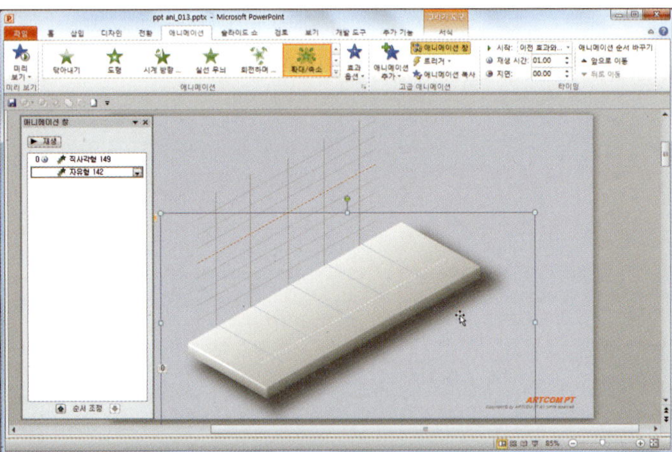

TIP •   애니메이션을 재생할 때 실제와 같은 자연스러운 느낌이 매우 중요합니다. 파워포인트에서 제공하는 애니메이션 기능을 최대한 활용하여 사실
적으로 연출해야 합니다.

O2 범례 날아오며 강조하기

01 오른쪽 범례에 [날아오기] 효과를 적용합니다.

- **애니메이션 추가** : 나타내기 – 날아오기
- **효과** : 방향 – 오른쪽 위에서
- **시작** : 이전 효과 다음에 시작
- **재생 시간** : 0.5초(매우 빠르게)

02 범례에 [펄스] 효과를 적용합니다.

- **애니메이션 추가** : 강조 – 펄스
- **시작** : 이전 효과 다음에 시작
- **재생 시간** : 0.5초(매우 빠르게)

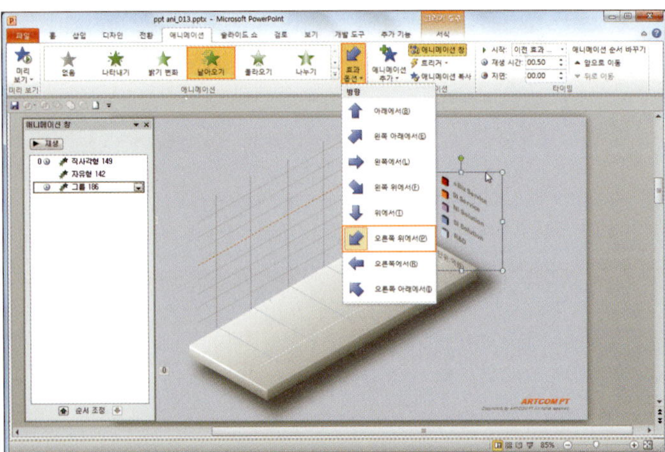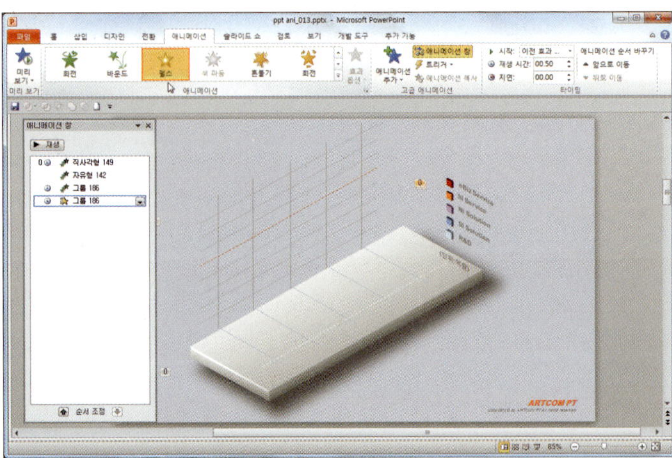

TIP •   범례에 [날아오기] 효과 이후 [펄스] 효과를 적용하면 한층 테크니컬한 느낌을 줍니다.

03 5개의 세로 막대 위에서 날아오기

5개의 세로 막대에 [날아오기] 효과를 적용합니다.

- **애니메이션 추가** : 나타내기 – 날아오기   • **효과** : 방향 – 위에서
- **시작** : 이전 효과 다음에 시작   • **재생 시간** : 0.3초(직접 입력)

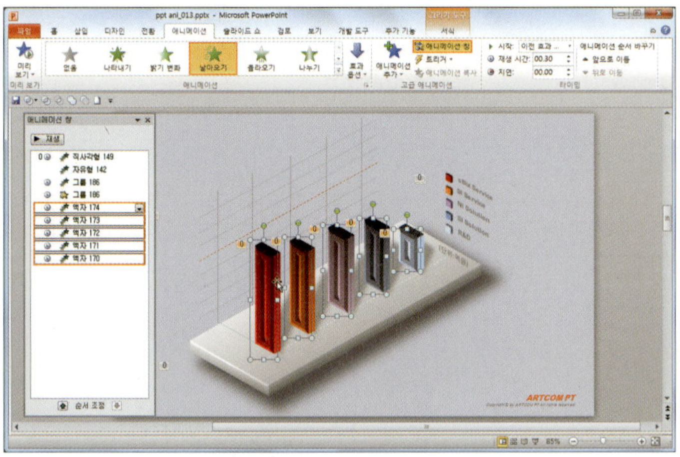
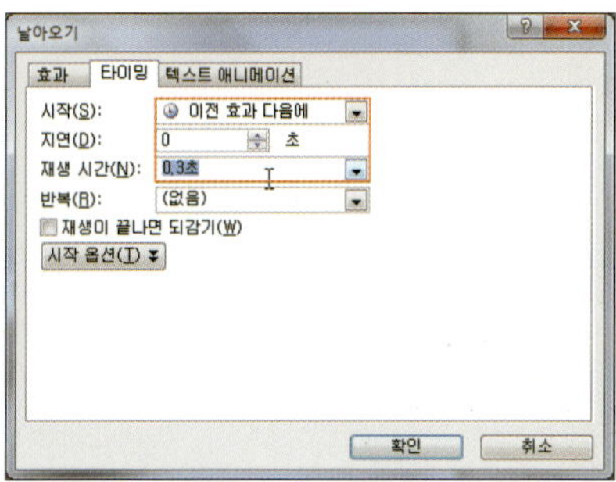

04 막대에서부터 수치 올리기

세로 막대 바로 위 수치에 [올라오기] 효과를 적용하고 그룹으로 설정합니다.

- **애니메이션 추가** : 나타내기 – 올라오기   • **효과 옵션** : 방향 – 떠오르며 올라오기
- **시작** : 이전 효과 다음에 시작   • **재생 시간** : 1초(빠르게)
- **그룹 설정** : 차트 숫자 선택 – 마우스 오른쪽 버튼 클릭 – [그룹]–[그룹] 선택

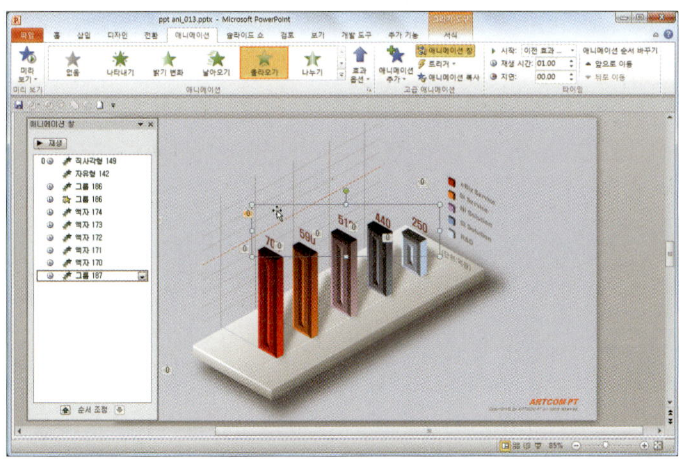
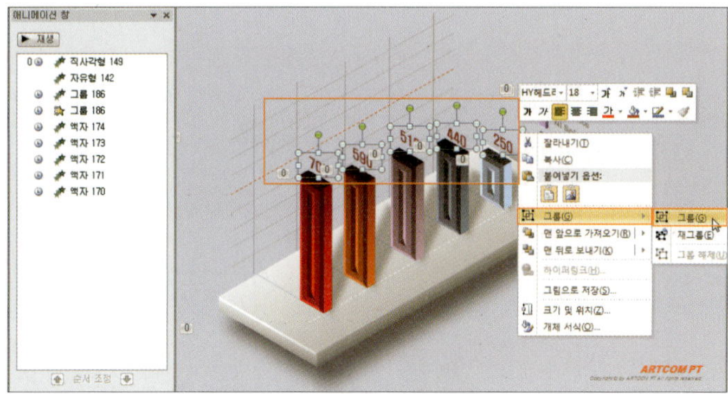

TIP • 차트 수치를 그룹화하여 한 번에 애니메이션을 적용할 수도 있지만 차트는 수치가 매우 중요하므로 상황에 따라 숫자를 하나씩 보여줄 필요도 있습니다.

05 세로 막대 강조하기

__01__ 흰색 테이블에 [펄스] 효과를 적용합니다.

- 애니메이션 추가 : 강조 – 펄스
- 시작 : 이전 효과 다음에 시작   • 재생 시간 : 0.5초(매우 빠르게)

__02__ 5개의 세로 막대그래프에 [색 파동] 효과를 적용합니다.

- 애니메이션 추가 : 강조 – 색 파동
- 시작 : 이전 효과 다음에 시작   • 재생 시간 : 0.2초(직접 입력)

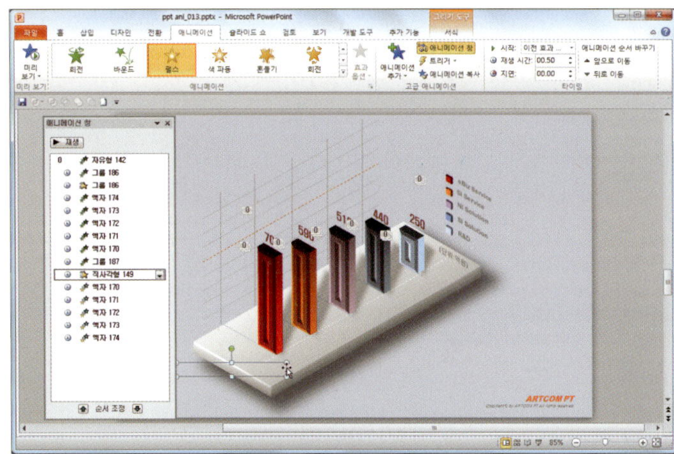 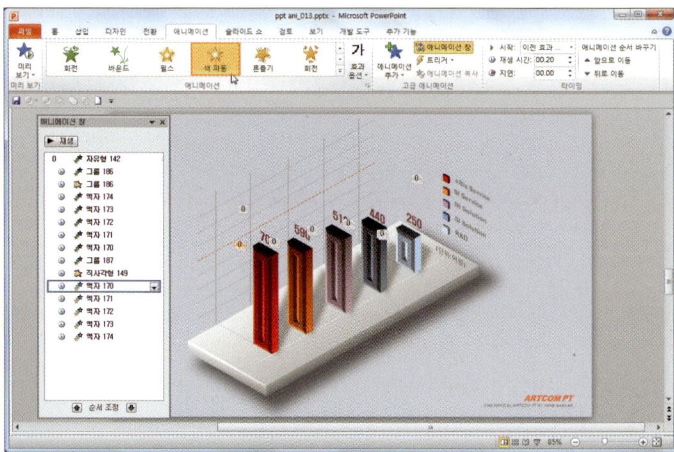

TIP •   차트를 강조하기 이전에 차트를 받치는 테이블을 먼저 강조합니다.

06 5개의 세로 막대 차트 가라앉으며 사라지기

5개의 세로 막대 차트에 [가라앉기] 효과를 적용합니다.

- 애니메이션 추가 : 끝내기 – 가라앉기   • 효과 : 방향 – 떠오르며 내려가기
- 시작 : 첫 번째 차트 – 이전 효과 다음에 시작, 다른 차트들 – 이전 효과와 함께 시작
- 재생 시간 : 0.3초(직접 입력)

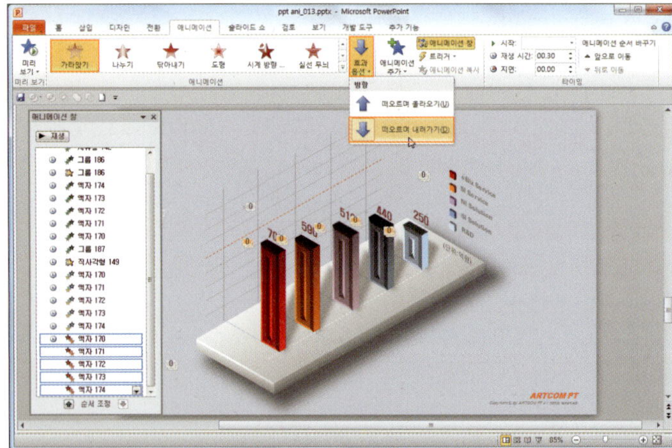 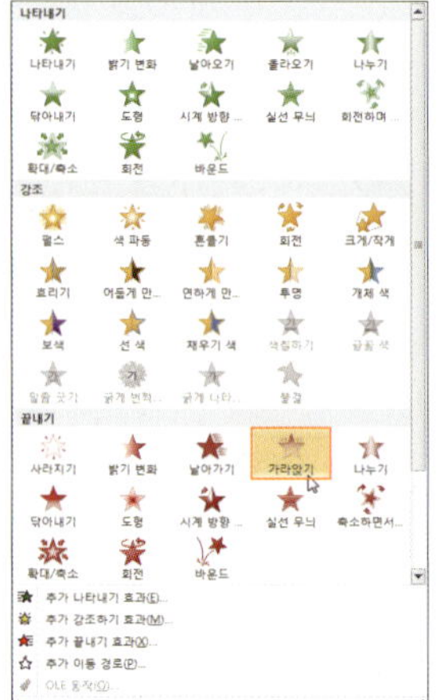

TIP •   차트 끝내기는 설명이 끝나고 다음 장으로 슬라이드를 넘길 때 사라지는 형식입니다. 한꺼번에 끝내는 방법과 차트 하나씩 사라지게 하는 방법 중에서 선택합니다.

07 흰색 테이블 떠오르며 사라지기

흰색 테이블과 그림자에 [가라앉기] 효과를 적용합니다.

- **애니메이션 추가** : 끝내기 – 가라앉기
- **효과** : 방향 – 떠오르며 올라오기
- **시작** : 이전 효과와 함께 시작
- **재생 시간** : 1초(빠르게)

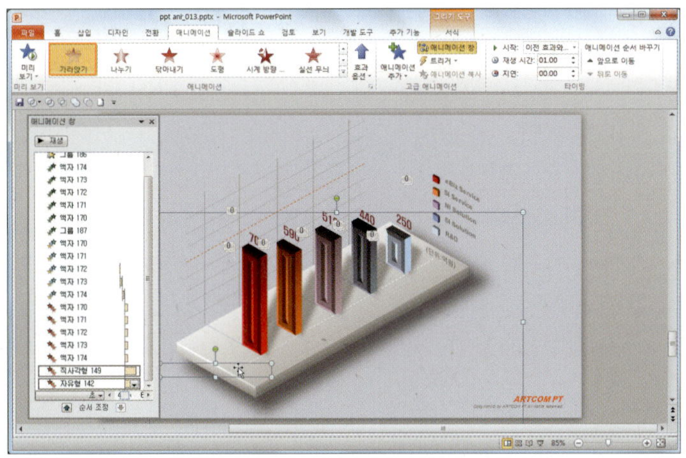

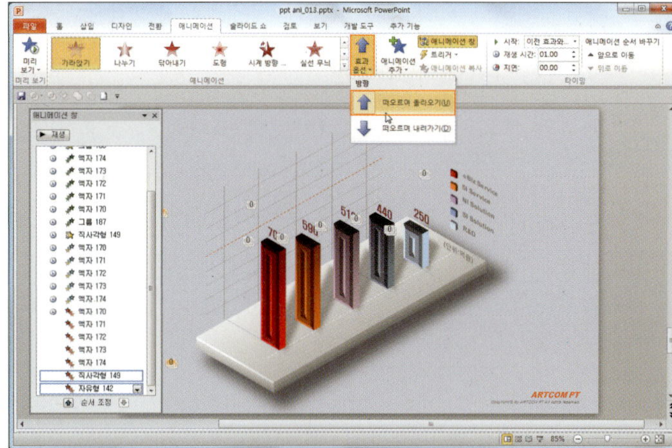

TIP • 차트와 테이블은 일관성 있게 [가라앉기] 효과를 적용하여 애니메이션을 끝냅니다.

08 텍스트와 범례 반대쪽으로 날아가며 끝내기

01 텍스트(그룹 187)에 끝내기 중 [날아가기] 효과를 적용합니다.

- **애니메이션 추가** : 끝내기 – 날아가기
- **시작** : 이전 효과 다음에 시작
- **효과 옵션** : 방향 – 오른쪽으로
- **재생 시간** : 0.5초(매우 빠르게)

02 범례(그룹 186)에 [천천히 사라지기] 애니메이션을 적용합니다.

- **애니메이션 복사** : PPT ani_013\ppt ani_013.pptx 파일 – [천천히 사라지기] 애니메이션 복사 – 범례(그룹 186)에 적용
- **효과** : 텍스트 애니메이션 – 한꺼번에
- **시작** : 이전 효과와 함께 시작
- **재생 시간** : 1초(빠르게)

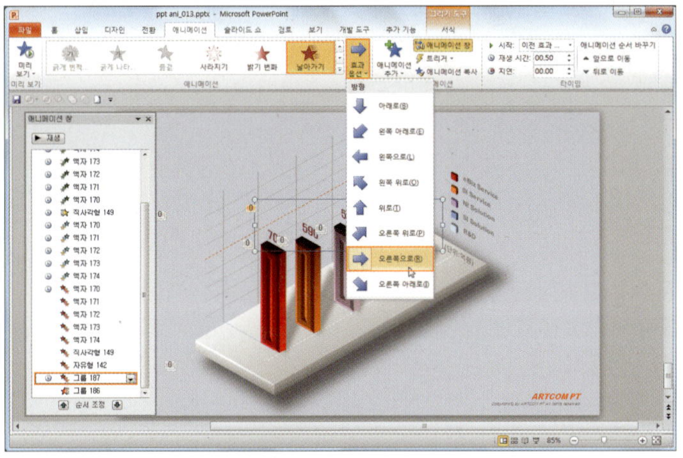

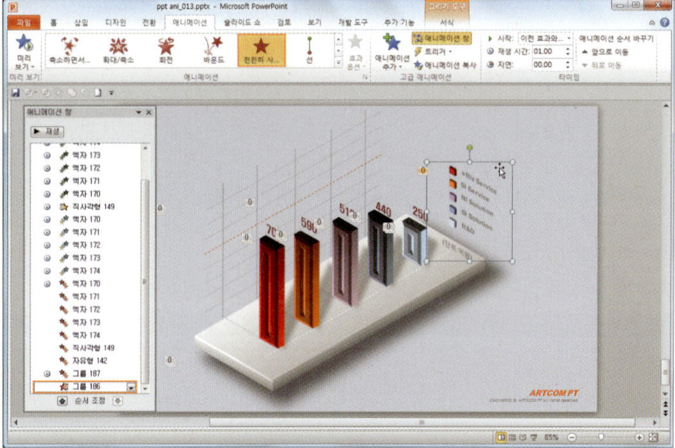

TIP • 숫자와 범례 등 유형이 같은 것들은 한꺼번에 사라지도록 하는 것이 좋습니다.

OI4 도넛형 차트_강조 애니메이션

도넛 차트를 엑셀에서 작성한 그대로 사용하기에는 밋밋한 느낌을 줍니다. 이런 경우 입체 효과와 3차원 회전 효과를 적용하면 한층 세련된 디자인을 할 수 있으며 응용 범위도 넓어집니다. 특히 파이 부분을 강조해야 할 때 평면적인 것보다 한층 효과적입니다.

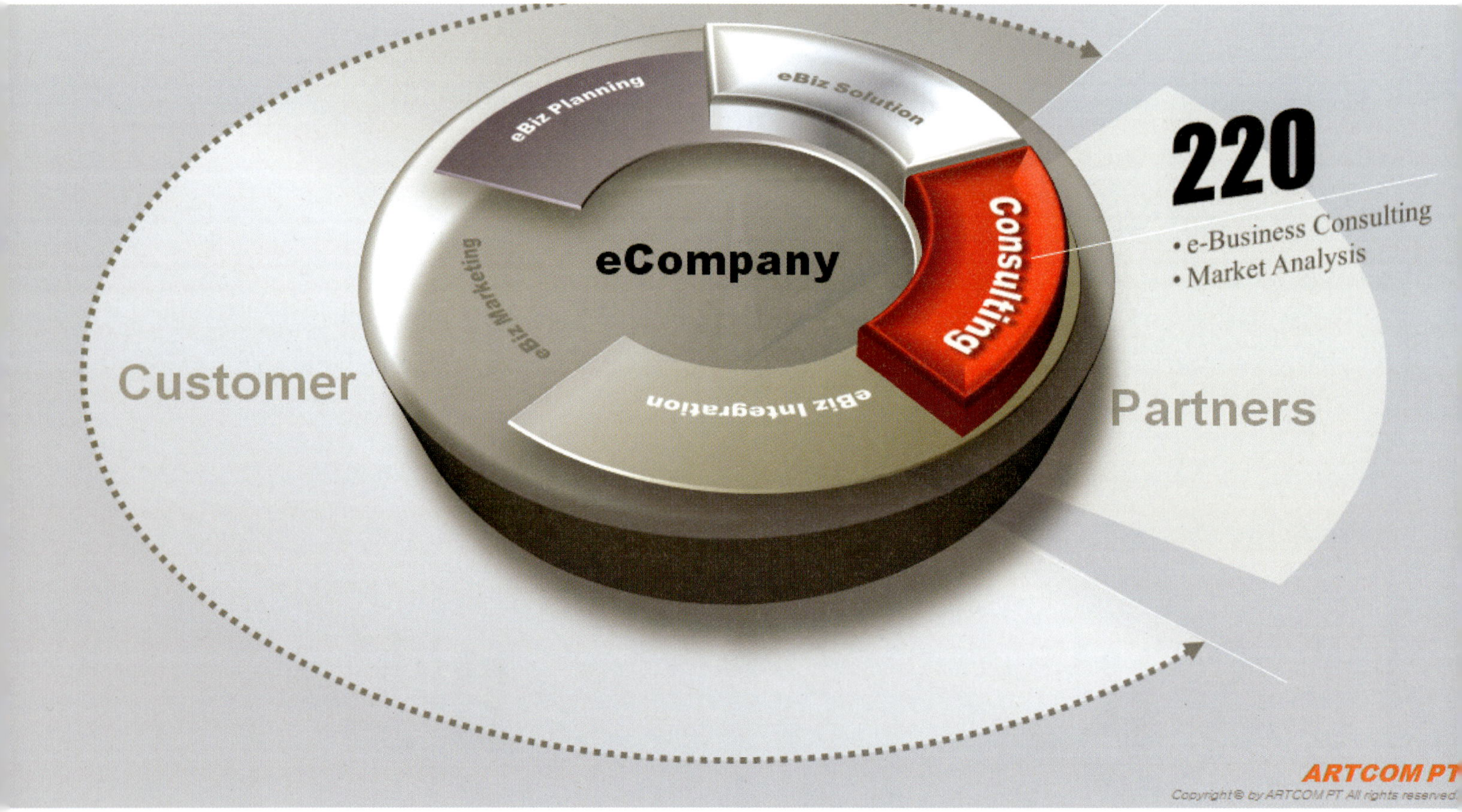

|난이도| ★★★★ |예제 파일| PPT ani_014\ppt 014.pptx |결과 파일| PPT ani_014\ppt ani_014.pptx
|동영상 파일| PPT ani_014\014_PPT차트 애니메이션.wmv |인터넷으로 보기| http://cafe.naver.com/artcomptacademy/1836

애니메이션 작업 포인트

이번 예제에서 주목해야 할 부분은 도넛 차트에서 강조하기 애니메이션 테크닉입니다. 도넛 차트
에서 강조하고 싶은 부분을 복제한 다음 선회 비행과 크게/작게 애니메이션 효과를 동시에 적용하
여 강조하면 특정 파이 부분에 시인성이 크게 높아지면서 색다른 느낌을 연출할 수 있습니다.

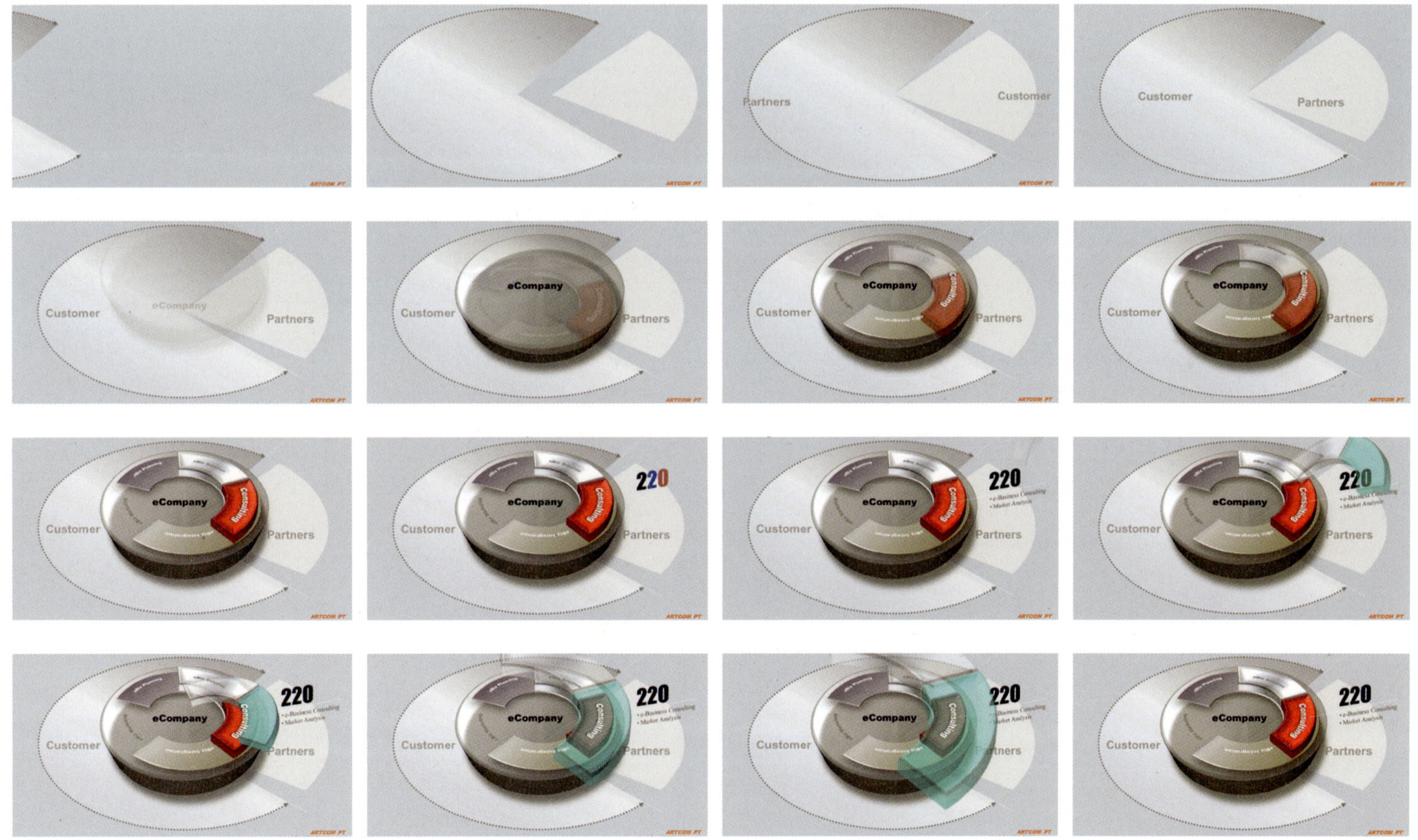

OI 2개의 원호와 라인 양쪽에서 날아오기

01 2개의 원호에 [날아오기] 효과를 적용합니다.

- **파일 열기** : PPT ani_014\ppt 014.pptx   • **애니메이션 추가** : 나타내기 – 날아오기
- **효과 옵션** : 방향 – 원호 56_왼쪽에서, 원호 55_오른쪽에서
- **시작** : 원호 56 – 이전 효과 다음에 시작, 원호 55 – 이전 효과와 함께 시작
- **재생 시간** : 0.5초(매우 빠르게)

02 2개의 흰색 라인에 [닦아내기] 효과를 적용합니다.

- **애니메이션 추가** : 나타내기 – 닦아내기   • **효과** : 방향 – 오른쪽에서
- **시작** : 직선 54 – 이전 효과 다음에 시작, 직선 53 – 이전 효과와 함께 시작
- **재생 시간** : 0.5초(매우 빠르게)

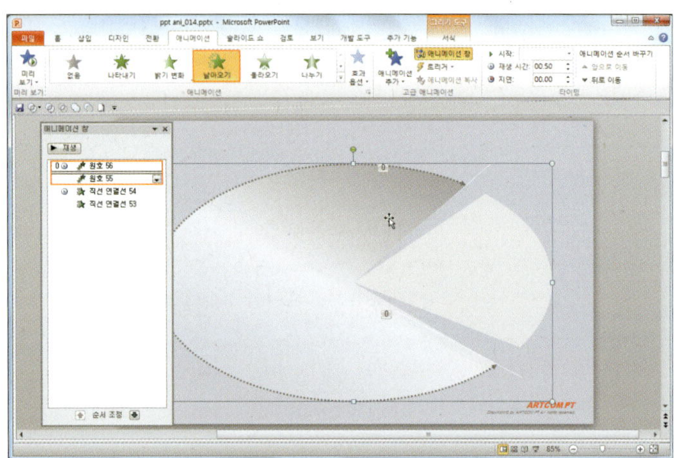 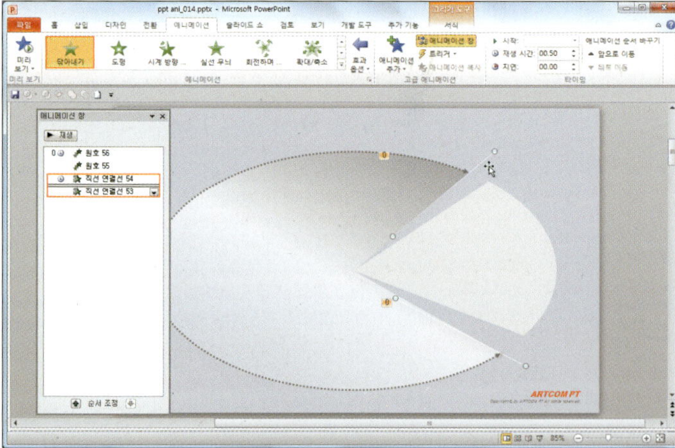

TIP • 애니메이션 시간을 짧게 줄이려면 2개의 원호와 라인을 그룹화하고 [날아오기], [닦아내기] 효과 중에서 하나의 애니메이션 효과만 적용합니다.

O2 양쪽 텍스트 교차하여 날아오기

원호에 있는 2개의 회색 텍스트에 [날아오기] 효과를 적용합니다.

- **애니메이션 추가** : 나타내기 – 날아오기   • **효과** : 방향 – Customer_오른쪽에서, Partners_왼쪽에서
- **시작** : Customer – 이전 효과 다음에 시작, Partners – 이전 효과와 함께 시작   • **재생 시간** : 0.5초(매우 빠르게)

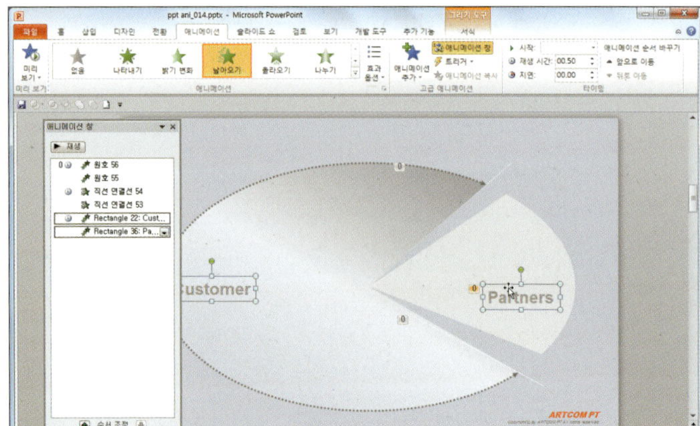 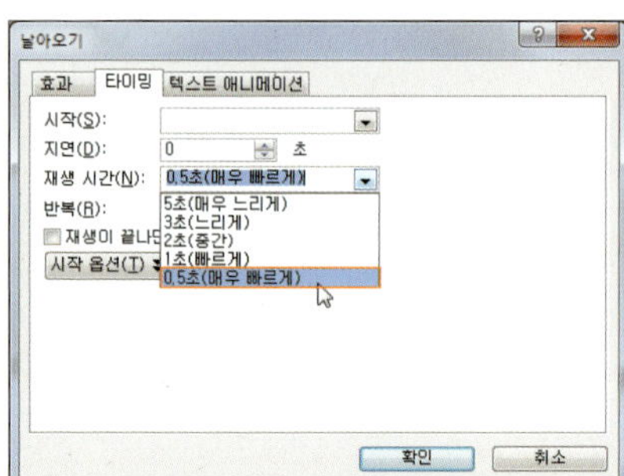

TIP • 2개의 텍스트를 날아오게 할 때 양쪽에서 날아와 교차되는 느낌으로 전개하는 것이 한층 더 테크니컬한 느낌을 줍니다.

03   중심부 타원과 텍스트 상하로 효과주기

01 중심부 입체 타원에 [내려가기] 효과를 적용합니다.

- **애니메이션 추가** : 나타내기 – 올라오기
- **효과 옵션** : 방향 – 떠오르며 내려가기
- **시작** : 이전 효과 다음에 시작
- **재생 시간** : 1초(빠르게)

02 중심부 텍스트(eCompany)에 [올라오기] 효과를 적용합니다.

- **애니메이션 추가** : 나타내기 – 올라오기
- **효과 옵션** : 방향 – 떠오르며 올라오기
- **시작** : 이전 효과와 함께 시작
- **재생 시간** : 1초(빠르게)

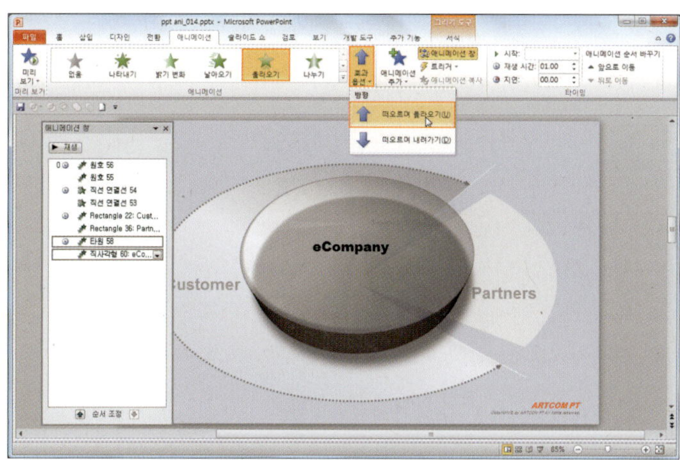

TIP •   **입체 타원을 만들려면?**

기본 도형에 있는 타원에 입체 효과(깊이 48.5pt)와 3차원 회전 효과(원근감)를 적용합니다.

+ 동영상으로 작성 방법 보기 : http://cafe.naver.com/artcomptacademy/1852

04   도넛 차트 올라오기

01 도넛 차트 하단의 막힌 원호에 [올라오기] 효과를 적용합니다.

- **애니메이션 추가** : 나타내기 – 올라오기
- **효과 옵션** : 방향 – 떠오르며 올라오기
- **시작** : 이전 효과 다음에 시작
- **재생 시간** : 1초(빠르게)

02 도넛 차트에 [올라오기] 효과를 적용합니다.

- **애니메이션 추가** : 나타내기 – 올라오기
- **효과 옵션** : 방향 – 떠오르며 올라오기
- **시작** : 이전 효과 다음에 시작
- **재생 시간** : 2초(중간)

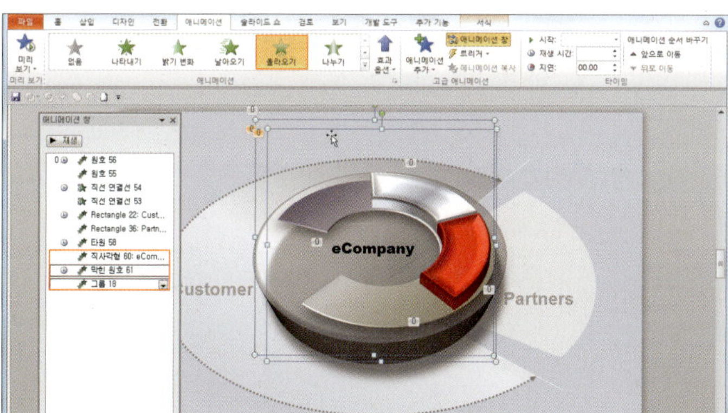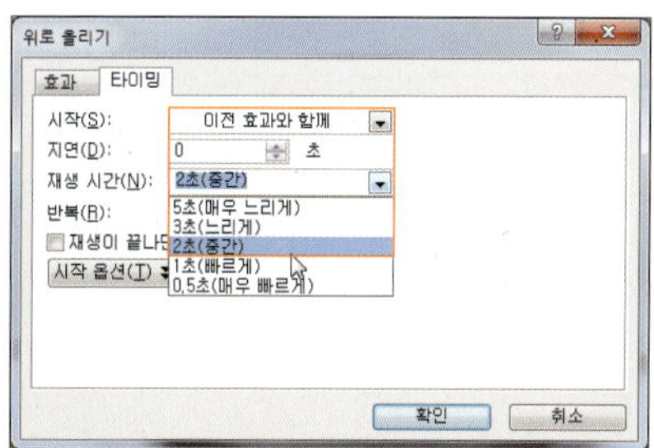

TIP •   2개의 개체에 같은 시간대의 [올라오기] 효과를 적용하더라도 재생 시간 차이를 적용하면 겹치기 효과가 나타나면서 테크니컬한 느낌을 줍니다.

05 도넛 차트 텍스트 올라오기

도넛 차트 텍스트에 [올라오기] 효과를 적용합니다.

- **애니메이션 추가** : 나타내기 – 올라오기   • **효과 옵션** : 방향 – 떠오르며 올라오기
- **시작** : 이전 효과와 함께 시작   • **재생 시간** : 1초(빠르게)

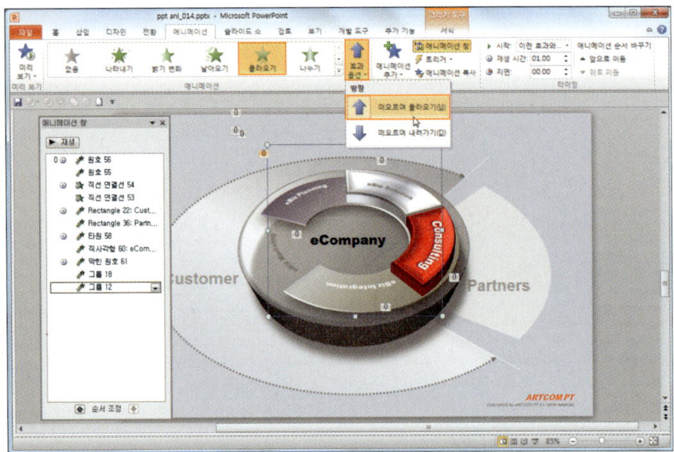

TIP •   3차원 회전 효과가 적용된 도넛의 경우 텍스트를 그룹화하여 차트 각도와 맞춰야 합니다. 그룹화하지 않으면 차트와 텍스트 각도를 일치시키지 못합니다.

06 오른쪽 텍스트와 라인 효과주기

01 오른쪽 텍스트(220)에 [컬러 타자기] 애니메이션 효과를 적용합니다.

- **애니메이션 복사** : PPT ani_014\ppt ani_014.pptx 파일 – [컬러 타자기] 애니메이션 복사 – 텍스트에 적용
- **효과** : 텍스트 애니메이션 – 문자 단위로   • **시작** : 이전 효과 다음에 시작
- **재생 시간** : 0.08초

02 텍스트(220) 아래쪽 흰색 라인에 [닦아내기] 효과를 적용합니다.

- **애니메이션 추가** : 나타내기 – 닦아내기   • **효과 옵션** : 방향 – 아래에서
- **시작** : 이전 효과 다음에 시작   • **재생 시간** : 0.5초(매우 빠르게)

03 220 서브 텍스트에 [컬러 타자기] 효과를 적용합니다.

- **애니메이션 복사** : **01**의 [컬러 타자기] 애니메이션 복사
- **시작** : 이전 효과 다음에 시작

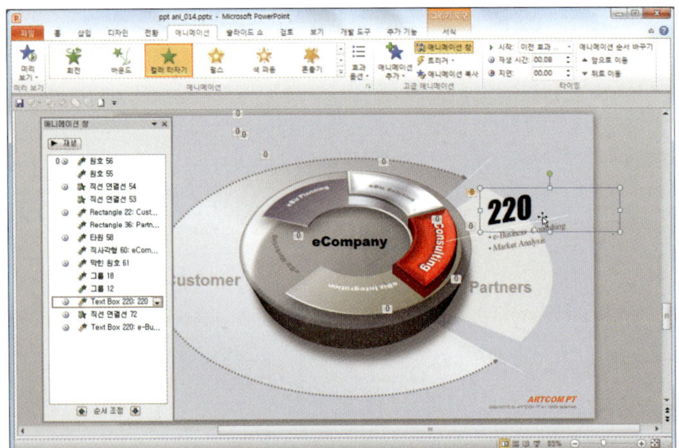

07 오른쪽 텍스트 깜빡이기

2개의 텍스트(220과 서브 텍스트)에 [밝기 변화] 효과를 적용합니다.

- **애니메이션 추가** : 나타내기 – 밝기 변화
- **시작** : 220 – 이전 효과 다음에 시작, 서브 텍스트 – 이전 효과와 함께 시작
- **재생 시간** : 0.3초(직접 입력)

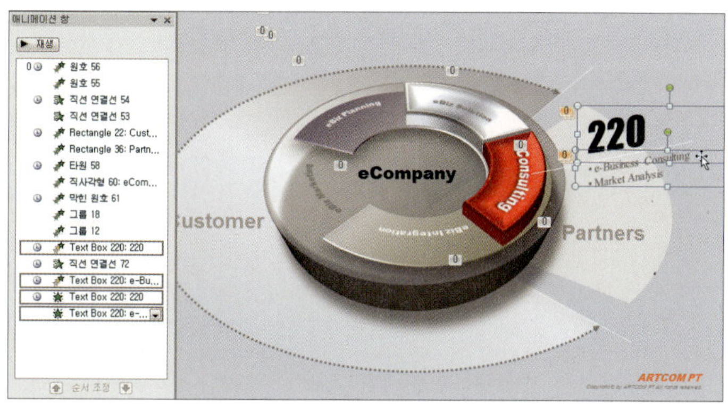

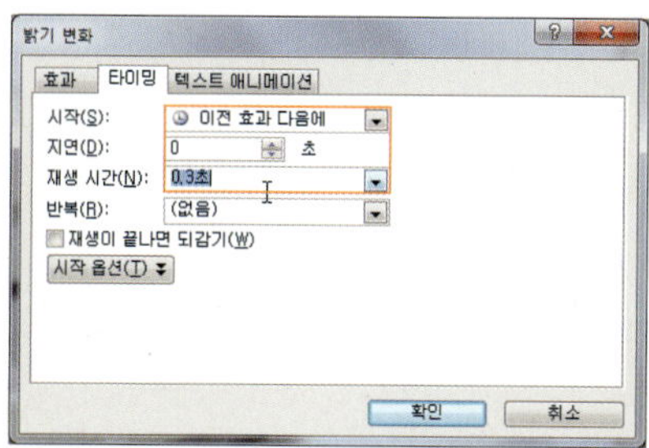

08 도넛 차트 추가 및 강조하여 끝내기

01 왼쪽 윈도우의 하늘색 도넛 차트(그룹 18)를 빨간색 차트와 정확하게 일치시킵니다. 삽입한 차트 때문에 기존 디자인 요소나 텍스트에 이상이 없는지 레이어를 점검합니다.

02 하늘색 도넛 차트에 나타내기 효과 중 [선회 비행 2] 효과를 적용합니다.
- **애니메이션 추가** : 추가 나타내기 효과 – 화려한 효과 – 선회 비행 2
- **시작** : 이전 효과 다음에 시작
- **재생 시간** : 1초(빠르게)

03 하늘색 도넛 차트에 [크게/작게] 효과를 추가합니다.
- **애니메이션 추가** : 강조 – 크게/작게
- **효과** : 크기 – 250%, 애니메이션 후 – 숨기기
- **시작** : 이전 효과 다음에 시작
- **재생 시간** : 0.5초(매우 빠르게)

04 하늘색 도넛 차트에 [펄스] 효과를 추가합니다.
- **애니메이션 추가** : 강조 – 펄스
- **시작** : 이전 효과와 함께 시작
- **재생 시간** : 0.5초(매우 빠르게)

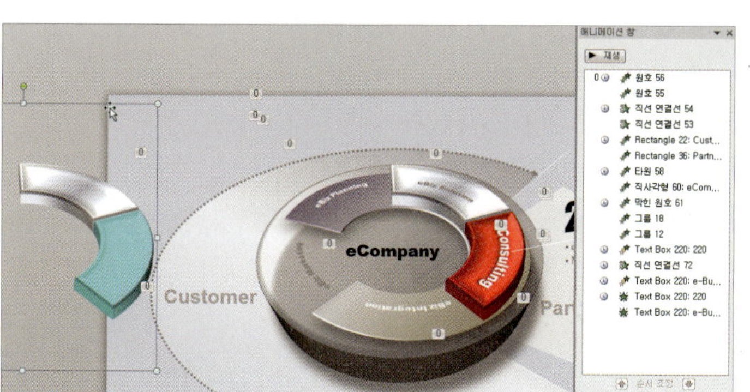
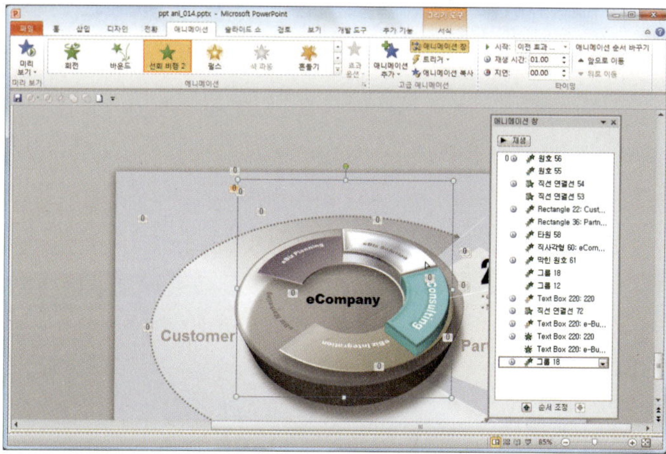

TIP • 이번 과정은 복잡해 보여도 1.5초 만에 끝나는 애니메이션입니다. 짧은 시간에 몇 가지 애니메이션이 동시에 실행되어도 산뜻한 느낌이 들도록 연출하는 것이 테크닉입니다.

015 혼합형 차트_강조 애니메이션

여러 차트를 혼합하여 하나의 그래프처럼 보여줘야 할 때 디자인이 한층 어렵습니다. 잘못하면 구성이 복잡해지면서 그래픽적으로 짜임새를 잃고 시선이 분산되기도 합니다. 애니메이션 또한 산만하지 않도록 연출할 필요가 있습니다.

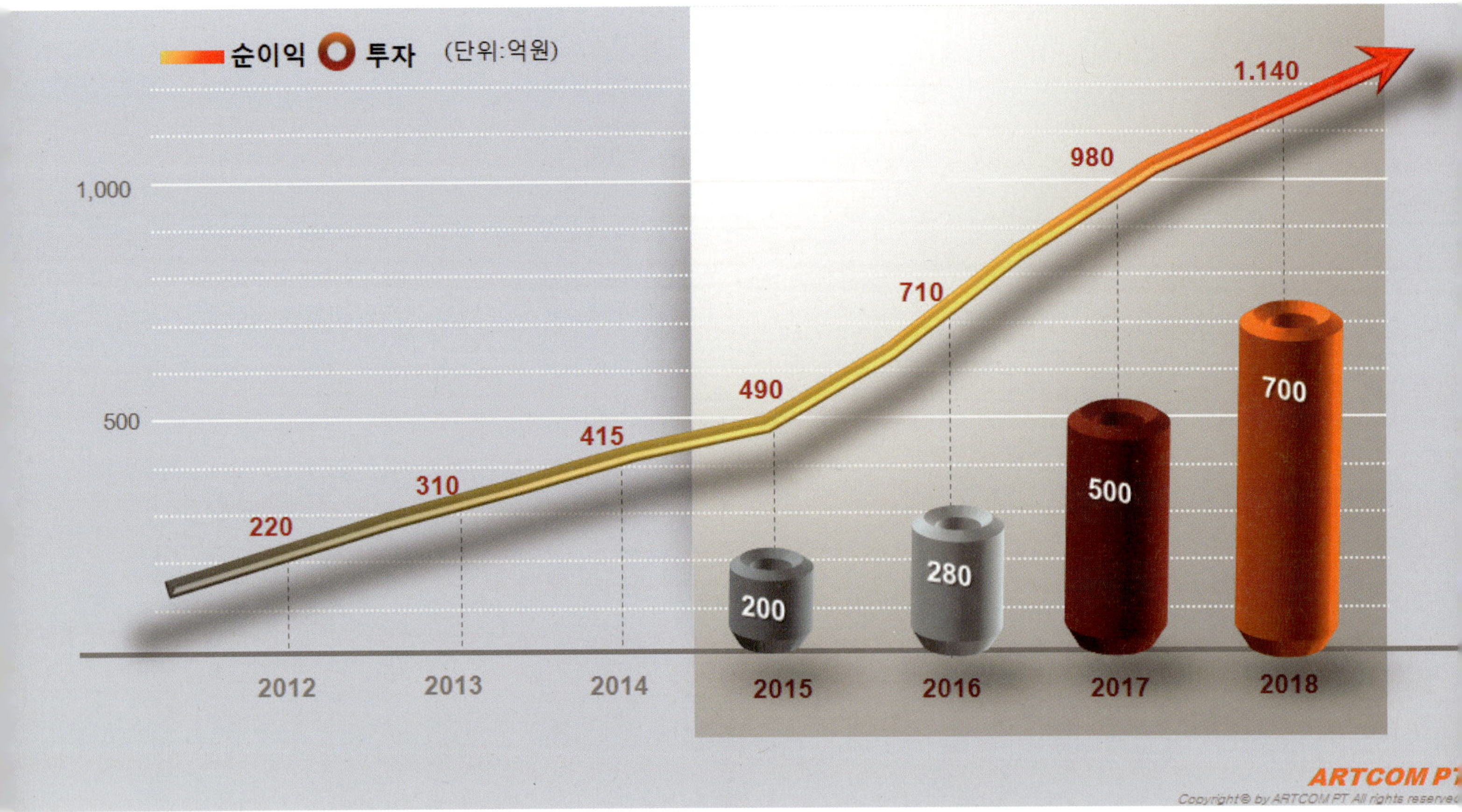

|난이도| ★ ★ ★ ☆ |예제 파일| PPT ani_015\ppt 015.pptx |결과 파일| PPT ani_015\ppt ani_015.pptx
|동영상 파일| PPT ani_015\015_PPT차트 애니메이션.wmv |인터넷으로 보기| http://cafe.naver.com/artcomptacademy/1837

애니메이션 작업 포인트

이번 예제에서 주목해야 할 부분은 혼합형 차트에서의 강조 애니메이션 테크닉입니다. 그래프 중
에서도 강조하고 싶은 원통형 막대그래프에 색 파동(명멸) 효과를 적용하고 끝내기에서 과장하기
효과를 적용하여 주목성을 높였습니다.

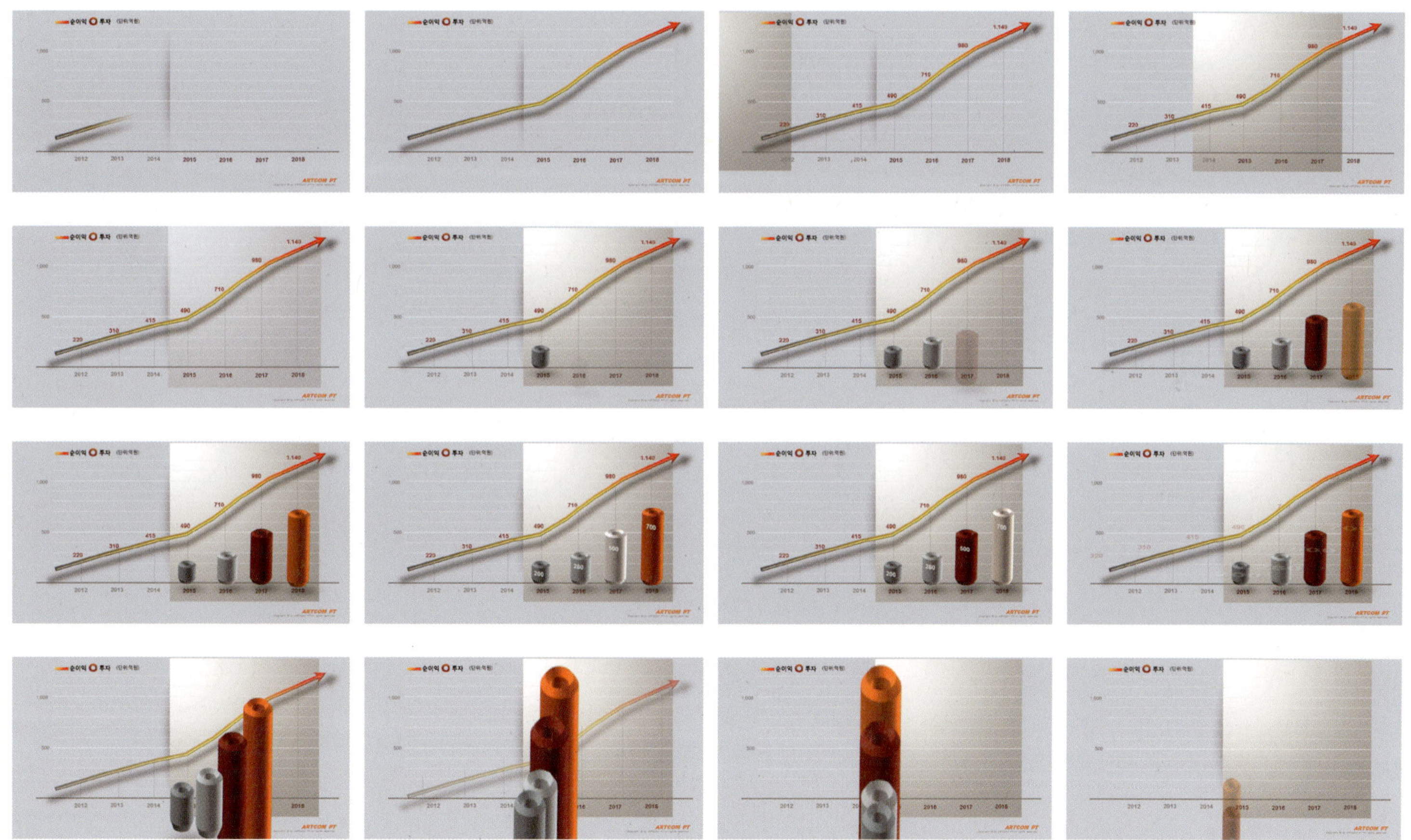

01 꺾은선형 차트와 텍스트 추가하기

01 꺾은선형 차트에 [닦아내기] 효과를 적용합니다.

- **파일 열기** : PPT ani_015\ppt 015.pptx   • **애니메이션 추가** : 나타내기 – 닦아내기
- **효과 옵션** : 방향 – 왼쪽에서   • **시작** : 이전 효과 다음에 시작
- **재생 시간** : 0.5초(매우 빠르게)

02 꺾은선형 차트 텍스트에 [기본 확대/축소] 효과를 적용합니다.

- **애니메이션 추가** : 추가 나타내기 효과 – 온화한 효과 – 기본 확대/축소
- **효과** : 확대/축소 – 안쪽   • **시작** : 이전 효과 다음에 시작   • **재생 시간** : 1초(빠르게)

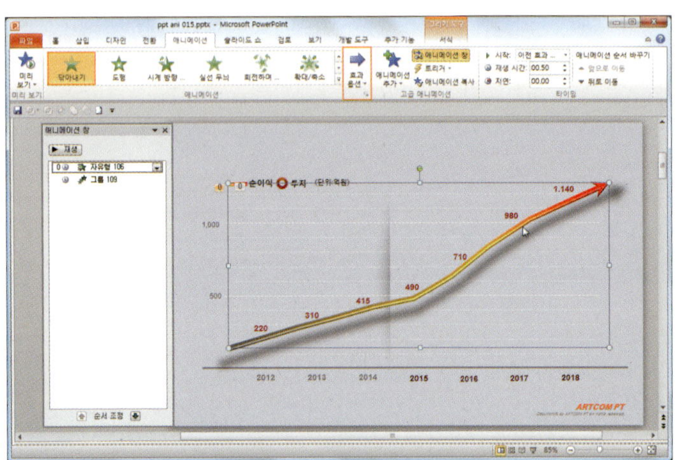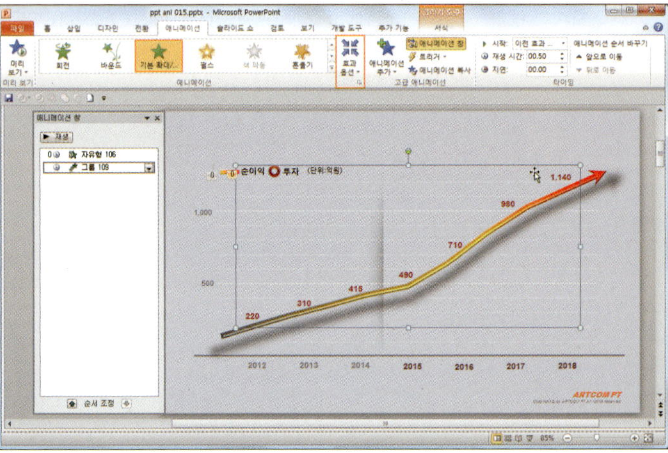

TIP •   이 예제는 연습용으로 슬라이드 크기와 문구, 텍스트, 색상 등은 용도에 맞춰 변경해도 좋습니다.
나타내기 효과 중 [확대/축소], [기본 확대/축소] 효과는 비슷한 느낌을 주지만 [기본 확대/축소] 효과에는 가운데 화면 안에, 아래 화면 밖에서, 약간 밖에서 등 한층 다양한 기능이 있습니다.

02 세로 점선 닦아내듯 효과주기

그래프의 세로 점선에 [닦아내기] 효과를 적용합니다.

- **애니메이션 추가** : 나타내기 – 닦아내기   • **효과 옵션** : 방향 – 위에서
- **시작** : 이전 효과 다음에 시작   • **재생 시간** : 0.5초(매우 빠르게)

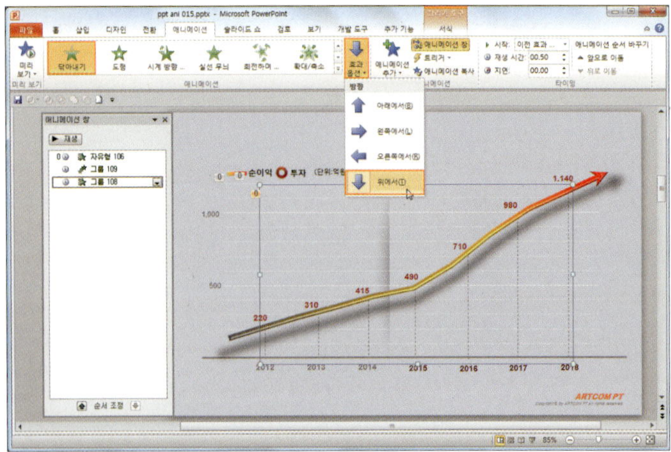

TIP •   년도를 구분하기 위한 점선의 경우 중요한 개념이 아니므로 그룹화하여 한 번에 애니메이션을 적용하는 것이 좋습니다.

03 중요 부분 회색 배경 강조하기

01 오른쪽 회색 배경에 [날아오기] 효과를 적용합니다.

- 애니메이션 추가 : 나타내기 – 날아오기   • **효과** : 방향 – 왼쪽에서
- **시작** : 이전 효과 다음에 시작   • **재생 시간** : 0.5초(매우 빠르게)

02 회색 배경에 [펄스] 효과를 적용합니다.

- 애니메이션 추가 : 강조 – 펄스
- **시작** : 이전 효과 다음에 시작   • **재생 시간** : 0.5초(매우 빠르게)

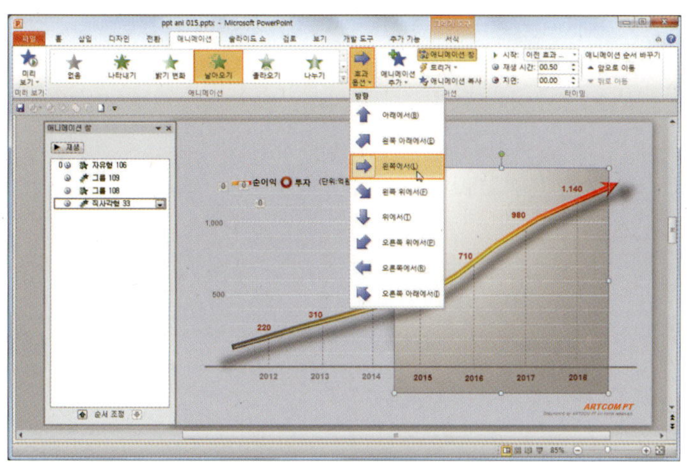
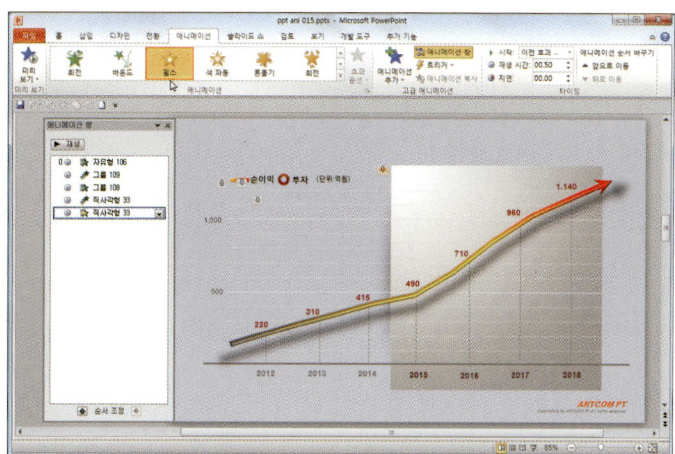

TIP • [날아오기] 효과 다음에 [펄스] 효과를 적용하면 한층 실제감을 살릴 수 있습니다.

04 원통형 세로 막대 차트 올라오기

4개의 원통형 막대 차트에 [올라오기] 효과를 적용합니다.

- 애니메이션 추가 : 나타내기 – 올라오기   • **효과 옵션** : 방향 – 떠오르며 올라오기
- **시작** : 이전 효과 다음에 시작   • **재생 시간** : 1초(빠르게)

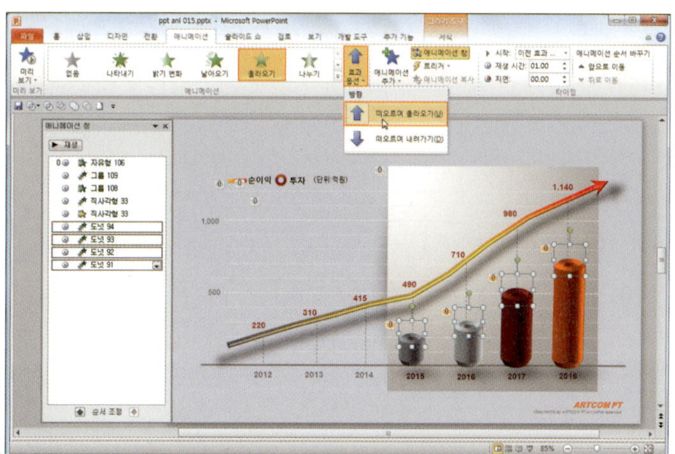

TIP • 중요한 그래프는 그룹화하여 한 번에 보여주지 말고 각각 애니메이션을 적용하는 것이 좋습니다. 애니메이션 타이밍도 너무 빠르지 않도록 1초로 늦춥니다.

TIP • 도넛 도형으로 원통형 막대 차트 만드는 법은 다음의 게시물을 참고합니다.
+ 동영상으로 작성 방법 보기 : http://cafe.naver.com/artcomptacademy/1853

05 원통형 막대 차트 텍스트 올라오기

원통형 막대 차트 텍스트에 [실] 애니메이션 효과를 적용합니다.

- **애니메이션 복사** : PPT ani_015\ppt ani_015.pptx 파일 – [실] 애니메이션 복사 – 텍스트에 적용
- **효과** : 텍스트 애니메이션 – 한꺼번에
- **시작** : 처음 텍스트 – 이전 효과 다음에 시작, 3개의 텍스트 – 이전 효과와 함께 시작
- **재생 시간** : 0.5초(매우 빠르게)

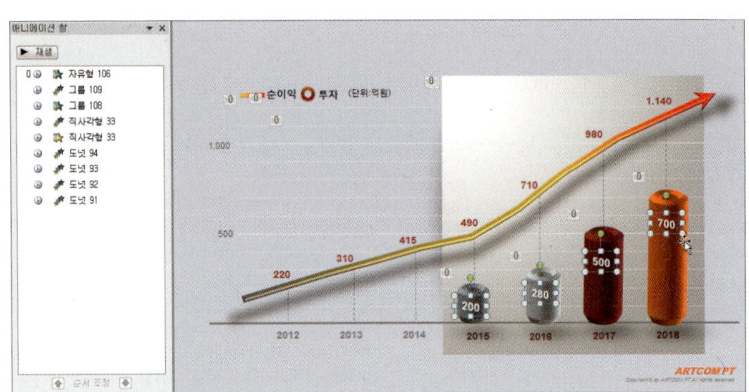

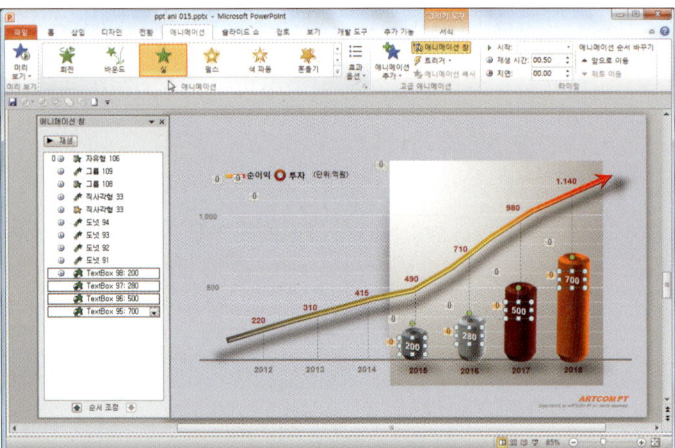

TIP •　다른 슬라이드에서 애니메이션을 복사하기 번거로우면 [나타내기 효과 추가] 대화상자의 은은한 효과나 화려한 효과 중에서 텍스트에 적절한
효과를 적용하는 것도 좋습니다.

06 원통형 막대 차트 강조하기

오른쪽 2개의 원통형 막대 차트에 [색 파동] 효과를 적용합니다.

- **애니메이션 추가** : 강조 – 색 파동　　・**시작** : 이전 효과 다음에 시작
- **재생 시간** : 0.5초(매우 빠르게)

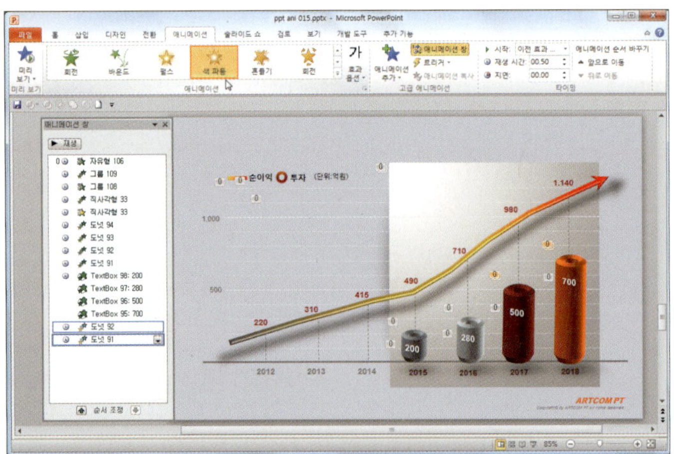

TIP •　파워포인트 2010 버전의 [색 파동] 효과와 [펄스] 효과는 특정 개체나 텍스트를 강조할 때 매우 유용한 기능입니다. 파워포인트 2010 버전의
[색 파동] 효과는 파워포인트 2007 버전의 [명멸] 효과와 같습니다. 또한 2010 버전의 [펄스] 효과는 2007 버전의 [점멸] 효과와 같습니다.

07 텍스트 늘이며 사라지기

[Shift] 키를 누른 채 텍스트를 모두 선택하고 [늘이기] 애니메이션을 적용합니다.

- **애니메이션을 복사** : PPT ani_015\ppt ani_015.pptx 파일 – [늘이기] 애니메이션 복사 – 텍스트에 적용
- **효과** : 텍스트 애니메이션 – 한꺼번에   • **재생 시간** : 1초(빠르게)
- **시작** : 첫 번째 텍스트 – 이전 효과 다음에 시작, 다른 텍스트 – 이전 효과와 함께 시작

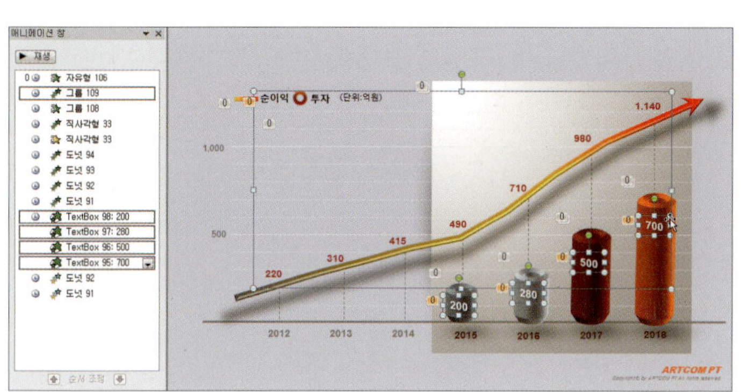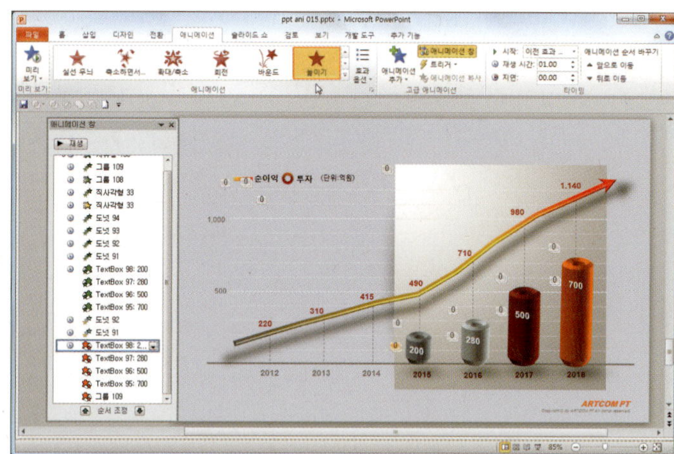

08 디자인 요소 과장하며 끝내기

01 꺾은선형 차트에 [가라앉기] 효과를 적용합니다.

- **애니메이션 추가** : 끝내기 – 가라앉기   • **효과** : 방향 – 떠오르며 내려가기
- **시작** : 이전 효과 다음에 시작   • **재생 시간** : 1초(빠르게)

02 4개의 원통형 막대 차트에 [과장하기] 효과를 적용합니다.

- **애니메이션 복사** : PPT ani_015\ppt ani_015.pptx 파일 – [과장하기] 애니메이션 복사 – 원통형 막대 차트에 적용
- **시작** : 이전 효과와 함께 시작   • **재생 시간** : 2초(중간)

03 세로 점선에 [늘이기] 효과를 적용합니다.

- **애니메이션 복사** : 07번 과정의 [늘이기] 애니메이션 복사   • **시작** : 이전 효과와 함께 시작

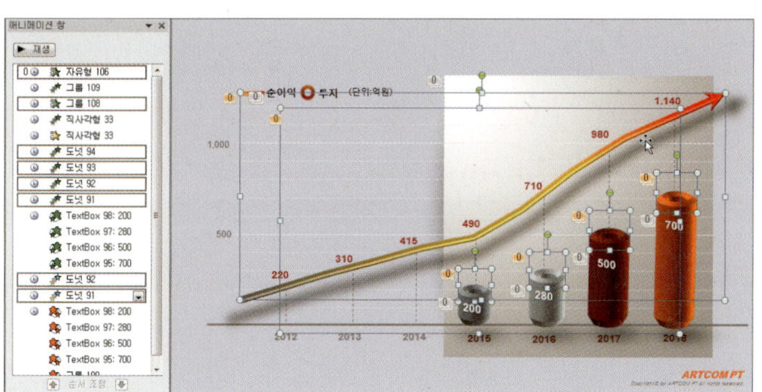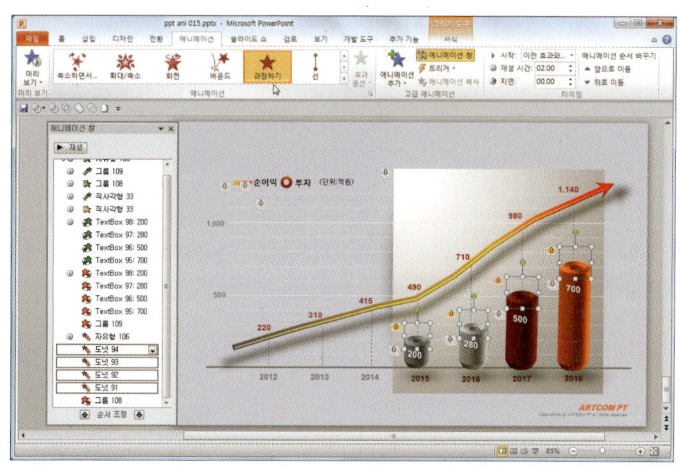

016 템플릿1_표지 애니메이션

파워포인트 템플릿 디자인 중에서 가장 중요한 부분은 전체 슬라이드의 얼굴에 해당하는 표지입니다. 슬라이드 작업에서 기본적으로 제공되는 템플릿이나 무료 템플릿을 활용해도 좋지만 정체성을 살리기 어렵습니다. 그러므로 조직의 특성이나 발표 내용에 맞춰 디자인하는 것이 최상이며 표지 애니메이션 또한 디자인 컨셉에 따라 연출하는 것이 좋습니다.

|난이도| ★★★☆ |예제 파일| PPT ani_016\ppt 016.pptx |결과 파일| PPT ani_016\ppt ani_016.pptx
|동영상 파일| PPT ani_016\016_PPT표지 애니메이션.wmv |인터넷으로 보기| http://cafe.naver.com/artcomptacademy/1676

애니메이션 작업 포인트

이번 예제에서 주목해야 할 부분은 표지 중 타이틀 바 애니메이션입니다. 표지에서도 특히 중요한 부분은 타이틀이기 때문에 주목성을 높이기 위해 셀로판지 겹치기 테크닉으로 연출하였습니다. 여러 조각의 셀로판지 겹치기 기법은 시각적으로 산뜻한 맛을 주면서도 밋밋했던 디자인을 한층 생동감 있게 표현할 수 있습니다.

01 회색 라인 아트 오른쪽에서 날아오기

01 회색 라인 아트에 [날아오기] 효과를 적용합니다.

- 파일 열기 : PPT ani_016\ppt 016.pptx
- 애니메이션 추가 : 나타내기 – 날아오기
- 효과 : 방향 – 왼쪽에서
- 시작 : 이전 효과 다음에 시작
- 재생 시간 : 1초(빠르게)

02 회색 라인 아트에 [압축] 애니메이션 효과를 적용합니다.

- 애니메이션 복사 : PPT ani_016\ppt ani_016.pptx 파일 – [압축] 애니메이션 복사 – 회색 라인 아트에 적용
- 시작 : 이전 효과와 함께 시작
- 재생 시간 : 2초(중간)

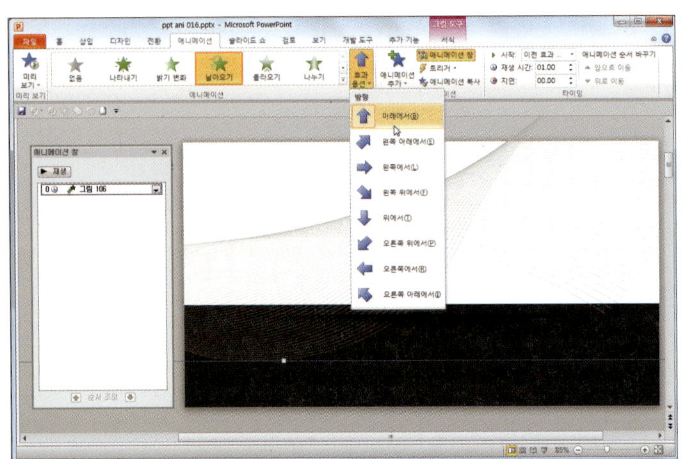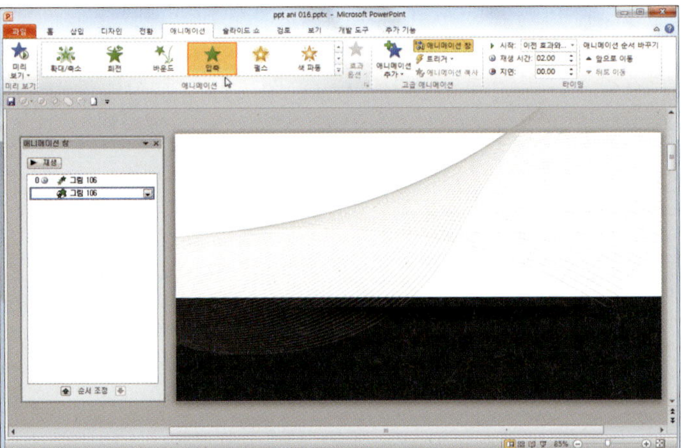

TIP • 본 예제는 연습용으로 슬라이드 크기와 문구, 텍스트, 색상 등은 용도에 맞춰 변경하셔도 좋습니다.
[날아오기]와 [압축] 효과를 동시에 적용할 때 날아오기와 같은 속도를 적용하면 압축 느낌을 살리기 어렵습니다.

02 왼쪽 포인트 박스 날아오기

타이틀 바 왼쪽의 포인트 역할을 하는 파란색 직사각형 박스에 [날아오기] 효과를 적용합니다.

- 애니메이션 추가 : 나타내기 – 날아오기
- 효과 : 방향 – 오른쪽에서
- 시작 : 이전 효과 다음에 시작
- 재생 시간 : 0.5초(매우 빠르게)

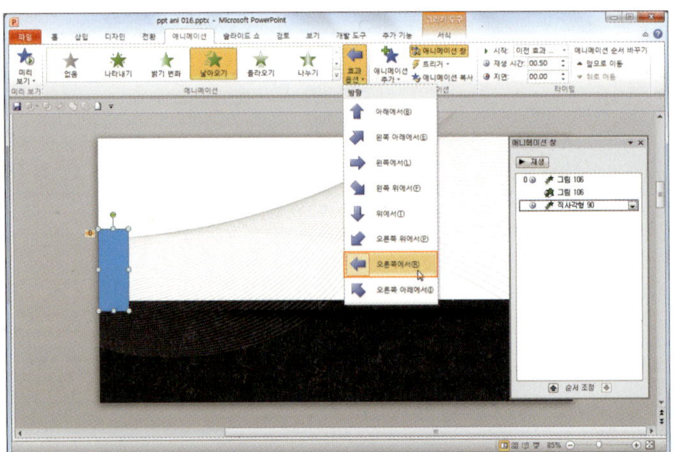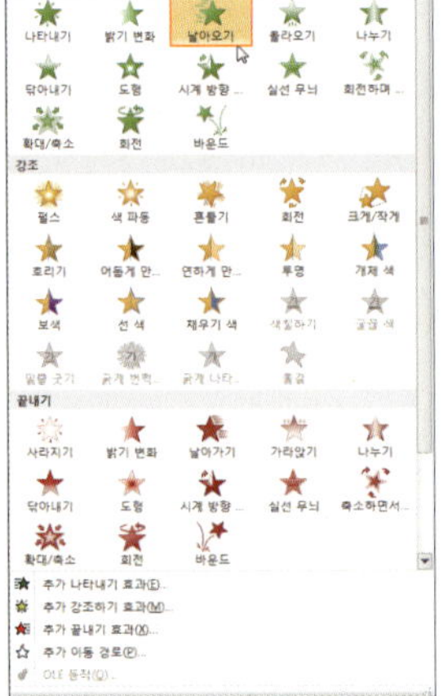

TIP • [날아오기] 효과를 적용할 때 한층 역동적으로 표현하기 위해서는 가능하면 멀리서 날아오도록 합니다. 예를 들어, 왼쪽 끝에 개체나 텍스트가 있다면 오른쪽에서부터 날아오게 합니다.

03 타이틀 바 늘이고 점선 닦아내기

01 타이틀 바에 [늘이기] 애니메이션 효과를 적용합니다.

- **애니메이션 복사** : PPT ani_016\ppt ani_016.pptx 파일 – [늘이기] 애니메이션 복사 – 타이틀 바에 적용
- **효과 옵션** : 방향 – 왼쪽에서   **시작** : 이전 효과 다음에 시작
- **재생 시간** : 0.5초(매우 빠르게)

02 점선에 [닦아내기] 효과를 적용합니다.

- **애니메이션 추가** : 나타내기 – 닦아내기   **효과 옵션** : 방향 – 오른쪽에서
- **시작** : 이전 효과 다음에 시작   **재생 시간** : 0.5초(매우 빠르게)

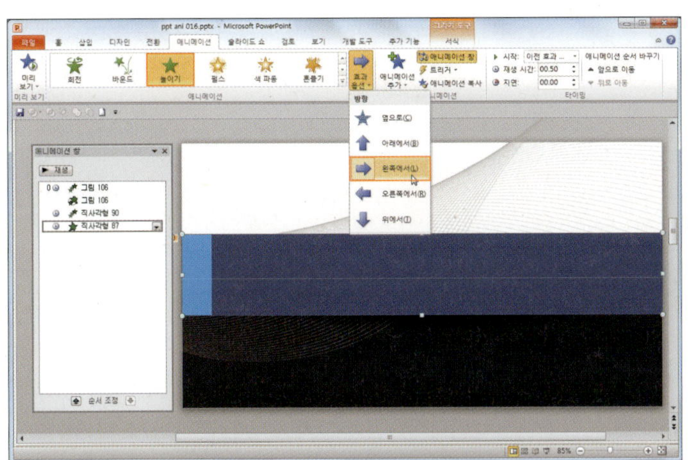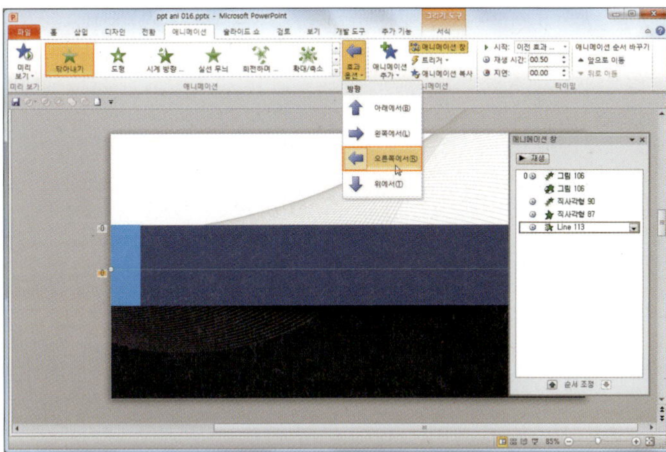

04 원호 그림자 날아오기

오른쪽 원호 모양 그림자에 [날아오기] 효과를 적용합니다.

- **애니메이션 추가** : 나타내기 – 날아오기   **효과** : 방향 – 왼쪽에서
- **시작** : 이전 효과 다음에 시작   **재생 시간** : 0.5초(매우 빠르게)

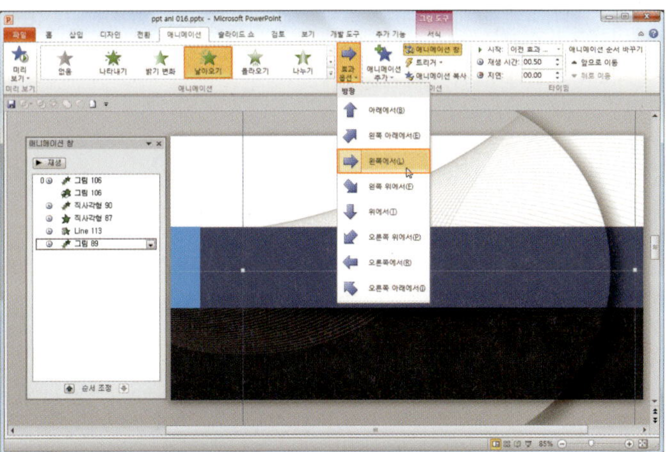

05 타이틀 텍스트 추가하기

01 ARTCOM PT Template 텍스트에 [컬러 타자기] 애니메이션 효과를 적용합니다.

- **애니메이션 복사** : PPT ani_016\ppt ani_016.pptx 파일 – [컬러 타자기] 애니메이션 복사 – 텍스트에 적용
- **효과** : 텍스트 애니메이션 – 문자 단위로　　**시작** : 이전 효과 다음에 시작　　**재생 시간** : 0.08초

02 URL에 [실] 애니메이션 효과를 적용합니다.

- **애니메이션 복사** : PPT ani_016\ppt ani_016.pptx 파일 – [실] 애니메이션 복사 – 텍스트에 적용
- **효과** : 텍스트 애니메이션 – 한꺼번에　　**시작** : 이전 효과와 함께 시작
- **재생 시간** : 0.5초(매우 빠르게)

03 년, 월, 일에 [내려가기] 효과를 적용합니다.

- **애니메이션 추가** : 나타내기 – 올라오기　　**효과 옵션** : 방향 – 떠오르며 내려가기
- **시작** : 이전 효과와 함께 시작　　**재생 시간** : 0.5초(매우 빠르게)

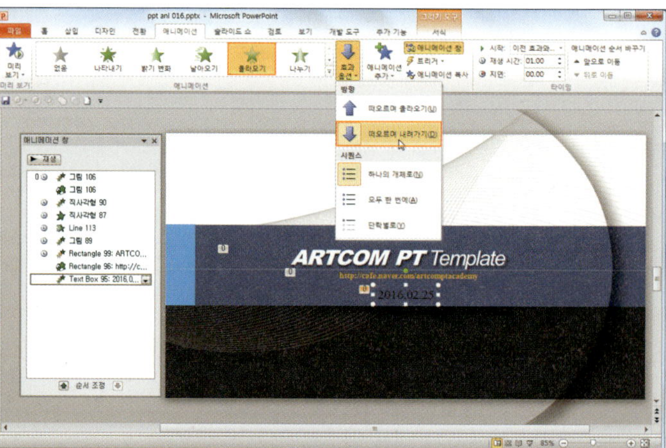

TIP · 　3개의 텍스트는 동시간대에 애니메이션을 적용합니다. 각각 다른 시간을 적용할 경우 리듬감을 잃기 쉽고 전체적으로 늘어지기 때문입니다.

06 하단 로고 올라오기

하단의 로고와 서브 텍스트에 [올라오기] 효과를 적용합니다.

- **애니메이션 추가** : 나타내기 – 올라오기　　**효과 옵션** : 방향 – 떠오르며 올라오기
- **시작** : 이전 효과와 함께 시작　　**재생 시간** : 1초(빠르게)

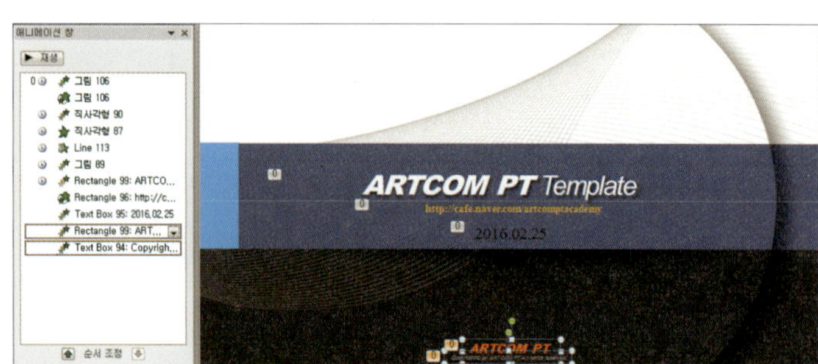

07 중심부 셀로판 조각 날아오기

중심부에 있는 5개의 셀로판 조각에 [날아오기] 효과를 적용합니다.

- **애니메이션 추가** : 나타내기 – 날아오기   • **효과** : 방향 – 3개_왼쪽에서, 2개_오른쪽에서
- **시작** : 이전 효과와 함께 시작   • **재생 시간** : 0.5초(매우 빠르게)

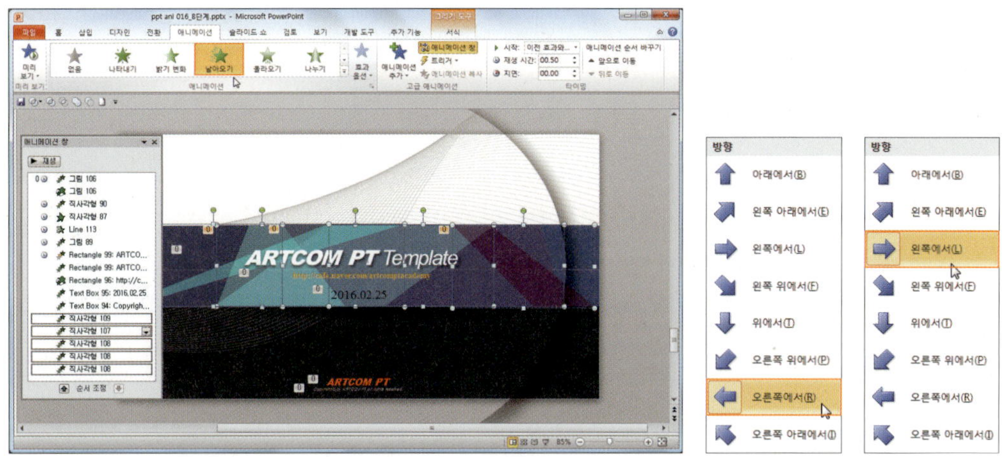

TIP • 여러 개의 개체에 [날아오기] 효과를 적용할 경우 한쪽 방향에서 날아오는 것보다 왼쪽과 오른쪽에서 날아오는 것이 보다 공간이 넓어 보이고 한층 테크니컬한 느낌을 줍니다.

08 중심부 셀로판 조각 늘여서 끝내기

5개의 개체에 [늘이기] 애니메이션을 적용합니다.

- **애니메이션 복사** : PPT ani_016\ppt ani_016.pptx 파일 – [늘이기] 애니메이션 복사 – 셀로판지에 적용
- **시작** : 이전 효과와 함께 시작   • **재생 시간** : 3초(느리게)

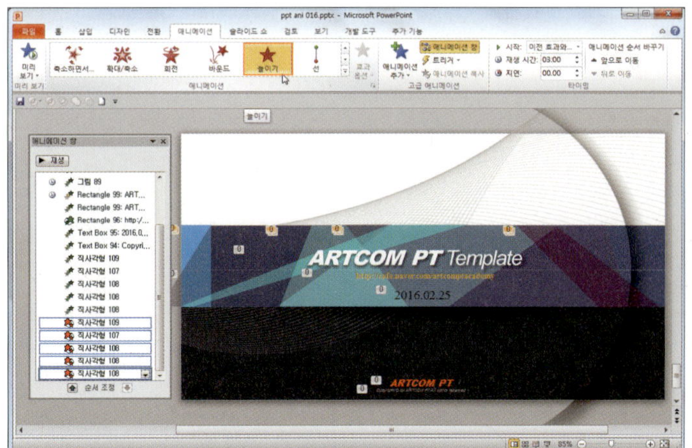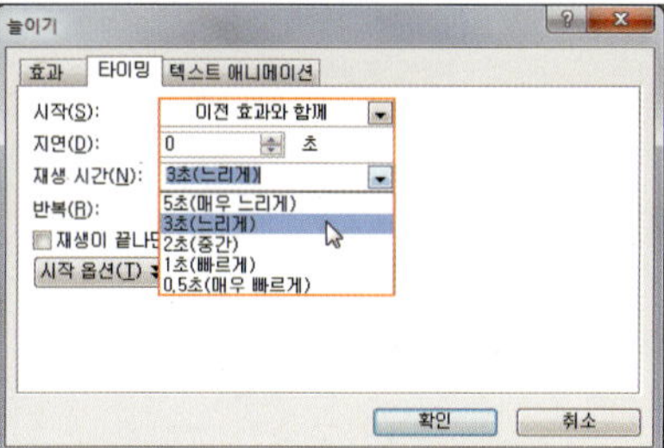

TIP • 사선으로 겹친 셀로판 조각 개체에 [끝내기] 애니메이션을 적용할 경우 타이밍을 '느리게' 적용하는 것이 한층 효과적입니다.

OI7 템플릿2_표지 애니메이션

파워포인트에서 슬라이드를 작성할 때 무료 템플릿이나 이전에 사용한 템플릿을 약간 변형하여 사용하는 경우가 대부분입니다. 그러면 당연히 디자인 품질을 기대할 수 없고, 애니메이션 또한 밋밋할 수밖에 없습니다. 그러나 파워포인트 도형이나 그래픽 편집 기능만으로 충분히 템플릿을 제작할 수 있습니다. 가능한 애니메이션을 고려하면서 컨셉에 맞춰 스스로 제작해 보는 것이 좋습니다. 처음부터 완성도를 높일 수 없겠지만 지속적으로 연구하다 보면 점차 자신만의 템플릿을 제작할 수 있을 것입니다.

|난이도| ★★★☆ |예제 파일| PPT ani_017\ppt 017.pptx |결과 파일| PPT ani_017\ppt ani_017.pptx
|동영상 파일| PPT ani_017\017_PPT표지 애니메이션.wmv |인터넷으로 보기| http://cafe.naver.com/artcomptacademy/1682

애니메이션 작업 포인트

이번 예제에서 주목해야 할 부분은 타이틀 바를 중심으로 펼쳐지는 애니메이션 테크닉입니다. 애니메이션의 목적은 메시지 전달력과 함께 주목성을 높이는 것입니다. [날아오기] 효과와 [밀려오기] 효과 등을 통해 타이틀 바와 주변 개체들을 뭉치고 흩어지도록 연출하면서 메시지 전달력을 높이고 시선의 흐름을 리드미컬하게 유도했습니다.

OI 양쪽 타이틀 바 날아오기

2개의 타이틀 바에 [날아오기] 효과를 적용합니다.

- 파일 열기 : PPT ani_017\ppt 017.pptx
- 애니메이션 추가 : 나타내기 – 날아오기
- 시작 : 위쪽 빨간색 타이틀 바 – 이전 효과 다음에 시작, 아래쪽 타이틀 바 – 이전 효과와 함께 시작
- 효과 옵션 : 방향 – 위쪽 타이틀 바_오른쪽에서, 아래쪽 타이틀 바_왼쪽에서
- 재생 시간 : 0.5초(매우 빠르게)

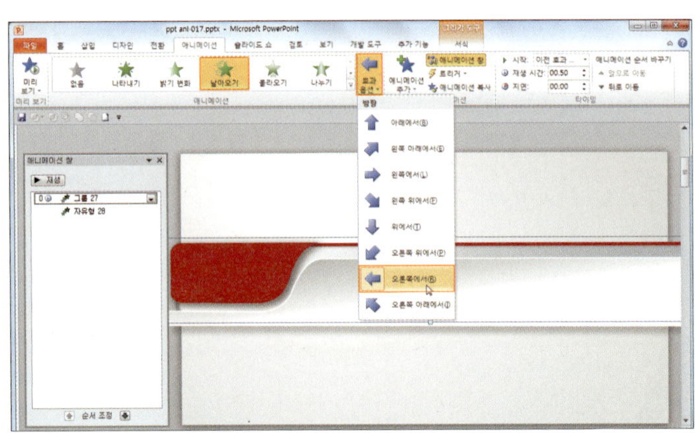
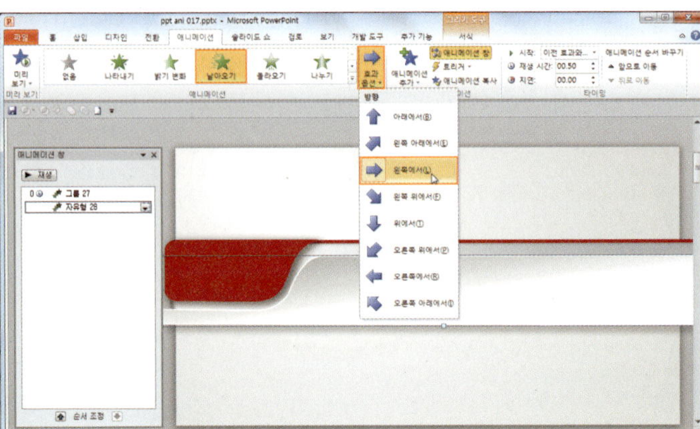

TIP • 본 예제는 연습용으로 슬라이드 크기와 문구, 텍스트, 색상 등은 용도에 맞춰 변경하셔도 좋습니다.

[날아오기] 효과는 단순하지만 시선을 유도하면서 역동적인 느낌을 줄 때 매우 유용합니다. 1개보다 여러 개의 개체에 [날아오기] 효과를 적용하고, 같은 시간대에 애니메이션을 적용하는 것이 한층 테크니컬해 보입니다. 또한 날아오는 방향과 속도에 따라 다양한 느낌을 연출할 수 있습니다.

O2 디자인 요소 배치하기

01 3개의 셀로판지 느낌의 디자인 요소(개체)에 [날아오기] 효과를 적용합니다.

- 애니메이션 추가 : 나타내기 – 날아오기
- 시작 : 회색 개체 – 이전 효과 다음에 시작, 나머지 개체 – 이전 효과와 함께 시작
- 효과 : 방향 – 회색_아래에서, 노란색_오른쪽에서, 주황색_위에서
- 재생 시간 : 0.5초(매우 빠르게)

02 [날아오기] 효과가 적용된 3개의 디자인 요소(개체)에 [밀려오기] 효과를 적용합니다.

- 애니메이션 복사 : PPT ani_017\ppt ani_017.pptx 파일 – [밀려오기] 효과 복사 – 디자인 요소에 적용
- 시작 : 처음 개체 – 이전 효과 다음에 시작, 다른 개체 – 이전 효과와 함께 시작
- 재생 시간 : 2초(중간)

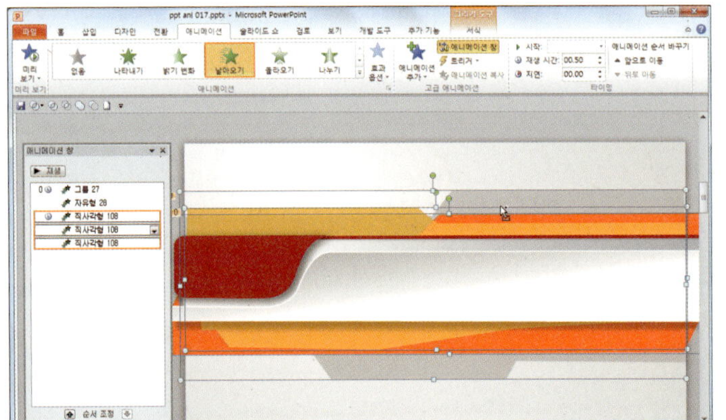
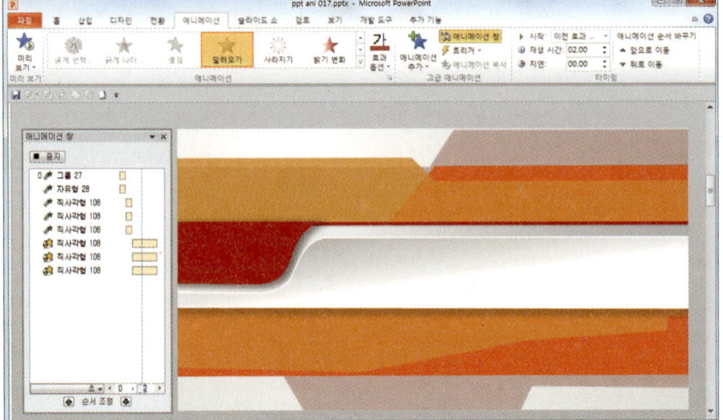

TIP • [밀려오기] 효과는 파워포인트 2010 버전에 없으므로 2007 버전에서 적용된 [밀려오기] 효과를 복사하여 해당 개체에 적용할 수밖에 없습니다.

보다 테크니컬한 느낌을 연출하기 위한 다소 번거로운 작업입니다.

03 타이틀 텍스트 추가하기

타이틀에 [컬러 타자기] 애니메이션 효과를 적용합니다.

- **애니메이션 복사** : PPT ani_017\ppt ani_017.pptx 파일 – [컬러 타자기] 애니메이션 복사 – 타이틀에 적용
- **효과** : 텍스트 애니메이션 – 문자 단위로　　· **시작** : 이전 효과 다음에 시작　　· **재생 시간** : 0.08초

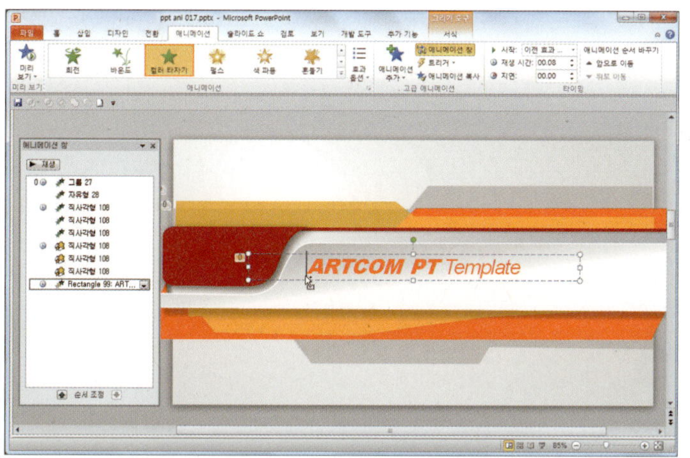
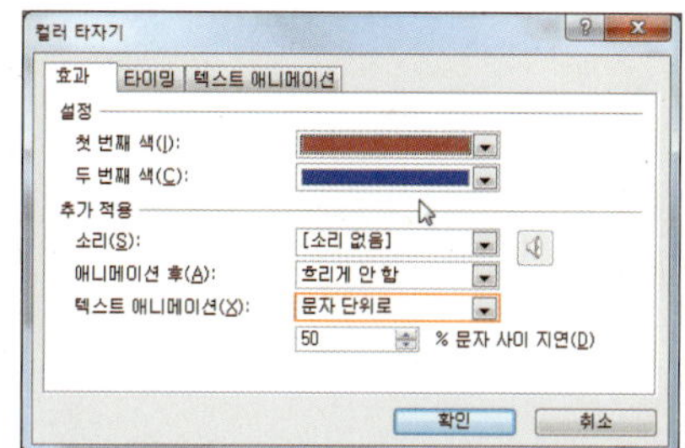

04 서브 텍스트 상하로 효과주기

01 URL에 [실] 애니메이션 효과를 적용합니다.

- **애니메이션 복사** : PPT ani_017\ppt ani_017.pptx 파일 – [실] 애니메이션 복사 – 서브 텍스트에 적용
- **효과** : 텍스트 애니메이션 – 한꺼번에　　· **시작** : 이전 효과와 함께 시작　　· **재생 시간** : 0.5초(매우 빠르게)

02 년, 월, 일에 [내려가기] 효과를 적용합니다.

- **애니메이션 추가** : 나타내기 – 올라오기　　· **효과 옵션** : 방향 – 떠오르며 내려가기
- **시작** : 이전 효과와 함께 시작　　· **재생 시간** : 1초(빠르게)

03 하단 로고에 [올라오기] 효과를 적용합니다.

- **애니메이션 추가** : 나타내기 – 올라오기　　· **효과 옵션** : 방향 – 떠오르며 올라오기
- **시작** : 이전 효과와 함께 시작　　· **재생 시간** : 1초(빠르게)

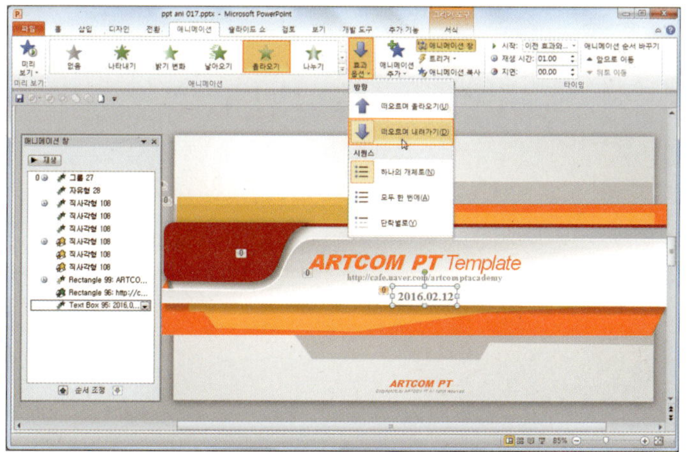
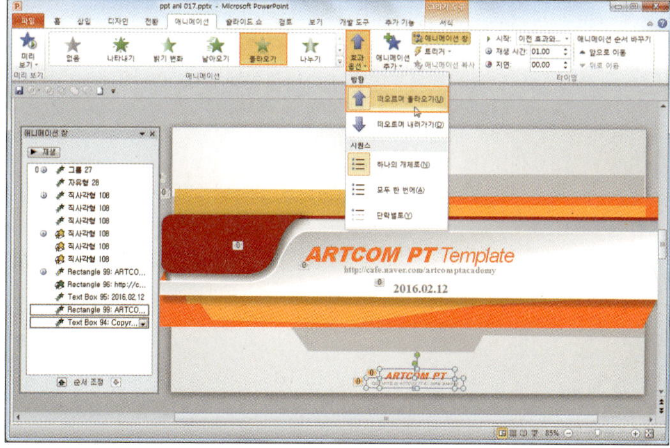

TIP · 서브 텍스트의 경우 주요 텍스트보다 중요도가 적기 때문에 독특한 효과보다 간단한 애니메이션을 적용하여 자연스럽게 흐르도록 연출하는 것이 좋습니다.

05 타이틀 바 강조하기

01 하단의 로고와 서브 텍스트에 [올라오기] 효과를 적용합니다.
- 애니메이션 추가 : 나타내기 – 올라오기 • 효과 옵션 : 방향 – 떠오르며 올라오기
- 시작 : 이전 효과와 함께 시작 • 재생 시간 : 1초(빠르게)

02 하단의 타이틀 바(자유형 28)에 [연하게 만들기] 효과를 적용합니다.
- 애니메이션 추가 : 추가 강조하기 효과 – 은은한 효과 – 연하게 만들기
- 시작 : 이전 효과 다음에 시작 • 재생 시간 : 0.5초(매우 빠르게)

03 상단의 타이틀 바(그룹27)에 [펄스] 효과를 적용합니다.
- 애니메이션 추가 : 강조 – 펄스 • 시작 : 이전 효과와 함께 시작 • 재생 시간 : 0.5초(매우 빠르게)

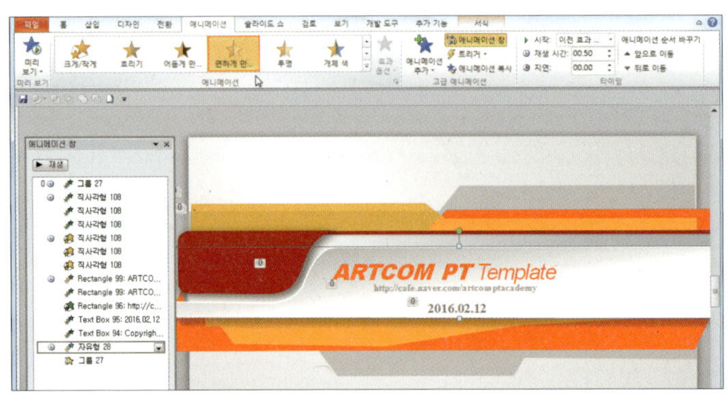
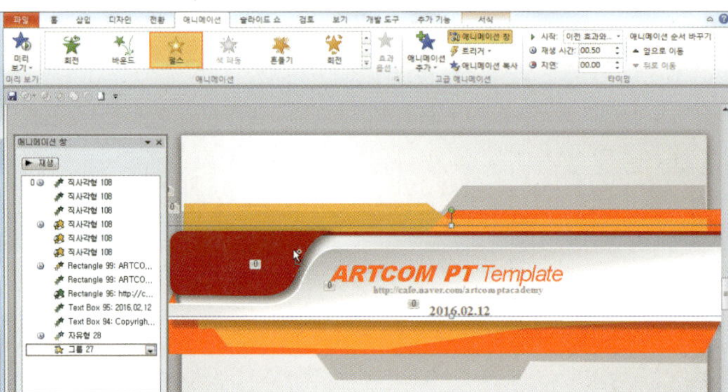

06 디자인 요소 늘여서 사라지기

01 노란색 개체에 [늘이기] 애니메이션 효과를 적용합니다.
- 애니메이션 복사 : PPT ani_017\ppt ani 017.pptx 파일 – [늘이기] 애니메이션 복사 – 노란색 개체에 적용
- 시작 : 이전 효과 다음에 시작 • 재생 시간 : 1초(빠르게)

02 회색 개체에 [가라앉기] 애니메이션 효과를 적용합니다.
- 애니메이션 추가 : 끝내기 – 가라앉기 • 효과 옵션 : 방향 – 떠오르며 내려가기
- 시작 : 이전 효과와 함께 시작 • 재생 시간 : 1초(빠르게)

03 회색 개체에 [천천히 사라지기] 애니메이션 효과를 적용합니다.
- 애니메이션 복사 : PPT ani_017\ppt ani 017.pptx 파일 – [천천히 사라지기] 애니메이션 복사 – 회색 개체에 적용
- 시작 : 이전 효과와 함께 시작 • 재생 시간 : 1초(빠르게)

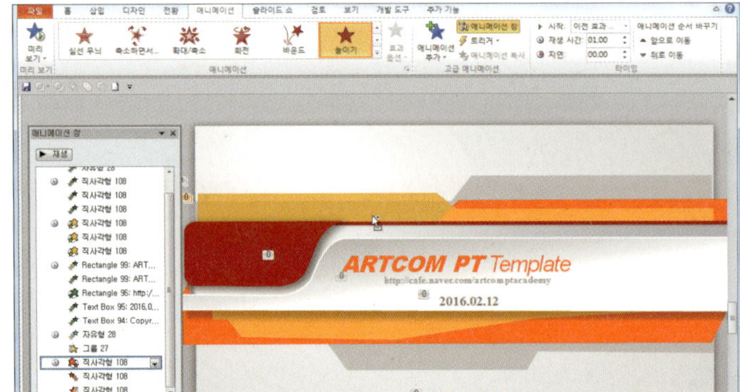
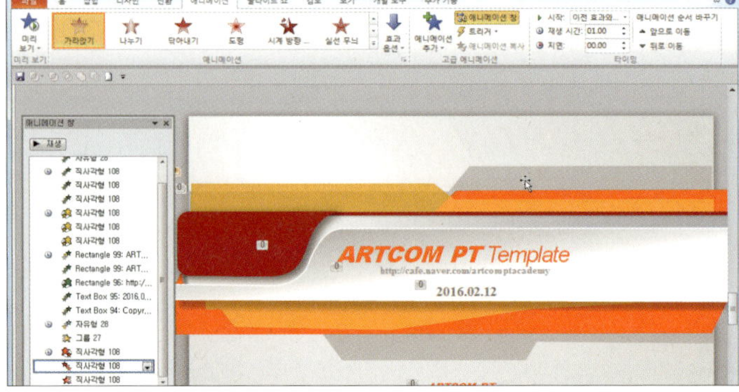

TIP • 이번 과정은 복잡해 보이지만 매우 단순한 작업 과정입니다. 해당 애니메이션을 복사하여 붙여 넣기만 하면 됩니다.

07 텍스트 오른쪽으로 날아가기

Shift 키를 누른 채 텍스트를 모두 선택하고 끝내기에서 [날아가기] 효과를 적용합니다.

- **애니메이션 추가** : 끝내기 – 날아가기   • **효과 옵션** : 방향 – 오른쪽으로
- **시작** : 처음 텍스트 – 이전 효과 다음에 시작, 나머지 텍스트 – 이전 효과와 함께 시작   • **재생 시간** : 0.5초(매우 빠르게)

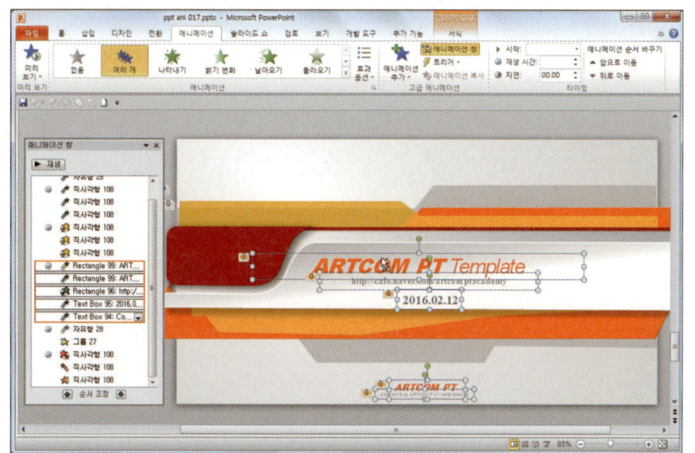 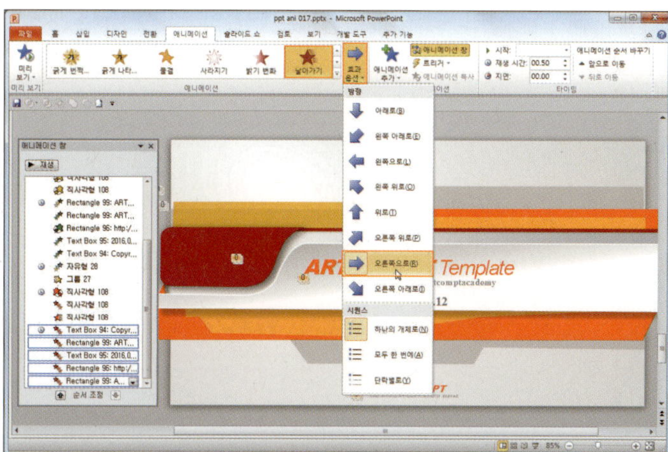

08 타이틀 바 사라지면서 끝내기

중심부에 있는 3개의 타이틀 바에 [천천히 사라지기] 애니메이션을 적용합니다.

- **애니메이션 복사** : PPT ani_017\ppt ani_017.pptx 파일 – [천천히 사라지기] 애니메이션 복사 – 타이틀 바에 적용
- **시작** : 이전 효과와 함께 시작   • **재생 시간** : 1초(빠르게)

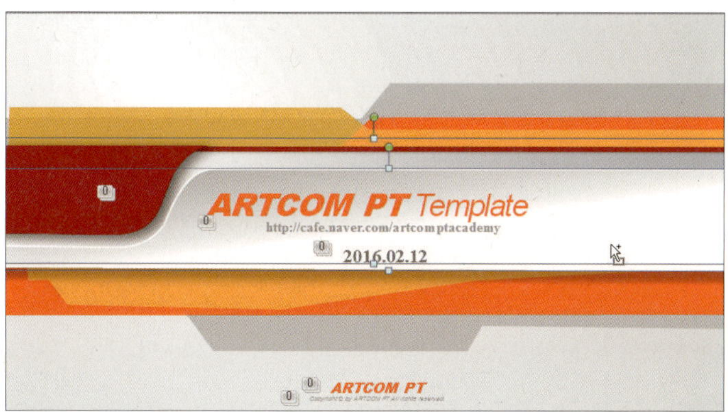

TIP • 디자인에서 조화가 중요하듯이 애니메이션에도 조화가 중요합니다. 특정 부분이 뜬금없이 돌출되어서는 안 된다는 것입니다. 과유불급(지나친 것은 부족한 것보다 못하다)이기 때문에 항상 앞뒤를 살피면서 물흐르듯 매끄럽게 애니메이션이 되도록 연출해야 합니다.

018 템플릿3_표지 애니메이션

템플릿에 사진 이미지와 그래픽 요소 등을 합성하여 온갖 기교를 부려서 현란하게 만드는 방법도 있지만 최소한의 요소만 넣어 단순하게 만드는 것도 나름의 의미가 있습니다. 심플함 그 자체가 이목을 끌 수 있기 때문입니다. 심플한 표지에는 단순한 애니메이션이 적용될 수밖에 없는데 단순하지만 세련되게 연출하는 것이 테크닉입니다.

|난이도| ★★★☆ |예제 파일| PPT ani_018\ppt 018.pptx |결과 파일| PPT ani_018\ppt ani_018.pptx
|동영상 파일| PPT ani_018\018_PPT표지 애니메이션.wmv |인터넷으로 보기|| http://cafe.naver.com/artcomptacademy/1695

애니메이션 작업 포인트

이번 예제에서 주목해야 할 부분은 타이틀 바 애니메이션 테크닉입니다. 하나의 타이틀 바를 여러 개 복제한 다음 색상을 다르게 적용하여 [베일 벗기] 효과를 적용해서 독특한 느낌을 연출하면서도 테크니컬한 느낌을 연출하였습니다. 독특한 애니메이션은 시선을 끌기에 충분한 효과가 있습니다.

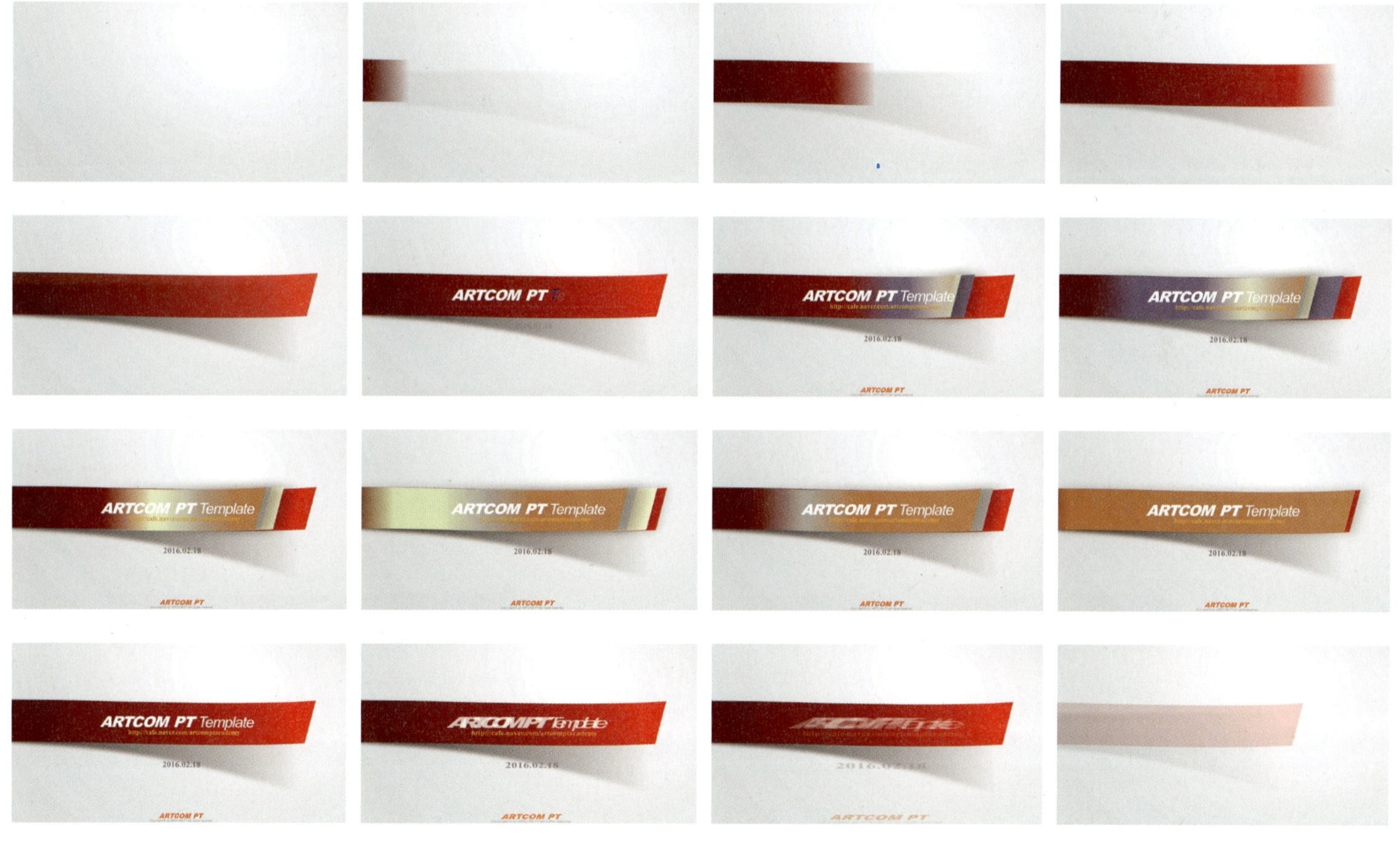

OI 타이틀 바 왼쪽에서부터 닦아내기

타이틀 바에 [닦아내기] 효과를 적용합니다.

- **파일 열기** : PPT ani_018\ppt 018.pptx
- **애니메이션 추가** : 나타내기 – 닦아내기
- **효과 옵션** : 방향 – 왼쪽에서
- **시작** : 이전 효과 다음에 시작
- **재생 시간** : 0.5초(매우 빠르게)

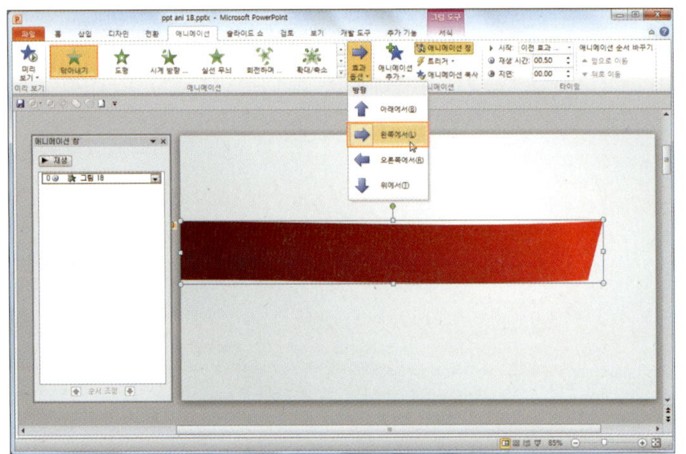

TIP •   본 예제는 연습용으로 슬라이드 크기와 문구, 텍스트, 색상 등은 용도에 맞춰 변경하셔도 좋습니다.
타이틀 바는 점 편집으로 형태를 작성하고 그라데이션 효과를 만듭니다.
+ 동영상으로 작성 방법 보기 : http://cafe.naver.com/artcomptacademy/1854

O2 타이틀 바 강조하고 그림자 밝기 조절하기

01 타이틀 바에 [펄스] 효과를 적용합니다.

- **애니메이션 추가** : 강조 – 펄스
- **시작** : 이전 효과와 함께 시작
- **재생 시간** : 2초(중간)

02 그림자에 [밝기 변화] 효과를 적용합니다.

- **애니메이션 추가** : 나타내기 – 밝기 변화
- **시작** : 이전 효과와 함께 시작
- **재생 시간** : 1초(빠르게)

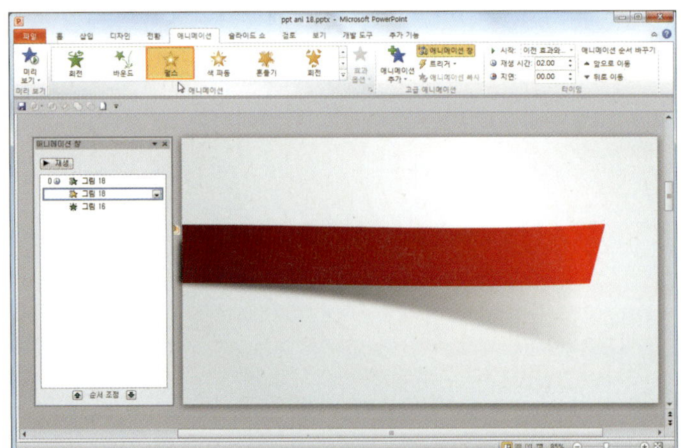
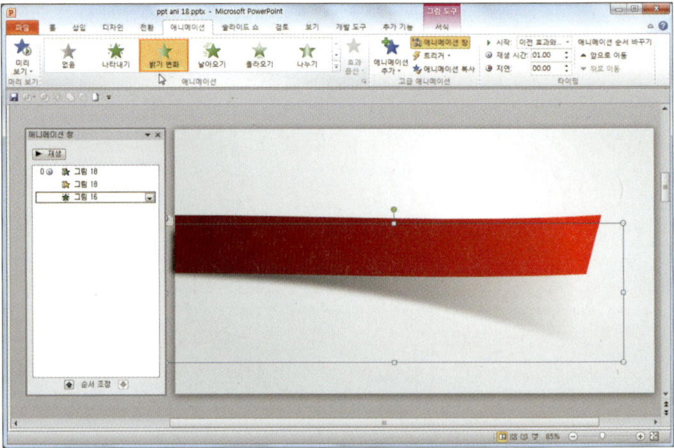

TIP •   타이틀 바와 그림자에 적용된 [펄스]와 [밝기 변화] 효과에서는 타이밍이 중요합니다. [펄스]에 2초, [밝기 변화] 효과에 1초 타이밍을 적용하면
순간이지만 시간차가 생기면서 한층 테크니컬한 느낌을 연출할 수 있습니다.

03 타이틀 텍스트 강조하기

타이틀에 [컬러 타자기] 애니메이션 효과를 적용합니다.

- **애니메이션 복사** : PPT ani_018\ppt ani_018.pptx 파일 – [컬러 타자기] 애니메이션 복사 – 타이틀에 적용
- **효과** : 텍스트 애니메이션 – 문자 단위로　　**시작** : 이전 효과 다음에 시작　　**재생 시간** : 0.08초

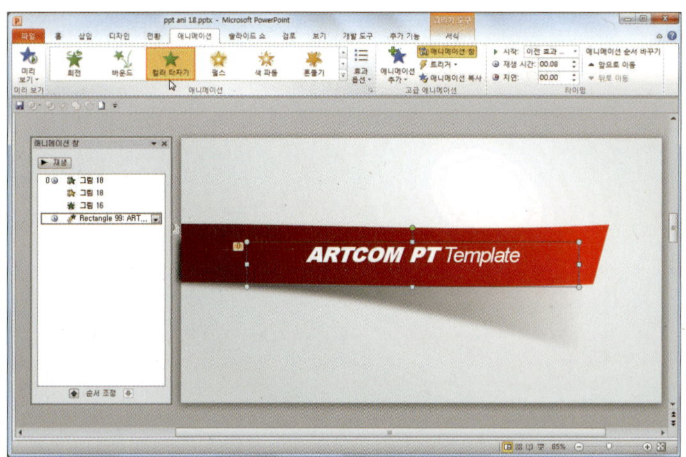
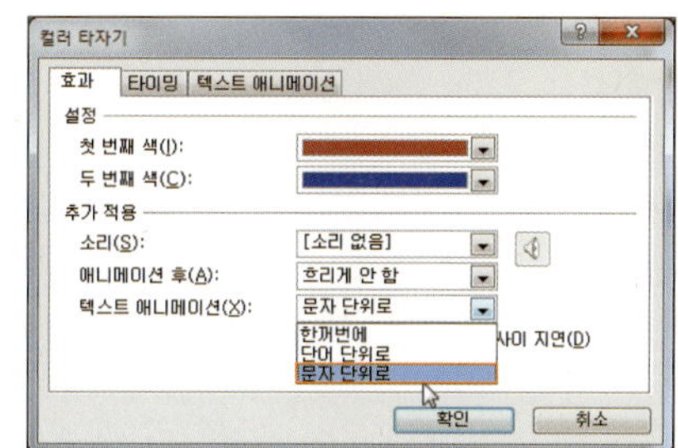

TIP • [컬러 타자기] 효과는 파워포인트 2007 버전에서 상황에 따라 렉(버벅거림) 현상이 발생할 수 있습니다. 그러나 파워포인트 2010 버전에서는 매끄럽게 전개될 것입니다.

04 서브 텍스트 추가하기

01 URL에 [실] 애니메이션 효과를 적용합니다.

- **애니메이션 복사** : PPT ani_018\ppt ani_018.pptx 파일 – [실] 애니메이션 복사 – 서브 텍스트에 적용
- **효과** : 텍스트 애니메이션 – 한꺼번에　　**시작** : 이전 효과와 함께 시작
- **재생 시간** : 0.5초(매우 빠르게)

02 년, 월, 일에 [내려가기] 효과를 적용합니다.

- **애니메이션 추가** : 나타내기 – 올라오기　　**효과 옵션** : 방향 – 떠오르며 내려가기
- **시작** : 이전 효과와 함께 시작　　**재생 시간** : 1초(빠르게)

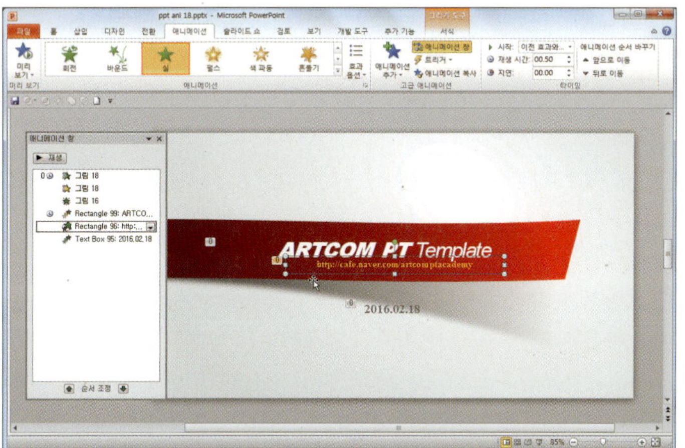
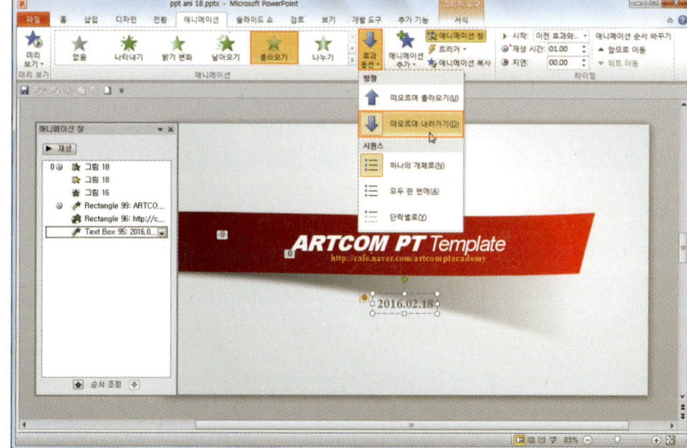

TIP • 애니메이션을 적용할 때 항상 리듬감과 흐름을 고려해야 합니다. 짧은 시간 동안 여러 개체와 텍스트 등의 애니메이션이 진행되므로 물 흐르듯 자연스럽게 연출할 필요가 있습니다.

05 하단 로고 올라오기

하단 로고와 서브 텍스트에 [올라오기] 효과를 적용합니다.

- **애니메이션 추가** : 나타내기 – 올라오기   - **효과 옵션** : 방향 – 떠오르며 올라오기
- **시작** : 이전 효과와 함께 시작   - **재생 시간** : 1초(빠르게)

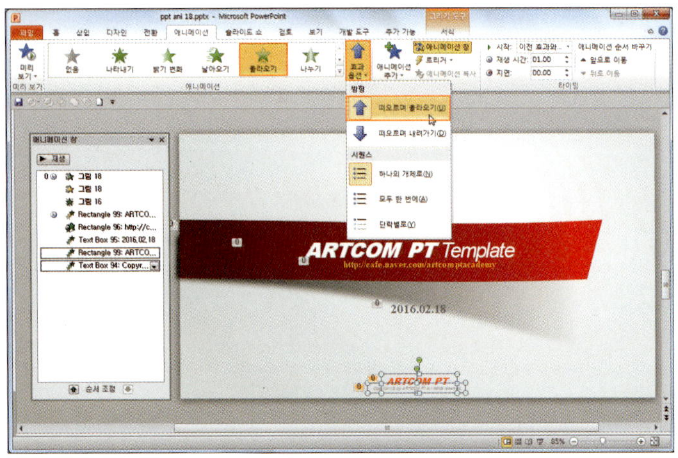

06 타이틀 바 복제하여 색상으로 강조하기

01 PNG 파일로 불러온 타이틀 바를 복제한 다음 색상을 변경하고 빨간색 타이틀 바에 맞춰 정렬합니다.

- **타이틀 바 복제** : 빨간색 타이틀 바를 PNG 파일로 저장 – 그림 삽입 – Ctrl + 1 키를 눌러 복제
- **타이틀 바 색 변경** : 복제한 타이틀 바 선택 – [서식] 탭 [다시 칠하기]에서 원하는 색상으로 변경

02 복제한 4개의 타이틀 바에 [베일 벗기] 효과를 적용합니다.

- **애니메이션 복사** : PPT ani_018\ppt ani_018.pptx 파일 – [베일 벗기] 애니메이션 복사 – 복제한 타이틀 바에 적용
- **시작** : 보라색 – 이전 효과 다음에 시작, 나머지 3개 색상 – 이전 효과와 함께 시작
- **재생 시간** : 보라색 – 0.5초(매우 빠르게), 아이보리색 – 1초(빠르게), 밝은 회색 – 1.5초, 황토색 – 2초(중간)

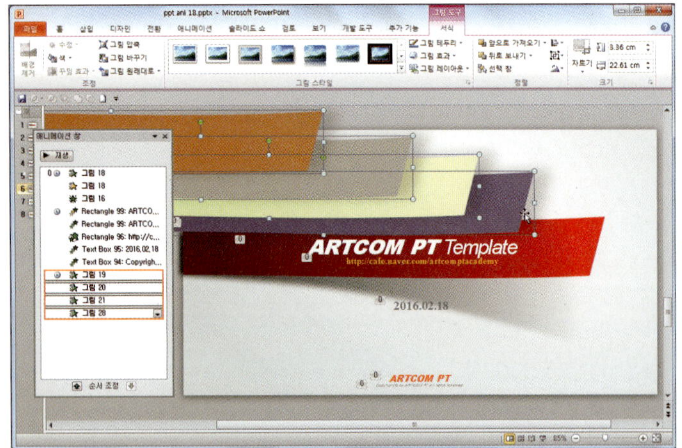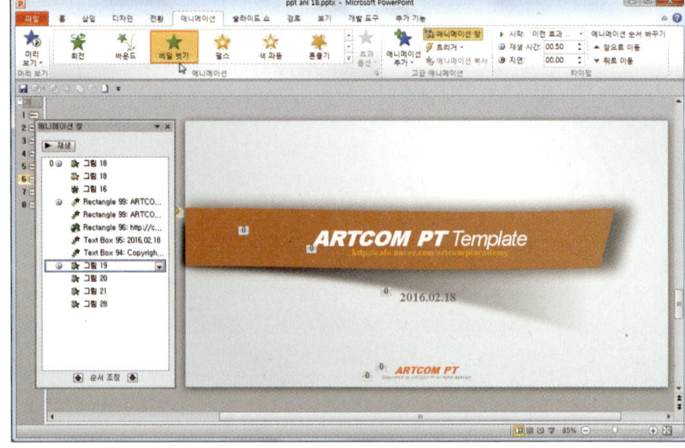

TIP • [베일 벗기] 효과를 적용할 때는 1개보다 여러 개를 복제하는 것이 한층 테크니컬한 느낌을 줍니다. 복제는 3~5개 정도가 적당하며 맨 아래에서부터 위로 올라갈수록 [베일 벗기] 속도를 점차 느리게 적용하는 것이 테크닉 포인트입니다.

07 텍스트 늘여 사라지기

텍스트를 모두 선택한 다음 [늘이기] 애니메이션을 적용합니다.

- **애니메이션 복사** : PPT ani_018\ppt ani_018.pptx 파일 – [늘이기] 애니메이션 복사 – 텍스트에 적용
- **시작** : 타이틀 – 이전 효과 다음에 시작, 나머지 텍스트 – 이전 효과와 함께 시작
- **재생 시간** : 1초(빠르게)

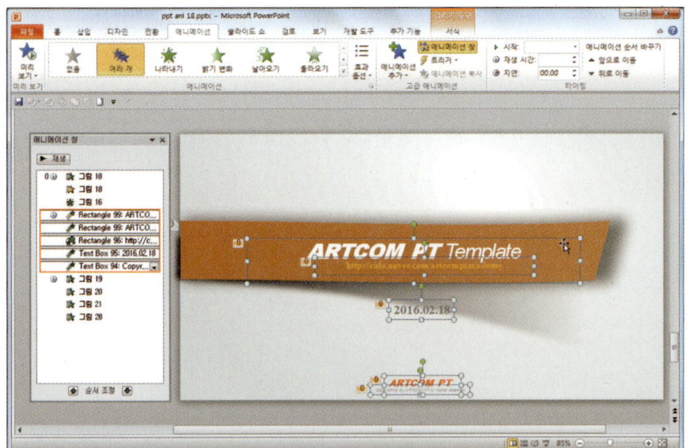
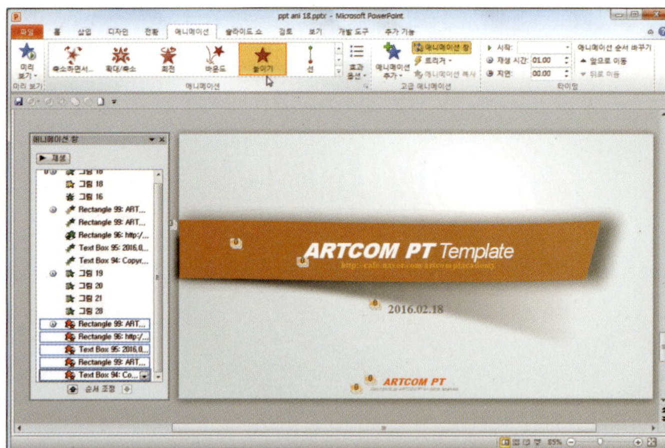

TIP • [늘이기] 효과로 끝내기 애니메이션을 적용할 때 텍스트 모두 같은 속도를 적용할 수 있고 짧지만 시간차를 주는 것도 하나의 방법입니다.

08 빨간색 타이틀 바 왼쪽으로 천천히 사라지며 끝내기

빨간색 타이틀 바와 그림자에 [천천히 사라지기] 애니메이션을 적용합니다.

- **애니메이션 복사** : PPT ani_018\ppt ani_018.pptx 파일 – [천천히 사라지기] 애니메이션 복사 – 빨간색 타이틀 바, 그림자에 적용
- **시작** : 타이틀 바 – 이전 효과 다음에 시작, 그림자 – 이전 효과와 함께 시작
- **재생 시간** : 1초(빠르게)

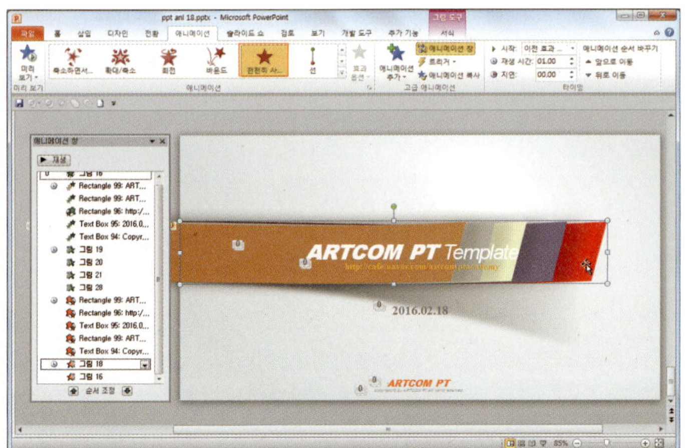
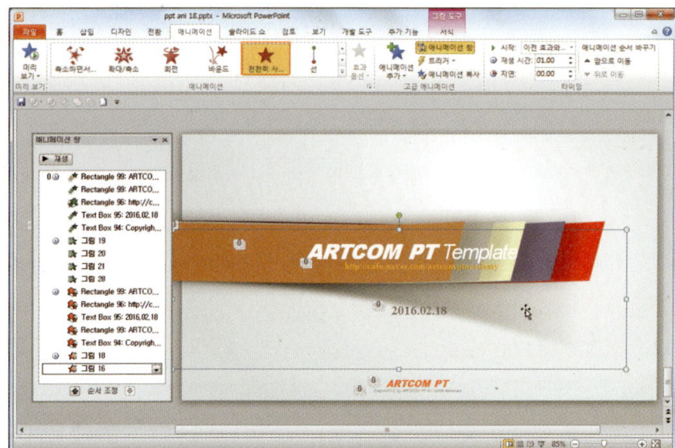

TIP • 빨간색 타이틀 바에 애니메이션을 적용하려면 겹친 4개의 타이틀 바를 잠시 다른 공간으로 이동한 다음 빨간색 타이틀 바만 선택해야 합니다.

019 템플릿4_표지 애니메이션

템플릿을 제작할 때 그래픽 프로그램이나 사진 이미지 한 장 없이도 디자인이 가능합니다. 파워포인트 기능만으로도 디자인 컨셉에 맞춰 충분히 템플릿 디자인을 제작할 수 있으며, 제작된 템플릿에 맞춰 애니메이션 효과를 적용하면 한층 퀄리티를 높일 수 있습니다.

|난이도| ★★★☆ |예제 파일| PPT ani_019\ppt 019.pptx |결과 파일| PPT ani_019\ppt ani_019.pptx
|동영상 파일| PPT ani_019\019_PPT표지 애니메이션.wmv |인터넷으로 보기| http://cafe.naver.com/artcomptacademy/1696

애니메이션 작업 포인트

이번 예제에서 주목해야 할 부분은 표지 전반에 적용된 애니메이션 테크닉입니다. 표지 중에서 단연 타이틀 바 부분이 중요하지만 애니메이션 효과가 단조롭게 느껴질 경우 표지에 적용된 개체와 텍스트 전반에 애니메이션 효과를 적용할 필요가 있습니다. 그러나 전반적으로 애니메이션이 적용되어 불필요하게 느껴지거나 부자연스럽게 느껴지지 않도록 연출해야 합니다.

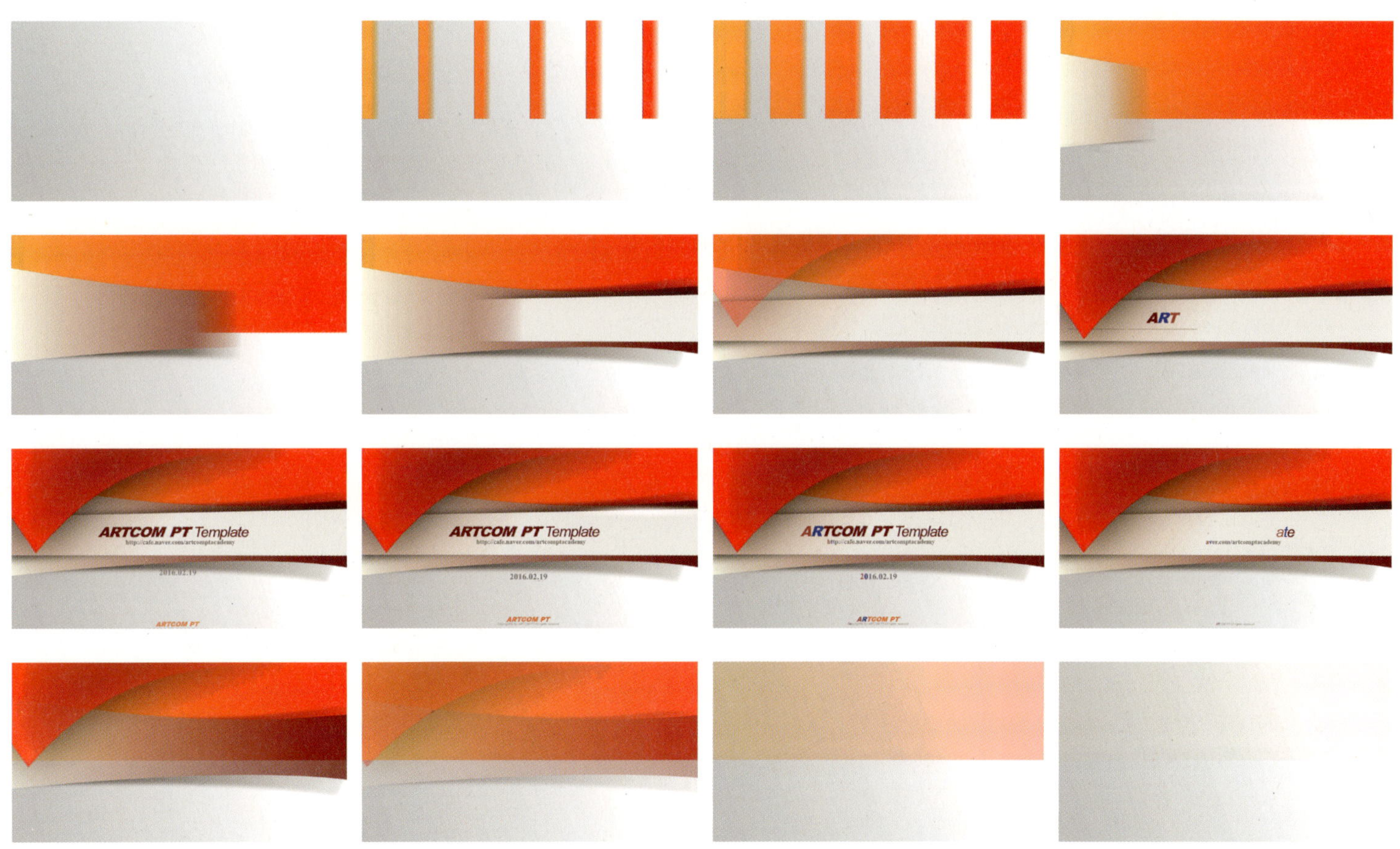

OI 블라인드처럼 상단 배경 추가하기

상단의 직사각형 배경에 [블라인드] 효과를 적용합니다.

- **파일 열기** : PPT ani_019\ppt 019.pptx
- **애니메이션 추가** : 추가 나타내기 효과 – 기본 효과 – 블라인드   • **효과** : 방향 – 세로
- **시작** : 이전 효과 다음에 시작   • **재생 시간** : 0.5초(매우 빠르게)

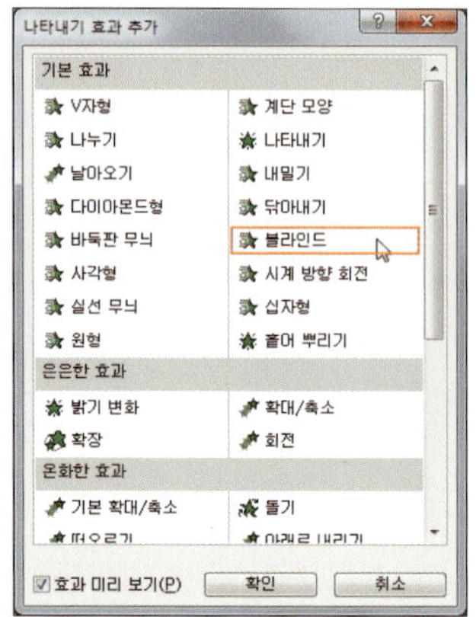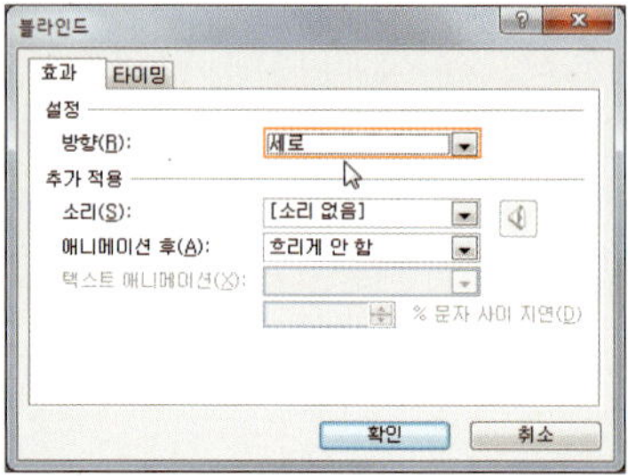

TIP • [블라인드] 효과에는 가로/세로 방향이 있습니다. 블라인드 방향을 바꿔가면서 테스트하여 보다 자연스럽게 느껴지는 방향으로 선택하는 것이 좋습니다.

O2 타이틀 바 닦아내듯 교차하여 효과주기

01 뒤쪽 타이틀 바에 [닦아내기] 효과를 적용합니다.

- **애니메이션 추가** : 나타내기 – 닦아내기   • **효과 옵션** : 방향 – 왼쪽에서
- **시작** : 이전 효과 다음에 시작   • **재생 시간** : 0.5초(매우 빠르게)

02 앞쪽 타이틀 바에 [닦아내기] 효과를 적용합니다.

- **애니메이션 추가** : 나타내기 – 닦아내기   • **효과** : 방향 – 오른쪽에서
- **시작** : 이전 효과 다음에 시작   • **재생 시간** : 0.5초(매우 빠르게)

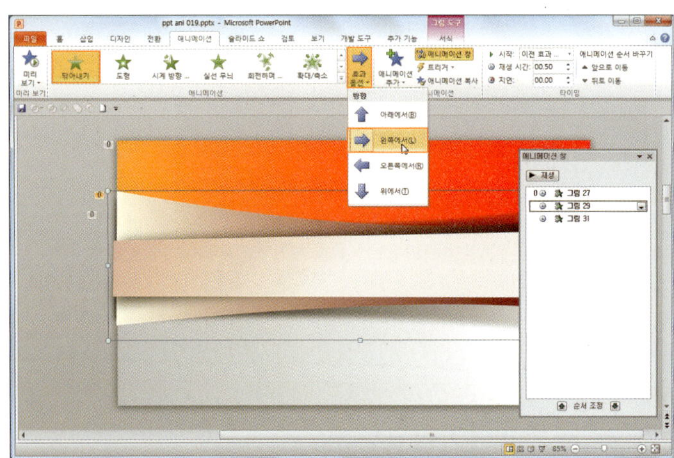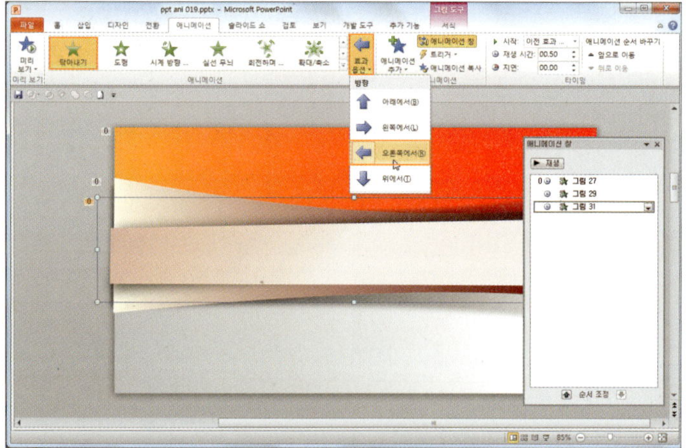

TIP • 타이틀 바는 자유형 선으로 형태를 작성하고 그라데이션 효과를 적용하여 만듭니다.

+ 동영상으로 작성 방법 보기 : http://cafe.naver.com/artcomptacademy/1855

03 왼쪽 위 개체 내리기

왼쪽 위 개체에 [내려가기] 효과를 적용합니다.

- **애니메이션 추가** : 나타내기 – 올라오기　　**효과 옵션** : 방향 – 떠오르며 내려가기
- **시작** : 이전 효과 다음에 시작　　**재생 시간** : 2초(중간)

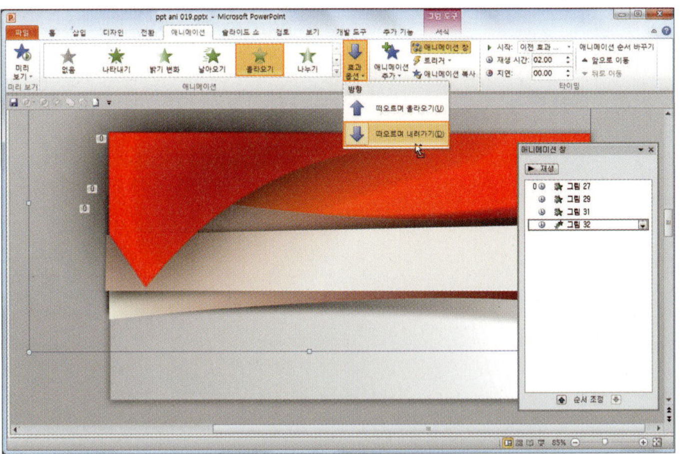
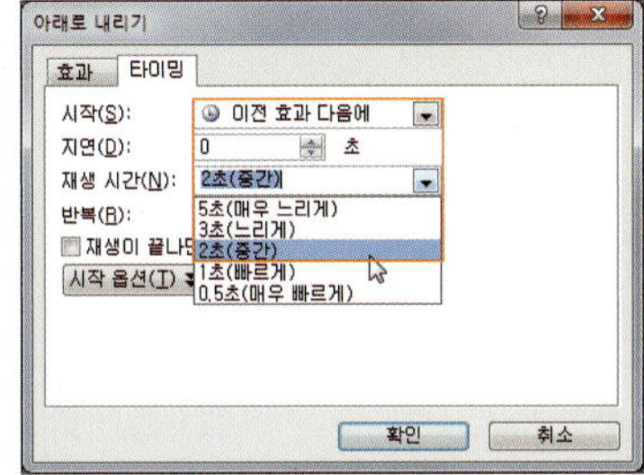

> **TIP** •　이번 과정에서는 [떠오르며 내려가기] 효과 타이밍을 2초 동안 적용하여 다소 느린 느낌을 주었습니다. 파워포인트 애니메이션은 1초 차이라도 매우 느리게 느껴질 수 있습니다. 결국 애니메이션의 리듬감이란 속도를 어떻게 적용하느냐에 달려있습니다.

04 타이틀 텍스트 강조하기

타이틀에 [컬러 타자기] 애니메이션 효과를 적용합니다.

- **애니메이션 복사** : PPT ani_019\ppt ani_019.pptx 파일 – [컬러 타자기] 애니메이션 복사 – 타이틀에 적용
- **효과** : 텍스트 애니메이션 – 문자 단위로　　**시작** : 이전 효과 다음에 시작
- **재생 시간** : 0.08초

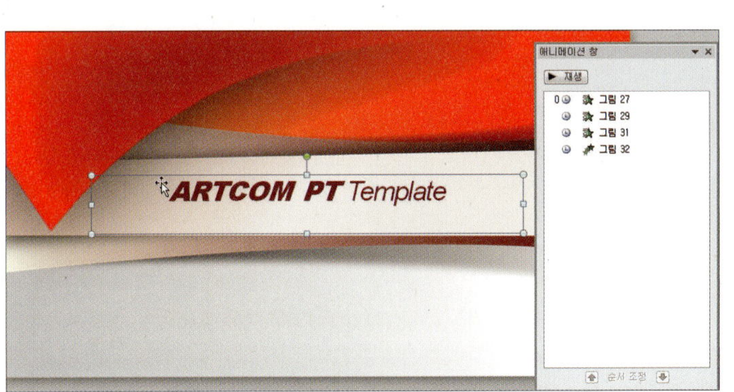

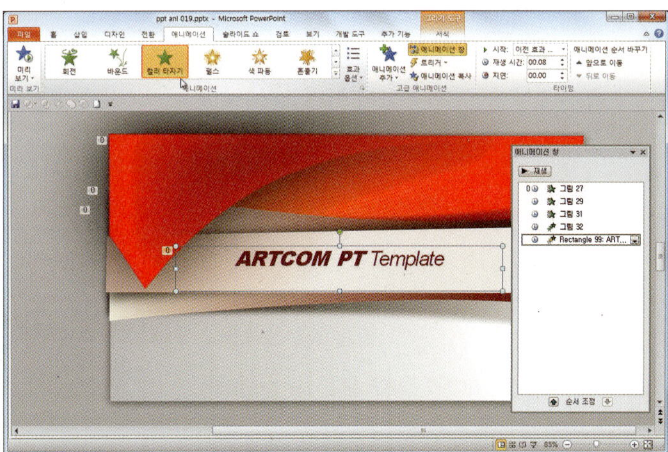

> **TIP** •　[컬러 타자기] 효과는 파워포인트 2007 버전에서 상황에 따라 렉(버벅거림) 현상이 나타날 수 있습니다. 렉 현상이 나타나면 [컬러 타자기] 효과를 적용하지 않는 것이 좋습니다.

05 서브 텍스트 추가하기

01 URL에 [실] 애니메이션 효과를 적용합니다.

- 애니메이션 복사 : PPT ani_019\ppt ani_019.pptx 파일 – [실] 애니메이션 복사 – 서브 텍스트에 적용
- 효과 : 텍스트 애니메이션 – 한꺼번에   • 시작 : 이전 효과와 함께 시작
- 재생 시간 : 0.5초(매우 빠르게)

02 년, 월, 일에 [내려가기] 효과를 적용합니다.

- 애니메이션 추가 : 나타내기 – 올라오기   • 효과 옵션 : 방향 – 떠오르며 내려가기
- 시작 : 이전 효과와 함께 시작   • 재생 시간 : 1초(빠르게)

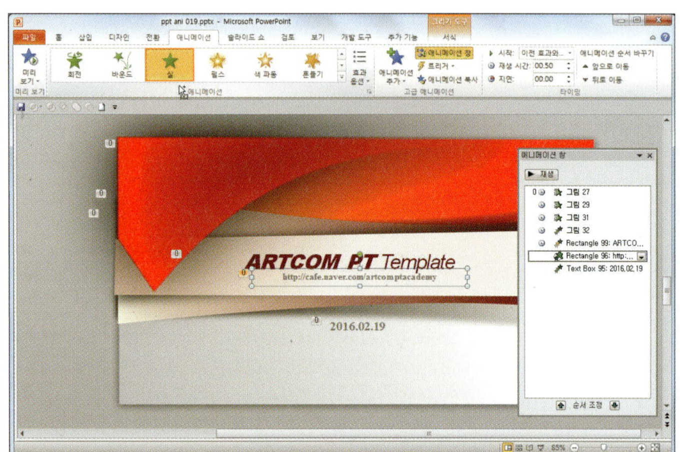
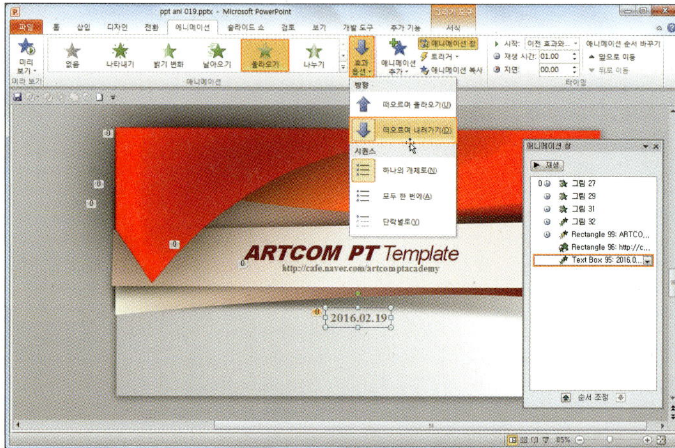

TIP • 애니메이션을 적용할 때 항상 리듬감과 흐름을 고려해야 합니다. 0.5초와 1초의 차이는 매우 짧지만 확실히 속도 차이를 느낄 수 있으며 0.5초 차이에 따라 매끄럽지 않은 애니메이션이 될 수도 있습니다.

06 로고와 서브 텍스트 상하로 효과주기

하단 로고와 서브 텍스트에 [올라오기] 효과를 적용합니다.

- 애니메이션 추가 : 나타내기 – 올라오기   • 효과 옵션 : 방향 – 떠오르며 올라오기
- 시작 : 이전 효과와 함께 시작   • 재생 시간 : 1초(빠르게)

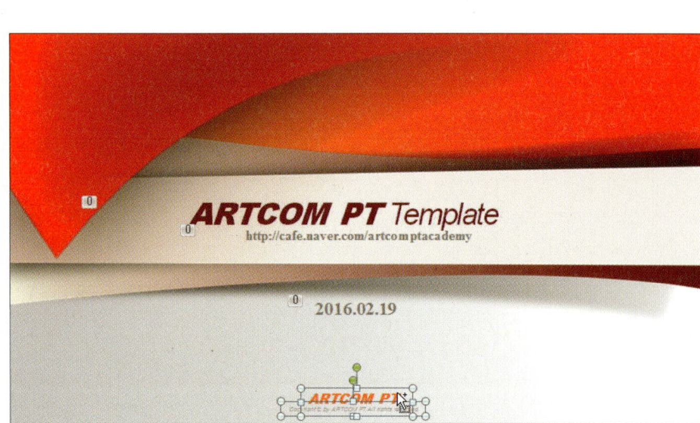
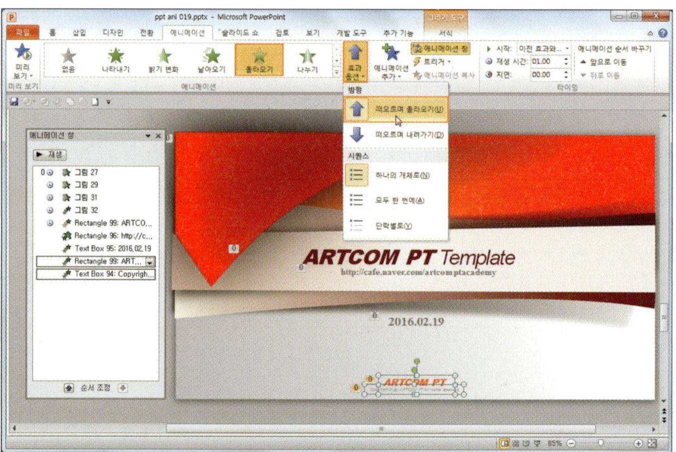

07 타이틀 바에 흰색 타원(빛) 날아오기

01 오른쪽 흰색 타원(수평으로 긴 빛 형태)에 [날아오기] 효과를 적용합니다.

- 애니메이션 추가 : 나타내기 – 날아오기   • 시작 : 이전 효과 다음에 시작
- 효과 옵션 : 방향 – 왼쪽에서   • 재생 시간 : 0.5초(매우 빠르게)

02 중심부 흰색 타원(수평으로 긴 빛 형태)에 [날아오기] 효과를 적용합니다.

- 애니메이션 추가 : 나타내기 – 날아오기   • 효과 옵션 : 방향 – 오른쪽에서
- 시작 : 이전 효과 다음에 시작   • 재생 시간 : 0.5초(매우 빠르게)

03 중심부 흰색 타원에 [늘이기] 애니메이션 효과를 적용합니다.

- 애니메이션 복사 : PPT ani_019\ppt ani_019.pptx 파일 – [늘이기] 애니메이션 복사 – 흰색 타원에 적용
- 효과 : 텍스트 애니메이션 – 한꺼번에   • 시작 : 이전 효과 다음에 시작   • 재생 시간 : 0.5초(매우 빠르게)

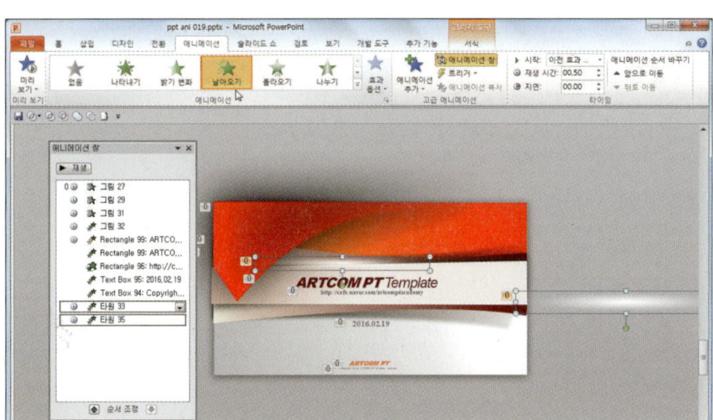
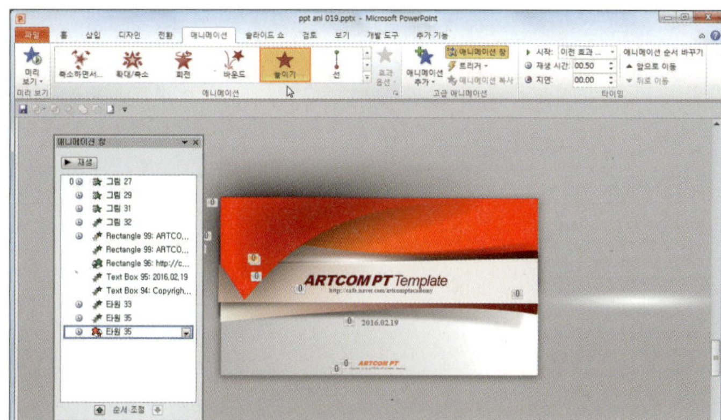

08 텍스트와 개체 애니메이션 끝내기

01 텍스트에 [컬러 타자기] 애니메이션 효과를 적용합니다.

- 애니메이션 복사 : PPT ani_019\ppt ani_019.pptx 파일 – [컬러 타자기] 애니메이션 복사 – 텍스트에 적용
- 효과 : 텍스트 애니메이션 – 문자 단위로
- 시작 : 처음 텍스트 – 이전 효과 다음에 시작, 나머지 텍스트 – 이전 효과와 함께 시작   • 재생 시간 : 0.08초

02 개체에 [늘이기] 애니메이션 효과를 적용합니다.

- 애니메이션 복사 : PPT ani_019\ppt ani_019.pptx 파일 – [늘이기] 애니메이션 복사 – 다지인 요소에 적용
- 효과 : 텍스트 애니메이션 – 한꺼번에   • 시작 : 이전 효과 다음에 시작
- 재생 시간 : 개체별 1초~3초(위쪽 배경 – 3초)

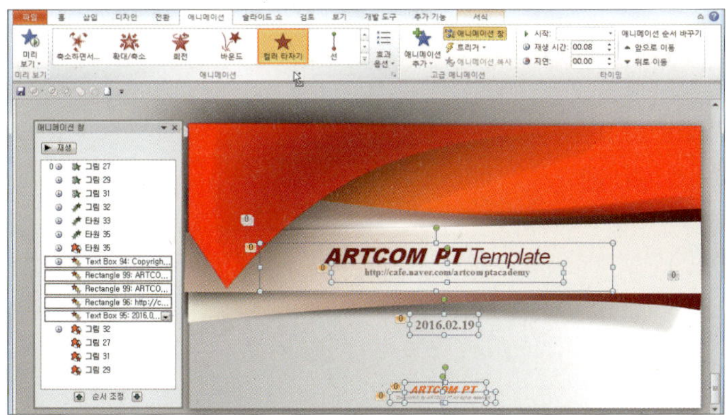
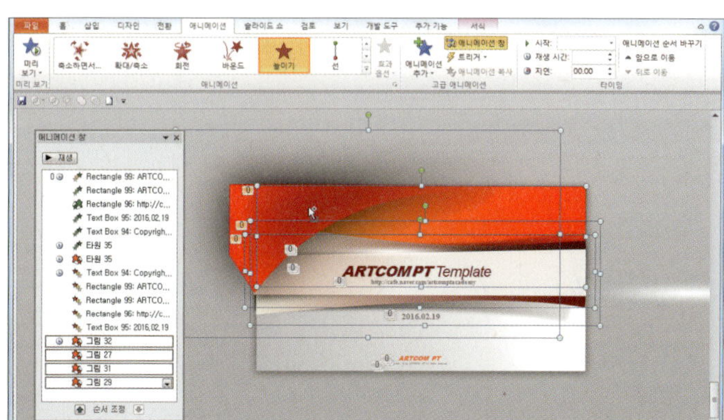

020 템플릿5_표지 애니메이션

표지 디자인에서는 배경이 중요하지만 배경 처리 과정에서 어울리는 느낌을 찾지 못하는 경우가 많습니다. 이때 스트라이프 형식을 활용하는 것도 하나의 방법입니다. 스트라이프 형식은 배경을 밋밋하지 않게 유지하면서 메인 디자인과 잘 어울리고 애니메이션 또한 독특한 느낌으로 연출할 수 있습니다.

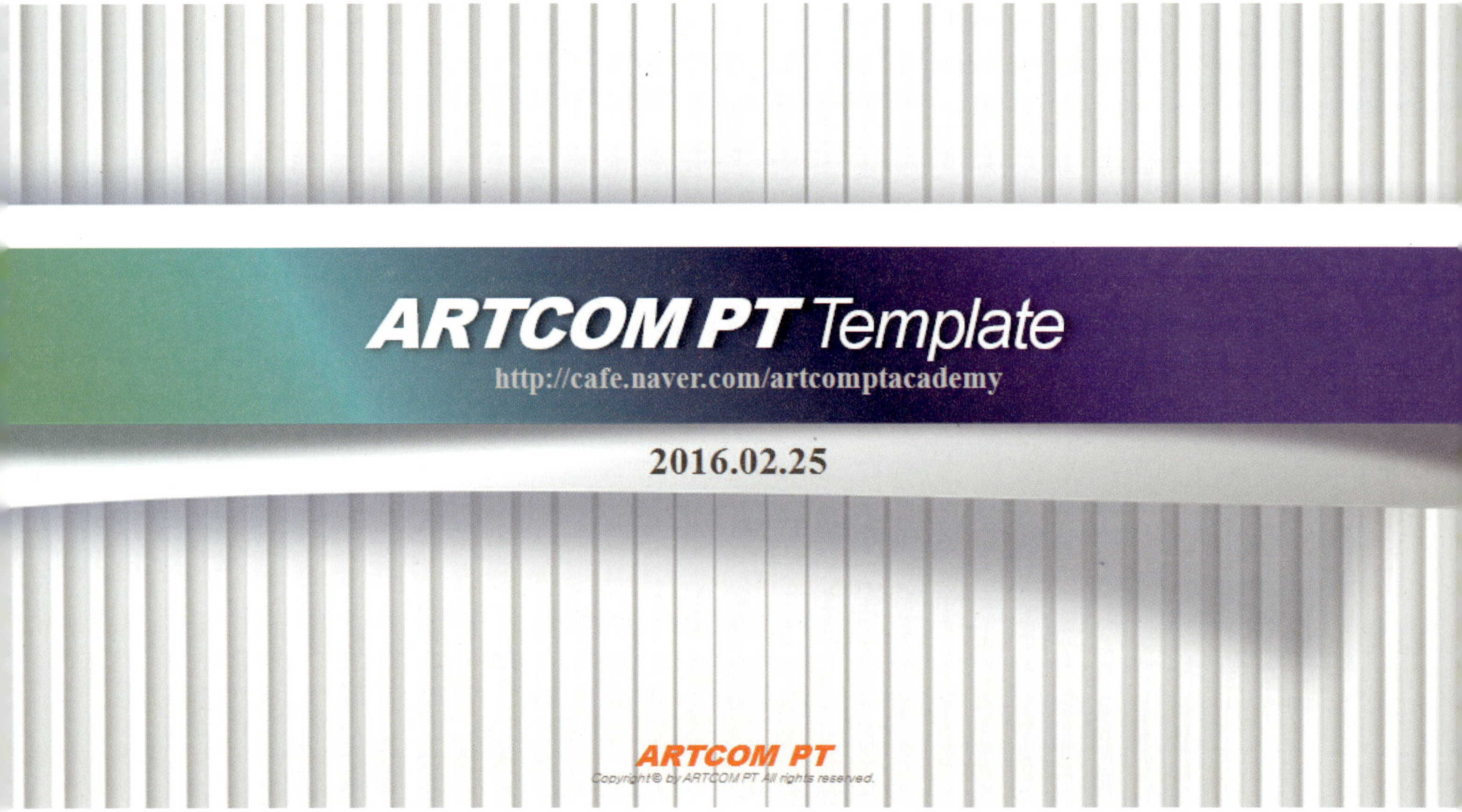

|난이도| ★★★☆ |예제 파일| PPT ani_020\ppt 020.pptx |결과 파일| PPT ani_020\ppt ani_020.pptx
|동영상 파일| PPT ani_020\020_PPT표지 애니메이션.wmv |인터넷으로 보기| http://cafe.naver.com/artcomptacademy/1701

애니메이션 작업 포인트

이번 예제에서 주목해야 할 부분은 표지 전반에 적용된 애니메이션 테크닉입니다. 중심부 타이틀 바뿐만 아니라 세로 배경의 스트라이프에 [베일 벗기] 효과를 적용하여 보다 에너지가 느껴지도록 연출하였습니다.

0I 타이틀 바 추가하기

중심부에 앞뒤로 펼쳐진 2개의 텍스트 바에 [베일 벗기] 효과를 적용합니다.

- 파일 열기 : PPT ani_020\ppt 020.pptx
- 애니메이션 복사 : PPT ani_020\ppt ani_020.pptx – [베일 벗기] 애니메이션 복사 – 타이틀 바에 적용
- 시작 : 뒤쪽 타이틀 바 – 이전 효과 다음에 시작, 앞쪽 타이틀 바 – 이전 효과와 함께 시작
- 재생 시간 : 뒤쪽 타이틀 바 – 1초(빠르게), 앞쪽 타이틀 바 – 2초(중간)

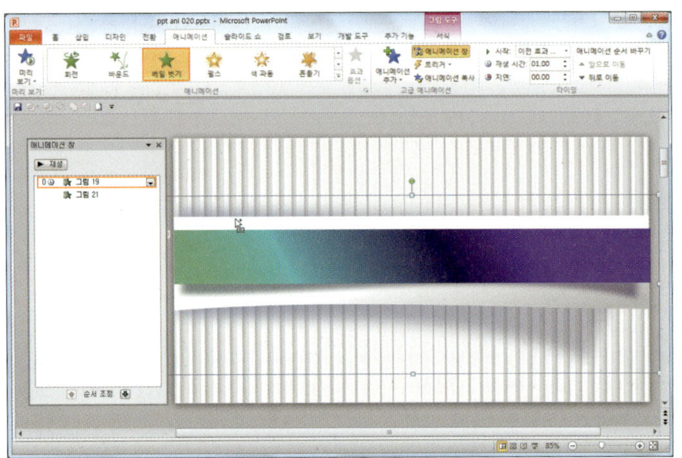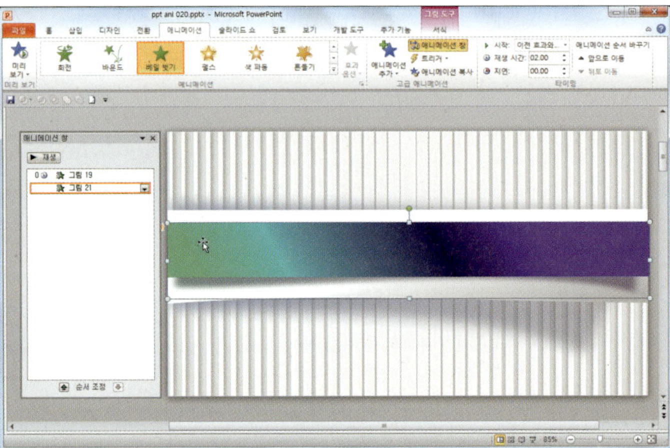

TIP •　본 예제는 연습용입니다. 슬라이드 크기와 문구, 텍스트, 색상 등은 용도에 맞춰 변경하셔도 좋습니다.
[애니메이션 창]의 효과 목록에서 시계(🕐)나 마우스(🖱) 아이콘이 보이지 않기 위해서는 효과 부분의 '풀다운' 아이콘(▼)을 클릭하여 **진행 시간 표시 막대 숨기기**를 선택합니다.

02 타이틀 텍스트 불러오기

타이틀에 [컬러 타자기] 애니메이션 효과를 적용합니다.

- 애니메이션 복사 : PPT ani_020\ppt ani_020.pptx – [컬러 타자기] 애니메이션 복사 – 타이틀에 적용
- 효과 : 텍스트 애니메이션 – 문자 단위로　　• 시작 : 이전 효과 다음에 시작
- 재생 시간 : 0.08초

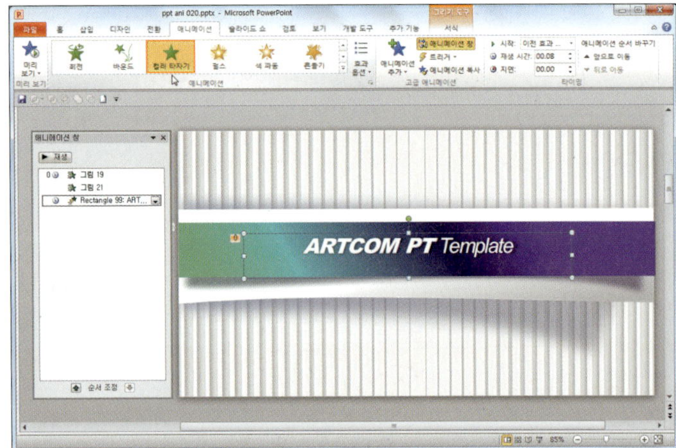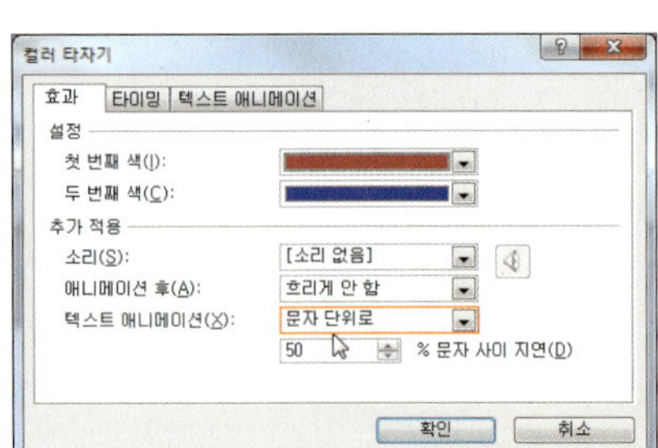

TIP •　다른 슬라이드를 열어 애니메이션 복사하기가 번거로운 경우 나타내기 효과 중 [온화한 효과]나 [화려한 효과] 중에서 적절한 효과를 적용하는 것도 좋습니다.

03 서브 텍스트 내리기

01 URL에 [실] 애니메이션 효과를 적용합니다.

- **애니메이션 복사** : PPT ani_020\ppt ani_020.pptx – [실] 애니메이션 복사 – 서브 텍스트에 적용
- **효과** : 텍스트 애니메이션 – 한꺼번에   • **시작** : 이전 효과와 함께 시작
- **재생 시간** : 0.5초(매우 빠르게)

02 년, 월, 일에 [내려가기] 효과를 적용합니다.

- **애니메이션 추가** : 나타내기 – 올라오기
- **효과 옵션** : 방향 – 떠오르며 내려가기   • **시작** : 이전 효과와 함께 시작
- **재생 시간** : 1초(빠르게)

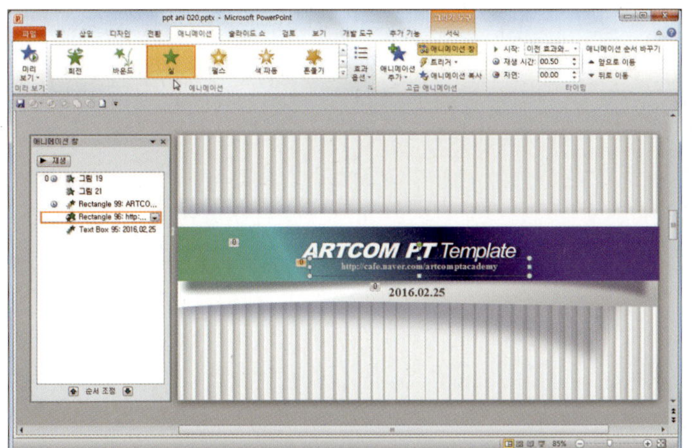
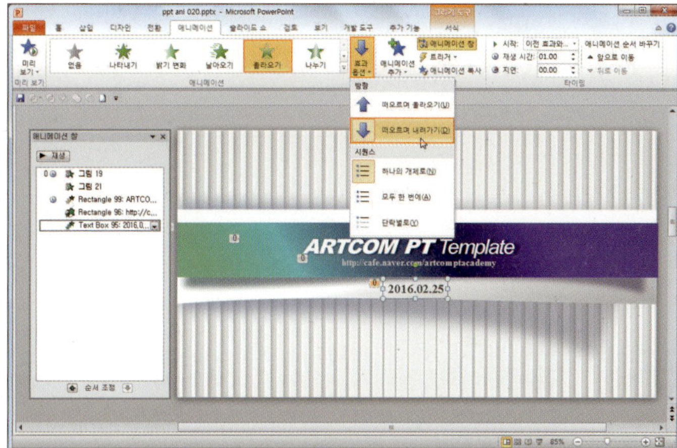

04 하단 로고 올라오기

하단 로고와 서브 텍스트에 [올라오기] 효과를 적용합니다.

- **애니메이션 추가** : 나타내기 – 올라오기   • **효과 옵션** : 방향 – 떠오르며 올라오기
- **시작** : 이전 효과와 함께 시작   • **재생 시간** : 1초(빠르게)

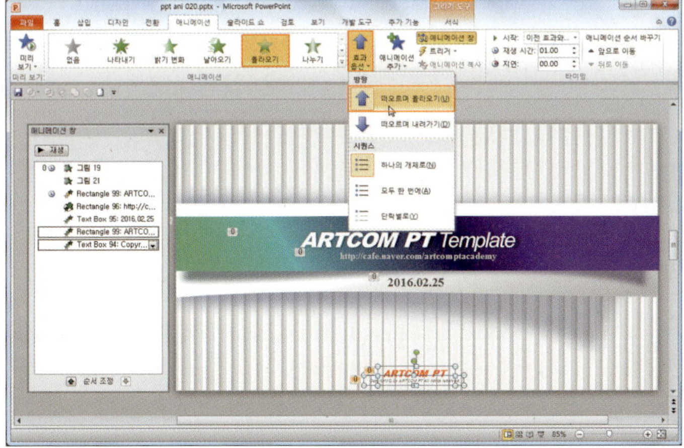
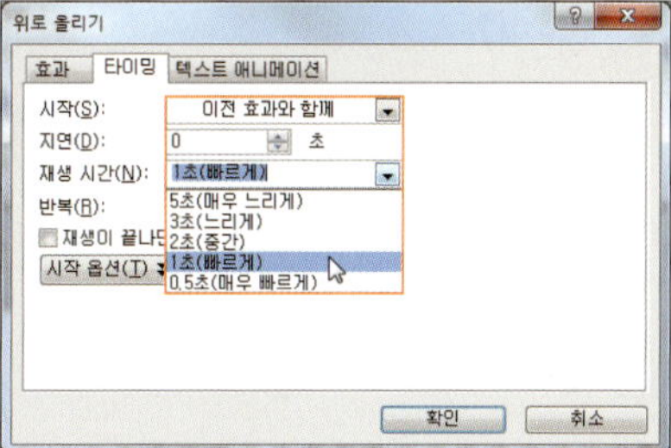

TIP • 예제에서는 로고 애니메이션을 단조롭게 적용했습니다. 그러나 로고 애니메이션이 중요한 경우가 있습니다. 회사 이름이나 브랜드를 어필하고 싶을 때를 대비하여 몇 가지 애니메이션 기법을 연구할 필요가 있습니다.

05 투명 배경을 겹쳐 입체적으로 강조하기

투명도가 적용된 2개의 배경을 겹치고 각각 [베일 벗기] 효과를 적용합니다.

- **애니메이션 복사** : PPT ani_020\ppt ani_020.pptx 파일 – [베일 벗기] 애니메이션 복사 – 2개의 배경에 적용
- **시작** : 뒤쪽 배경 – 이전 효과 다음에 시작, 앞쪽 배경 – 이전 효과와 함께 시작
- **재생 시간** : 뒤쪽 배경 – 1초(빠르게), 앞쪽 배경 – 2초(중간)

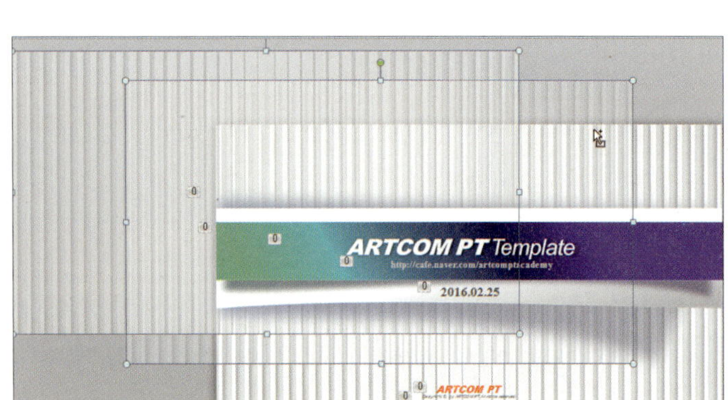
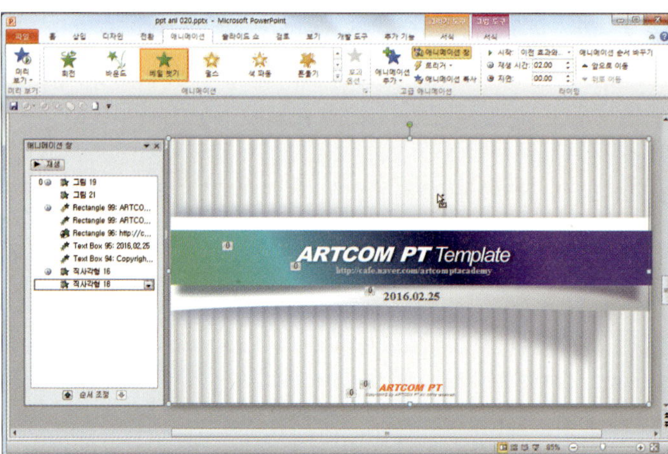

TIP • 　[베일 벗기] 효과는 같은 디자인을 여러 장 겹쳐 표현하는 것이 보다 테크니컬하며 시간차가 매우 중요합니다.

06 타이틀 바 깜빡이기

중심부 그라데이션이 적용된 타이틀 바에 [펄스] 효과를 적용합니다.

- **애니메이션 추가** : 강조 – 펄스
- **시작** : 이전 효과 다음에 시작　　• **재생 시간** : 0.5초(매우 빠르게)

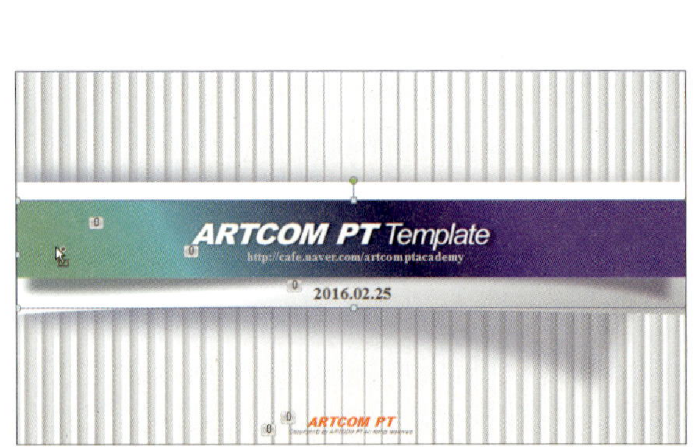
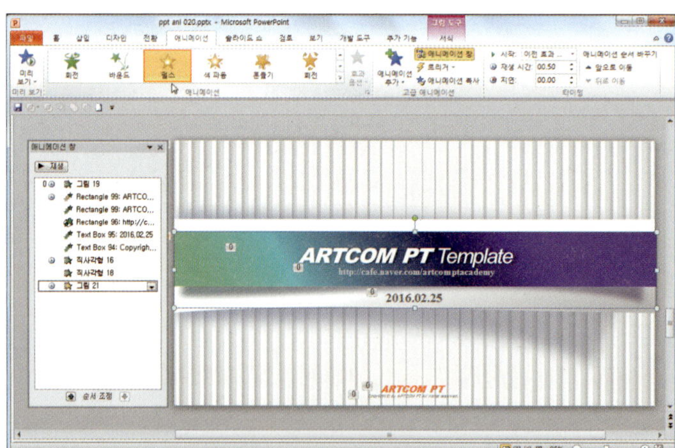

TIP • 　[애니메이션 추가]–[강조]에서 바로 [펄스] 효과를 적용해도 되지만 [추가 강조하기 효과] 대화상자를 이용하는 이유는 보다 다양한 강조 효과를
적용해 보기 위함입니다.

07 텍스트 떠오르며 올라오기

Shift 키를 누른 채 텍스트를 모두 선택하고 [가라앉기] 효과를 적용합니다.

- **애니메이션 추가** : 끝내기 – 가라앉기   **효과** : 방향 – 떠오르며 올라오기
- **시작** : 처음 차트 – 이전 효과 다음에 시작, 다른 텍스트 – 이전 효과와 함께 시작
- **재생 시간** : 1초(빠르게)

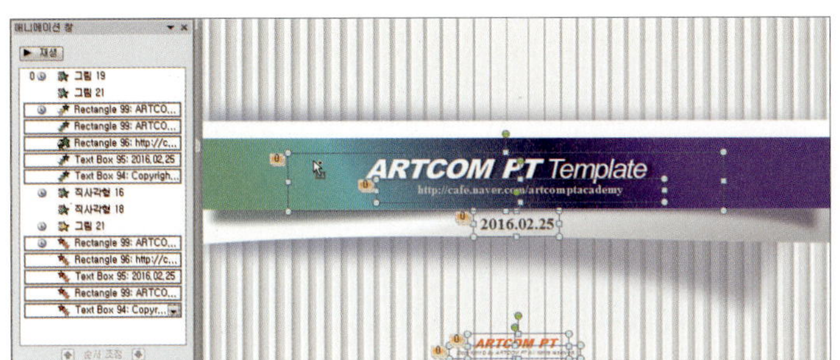

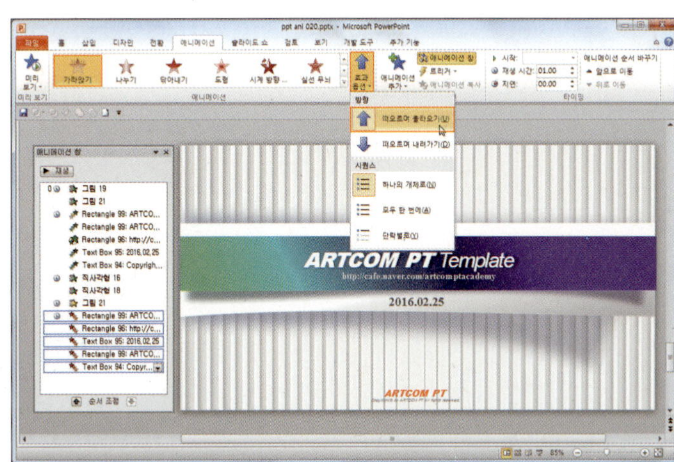

TIP • 텍스트 선택하기 위해서는 Shift 키를 누른 상태에서 텍스트를 하나씩 추가합니다.

08 타이틀 바와 배경 늘이고 수축시켜 끝내기

01 2개의 타이틀 바를 선택한 다음 끝내기 중 [수축] 효과를 적용합니다.

- **애니메이션 추가** : 끝내기 – 추가 끝내기 효과 – 은은한 효과 – 수축
- **시작** : 앞쪽 타이틀 바 – 이전 효과 다음에 시작, 뒤쪽 타이틀 바 – 이전 효과와 함께 시작
- **재생 시간** : 1초(빠르게)

02 2개의 투명 배경에 [늘이기] 애니메이션 효과를 적용합니다.

- **애니메이션 복사** : PPT ani_020\ppt ani_020.pptx 파일 – [늘이기] 애니메이션 복사 – 투명 배경에 적용
- **시작** : 이전 효과와 함께 시작   **재생 시간** : 1초(빠르게)

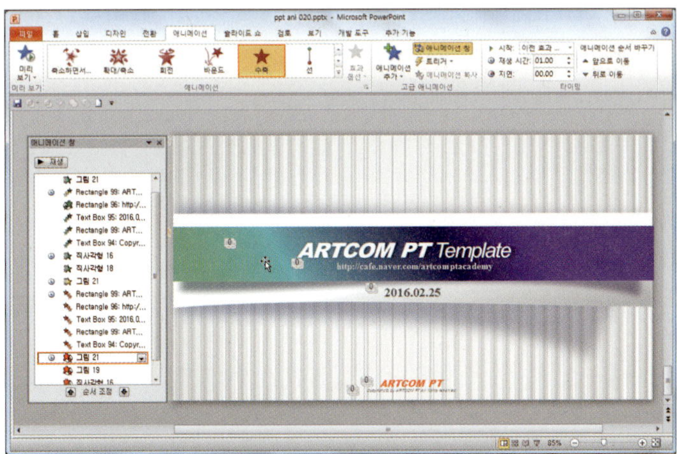

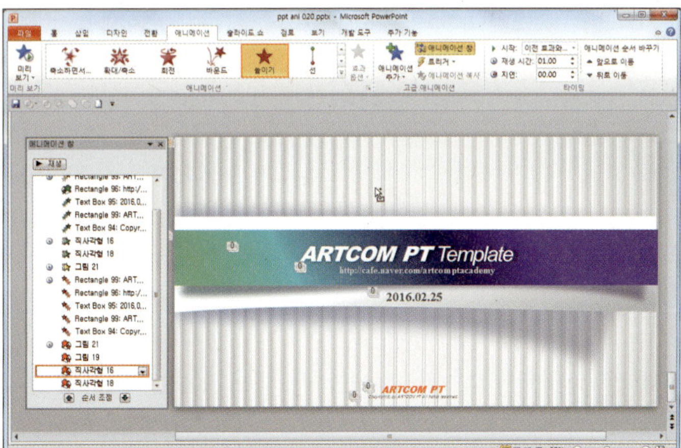

TIP • 세로 스트라이프의 경우 [늘이기] 효과를 적용해 애니메이션을 끝내면 한층 테크니컬한 느낌을 연출할 수 있습니다.
포개진 투명 배경에 애니메이션을 적용할 때는 각각 일정 공간으로 이동시켜 애니메이션을 적용한 다음 다시 포개어 둡니다.

021 워드아트1_타이포그래피 애니메이션

워드아트는 특정 키워드를 부각시킬 때 활용하므로 시선을 끌어 들이면서 오래 기억될 수 있도록 연출할 필요가 있습니다. 그래서 입체 효과나 투명도, 그라데이션, 그림자 효과 등을 적용하여 한층 돋보이게 디자인하는 것이 특징입니다. 애니메이션 또한 주목성을 높이기 위해 한층 테크니컬한 느낌으로 연출할 필요가 있습니다.

|난이도| ★★★☆ |예제 파일| PPT ani_021\ppt 021.pptx |결과 파일| PPT ani_021\ppt ani_021.pptx
|동영상 파일| PPT ani_021\021_워드아트 애니메이션.wmv |인터넷으로 보기| http://cafe.naver.com/artcomptacademy/209

애니메이션 작업 포인트

이번 예제에서 주목해야 할 부분은 타이포그래피 애니메이션 테크닉입니다. 한문으로 작성된 메인 키워드는 한층 역동적으로 전개하였고, 서브 텍스트는 다소 잔잔한 느낌으로 애니메이션하였습니다. 메인 텍스트가 강하게 어필되도록 테크니컬한 느낌을 살려 한 번 더 강조하였습니다.

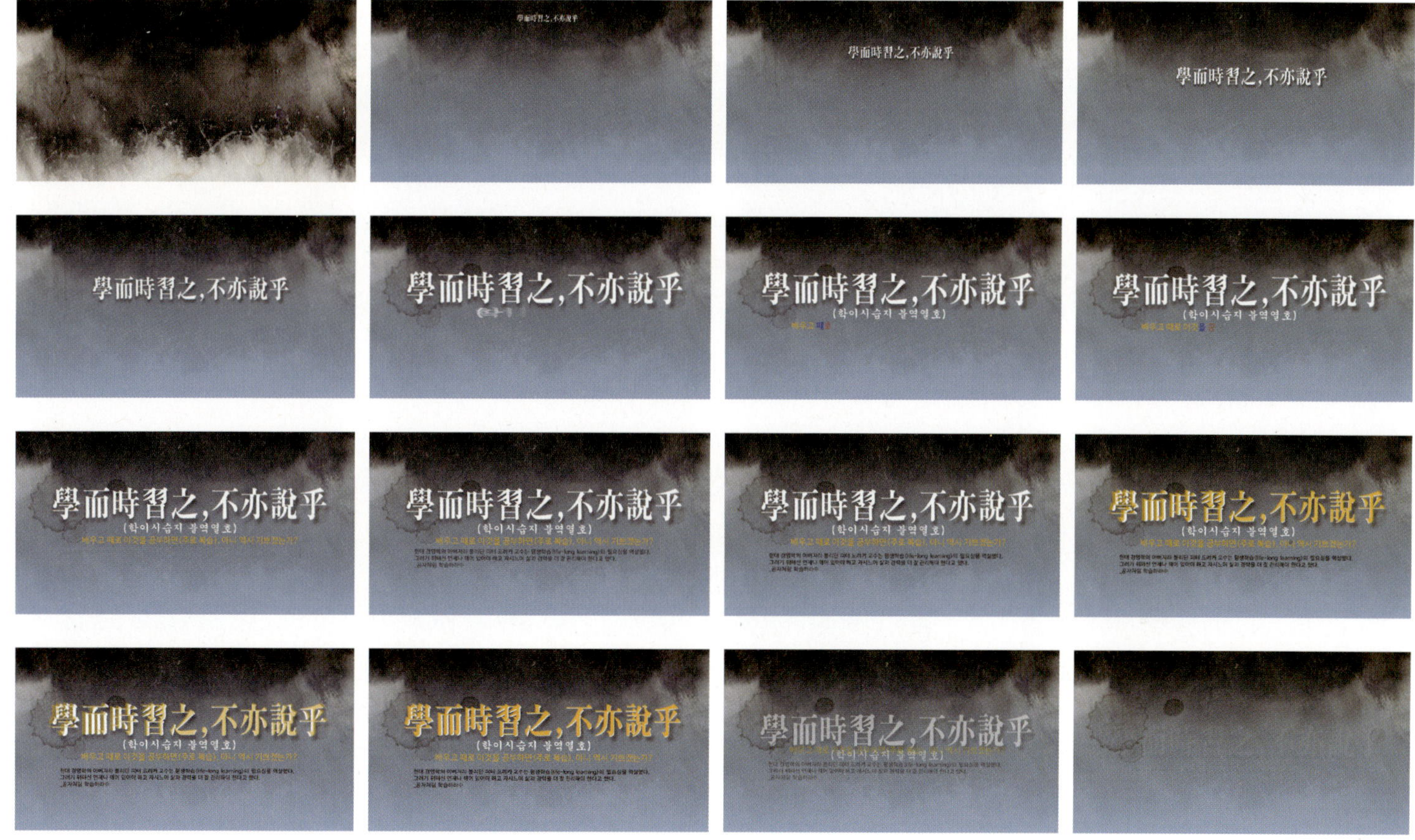

01 청회색 그라데이션 올라오기

청회색 그라데이션이 적용된 배경에 [올라오기] 효과를 적용합니다.

- 파일 열기 : PPT ani_021\ppt 021.pptx
- 애니메이션 추가 : 나타내기 – 올라오기
- 효과 옵션 : 방향 – 떠오르며 올라오기
- 시작 : 이전 효과 다음에 시작
- 재생 시간 : 1초(빠르게)

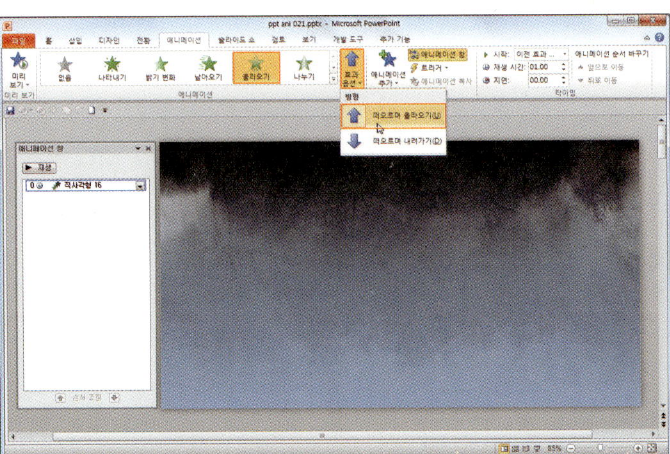

TIP • 본 예제는 연습용으로 슬라이드 크기와 문구, 텍스트, 색상 등은 용도에 맞춰 변경하셔도 좋습니다.
진한 먹색이 강하게 느껴질 경우 투명도가 적용된 색상을 겹치면 한층 먹색이 안정되고 차분한 느낌을 줍니다.

02 메인 키워드 상하로 확대되며 날아오기

01 메인 키워드인 한문(워드아트)에 [날아오기] 효과를 적용합니다.

- 애니메이션 추가 : 나타내기 – 날아오기
- 효과 옵션 : 방향 – 위에서
- 시작 : 이전 효과 다음에 시작
- 재생 시간 : 0.5초(매우 빠르게)

02 한문 텍스트에 [기본 확대/축소] 효과를 적용합니다.

- 애니메이션 추가 : 추가 나타내기 효과 – 온화한 효과 – 기본 확대/축소
- 효과 : 확대/축소 – 안쪽
- 시작 : 이전 효과와 함께 시작
- 재생 시간 : 1초(빠르게)

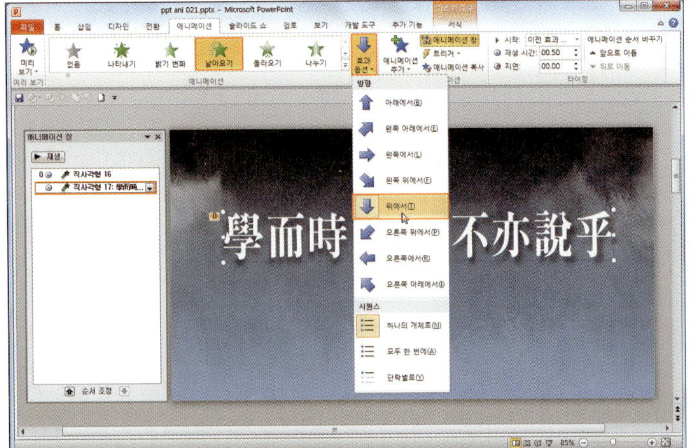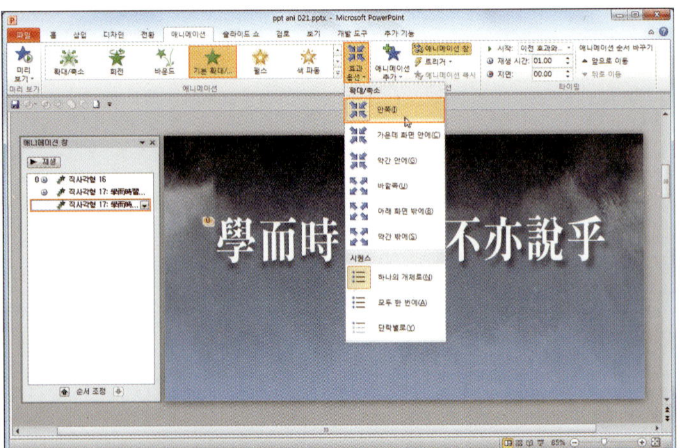

TIP • 메인 키워드에 [내려오기], [기본 확대/축소] 효과를 동시에 적용하면 상하로 텍스트가 내려오면서 확대되어 한층 테크니컬한 느낌을 줍니다.
이때 중요한 것은 타이밍으로, 확대되는 속도를 다소 느리게 설정하는 것이 포인트입니다.

03 먹물 자국 확대하기

한문 양쪽에 있는 먹물 자국을 모두 선택하고 [기본 확대/축소] 효과를 적용합니다.

- **애니메이션 추가** : 추가 나타내기 효과 – 온화한 효과 – 기본 확대/축소
- **효과** : 확대/축소 – 안쪽
- **시작** : 먹물 자국 한 가지 – 이전 효과 다음에 시작, 나머지 – 이전 효과와 함께 시작
- **재생 시간** : 1초(빠르게)

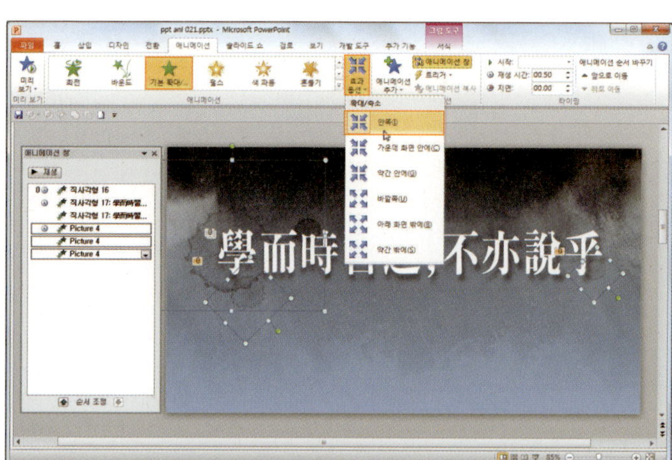

TIP • 한문 애니메이션의 먹물 자국은 분위기를 한층 더 높입니다. 먹물은 뿌려서 자국을 남기거나, 번지게 하는 등 여러 가지 애니메이션으로 연출
할 수 있습니다.

04 서브 키워드 추가하기

서브 텍스트에 [압축] 애니메이션 효과를 적용합니다.

- **애니메이션 복사** : PPT ani_021\ppt ani_021.pptx 파일 – [압축] 애니메이션 복사 – 서브 텍스트에 적용
- **효과** : 텍스트 애니메이션 – 문자 단위로   • **시작** : 이전 효과 다음에 시작
- **재생 시간** : 1초(빠르게)

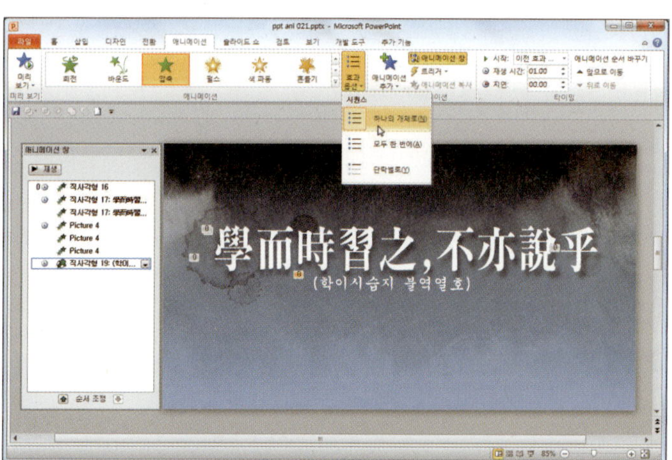

TIP • [압축] 애니메이션을 적용할 때 '문자 단위로' 효과를 적용하면 '한꺼번에' 효과를 적용했을 때와 달리 멋스럽게 텍스트를 전개할 수 있습니다.
그러나 파워포인트 2007 버전에서는 렉(버벅거림) 현상이 발생할 수 있어 [압축] 효과를 복사하여 파워포인트 2010 버전에서 적용하는 것을 권합니다.

05 노란색 텍스트 한 글자씩 불러오기

01 노란색의 한자 풀이 텍스트를 선택합니다. 예제에서 사용한 글꼴은 고딕 계열인 '나눔바른고딕 OTF'
입니다.

02 노란색 텍스트에 [컬러 타자기] 애니메이션 효과를 적용합니다.

- 애니메이션 복사 : PPT ani_021\ppt ani_021.pptx – [컬러 타자기] 애니메이션 복사 – 노란색 텍스트에 적용
- 효과 : 텍스트 애니메이션 – 문자 단위로 · 시작 : 이전 효과 다음에 시작
- 재생 시간 : 0.08초

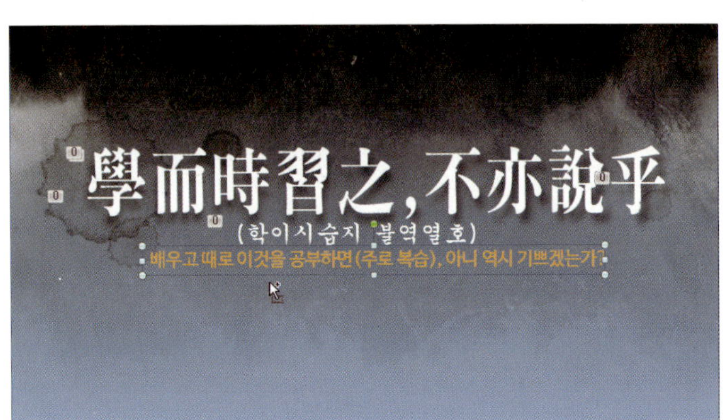 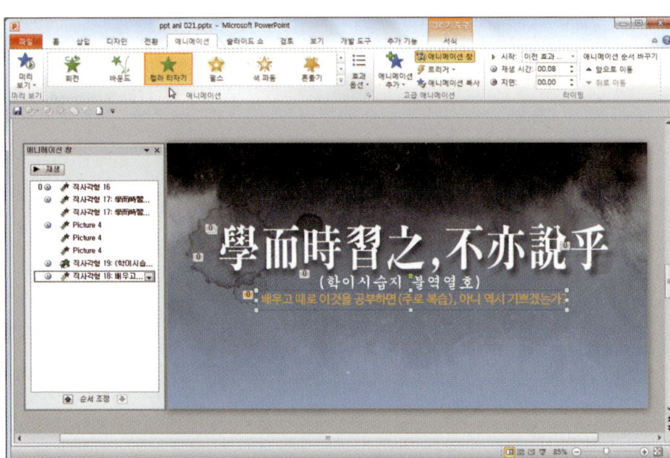

TIP · '나눔바른고딕 OTF' 서체는 가독성이 좋고, 세련된 느낌을 주어 디자인 품격을 한층 높여줍니다.

06 본문 텍스트 내리기

검은색 본문 텍스트에 [내려가기] 효과를 적용합니다.

- 애니메이션 추가 : 나타내기 – 올라오기 · 효과 옵션 : 방향 – 떠오르며 내려가기
- 시작 : 이전 효과 다음에 시작 · 재생 시간 : 1초(빠르게)

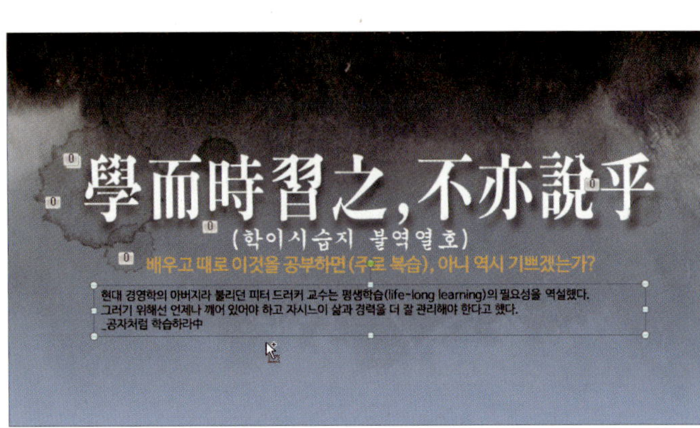 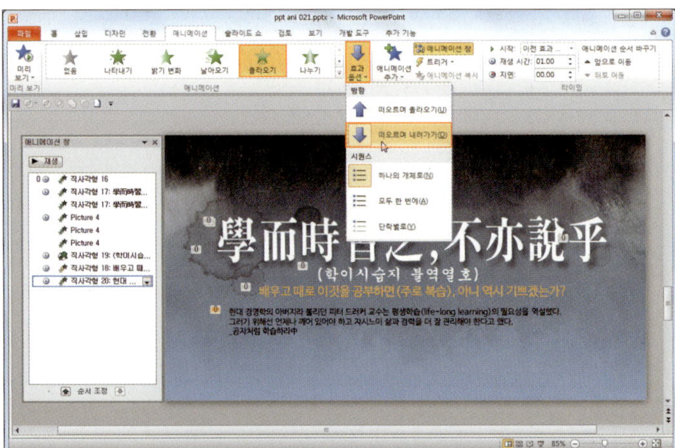

TIP · 모든 텍스트에 애니메이션을 적용할 필요는 없습니다. 테크니컬 또한 강약 중강 약 조절이 매우 중요합니다. 메인 키워드를 강조하기 위해서는
주변 요소들이 튀어서는 안 됩니다.

07 메인 키워드 강조하기

01 메인 키워드를 복제해 노란색을 적용한 다음 흰색 한문 텍스트에 겹치고 그림자 효과를 제거합니다.

02 노란색 텍스트에 [나타내기] 효과를 지정합니다.
- 애니메이션 추가 : 나타내기 – 나타내기　　• 시작 : 이전 효과 다음에 시작

03 노란색 텍스트에 강조의 [펄스] 효과를 추가합니다.
- 애니메이션 추가 : 강조 – 펄스　　• 시작 : 이전 효과와 함께 시작　　• 재생 시간 : 1초(빠르게)

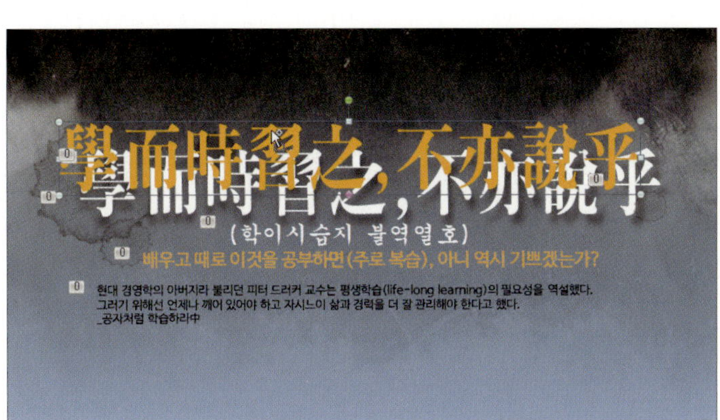
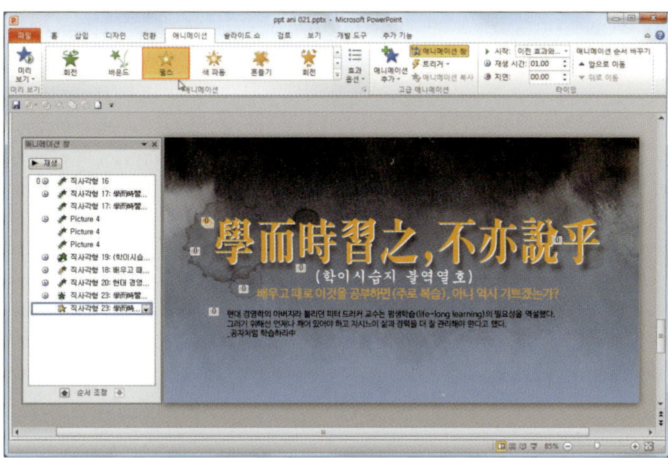

TIP • [나타내기] 효과는 특별한 애니메이션 기능이 없어 중요하지 않은 듯 보일 수 있습니다. 하지만 개체나 텍스트를 숨겼다가 정해진 순서나 시간에 맞춰 나타내는 매우 중요한 기능입니다.

08 텍스트 상하로 가라앉혀 끝내기

01 한문 키워드와 서브 텍스트에 [가라앉기] 효과를 적용합니다.
- 애니메이션 추가 : 끝내기 – 가라앉기　　• 효과 옵션 : 방향 – 떠오르며 내려가기
- 시작 : 한문 키워드 – 이전 효과 다음에 시작, 서브 텍스트 – 이전 효과와 함께 시작　　• 재생 시간 : 1초(빠르게)

02 노란색 텍스트와 검은색 텍스트에 [가라앉기] 효과를 적용합니다.
- 애니메이션 추가 : 끝내기 – 가라앉기　　• 효과 옵션 : 방향 – 떠오르며 올라오기
- 시작 : 이전 효과와 함께 시작　　• 재생 시간 : 1초(빠르게)

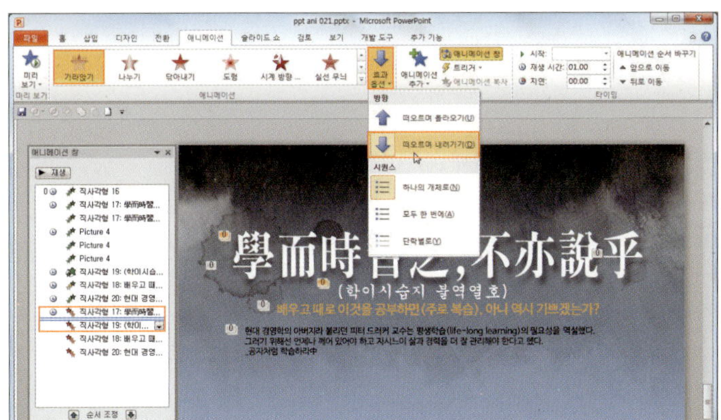
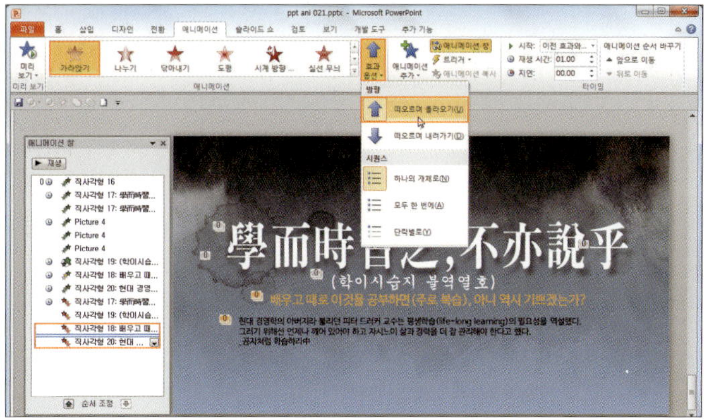

022 워드아트2_타이포그래피 애니메이션

타이포그래피에서 중요한 점은 가독성을 최적화하면서 디자인 미감을 살려 구성하는 것이므로 서체 종류, 크기, 색상 등이 매우 중요합니다. 여기에 애니메이션 테크닉을 어떻게 구사했느냐에 따라 타이포그래피의 품격을 한층 높일 수 있습니다.

|난이도| ★★★★ |예제 파일| PPT ani_022\ppt 022.pptx |결과 파일| PPT ani_022\ppt ani_022.pptx
|동영상 파일| PPT ani_022\022_워드아트 애니메이션.wmv |인터넷으로 보기| http://cafe.naver.com/artcomptacademy/650

애니메이션 작업 포인트

이번 예제에서 주목해야 할 부분은 타이포그래피 애니메이션 테크닉입니다. [컬러 타자기] 효과를 기본으로 적용하였고, [베일 벗기] 효과, [늘이기] 효과 등을 활용하여 한층 테크니컬한 느낌을 살렸습니다. 초보자도 [컬러 타자기] 효과만 제대로 활용하면 텍스트를 한층 멋스럽게 애니메이션할 수 있습니다.

OI 메인 키워드(회색과 노란색 텍스트) 추가하기

01 회색 텍스트는 [베일 벗기] 효과를 적용합니다.

- **파일 열기** : PPT ani_022\ppt 022.pptx
- **애니메이션 복사** : PPT ani_022\ppt ani_022.pptx 파일 – [베일 벗기] 애니메이션 복사 – 메인 키워드에 적용
- **재생 시간** : 0.5초(매우 빠르게)
- **효과 옵션** : 텍스트 애니메이션 – 한꺼번에   **시작** : 이전 효과 다음에 시작

02 노란색 텍스트에 [컬러 타자기] 효과를 적용합니다.

- **애니메이션 복사** : PPT ani_022\ppt ani_022.pptx 파일 – [컬러 타자기] 애니메이션 복사 – 메인 키워드에 적용
- **재생 시간** : 0.08초   **효과** : 텍스트 애니메이션 – 문자 단위로   **시작** : 이전 효과와 함께 시작

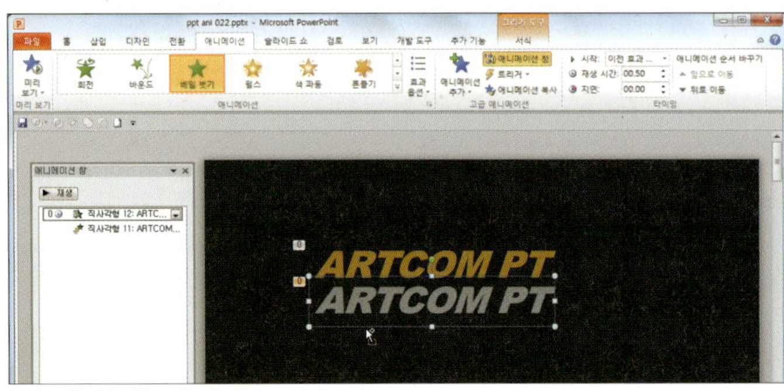
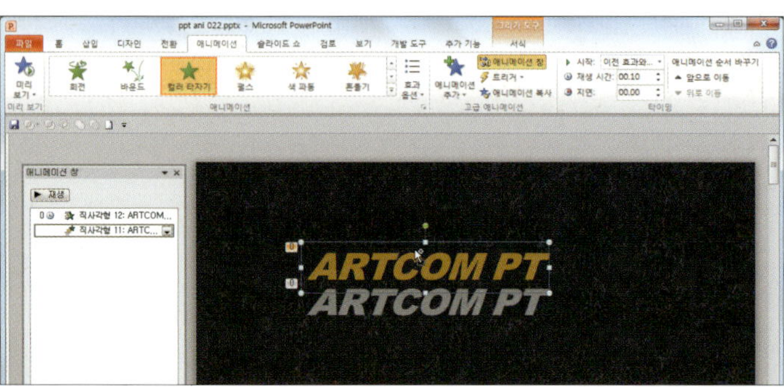

TIP • 본 예제는 연습용으로 슬라이드 크기와 문구, 텍스트, 색상 등은 용도에 맞춰 변경하셔도 좋습니다.

O2 회색과 노란색 텍스트 늘이면서 사라지기

01 회색 텍스트에 [천천히 사라지기] 효과를 적용합니다.

- **애니메이션 복사** : PPT ani_022\ppt ani_022.pptx 파일 – [천천히 사라지기] 애니메이션 복사 – 회색 텍스트에 적용
- **효과** : 텍스트 애니메이션 – 한꺼번에   **시작** : 이전 효과와 함께 시작   **재생 시간** : 1초(빠르게)

02 노란색 텍스트에 [늘이기] 효과를 적용합니다.

- **애니메이션 복사** : PPT ani_022\ppt ani_022.pptx 파일 – [늘이기] 애니메이션 복사 – 노란색 텍스트에 적용
- **효과** : 텍스트 애니메이션 – 문자 단위로   **시작** : 이전 효과와 함께 시작   **재생 시간** : 1초(빠르게)

03 회색과 노란색 텍스트를 선택한 다음 딱 맞게 겹칩니다.

- **텍스트 정렬** : [홈] 탭 – 단락 그룹 – 왼쪽 맞춤, 텍스트 맞춤 – 위쪽 맞춤

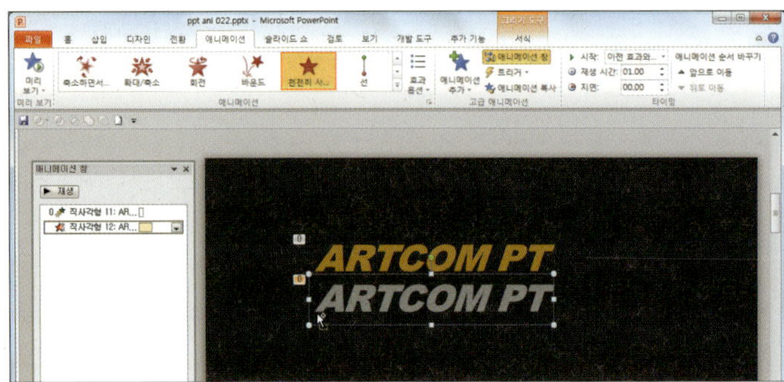
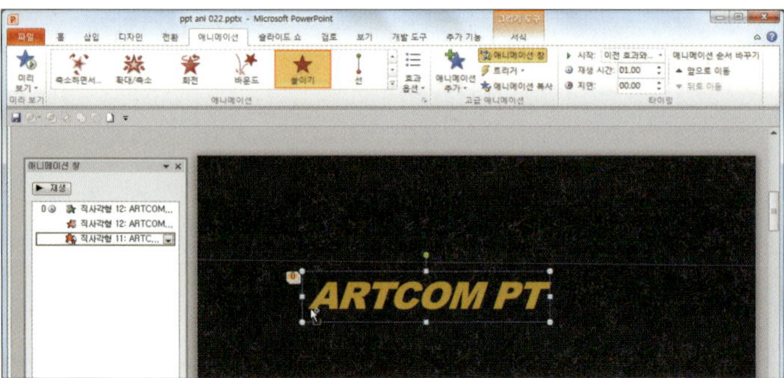

TIP • 겹친 2개의 텍스트에 애니메이션 효과를 적용할 때는 작업하기 쉽게 나눠서 각각의 효과를 적용하고 왼쪽/위쪽 맞춤 정렬하여 하나의 글자처럼 딱 맞게 겹쳐야 합니다.

03 주황색 텍스트 불러오기

주황색 텍스트를 선택하고 [압축] 효과를 적용합니다.

- 애니메이션 복사 : PPT ani_022\ppt ani_022.pptx 파일 – [압축] 애니메이션 복사 – 노란색 텍스트에 적용
- 시작 : 이전 효과와 함께 시작   • 효과 : 텍스트 애니메이션 – 문자 단위로
- 재생 시간 : 1초(빠르게)

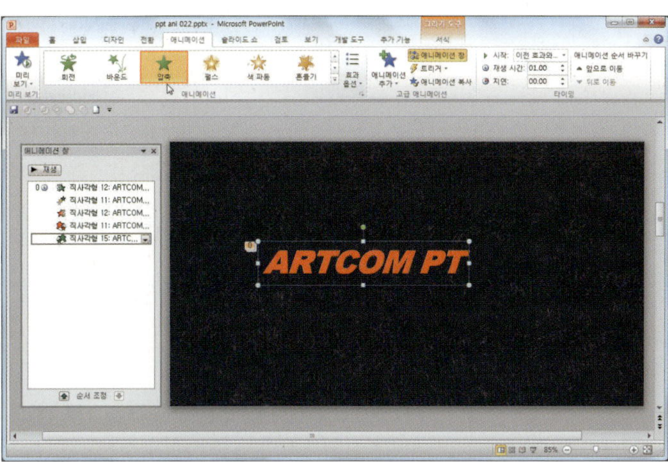

TIP •   3개의 텍스트(회색, 노란색, 주황색)에 애니메이션 효과를 적용할 때는 분리했다가 하나의 텍스트처럼 정확하게 겹쳐야 합니다.

04 academy 텍스트 추가하기

academy 텍스트를 직접 입력하거나 이미 작성된 텍스트를 선택하고 [베일 벗기] 효과를 적용합니다.

- 문자 스타일 : 서체 – Bell MT, 글자 크기 – 48p, 스타일 – 기울임 꼴
- 애니메이션 복사 : PPT ani_022\ppt ani_022.pptx 파일 – [베일 벗기] 애니메이션 복사 – academy 텍스트에 적용
- 효과 옵션 : 텍스트 애니메이션 – 한꺼번에   • 시작 : 이전 효과와 함께 시작
- 재생 시간 : 1초(빠르게)

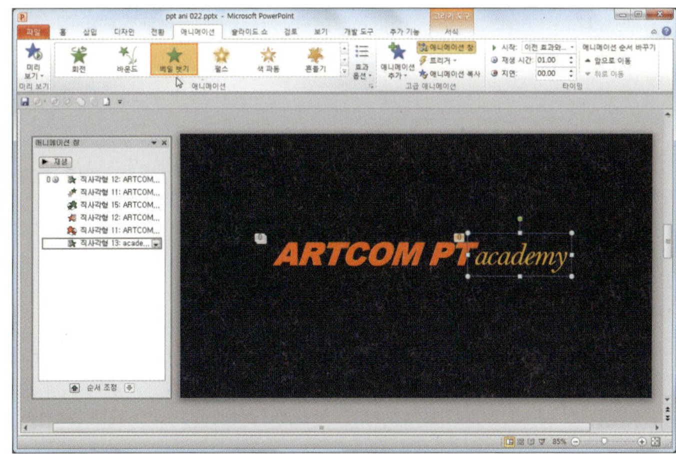

TIP •   [베일 벗기] 효과는 파워포인트 애니메이션 중 가장 독특한 효과를 연출할 수 있는 중요한 기능입니다. 단순하게 적용하기도 하지만 이미지나
개체 등에 테크니컬한 느낌을 연출할 때 활용되기도 합니다.

05 상단 텍스트 한 글자씩 불러오기

상단 텍스트(아트컴피티 아카데미)를 입력한 다음 선택하고 [컬러 타자기] 효과를 적용합니다.

- 문자 스타일 : 서체 – 나눔고딕, 글자 크기 – 28p, 스타일 – 굵게/기울임 꼴
- 애니메이션 복사 : PPT ani_022\ppt ani_022.pptx 파일 – [컬러 타자기] 애니메이션 복사 – 위쪽 텍스트에 적용
- 효과 : 텍스트 애니메이션 – 문자 단위로　　　• 시작 : 이전 효과 다음에 시작　　　• 재생 시간 : 0.08초

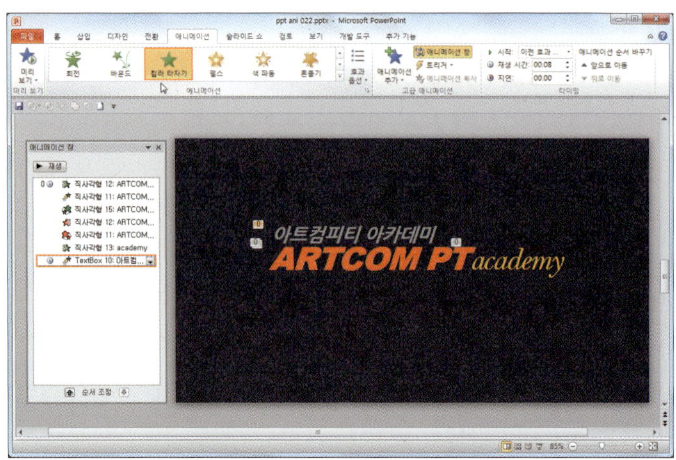

TIP •　[컬러 타자기] 효과는 일반적으로 기본색을 사용하지만 첫 번째 색과 두 번째 색을 지정할 수 있습니다.

06 URL과 본문 텍스트 추가하기

01 URL 텍스트에 [컬러 타자기] 효과를 적용합니다.

- 애니메이션 복사 : PPT ani_022\ppt ani_022.pptx 파일 – [컬러 타자기] 애니메이션 복사 – 위쪽 텍스트에 적용
- 효과 : 텍스트 애니메이션 – 문자 단위로　　　• 시작 : 이전 효과 다음에 시작
- 재생 시간 : 0.08초

02 본문 텍스트에 [내려가기] 효과를 적용합니다.

- 애니메이션 추가 : 나타내기 – 올라오기
- 효과 옵션 : 방향 – 떠오르며 내려가기　　　• 시작 : 이전 효과 다음에 시작　　　• 재생 시간 : 1초(빠르게)

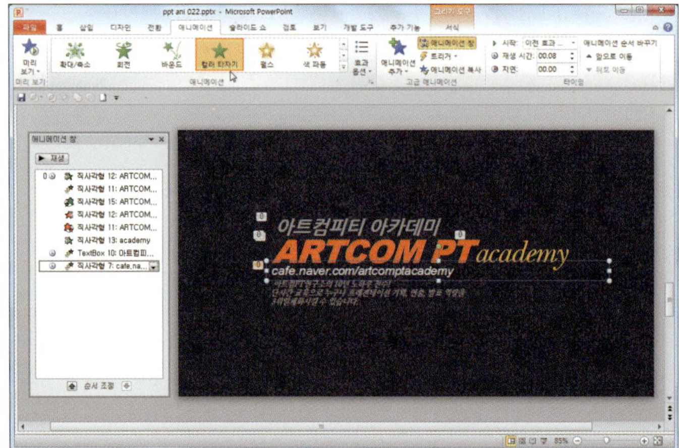
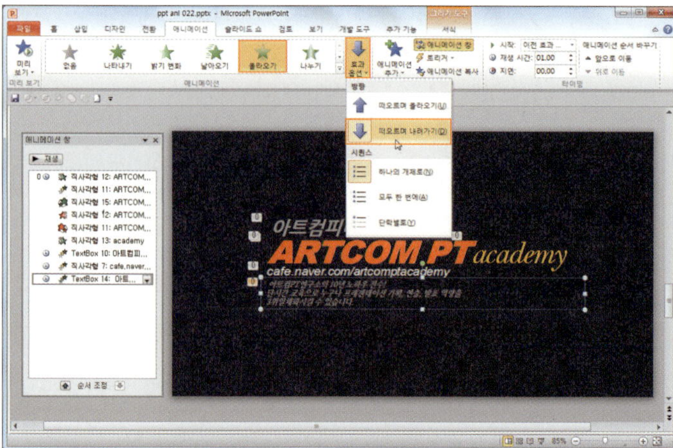

TIP •　영문 홈페이지 주소에 [컬러 타자기] 효과를 적용하면 한층 멋스러운 느낌을 줍니다.

07 서브 텍스트 사라지기

01 상단 텍스트(아트컴피티 아카데미)에 [컬러 타자기] 효과를 적용합니다.

- 애니메이션 복사 : PPT ani_022\ppt ani_022.pptx 파일 - [컬러 타자기] 애니메이션 복사 - 서브 텍스트에 적용
- **효과** : 텍스트 애니메이션 - 문자 단위로   **시작** : 이전 효과 다음에 시작   **재생 시간** : 0.08초

02 URL 텍스트에 [확대/축소] 효과를 적용합니다.

- 애니메이션 추가 : 끝내기 - 확대/축소   **효과** : 텍스트 애니메이션 - 문자 단위로
- **시작** : 이전 효과와 함께 시작   **재생 시간** : 0.5초(매우 빠르게)

03 본문 텍스트에 [가라앉기] 효과를 적용합니다.

- 애니메이션 추가 : 끝내기 - 가라앉기   **효과 옵션** : 방향 - 떠오르며 올라오기
- **시작** : 이전 효과와 함께 시작   **재생 시간** : 1초(빠르게)

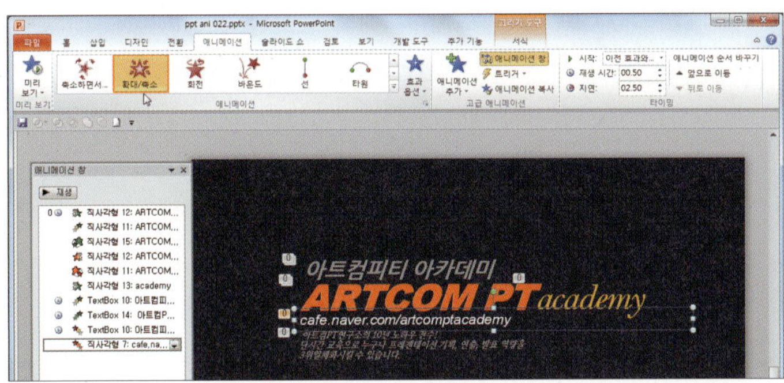
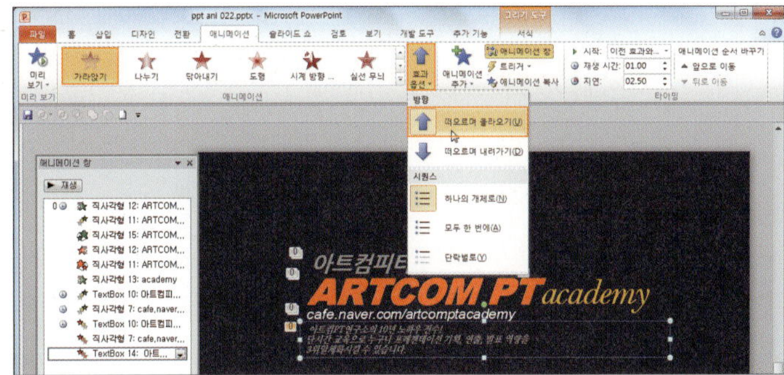

08 메인 텍스트 사라지면서 끝내기

01 academy 텍스트에 [천천히 사라지기] 효과를 적용합니다.

- 애니메이션 복사 : PPT ani_022\ppt ani_022.pptx 파일 - [천천히 사라지기] 애니메이션 복사 - academy 텍스트에
  적용   **효과** : 텍스트 애니메이션 - 한꺼번에   **시작** : 이전 효과 다음에 시작   **재생 시간** : 1초(빠르게)

02 주황색 텍스트(ARTCOM PT)에 끝내기 중 [날아가기] 효과를 적용합니다.

- 애니메이션 추가 : 끝내기 - 날아가기   **효과 옵션** : 방향 - 오른쪽으로
- **시작** : 이전 효과와 함께 시작   **재생 시간** : 0.5초(매우 빠르게)

03 주황색 텍스트(ARTCOM PT)에 [컬러 타자기] 효과를 적용합니다.

- 애니메이션 복사 : PPT ani_022\ppt ani_022.pptx 파일 - [컬러 타자기] 애니메이션 복사 - 주황색 텍스트에 적용
- **효과** : 텍스트 애니메이션 - 문자 단위로   **시작** : 이전 효과와 함께 시작   **재생 시간** : 0.08초

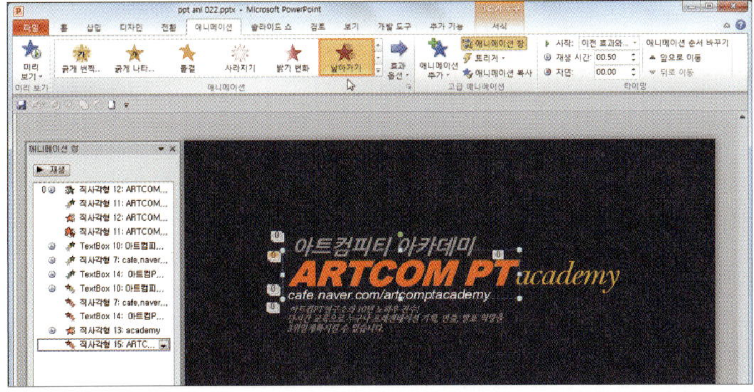
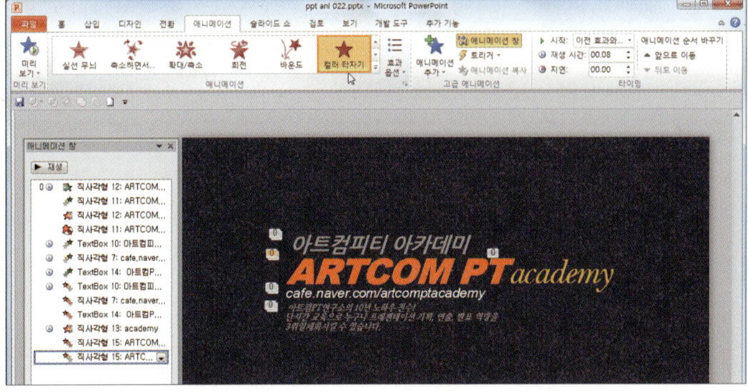

023 워드아트3_타이포그래피 애니메이션

타이포그래피 작업에서 중요한 부분은 주종 관계를 분명히 하는 것입니다. 즉, 상중하를 확실하게 구분하여 각각 디자인적 가중치를 다르게 해야 합니다. 애니메이션 또한 가중치에 따라 표현 기법의 강도가 달라져야 합니다. 중요한 부분은 한층 강한 테크닉을 강조하고 보조적인 부분은 메인을 받치면서 튀지 않게 조절하는 것이 연출력입니다.

|난이도| ★★★★ |예제 파일| PPT ani_023\ppt 023.pptx |결과 파일| PPT ani_023\ppt ani_023.pptx
|동영상 파일| PPT ani_023\023_워드아트 애니메이션.wmv |인터넷으로 보기| http://cafe.naver.com/artcomptacademy/641

애니메이션 작업 포인트

이번 예제에서 주목해야 할 부분은 K자를 강렬하게 표현하는 테크닉입니다. 텍스트 자체로는 애니
메이션 효과를 극대화할 수 없기 때문에 별도로 텍스트를 감싸는 배경 조각을 만들어 보다 역동적
으로 표현하였습니다. 텍스트와 도형만으로도 다채로운 표현 기법이 가능합니다.

OI K자 모양으로 배경 만들기

01 'K'를 입력하거나 슬라이드의 'K'에 노란색을 배색합니다. 글자 형태를 확인하기 위한 것이므로 아무 색이나 상관없습니다.

- **파일 열기** : PPT ani_023\ppt 023.pptx · **문자 스타일** : 서체 – Impact, 글자 크기 – 138p, 색상 – 노란색

02 'K'에 딱 맞도록 6개의 배경 조각을 만들고 어두운 청회색을 배색합니다.

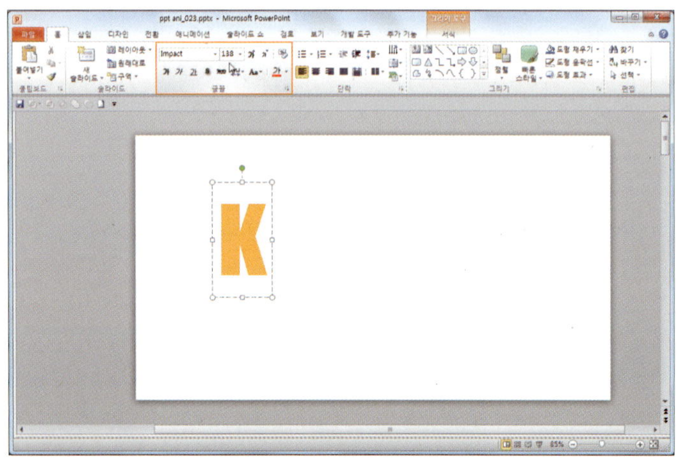
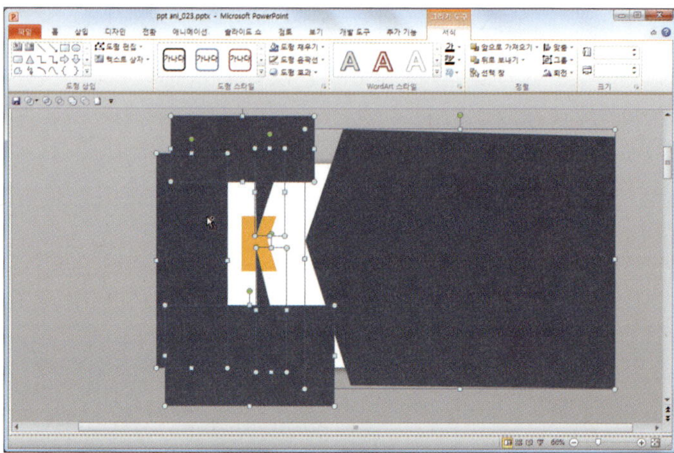

TIP • **K 모양으로 배경 조각을 만들려면?**
점 편집을 이용하여 삼각형과 오각형을 만들고 사각형으로 배경 조각을 만듭니다.
+ 동영상으로 작성 방법 보기 : http://cafe.naver.com/artcomptacademy/1856

O2 K자 축소하기

01 노란색 'K'에 '흰색'을 배색합니다.

02 6개의 배경 조각에 [날아오기] 효과를 적용합니다.

- **애니메이션 추가** : 나타내기 – 날아오기
- **효과** : 오른쪽 오각형 – 오른쪽에서, 위쪽 사각형 – 위에서, 아래쪽 사각형 – 아래에서, 위쪽 삼각형 – 위에서, 아래쪽 삼 각형 – 아래에서, 왼쪽 사각형 – 왼쪽에서
- **시작** : 오른쪽 오각형 조각 – 이전 효과 다음에 시작, 나머지 배경 조각 – 이전 효과와 함께 시작
- **재생 시간** : 3초(느리게)

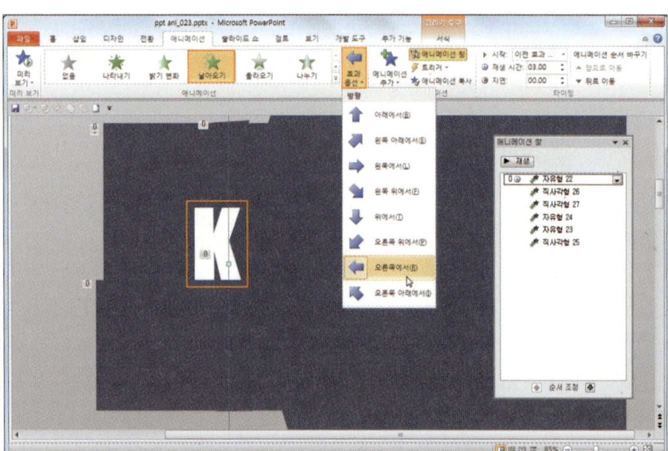
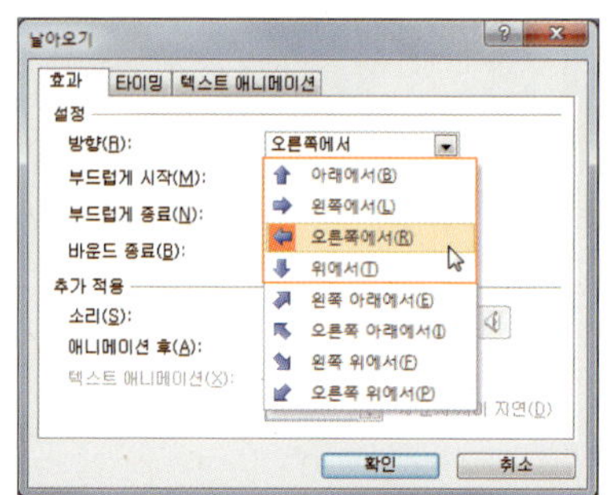

03 검은색 메인 키워드 추가하기

01 K와 같은 문자 스타일로 나머지 텍스트(OREA PT)를 각각 입력하거나 선택합니다.

- 문자 스타일 : 서체 – Impact, 글자 크기 – 138p, 색상 – 검은색

02 메인 키워드에 [압축] 효과를 적용합니다.

- 애니메이션 복사 : PPT ani_023\ppt ani_023.pptx 파일 – [압축] 애니메이션 복사 – 메인 키워드에 적용
- 효과 : 텍스트 애니메이션 – 한꺼번에
- 시작 : 처음 텍스트 – 이전 효과 다음에 시작, 나머지 – 이전 효과와 함께 시작   • 재생 시간 : 2초(중간)

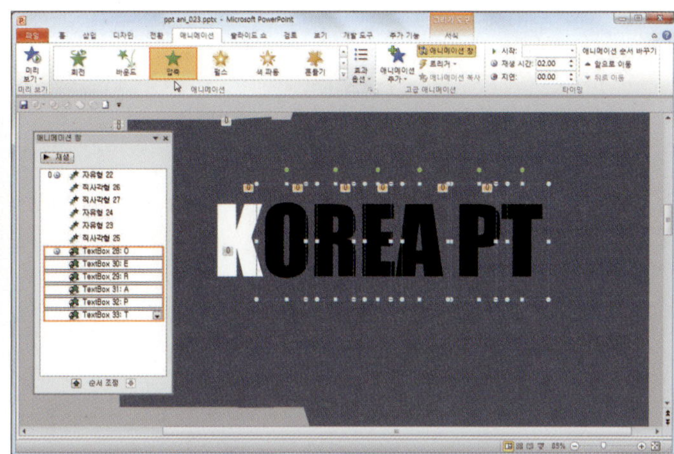

TIP • 텍스트를 각각 입력하여 [압축] 효과를 적용하면 문장 전체 애니메이션보다 표현 범위가 넓어지고 한층 테크니컬한 느낌을 줍니다.

04 K자 확대하면서 밝게 효과주기

01 K자에 강조하기 효과 중 [크게/작게]를 적용합니다.

- 애니메이션 추가 : 강조 – 크게/작게   • 효과 : 크기 – 300%
- 시작 : 이전 효과와 함께 시작   • 재생 시간 : 0.5초(매우 빠르게)

02 K자에 끝내기 효과 중 [밝기 변화]를 적용합니다.

- 애니메이션 추가 : 끝내기 – 밝기 변화   • 효과 : 텍스트 애니메이션 – 한꺼번에
- 시작 : 이전 효과와 함께 시작   • 재생 시간 : 0.5초(매우 빠르게)

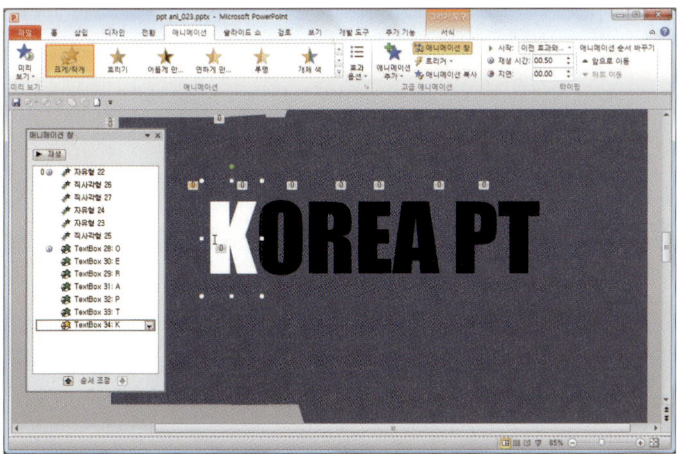
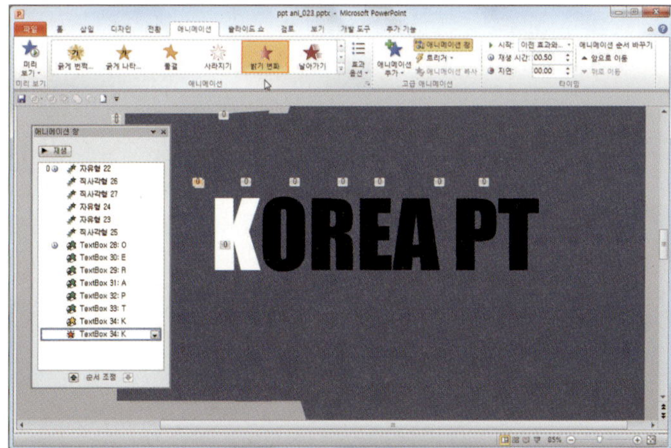

05 서브 텍스트 추가하기

01 URL에 [날아오기] 효과를 적용합니다.
- **애니메이션 추가** : 나타내기 – 날아오기　　**효과 옵션** : 방향 – 왼쪽에서
- **시작** : 이전 효과 다음에 시작　　**재생 시간** : 0.5초(매우 빠르게)

02 본문 텍스트에 [올라오기] 효과를 적용합니다.
- **애니메이션 추가** : 나타내기 – 올라오기　　**효과 옵션** : 방향 – 떠오르며 올라오기
- **시작** : 이전 효과 다음에 시작　　**재생 시간** : 1초(빠르게)

03 로고 텍스트에 [올라오기] 효과를 적용합니다.
- **애니메이션 추가** : 나타내기 – 올라오기　　**효과 옵션** : 방향 – 떠오르며 내려가기
- **시작** : 이전 효과와 함께 시작　　**재생 시간** : 1초(빠르게)

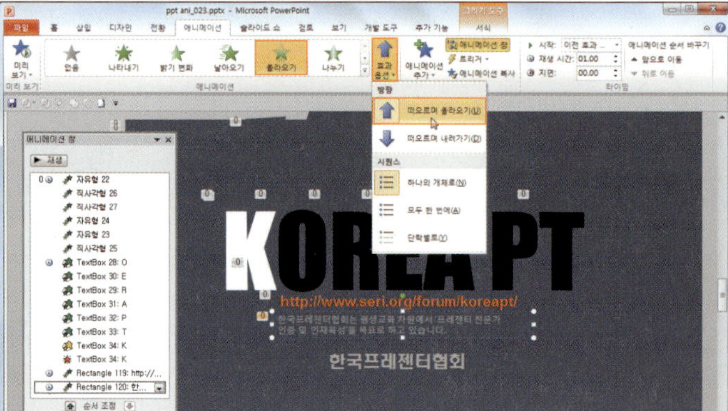

06 배경 조각 날아가며 끝내기

여러 개의 배경 조각에 끝내기 효과 중 [날아가기]를 적용합니다.

- **애니메이션 추가** : 끝내기 – 날아가기
- **효과 옵션** : 오른쪽 오각형 – 오른쪽으로, 위쪽 사각형 – 왼쪽 위로, 아래쪽 사각형 – 왼쪽 아래로, 위쪽 삼각형 – 위로, 아래쪽 삼각형 – 아래로, 왼쪽 사각형 – 왼쪽으로
- **시작** : 오른쪽 오각형 조각 – 이전 효과 다음에 시작, 나머지 조각 – 이전 효과와 함께 시작
- **재생 시간** : 0.5초(매우 빠르게)

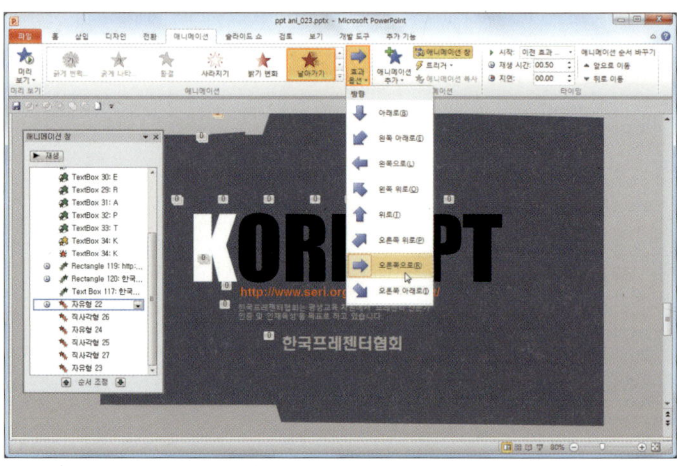

07 검은색 메인 키워드 늘이면서 끝내기

01 검은색 메인 키워드(OREA PT)를 선택하고 끝내기 중 [늘이기] 효과를 줍니다.

- 애니메이션 복사 : PPT ani_023\ppt ani_023.pptx 파일 – [늘이기] 애니메이션 복사 – 검은색 메인 키워드에 적용
- 효과 : 텍스트 애니메이션 – 한꺼번에   • 시작 : 이전 효과와 함께 시작   • 재생 시간 : 1초(빠르게)

02 검은색 메인 키워드(OREA PT)에 강조하기 중 [크게/작게] 효과를 적용합니다.

- 애니메이션 추가 : 강조 – 크게/작게   • 효과 : 크기 – 250%
- 시작 : 이전 효과와 함께 시작   • 재생 시간 : 2초(중간)

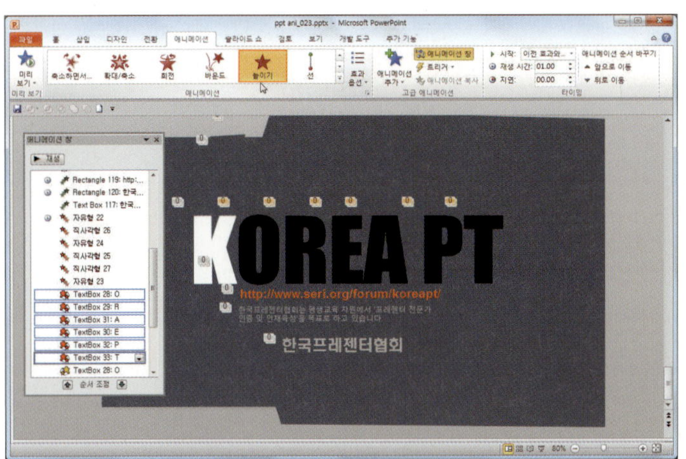
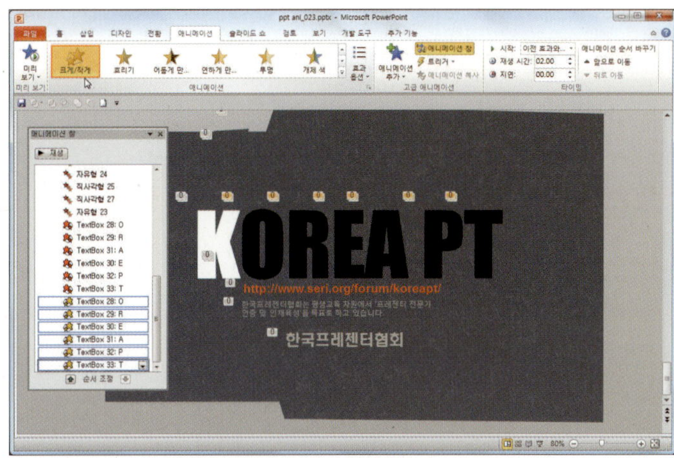

TIP • 텍스트 끝내기를 적용할 때 [강조]–[크게/작게]와 [끝내기]–[늘이기] 효과를 동시에 적용하면 한층 테크니컬한 느낌을 연출할 수 있습니다.

08 서브 텍스트 올라가면서 끝내기

서브 텍스트(URL, 본문, 로고 텍스트)를 모두 선택하고 [가라앉기] 효과를 적용합니다.

- 애니메이션 추가 : 끝내기 – 가라앉기   • 효과 옵션 : 방향 – 떠오르며 올라오기
- 시작 : 이전 효과와 함께 시작   • 재생 시간 : 1초(빠르게)

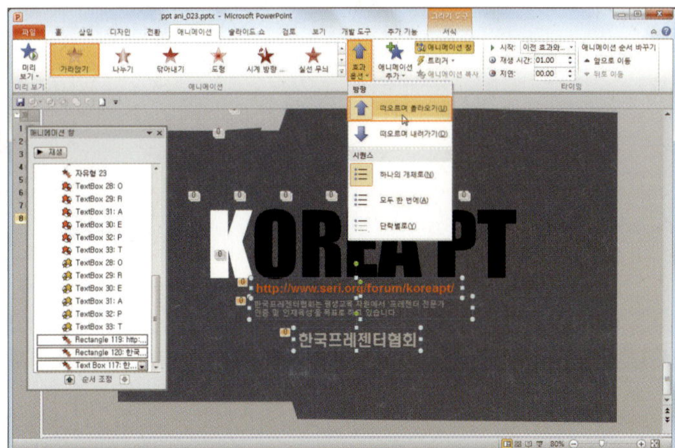

TIP • 중요하지 않은 부분은 한꺼번에 선택하여 애니메이션을 적용합니다. 각각의 애니메이션을 적용하다 보면 전체적으로 애니메이션 시간이 길어
지고 리듬감도 깨지기 때문입니다.

024 워드아트4_타이포그래피 애니메이션

타이포그래피 디자인에서는 텍스트만으로는 한계가 있기 때문에 컨셉에 맞춰 적절한 그래픽 요소와 텍스트를 조합하는 것이 중요합니다. 오래된 시멘트 질감과 텍스트의 조합은 색다른 분위기를 연출할 수 있습니다. 여기에 적절한 애니메이션 테크닉을 가미하면 한층 더 메시지 전달력을 높일 수 있습니다.

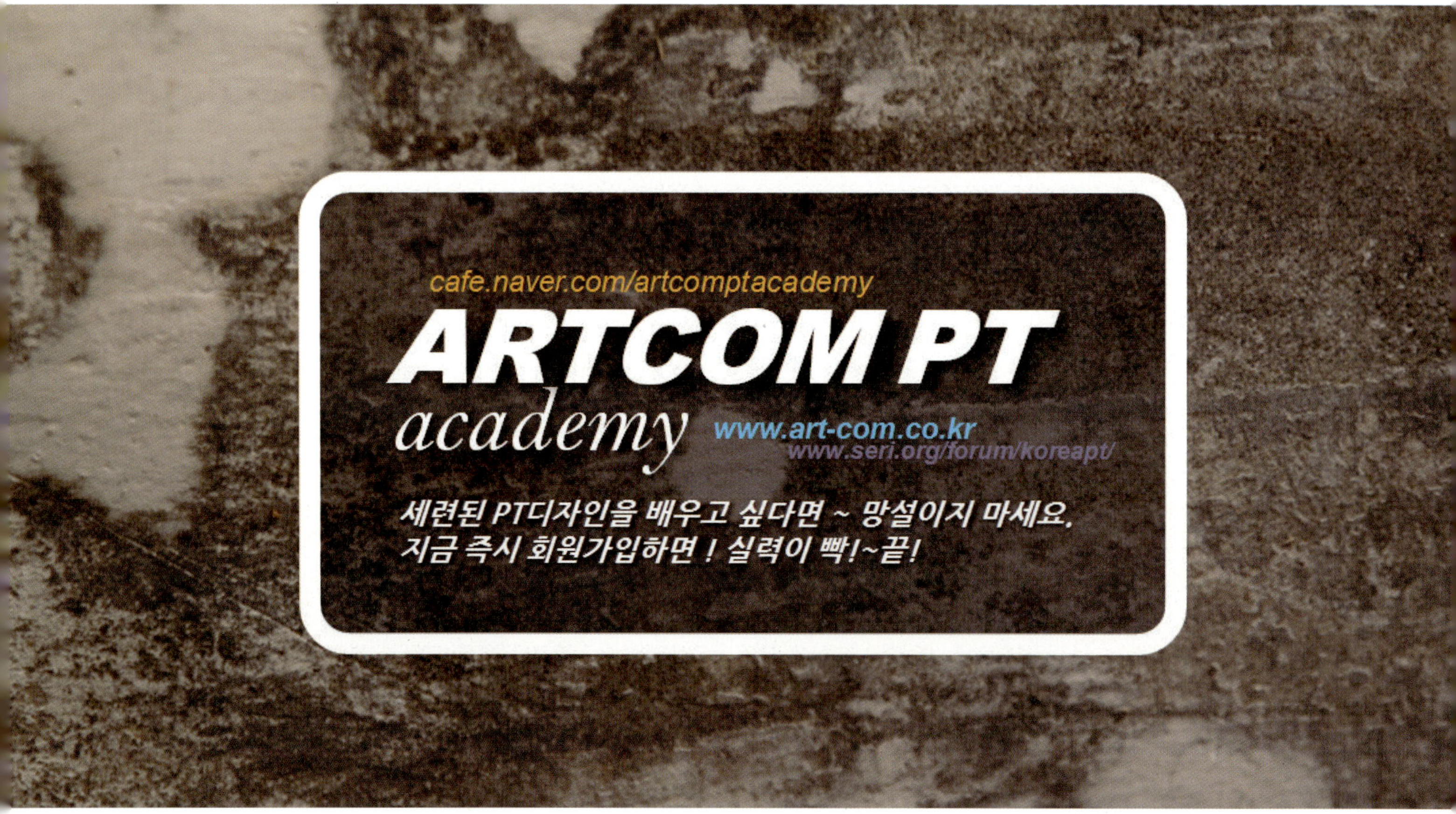

|난이도| ★★★★ |예제 파일| PPT ani_024\ppt 024.pptx |결과 파일| PPT ani_024\ppt ani_024.pptx
|동영상 파일| PPT ani_024\024_워드아트 애니메이션.wmv |인터넷으로 보기| http://cafe.naver.com/artcomptacademy/638

애니메이션 작업 포인트

이번 예제에서 주목해야 할 부분은 텍스처 배경과 모서리가 둥근 직사각형을 활용한 타이포그래피
입니다. 모서리가 둥근 직사각형이 중심부로 날아오고 그 안에서 텍스트 애니메이션이 전개되도록
하였습니다. 메시지 전달 후 텍스트와 모서리가 둥근 직사각형이 여운을 남기며 사라지도록 하여
한층 분위기 있고 테크니컬한 느낌을 연출하였습니다.

OI 둥근 사각형 회전하면서 날아오기

01 모서리가 둥근 사각형에 [날아오기] 효과를 적용합니다.
- **파일 열기** : PPT ani_024\ppt 024.pptx
- **애니메이션 추가** : 나타내기 – 날아오기
- **효과 옵션** : 방향 – 오른쪽 위에서
- **시작** : 이전 효과 다음에 시작
- **재생 시간** : 0.5초(매우 빠르게)

02 둥근 사각형에 시계 반대 방향으로 [회전] 효과를 적용합니다.
- **애니메이션 추가** : 강조 – 회전
- **효과** : 양(값) – 시계 반대 방향 90°
- **시작** : 이전 효과와 함께 시작
- **재생 시간** : 2초(중간)

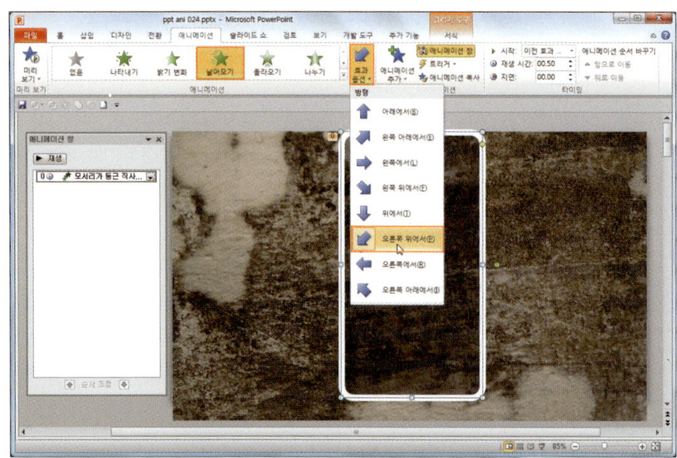

TIP • [회전] 효과는 시계 방향과 시계 반대 방향으로 지정할 수 있으며 사용자 지정을 통해 각도를 세밀하게 입력할 수 있습니다.

O2 둥근 사각형 흔들고 빛 반사 효과주기

01 모서리가 둥근 사각형에 강조하기 효과 중 [흔들기]를 적용합니다.
- **애니메이션 추가** : 추가 강조하기 효과 – 온화한 효과 – 흔들기
- **시작** : 이전 효과 다음에 시작
- **재생 시간** : 1초(빠르게)

02 둥근 사각형과 같은 크기의 흰색 그라데이션에 [나타내기] 효과를 지정합니다.
- **애니메이션 추가** : 나타내기 – 나타내기
- **시작** : 이전 효과 다음에 시작

03 흰색 그라데이션에 [밝기 변화] 효과를 적용합니다.
- **애니메이션 추가** : 나타내기 – 밝기 변화
- **시작** : 이전 효과와 함께 시작
- **재생 시간** : 0.2초(직접 입력)

03 메인 키워드 강조하기

01 두 번째 슬라이드를 선택합니다.

02 메인 키워드(ARTCOM PT)에 강조하기 효과 중 [크게/작게]를 적용합니다.

- **애니메이션 추가** : 강조 – 크게/작게   • **효과** : 크기 – 200%
- **시작** : 이전 효과 다음에 시작   • **재생 시간** : 0.5초(매우 빠르게)

03 메인 키워드에 [크게/작게] 효과를 한 번 더 적용합니다.

- **애니메이션 추가** : 강조 – 크게/작게   • **효과** : 크기 – 50%
- **시작** : 이전 효과 다음에 시작   • **재생 시간** : 2초(중간)

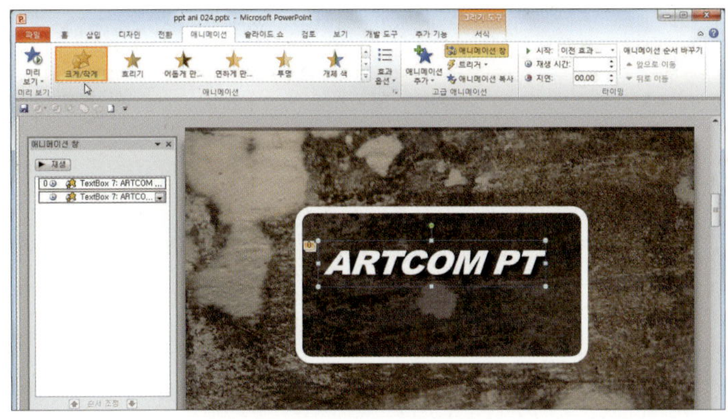
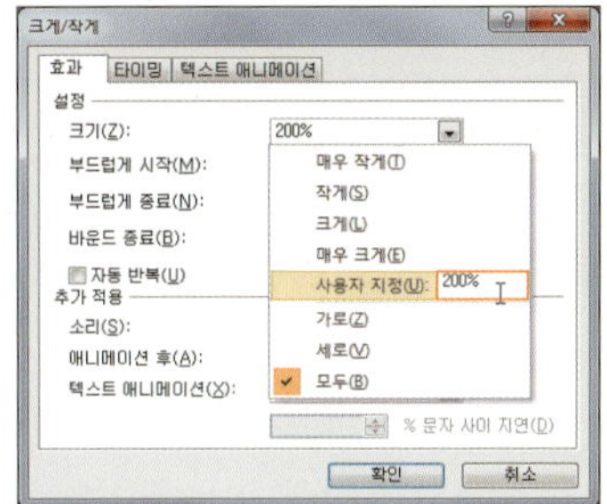
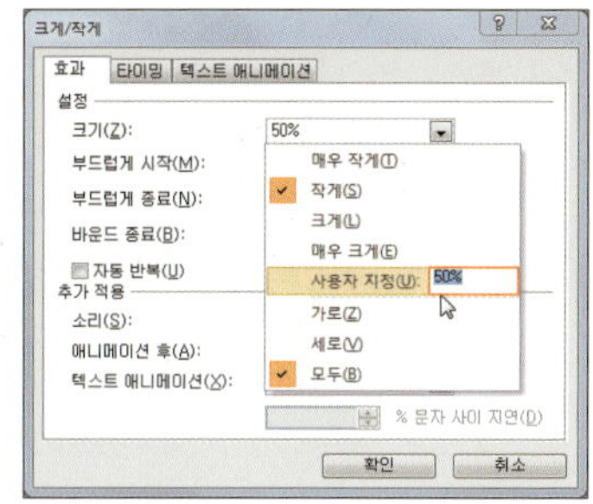

04 서브 텍스트 추가하기

01 서브 텍스트(academy)에 [압축] 애니메이션 효과를 적용합니다.

- **애니메이션 복사** : PPT ani_024\ppt ani_024.pptx 파일 – [압축] 애니메이션 복사 – 서브 텍스트에 적용
- **효과** : 텍스트 애니메이션 – 문자 단위로   • **시작** : 이전 효과 다음에 시작   • **재생 시간** : 1초(빠르게)

02 파란색 URL에 [올라오기] 효과를 적용합니다.

- **애니메이션 추가** : 나타내기 – 올라오기   • **효과 옵션** : 방향 – 떠오르며 올라오기
- **시작** : 이전 효과와 함께 시작   • **재생 시간** : 1초(빠르게)

03 보라색 URL에 [날아오기] 효과를 적용합니다.

- **애니메이션 추가** : 나타내기 – 날아오기   • **효과 옵션** : 방향 – 왼쪽에서
- **시작** : 이전 효과와 함께 시작   • **재생 시간** : 0.5초(매우 빠르게)

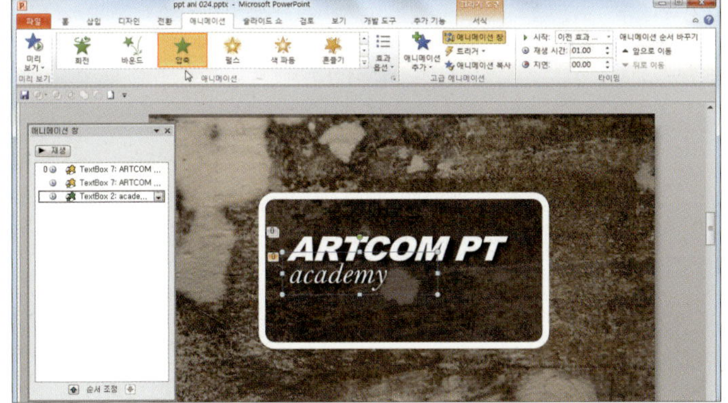
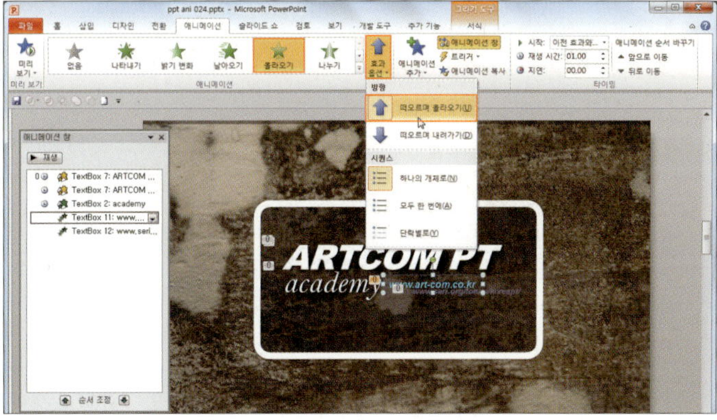

05 상하 텍스트 추가하기

01 상단 본문 텍스트에 [압축] 애니메이션 효과를 적용합니다.

- **애니메이션 복사** : PPT ani_024\ppt ani_024.pptx 파일 – [압축] 애니메이션 복사 – 아래쪽 본문에 적용
- **효과** : 텍스트 애니메이션 – 한꺼번에 　　**시작** : 이전 효과 다음에 시작 　　**재생 시간** : 1초(빠르게)

02 하단 URL(카페 주소)에 [압축] 애니메이션 효과를 적용합니다.

- **애니메이션 복사** : PPT ani_024\ppt ani_024.pptx 파일 – [압축] 애니메이션 복사 – URL에 적용
- **효과** : 텍스트 애니메이션 – 문자 단위로 　　**시작** : 이전 효과와 함께 시작 　　**재생 시간** : 0.5초(매우 빠르게)

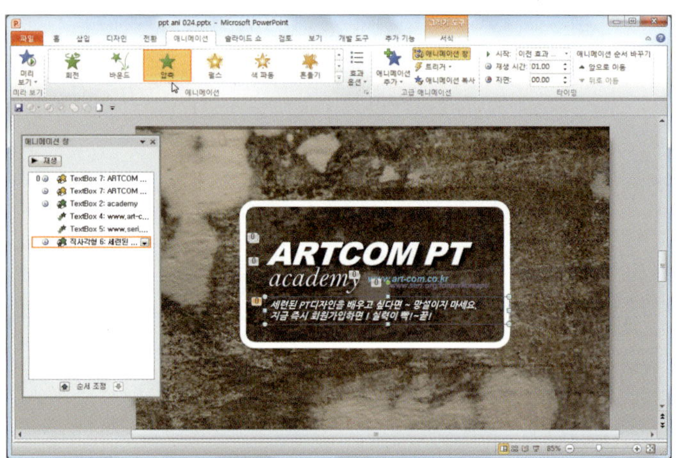
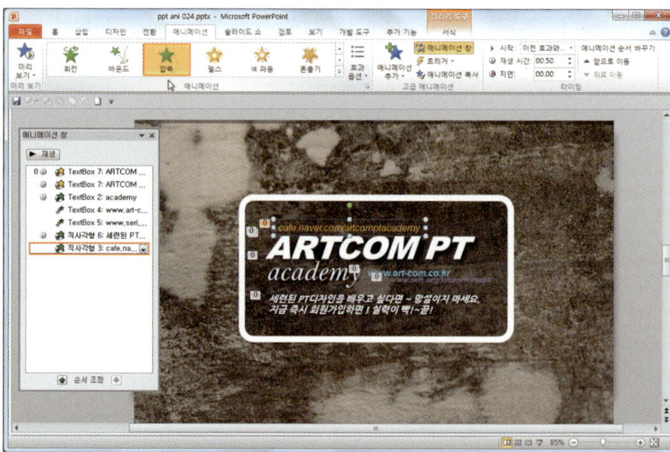

TIP • 　텍스트에 [압축] 효과를 적용할 때 '문자 단위로'와 '한꺼번에'는 분명한 차이가 있습니다.

06 서브 텍스트 늘여서 사라지기

01 Shift 키를 누른 채 메인 키워드(ARTCOM PT)를 제외한 텍스트를 모두 선택합니다.

02 선택한 텍스트에 끝내기 효과 중 [늘이기]를 적용하고 지연 시간을 설정합니다.

- **애니메이션 복사** : PPT ani_024\ppt ani_024.pptx 파일 – [늘이기] 애니메이션 복사 – 서브 텍스트에 적용
- **시작** : academy 텍스트 – 이전 효과 다음에 시작, 나머지 텍스트 – 이전 효과와 함께 시작 　　**타이밍** : 지연 – 2.5초

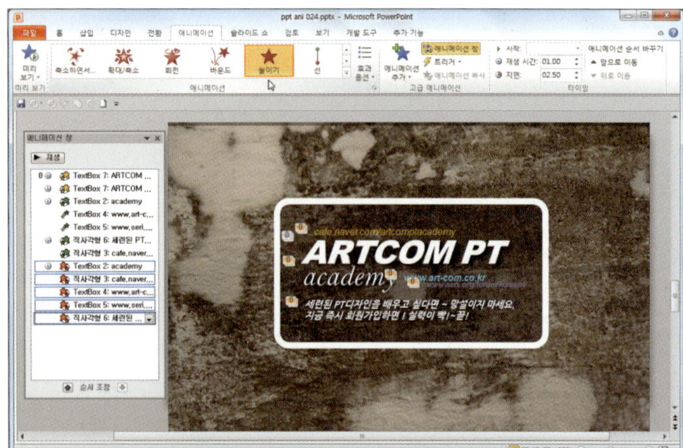
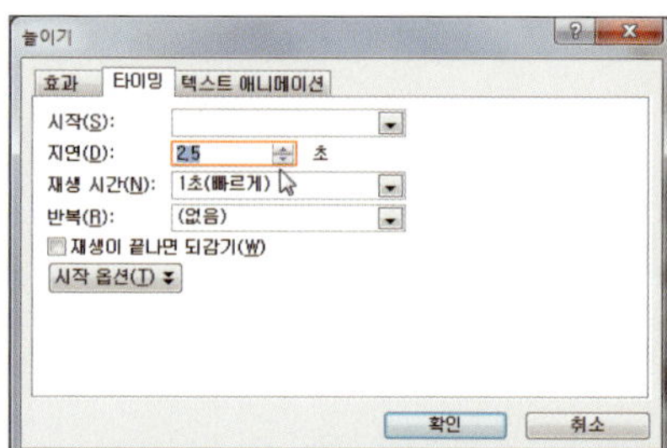

TIP • 　지연 시간은 적용한 시간만큼 애니메이션이 멈췄다가 진행됩니다. 애니메이션 진행 중 지연 시간을 적절히 활용해야 메시지 전달 효과를 높일
수 있습니다. 텍스트를 제대로 읽지 않은 상태에서 바로 넘어가지 않도록 잠시 멈춰야 할 때가 있습니다.

07 메인 키워드 확대 및 회전하여 사라지기

01 메인 키워드(ARTCOM PT)에 강조하기 효과 중 [크게/작게]를 적용합니다.

- **애니메이션 추가** : 강조 – 크게/작게　　· **효과** : 크기 – 800%
- **시작** : 이전 효과 다음에 시작　　· **재생 시간** : 2초(중간)

02 메인 키워드에 시계 반대 방향으로 [회전] 효과를 추가합니다.

- **애니메이션 추가** : 강조 – 회전　　· **효과** : 양(값) – 시계 방향 30°
- **시작** : 이전 효과와 함께 시작　　· **재생 시간** : 2초(중간)

03 메인 키워드에 끝내기 효과 중 [늘이기]를 적용합니다.

- **애니메이션 복사** : PPT ani_024\ppt ani_024.pptx 파일 – [늘이기] 애니메이션 복사 – 메인 키워드에 적용

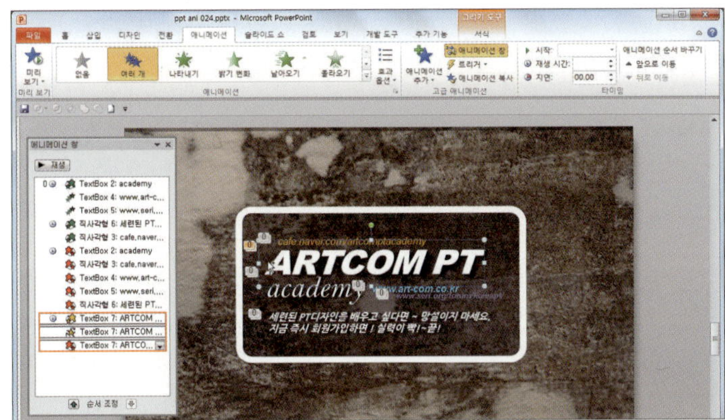
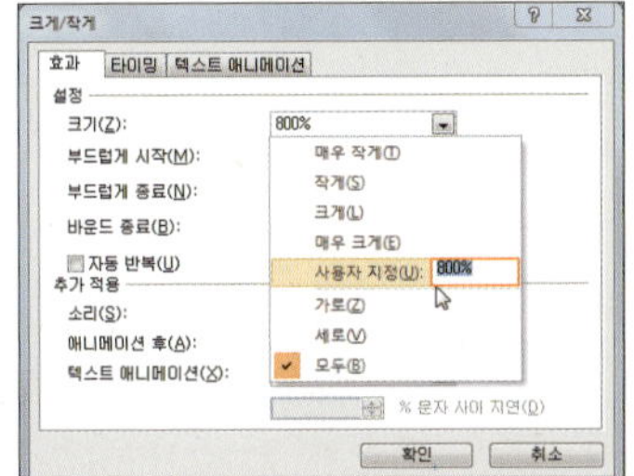
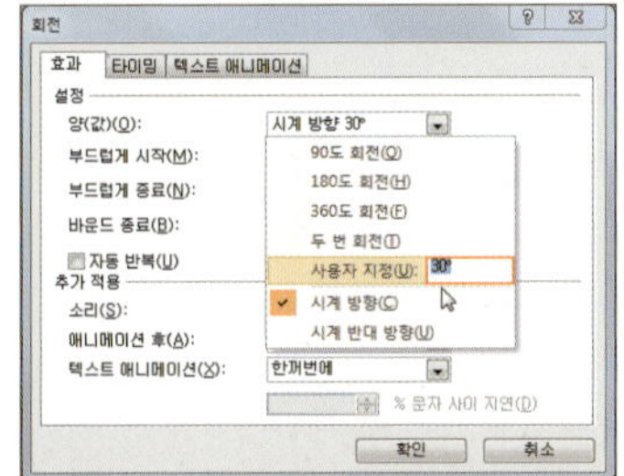

08 배경 늘여서 끝내기

01 모서리가 둥근 사각형에 끝내기 효과 중 [늘이기]를 적용합니다.

- **애니메이션 복사** : PPT ani_024\ppt ani_024.pptx 파일 – [늘이기] 애니메이션 복사 – 둥근 사각형에 적용
- **시작** : 이전 효과 다음에 시작　　· **재생 시간** : 1초(빠르게)

02 밝은 배경과 어두운 배경을 선택한 다음 끝내기 효과 중 [천천히 사라지기]를 적용합니다.

- **애니메이션 복사** : PPT ani_024\ppt ani_024.pptx 파일 – [천천히 사라지기] 애니메이션 복사 – 배경 이미지에 적용
- **시작** : 이전 효과와 함께 시작　　· **재생 시간** : 1초(빠르게)

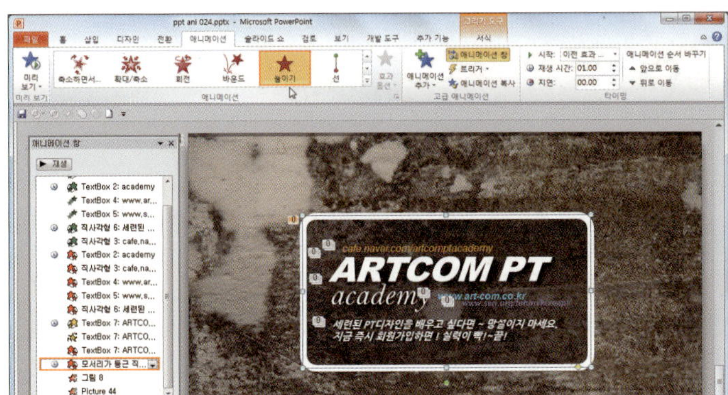
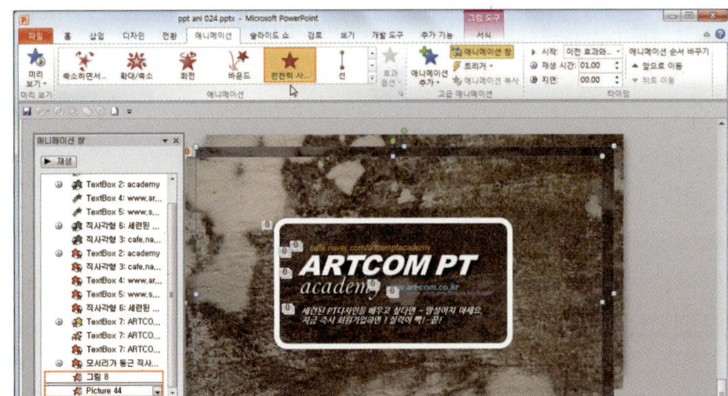

TIP · 텍스트에 적용한 애니메이션 효과를 복사해 도형(개체)에 붙여 넣을 수도 있습니다. 배경을 선택할 때는 슬라이드 크기를 70% 정도 축소(확대/
축소 비율 조정)한 다음 선택하기 좋게 배열합니다. 애니메이션 효과를 적용하고 정확하게 포개놓습니다.

025 워드아트5_타이포그래피 애니메이션

애니메이션을 위한 타이포그래피는 일반 텍스트 편집과는 달라야 하기 때문에 레이아웃할 때 철저하게 애니메이션 동선과 효과 등을 생각하면서 편집해야 합니다. 타이포그래피 애니메이션은 텍스트가 모였다 흩어지는 과정에서 순간순간 짜임새가 있어야 하므로 항상 부분보다 전체 흐름을 확인하면서 작업해야 합니다.

|난이도| ★★★★ |예제 파일| PPT ani_025\ppt 025.pptx |결과 파일| PPT ani_025\ppt ani_025.pptx
|동영상 파일| PPT ani_025\025_워드아트 애니메이션.wmv |인터넷으로 보기| http://cafe.naver.com/artcomptacademy/651

애니메이션 작업 포인트

이번 예제에서 주목해야 할 부분은 이동 경로를 따라 역동적으로 움직이는 타이포그래피입니다. 이동 경로는 텍스트나 개체를 원하는 동선에 따라 움직이게 하는 매우 유용한 기능입니다. 이동 경로를 효과적으로 활용하면 밋밋하게 구성된 타이포그래피라도 한층 테크니컬한 느낌을 연출할 수 있습니다.

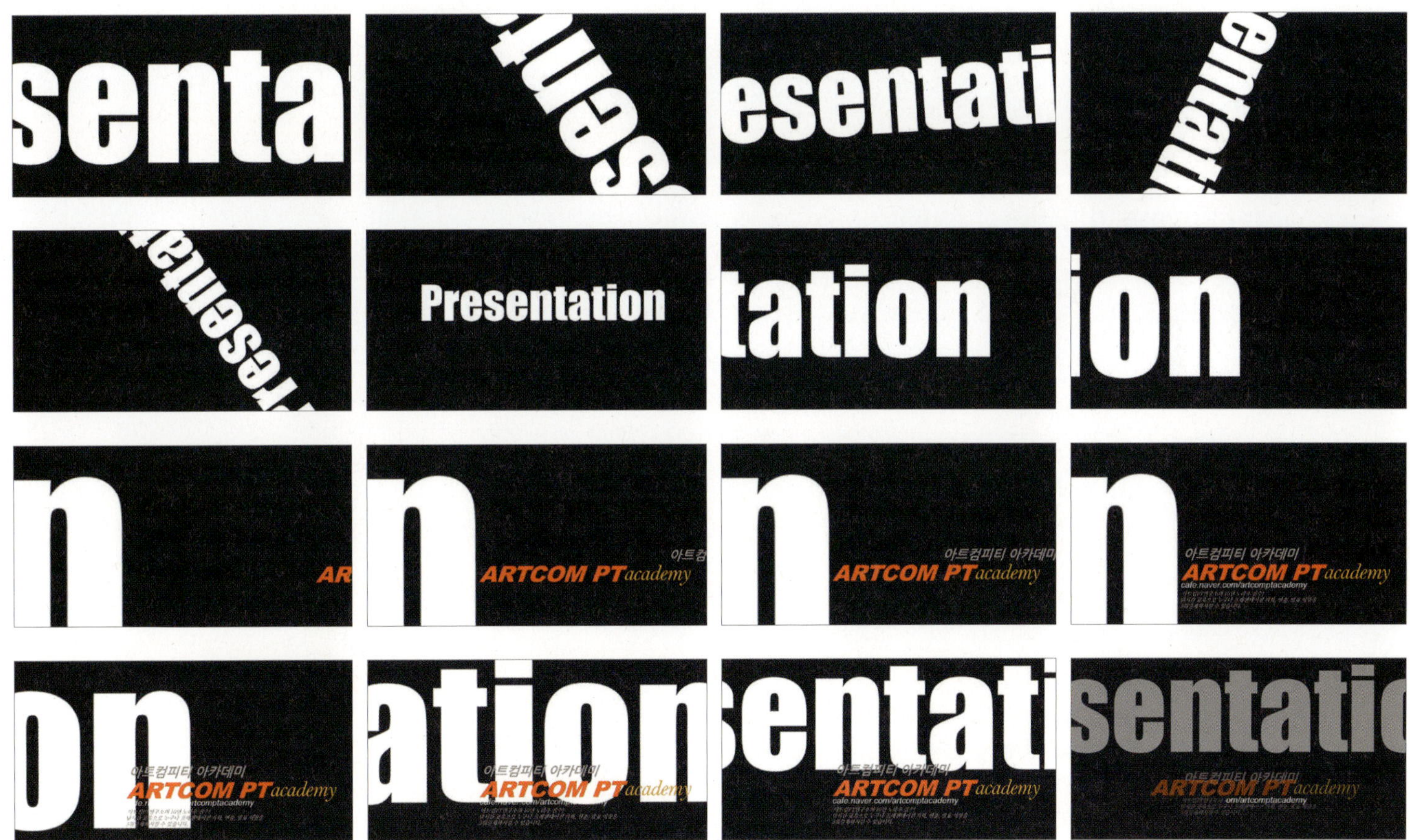

OI 메인 워드아트 회전하면서 축소하기

01 메인 워드아트(Presentaton)에 강조하기 효과 중 [크게/작게]를 적용합니다.

- 파일 열기 : PPT ani_025\ppt 025.pptx • 애니메이션 추가 : 강조 – 크게/작게
- 효과 : 크기 – 30% • 시작 : 이전 효과 다음에 시작 • 재생 시간 : 1초(빠르게)

02 모서리가 둥근 사각형에 시계 반대 방향으로 [회전] 효과를 적용합니다.

- 애니메이션 추가 : 강조 – 회전 • 효과 : 양(값) – 시계 방향 720°
- 시작 : 이전 효과와 함께 시작 • 재생 시간 : 1초(빠르게)

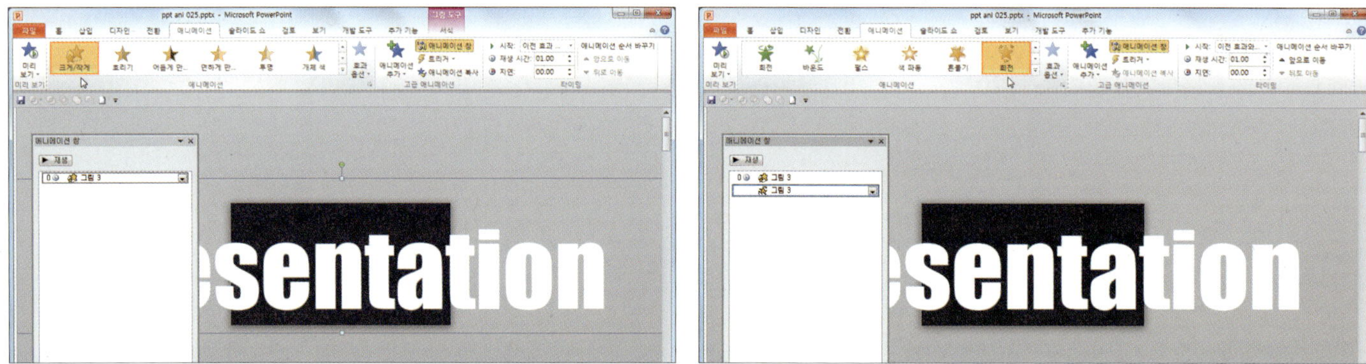

TIP • 본 예제는 연습용입니다. 슬라이드 크기와 문구, 텍스트, 색상 등은 용도에 맞춰 변경하셔도 좋습니다.
컴퓨터 성능에 따라 720° 회전하는 과정에서 렉(버벅거림) 현상이 발생할 수 있습니다.
워드아트를 슬라이드 크기만큼 확장하기 위해서는 슬라이드보다 크게 워드아트를 키워준 다음 그림으로 저장(PNG 파일)하고 불러들입니다.

O2 메인 워드아트 이동하면서 확대하기

01 메인 워드아트(Presentaton)에 강조하기 효과 중 [크게/작게]를 적용합니다.

- 애니메이션 추가 : 강조 – 크게/작게 • 효과 : 크기 – 600% • 타이밍 : 지연 – 3초
- 시작 : 이전 효과 다음에 시작 • 재생 시간 : 2초(중간)

02 메인 워드아트(Presentaton)에 이동 경로를 지정합니다.

- 애니메이션 추가 : 추가 이동 경로 – 직선 및 곡선 경로 – 왼쪽으로
- 타이밍 : 지연 – 3초 • 시작 : 이전 효과와 함께 시작 • 재생 시간 : 2초(중간)

 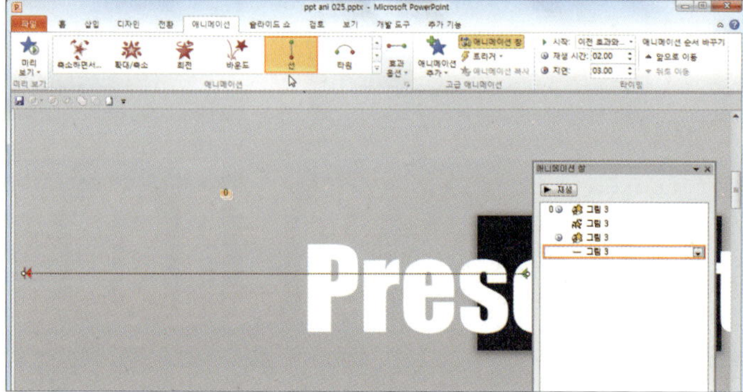

TIP • 이동 경로를 조정하려면 이동 경로의 끝점(빨간색 화살표)을 선택하여 원하는 만큼 왼쪽으로 드래그합니다.

03 중심부 텍스트 날아오며 확대하기

01 영문 'ARTCOM PT'와 'academy' 텍스트에 [날아오기] 효과를 적용합니다.

- 애니메이션 추가 : 나타내기 – 날아오기   • 효과 옵션 : 방향 – 오른쪽에서
- 시작 : 이전 효과 다음에 시작   • 재생 시간 : 0.5초(매우 빠르게)

02 한글 '아트컴퓨티 아카데미' 텍스트에도 [날아오기] 효과를 적용합니다.

- 애니메이션 추가 : 나타내기 – 날아오기   • 효과 옵션 : 방향 – 오른쪽에서
- 시작 : 이전 효과 다음에 시작   • 재생 시간 : 0.5초(매우 빠르게)

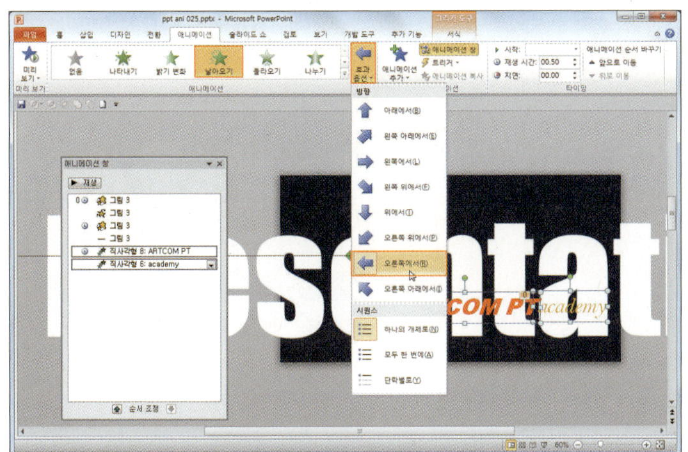
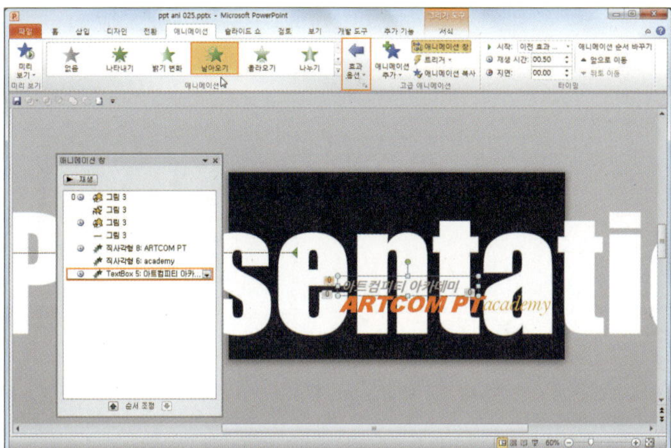

04 URL과 본문 텍스트 추가하기

01 카페 주소(URL)에 [컬러 타자기] 애니메이션 효과를 적용합니다.

- 애니메이션 복사 : PPT ani_025\ppt ani_025.pptx 파일 – [컬러 타자기] 애니메이션 복사 – 카페 주소에 적용
- 효과 : 텍스트 애니메이션 – 문자 단위로   • 시작 : 이전 효과 다음에 시작   • 재생 시간 : 0.08초

02 본문 텍스트에 [올라오기] 효과를 적용합니다.

- 애니메이션 추가 : 나타내기 – 올라오기   • 효과 옵션 : 방향 – 떠오르며 내려가기
- 시작 : 이전 효과와 함께 시작   • 재생 시간 : 1초(빠르게)

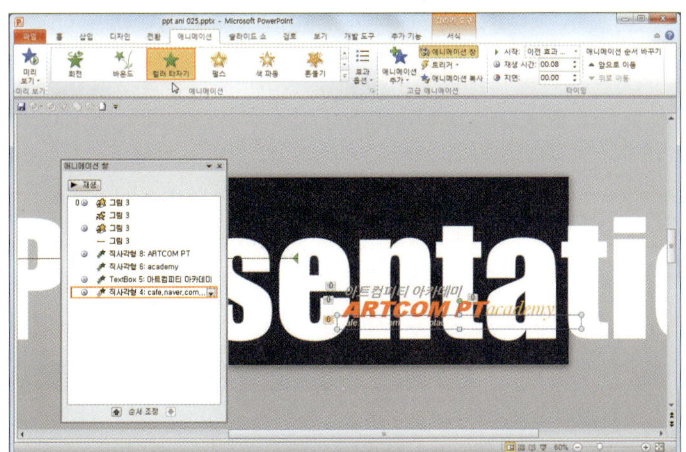
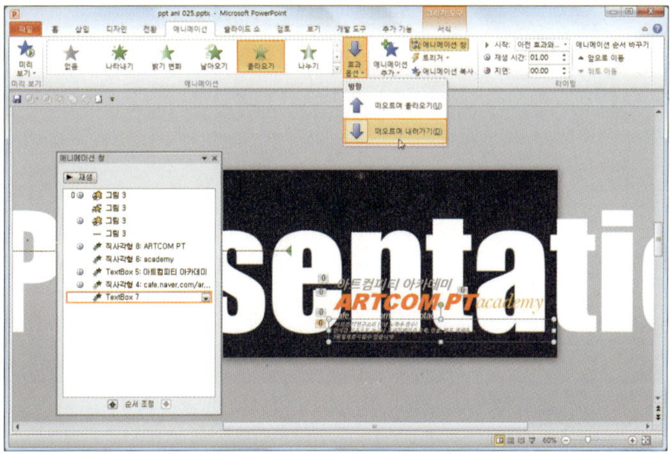

TIP • 이번 과정은 텍스트에 여러 애니메이션 효과가 적용되어 복잡해 보여도 전체적으로 매우 짧은 시간에 움직입니다. 이렇게 짧은 애니메이션들
이 모여 완성도 높은 애니메이션이 만들어지는 것입니다.

01 편리한 작업을 위해 화면을 축소하고 메인 워드아트(Presentaton)를 선택합니다.

02 메인 워드아트(Presentaton)에 이동 경로를 지정합니다.

- 애니메이션 추가 : 추가 이동 경로 – 직선 및 곡선 경로 – 오른쪽으로
- 타이밍 : 지연 – 3초   • 시작 : 이전 효과 다음에 시작   • 재생 시간 : 2초(중간)

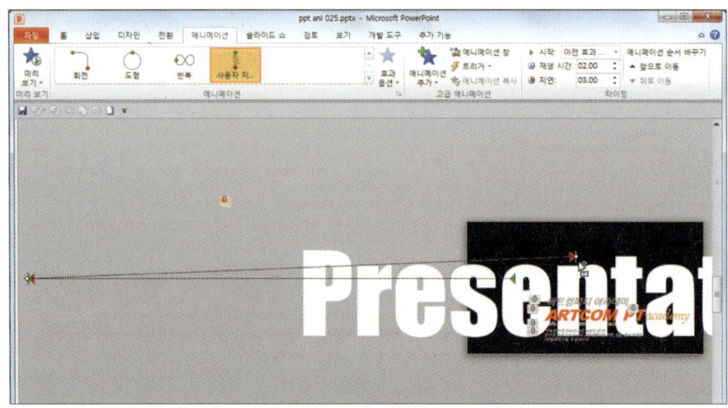
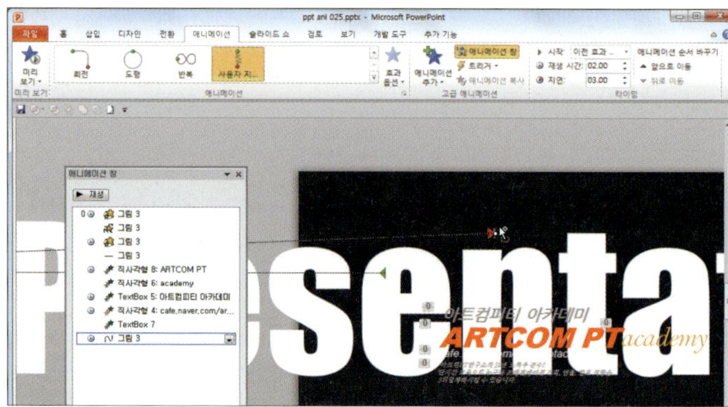

TIP •   메인 워드아트를 선택할 때는 슬라이드를 축소(확대/축소 비율 40%)해야 편리합니다.

이동 경로를 조정하려면?
이동 경로는 초록색(시작점)과 빨간색(끝점) 화살표를 이동시켜 원하는 경로를 만들 수 있습니다. 이번 작업 과정에서 만들어진 오른쪽 방향의 화살표를 이동합니다. 초록색 시작점을 ②에서 만든 빨간색 끝점으로 이동하고 조정합니다.
+ 동영상으로 작성 방법 보기 : http://cafe.naver.com/artcomptacademy/1857

06 메인 워드아트 축소하면서 사라지기

01 메인 워드아트(Presentaton)에 강조하기 효과 중 [크게/작게]를 적용합니다.

- 애니메이션 추가 : 강조 – 크게/작게   • 효과 : 크기 – 40%   • 타이밍 : 지연 – 3초
- 시작 : 이전 효과와 함께 시작   • 재생 시간 : 2초(중간)

02 메인 워드아트(Presentaton)에 끝내기 효과 중 [천천히 사라지기]를 적용합니다.

- 애니메이션 복사 : PPT ani_025\ppt ani_025.pptx 파일 – [천천히 사라지기] 애니메이션 복사 – 메인 워드아트에 적용
- 시작 : 이전 효과 다음에 시작   • 재생 시간 : 1초(빠르게)

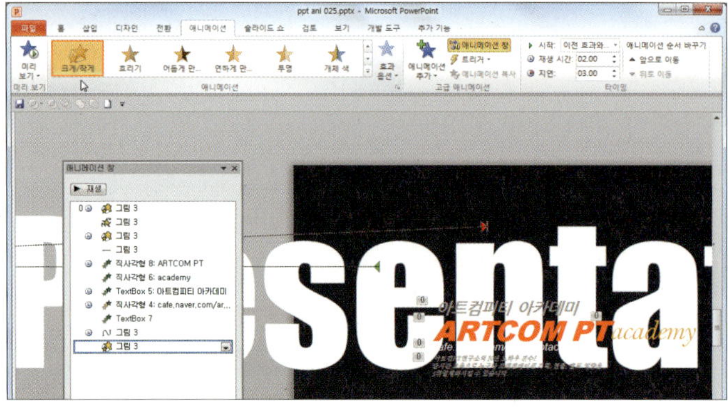
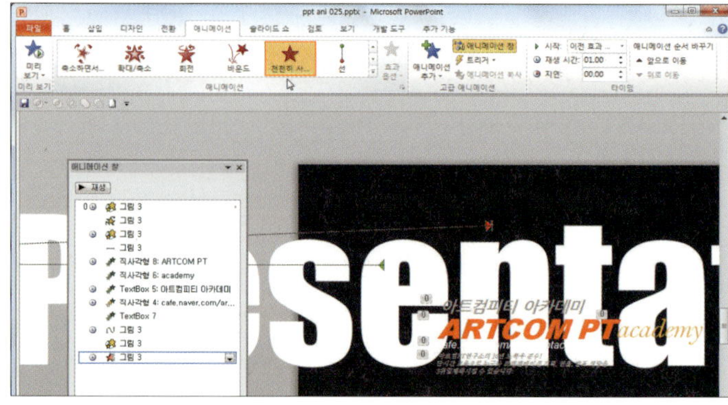

07 중심부 텍스트 사라지기

01 한글로 작성된 '아트컴퓨티 아카데미' 텍스트에 끝내기 효과 중 [가라앉기]를 적용합니다.
- **애니메이션 추가** : 끝내기 – 가라앉기　　**효과 옵션** : 방향 – 떠오르며 내려가기
- **시작** : 이전 효과와 함께 시작　　**재생 시간** : 1초(빠르게)

02 영문 'ARTCOM PT'와 'academy' 텍스트에 끝내기 효과 중 [천천히 사라지기]를 적용합니다.
- **애니메이션 복사** : PPT ani_025\ppt ani_025.pptx 파일 – [천천히 사라지기] 애니메이션 복사 – 영문 텍스트에 적용
- **시작** : 이전 효과와 함께 시작　　**재생 시간** : 1초(빠르게)

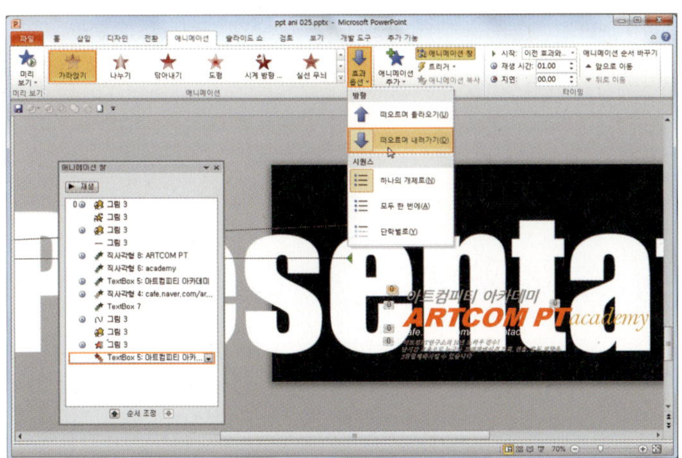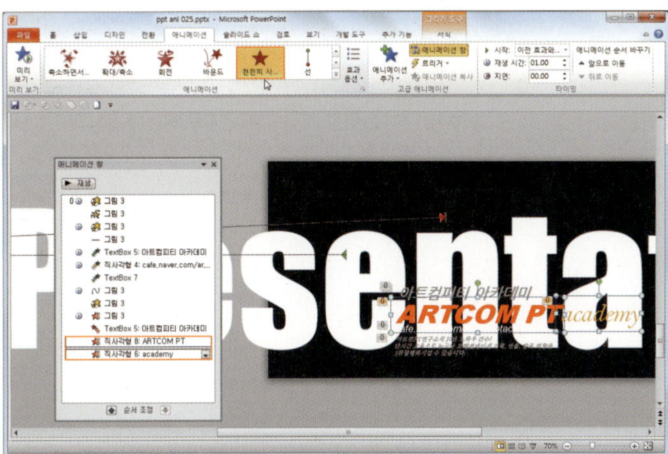

08 본문 텍스트 한 글자씩 끝내기

01 카페 주소(URL)에 끝내기 효과 중 [컬러 타자기]를 적용합니다.
- **애니메이션 복사** : PPT ani_025\ppt ani_025.pptx 파일 – [컬러 타자기] 애니메이션 복사 – URL에 적용
- **효과** : 텍스트 애니메이션 – 문자 단위로　　**시작** : 이전 효과와 함께 시작　　**재생 시간** : 0.08초

02 본문 텍스트에 [가라앉기] 효과를 적용합니다.
- **애니메이션 추가** : 끝내기 – 가라앉기　　**효과 옵션** : 방향 – 떠오르며 올라오기
- **시작** : 이전 효과와 함께 시작　　**재생 시간** : 1초(빠르게)

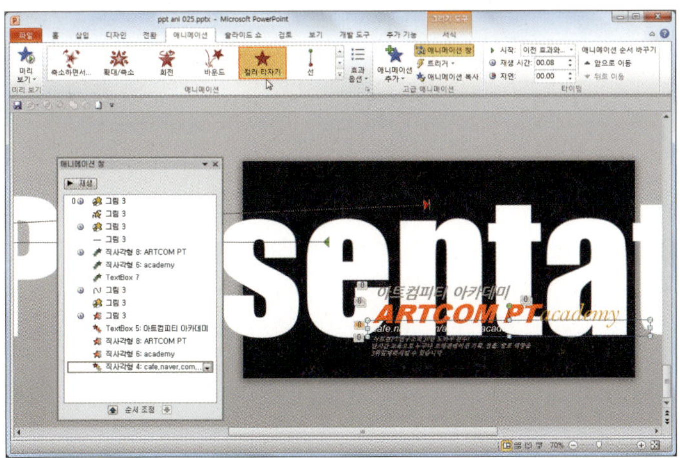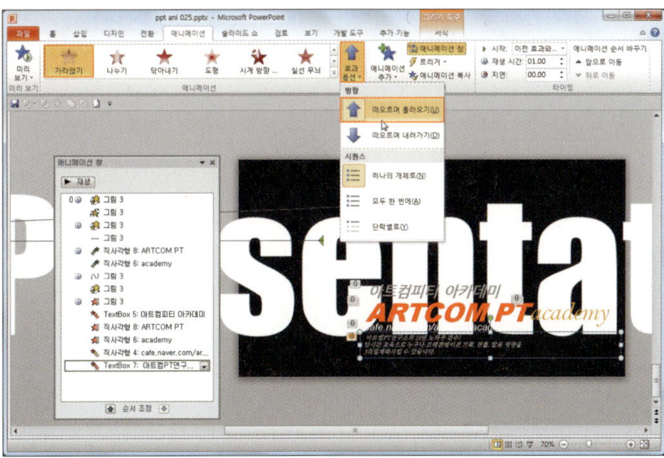

026 사진 편집1_이미지 애니메이션

사진(이미지)은 PPT 디자인에서 매우 중요한 요소이므로 사진 편집 역량과 애니메이션 테크닉을
갖추는 것은 프로페셔널 단계로 가는 길입니다. 파워포인트 기능이 막강해지면서 그래픽 프로그
램 못지않게 사진을 다채롭게 표현하고 디자인할 수 있게 되어 파워포인트 작성 능력과 약간의
디자인 감각만 있다면 밋밋한 사진 한 장만으로도 퀄리티를 크게 높일 수 있습니다.

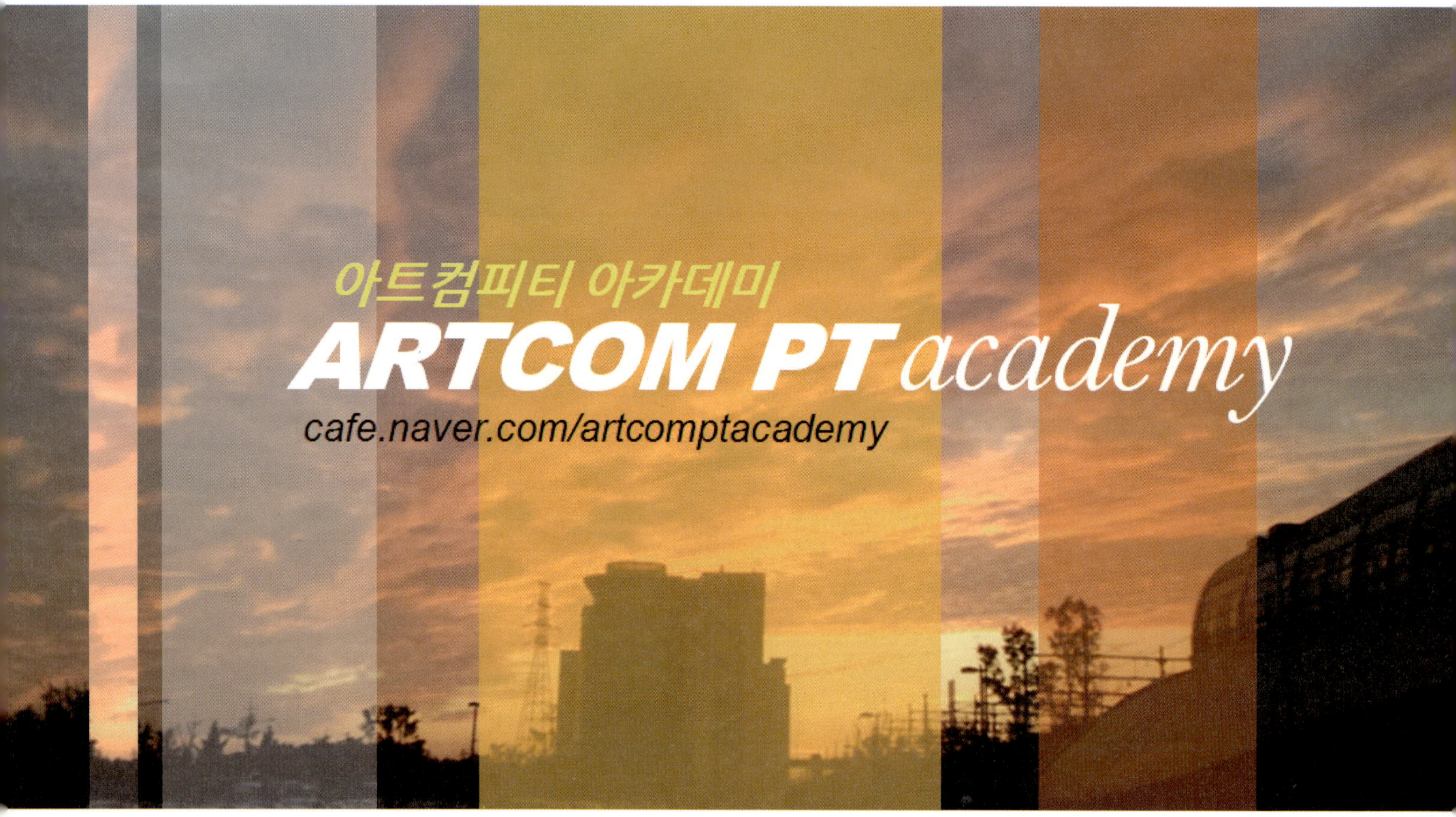

|난이도| ★ ★ ★ ★　|예제 파일| PPT ani_026\ppt 026.pptx　|결과 파일| PPT ani_026\ppt ani_026.pptx
|동영상 파일| PPT ani_026\026_이미지 애니메이션.wmv　|인터넷으로 보기| http://cafe.naver.com/artcomptacademy/1627

애니메이션 작업 포인트

이번 예제에서 주목해야 할 부분은 한 장의 사진을 활용한 애니메이션입니다. 흑백과 컬러를 대비
시키거나 사진을 조각내고 색상에 변화를 주어 전개함으로써 밋밋한 사진을 좀 더 화려하고 다채
롭게 느껴지도록 표현했습니다. 여기에 타이포그래피를 더해 한층 의미 있는 애니메이션을 구성했
습니다.

OI 컬러 이미지를 모노톤 이미지로 밝기 변화하기

01 모노톤 이미지를 선택하여 컬러 이미지 앞쪽에 알맞게 배열합니다.
- 파일 열기 : PPT ani_026\ppt 026.pptx

02 모노톤 이미지에 나타내기 효과 중 [밝기 변화]를 적용합니다.
- **애니메이션 추가** : 나타내기 – 밝기 변화   • **시작** : 이전 효과 다음에 시작   • **재생 시간** : 2초(중간)

TIP •   파워포인트 기능으로도 충분히 모노톤 이미지를 만들 수 있습니다. 컬러 이미지를 복제한 다음 [서식] 탭의 조정 그룹에서 [색]–[다시 칠하기]
의 색상을 설정해 원하는 톤을 만들 수 있습니다.

O2 양쪽에서 컬러 이미지 조각 날아오기

01 오른쪽 밝은 사진 조각에 [날아오기] 효과를 적용합니다.
- **애니메이션 추가** : 나타내기 – 날아오기   • **효과 옵션** : 방향 – 왼쪽에서
- **시작** : 이전 효과 다음에 시작   • **재생 시간** : 2초(중간)

02 왼쪽 밝은 사진 조각에 [날아오기] 효과를 적용합니다.
- **애니메이션 추가** : 나타내기 – 날아오기   • **효과 옵션** : 방향 – 오른쪽에서
- **시작** : 이전 효과와 함께 시작   • **재생 시간** : 2초(중간)

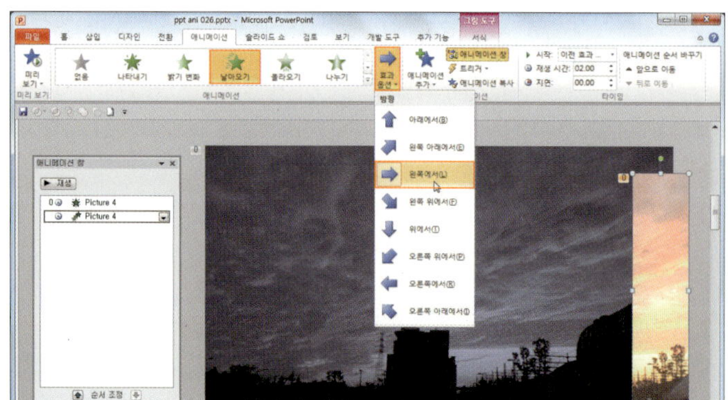
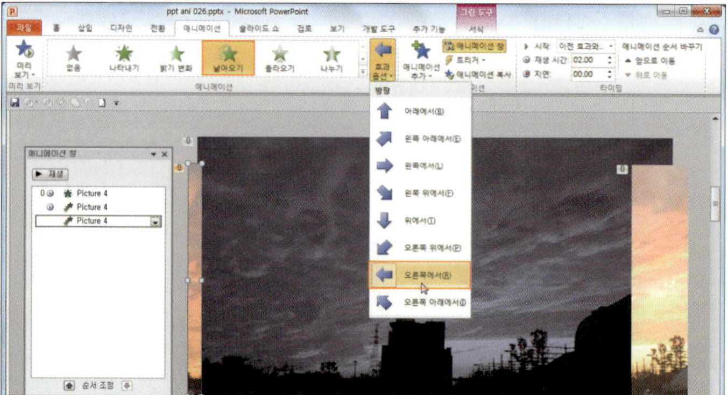

TIP •   밝은 사진 조각은 원본 사진에서 [서식] 탭의 조정 그룹에서 [수정]–[밝기 및 대비]를 선택하여 조정하고 그림 도구의 자르기를 이용해 조절할
수 있습니다.

+ 동영상으로 작성 방법 보기 : http://cafe.naver.com/artcomptacademy/1858

03 투명 사각형 날아오며 늘이기

01 셀로판지 느낌의 투명 사각형 3개에 [날아오기] 효과를 적용합니다.

- **애니메이션 추가** : 나타내기 – 날아오기   • **효과 옵션** : 방향 – 왼쪽에서
- **시작** : 이전 효과와 함께 시작   • **재생 시간** : 0.5초(매우 빠르게)

02 투명 사각형 3개에 끝내기 효과 중 [늘이기]를 적용합니다.

- **애니메이션 복사** : PPT ani_026\ppt ani_026.pptx 파일 – [늘이기] 애니메이션 복사 – 투명 사각형에 모두 적용
- **시작** : 이전 효과와 함께 시작   • **재생 시간** : 3초(빠르게)

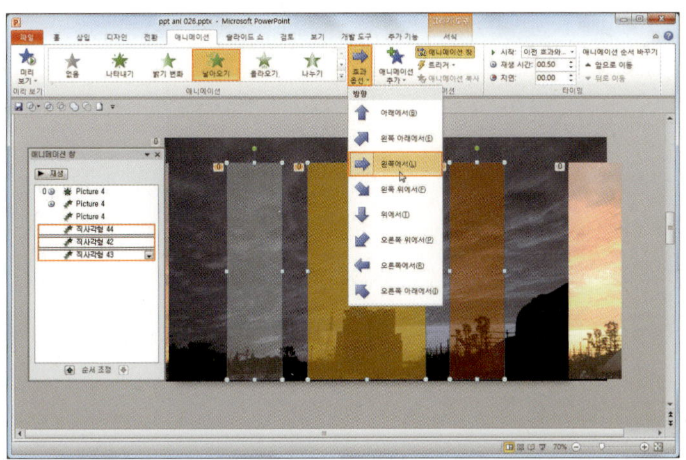
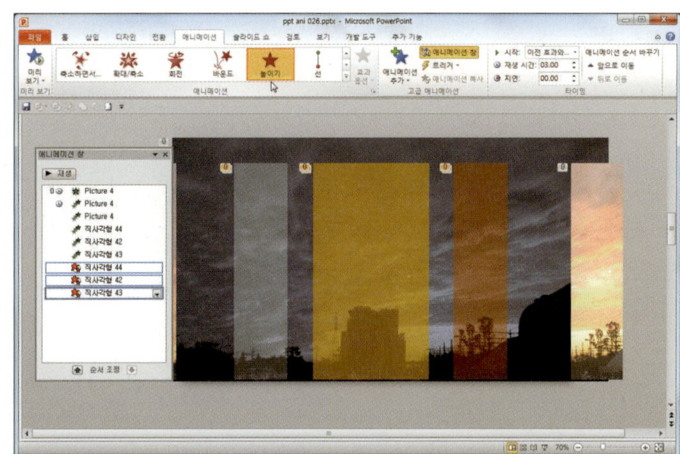

TIP • 모노톤 사진 위에 투명 셀로판지 느낌의 사각형 애니메이션을 적용하면 산뜻한 느낌을 연출할 수 있습니다.

04 메인 키워드 날아오기

01 메인 키워드(ARTCOM PT)에 [날아오기] 효과를 적용합니다.

- **애니메이션 추가** : 나타내기 – 날아오기   • **효과 옵션** : 방향 – 오른쪽에서
- **시작** : 이전 효과 다음에 시작   • **재생 시간** : 0.5초(매우 빠르게)

02 노란색 텍스트(아트컴피티 아카데미)에 [날아오기] 효과를 적용합니다.

- **애니메이션 추가** : 나타내기 – 날아오기   • **효과 옵션** : 방향 – 왼쪽에서
- **시작** : 이전 효과와 함께 시작   • **재생 시간** : 0.5초(매우 빠르게)

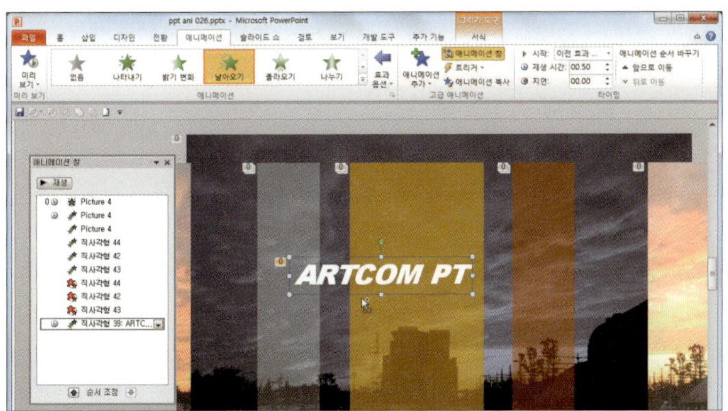

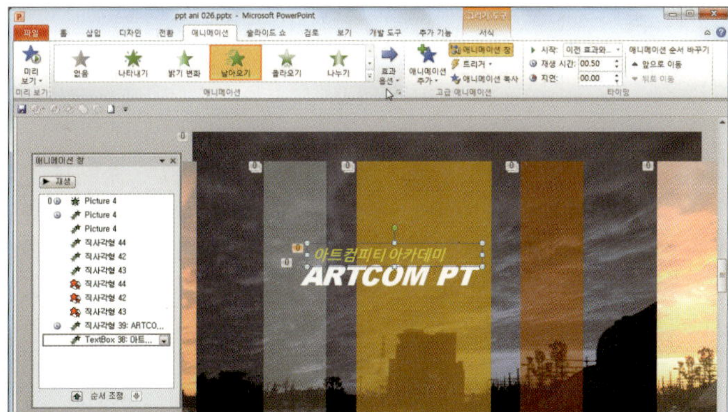

TIP • 노란색 한글 텍스트(아트컴피티 아카데미)는 '나눔고딕' 서체입니다. '나눔고딕' 서체가 없으면 네이버에서 다운로드하여 설치해도 좋습니다.

05 academy와 URL 텍스트 날아오기

01 academy 텍스트에 [날아오기] 효과를 적용합니다.

- **애니메이션 추가** : 나타내기 – 날아오기   **효과** : 방향 – 오른쪽에서
- **시작** : 이전 효과와 함께 시작   **재생 시간** : 0.5초(매우 빠르게)

02 카페 주소 URL에 [실] 애니메이션 효과를 적용합니다.

- **애니메이션 복사** : PPT ani_026\ppt ani_026.pptx 파일 – [실] 애니메이션 복사 – URL에 적용
- **효과** : 텍스트 애니메이션 – 문자 단위로   **시작** : 이전 효과와 함께 시작   **재생 시간** : 0.5초(매우 빠르게)

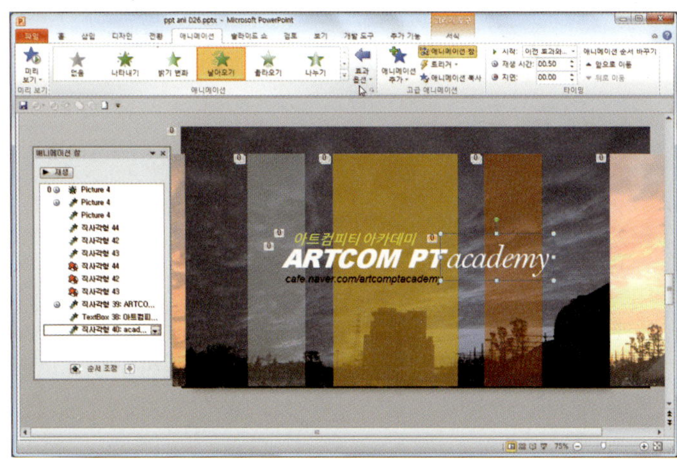
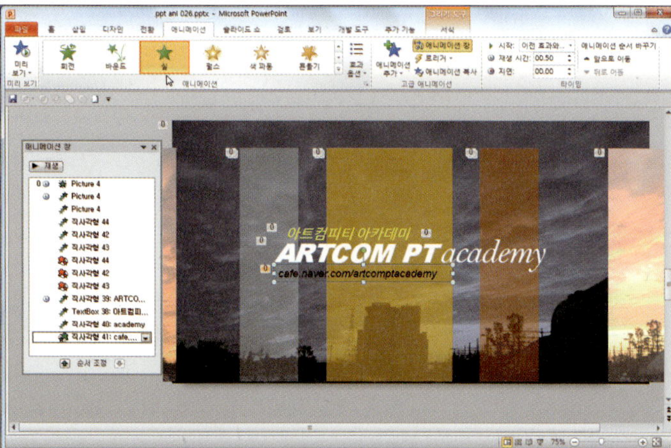

TIP • 텍스트를 좀 더 역동적으로 표현하기 위해서는 [날아오기] 효과와 함께 [실]이나 [압축] 효과를 적용하면 좋습니다. 이때 텍스트 애니메이션은
'문자 단위로'를 지정해야 테크니컬한 느낌을 살릴 수 있습니다.

06 텍스트 강조하고 모노톤 이미지 밝게 만들기

01 academy 텍스트와 URL에 [압축] 애니메이션 효과를 적용합니다.

- **애니메이션 복사** : PPT ani_026\ppt ani_026.pptx 파일 – [압축] 애니메이션 복사 – academy 텍스트와 URL에 적용
- **효과** : 텍스트 애니메이션 – 문자 단위로   **시작** : 이전 효과와 함께 시작   **재생 시간** : 1초(빠르게)

02 모노톤 이미지를 선택하고 끝내기 효과 중 [밝기 변화]를 적용합니다.

- **애니메이션 추가** : 끝내기 – 밝기 변화   **시작** : 이전 효과와 함께 시작   **재생 시간** : 3초(느리게)

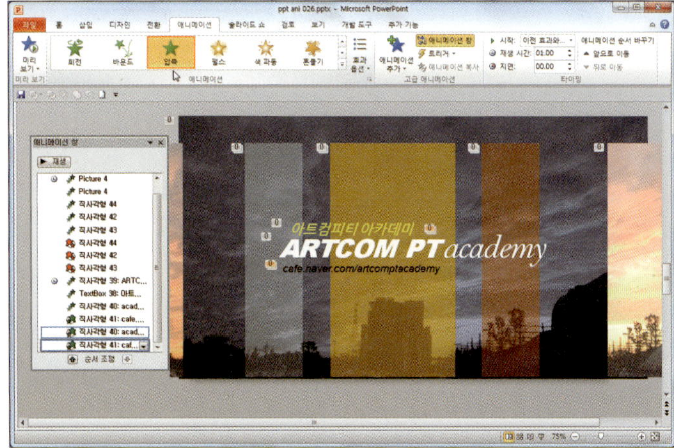
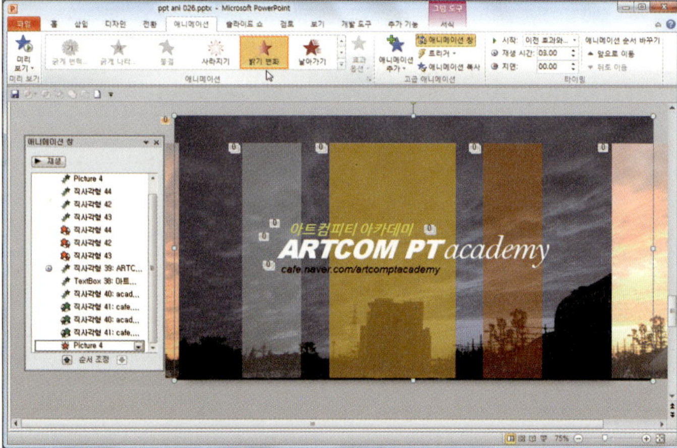

TIP • 재생 시간을 느리게 설정해 모노톤 이미지가 서서히 사라지면서 뒤쪽 컬러 이미지가 나타나도록 표현합니다.

07 텍스트 펼쳐서 끝내기

01 Shift 키를 누른 채 영문(ARTCOM PT academy)과 한글(아트컴피티 아카데미) 텍스트를 선택합니다.

02 선택한 텍스트에 끝내기 효과 중 [펼치기]를 적용합니다.
- **애니메이션 복사** : PPT ani_026\ppt ani_026.pptx 파일 – [펼치기] 애니메이션 복사 – 텍스트에 적용
- **효과** : 텍스트 애니메이션 – 문자 단위로
- **시작** : 처음 텍스트 – 이전 효과 다음에 시작, 나머지 텍스트 – 이전 효과와 함께 시작
- **재생 시간** : 1초(빠르게)

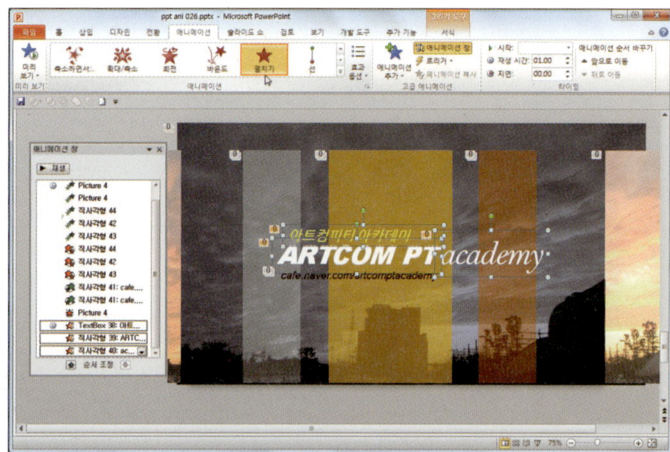

TIP • 텍스트 애니메이션을 끝낼 때 [펼치기] 효과를 적용하면 여운을 남기는 듯한 잔상 효과를 표현할 수 있습니다.

08 URL 텍스트 늘여서 끝내기

카페 주소 URL을 선택하고 끝내기 효과 중 [늘이기]를 적용합니다.
- **애니메이션 복사** : PPT ani_026\ppt ani_026.pptx 파일 – [늘이기] 애니메이션 복사 – URL에 적용
- **효과** : 텍스트 애니메이션 – 문자 단위로
- **시작** : 이전 효과 다음에 시작　　• **재생 시간** : 1초(빠르게)

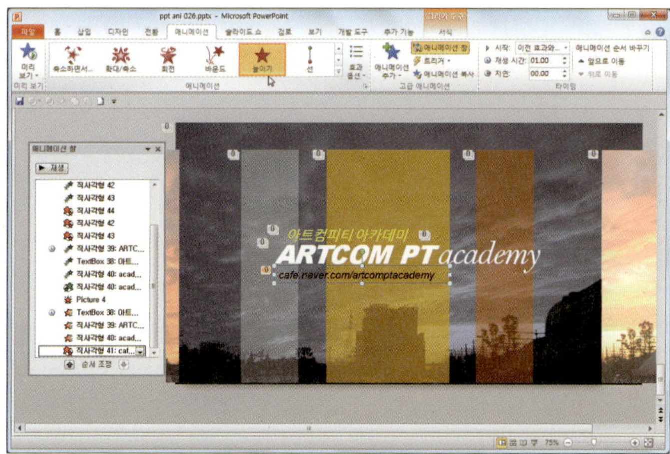

027 사진 편집2_이미지 애니메이션

사진 이미지를 보다 감성적으로 표현하기 위해서는 디자인 요소가 필요합니다. 이중 먹물 번짐 효과는 매우 유용하게 활용할 수 있습니다. 옛스러운 느낌뿐만 아니라 사진, 타이포그래피와도 잘 어울리기 때문입니다. 여기에 애니메이션 효과까지 가미하면 좀 더 극적이고 감성적인 느낌을 연출할 수 있습니다.

|난이도| ★★★★ |예제 파일| PPT ani_027\ppt 027.pptx |결과 파일| PPT ani_027\ppt ani_027.pptx
|동영상 파일| PPT ani_027\027_이미지 애니메이션.wmv |인터넷으로 보기| http://cafe.naver.com/artcomptacademy/1629

애니메이션 작업 포인트

이번 예제에서 주목해야 할 부분은 먹물 번짐 효과를 활용한 이미지 애니메이션입니다. 나타내기의 [밝기 변화] 효과와 강조의 [크게/작게] 효과, 끝내기의 [늘이기] 효과 등을 적절히 활용하면 먹물이 번지거나 자연스럽게 사라지는 느낌을 초보자도 쉽게 표현할 수 있습니다. 파워포인트에서 제공하는 애니메이션 기능을 제대로 활용하면 한층 감성적인 느낌도 연출할 수 있습니다.

OI 먹물 번짐 이미지 확대하기

검은색 먹물 번짐 이미지에 [확대/축소] 효과를 적용합니다.

- 파일 열기 : PPT ani_027\ppt 027.pptx   • 애니메이션 추가 : 나타내기 – 확대/축소
- 효과 옵션 : 소실점 – 개체 센터   • 시작 : 이전 효과 다음에 시작   • 재생 시간 : 1초(빠르게)

TIP •   먹물 번짐 이미지는 배경이 투명한 PNG 파일입니다. 그래픽 프로그램보다 화선지에 먹물을 번지게 하여 원본을 만들어야 좀 더 자연스럽고
회화적인 느낌을 살릴 수 있습니다. 배경을 투명하게 하려면 파워포인트보다 포토샵에서 작성해야 완성도를 높일 수 있습니다.

TIP •   본 예제는 연습용입니다. 슬라이드 크기와 문구, 텍스트, 이미지 등은 용도에 맞춰 변경하셔도 좋습니다.

O2 갈색과 검은색 먹물 번짐 이미지 효과주기

01 갈색 먹물 번짐 이미지에 강조 효과 중 [크게/작게]를 적용합니다.

- 애니메이션 추가 : 강조 – 크게/작게   • 효과 : 크기 – 70%
- 시작 : 이전 효과 다음에 시작   • 재생 시간 : 1초(빠르게)

02 검은색 먹물 번짐 이미지에 강조 효과 중 [크게/작게]를 적용합니다.

- 애니메이션 추가 : 강조 – 크게/작게   • 효과 : 크기 – 140%
- 시작 : 이전 효과 다음에 시작   • 재생 시간 : 5초(매우 느리게)

 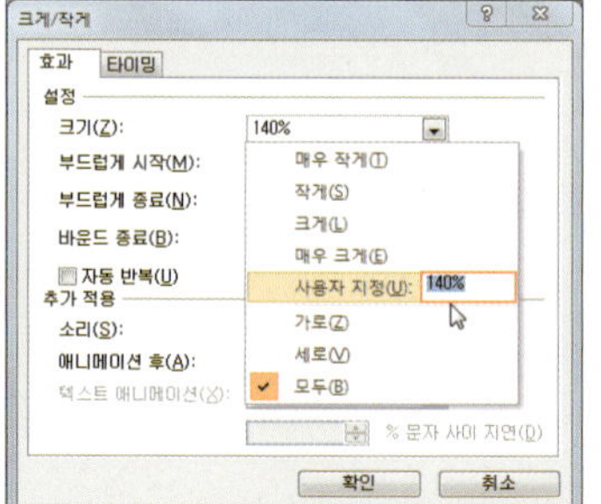 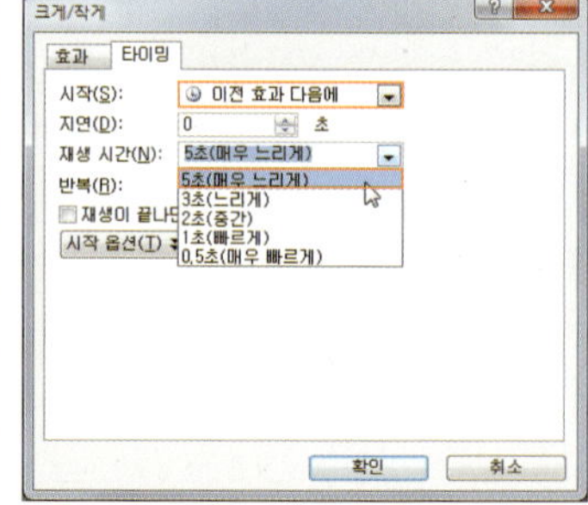

TIP •   먹물 번짐 이미지를 매우 느린 애니메이션으로 만들면 실제 먹물이 번지는 느낌을 표현할 뿐만 아니라 그동안 몇 가지 애니메이션을 전개시킬
수 있습니다.

03 꽃 이미지 효과주기

01 부드러운 가장자리 효과가 적용된 꽃 이미지 3개를 펼쳐놓습니다.

02 꽃 이미지에 나타내기 효과 중 [밝기 변화]를 적용합니다.

- **애니메이션 추가** : 나타내기 – 밝기 변화　　**시작** : 이전 효과와 함께 시작
- **타이밍** : 보라색 꽃_재생 시간 – 1초(빠르게), 지연 – 0초
- **타이밍** : 분홍색 꽃_재생 시간 – 2초(중간), 지연 – 1.5초
- **타이밍** : 노란색 꽃_재생 시간 – 3초(느리게), 지연 – 3.5초

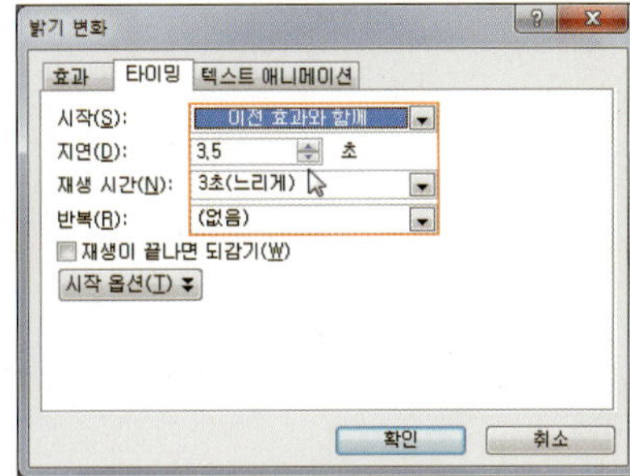

TIP • 　앞쪽 먹물 번짐 이미지가 5초간 확장되는 동안 3개의 꽃 이미지 애니메이션을 만들기 위해서는 지연 시간을 적절하게 적용해야 합니다.

04 메인 텍스트 날아오기

01 꽃 이미지 3개를 모두 선택한 다음 정확하게 포개놓습니다.

- **정렬** : [홈] 탭 – 단락 그룹 – 가운데 맞춤, 텍스트 맞춤 – 중간 맞춤

02 메인 키워드(ARTCOM PT)에 [날아오기] 효과를 적용합니다.

- **애니메이션 추가** : 나타내기 – 날아오기　　**효과 옵션** : 방향 – 오른쪽에서
- **시작** : 이전 효과 다음에 시작　　**재생 시간** : 0.5초(매우 빠르게)

03 노란색 텍스트(아트컴퓨티 아카데미)에 [날아오기] 효과를 적용합니다.

- **애니메이션 추가** : 나타내기 – 날아오기　　**효과 옵션** : 방향 – 왼쪽에서
- **시작** : 이전 효과와 함께 시작　　**재생 시간** : 0.5초(매우 빠르게)

O5 academy 텍스트와 URL 추가하기

01 academy 텍스트에 [날아오기] 효과를 적용합니다.
- **애니메이션 추가** : 나타내기 – 날아오기   **효과 옵션** : 방향 – 오른쪽에서
- **시작** : 이전 효과와 함께 시작   **재생 시간** : 0.5초(매우 빠르게)

02 카페 주소 URL에 [실] 애니메이션 효과를 적용합니다.
- **애니메이션 복사** : PPT ani_027\ppt ani_027.pptx 파일 – [실] 애니메이션 복사 – URL에 적용
- **효과** : 텍스트 애니메이션 – 문자 단위로   **시작** : 이전 효과와 함께 시작   **재생 시간** : 0.5초(매우 빠르게)

03 academy 텍스트와 URL에 [압축] 애니메이션 효과를 적용합니다.
- **애니메이션 복사** : PPT ani_027\ppt ani_027.pptx 파일 – [압축] 애니메이션 복사 – academy 텍스트와 URL에 적용
- **효과** : 텍스트 애니메이션 – academy 텍스트_문자 단위로, URL텍스트_한꺼번에
- **시작** : 이전 효과와 함께 시작   **재생 시간** : 1초(빠르게)

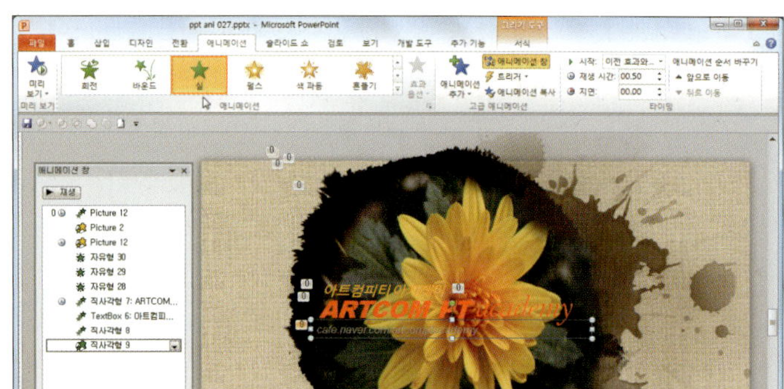
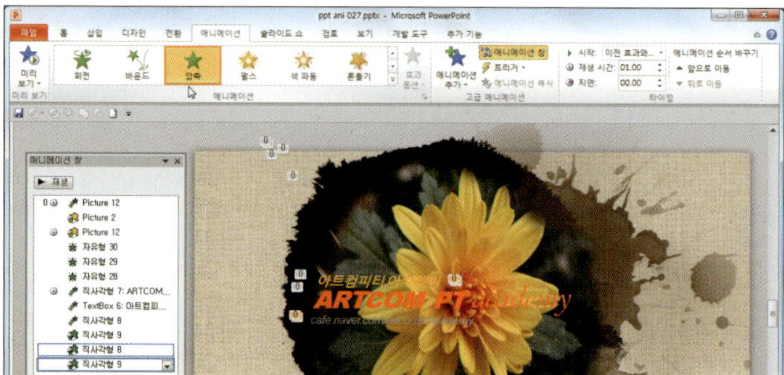

TIP • 텍스트 애니메이션에 '문자 단위로' 효과를 지정하면 멋스럽게 표현되지만 그만큼 진행 시간이 늦어집니다. 이때 '한꺼번에'로 지정하여 시간을 조절해야 합니다.

O6 3개의 꽃 이미지 사라지기

01 꽃 이미지 3개를 선택합니다. 애니메이션을 적용할 때는 **03**번 과정처럼 이미지를 펼쳤다가 다시 포개놓아야 합니다.

02 선택한 3개의 꽃 이미지에 [천천히 사라지기] 애니메이션을 적용합니다.
- **애니메이션 복사** : PPT ani_027\ppt ani_027.pptx 파일 – [천천히 사라지기] 애니메이션 복사 – 꽃 이미지에 적용
- **시작** : 노란색 꽃 – 이전 효과 다음에 시작, 나머지 – 이전 효과와 함께 시작
- **재생 시간** : 1초(빠르게)

07 텍스트 늘여서 사라지기

01 Shift 키를 누른 채 메인과 서브 텍스트를 모두 선택합니다.

02 선택한 텍스트에 끝내기 효과 중 [늘이기]를 적용합니다.

- 애니메이션 복사 : PPT ani_027\ppt ani_027.pptx 파일 – [늘이기] 애니메이션 복사 – 텍스트들에 적용
- 효과 : 텍스트 애니메이션 – 문자 단위로 　　 • 타이밍 : 지연 – 2초
- 시작 : 이전 효과와 함께 시작 　　 • 재생 시간 : 1초(빠르게)

TIP • 메인과 서브 텍스트를 읽을 수 있도록 지연 시간을 2초간 적용합니다. 상황에 따라 텍스트를 충분히 읽을 수 있도록 지연 시간을 늘립니다.

08 먹물 번짐 이미지 확대/축소해서 끝내기

01 검은색 먹물 번짐 이미지에 강조 효과 중 [크게/작게]를 적용합니다.

- 애니메이션 추가 : 강조 – 크게/작게 　　 • 효과 : 크기 – 120%
- 시작 : 이전 효과 다음에 시작 　　 • 재생 시간 : 1초(빠르게)

02 검은색 먹물 번짐 이미지에 끝내기 효과 중 [확대/축소]를 적용합니다.

- 애니메이션 추가 : 끝내기 – 확대/축소 　　 • 시작 : 이전 효과 다음에 시작 　　 • 재생 시간 : 2초(중간)

03 갈색 먹물 번짐 이미지에 [천천히 사라지기] 애니메이션을 적용합니다.

- 애니메이션 복사 : PPT ani_027\ppt ani_027.pptx 파일 – [천천히 사라지기] 애니메이션 복사 – 갈색 먹물 번짐 이미지
  에 적용 　　 • 시작 : 이전 효과와 함께 시작 　　 • 재생 시간 : 1초(빠르게)

028

사진 편집3_이미지 애니메이션

인물 사진에 그래픽 요소와 텍스트 등을 가미하면 메시지 전달 효과를 크게 높일 수 있습니다. 인물 사진을 중심으로 그래픽 요소와 텍스트 등을 짜임새 있게 구성하고 애니메이션 효과를 더하면 효과적으로 메시지를 전달할 수 있습니다. 그러나 여러 가지 요소를 조합하다 보면 오히려 조잡해질 수 있으므로 주의해야 합니다.

|난이도| ★★★★　|예제 파일| PPT ani_028\ppt 028.pptx　|결과 파일| PPT ani_028\ppt ani_028.pptx
|동영상 파일| PPT ani_028\028_이미지 애니메이션.wmv　|인터넷으로 보기| http://cafe.naver.com/artcomptacademy/1644

애니메이션 작업 포인트

이번 예제에서 주목해야 할 부분은 비눗방울 이미지를 활용한 애니메이션입니다. 비눗방울의 움직임을 표현하는 것은 보기보다 쉽지 않습니다. 여러 가지 표현 방법이 있지만 파워포인트 애니메이션 효과 중 [확대/축소], [회전], [이동 경로] 등을 적절히 활용하면 간단하게 비눗방울의 움직임을 표현할 수 있습니다. 이보다 더 완성도를 높이면서 자연스럽게 표현할 수도 있습니다. 이처럼 파워포인트 애니메이션 기능은 생각보다 강력합니다.

OI 투명 셀로판지 느낌의 3개의 사각형 효과주기

01 흰색 사각형에 나타내기 효과 중 [닦아내기]를 적용합니다.

- **파일 열기** : PPT ani_028\ppt 028.pptx　　· **애니메이션 추가** : 나타내기 – 닦아내기
- **효과 옵션** : 방향 – 아래에서　　· **시작** : 이전 효과 다음에 시작　　· **재생 시간** : 0.5초(매우 빠르게)

02 회갈색 사각형에 나타내기 효과 중 [닦아내기]를 적용합니다.

- **애니메이션 추가** : 나타내기 – 닦아내기　　· **효과 옵션** : 방향 – 위에서
- **시작** : 이전 효과와 함께 시작　　· **재생 시간** : 0.5초(매우 빠르게)

03 갈색 사각형에 나타내기 효과 중 [닦아내기]를 적용합니다.

- **애니메이션 추가** : 나타내기 – 닦아내기　　· **효과 옵션** : 방향 – 오른쪽에서
- **시작** : 이전 효과와 함께 시작　　· **재생 시간** : 0.5초(매우 빠르게)

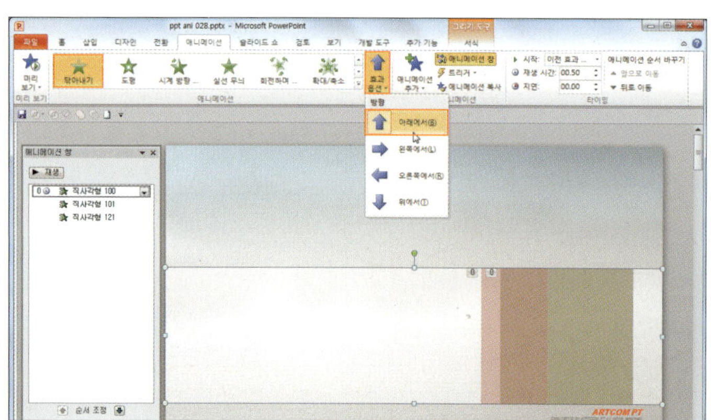 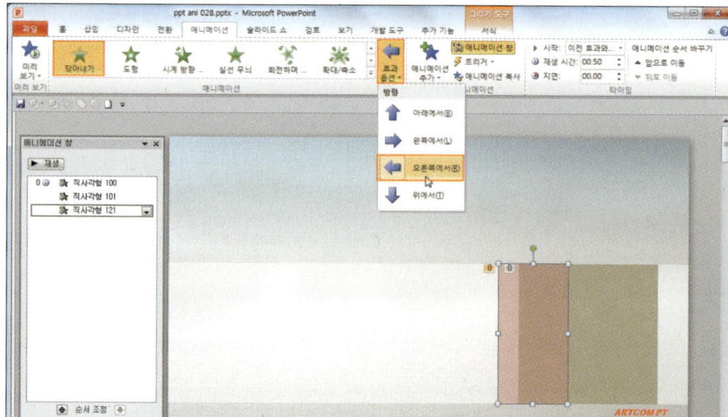

O2 인물 이미지와 작은 비눗방울 효과주기

01 인물 이미지에 [올라오기] 효과를 적용합니다.

- **애니메이션 추가** : 나타내기 – 올라오기　　· **효과 옵션** : 방향 – 떠오르며 올라오기
- **시작** : 이전 효과 다음에 시작　　· **재생 시간** : 1초(빠르게)

02 작은 비눗방울에 [확대/축소] 효과를 적용합니다.

- **애니메이션 추가** : 나타내기 – 확대/축소　　· **효과 옵션** : 소실점 – 개체 센터
- **시작** : 이전 효과 다음에 시작　　· **재생 시간** : 0.5초(매우 빠르게)

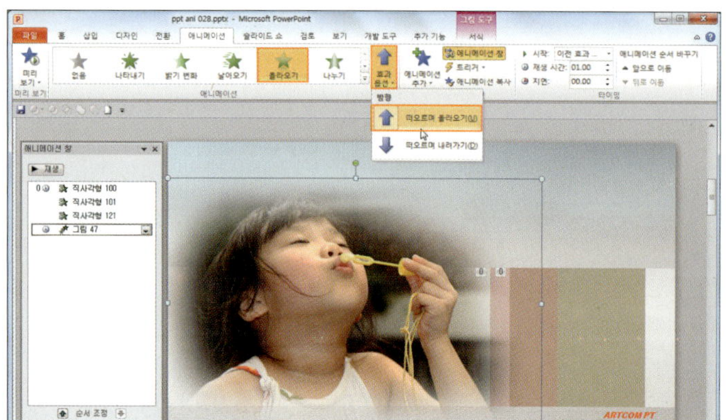 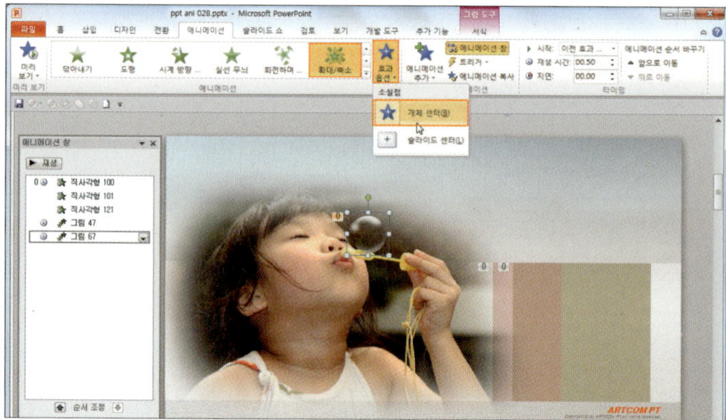

03 중간 크기 비눗방울 회전 및 이동하기

01 중간 크기 비눗방울에 나타내기 효과 중 [확대/축소]를 적용합니다.

- **애니메이션 추가** : 나타내기 – 확대/축소　　**효과 옵션** : 소실점 – 개체 센터
- **시작** : 이전 효과 다음에 시작　　**재생 시간** : 0.5초(매우 빠르게)

02 중간 크기 비눗방울에 강조 효과 중 [회전]을 적용합니다.

- **애니메이션 추가** : 강조 – 회전　　**효과** : 양(값) – 시계 반대 방향 70°
- **시작** : 이전 효과와 함께 시작　　**재생 시간** : 2초(중간)

03 중간 크기 비눗방울에 [이동 경로]를 지정하고 이동 길이와 각도를 조정합니다.

- **애니메이션 추가** : 추가 이동 경로 – 직선 및 곡선 경로 – 오른쪽으로
- **시작** : 이전 효과와 함께 시작　　**재생 시간** : 2초(중간)

TIP • 　이동 경로를 조정하기 위해서는 이동 경로의 시작점(녹색)을 선택하여 비눗방울이 만들어지는 막대(버블스틱) 입구 쪽으로 이동한 다음 끝점
(빨간색 화살표)을 선택하여 길이와 각도를 조절해서 원하는 만큼 드래그합니다.

04 큰 비눗방울 불러오기

01 큰 비눗방울에 나타내기 효과 중 [확대/축소]를 적용합니다.

- **애니메이션 추가** : 나타내기 – 확대/축소　　**효과** : 소실점 – 개체 센터
- **시작** : 이전 효과와 함께 시작　　**재생 시간** : 0.5초(매우 빠르게)

02 큰 비눗방울에 강조 효과 중 [회전]을 적용합니다.

- **애니메이션 추가** : 강조 – 회전　　**효과** : 양(값) – 시계 방향 120°
- **시작** : 이전 효과와 함께 시작　　**재생 시간** : 2초(중간)

03 큰 비눗방울에 [이동 경로] 효과를 지정하고 이동 길이와 각도를 조정합니다.

- **애니메이션 추가** : 추가 이동 경로 – 직선 및 곡선 경로 – 오른쪽으로
- **시작** : 이전 효과와 함께 시작　　**재생 시간** : 2초(중간)

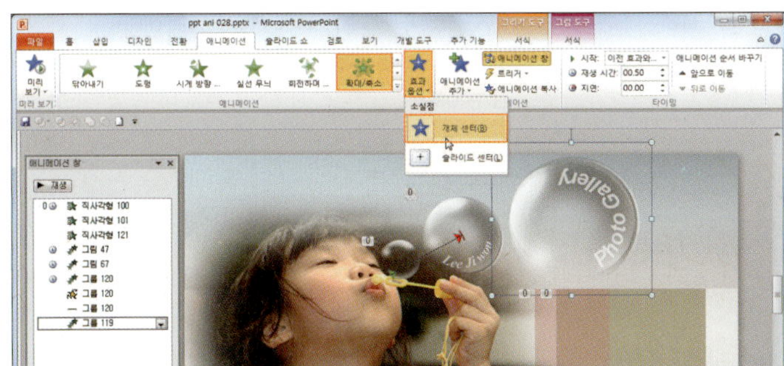
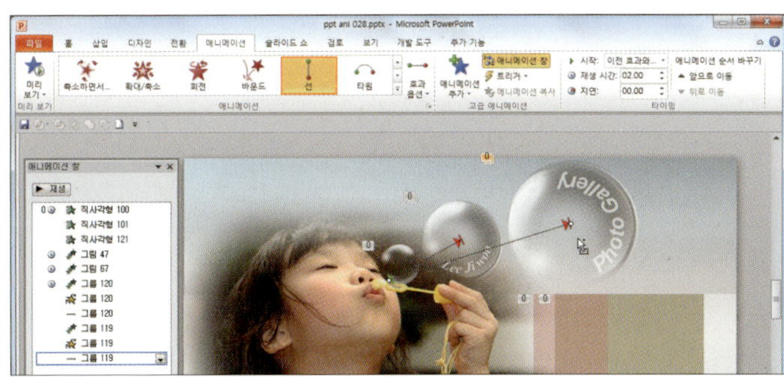

TIP • 　여러 개의 비눗방울을 회전시킬 때 [시계 방향]과 [시계 반대 방향]으로 회전하면 한층 자연스럽습니다.

05 2개의 비눗방울 강조하기

01 중간 비눗방울에 강조 효과 중 [펄스]를 적용합니다.

- 애니메이션 추가 : 강조 – 펄스　　• 시작 : 이전 효과 다음에 시작　　• 재생 시간 : 0.5초(매우 빠르게)

02 큰 비눗방울에 강조 효과 중 [펄스]를 적용합니다.

- 애니메이션 추가 : 강조 – 펄스　　• 시작 : 이전 효과 다음에 시작　　• 재생 시간 : 0.5초(매우 빠르게)

TIP • 텍스트가 있는 2개의 비눗방울에 [펄스] 효과를 적용하여 강조합니다. [펄스] 효과는 약간 확장하면서 깜빡이는 효과로 인해 순간적으로 주의를 끌 수 있습니다.

06 비눗방울 축소해서 사라지기

3개의 비눗방울을 선택하고 끝내기 효과 중 [확대/축소]를 적용합니다.

- 애니메이션 추가 : 끝내기 – 확대/축소　　• 타이밍 : 지연 – 2초
- 시작 : 큰 비눗방울 – 이전 효과 다음에 시작, 중간과 작은 비눗방울 – 이전 효과와 함께 시작
- 재생 시간 : 0.5초(매우 빠르게)

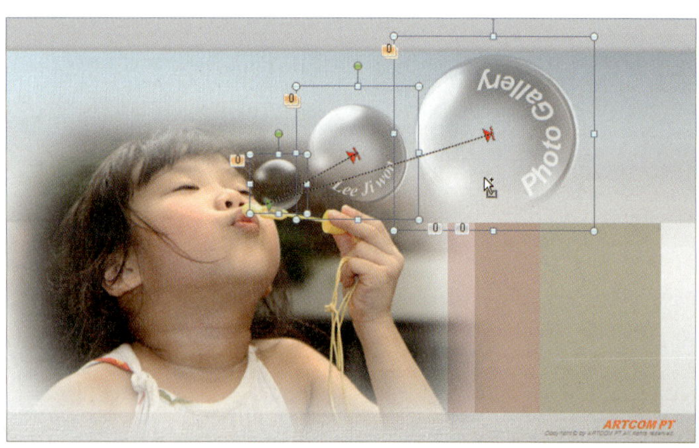

TIP • 텍스트를 읽을 최소한의 시간을 주어야 하므로 끝내기 효과에 지연 시간 2초를 적용합니다.

07 인물 이미지 사라지기

인물 이미지를 선택하고 [가라앉기] 효과를 적용합니다.

- **애니메이션 추가** : 끝내기 – 가라앉기
- **효과 옵션** : 방향 – 떠오르며 내려가기
- **시작** : 이전 효과 다음에 시작
- **재생 시간** : 1초(빠르게)

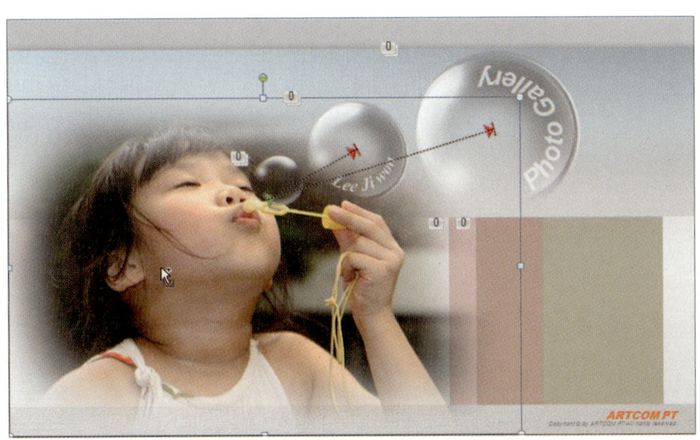

TIP • 　나타내기에서 [닦아내기] 효과를 적용했을 때 끝내기에서도 [닦아내기] 효과를 적용하면 일관성이 있어 좋습니다.

08 3개의 사각형 닦아내듯 끝내기

3개의 사각형을 선택하고 끝내기 효과 중 [닦아내기]를 적용합니다.

- **애니메이션 추가** : 끝내기 – 닦아내기
- **효과 옵션** : 방향 – 오른쪽에서
- **시작** : 회갈색 – 이전 효과 다음에 시작, 나머지 – 이전 효과와 함께 시작
- **재생 시간** : 0.5초(매우 빠르게)

029 배경 응용1_조명 애니메이션

파워포인트 디자인에서 배경은 매우 중요한 부분입니다. 배경에 따라 앞쪽 텍스트나 도해, 차트 등이 돋보이기도 하고, 품질이 저하되는 원인이 되기도 합니다. 즉, 배경은 보조 역할에 충실해야 합니다. 디자인이나 애니메이션 모두 지나치게 현란하거나 역동적인 것은 좋지 않습니다.

|난이도| ★ ★ ★ ☆ |예제 파일| PPT ani_029\ppt 029.pptx |결과 파일| PPT ani_029\ppt ani_0029.pptx
|동영상 파일| PPT ani_029\029_배경 애니메이션.wmv |인터넷으로 보기| http://cafe.naver.com/artcomptacademy/1709

애니메이션 작업 포인트

이번 예제에서 주목해야 할 부분은 배경 애니메이션입니다. 타원형에 조명 느낌을 활용하여 디자인 미감을 살리면서 역동적으로 표현하였습니다. 애니메이션이 지나치게 현란하지 않도록 [날아오기], [대비색], [늘이기] 등 비교적 단순한 효과만을 적용하였습니다. 전체적으로 리듬감을 살리면서 메인 텍스트와 배경이 따로 애니메이션되지 않도록 조율해 나가는 것이 중요합니다.

01 슬라이드 배경 효과주기

슬라이드의 꽉 찬 검은색 사각형에 [베일 벗기] 효과를 적용합니다.

- 파일 열기 : PPT ani_029\ppt 029.pptx
- 애니메이션 복사 : PPT ani_029\ppt ani_029.pptx 파일 – [베일 벗기] 애니메이션 복사 – 배경에 적용
- 시작 : 이전 효과 다음에 시작   • 재생 시간 : 1초(빠르게)

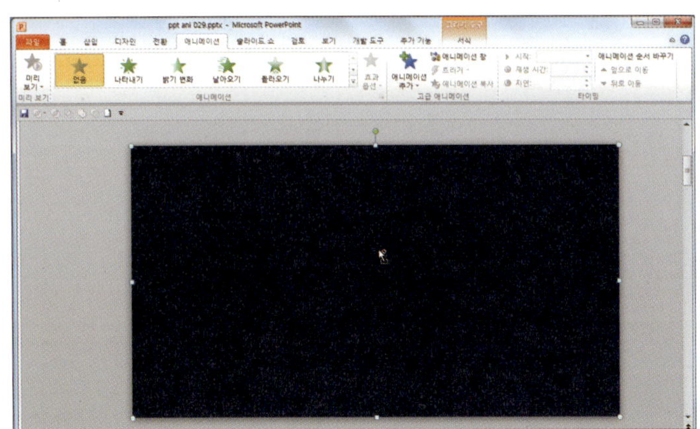

02 3색 조명 날아와 모이기

01 왼쪽 타원형 조명(밝은 보라)에 나타내기 효과 중 [날아오기]를 적용합니다.

- 애니메이션 추가 : 나타내기 – 날아오기   • 효과 옵션 : 방향 – 오른쪽에서
- 시작 : 이전 효과 다음에 시작   • 재생 시간 : 1초(빠르게)

02 중간 타원형 조명(청회색)에 나타내기 효과 중 [날아오기]를 적용합니다.

- 애니메이션 추가 : 나타내기 – 날아오기   • 효과 옵션 : 방향 – 위에서
- 시작 : 이전 효과와 함께 시작   • 재생 시간 : 1초(빠르게)

03 오른쪽 타원형 조명(청녹색)에 나타내기 효과 중 [날아오기]를 적용합니다.

- 애니메이션 추가 : 나타내기 – 날아오기   • 효과 옵션 : 방향 – 왼쪽에서
- 시작 : 이전 효과와 함께 시작   • 재생 시간 : 1초(빠르게)

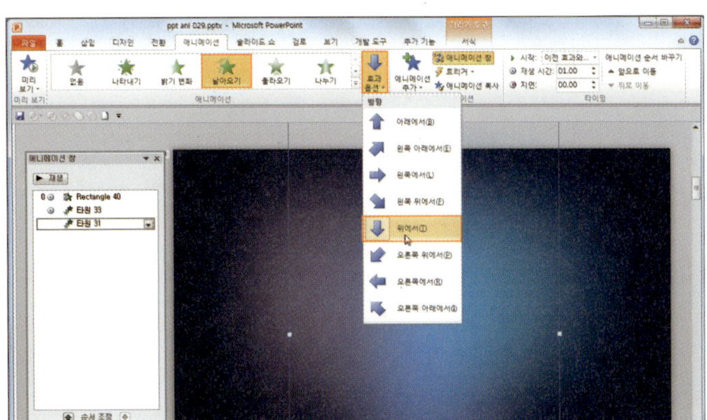
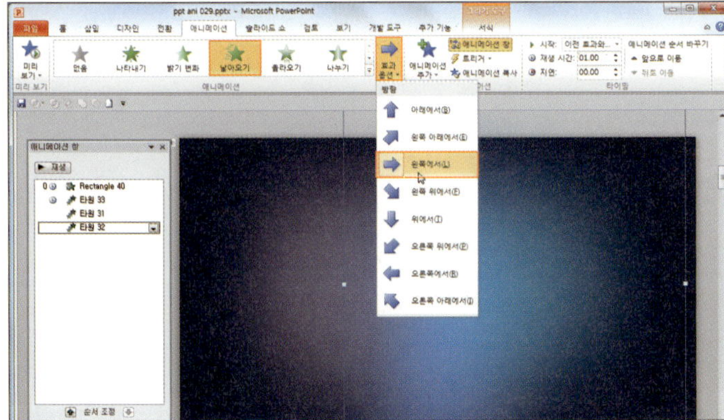

TIP • 타원형 조명은 기본 도형에 있는 타원에 배색하고 그라데이션 효과를 적용하여 만들 수 있습니다.

+ 동영상으로 작성 방법 보기 : http://cafe.naver.com/artcomptacademy/1859

03 한글 텍스트 추가하기

01 노란색 텍스트(아트컴피티 아카데미)에 [실] 애니메이션 효과를 적용합니다.

- 애니메이션 복사 : PPT ani_029\ppt ani_029.pptx 파일 – [실] 애니메이션 복사 – 노란색 텍스트에 적용
- 효과 : 텍스트 애니메이션 – 한꺼번에　　• 시작 : 이전 효과 다음에 시작　　• 재생 시간 : 1초(빠르게)
- 문자 스타일 : 서체 – 나눔고딕, 글자 크기 – 28p, 스타일 – 굵게/기울임 꼴/텍스트 그림자

02 노란색 텍스트(아트컴피티 아카데미)에 [과장하기] 애니메이션 효과를 적용합니다.

- 애니메이션 복사 : PPT ani_029\ppt ani_029.pptx 파일 – [과장하기] 애니메이션 복사 – 노란색 텍스트에 적용
- 효과 : 텍스트 애니메이션 – 한꺼번에　　• 시작 : 이전 효과와 함께 시작　　• 재생 시간 : 1초(빠르게)

03 흰색 본문 텍스트에 [올라오기] 효과를 적용합니다.

- 애니메이션 추가 : 나타내기 – 올라오기　　• 효과 옵션 : 방향 – 떠오르며 내려가기　　• 시작 : 이전 효과와 함께 시작
- 재생 시간 : 1초(빠르게)　　• 문자 스타일 : 서체 – 나눔고딕, 글자 크기 – 10.5p, 스타일 – 굵게/기울임 꼴

04 흰색 본문 텍스트에 [실] 효과를 적용합니다.

- 애니메이션 복사 : 노란색 텍스트 애니메이션 복사　　• 효과 : 텍스트 애니메이션 – 한꺼번에
- 시작 : 이전 효과와 함께 시작　　• 재생 시간 : 1초(빠르게)

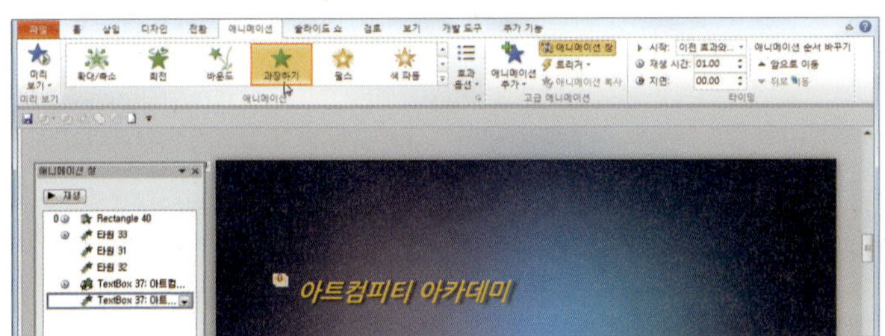
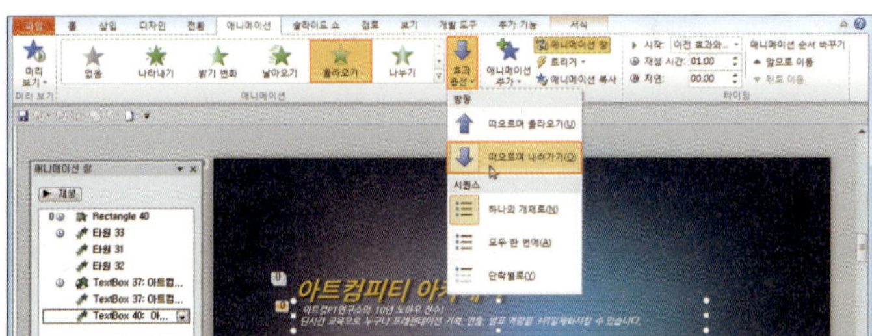

04 영문 텍스트 추가하기

01 입체감 있는 텍스트(ARTCOM PT)에 [날아오기] 효과를 적용합니다.

- 애니메이션 추가 : 나타내기 – 날아오기　　• 효과 옵션 : 방향 – 오른쪽에서
- 시작 : 이전 효과와 함께 시작　　• 재생 시간 : 0.5초(매우 빠르게)
- 문자 스타일 : 서체 – Arial Black, 글자 크기 – 54p, 스타일 – 기울임 꼴/텍스트 그림자/입체 효과(각지게)

02 academy 텍스트에 [날아오기] 효과를 적용합니다.

- 애니메이션 추가 : 나타내기 – 날아오기　　• 효과 옵션 : 방향 – 왼쪽에서
- 시작 : 이전 효과와 함께 시작　　• 재생 시간 : 0.5초(매우 빠르게)
- 문자 스타일 : 서체 – Bell MT, 글자 크기 – 54p, 스타일 – 기울임 꼴, 텍스트 그림자

03 카페 주소 URL에 [컬러 타자기] 애니메이션 효과를 적용합니다.

- 예제 025 04단계 참조

05 타원형 조명 강조하기

3개의 타원형 조명에 강조 효과 중 [색 파동]을 적용합니다.

- **애니메이션 추가** : 강조 – 색 파동   **시작** : 첫 번째 타원 조명 – 이전 효과 다음에 시작, 2개 조명 – 이전 효과와 함께 시작
- **재생 시간** : 0.5초(매우 빠르게)

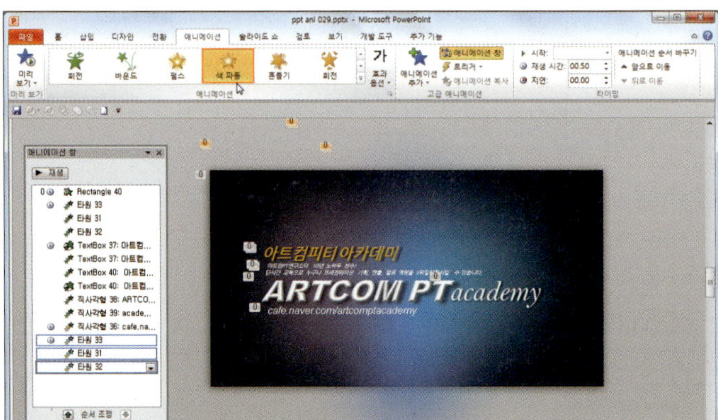

TIP • 파워포인트 2007 버전으로 프레젠테이션(PT)할 때 강조 효과 중 [대비색]을 적용하면 셀로판지 느낌으로 타원이 겹치면서 한층 테크니컬한 느낌을 연출할 수 있습니다.

06 메인 키워드 강조하기

01 왼쪽 슬라이드 밖의 노란색 영문 텍스트를 드래그하여 중심부 텍스트에 겹칩니다.

02 노란색 텍스트에 [나타내기] 효과를 지정합니다.

- **애니메이션 추가** : 나타내기 – 나타내기   **시작** : 이전 효과 다음에 시작

03 노란색 텍스트에 강조 효과 중 [크게/작게]를 적용합니다.

- **애니메이션 추가** : 강조 – 크게/작게   **시작** : 이전 효과와 함께 시작
- **효과** : 크기 – 600%   **재생 시간** : 2초(중간)

04 노란색 텍스트에 끝내기 효과 중 [밝기 변화]를 적용합니다.

- **애니메이션 추가** : 끝내기 – 밝기 변화   **시작** : 이전 효과와 함께 시작   **재생 시간** : 2초(중간)

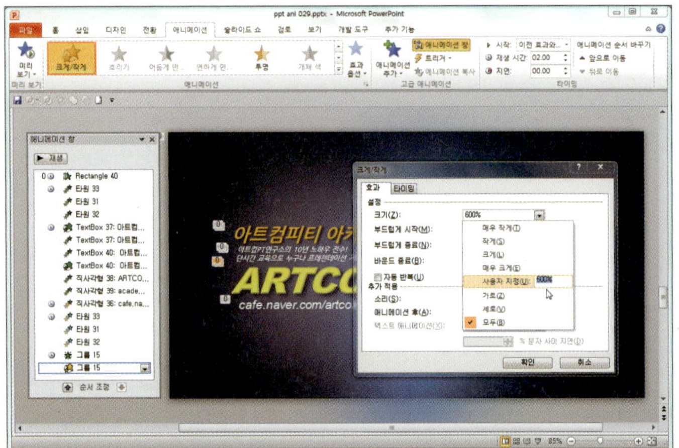
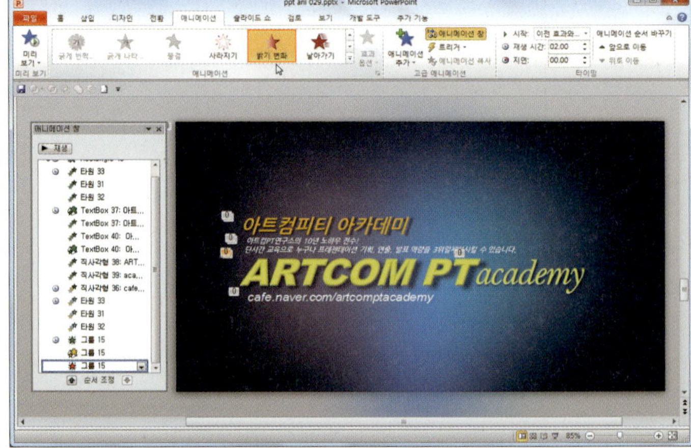

TIP • 한글과 영문 텍스트 애니메이션은 모두 5초 이내로 애니메이션됩니다. 매우 짧은 시간 동안이라도 여러 기능을 적절하게 적용하면 테크니컬한 느낌을 연출할 수 있습니다.

07 텍스트 늘여서 사라지기

01 중심부 메인 텍스트(ARTCOM PT academy)를 제외한 텍스트를 모두 선택합니다.

02 선택한 텍스트에 끝내기 효과 중 [늘이기]를 적용합니다.

- 애니메이션 복사 : PPT ani_029\ppt ani_029.pptx 파일 – [늘이기] 애니메이션 복사 – 텍스트에 적용
- 효과 : 텍스트 애니메이션 – 한꺼번에, URL – 문자 단위로   • 타이밍 : 지연 – 1.5초
- 시작 : 처음 텍스트 – 이전 효과 다음에 시작, 나머지 – 이전 효과와 함께 시작   • 재생 시간 : 1초(빠르게)

03 중심부 메인 텍스트(ARTCOM PT academy)에 [천천히 사라지기] 효과를 적용합니다.

- 애니메이션 복사 : PPT ani_029\ppt ani_029.pptx 파일 – [천천히 사라지기] 애니메이션 복사 – 중심부 메인 텍스트에 적용
- 효과 : 텍스트 애니메이션 – 한꺼번에   • 타이밍 : 지연 – 1.5초
- 시작 : 이전 효과와 함께 시작   • 재생 시간 : 1초(빠르게)

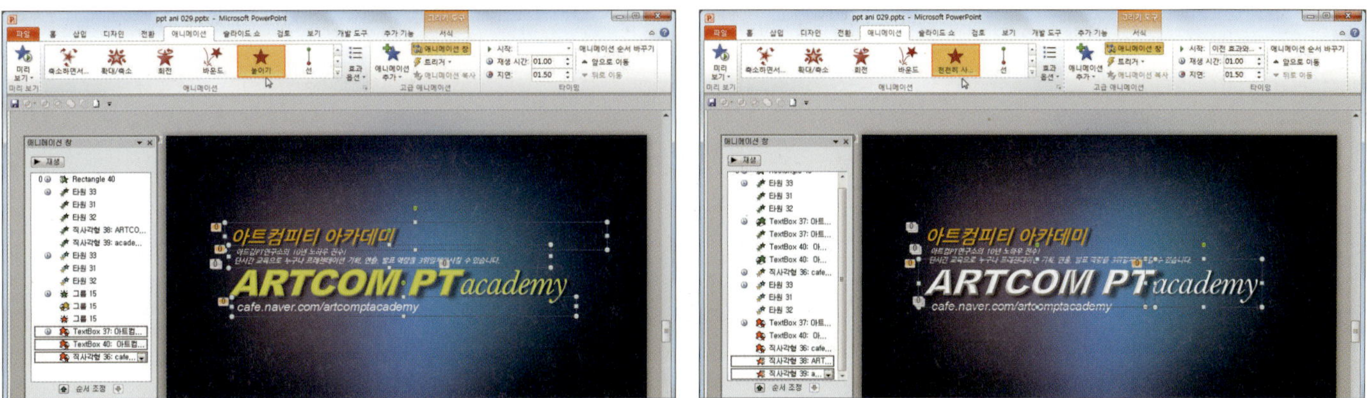

TIP •   지연 시간을 1.5초로 설정해 텍스트가 나타났다 바로 사라지지 않도록 합니다. 상황에 따라 지연 시간을 조정하여 텍스트를 충분히 읽도록 작성해야 합니다.

08 타원형 조명 늘여서 끝내기

3개의 타원형 조명에 끝내기 효과 중 [늘이기]를 적용합니다.

- 애니메이션 복사 : PPT ani_029\ppt ani_029.pptx 파일 – [늘이기] 애니메이션 복사 – 중심부 메인 텍스트에 적용
- 시작 : 이전 효과와 함께 시작   • 타이밍 : 지연 – 1.5초(보라색 타원)   • 재생 시간 : 1초(빠르게)

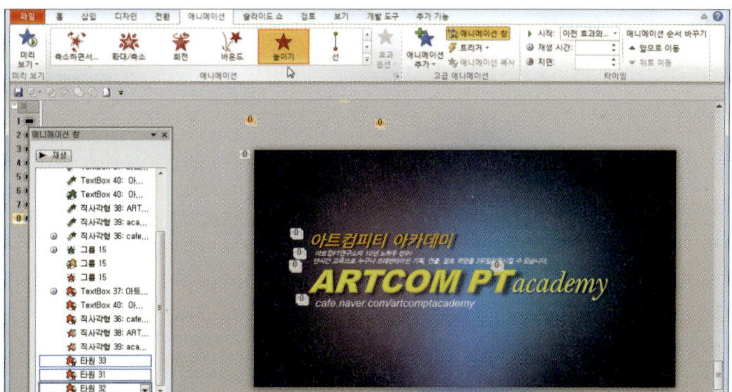

TIP •   타이밍 중 지연 기능을 적절하게 활용하면 같은 시간대에 애니메이션 효과가 적용되어도 미묘한 변화가 생깁니다.

030 배경 응용2_파문 애니메이션

슬라이드 배경을 디자인할 때 화려한 그래픽 이미지나 사진이 없어도 세련된 디자인이 가능합니다. 파워포인트에서 제공하는 기본 도형과 도형 서식의 그래픽 기능을 적절히 활용하면 충분히 퀄리티를 높일 수 있습니다. 여기에 애니메이션 기능을 가미하면 한층 극적인 느낌을 연출할 수 있습니다. 문제는 파워포인트를 다루는 감각과 기술력입니다. 개인 실력차에 따라 품질의 차이가 현격합니다.

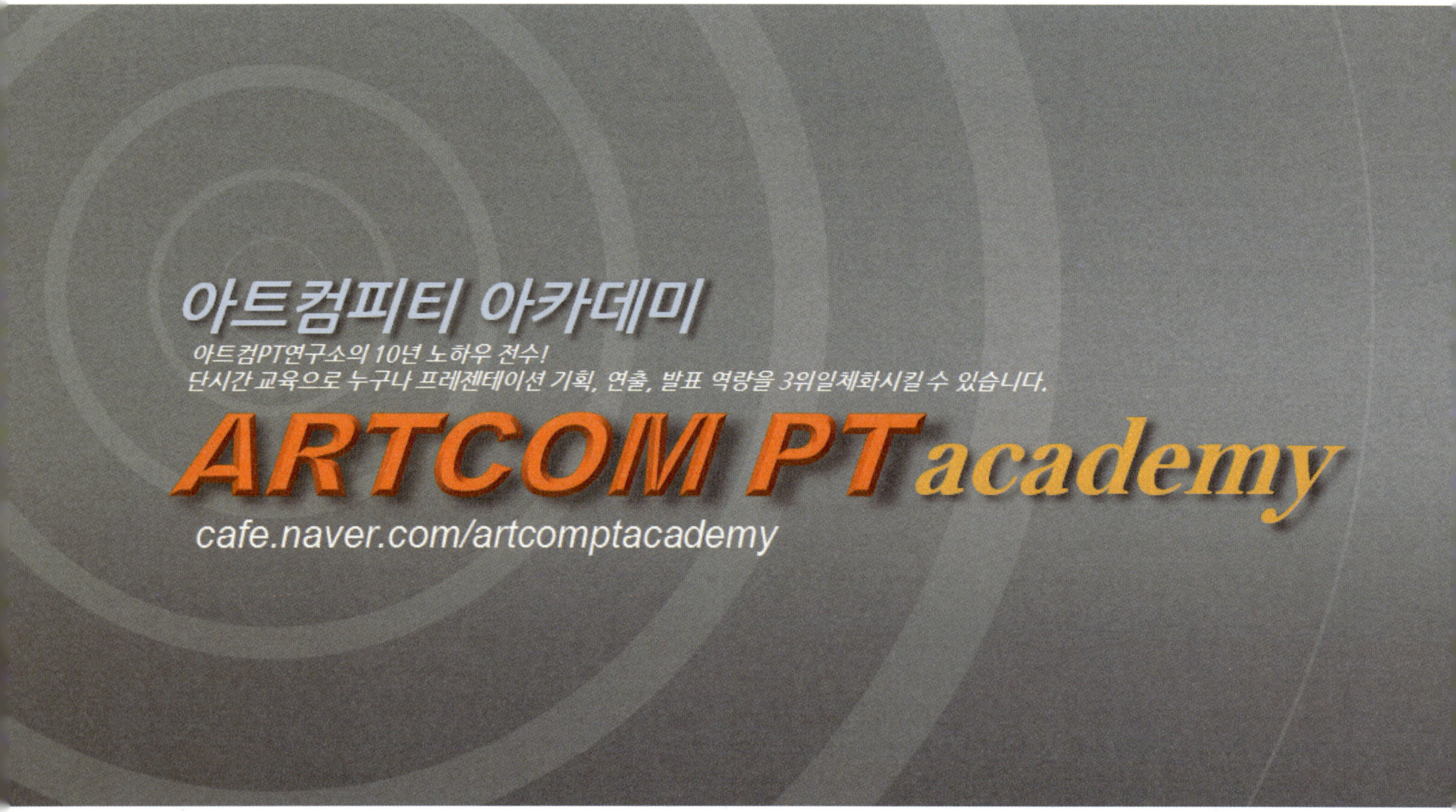

|난이도| ★★★★ |예제 파일| PPT ani_030\ppt 030.pptx |결과 파일| PPT ani_030\ppt ani_030.pptx
|동영상 파일| PPT ani_030\030_배경 애니메이션.wmv |인터넷으로 보기| http://cafe.naver.com/artcomptacademy/1711

애니메이션 작업 포인트

이번 예제에서 주목해야 할 부분은 파문형 배경 애니메이션입니다. 밋밋한 배경에 파문형 디자인 요소를 배경으로 활용하여 디자인 미감을 살리면서 한층 역동적인 느낌을 표현하였습니다. [회전], [크게/작게], [확대/축소] 등의 효과를 적절히 활용하면 파문형 배경을 활력 있게 표현할 수 있습니다.

01 2개의 파문형 배경 만들기

01 2개의 파문형 개체를 분리하여 애니메이션 효과를 적용합니다. 겹친 개체는 분리하여 각각의 애니
메이션 효과를 적용한 다음 정확하게 포개놓습니다.

- **파일 열기** : PPT ani_030\ppt 030.pptx

02 2개의 파문형 개체에 [확대/축소] 효과를 적용하고 재생 시간을 각각 다르게 설정합니다.

- **애니메이션 추가** : 나타내기 – 확대/축소
- **시작** : 그룹 14 파문형 – 이전 효과 다음에 시작, 그룹 23 파문형 – 이전 효과와 함께 시작
- **효과 옵션** : 소실점 – 개체 센터   • **재생 시간** : 투명도가 적용된 파문형 개체(그룹14) – 0.5초(매우 빠르게), 흰색 그라데
  이션이 적용된 파문형 개체(그룹 23) – 1초(빠르게)

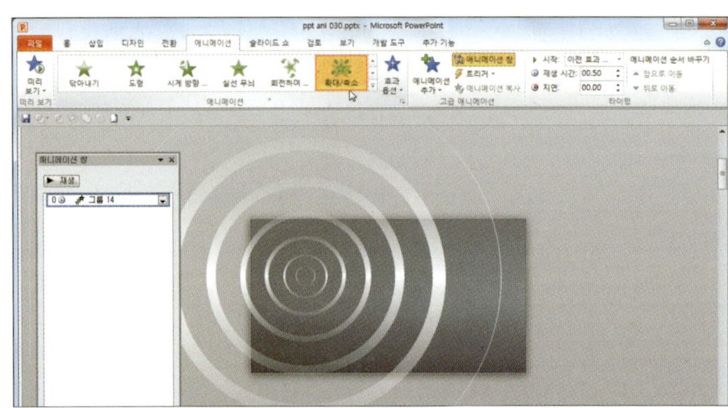
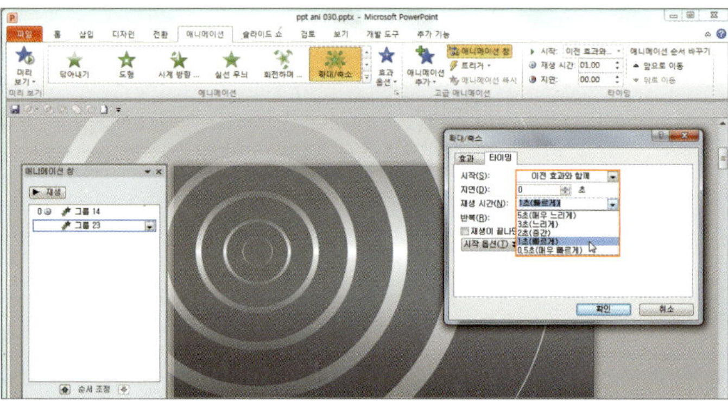

TIP •   파문형 개체를 만들려면 타원에 그라데이션 효과를 적용하고 여러 개 복제하여 파문 형태를 만듭니다.
+ 동영상으로 작성 방법 보기 : http://cafe.naver.com/artcomptacademy/1860

02 한글 텍스트 상하로 효과주기

01 위쪽 한글 텍스트(아트컴피티 아카데미)에 [올라오기] 효과를 적용합니다.

- **애니메이션 추가** : 나타내기 – 올라오기   • **효과 옵션** : 방향 – 떠오르며 올라오기
- **시작** : 이전 효과와 함께 시작   • **재생 시간** : 1초(빠르게)
- **문자 스타일** : 서체 – 나눔고딕, 글자 크기 – 28p, 스타일 – 굵게/기울임 꼴/텍스트 그림자

02 본문 한글 텍스트에 [내려가기] 효과를 적용합니다.

- **애니메이션 추가** : 나타내기 – 올라오기   • **효과 옵션** : 방향 – 떠오르며 내려가기
- **시작** : 이전 효과와 함께 시작   • **재생 시간** : 1초(빠르게)
- **문자 스타일** : 서체 – 나눔고딕, 글자 크기 – 0.5p, 스타일 – 굵게/기울임 꼴

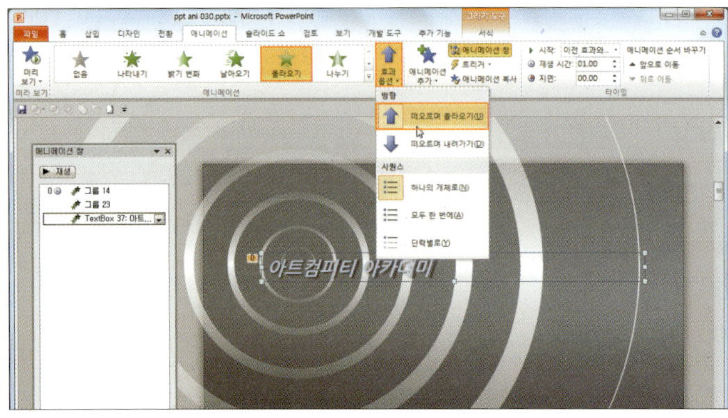
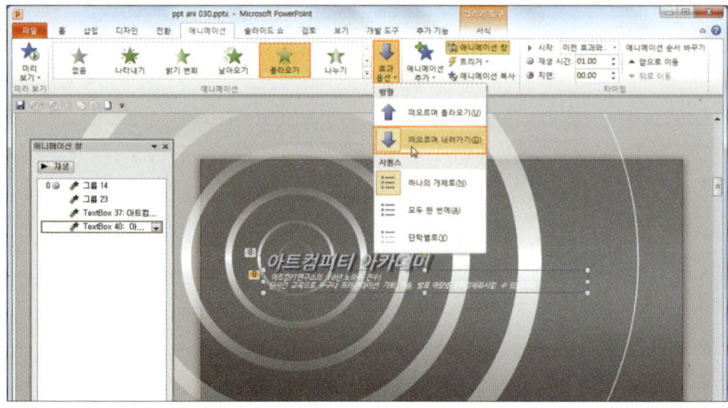

03 영문 텍스트 추가하기

01 중심부 주황색 텍스트(ARTCOM PT)에 [날아오기] 효과를 적용합니다.

- **애니메이션 추가** : 나타내기 – 날아오기 　**효과 옵션** : 방향 – 오른쪽에서
- **시작** : 이전 효과 다음에 시작 　**재생 시간** : 0.5초(매우 빠르게)
- **문자 스타일** : 서체 – Arial Black, 글자 크기 – 54p, 스타일 – 기울임 꼴/텍스트 그림자/입체 효과(각지게)

02 노란색 텍스트(academy)에 [날아오기] 효과를 적용합니다.

- **애니메이션 추가** : 나타내기 – 날아오기 　**효과 옵션** : 방향 – 왼쪽에서
- **시작** : 이전 효과와 함께 시작 　**재생 시간** : 0.5초(매우 빠르게)
- **문자 스타일** : 서체 – Bell MT, 글자 크기 – 54p, 스타일 – 굵게/기울임 꼴/텍스트 그림자

03 카페 주소 URL에 [컬러 타자기] 애니메이션 효과를 적용합니다.

- **애니메이션 복사** : PPT ani_030\ppt ani_030.pptx 파일 – [컬러 타자기] 애니메이션 복사 – URL에 적용
- **효과** : 텍스트 애니메이션 – 문자 단위로 　**시작** : 이전 효과와 함께 시작
- **재생 시간** : 0.08초 　**문자 스타일** : 서체 – Arial, 글자 크기 – 18p, 스타일 – 기울임 꼴

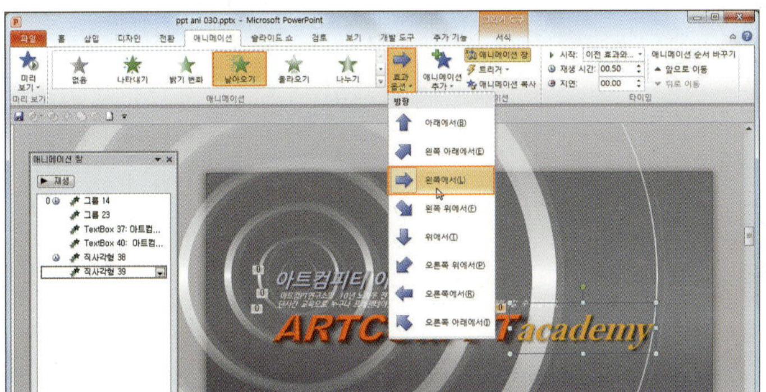
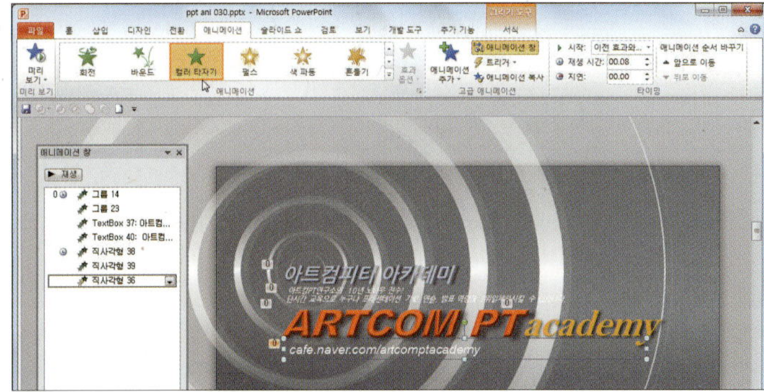

TIP • 　작성 과정이 다소 복잡해 보이지만 짧은 순간 진행되는 매우 간단한 애니메이션입니다.

04 2개의 파문형 개체 회전하기

01 흰색 그라데이션이 적용된 파문형 개체(그룹 23)에 시계 방향으로 [회전] 효과를 적용합니다.

- **애니메이션 추가** : 강조 – 회전 　**효과** : 양(값) – 시계 방향 360°
- **시작** : 이전 효과 다음에 시작 　**재생 시간** : 2초(중간)

02 투명도가 적용된 파문형 개체(그룹 14)에 시계 반대 방향으로 [회전] 효과를 적용합니다.

- **애니메이션 추가** : 강조 – 회전 　**효과** : 양(값) – 시계 반대 방향 360°
- **시작** : 이전 효과와 함께 시작 　**재생 시간** : 2초(중간)

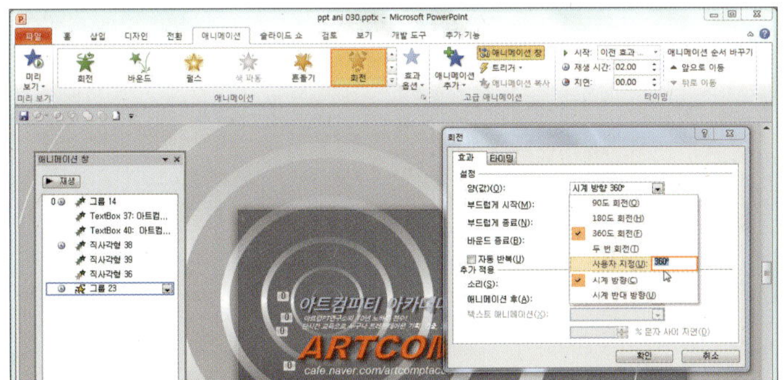
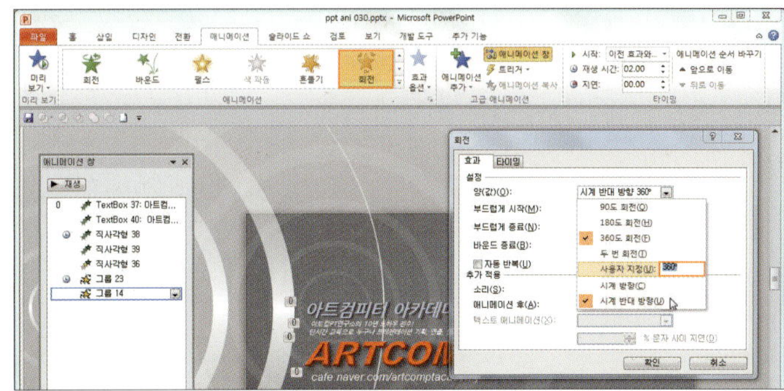

05 2개의 파문형 개체 회전하며 확대/축소하기

01 흰색 그라데이션이 적용된 파문형 개체(그룹 23)에 강조 효과 중 [크게/작게]를 적용합니다.
- 애니메이션 추가 : 강조 – 크게/작게   • 효과 : 크기 – 10%, 애니메이션 후 – 애니메이션 후 숨기기
- 시작 : 이전 효과 다음에 시작   • 재생 시간 : 2초(중간)

02 흰색 그라데이션이 적용된 파문형 개체(그룹 23)에 시계 방향으로 회전 효과를 적용합니다.
- 애니메이션 추가 : 강조 – 회전   • 효과 : 양(값) – 시계 방향 360°, 애니메이션 후 – 애니메이션 후 숨기기
- 시작 : 이전 효과와 함께 시작   • 재생 시간 : 2초(중간)

03 투명도가 적용된 파문형 개체(그룹 14)에 나타내기 효과 중 [확대/축소]를 적용합니다.
- 애니메이션 추가 : 나타내기 – 확대/축소   • 효과 옵션 : 소실점 – 개체 센터
- 시작 : 이전 효과와 함께 시작   • 재생 시간 : 2초(중간)

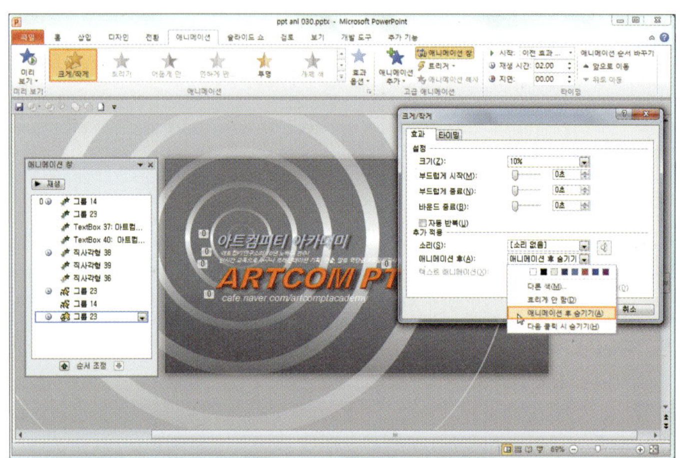 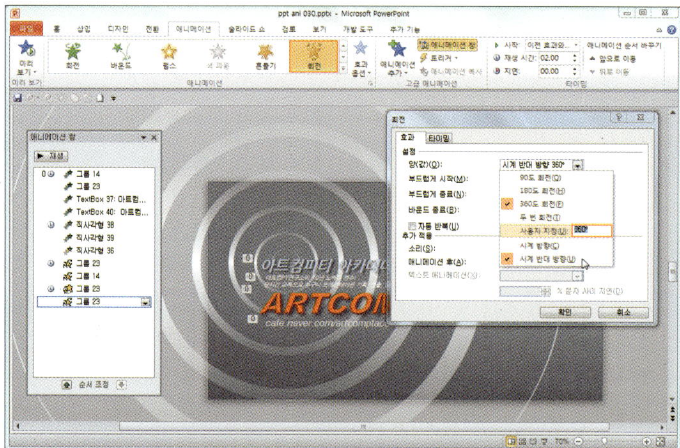

06 한글 텍스트 천천히 사라지기

위쪽 한글 텍스트 2개를 선택하고 [천천히 사라지기] 애니메이션을 적용합니다.

- 애니메이션 복사 : PPT ani_030\ppt ani_030.pptx 파일 – [천천히 사라지기] 애니메이션 복사 – 한글 텍스트에 적용
- 효과 : 텍스트 애니메이션 – 한꺼번에   • 타이밍 : 지연 – 2초   • 재생 시간 : 1초(빠르게)
- 시작 : 아트컴피티 아카데미 – 이전 효과 다음에 시작, 본문 텍스트 – 이전 효과와 함께 시작

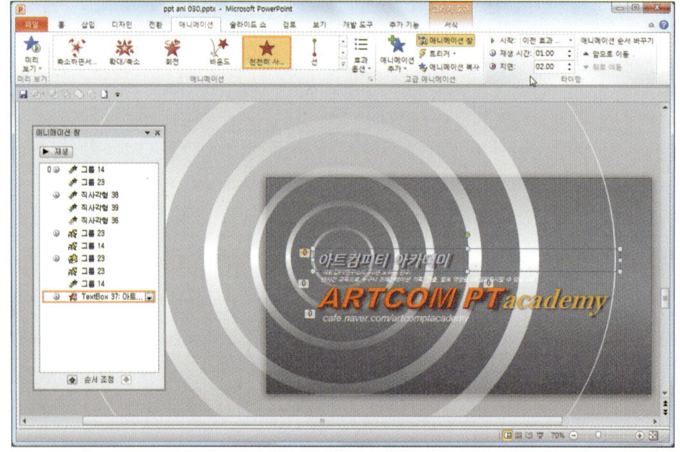 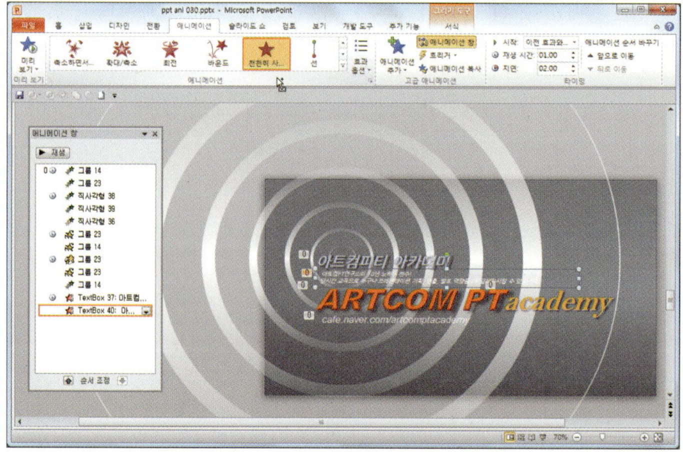

07 영문 텍스트 늘여서 사라지기

01 카페 주소 URL에 끝내기 중 [천천히 사라지기] 애니메이션 효과를 적용합니다.

- 애니메이션 복사 : 06번 과정의 [천천히 사라지기] 애니메이션 복사

02 ARTCOM PT와 academy 텍스트에 끝내기 효과 중 [늘이기]를 적용합니다.

- 애니메이션 복사 : PPT ani_030\ppt ani_030.pptx 파일 – [늘이기] 애니메이션 복사 – 텍스트에 적용
- 효과 : 텍스트 애니메이션 – 문자 단위로   • 타이밍 : 지연 – 2초
- 시작 : 이전 효과와 함께 시작   • 재생 시간 : 1초(빠르게)

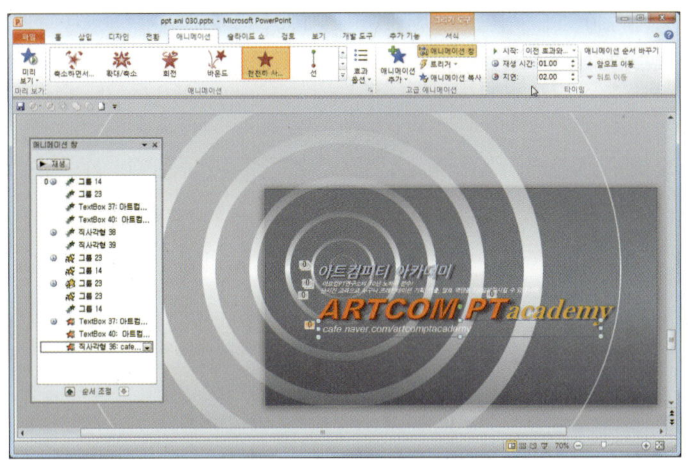
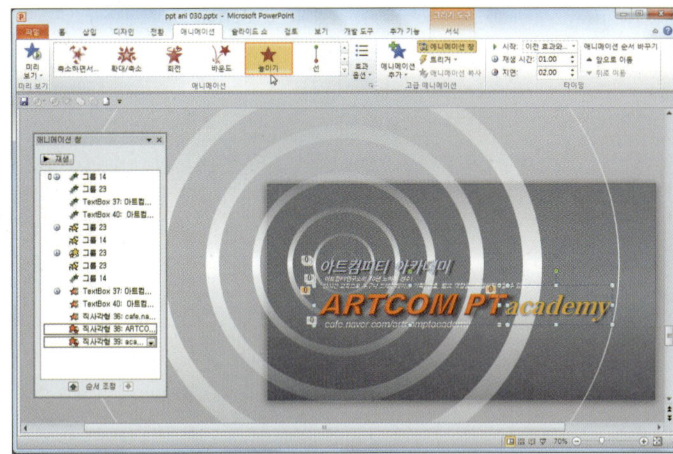

TIP • 텍스트에 지연 시간을 적용해 적절하게 읽을 수 있는 시간을 줍니다.

08 투명한 파문형 개체 축소하여 끝내기

01 포개져 있던 앞쪽 파문형 개체를 잠시 이동해 투명도가 적용된 파문형 개체(그룹 14)를 선택합니다.

02 투명도가 적용된 파문형 개체(그룹 14)에 끝내기 중 [확대/축소]를 적용합니다.

- 애니메이션 추가 : 끝내기 – 확대/축소   • 시작 : 이전 효과와 함께 시작   • 재생 시간 : 7초

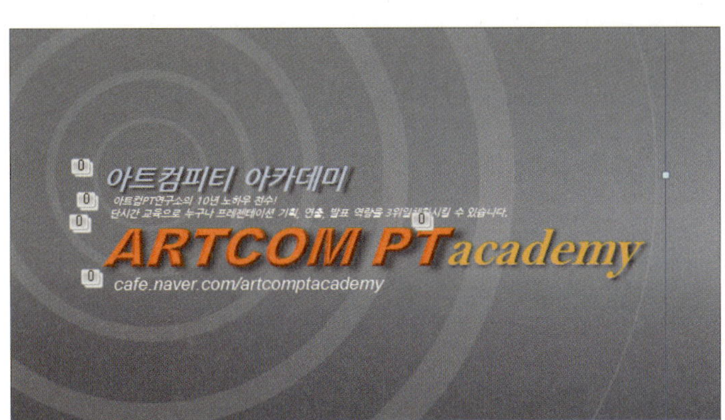
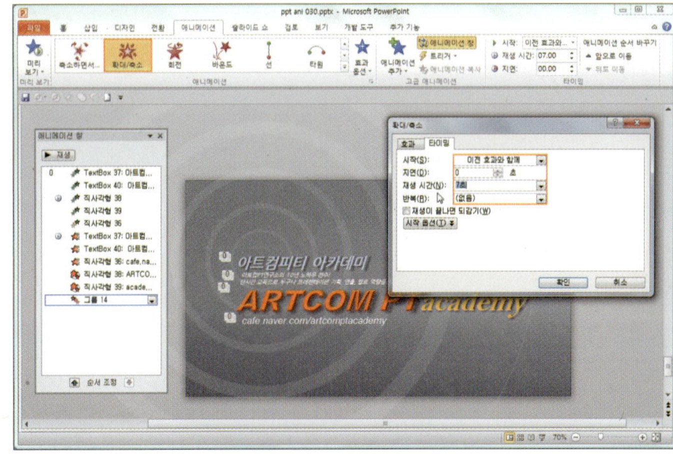

TIP • 프레젠테이션 애니메이션에서 타이밍 관리는 매우 중요합니다. 조금 빠르고 조금 늦은 차이만으로도 리듬감에 문제가 생기고 완성도에도 직접
적으로 영향을 미치므로 투명도가 적용된 파문형 개체(그룹14)의 타이밍을 '7초'로 설정하고 이 시간 동안 텍스트 끝내기를 함께 합니다.

Multi
presentation

PowerPoint & Prezi

031 줌 인, 줌 아웃 애니메이션

프레지에서는 자체적으로 컨셉에 맞게 배경을 만들거나 적절한 그래픽 요소를 디자인하기 어렵습니다. 그래서 외부 그래픽 프로그램(포토샵, 일러스트 등)이나 파워포인트에서 작업한 디자인을 불러들여 텍스트와 조합해야 합니다. 프레지에서 사용하는 그래픽 요소는 애니메이션을 전개할 때 문제되는 부분을 충분히 고려해야 완성도를 높일 수 있습니다. 배경과 그래픽 요소, 텍스트가 서로 조화를 이루지 못하고 겉도는 일이 생기지 않도록 입체적인 사고가 필요합니다.

|난이도| ★★★☆ |디자인 소스 파일| Prezi ani_031\prezi_031 배경.png, 웨이브_라인아트.png, ARTCOMPT academy.swf
|동영상 파일| Prezi ani_031\prezi ani_031.avi |인터넷으로 보기| http://cafe.naver.com/artcomptacademy/660

애니메이션 작업 포인트

이번 예제의 중요 테크닉은 줌 인, 줌 아웃 기능을 활용한 프레지 애니메이션입니다. 프레지 애니메이션 기능 중 줌 인, 줌 아웃 효과는 누구나 어렵지 않게 구현할 수 있습니다. 그러나 같은 기능을 활용하더라도 프로와 아마추어는 퀄리티(애니메이션 느낌)에서 차이가 납니다. 프로는 주변 디자인과 배경 등을 효과적으로 연계하면서 세련되고, 리드미컬하게 애니메이션을 구현하는 반면, 아마추어는 줌 인, 줌 아웃 기능을 과도하게 적용하여 오히려 식상한 느낌을 줄 뿐만 아니라 어지럼증까지 유발시킬 수도 있습니다.

01 빈 프레임 시작을 클릭하고 원형 프레임 제거하기

01 내 프레지 화면에서 '새로운 프레지 만들기' 아이콘을 클릭합니다. 템플릿 지정 화면에서 〈빈 프레지 시작〉 버튼을 클릭하여 프레지 캔버스를 엽니다.

02 원 프레임과 텍스트 박스를 제거합니다. 프레임을 제거하면 텍스트 박스도 함께 제거됩니다.

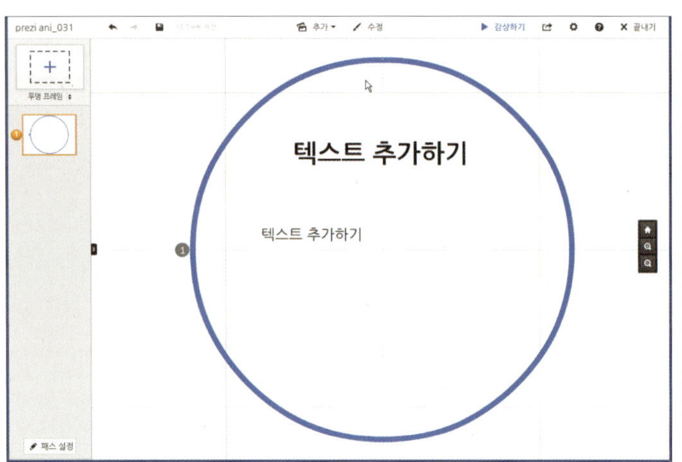
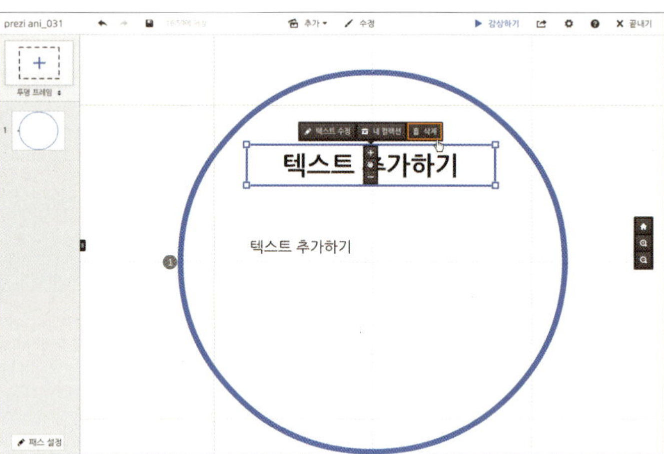

TIP • 텍스트 박스와 프레임을 제거하려면 마우스 오른쪽 버튼을 클릭하여 **제거**를 선택하거나 Shift 키를 누른 채 프레임을 선택하면 나타나는 프레임 상단의 검은색 옵션 아이콘에서 [제거]를 선택합니다.

02 배경 이미지 불러오기

01 메뉴에서 [추가]-[이미지]를 실행하면 오른쪽에 [이미지 추가] 창이 나타납니다.

02 [이미지 추가] 창에서 〈파일 선택〉 버튼을 클릭하여 나타나는 [열기] 대화상자에서 'prezi_031 배경.png' 파일을 불러옵니다.

03 원 프레임 크기에 맞게 배경 이미지 크기를 조절합니다. 원 프레임을 제거합니다.

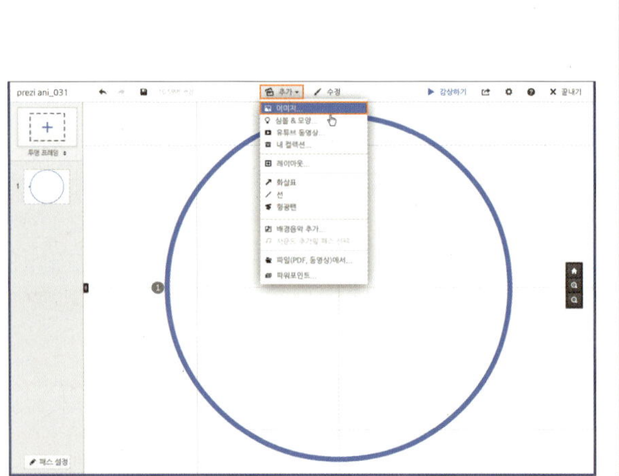

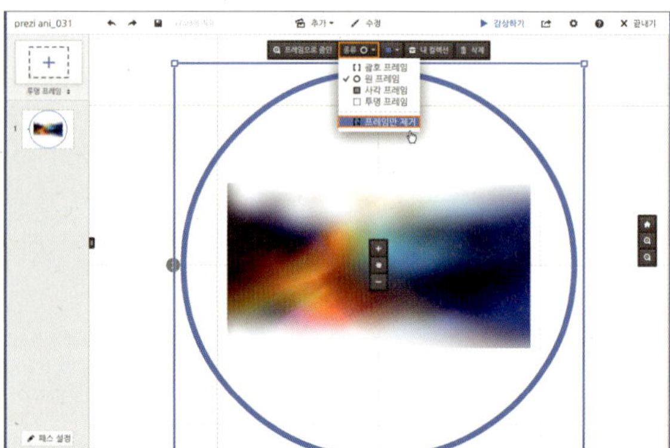

TIP • 처음 배경 이미지를 불러오면 크기를 어떻게 지정해야 할지 모를 때가 있습니다. 기본 원 프레임 크기로 맞추는 것이 좋습니다.

03 테마 설정하기

01 폰트 및 배경색 등을 설정하기 위해 먼저 [수정] 창 아래쪽의 〈테마 설정〉 버튼을 클릭합니다.

02 [Theme Wizard] 대화상자 왼쪽 아래의 [Advanced] 탭을 선택하고 배경색을 '흰색'으로 설정합니다.

- Background Color : R255, G255, B255

03 아래쪽의 'Use the Prezi CSS Editor'를 선택하여 폰트를 설정합니다.

04 [Edit CSS] 창에서 src: url 부분을 설정하고 〈Apply〉 버튼을 클릭합니다.

- **본문(body)** : SeoulHangangB–P.keg
- **제목(head)** : NanumMyeongjoBold–P.keg
- **부제목(strong)** : NanumGothicBold.keg

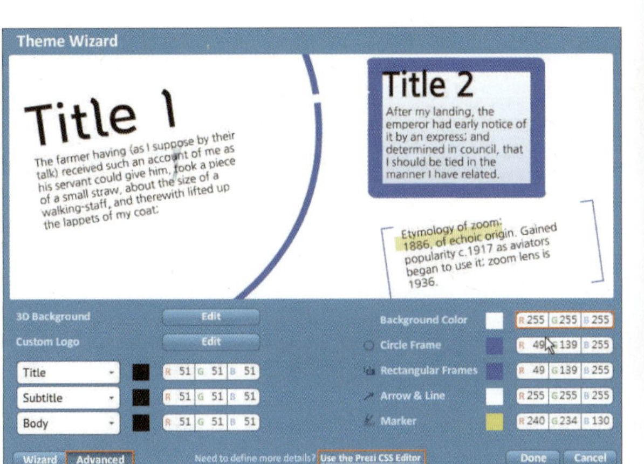
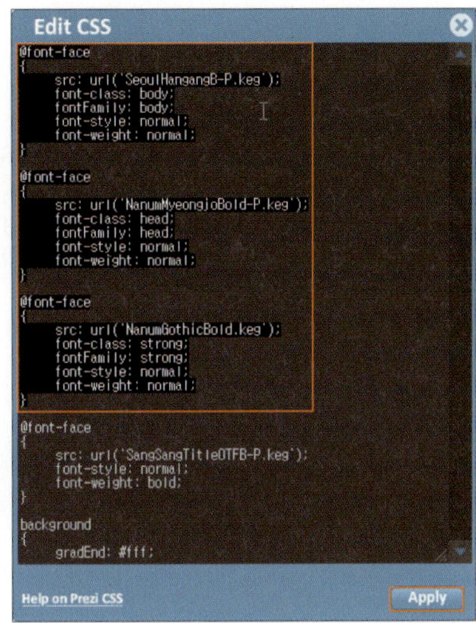

TIP • 폰트를 설정하는 과정에서 콤마 하나라도 잘못 입력하거나 누락하면 해당 폰트를 찾을 수 없습니다.
캔버스에서 [제목], [부제목], [본문] 텍스트를 입력하고 지정 폰트가 나타나지 않거나 깨져 보일 경우 [Edit CSS] 창에서 재설정합니다.

04 라인 아트 이미지 추가하기

01 메뉴에서 [추가]–[이미지]를 클릭하여 [이미지 추가] 창을 나타냅니다.

02 〈파일 선택〉 버튼을 클릭합니다. [열기] 대화상자가 나타나면 '웨이브_라인아트.png' 파일을 선택하고 〈열기〉 버튼을 클릭하여 불러옵니다. 배경 이미지에 맞춰 크기와 위치를 조정합니다.

- **파일 위치** : Prezi ani_031\웨이브_라인아트.png

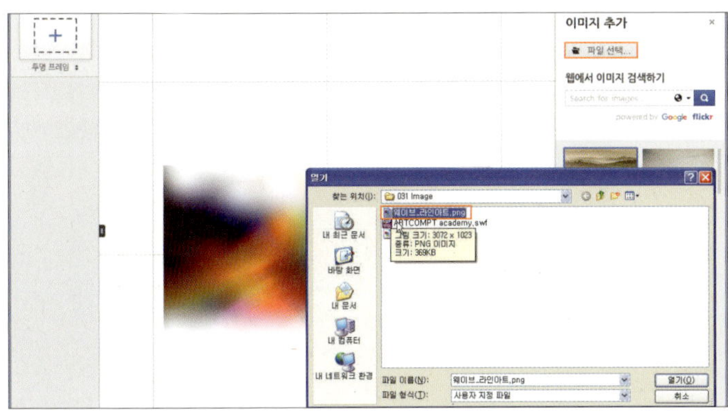
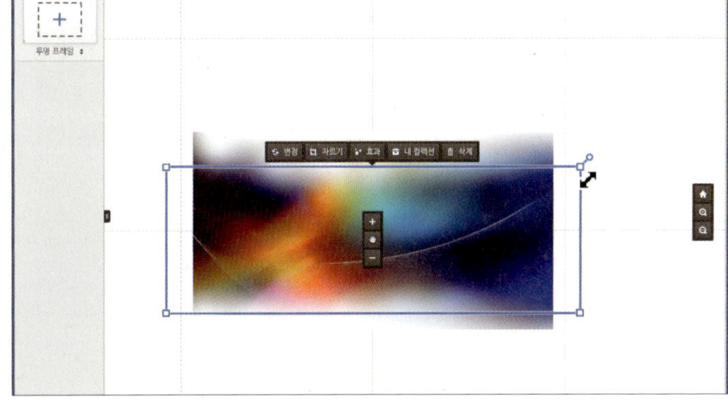

05 일러스트에서 작성한 텍스트(SWF 파일) 이미지 불러오기

01 [이미지 추가] 창에서 〈파일 선택〉 버튼을 클릭하여 [열기] 대화상자에서 'ARTCOMPT academy. swf' 로고를 선택합니다.

02 배경 이미지에 맞춰 로고 이미지 크기를 조절합니다.

03 텍스트 상단 여백을 클릭한 다음 '아트컴피티 아카데미'를 입력합니다.
   - **텍스트 형식** : 부제목   - **색상** : 어두운 회색   - **폰트** : NanumGohicBold–P

04 흰색 로고 이미지 상단에 배치한 다음 텍스트 크기를 조절합니다.

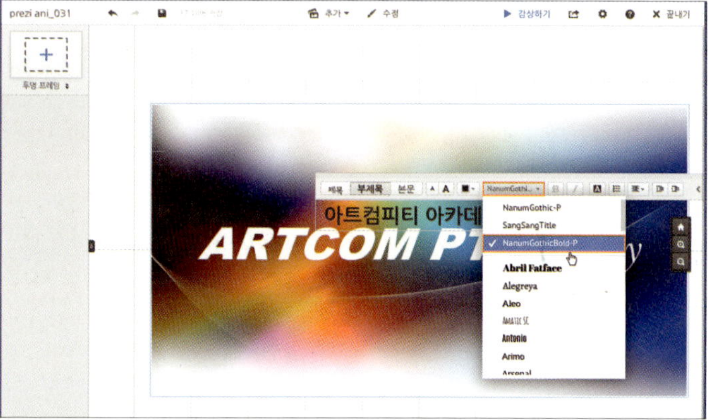

TIP • 큰 텍스트(이미지)와 작은 텍스트를 조합할 때 행간이 중요합니다. 행간이 너무 벌이지면 짜임새가 없어 보이고 너무 붙으면 답답해 보이기 때문입니다. 이처럼 행간 조절은 사소하지만 중요한 작업입니다.

06 배경 이미지에 투명 프레임 설정하기

01 왼쪽 위에서 프레임 아이콘 아래의 프레임 버튼을 클릭하여 [투명 프레임]을 선택합니다. 미리보기 창에 나타난 투명 프레임 아이콘을 클릭하거나 클릭한 채 캔버스 방향으로 드래그하면 캔버스에 투명 프레임이 만들어집니다.

02 상하좌우로 프레임 크기를 조절합니다. 텍스트와 그래픽 요소 등을 고려하여 프레임에 적절한 여백을 적용해야 합니다.

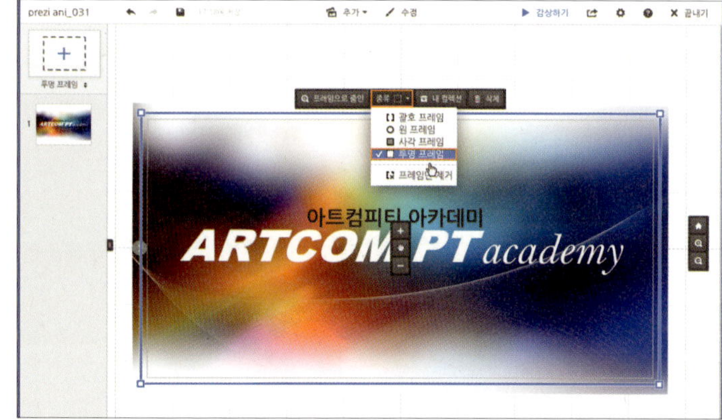

07 카페 주소(URL) 텍스트 입력하고 색상 적용하기

01 05번 과정의 ④와 같은 방법으로 여백을 클릭하고 텍스트를 입력합니다.

- 텍스트 형식 : 본문 　　• 색상 : 노란색 　　• 폰트 : SeoulHangang-L

02 투명 프레임을 적용하고 상하 여백을 적절히 주면서 와이드 형태로 프레임 크기를 조절합니다.

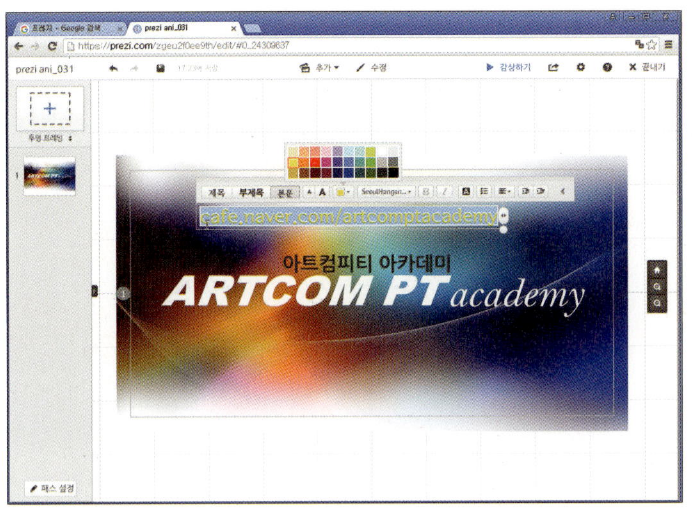
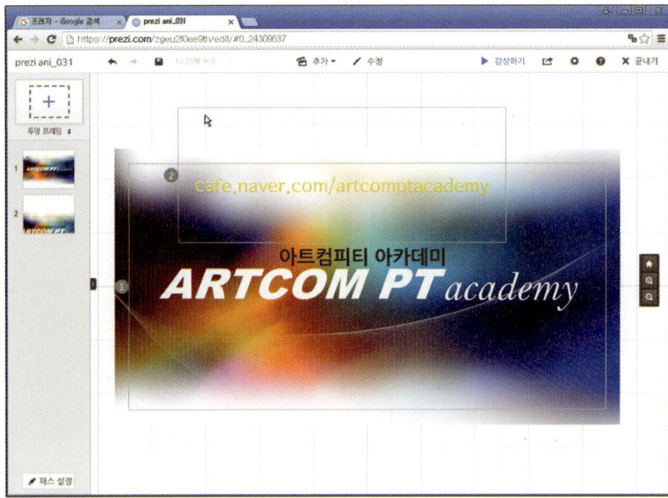

TIP • 　프레임 형태는 파워포인트의 슬라이드 형태(크기)와 같습니다. 프레임에 속한 텍스트와 그래픽 요소, 배경 정도를 종합적으로 고려하며 프레임 크기를 조정해야 합니다.

08 카페 주소(URL) 텍스트 각도 및 크기 조절하여 배치하기

01 프레임을 선택하고 시계 반대 방향으로 25° 정도 회전합니다.

02 ARTCOM 로고 이미지 중에서 'O'에 맞게 크기를 줄여 배치합니다.

03 미리보기 창에서 2번 섬네일을 클릭하면 시계 방향으로 25° 정도 회전하면서 프레임에 맞춰 클로즈 업됩니다.

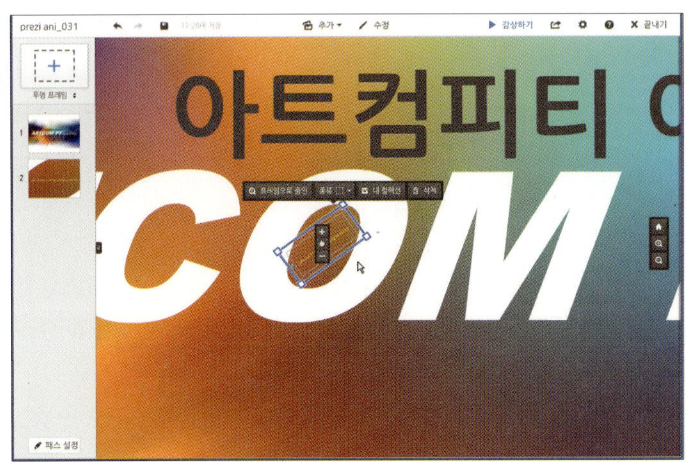
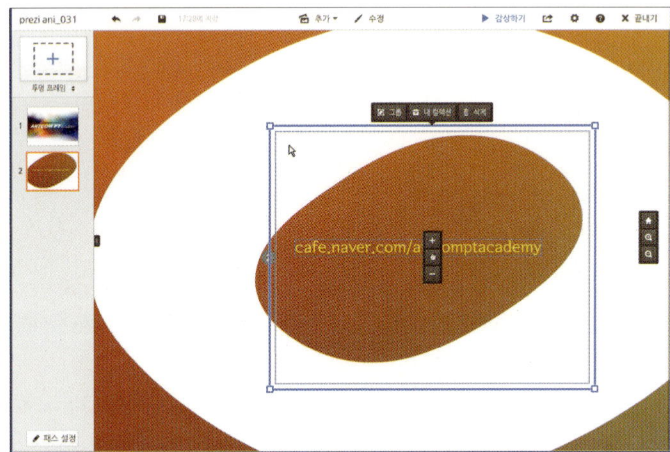

TIP • 　텍스트나 이미지 등에 프레임을 만들면 자동으로 섬네일이 만들어집니다. 해당 섬네일을 클릭하면 프레임 크기와 각도에 따라 화면이 줌 인, 줌 아웃되면서 회전합니다.

09 본문 텍스트 입력과 채색하기

01 07번 과정과 동일한 방법으로 여백에 클릭하여 본문 텍스트를 입력합니다.
- **텍스트 형식** : 부제목　　**색상** : 주황색　　**폰트** : NanumGohicBold-P

02 투명 프레임을 적용하고 상하 여백을 적절히 주면서 와이드 형태로 프레임 크기를 조절합니다.

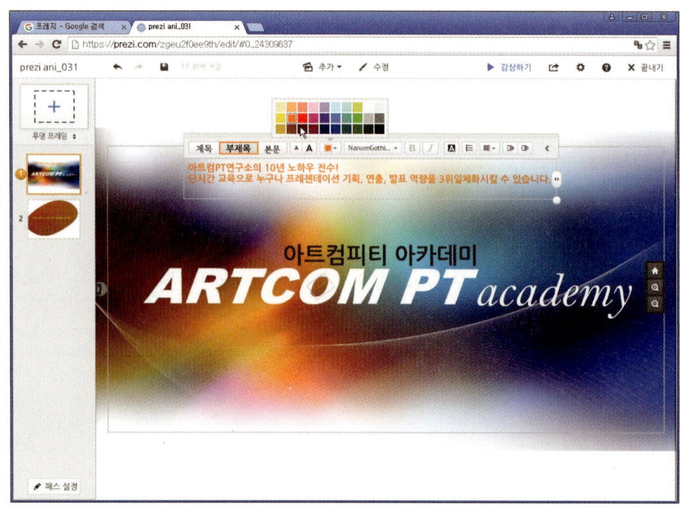
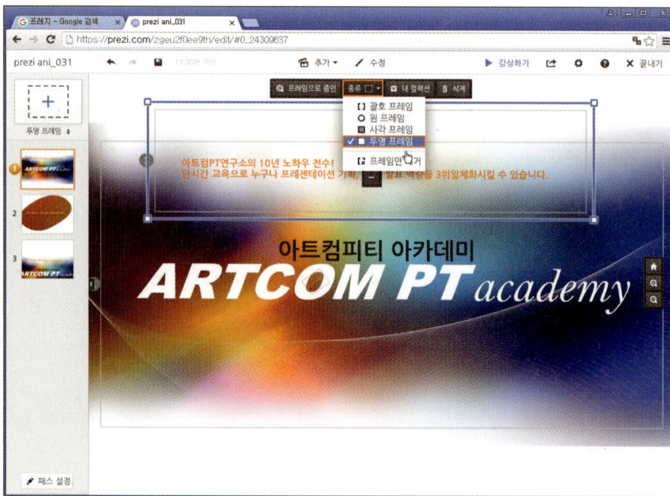

TIP • 　프레지에서 텍스트 작업은 다음과 같은 비슷한 과정으로 진행됩니다.
① 텍스트 입력 → ② 폰트 선정 및 배색 → ③ 프레임 적용 → ④ 프레임과 텍스트 크기 조절 → ⑤ 회전 각도 적용

10 본문 텍스트 각도 및 크기 조절하여 배치하기

01 프레임을 선택하고 시계 방향으로 110° 정도 회전합니다.

02 ARTCOM 로고 이미지 중에서 'M'에 맞게 크기를 줄여 배치합니다.

03 미리보기 창의 3번 섬네일을 클릭하면 시계 반대 방향으로 회전하면서 프레임에 맞춰 클로즈업됩니다.

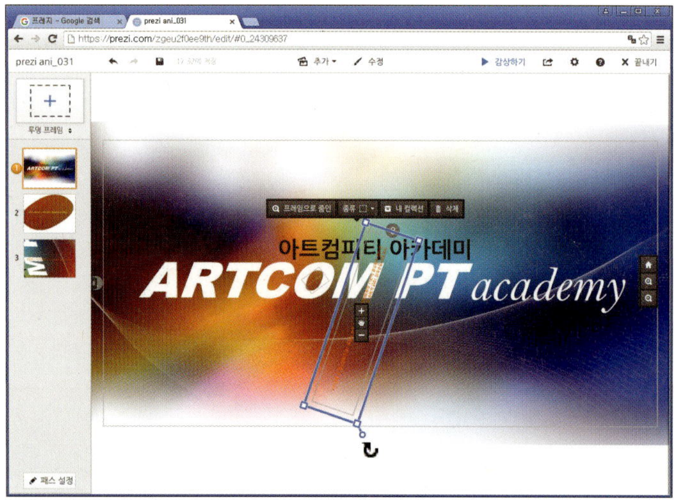
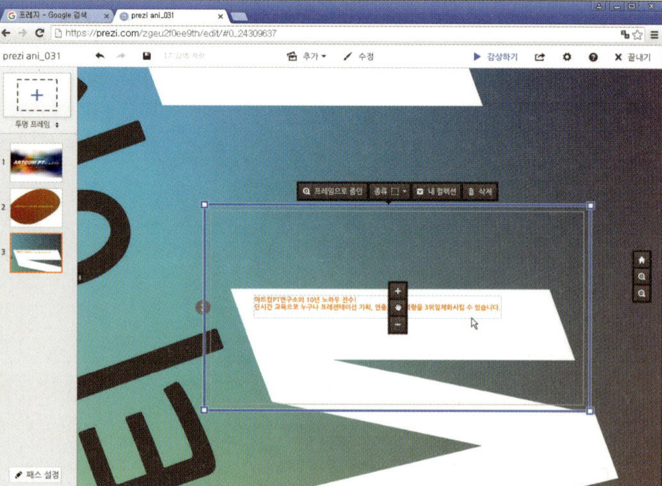

TIP • 　프레지에서는 크기나 각도를 정확하게 입력하는 대화상자가 없기 때문에 직관적으로 작업해야 합니다. 단, Shift 키를 누른 상태에서 드래그하여
회전하면 15°씩 회전하므로 회전 각도를 대략적으로 알 수 있습니다.

II 2개 단락의 텍스트 입력하고 색상 적용하기

01 여백을 클릭하고 본문에 해당하는 2개 단락의 텍스트를 입력합니다.
   - **텍스트 형식** : 본문   - **색상** : 흰색, 노란색   - **폰트** : SeoulHangangB-P

02 2개의 단락 텍스트에 하나의 투명 프레임을 적용하고 상하 여백을 적절히 주면서 와이드 형태로 프레임 크기를 조절합니다.

03 '아트컴피티 아카데미' 텍스트 중에서 '미' 옆에 맞춰 크기를 줄여 배치합니다.

TIP • 　어두운 배경에는 텍스트의 명도를 밝게 설정해야 가독성이 높아집니다. 텍스트 색상 선택이 어렵다면 일단 무채색 계열을 지정하는 것이 좋습니다. 무채색에는 흰색, 밝은 회색 등이 있으며 가독성을 높이기 위해서는 노란색, 하늘색, 밝은 연두색 등을 적용합니다.

I2 마지막 본문 텍스트 입력하고 색상 적용하기

01 마지막으로 여백에서 본문에 해당하는 텍스트를 입력합니다.
   - **텍스트 형식** : 본문   - **색상** : 흰색

02 텍스트에 투명 프레임을 적용하고 여백을 적절히 주면서 와이드 형태로 프레임 크기를 조절합니다.

03 프레임을 선택하고 시계 반대 방향으로 90° 정도 회전합니다.

04 '아트컴피티 아카데미' 텍스트 중에서 '아'에 맞춰 크기를 줄여 배치합니다.

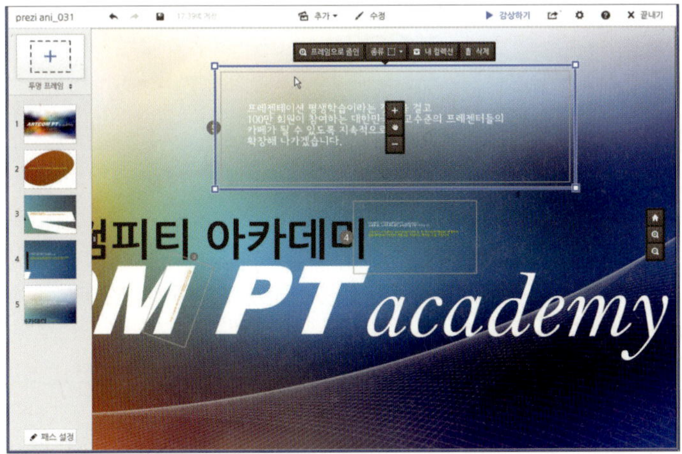

TIP • 　긴 문장을 입력할 때는 프레지에서 직접 작업하지 말고 '메모장'에서 입력한 다음 복사하여 붙여 넣는 것이 편리합니다.

I3 프레임 및 텍스트 크기 조절하기

01 미리보기 창에서 5번 섬네일을 클릭하면 시계 방향으로 회전하면서 프레임에 맞춰 클로즈업됩니다.

02 'ㅇ'에 맞춰 여백을 살리면서 텍스트와 프레임 크기를 조절합니다.

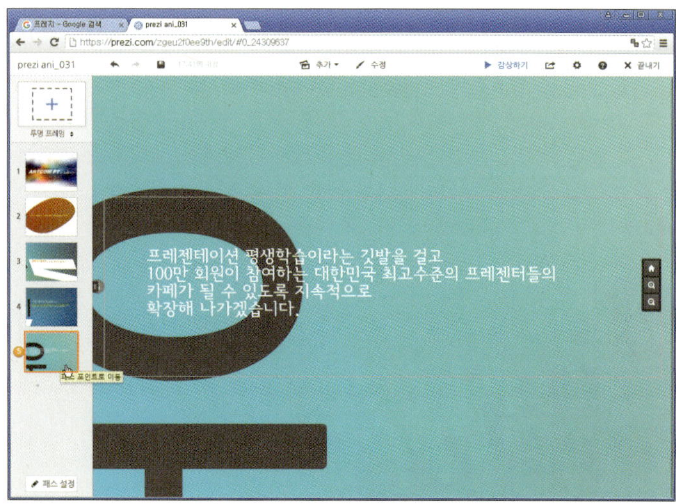
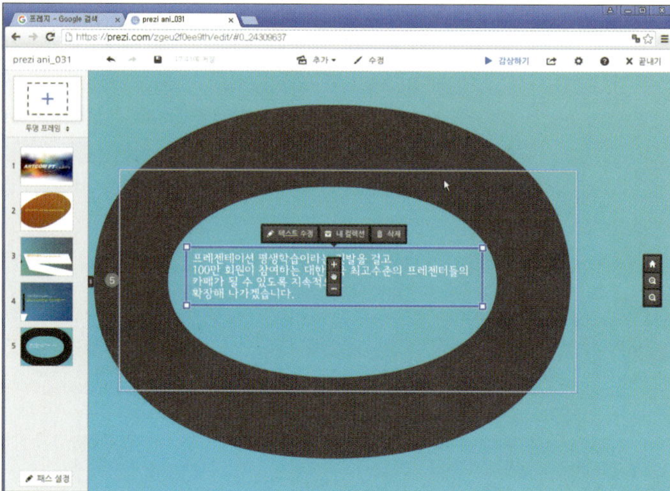

TIP • 프레지에서 작성한 텍스트는 크게 키워도 테두리가 흐려지거나 깨지는 현상이 발생하지 않습니다.

I4 처음으로 돌아오기 패스 지정하기

01 미리보기 아래의 〈패스 설정〉 버튼을 클릭합니다. 번호와 라인을 통해 패스 경로를 한눈에 확인할 수 있습니다.

02 패스① 배경 이미지 프레임에 패스를 추가하면 패스⑥이 만들어집니다. 패스 설정을 클릭한 상태에서 해당 프레임을 클릭하면 패스가 지정됩니다.

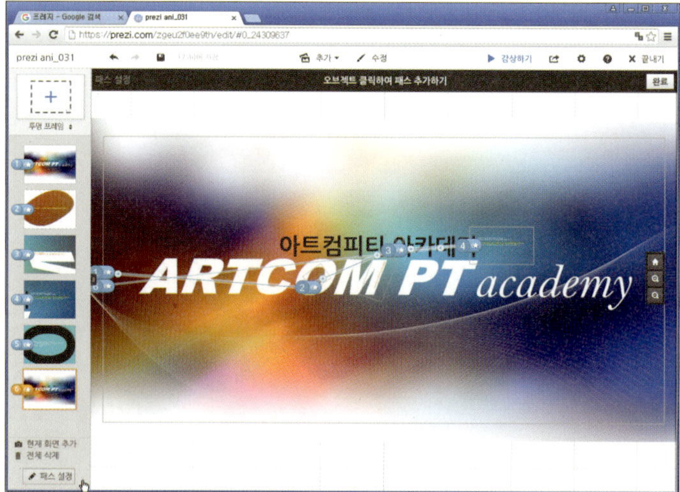

TIP • 프레지에서는 같은 프레임에 패스를 여러 번 지정할 수 있습니다.

I5 감상하기

01 캔버스 오른쪽 위의 메뉴에서 〈감상하기〉 버튼을 클릭하여 지금까지 작업한 내용을 애니메이션(프레지 쇼)으로 확인합니다.

02 패스가 제대로 지정되었는지, 배경과 개체(텍스트)의 짜임새는 적절한지를 점검합니다.

03 오른쪽 아래에 있는 톱니바퀴 모양의 '자동재생' 아이콘을 클릭하고 [자동재생]을 선택하여 전체적인 애니메이션 흐름을 점검합니다.

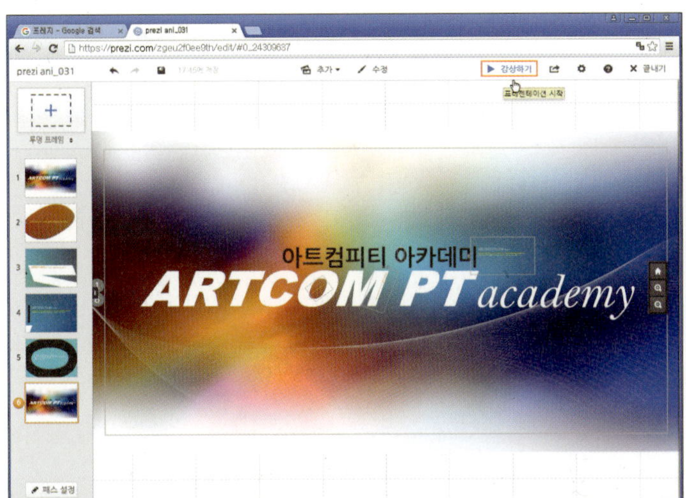
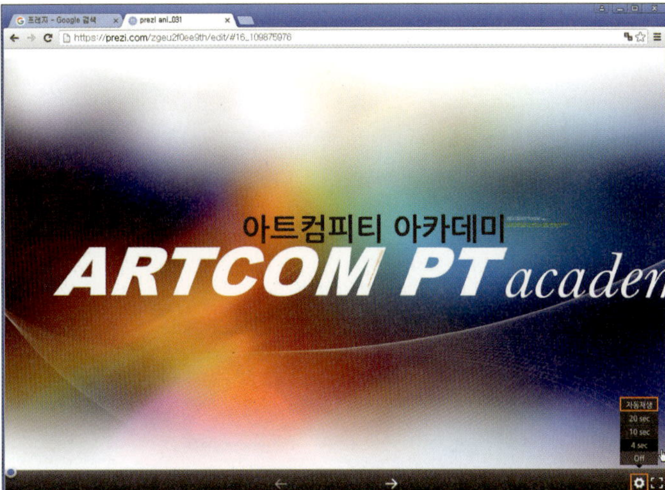

TIP • 애니메이션 감상하기를 종료하려면 마우스 오른쪽 버튼을 클릭한 다음 **감상하기 마침**을 선택합니다.
자동재생 시간 설정은 보통 '4sec'가 적절합니다. 그러나 용도에 맞게 10sec, 20sec 등으로 시간을 설정할 수 있습니다.

I6 저장하기

01 캔버스 오른쪽 위의 메뉴에서 〈끝내기〉 버튼을 클릭하면 최종 작업 내용이 자동으로 저장되면서 작업이 종료됩니다.

02 캔버스 왼쪽 아래에서 'Untitled Prezi'에 파일 이름을 입력한 다음 〈저장〉 버튼을 클릭합니다.

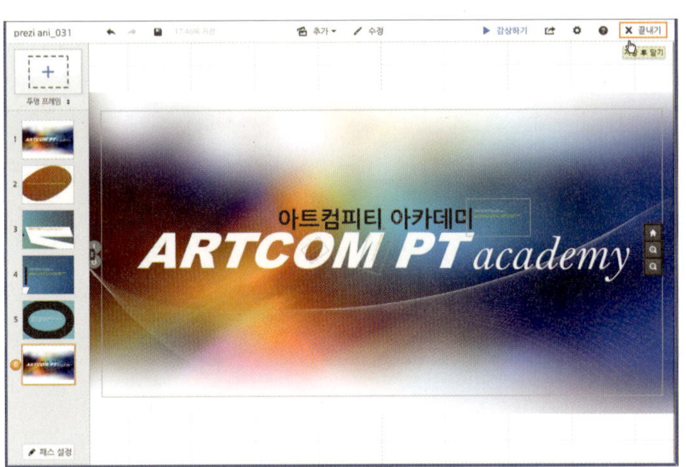
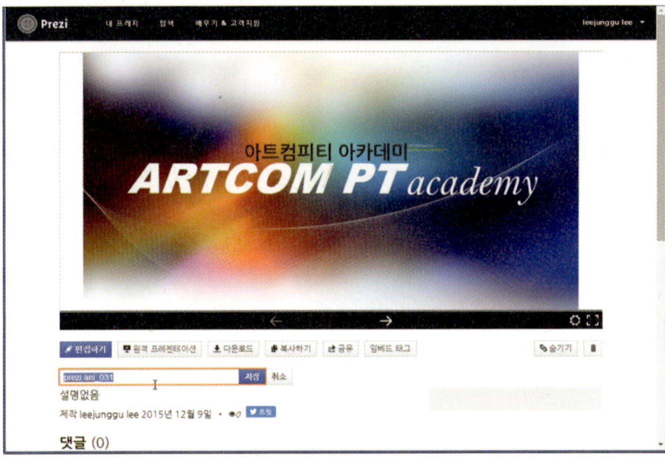

TIP • 프레지 작업이 끝나면 파일 이름을 입력하는 것이 좋습니다. 'Untitled Prezi' 위에 커서를 가져가 연필 모양의 아이콘이 나타나면 클릭한 다음
파일 이름을 입력합니다. 파일 이름 바로 아래의 '설명없음'도 같은 방법으로 연필 아이콘을 클릭한 다음 파일 관련 설명을 입력할 수 있습니다.

032 3D 배경 활용 애니메이션

프레지에서 여러 장의 배경 이미지를 활용할 때는 디자인의 일관성이 매우 중요합니다. 내용과의 적합성은 물론 그래픽 요소와의 조화, 텍스트의 가독성 등에 문제가 없는지 살펴봐야 합니다. 또한, 이미지 크기, 선명도, 색상 등도 고려해야 합니다. 배경 이미지는 프레지 애니메이션의 완성도를 높이는 데 크게 기여하기도 하지만 문제가 생길 수도 있기 때문에 여러모로 점검할 필요가 있습니다.

|난이도| ★ ★ ★ ☆ |디자인 소스 파일| Prezi ani_032\Green.jpg, Yellow.jpg, Red.jpg, 투명 타원 라인.swf, 초록(한문)_백.png, prezi
032_문안.txt, 황(한문)_백.png, 백색 링.png, 적(한문)_백.png
|동영상 파일| Prezi ani_032\prezi ani_032.avi |인터넷으로 보기| http://cafe.naver.com/artcomptacademy/676

애니메이션 작업 포인트

프레지에서 3장의 3D 배경 이미지를 활용할 때 일관성이 매우 중요합니다. 내용과의 적합성은 물
론 그래픽 요소와의 조화, 텍스트 가독성 등에 문제가 없는지를 살펴봐야 합니다. 이미지 크기, 선
명도, 색상 등도 고려해야 합니다. 배경 이미지는 프레지 애니메이션의 완성도를 높이는 데 크게
기여하기도 하지만 정반대의 상황도 발생할 수 있어 다각도로 점검할 필요가 있습니다.

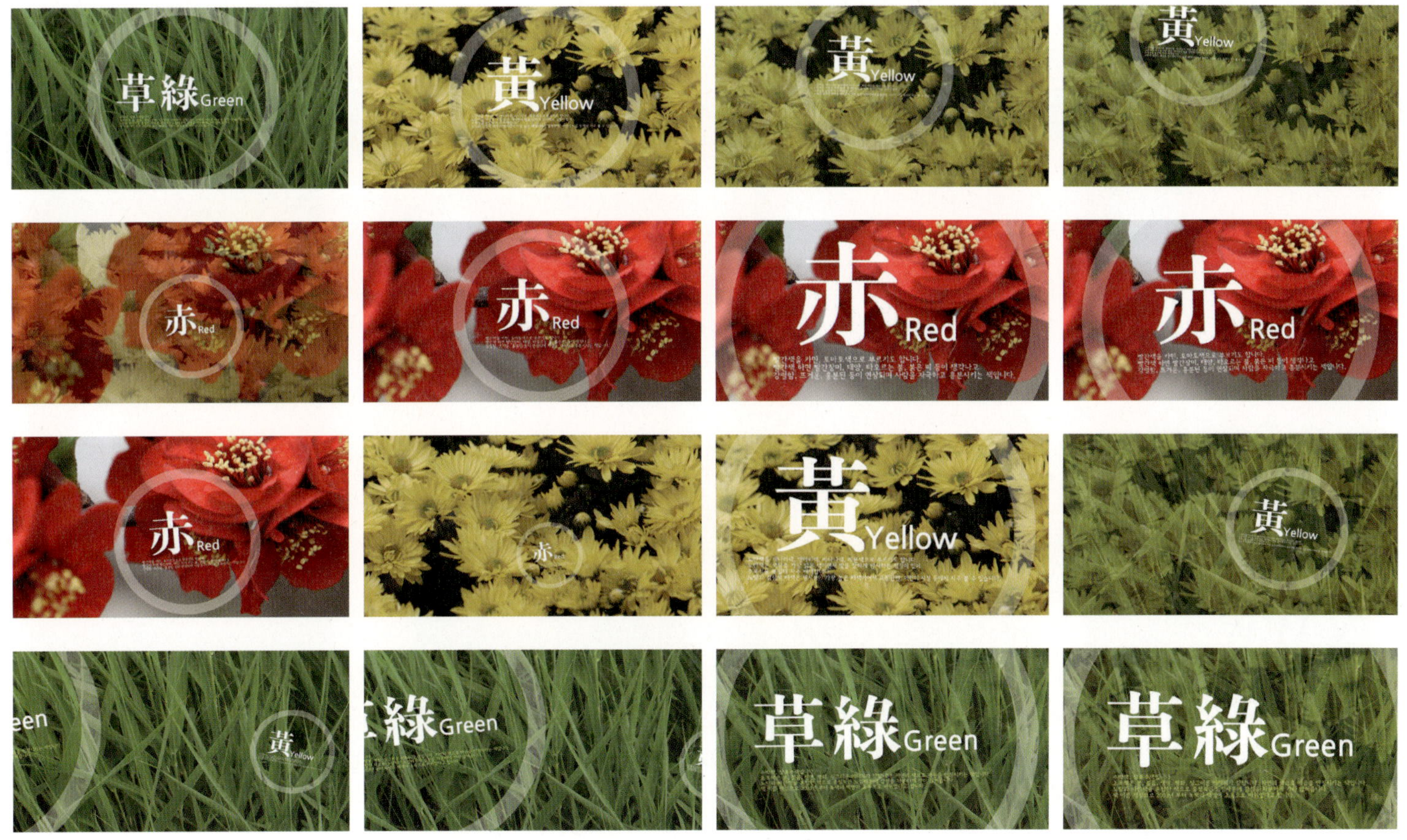

01 내 프레지 화면에서 '새로운 프레지 만들기' 아이콘을 클릭한 다음 템플릿 지정 화면에서 〈빈 프레지 시작〉 버튼을 클릭하여 캔버스를 엽니다.

02 초기 캔버스에는 항상 원 프레임이 지정되어 있습니다. 원 프레임을 제거합니다. 이때 원 프레임을 제거하면 텍스트 박스도 함께 제거됩니다.

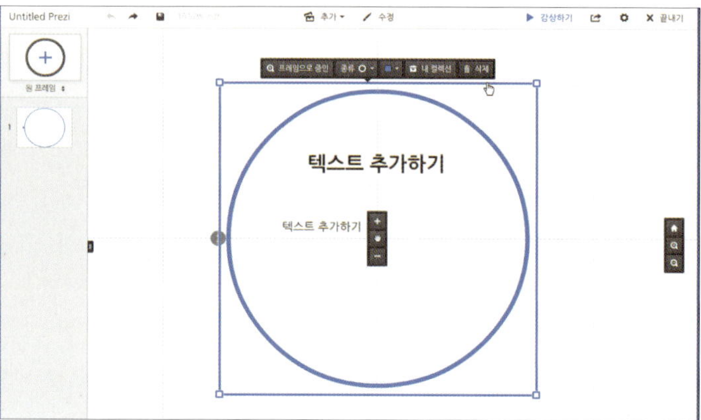

02 테마 설정하기

01 폰트 및 배경색 등을 설정하기 위해 [수정] 창에서 〈테마 설정〉 버튼을 클릭합니다.

02 [Theme Wizard] 대화상자 왼쪽 아래의 [Advanced] 탭을 선택하고 배경색을 '흰색'으로 설정합니다.
  - Background Color : R255, G255, B255

03 'Use the Prezi CSS Editor'를 선택하여 폰트를 설정합니다.

04 [Edit CSS] 창의 src: url 부분에 제목, 부제목, 본문 폰트를 설정하고 〈Apply〉 버튼을 클릭합니다.
  - 본문(body) : NanumGothicBold.keg
  - 제목(head) : NanumMyeongjoBold–P.keg
  - 부제목(strong) : SeoulHangangB–P.keg

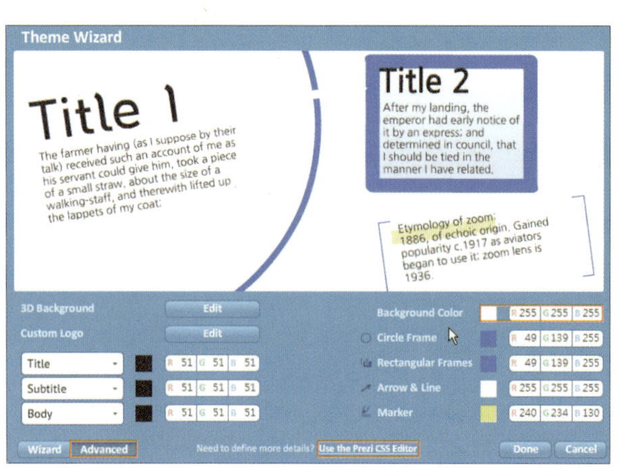

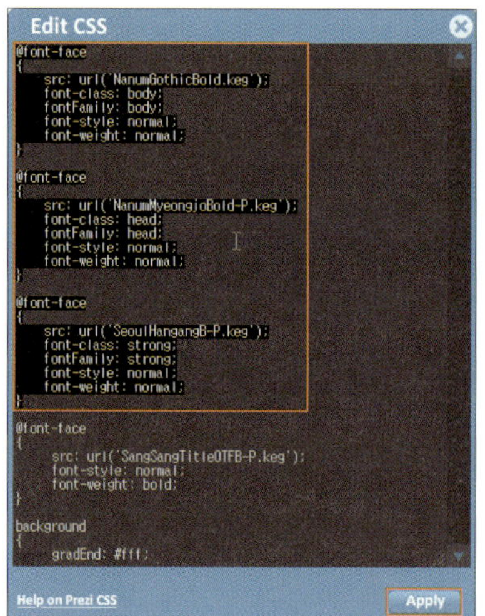

TIP • 프레지 작업 초반에는 반드시 배경 및 폰트를 설정해야 합니다.

03 3D 배경 이미지 불러오기

01 02번 과정의 [Theme Wizard] 대화상자에서 3D Background 항목의 〈Edit〉 버튼을 클릭합니다.

02 첫 번째 3D 배경 이미지를 불러오기 위해 [Upload]를 클릭합니다.

03 [열기] 대화상자에서 배경 이미지 파일인 'Green.jpg'을 불러옵니다.

04 두 번째 3D 배경 이미지를 불러오기 위해 [Upload]를 클릭하고 [열기] 대화상자에서 'Yellow.jpg'를 선택합니다.

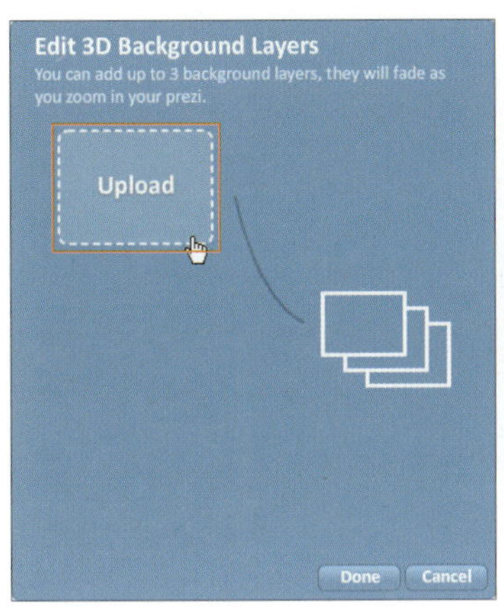

04 3D 배경 이미지 불러와 마무리하기

01 세 번째 3D 배경 이미지를 불러오기 위해 [Upload]를 클릭하고 [열기] 대화상자에서 'Red.jpg' 파일을 불러옵니다.

02 작업 창에 첫 번째로 업로드한 배경 이미지가 나타나는지 확인합니다.

03 투명한 타원 라인 이미지를 추가하기 위해 메뉴에서 [추가]-[이미지]를 실행하여 [이미지 추가] 창을 나타냅니다.

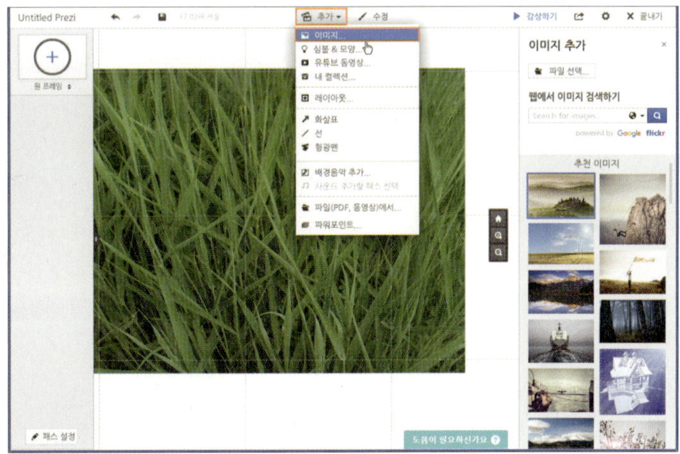

TIP • 배경 이미지 3개를 모두 불러온 다음 〈Done〉 버튼을 클릭해야 업로드가 완료됩니다.
배경 이미지가 너무 크다면 Too Large Image 경고 메시지가 나타납니다. 〈Resize image〉 버튼을 클릭하여 크기를 줄입니다.

01 [이미지 추가] 창에서 〈파일 선택〉 버튼을 클릭하여 [열기] 대화상자가 나타나면 '투명 타원 라인.swf' 파일을 불러옵니다.

02 [이미지 추가] 창에서 〈파일 선택〉 버튼을 클릭하고 [열기] 대화상자에서 '초록(한문)_백.png' 파일을 불러온 다음 크기를 조절합니다.

TIP • SWF 파일은 어도비 일러스트레이터에서 만들 수 있습니다. 벡터 방식이기 때문에 최대로 키워도 깨지지 않는 특성이 있습니다.
한문 이미지는 파워포인트에서 작성하여 PNG 파일로 저장하면 간편합니다. 화면을 확대해도 깨지지 않을 정도로 활용할 크기보다 200% 정도 키워서 저장하는 것이 좋습니다.

06 텍스트 입력하고 배색하기

01 한문 오른쪽 여백을 클릭하고 'Green' 텍스트를 입력합니다.

  • 텍스트 형식 : 본문   • 색상 : 흰색   • 폰트 : NanumGothicBold

02 한문 텍스트 아래에 텍스트 박스를 활성화한 다음 'prezi 032_문안.txt' 파일을 열고 초록 부분을 드래그하여 선택한 다음 복사하고 붙여 넣습니다.

  • 텍스트 형식 : 부제목   • 폰트 : SeoulHangangB-P

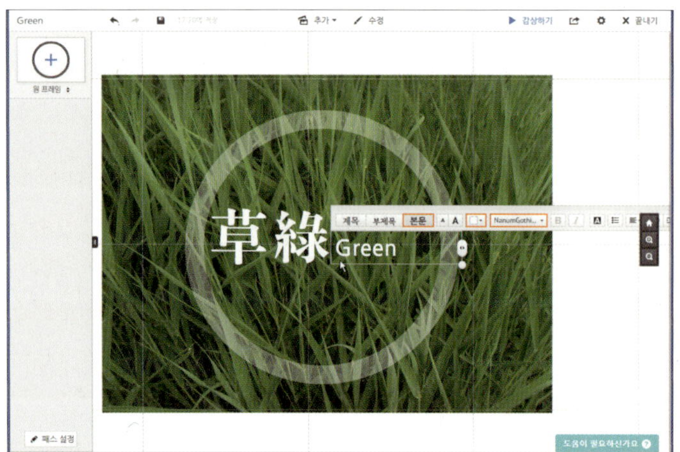

TIP • 설명문안은 내용이 많으므로 '메모장'에서 작성하여 붙여 넣는 것이 편리합니다.

07 설명문안 텍스트 배색 및 크기 조절하기

01 텍스트 전체를 드래그하여 선택한 다음 텍스트 옵션의 색상을 클릭하고 '밝은 연두색'을 선택합니다.

02 텍스트 옵션의 크고 작은 'A' 아이콘을 클릭하여 크기를 조절합니다.

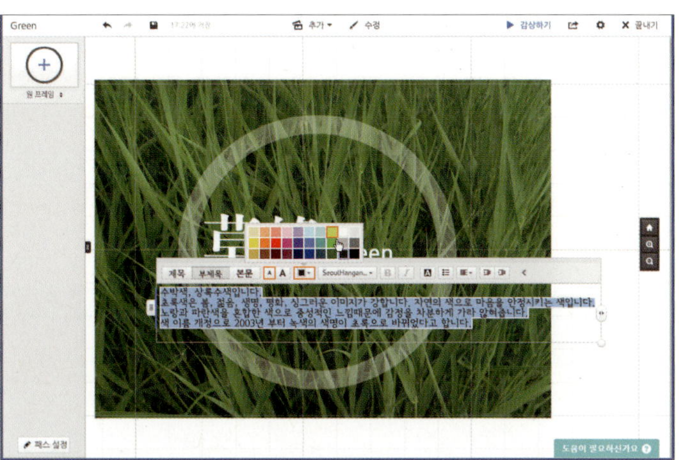 

TIP · 텍스트 크기는 변환 도구를 통해 직관적으로 조절할 수 있습니다.
텍스트 색상은 색상 팔레트의 30가지 색상 중에서 선택할 수 있습니다. 현재 테마 설정의 3가지 기본 폰트(Title/Subtitle/Body) 색상은 [Theme Wizard] 대화상자에서 RGB 값으로 지정할 수 있습니다.

08 첫 번째 투명 프레임 설정하기

01 미리보기 창에서 [프레임]-[투명 프레임]을 선택합니다. 투명 프레임의 ⊞를 클릭하거나 투명 프레임의 ⊞를 캔버스 방향으로 드래그해도 투명 프레임이 만들어집니다.

02 투명한 타원 라인에 맞춰 투명 프레임을 배치하고 여백을 고려하면서 크기를 조절합니다. 투명 프레임 크기에 따라 안쪽 텍스트도 함께 크기가 조절됩니다.

TIP · 투명 프레임은 〈감상하기〉 버튼을 클릭하여 애니메이션을 실행했을 때 프레임 형태가 보이지 않는 것이 특징입니다. 실전에서 자주 이용하는 프레임 형식이기 때문에 사용법을 충분히 숙지해야 합니다.

09 두 번째 이미지 삽입하고 텍스트 입력하기

01 'yellow' 부분을 디자인하기 위해 **05**번 과정처럼 '투명 타원라인.swf' 이미지를 추가하거나 초록 타원 라인을 복제합니다.

02 [이미지 추가] 창에서 〈파일 선택〉 버튼을 클릭합니다. [열기] 대화상자에서 '황(한문)_백.png' 파일을 선택한 다음 크기를 조절합니다.

03 한문 텍스트 오른쪽에 'Yellow'를 입력하고 크기를 조절합니다.
- **텍스트 형식** : 본문　　**색상** : 흰색　　**폰트** : NanumGothicBold

04 한문 텍스트 아래에 'prezi 032_문안.txt' 파일의 노랑(Yellow) 설명문안을 복사하여 붙여 넣습니다.
- **텍스트 형식** : 부제목　　**색상** : 흰색　　**폰트** : SeoulHangangB-P

TIP • 　프레지는 단순한 반복 작업이 많습니다. 하나의 디자인 패턴이 완성되면 같은 방식으로 작업이 진행됩니다.

10 두 번째 투명 프레임 설정하고 3D 배경으로 전환하기

01 08번 과정처럼 투명 프레임을 만들고 투명 타원 라인에 맞춰 배치합니다.

02 첫 번째 초록(Green) 프레임과 간격을 두고 크기를 줄인 다음 시계 방향으로 18° 회전합니다.

03 미리보기 창에서 2번 섬네일을 클릭하면 배경 이미지가 국화 이미지로 부드럽게 전환됩니다.

TIP • 　3개의 3D 배경은 프레임 크기에 따라 변경됩니다. 프레임을 작게 줄였는데도 두 번째 배경으로 변경되지 않는 경우 프레임 크기를 보다 작게 줄여야 합니다.

11 세 번째 텍스트 입력하고 투명 프레임 설정하기

01 '초록 Green'과 '황Yellow'처럼 투명 타원 라인을 추가하고 '적(한문)_백.png' 이미지를 불러와 크기
를 조절합니다.

02 'Red'를 입력하고 'prezi 032_문안.txt' 파일에서 빨강(Red)의 설명문안을 복사하여 붙여 넣습니다.

03 10번 과정과 같은 방법으로 투명 프레임을 배치하고 크기를 조절합니다.

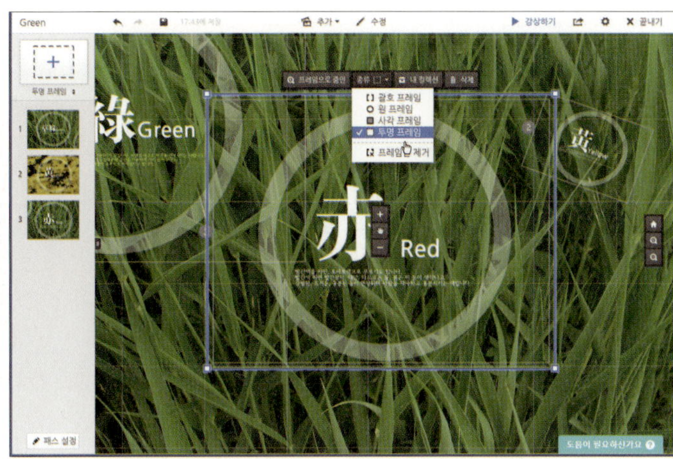

TIP • 두 번째 3D 배경에서 세 번째 3D 배경으로 전환되지 않으면 세 번째 적(Red) 프레임 크기를 더 작게 줄여야 합니다.

12 세 번째 3D 배경 이미지로 전환하기

01 세 번째 적(Red) 프레임을 두 번째 황(Yellow) 프레임 하단으로 배치합니다.

02 두 번째 황(Yellow) 프레임과 간격을 벌리면서 매우 작게 크기를 줄입니다.

03 왼쪽 미리보기 창에서 3번 섬네일을 클릭하면 배경이 빨간색 꽃 이미지로 부드럽게 전환됩니다.

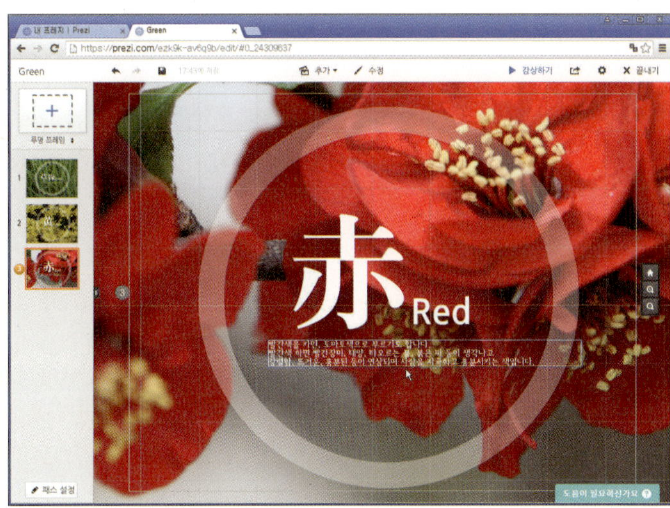

13 텍스트 클로즈업을 위한 투명 프레임 설정하기

01 투명 프레임을 만들고 '赤Red' 부분을 집중하여 감쌉니다. 프레임은 와이드 형태로 좌우로 길게 만들고, 텍스트 주변으로 여백을 적절히 줍니다.

02 같은 방법으로 투명 프레임을 만들고 '黃Yellow' 텍스트에 부분을 집중하여 감쌉니다.

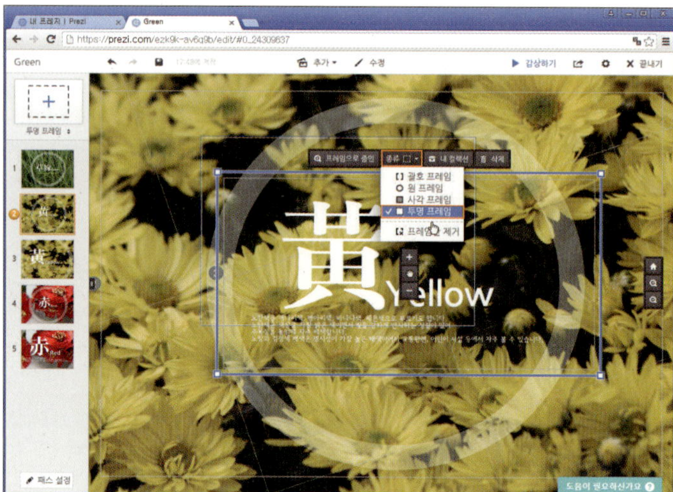

TIP • 프레지는 생성한 프레임에 또 다른 작은 프레임을 생성할 수 있습니다. 그러나 프레임을 난무하다 보면 프레임끼리 엉켜 선택하기 어렵고 수정하기도 힘들 수 있습니다.

14 섬네일 순서 재배치하기

01 같은 방법으로 투명 프레임을 만들고 '草綠Green' 텍스트 부분을 집중하여 감쌉니다.

02 미리보기 창에서 섬네일 순서를 바꿉니다. 1, 2, 3번 섬네일은 투명 타원 라인 크기로 나타내고 4, 5, 6번 섬네일은 텍스트만 클로즈업하여 나타내는 형식으로 배치합니다.

TIP • 패스 순서를 변경하기 위해서는 왼쪽 섬네일을 드래그하여 원하는 순서대로 옮길 수 있습니다. 섬네일 순서는 곧 애니메이션 순서입니다.

I5 감상하기

01 캔버스 오른쪽 상단 메뉴에서 〈감상하기〉 버튼을 클릭하여 지금까지 작업한 애니메이션(프레지 쇼)을 실행합니다.

02 패스가 제대로 지정되었는지, 배경과 개체(텍스트)의 짜임새는 적절한지 확인합니다.

03 오른쪽 하단의 '자동재생' 아이콘을 클릭하여 [자동재생]을 선택한 다음 애니메이션 시간을 설정하여 전체적인 흐름을 점검합니다.

I6 저장하기

01 메뉴 오른쪽의 〈끝내기〉 버튼을 클릭하면 최종 작업 내용이 자동으로 저장되면서 종료됩니다.

02 왼쪽 아래의 'Untitled Prezi' 텍스트에서 파일 이름을 입력합니다.

033 타원 활용 애니메이션

프레지는 일러스트레이터처럼 벡터 형식을 이용하기 때문에 프레지에서 작성한 텍스트나 도형, 라인 등은 아무리 키워도 비트맵 형식처럼 계단 모양으로 깨지지 않습니다. 포토샵에서 작성된 그래픽은 비트맵 이미지로, 키우면 계단 모양으로 깨지는 현상이 발생합니다. 프레지는 그래픽 프로그램 아니기 때문에 보통 이상의 그래픽을 원한다면 외부 그래픽 프로그램을 이용해야 하는 것이 문제입니다. 키워도 이미지 손상 없는 벡터 이미지를 원한다면 플래시나 일러스트레이터를 이용하여 SWF 파일로 저장해야 합니다.

|난이도| ★★★☆ |디자인 소스 파일| Prezi ani_033\033_파랑_타원링.swf, 033_주황 타원링.swf, ARTCOMPT academy.swf, prezi 033_문안.txt |동영상 파일| Prezi ani_033\prezi ani_033.avi |인터넷으로 보기| http://cafe.naver.com/artcomptacademy/672

애니메이션 작업 포인트

이번 예제의 중요 테크닉은 타원을 활용한 프레지 애니메이션입니다. 그라데이션이 적용된 얇은 타원 라인에 텍스트(URL)를 배치하여 줌 인, 줌 아웃시켜서 색다른 느낌을 연출하였습니다. 얇은 타원 라인을 크게 키워도 테두리가 계단 모양으로 깨지지 않게 하려면 벡터 방식(*.swf) 이미지를 사용해야 합니다. 일러스트레이터에서 작성한 SWF 파일 중 일부는 프레지와 호환 문제로 부분적인 깨짐 현상이 생겨 주의해야 합니다.

01 테마 설정하기

01 내 프레지에서 '새로운 프레지'를 클릭하고 템플릿을 지정하는 화면에서 〈빈 프레지 시작〉 버튼을 클릭하여 캔버스를 엽니다.

02 폰트 및 배경색 등을 설정하기 위해 [수정] 창에서 〈테마 설정〉 버튼을 클릭합니다.

03 [Theme Wizard] 대화상자에서 [Advanced] 탭을 선택하고 배경색을 '흰색'으로 설정합니다.
- Background Color : R255, G255, B255

04 하단의 'Use the Prezi CSS Editor'를 선택합니다. [Edit CSS] 창에서 제목, 부제목, 본문 폰트를 src: url 부분에 설정하고 〈Apply〉 버튼을 클릭합니다.
- 본문(body) : NanumGothicBold.keg
- 제목(head) : NanumMyeongjoBold–P.keg
- 부제목(strong) : SeoulHangangB–P.keg

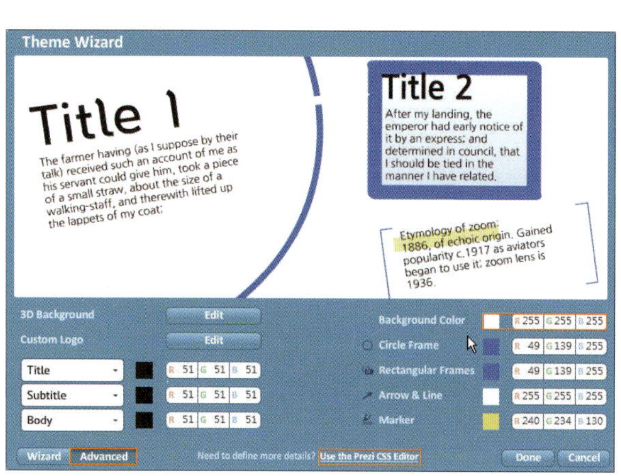

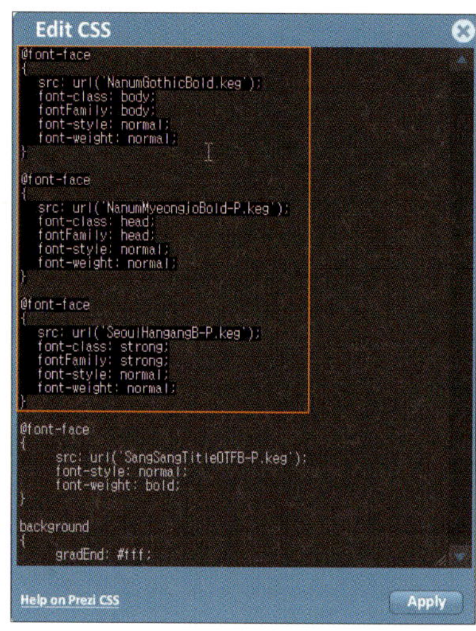

02 파란색 그라데이션 타원 이미지 불러오기

01 원 프레임을 제거합니다. 원 프레임을 제거하면 텍스트 박스도 함께 제거됩니다.

02 [이미지 추가] 창에서 〈파일 선택〉 버튼을 클릭하고 [열기] 대화상자가 나타나면 벡터 이미지로 만들어진 파란색 타원링 파일인 '033_파랑_타원링.swf' 파일을 불러옵니다.

03 조절점을 드래그하여 크기를 적절하게 키웁니다.

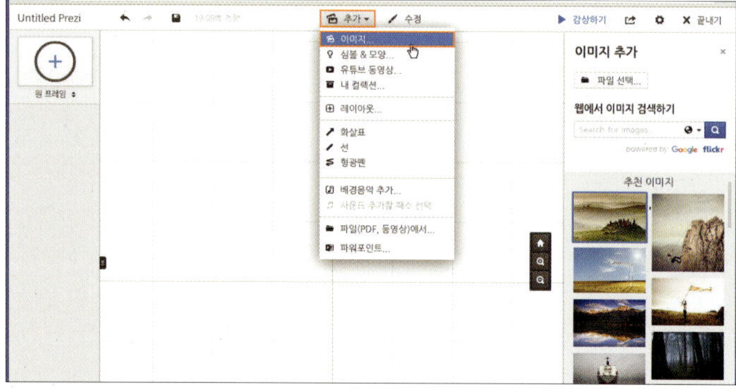

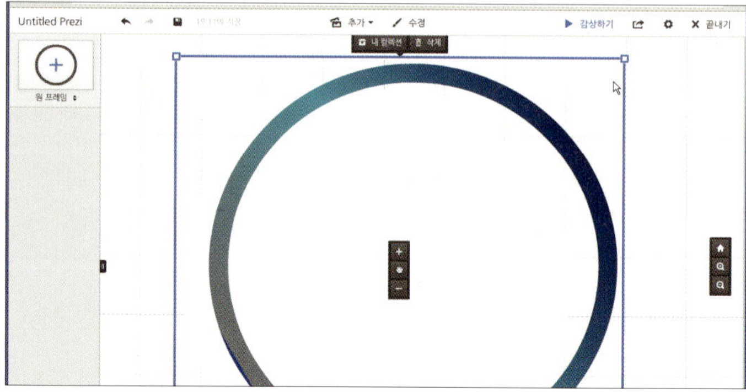

03 파란색 그라데이션 링에 투명 프레임 설정하기

01 미리보기 창에서 1번 프레임 아이콘 아래의 [원 프레임]–[투명 프레임]을 선택합니다. 투명 프레임의 ⊞를 클릭하거나 클릭하여 캔버스로 드래그해도 투명 프레임이 만들어집니다.

02 파란색 그라데이션 링을 감싸면서 정사각형으로 프레임 형태를 조절합니다.

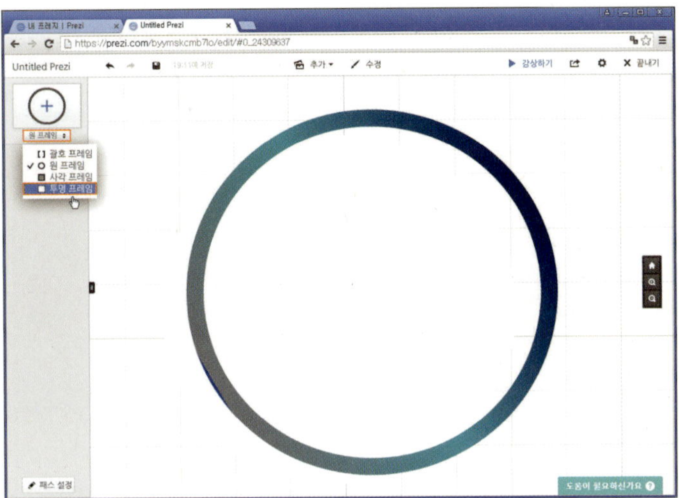
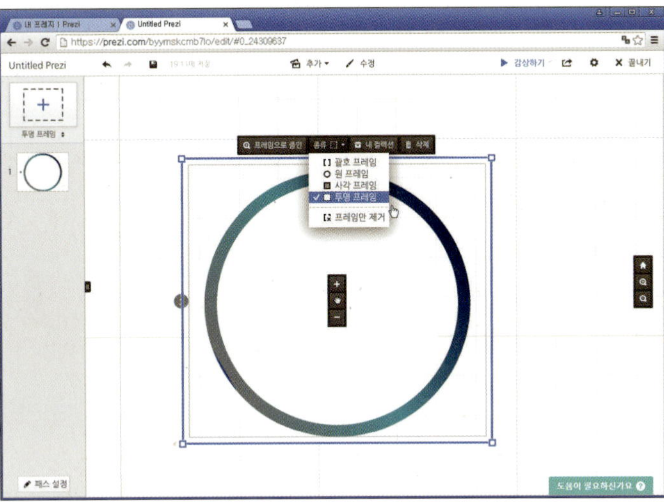

TIP • 투명 프레임이 적용되면 왼쪽 미리보기 창에 섬네일(Thumnail) 이미지가 만들어집니다.

04 주황색 그라데이션 타원 이미지 불러오기

01 [이미지 추가] 창에서 〈파일 선택〉 버튼을 클릭해 [열기] 대화상자가 나타나면 벡터 이미지로 작성된 주황색 타원 링인 '033_주황 타원링.swf' 파일을 불러옵니다.

02 주황색 타원 링을 파란색 타원 링 안쪽 가운데에 배치하고 매우 작게 줄입니다.

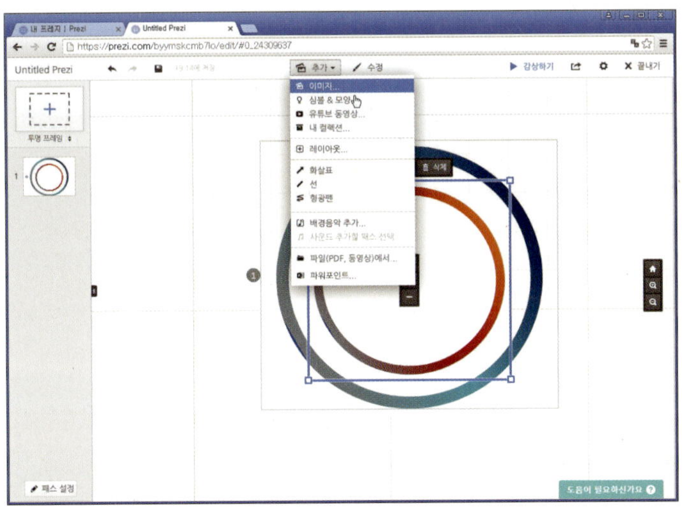
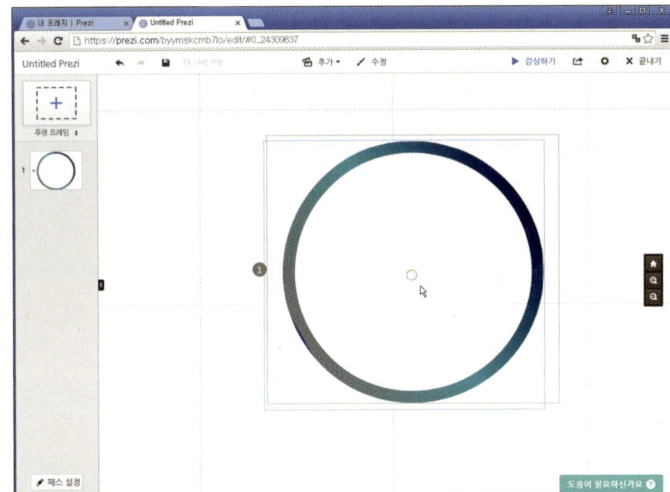

TIP • 프레지는 직관적인 툴이기 때문에 크기를 조정하는 단위가 없습니다. 즉, 감으로 크기를 조절해야 합니다.

05 주황색 그라데이션 링에 투명 프레임 설정하기

01 미리보기 창에서 [프레임]–[투명 프레임]을 선택합니다. 미리보기 창에서 투명 프레임의 ⊞를 클릭하거나 캔버스로 드래그하면 투명 프레임이 만들어집니다.

02 주황색 그라데이션 링을 감싸면서 와이드하게 프레임 형태를 조정합니다.

03 프레임을 테두리를 선택한 다음 마우스 오른쪽 버튼을 클릭하고 **맨 앞으로 가져오기**를 선택합니다.

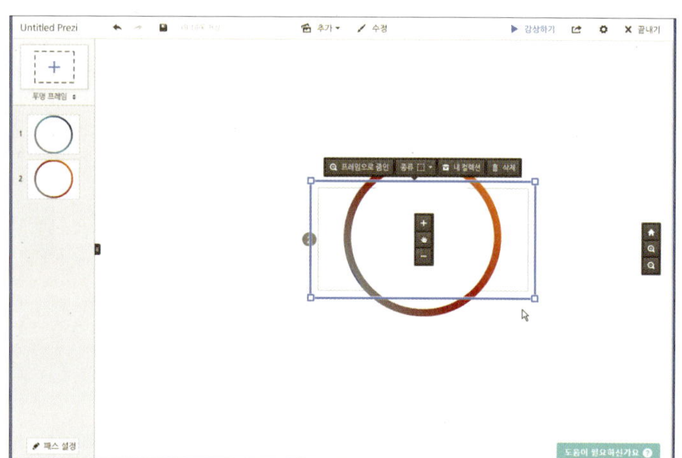
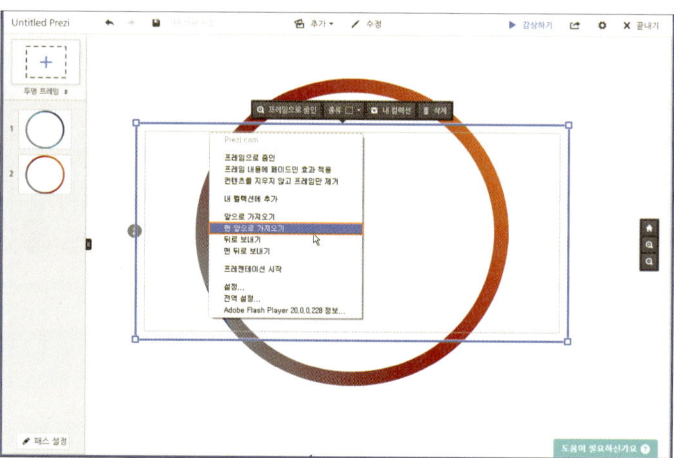

TIP • 　작은 이미지를 작업하기 좋게 크게 보기 위해 마우스 휠을 몸에서 먼 쪽으로 밀어주면 줌 인됩니다. 반대로 몸 쪽으로 당기면 줌 아웃되어 원하는 크기로 이미지를 보면서 작업할 수 있습니다.

06 메인 텍스트 편집하기

01 메뉴에서 [추가]–[이미지]를 선택합니다.

02 [이미지 추가] 창에서 〈파일 선택〉 버튼을 클릭하여 나타나는 [열기] 대화상자에서 'ARTCOMPT academy.swf' 로고 파일을 불러옵니다.

03 주황색 타원 링에 맞춰 알맞게 크기를 조절합니다.

04 ARTCOM PT academy 이미지 상단 여백을 클릭하고 '아트컴피티 아카데미' 텍스트를 입력합니다.
　• **텍스트 형식** : 본문　　• **색상** : 어두운 회색

05 주황색 로고 이미지 상단에 배치한 다음 텍스트 크기를 조절합니다.

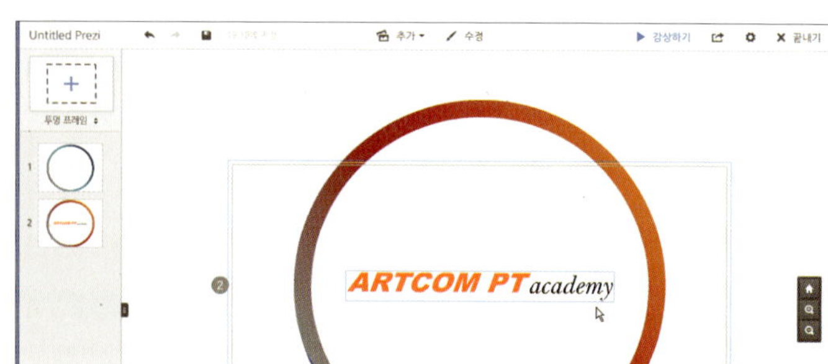

TIP • 　큰 텍스트(이미지)와 작은 텍스트를 조합할 때는 행간이 중요합니다. 행간이 너무 벌어지면 짜임새가 없어 보이고 너무 붙으면 답답해 보이기 때문입니다. 사소하지만 의외로 중요한 작업입니다.

07 설명문안 편집하기

01 주황색 로고 이미지 하단의 텍스트 박스를 활성화한 다음 'prezi 033_문안.txt' 파일의 설명문안을 복사하여 붙여 넣습니다.

- **텍스트 형식** : 부제목   • **폰트** : SeoulHangangB–P

02 크기를 적절하게 줄여 짜임새 있게 배치합니다.

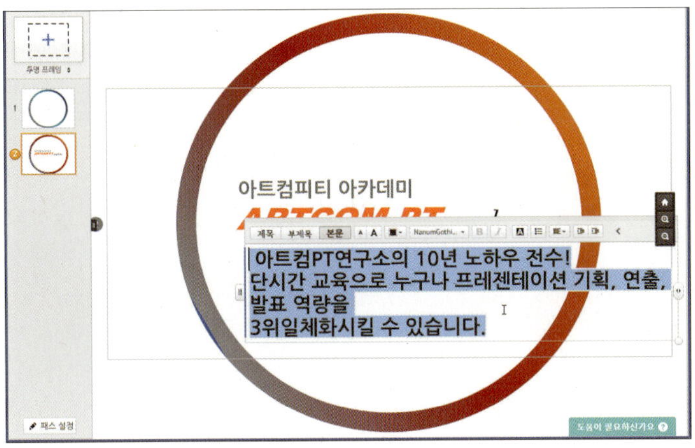
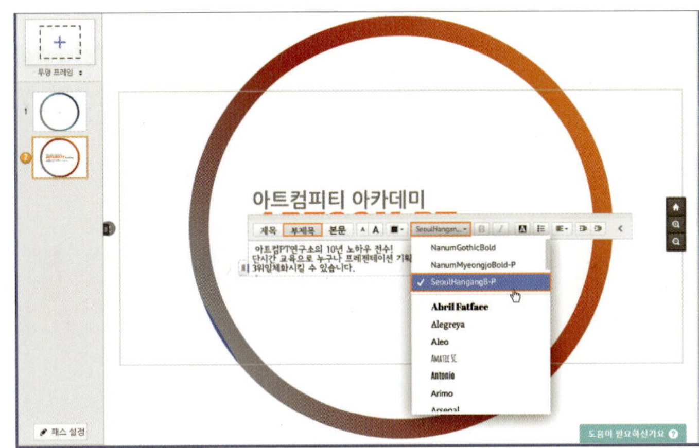

08 첫 번째 URL 작성하기

01 파란색 링 상단을 클릭하여 첫 번째 URL 텍스트를 입력합니다.

- **텍스트 형식** : 본문   • **색상** : 어두운 회색

02 URL 텍스트에 맞춰 투명 프레임을 배치하고 여백을 고려하여 크기를 조절합니다. 투명 프레임 크기를 조절하면 프레임 안의 텍스트도 함께 크기가 조절됩니다.

03 프레임을 시계 반대 방향으로 48° 정도 회전합니다.

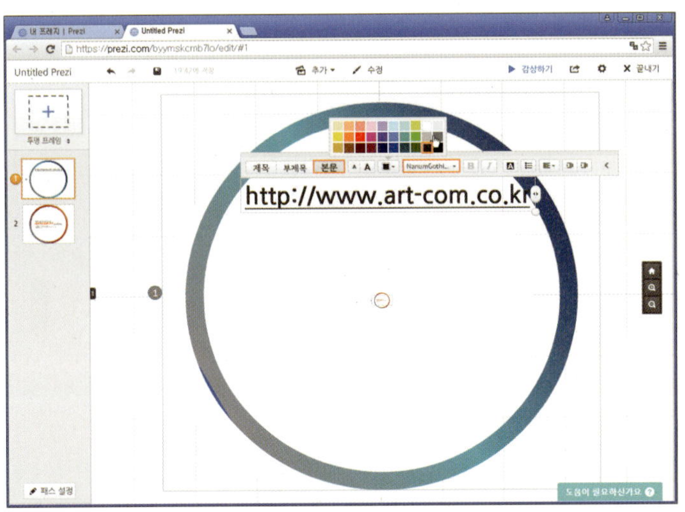
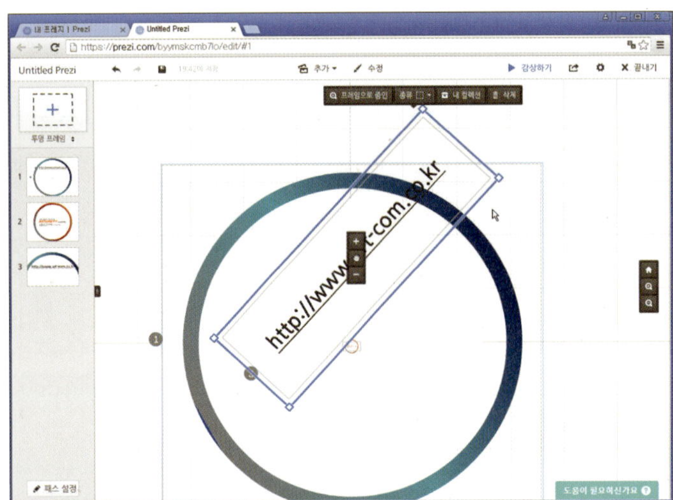

TIP •   **프레지에서 하이퍼링크를 설정하려면?**
URL 주소를 입력할 때 'www' 이전에 반드시 'http://'를 입력해야 웹 주소에 밑줄이 생기면서 하이퍼링크가 적용됩니다. [편집] 모드가 아닌 [감상하기] 모드에서 해당 웹 사이트가 열립니다.

01 URL 텍스트 크기를 매우 작게 줄여 파란색 타원 링에 배치합니다.

02 3번 섬네일을 클릭하여 프레임 크기만큼 줌 인합니다.

03 URL 텍스트 색상을 '흰색'으로 변경합니다.

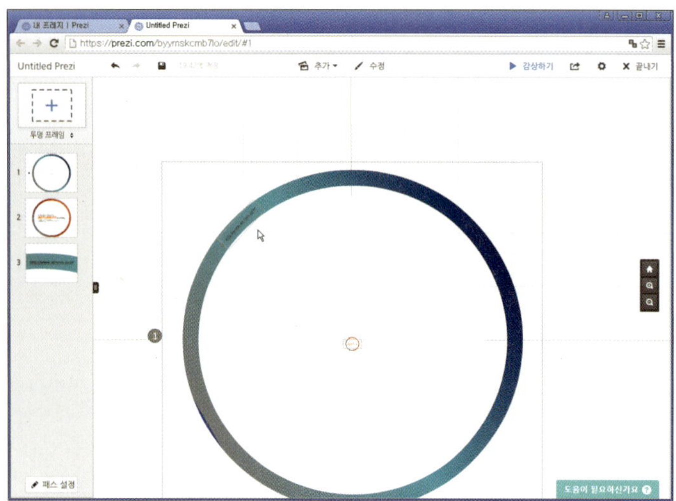 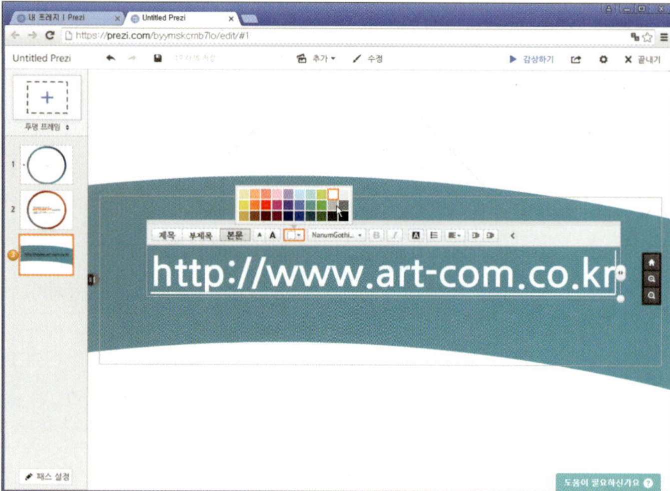

TIP • 일반적으로 텍스트를 타원 링에 배치할 때는 웨이브에 맞춰 둥글게 배열하는 것이 심미적으로 좋지만, 하이퍼링크를 적용해야 할 경우 디자인
에 문제가 있어도 다소 감수해야 합니다.

10 두 번째 URL 작성하기

01 주황색 링 상단을 클릭하여 두 번째 URL 텍스트를 입력합니다.
   • 텍스트 형식 : 본문   • 색상 : 검은색

02 입력한 텍스트에 맞춰 투명 프레임을 배치하고 여백을 고려하면서 크기를 조절합니다.

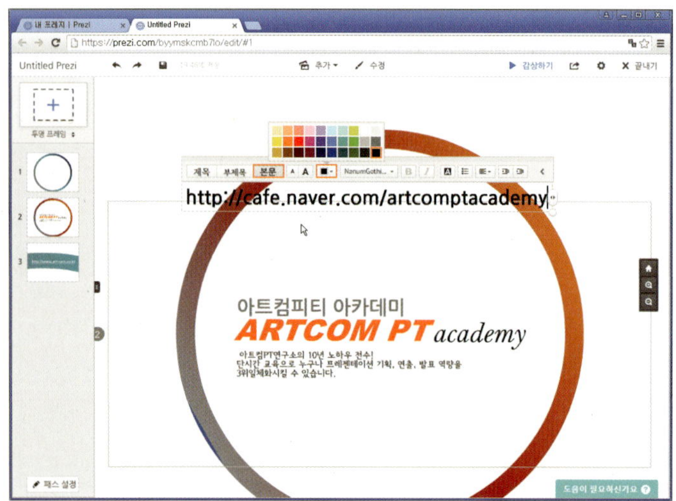 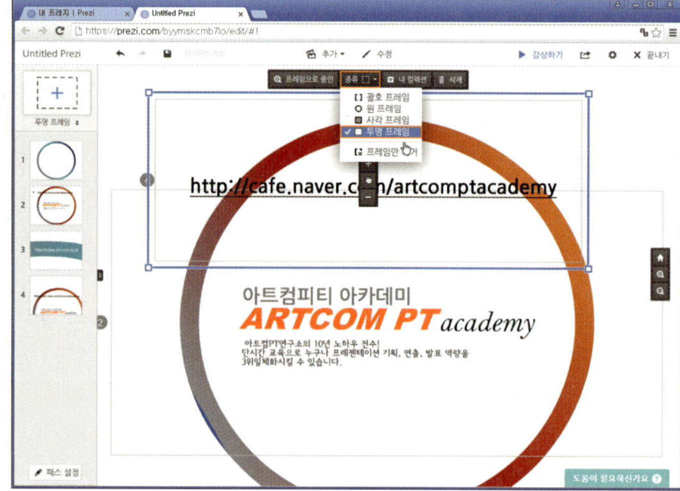

TIP • 프레지는 단순 반복 작업이 많습니다. 하나의 디자인 패턴이 완성되면 같은 방법으로 작업이 진행됩니다.

01 프레임을 시계 방향으로 60° 정도 회전합니다.

02 URL 텍스트 크기를 매우 작게 줄여 파란색 타원 링에 배치합니다.

03 3번 섬네일을 클릭하여 프레임 크기만큼 줌 인한 다음 색상을 '흰색'으로 변경합니다.

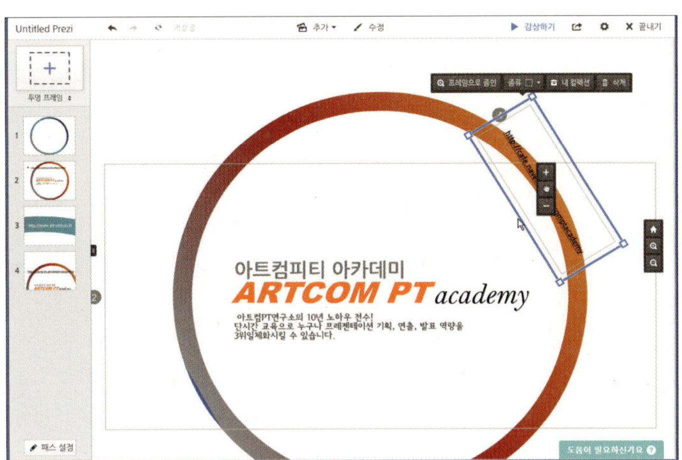
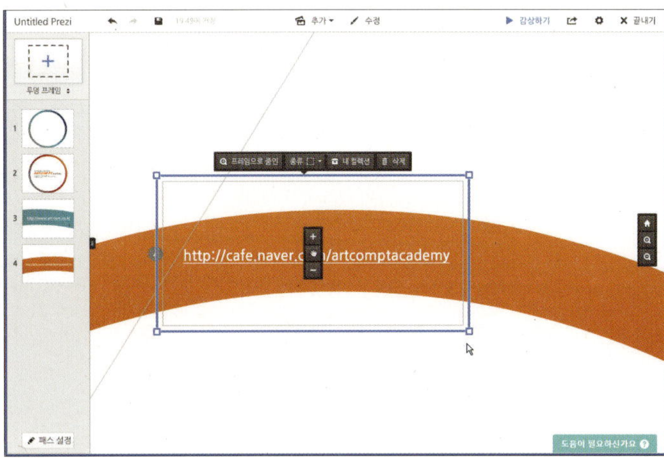

TIP •   첫 번째로 작성한 URL의 배치 과정과 같습니다.

I2 세 번째 URL 작성하기

01 주황색 링 상단 여백을 클릭하여 세 번째 URL 텍스트를 입력합니다.
  • 텍스트 형식 : 본문

02 작성한 URL 텍스트에 맞춰 투명 프레임을 배치하고 여백을 고려하면서 크기를 조절합니다.

03 프레임을 시계 방향으로 110° 정도 회전합니다.

04 URL 텍스트 크기를 매우 작게 줄여 'M' 옆에 배치합니다.

05 미리보기 창에서 5번 섬네일을 클릭해 키운 다음 짜임새 있게 배치하고 텍스트 크기를 조절합니다.

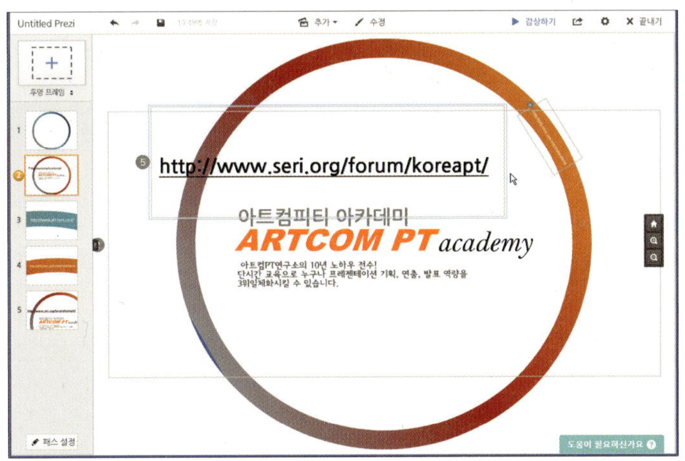
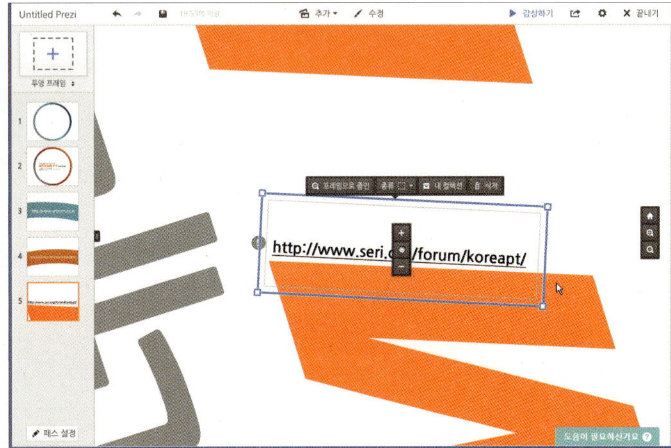

TIP •   섬네일을 클릭하면 프레임 크기만큼 화면이 클로즈업되어 더욱 세밀하게 작업할 수 있습니다.

13 편집된 텍스트에 투명 프레임 적용하기

01 편집된 텍스트에 맞춰 투명 프레임을 배치하고 여백을 고려하면서 와이드형으로 크기를 조절합니다.

02 주황색 링 아래에 추가된 섬네일을 맨 아래 6번으로 드래그하여 이동시킵니다.

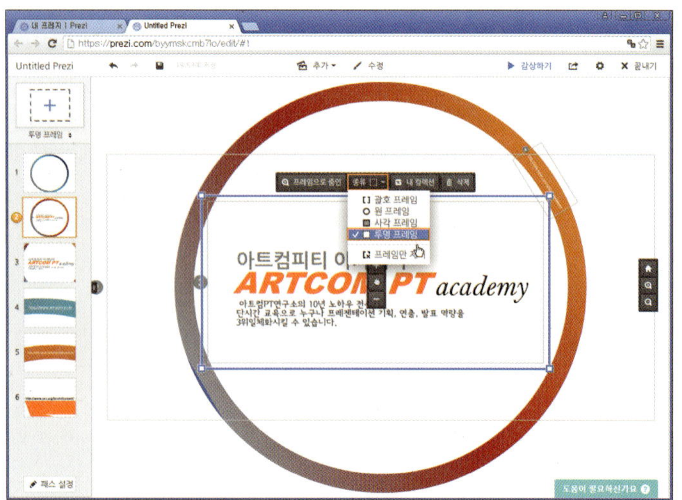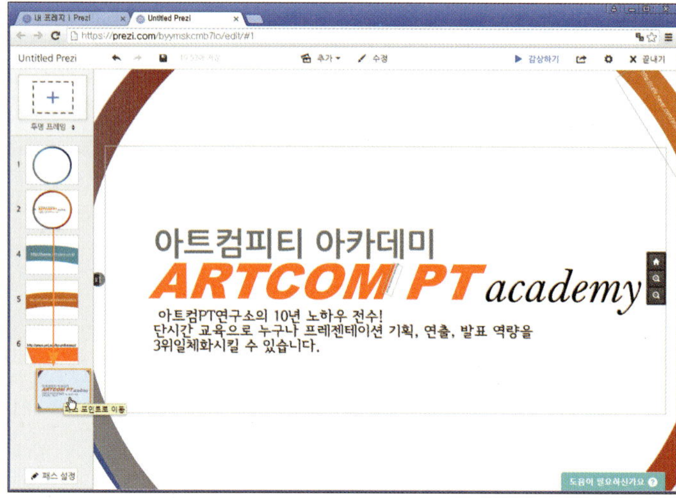

TIP • 프레임을 적용하면 여러 개로 구성된 텍스트가 하나로 그룹화됩니다. 프레임 크기를 조절하거나 프레임을 이동하면 프레임 내 텍스트도 영향을 받습니다.

14 처음으로 돌아오기 패스 지정하기

01 미리보기 창 아래의 〈패스 설정〉 버튼을 클릭합니다.

02 번호와 라인을 통해 패스 경로를 한눈에 살펴볼 수 있습니다. 패스① 투명 프레임 테두리를 클릭하면 패스⑦이 만들어집니다.
〈패스 설정〉 버튼을 클릭한 상태에서 해당 프레임을 클릭하면 패스가 지정됩니다.

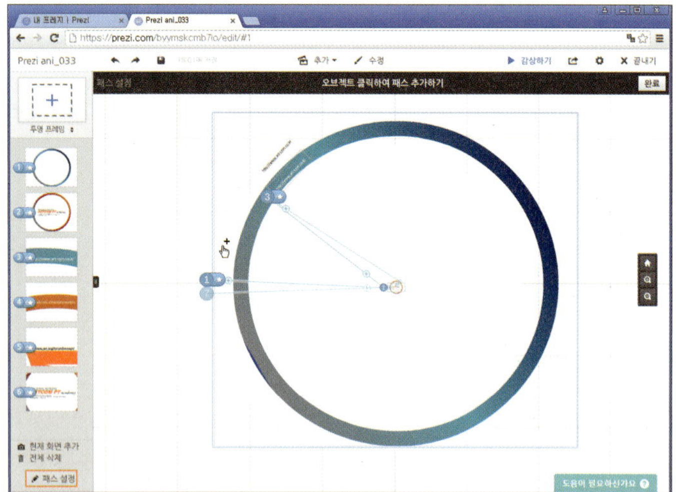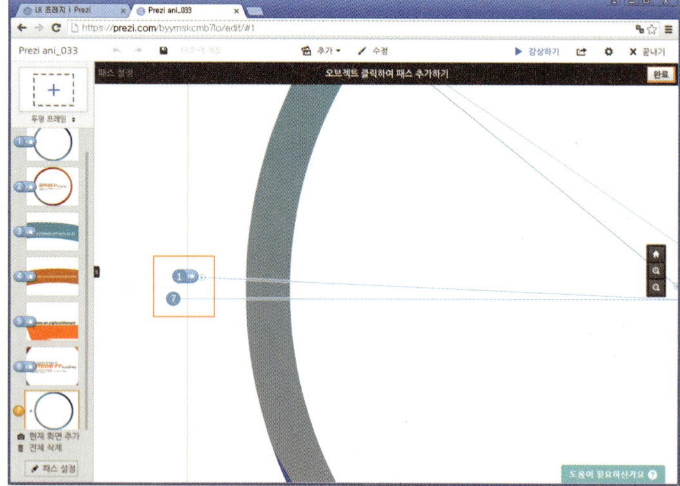

TIP • 프레지는 간단한 툴이므로 3시간만 학습해도 보통 이상의 발표 자료를 완성할 수 있습니다. 프레지의 기능 중 '패스'는 매우 중요한 기능이기 때문에 시간을 두고 더욱 정확하게 숙지할 필요가 있습니다.

I5 감상하기

01 메뉴 오른쪽의 〈감상하기〉 버튼을 클릭하여 지금까지 작업한 내용을 애니메이션(프레지 쇼)으로 실행합니다.

02 패스가 제대로 지정되었는지, 배경과 개체(텍스트)의 짜임새는 적절한지 점검합니다.

03 '자동재생' 아이콘을 클릭하여 [자동재생]을 선택합니다. 전체적인 애니메이션 흐름을 점검합니다.

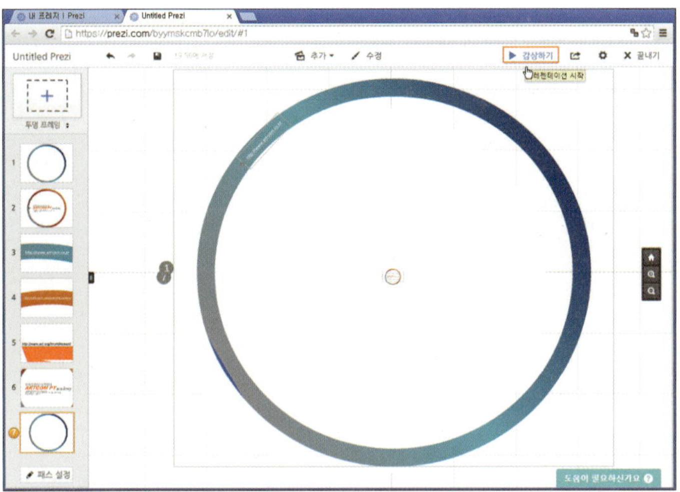
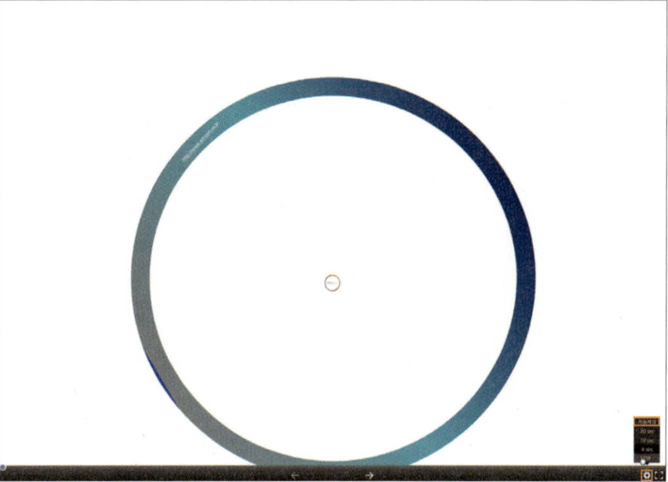

I6 저장하기

01 메뉴 오른쪽의 〈끝내기〉 버튼을 클릭하면 최종 작업 내용이 자동으로 저장되고 종료됩니다.

02 왼쪽 아래의 'Untitled Prezi' 텍스트에 파일 이름을 작성합니다.

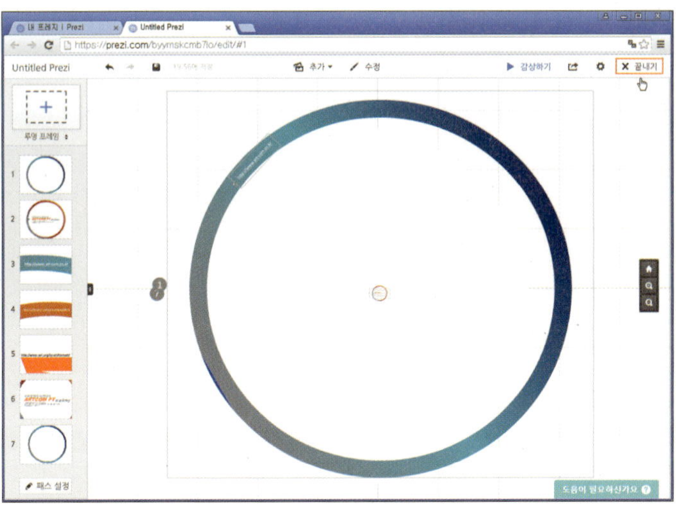
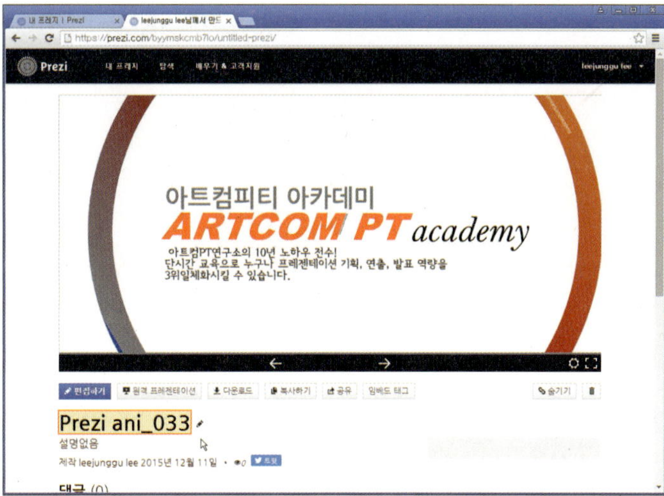

034 텍스트 활용 애니메이션

프레지는 텍스트만으로도 완성도 높은 애니메이션이 가능합니다. 줌 인, 줌 아웃, 회전 효과가 탁월하기 때문입니다. 파워포인트로 구현하기 어려운 애니메이션 기능이자 특장점입니다. 여기에 벡터 기반 프로그램이기 때문에 아무리 키워도 텍스트가 깨지지 않는 것도 그래픽 퀄리티를 높이는 데 기여합니다. 단순한 텍스트에 적절히 확대, 축소, 회전 기능을 적용하면 누구나 보통 이상의 애니메이션을 완성할 수 있습니다.

|난이도| ★★★★ |디자인 소스 파일| Prezi ani_034\034_korea pt.swf, 034_배경.PNG, 034_korea pt_백색.swf, 034_한국프레젠터협회.swf, 034_인물 실루엣.png, prezi 034_문안.txt
|동영상 파일| Prezi ani_034\prezi ani_034.avi |인터넷으로 보기| http://cafe.naver.com/artcomptacademy/1882

애니메이션 작업 포인트

이번 예제의 중요 테크닉은 텍스트를 활용한 프레지 애니메이션입니다. 단순한 텍스트 몇 개에 줌 인, 줌 아웃, 회전 기능을 적용하여 역동적인 타이포그래피 애니메이션을 연출하였습니다. 텍스트 중심으로 애니메이션을 돌리려면 애니메이션 기능뿐만 아니라 폰트 종류, 색상, 크기, 각도 등이 매우 중요합니다. 프레지 고수가 되려면 좋지 않은 조건으로도 적절하게 애니메이션을 연출할 수 있어야 합니다.

01 테마 설정하기

01 내 프레지에서 '새로운 프레지'를 클릭하고 〈빈 프레지 시작〉 버튼을 클릭하여 캔버스를 엽니다.

02 [수정] 창에서 폰트 및 배경색 등을 설정하기 위해 〈테마 설정〉 버튼을 클릭합니다.

03 [Theme Wizard] 대화상자의 [Advanced] 탭을 선택하고 배경색을 '밝은 회색'으로 설정합니다.
- Background Color : R236, G236, B236

04 'Use the Prezi CSS Editor'를 선택하여 폰트를 설정합니다.

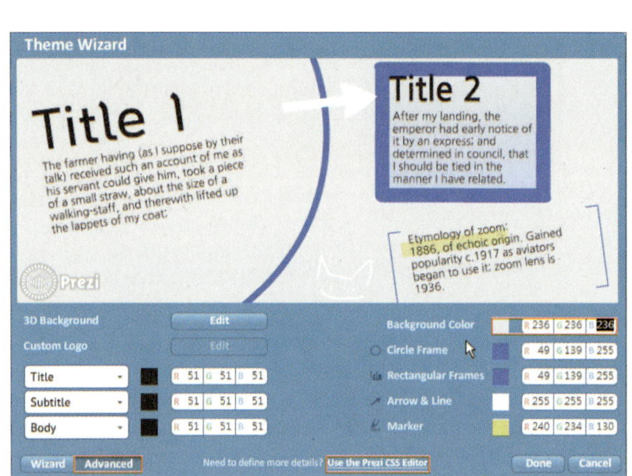

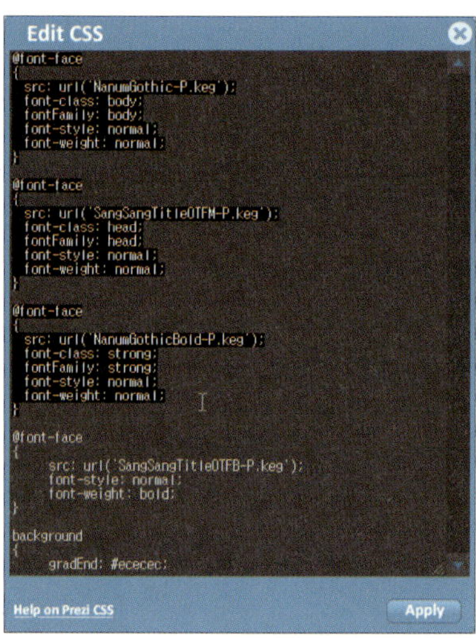

02 KOREA PT 텍스트 이미지 불러오기

01 [이미지 추가] 창에서 〈파일 선택〉 버튼을 클릭합니다. [열기] 대화상자가 나타나면 벡터 이미지로
만든 '034_korea pt.swf' 텍스트 이미지 파일을 불러옵니다.

02 원 프레임 위에 텍스트 이미지를 배치하고 원 프레임을 기준으로 텍스트 이미지를 크게 키웁니다.

03 원 프레임을 제거합니다. 원 프레임은 반드시 텍스트 이미지 조정을 끝낸 다음 제거합니다.

TIP • 'KOREA PT' 텍스트 이미지는 SWF 벡터 이미지 파일이므로 크게 키워도 깨지지 않습니다. 예제에서는 일러스트레이터에서 작성하였습니다.
실습을 위한 예제이므로 원하는 키워드를 PNG 파일로 작성하여 불러오거나 프레임에서 직접 입력해도 좋습니다.

03 텍스트 이미지에 투명 프레임 추가하기

01 미리보기 창에서 [원 프레임]–[투명 프레임]을 선택합니다. 미리보기 창에 추가된 투명 프레임의 ⊞
를 클릭하거나 캔버스로 드래그해도 투명 프레임이 만들어집니다.

02 'KOREA PT' 텍스트 이미지를 감싸면서 와이드하게 프레임 형태를 조절합니다.

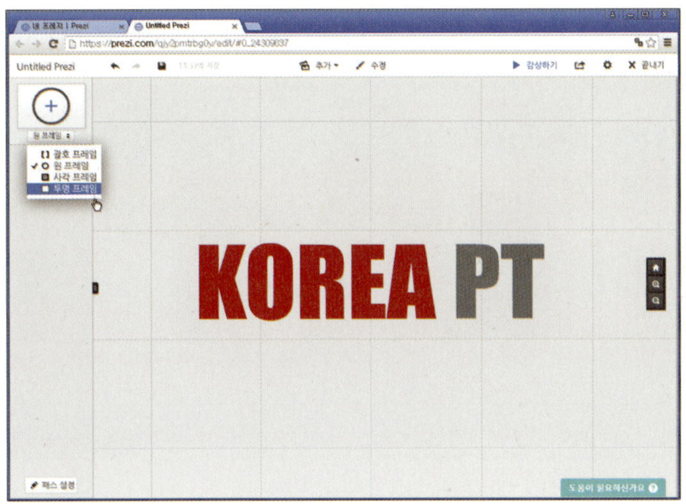
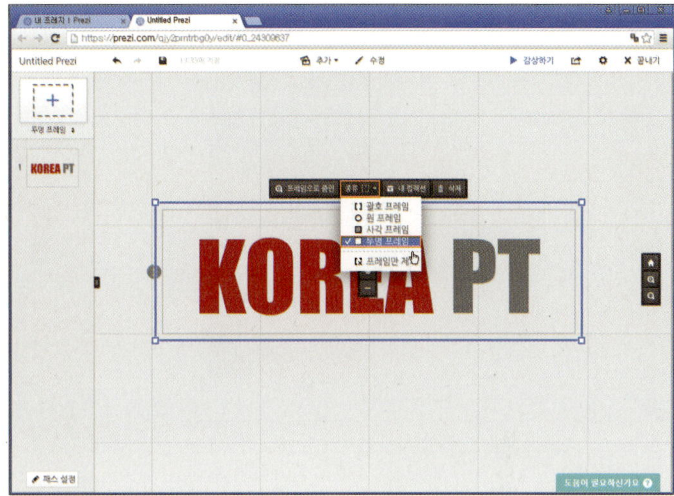

04 배경 이미지 불러오기

01 [이미지 추가] 창에서 〈파일 선택〉 버튼을 클릭하고 [열기] 대화상자가 나타나면 배경 이미지 파일인
'034_배경.PNG' 파일을 불러옵니다.

02 미리보기 창 아래의 〈패스 설정〉 버튼을 클릭한 다음 배경 이미지를 클릭하여 패스를 설정합니다.

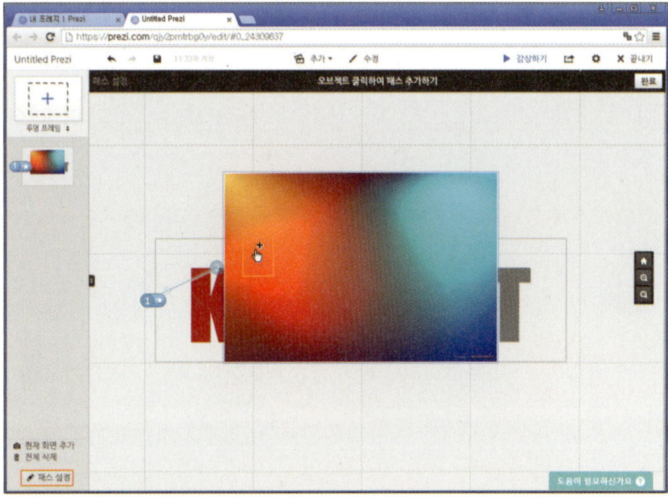

TIP • 일반적으로 프레임에 패스를 설정하지만 연출 의도에 따라 이미지나 텍스트, 도형 등에 패스를 설정하기도 합니다.

05 배경 이미지 회전하고 줄여 배치하기

01 배경 이미지를 시계 반대 방향으로 90° 회전합니다.

02 'A'와 'P' 사이에 이미지를 매우 작게 줄여 배치합니다.

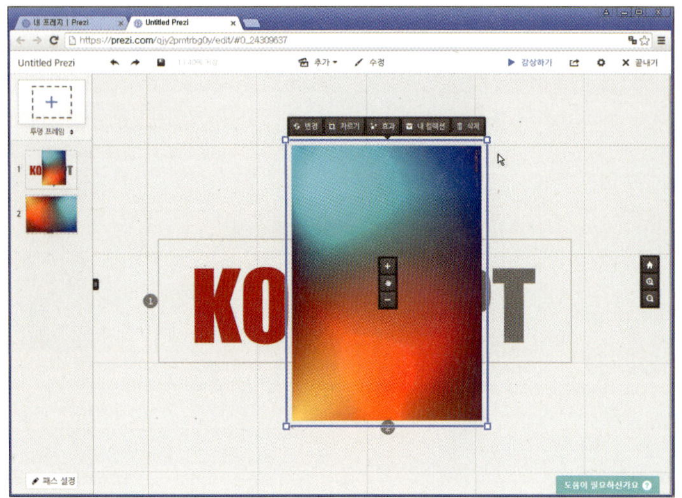
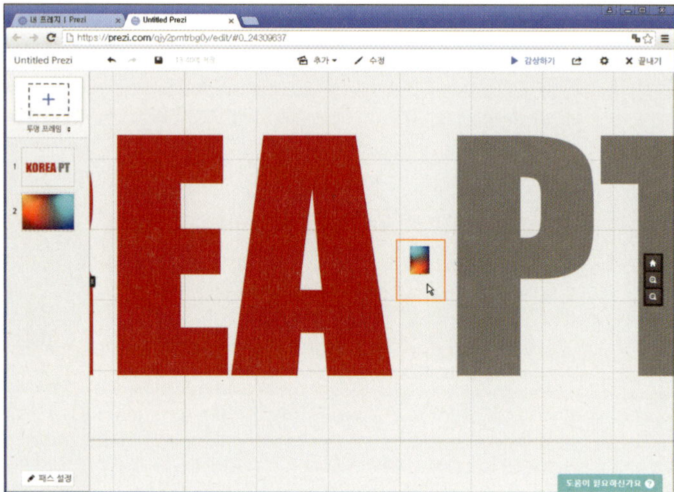

TIP • 개체를 회전하고 줄이는 작업은 매우 중요합니다. 회전 각도와 줄인 크기만큼 정확하게 애니메이션되기 때문입니다. 과도한 회전과 축소 기능
은 매우 역동적일 수 있지만 실전에서는 애니메이션이 현란하고 어지럽다는 반응이 많기 때문에 청중의 반응을 충분히 고려해야 합니다.

06 흰색 KOREA PT 텍스트 이미지 불러오기

01 미리보기 창에서 2번 섬네일을 클릭하여 배경 이미지를 회전하고, 화면에 꽉 채운 상태에서 텍스트
이미지를 불러옵니다.

02 [이미지 추가] 창에서 〈파일 선택〉 버튼을 클릭하고 [열기] 대화상자가 나타나면 벡터 이미지로 작성
한 흰색 '034_korea pt_백색.swf' 텍스트 이미지 파일을 불러옵니다.

03 배경 이미지에 맞춰 여백을 고려하면서 크기를 적절하게 조절합니다.

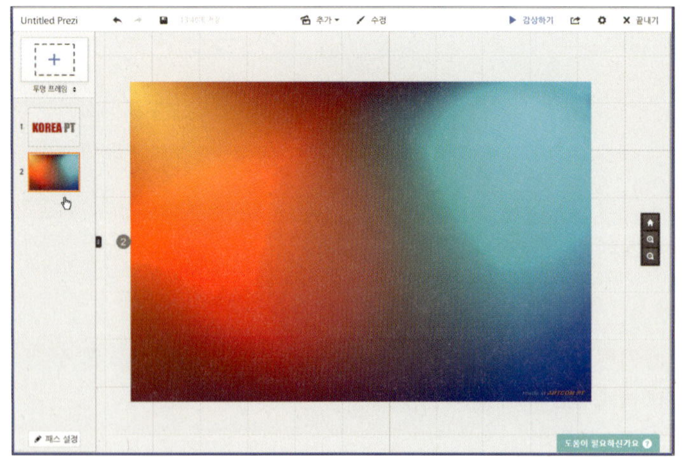
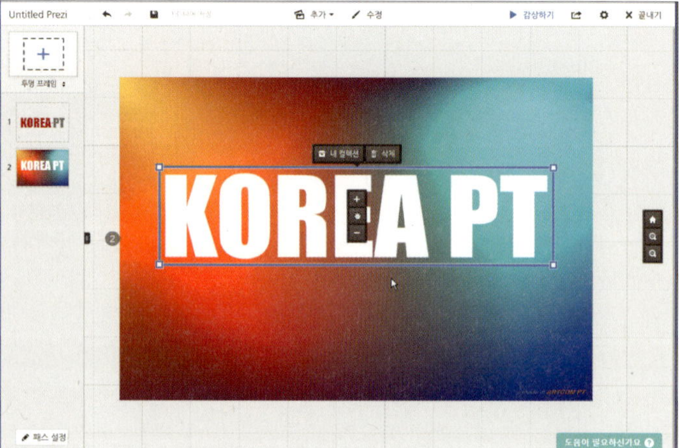

TIP • 'KOREA PT' 텍스트 이미지는 실습을 위한 예제이므로. 원하는 키워드를 PNG 파일로 만들어 불러오거나 프레지에서 직접 입력해도 좋습니다.

07 인물 실루엣 배치하고 텍스트 입력하기

01 흰색 'KOREA PT' 텍스트 이미지를 키웁니다.

02 [이미지 추가] 창에서 〈파일 선택〉 버튼을 클릭하고 [열기] 대화상자가 나타나면 인물 실루엣 이미지
(PNG)인 '034_인물 실루엣.png' 파일을 불러옵니다.

03 'O' 위에 배치하고 크기를 줄입니다.

04 인물 실루엣을 클릭하여 '회원 5,500명' 텍스트를 두 줄로 입력하고 가운데 정렬합니다.
- 텍스트 형식 : 부제목　　　• 색상 : 흰색　　　• 정렬 : 가운데 맞춤

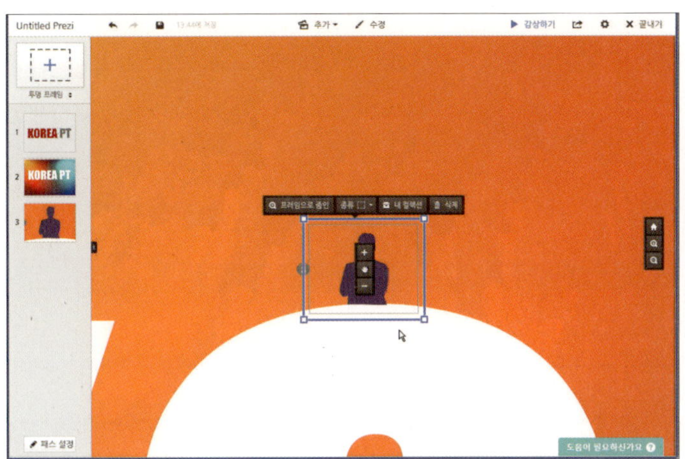
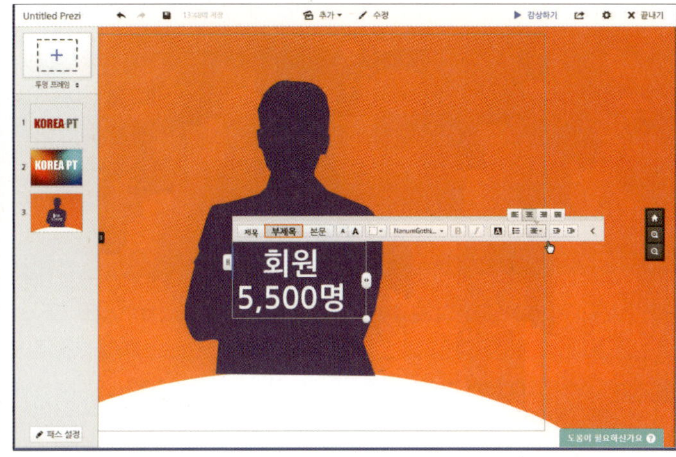

TIP • PNG 파일은 파워포인트나 포토샵 등에서 쉽게 만들 수 있습니다. 개체나 텍스트에 투명도를 적용할 수 있고, 배경이 투명하여 디자인 활용도
가 높습니다. 주의할 점은 키워도 테두리가 흐려지지 않도록 크기를 조절하여 저장해야 합니다.

08 설명문안 입력하고 편집하기

01 흰색 'KOREA PT' 텍스트 아래에 'prezi 034_문안.txt' 파일의 설명문안을 복사하여 붙여 넣습니다.
- 텍스트 형식 : 부제목　　　• 색상 : 주황색　　　• 폰트 : NanumGothicBold-P.keg

02 크기를 적절하게 줄여 짜임새 있게 배치합니다.

03 텍스트에 맞춰 투명 프레임을 배치하고 여백을 고려하면서 크기를 조절합니다. 투명 프레임의 크기
를 조절하면 프레임 안쪽 텍스트도 함께 조절됩니다.

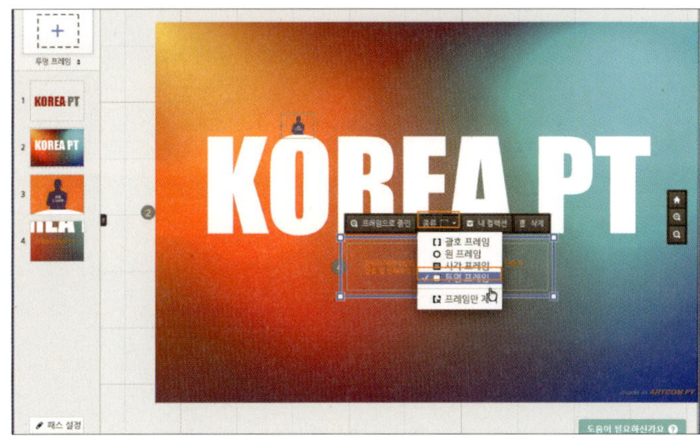

09 설명문안 프레임 회전 및 배치하기

01 프레임을 시계 방향으로 90° 회전합니다.

02 미리보기 창에서 4번 섬네일을 클릭하여 텍스트 프레임을 회전시킵니다.

03 'R'에 맞춰 텍스트 프레임을 조절하고 안쪽 텍스트를 적절하게 배치합니다.

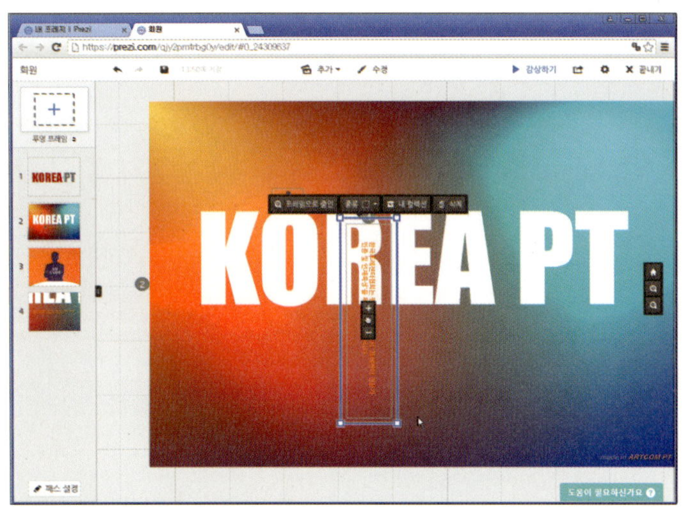
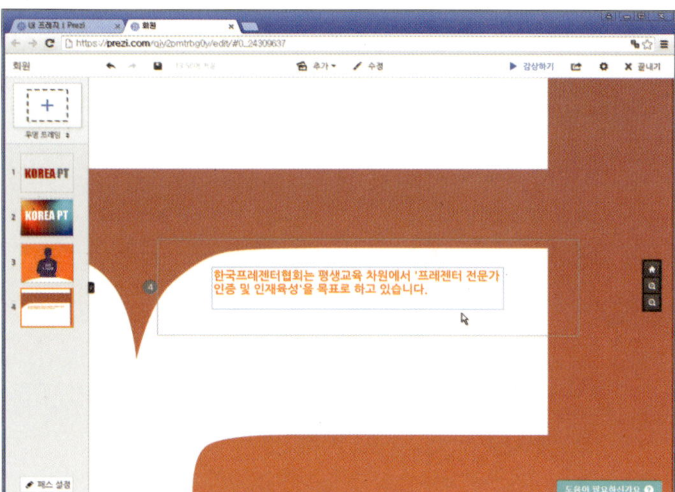

TIP • 텍스트 작업 과정은 '텍스트 입력-프레임 설정-회전-크기 조정' 순입니다. 단순한 공정이지만 메시지를 효과적으로 전달한다는 목적 의식을 갖고 작업해야 완성도를 높일 수 있습니다.

10 URL 텍스트 입력하고 배치하기

01 흰색 'KOREA PT' 텍스트 상단을 클릭하고 웹사이트 주소(URL)를 입력합니다.
- • 텍스트 형식 : 부제목　　• 색상 : 어두운 회색

02 미리보기 창에서 [프레임]-[투명 프레임]을 선택합니다. 투명 프레임의 ⊞를 클릭하거나 캔버스로 드래그해도 투명 프레임이 만들어집니다.

03 'P' 상단으로 프레임을 줄이면서 배치합니다.

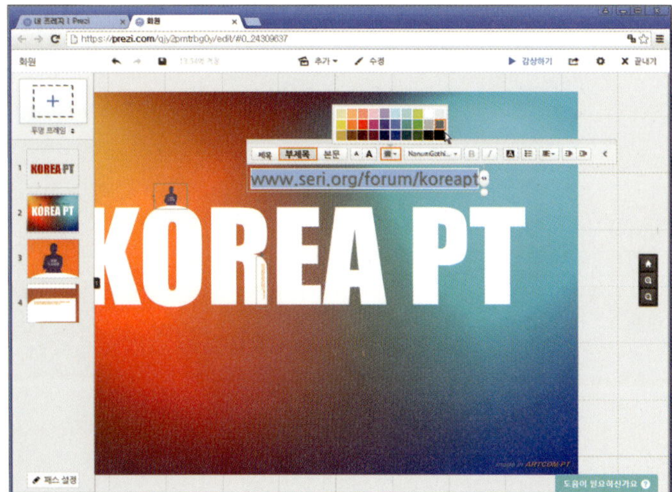
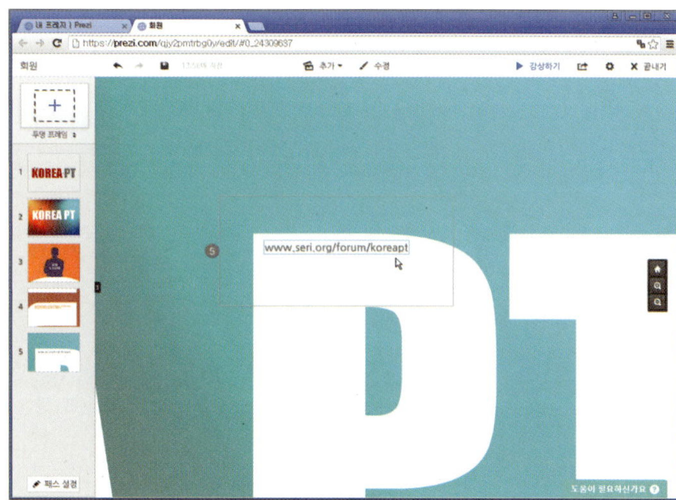

II 로고 이미지 불러오기

01 미리보기 창에서 1번 섬네일을 클릭하여 'KOREA PT' 텍스트 쪽으로 이동합니다.

02 [이미지 추가] 창에서 〈파일 선택〉 버튼을 클릭하여 [열기] 대화상자가 나타나면 벡터 이미지로 작성된 '034_한국프레젠터협회.swf' 파일을 불러옵니다.

03 로고 이미지에 맞춰 투명 프레임을 배치하고 여백을 고려하면서 크기를 조절합니다.

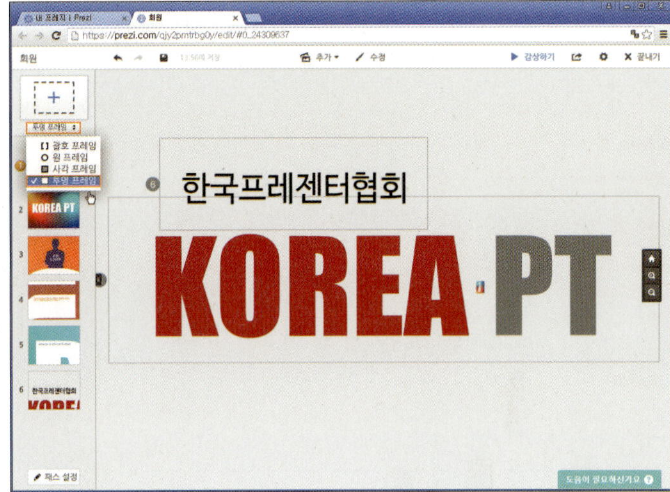

I2 로고 프레임 회전 및 배치하기

01 'R'에 맞춰 로고 프레임을 시계 방향으로 90° 회전합니다.

02 미리보기 창에서 6번 섬네일을 클릭하여 화면을 회전합니다.

03 'R' 문자 여백에 맞춰 텍스트 프레임을 조절하고 안쪽 텍스트를 적절하게 배치합니다.

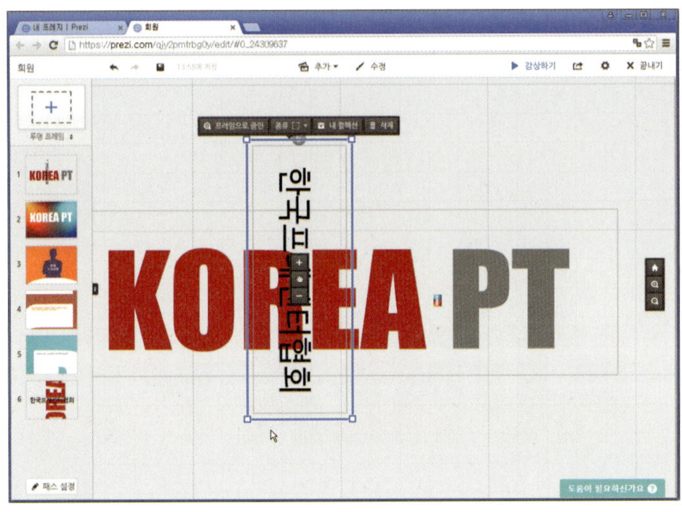

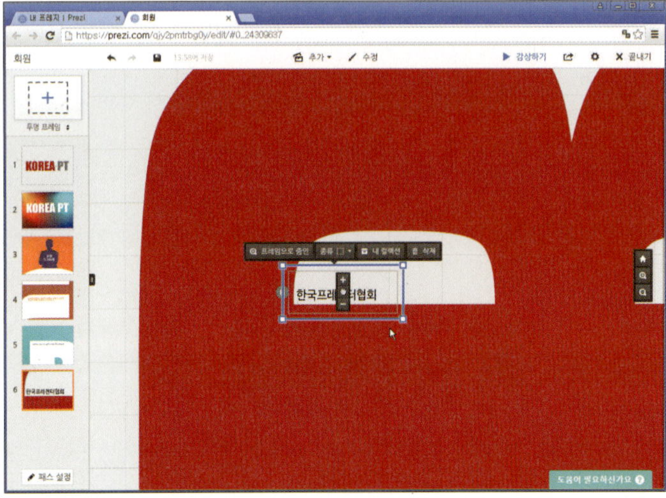

I3 처음으로 돌아오는 패스 지정하기

01 미리보기 창 아래의 〈패스 설정〉 버튼을 클릭합니다.

02 번호와 라인을 통해 패스 경로를 한눈에 확인할 수 있습니다. 패스① 투명 프레임 테두리를 클릭하면 패스⑦이 생성됩니다. 〈패스 설정〉 버튼을 클릭한 상태에서 해당 프레임을 클릭하면 패스가 지정됩니다.

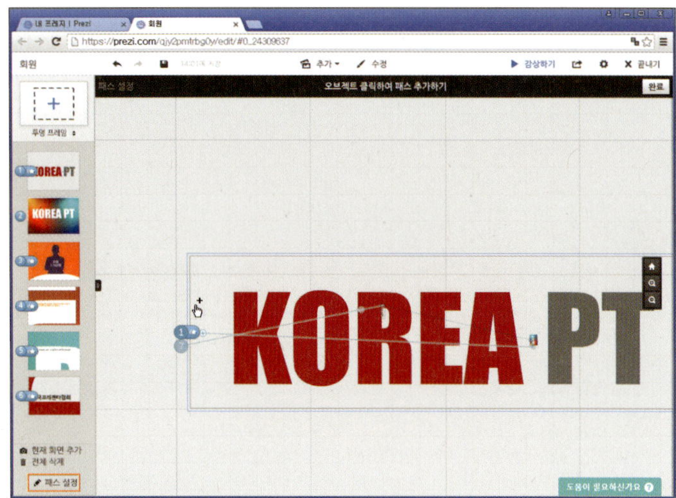
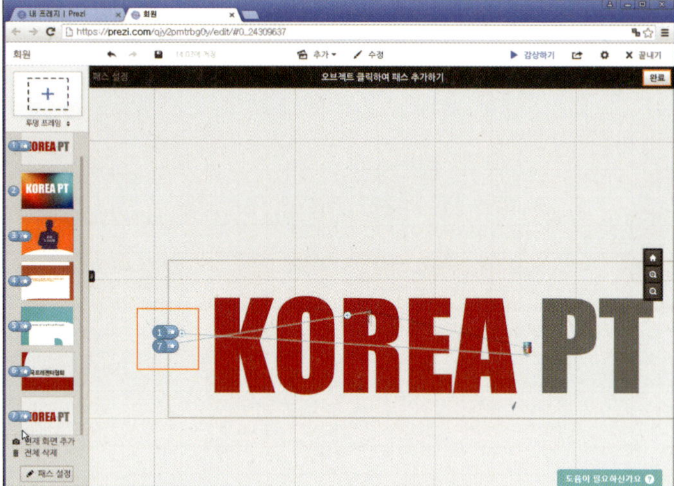

TIP • 프레지에서 패스 기능은 매우 중요합니다. 패스 순서로 프레젠테이션하여 패스 순서를 정할 때는 신중해야 합니다. 파워포인트처럼 중간중간 건너뛸 수 있는 기능이 없습니다.

I4 감상하기

01 메뉴 오른쪽의 〈감상하기〉 버튼을 클릭하여 지금까지 작업한 내용을 애니메이션(프레지 쇼)으로 실행합니다.

02 스토리에 맞게 패스가 제대로 지정되었는지, 배경과 개체(텍스트)의 짜임새는 적절한지 점검합니다.

03 오른쪽 아래의 '자동재생' 아이콘을 클릭하고 자동재생 시간을 설정하여 전체적인 애니메이션 흐름을 점검합니다.

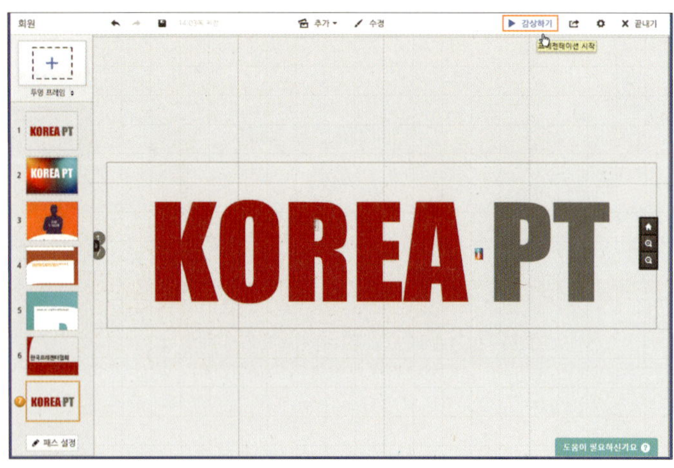

15 저장하기

01 메뉴 오른쪽의 〈끝내기〉 버튼을 클릭하면 최종 작업 내용이 자동으로 저장되면서 종료됩니다.

02 왼쪽 아래의 'Untitled Prezi' 텍스트에서 파일 이름을 작성합니다.

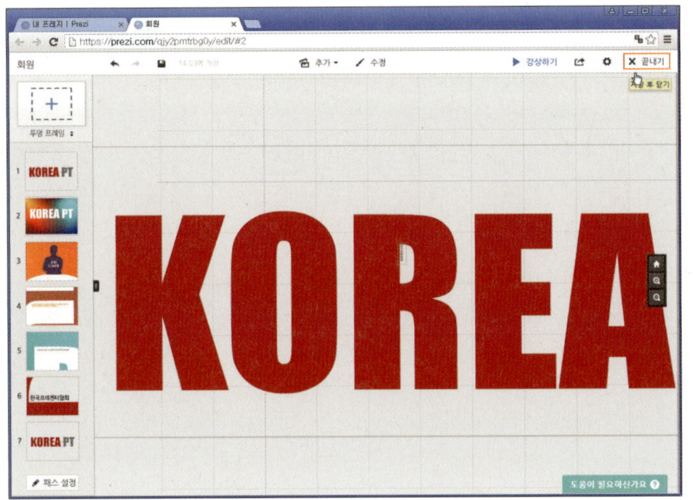

16 휴대용 프레지 다운로드하기

01 메뉴 오른쪽 〈감상하기〉 버튼 옆 곡선 모양의 '공유' 아이콘을 클릭하고 풀다운 메뉴에서 [휴대용 프레지 다운로드]를 선택합니다.

02 압축 파일(*.zip)로 다운로드됩니다. 다운로드 시간은 40초 정도 소요됩니다.

03 압축을 해제하고 프레지 실행 파일(Prezi.exe)을 더블클릭하면 인터넷 없이도 프레젠테이션할 수 있습니다.

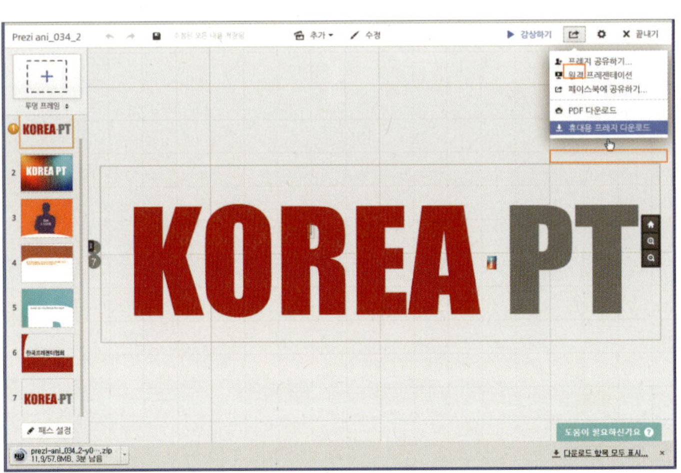

TIP • 프레지 관련 가장 많은 질문은 '공짜로 쓸 수 있는가?'와 '인터넷 없이도 프레젠테이션이 가능한가?'입니다. 대답은 '예'입니다.

035 사진 활용 애니메이션

프레지는 사진 몇 장만으로도 풍부하게 애니메이션을 연출할 수 있습니다. 파워포인트로는 표현하기 힘든 줌 인, 줌 아웃, 회전 기능이 탁월하기 때문입니다. 사진을 중심으로 애니메이션을 제작할 때 가장 중요한 것은 사진의 퀄리티가 균일해야 한다는 것입니다. 또한 사진 특징에 맞춰 그래픽 요소와 텍스트를 선별하고 조합하는 역량에 따라 품질이 달라질 수 있습니다.

|난이도| ★★★★ |디자인 소스 파일| Prezi ani_035\035_3D배경.jpg, 가을연못.png, 가을의 노래 타이틀.png, 시인이름.png, 가을단풍.
png, 가을호수.png, 갈대.png, prezi 035_문안.txt, 가을덩쿨.jpg
|동영상 파일| Prezi ani_035\prezi ani_035.avi |인터넷으로 보기| http://cafe.naver.com/artcomptacademy/685

애니메이션 작업 포인트

이번 예제의 중요 테크닉은 몇 장의 사진을 활용한 프레지 애니메이션입니다. 텍스트 속에 사진을
배치하거나 사진 속에 사진을 배치하여 재미 요소와 함께 더욱 역동적인 느낌으로 애니메이션을
연출하였습니다. 큰 사진에서는 과도하게 회전 효과를 적용하면 렉(버벅거림) 현상이 발생할 수 있
으므로 주의해야 합니다.

01 테마 설정하기

01 내 프레지에서 '새로운 프레지'를 클릭하고 템플릿 지정 화면에서 〈빈 프레지 시작〉 버튼을 클릭하여 캔버스를 엽니다.

02 폰트, 배경색 등을 설정하기 위해 [수정]을 선택하고 [수정] 창에서 〈테마 설정〉 버튼을 클릭합니다.

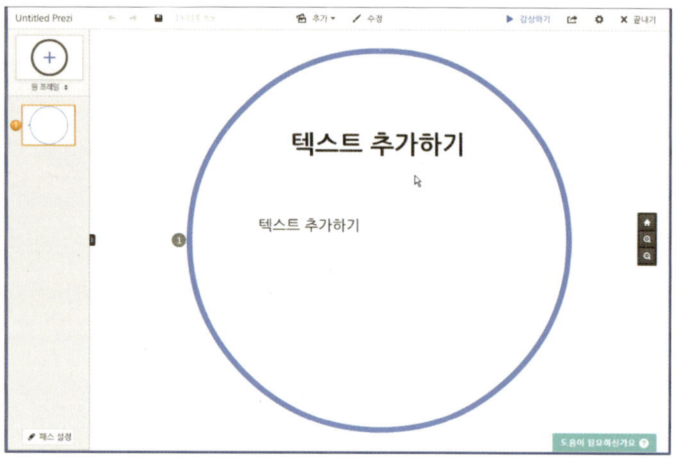
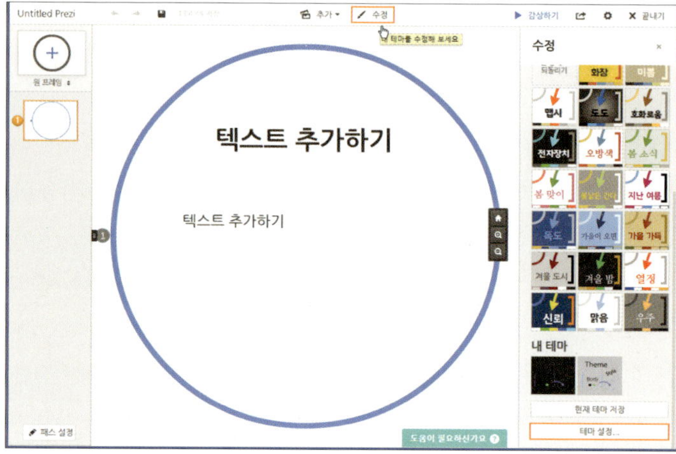

02 배경색 및 폰트 설정하기

01 [Theme Wizard] 대화상자의 [Advanced] 탭을 선택하고 배경색을 '흰색'으로 설정합니다.
- Background Color : R255, G255, B255

02 'Use the Prezi CSS Editor'를 선택하여 폰트를 설정합니다.

03 [Edit CSS] 창에서 제목, 부제목, 본문 폰트를 설정하고 〈Apply〉 버튼을 클릭합니다.
- 본문(body) : NanumGothic–P.keg • 제목(head) : SangSangTitleOTFM–P.keg
- 부제목(strong) : NanumGothicBold–P.keg

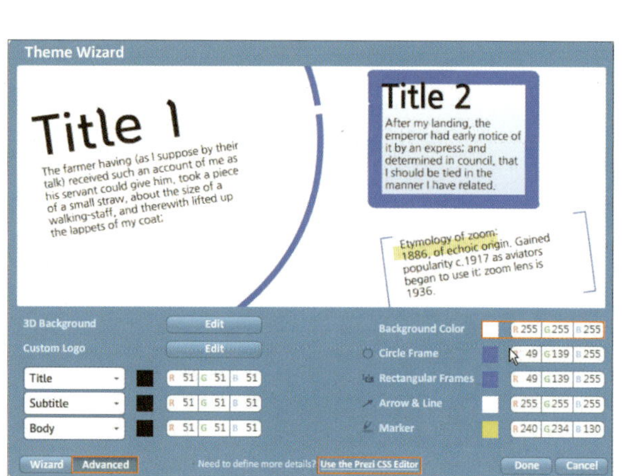
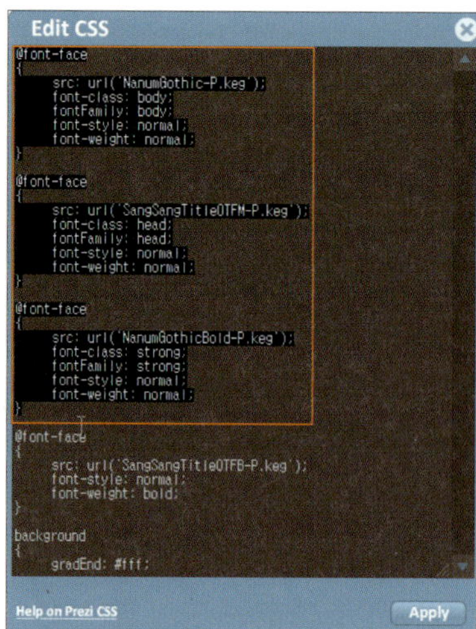

TIP • 본격적으로 프레지 작업을 시작하기 전에 테마(배경색, 3D 배경 이미지, 폰트 등)를 설정합니다.

O3 3D 배경 이미지 설정하기

01 다시 [수정] 창의 〈테마 설정〉 버튼을 클릭하여 나타나는 [Theme Wizard] 대화상자에서 3D Background 항목의 〈Edit〉 버튼을 클릭합니다.

02 3D 배경 이미지를 불러오기 위해 [Upload]를 클릭합니다.

03 [열기] 대화상자에서 배경 이미지인 '035_3D배경.jpg' 파일을 불러옵니다.

04 작업 창에 불러들인 배경 이미지가 나타나면 원 프레임을 제거합니다.

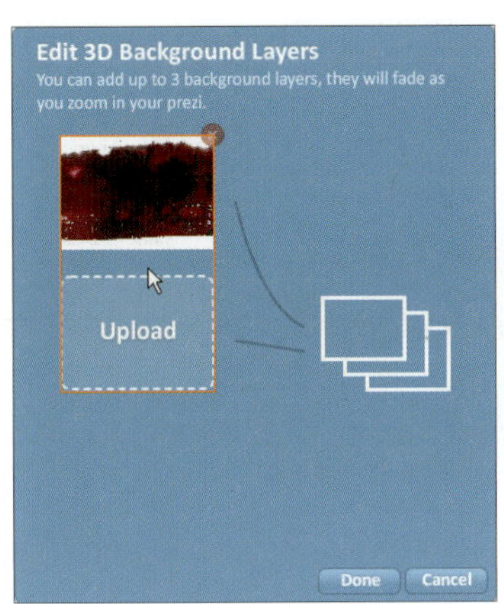
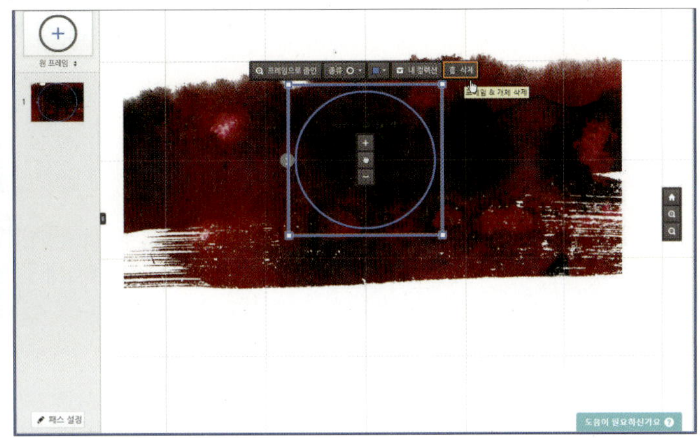

O4 텍스트 입력하기

01 3D 배경 이미지가 작아질 때까지 마우스 휠을 이용하여 화면을 줌 아웃합니다.

02 작아진 3D 배경 이미지 위에 텍스트를 입력합니다.
- 텍스트 형식 : 제목　　　• 색상 : 어두운 회색

03 3D 배경 이미지가 가을의 'ㅇ' 안에 들어가도록 텍스트를 키웁니다.

04 미리보기 창에서 [원 프레임]–[투명 프레임]을 선택합니다. 텍스트에 투명 프레임을 적용하고 프레임 크기를 조절합니다.

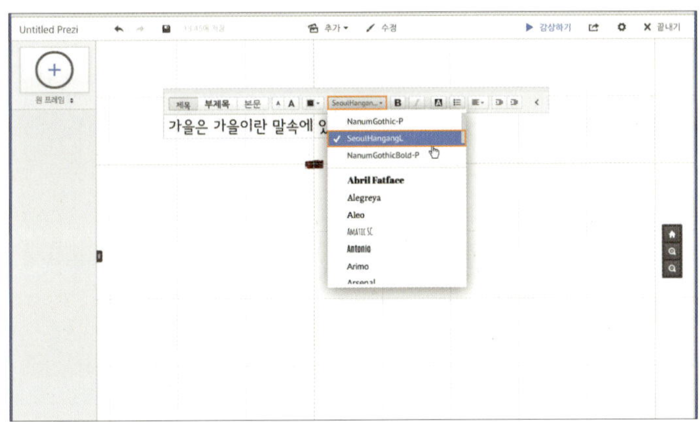

TIP • 　이 작업 과정은 프레지의 강점을 제대로 학습할 수 있는 부분입니다. 큰 3D 배경 이미지를 텍스트 일부에 배치하는 방법을 숙지하면 향후 다양하게 응용할 부분이 많습니다.

O5 이미지 삽입하기

01 3D 배경 이미지에서 'o'에 맞춰 마우스 휠을 이용하여 화면을 줌 인합니다.

02 메뉴에서 [추가]-[이미지]를 실행합니다. [이미지 추가] 창에서 〈파일 선택〉 버튼을 클릭하고 [열기] 대화상자가 나타나면 '가을연못.png' 파일을 불러옵니다.

03 3D 배경 이미지 왼쪽에 배치하고 크기를 알맞게 조절합니다.

04 투명 프레임을 적용하고 상하 여백을 적절히 주면서 와이드 형태로 프레임 크기를 조절합니다.

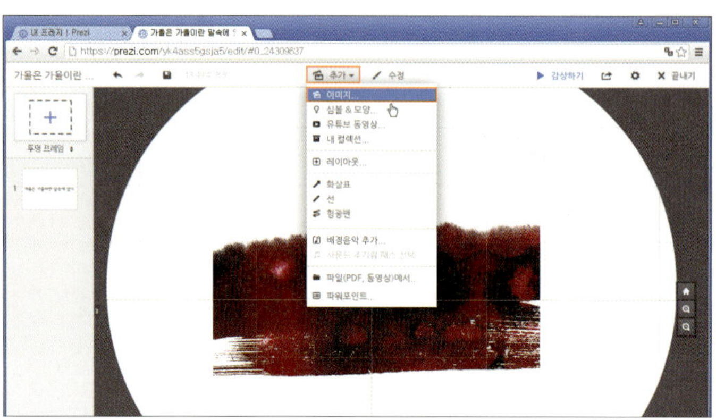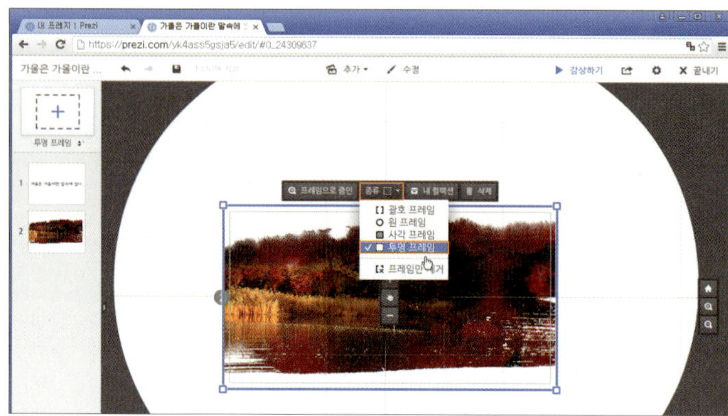

TIP • 프레지에서는 다양하게 사진 이미지를 편집할 수 없기 때문에 파워포인트나 포토샵에서 사진을 편집하여 PNG 파일로 저장하고 불러들이는 것이 좋습니다. '가을단풍', '가을호수'와 같은 느낌의 사진 편집은 파워포인트에서 '부드러운 가장자리 효과'를 적용하면 쉽게 표현할 수 있습니다.

O6 타이틀 삽입하기

01 미리보기 창에서 2번 섬네일을 클릭하면 O5번 과정에서 작성한 프레임이 클로즈업됩니다.

02 [이미지 추가] 창에서 〈파일 선택〉 버튼을 클릭하고 [열기] 대화상자가 나타나면 '가을의 노래 타이틀.png' 파일을 불러옵니다.

03 같은 방법으로 '시인이름.png' 파일을 불러와 타이틀 아래에 크기를 조절하여 배치합니다.

TIP • 한글이나 한문 타이틀의 경우 프레지에서 직접 입력하면 디자인 미감을 살리기 어렵습니다. 이 경우 파워포인트나 포토샵에서 작성하고 PNG 파일로 저장한 다음 불러들이는 것이 효과적입니다.

07 타이틀에 프레임 적용하고 회전하기

01 미리보기 창에서 [프레임]–[투명 프레임]을 선택합니다. 투명 프레임의 ⊞를 클릭하거나 캔버스로
드래그할 수도 있습니다.

02 2개의 텍스트 이미지에 하나의 투명 프레임을 적용하고 크기를 조절합니다.

03 투명 프레임을 작게 줄이고 시계 방향으로 90° 회전합니다.

TIP • 　투명 프레임 크기를 줄이거나 키울 때 안쪽 개체나 텍스트들이 함께 줄어들거나 키워져야 정상입니다. 만약 프레임 안쪽 개체가 프레임과 같이
움직이지 않으면 프레임을 선택한 다음 마우스 오른쪽 버튼을 클릭하고 **맨 앞으로 가져오기**를 선택합니다.

08 가을 단풍 이미지 삽입하고 패스 설정하기

01 [이미지 추가] 창에서 〈파일 선택〉 버튼을 클릭하고 [열기] 대화상자가 나타나면 '가을단풍.png' 파
일을 불러옵니다.

02 이미지 크기를 작게 줄입니다.

03 미리보기 창 아래의 〈패스 설정〉 버튼을 클릭하고 '가을단풍' 이미지를 클릭하여 패스④를 추가합니다.

04 다시 〈패스 설정〉 버튼을 클릭하거나 오른쪽 위의 〈완료〉 버튼을 클릭하여 편집 화면으로 돌아갑니다.

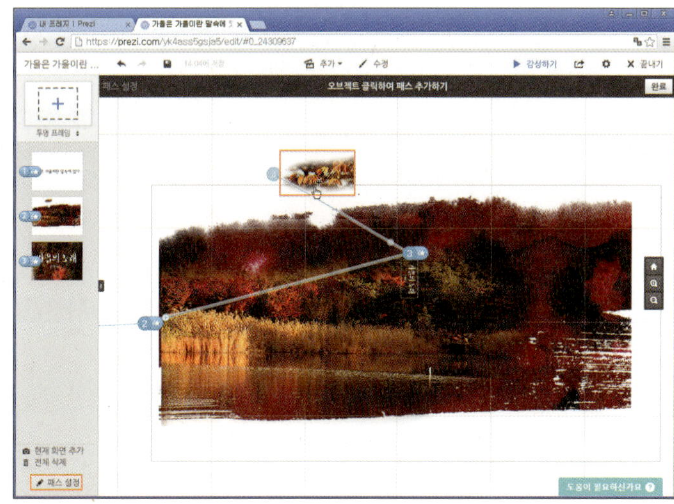

09 첫 번째 텍스트 입력하기

01 '가을단풍' 이미지를 매우 작게 줄이고 왼쪽 갈대숲 위에 배치합니다. 숨은 그림을 찾듯이 눈에 잘 띄지 않도록 줄이고 비슷한 색상 부분에 배치합니다.

02 미리보기 창에서 4번 섬네일을 클릭하여 '가을단풍' 이미지를 꽉 차게 클로즈업합니다.

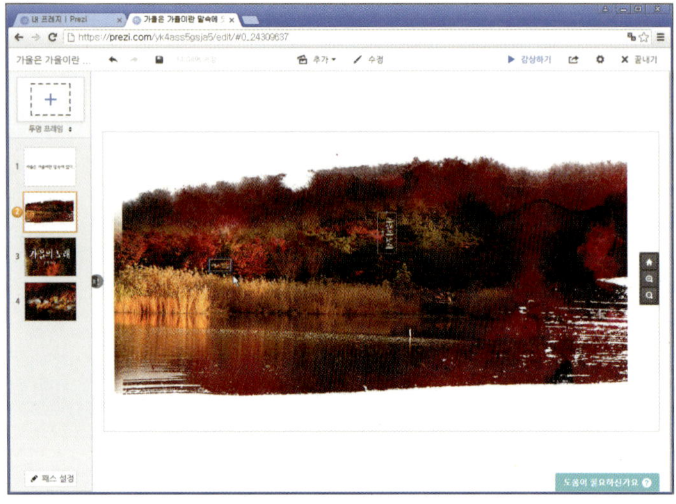

TIP • 텍스트를 입력하고 배치할 때 폰트의 종류, 색상, 크기 등이 매우 중요합니다. 이미지 색상에 맞춰 '흰색'이나 '밝은 노란색' 정도가 적합합니다.

10 첫 번째 텍스트 배치하기

01 '가을단풍' 이미지 왼쪽 상단 여백을 클릭하고 텍스트를 입력합니다.
   • 텍스트 형식 : 제목   • 색상 : 노란색

02 텍스트 크기를 적절하게 조절하여 짜임새 있게 배치합니다.

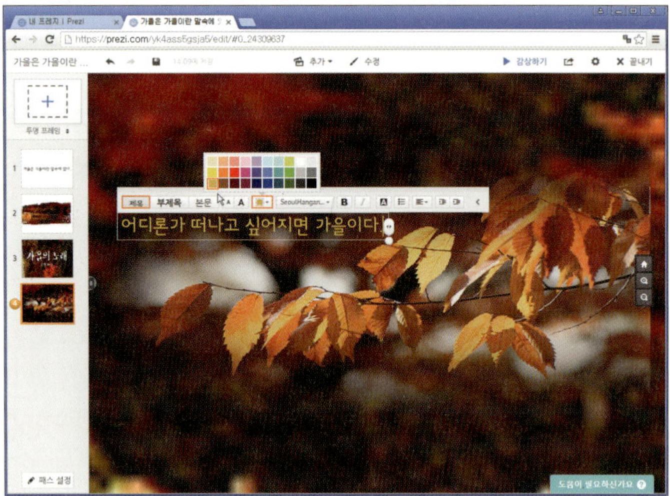

II 가을 호수 이미지 삽입하고 패스 설정하기

01 [이미지 추가] 창에서 〈파일 선택〉 버튼을 클릭하고 [열기] 대화상자가 나타나면 '가을호수.png' 파일을 불러옵니다.

02 이미지 크기를 작게 줄입니다.

03 미리보기 창 아래의 〈패스 설정〉 버튼을 클릭하고 '가을호수' 이미지를 클릭하여 패스⑤를 생성합니다.

04 다시 〈패스 설정〉 버튼을 클릭하거나 오른쪽 위의 〈완료〉 버튼을 클릭하여 편집 화면으로 돌아갑니다.

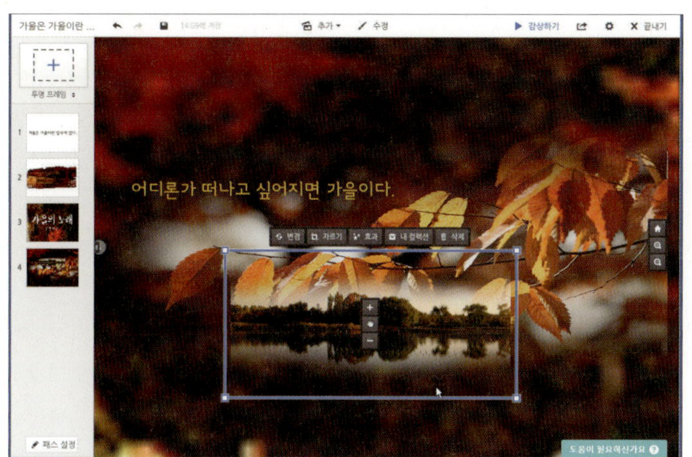

I2 두 번째 텍스트 입력하고 배치하기

01 '가을호수' 이미지를 시계 방향으로 30° 회전한 다음 매우 작게 줄여 '가을단풍' 아래에 배치합니다. 숨은 그림을 찾듯이 눈에 잘 띄지 않게 줄이고 비슷한 색상 부분에 배치합니다.

02 미리보기 창 아래에서 5번 섬네일을 클릭하여 '가을호수' 이미지를 꽉 차게 클로즈업합니다.

03 '가을호수' 이미지 하단 여백을 클릭하여 두 번째 텍스트를 입력합니다.
  • **텍스트 형식** : 제목　　• **색상** : 밝은 노란색

04 텍스트 크기를 적절하게 조절하여 짜임새 있게 배치합니다.

13 갈대 이미지 추가하고 패스 설정하기

01 [이미지 추가] 창에서 〈파일 선택〉 버튼을 클릭하고 [열기] 대화상자가 나타나면 '갈대.png' 파일을
불러옵니다.

02 미리보기 창 아래의 〈패스 설정〉 버튼을 클릭하고 '갈대' 이미지를 클릭하여 패스⑥을 생성합니다.

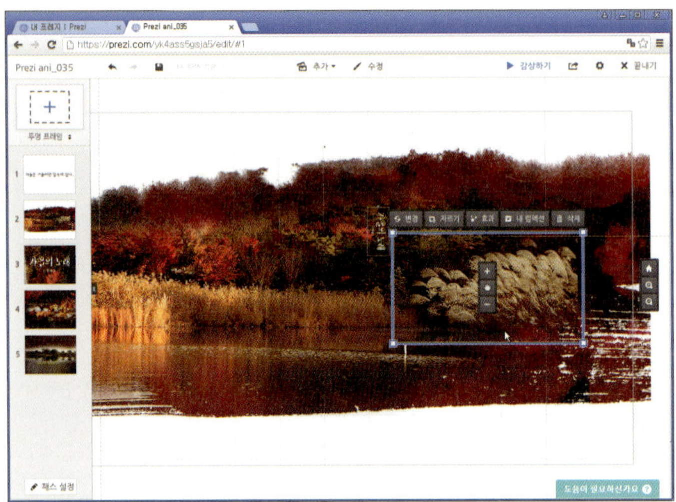

14 이미지 크기 조정하기

이미지 크기를 작게 줄입니다.

15 패스⑦ 지정하고 감상하기

01 패스①의 투명 프레임 테두리를 클릭하여 마지막 패스⑦을 생성합니다.

02 메뉴 오른쪽의 〈감상하기〉 버튼을 클릭하여 지금까지 작업한 내용을 애니메이션(프레지 쇼)으로 실행합니다.

03 패스가 제대로 지정되었는지, 배경과 개체(텍스트)의 짜임새는 적절한지를 점검합니다.

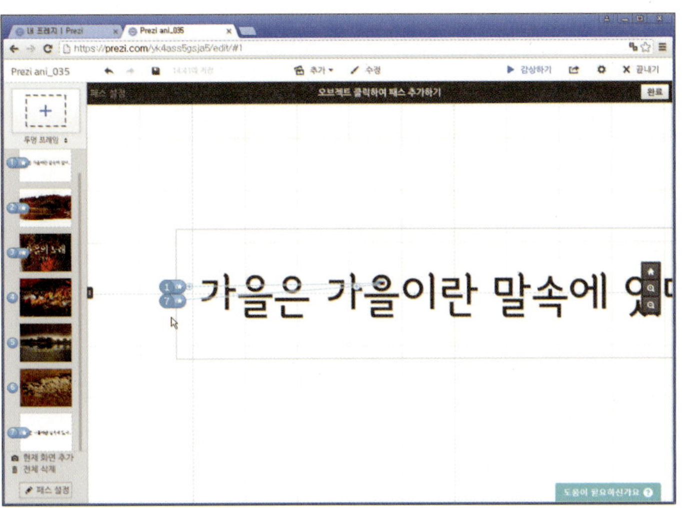
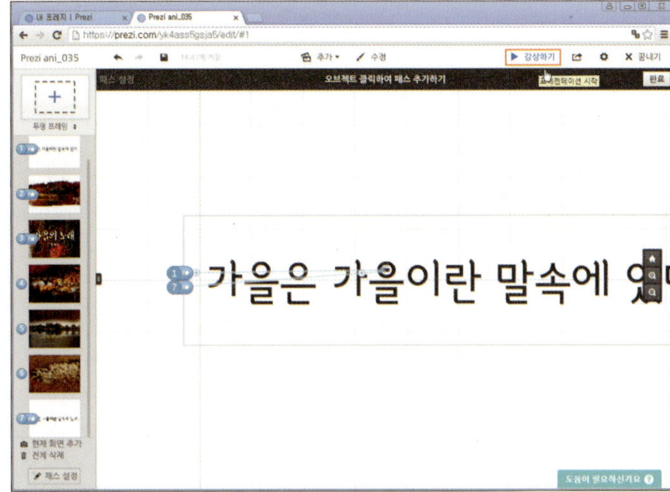

TIP • 프레지에서 애니메이션의 마지막은 처음 패스로 돌아와 마무리하는 것이 좋습니다. 애니메이션을 종료하려면 마우스 오른쪽 버튼을 클릭하고 **감상하기 마침**을 선택합니다. 프레지에서 패스 기능은 매우 중요합니다. 프레지쇼 마지막은 처음 패스로 돌아와 마무리하는 것이 좋습니다.

16 저장하기

01 메뉴 오른쪽의 〈끝내기〉 버튼을 클릭하면 최종 작업 내용이 자동으로 저장되면서 종료됩니다.

02 왼쪽 아래의 'Untitled Prezi' 텍스트에서 파일 이름을 작성합니다.

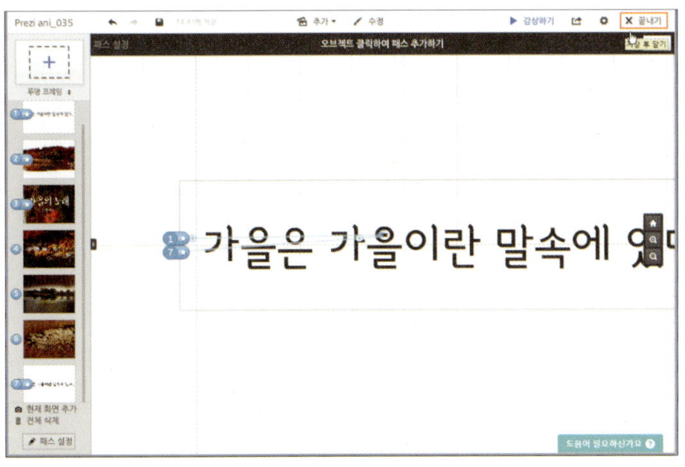
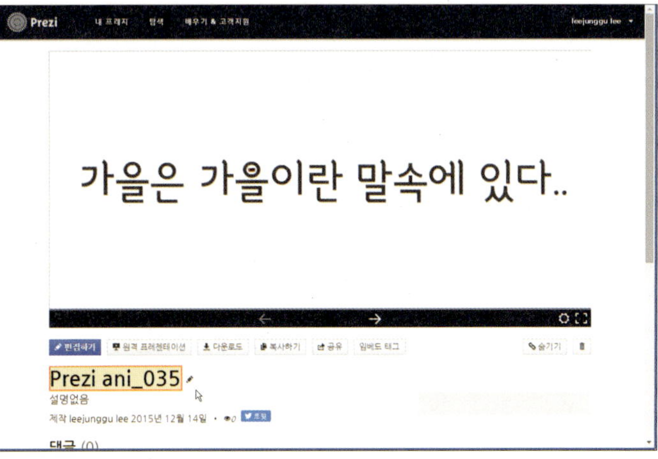

TIP • 프레지 작업이 끝나면 파일 이름을 입력하는 것이 좋습니다. 'Untitled Prezi' 위에 커서를 가져가면 연필 모양의 아이콘이 나타납니다. 아이콘을 클릭한 다음 파일 이름을 입력합니다. 파일 이름 바로 아래의 '설명없음'도 같은 방법으로 연필 아이콘을 클릭한 다음 파일 관련 설명을 입력할 수 있습니다.

036 페이드인 효과 애니메이션

프레지는 파워포인트만큼 애니메이션 기능이 다양하지 않습니다. 프레지 애니메이션은 줌 인, 줌 아웃, 회전 기능이 핵심이며 여기에 페이드인(나타내기) 효과가 추가됩니다. 페이드인 효과는 텍스트나 이미지를 순차적으로 보여주며 스토리텔링(프레젠테이션)할 때 매우 유용하게 활용할 수 있습니다. 페이드인 효과를 응용하면 페이드아웃 효과도 어렵지 않게 표현할 수 있습니다.

|난이도| ★ ★ ★ ★ |디자인 소스 파일| Prezi ani_036\ARTCOMPT로고.swf, 구름2.png, prezi 036_문안.txt, 036_3D배경.png, 구름1.png
|동영상 파일| Prezi ani_036\prezi ani_036.avi |인터넷으로 보기| http://cafe.naver.com/artcomptacademy/1883

애니메이션 작업 포인트

이번 예제의 중요 테크닉은 페이드인 효과를 활용한 애니메이션입니다. 설명문안과 핵심 키워드 4개를 순차적으로 보여주며 설명할 수 있도록 페이드인(나타내기) 효과를 적용하였습니다. 페이드인 효과를 남발하면 오히려 식상할 수 있으므로 꼭 필요한 경우에만 적용하는 것이 좋으며 주변의 디자인 요소(배경, 이미지, 텍스트) 또한 고려해야 합니다.

OI 테마 설정하기

01 내 프레지에서 '새로운 프레지'를 클릭하고 〈빈 프레지 시작〉 버튼을 클릭하여 캔버스를 엽니다.

02 폰트 및 배경색 등을 설정하기 위해 [수정] 창에서 〈테마 설정〉 버튼을 클릭합니다.

03 [Theme Wizard] 대화상자 왼쪽 아래의 [Advanced] 탭을 선택하여 [Edit CSS] 창이 나타나면 배경 색을 '흰색'으로 설정합니다.

- Background Color : R255, G255, B255

04 'Use the Prezi CSS Editor'를 선택하여 폰트를 설정합니다.

05 제목, 부제목, 본문 폰트를 src: url 부분에 설정하고 〈Apply〉 버튼을 클릭합니다.

- **본문(body)** : NanumGothic–P.keg
- **제목(head)** : SangSangTitleOTFM–P.keg
- **부제목(strong)** : NanumGothicBold–P.keg

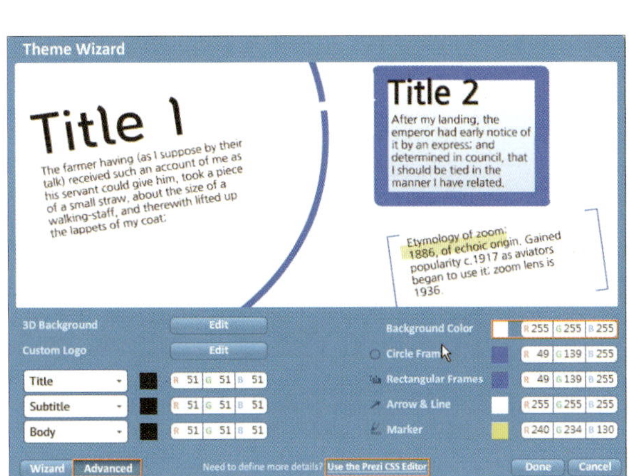

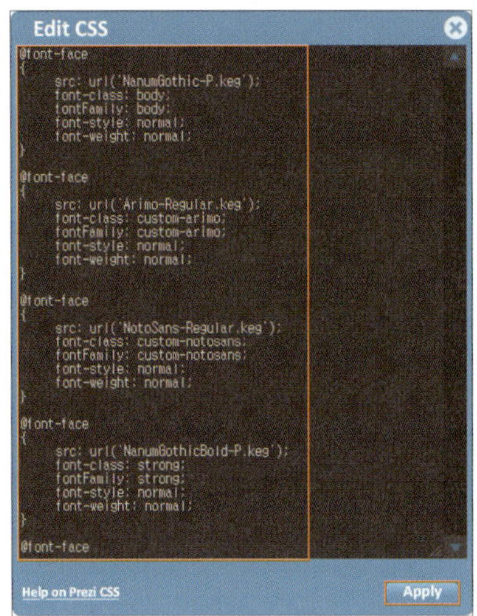

TIP • 본격적으로 프레지 작업을 하기 전에 테마 설정(배경색, 3D 배경 이미지, 폰트 정의 등)부터 시작합니다.

O2 3D 배경 이미지 설정하기

01 OI번 과정의 [Theme Wizard] 대화상자에서 3D Background 항목의 〈Edit〉 버튼을 클릭합니다.

02 3D 배경 이미지를 불러오기 위해 [Upload]를 클릭합니다.

03 [열기] 대화상자에서 배경 이미지인 '036_3D 배경.png' 파일을 선택합니다.

04 [Edit 3D Background Layers] 대화상자에서 배경 이미지를 확인하고 원 프레임을 삭제합니다.

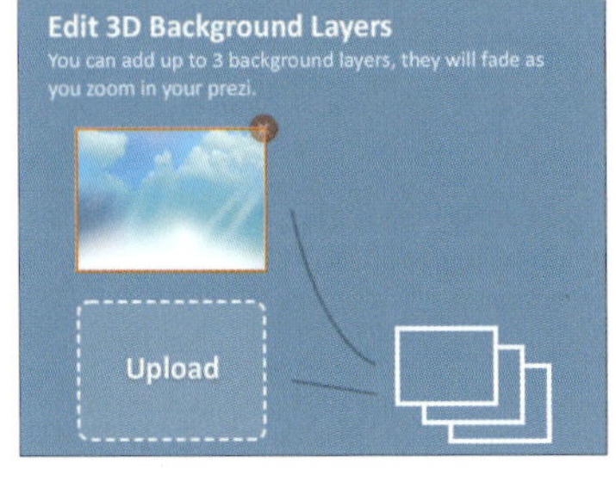

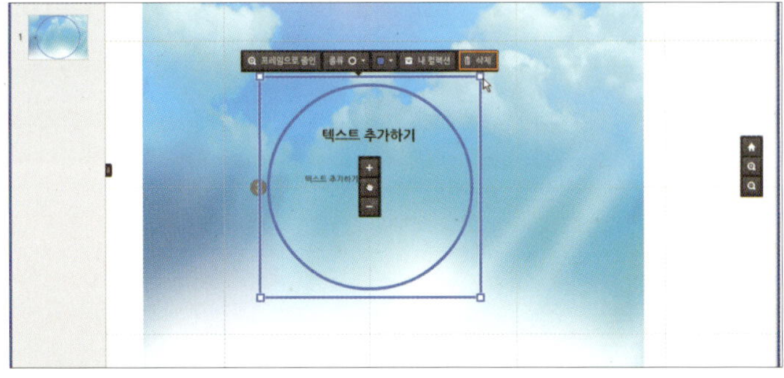

03 첫 번째 구름 이미지 삽입하기

01 3D 배경 이미지 아래로 마우스 휠을 이용하여 화면을 줌 인합니다.

02 [이미지 추가] 창에서 〈파일 선택〉 버튼을 클릭하고 [열기] 대화상자가 나타나면 '구름1.png' 이미지를 불러옵니다.

03 3D 배경 이미지 아래에 배열하고 알맞게 크기를 조절합니다.

04 '구름1' 이미지 아래 여백을 클릭하고 ARTCOM Presentation center 텍스트를 입력합니다.
  • **색상** : 주황색   • **폰트** : Noto Sans   • **스타일** : 굵게, 기울임 꼴

05 텍스트 크기를 적절하게 조절하여 짜임새 있게 배치합니다.

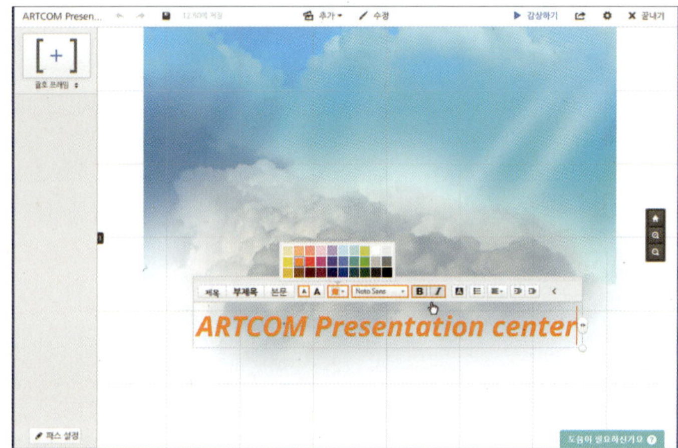

04 프레임 회전하기

01 미리보기 창에서 [프레임]-[투명 프레임]을 선택합니다.

02 텍스트와 구름 이미지를 감싸듯이 투명 프레임을 넓힙니다.

03 투명 프레임을 줄이고 시계 방향으로 90° 회전합니다.

TIP • 미리보기 창에서 섬네일을 클릭하면 프레임에 설정했던 회전 각도와 크기에 맞춰 화면이 회전하면서 클로즈업되어 작업할 때 편리합니다.

05 프레임 조정하기

미리보기 창에서 1번 섬네일을 클릭하여 화면을 회전하고 텍스트 위치와 크기를 재조정합니다.

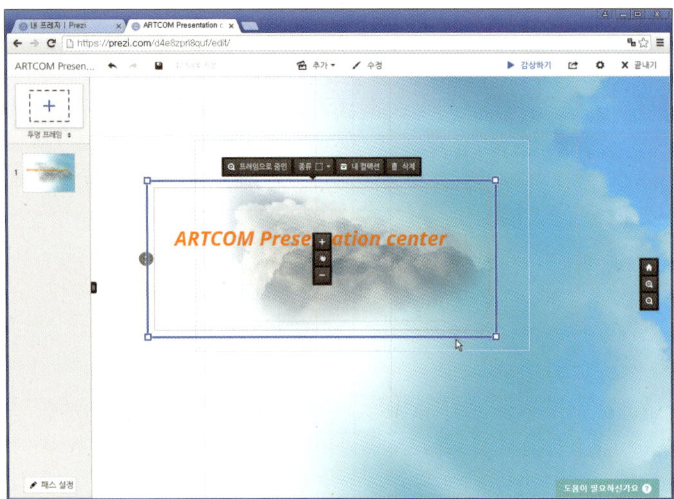

06 텍스트 이미지 불러오기

<u>01</u> [이미지 추가] 창에서 〈파일 선택〉 버튼을 클릭하고 [열기] 대화상자가 나타나면 'ARTCOM PT' 텍
스트 이미지인 'ARTCOMPT로고.swf' 파일을 불러옵니다.

<u>02</u> 텍스트 이미지에 맞춰 투명 프레임을 배치하고 좌우 여백을 고려하면서 크기를 조절합니다.

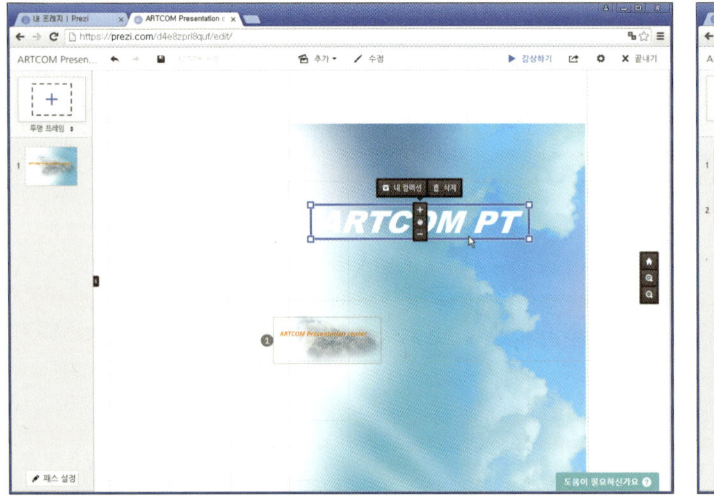
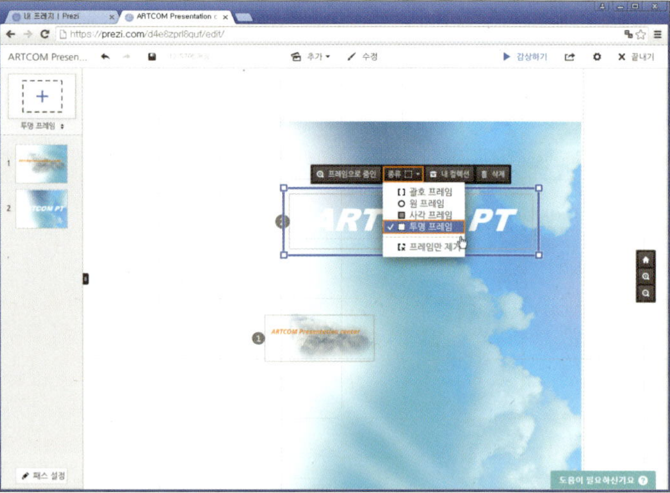

TIP •   'ARTCOM PT' 텍스트 이미지는 실습을 위한 예제로 원하는 키워드를 PNG 파일로 만들어 불러오거나 프레지에서 직접 입력해도 좋습니다.

07 투명 프레임 회전하고 크기 재조정하기

__01__ 투명 프레임을 시계 방향으로 90° 회전합니다.

__02__ 미리보기 창에서 2번 섬네일을 클릭하여 화면을 회전하고 프레임 위치와 크기를 재조정합니다.

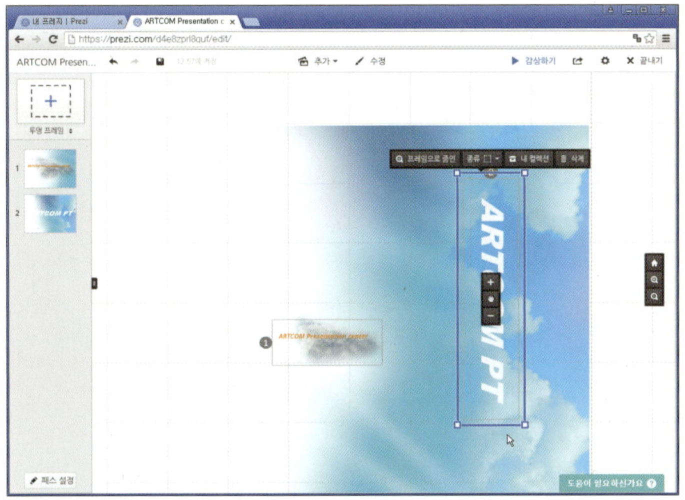 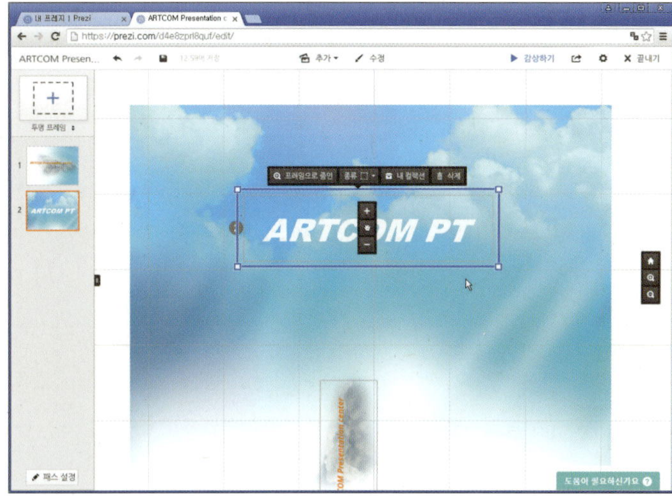

TIP • 　프레임을 회전하거나 크기를 조절할 때 프레임 안쪽의 텍스트 이미지도 함께 조정되어야 합니다. 만약 안쪽 텍스트 이미지가 함께 움직이지 않으면 텍스트 이미지보다 프레임 크기를 늘려야 합니다.

08 두 번째 구름 이미지 삽입하고 텍스트 작성하기

__01__ 마우스 휠을 이용하여 텍스트 이미지 아래쪽으로 화면을 줌 인합니다.

__02__ [이미지 추가] 창에서 〈파일 선택〉 버튼을 클릭하고 [열기] 대화상자가 나타나면 '구름2.png' 파일을 불러옵니다.

__03__ 이미지 크기를 적절하게 조정합니다.

__04__ '구름2' 이미지쪽 여백을 클릭하고 'prezi 036_문안.txt' 파일의 설명문안을 복사하여 붙여 넣습니다.

__05__ 가독성을 고려하여 폰트와 색상을 설정합니다.

　　• __텍스트 형식__ : 본문　　　• __색상__ : 군청색　　　• __폰트__ : nanumGothc–P

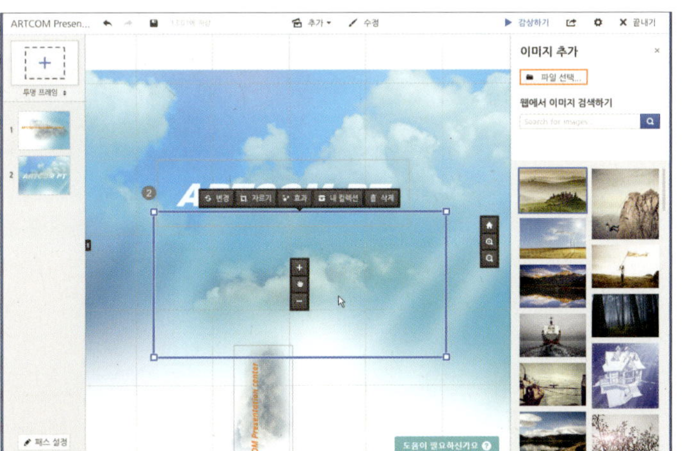 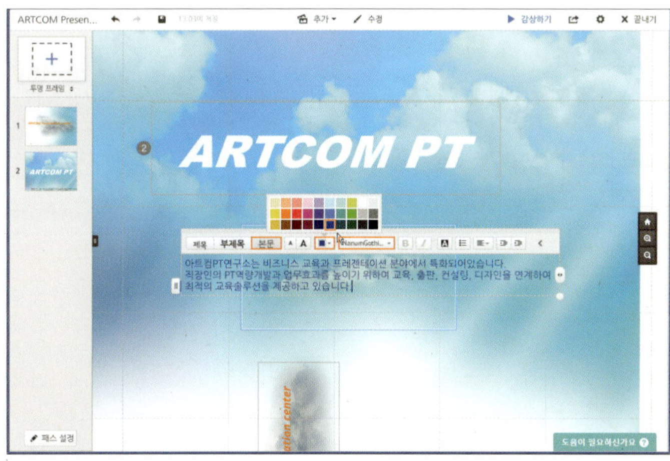

09 투명 프레임 회전하고 크기 조정하기

01 투명 프레임을 'o' 쪽으로 이동한 다음 시계 방향으로 90° 회전합니다.

02 미리보기 창에서 3번 섬네일을 클릭하여 화면을 회전하고 프레임 위치와 크기를 재조정합니다.

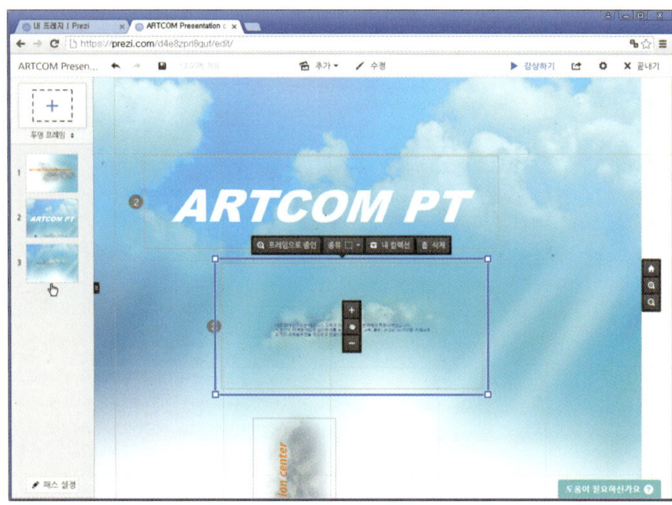
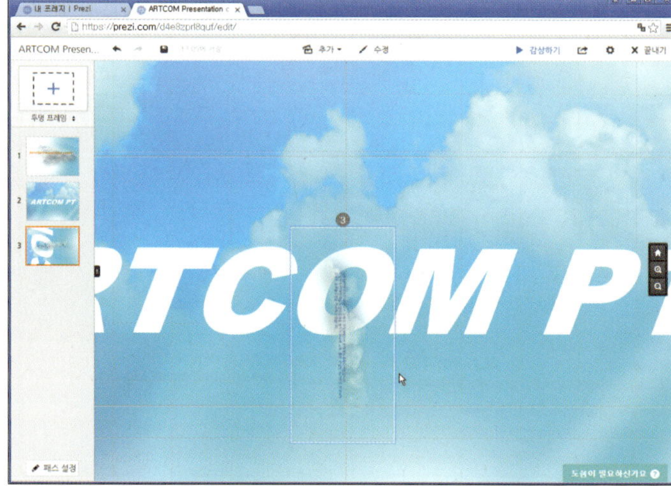

TIP • 　프레임 안의 이미지가 선택되지 않는 것은 프레임 때문입니다. 프레임만 선택하여 약간 이동하거나 크기를 조정하면 안쪽 이미지를 선택할 수 있습니다.

10 회전하고 크기 조정하기

구름2 이미지를 선택한 다음 시계 방향으로 30° 정도 회전합니다.

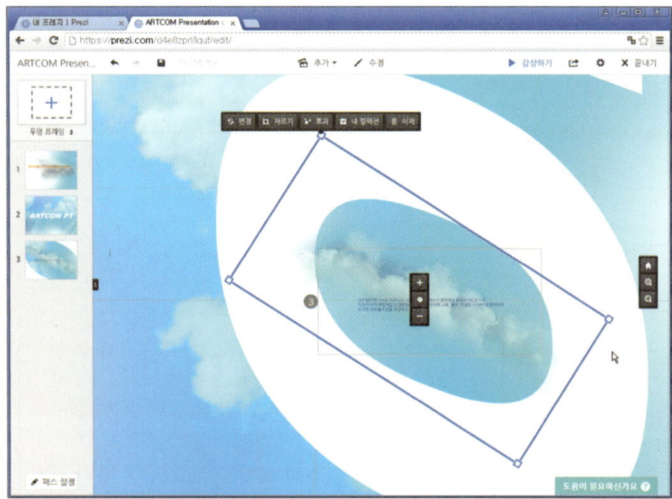

TIP • 　같은 형식의 텍스트를 여러 개 작성하여 나열할 때 텍스트 하나만 정확하게 설정한 다음 복제하여 텍스트만 재작성하는 방식은 작업 시간을 크게 단축시킵니다.

11 페이드인 효과 적용하기

01 미리보기 창 아래의 〈패스 설정〉 버튼을 클릭합니다.

02 3번 섬네일에서 황갈색 '★' 아이콘을 클릭합니다.

03 [페이드인 효과] 대화상자에서 설명문안 텍스트 박스를 클릭하여 페이드인(나타내기) 효과를 적용한 다음 오른쪽 상단 〈Done〉 버튼을 클릭합니다.

04 미리보기 창 아래의 〈패스 설정〉 버튼을 클릭하거나 오른쪽 위의 〈완료〉 버튼을 클릭하여 편집 모드로 돌아갑니다.

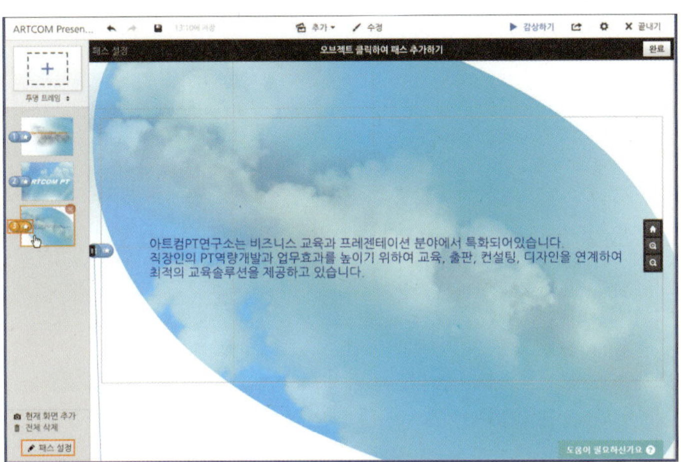
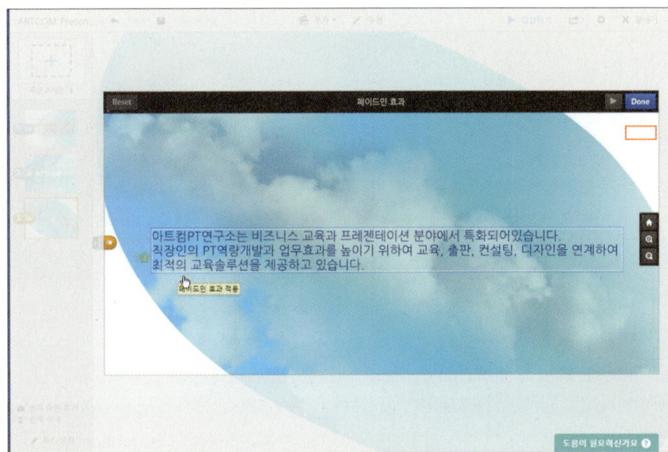

TIP • 텍스트 박스에 페이드인 효과를 적용하면 녹색 '★' 아이콘에 번호가 추가됩니다. 만약 프레임 안에 있는 여러 개의 개체나 텍스트에 페이드인 효과를 적용하면 순서대로 번호가 붙습니다.

12 텍스트 입력하고 복제하기

01 텍스트 이미지 상단 여백을 클릭하고 'Multi Presentation' 텍스트를 입력합니다.
- **색상** : 흰색　　**폰트** : Arimo　　**스타일** : 굵게, 기울임 끌

02 텍스트 크기를 조절하여 짜임새 있게 배치합니다.

03 텍스트를 선택한 다음 Ctrl + D 키를 눌러 복제합니다.

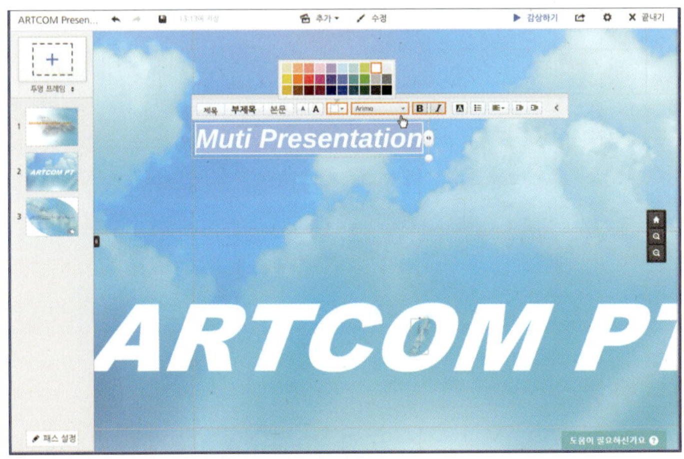

I3 4개의 텍스트 편집하기

01 I2번 과정에서 작성한 'Onestop Plantation' 텍스트를 복사한 다음 붙여 넣습니다.

02 'prezi 036_문안.txt' 파일에서 각각의 'Multi Teaching'과 'Best Prezi & PT Desing' 문자도 복사한 다음 ①과 같은 방식으로 작성합니다.

03 4개의 텍스트를 세로로 정렬합니다.

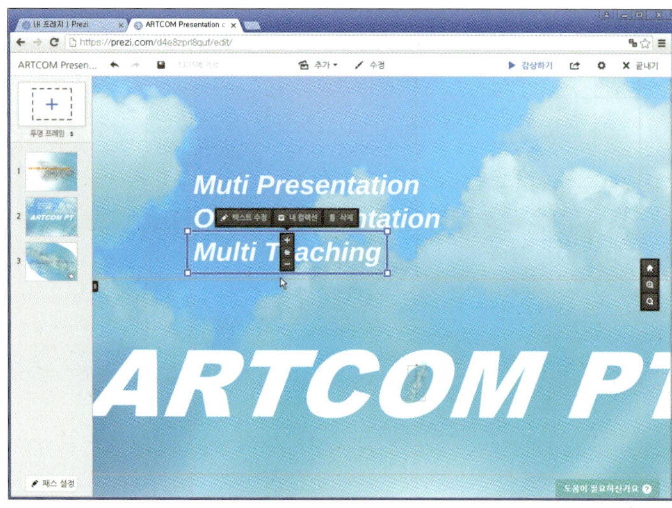

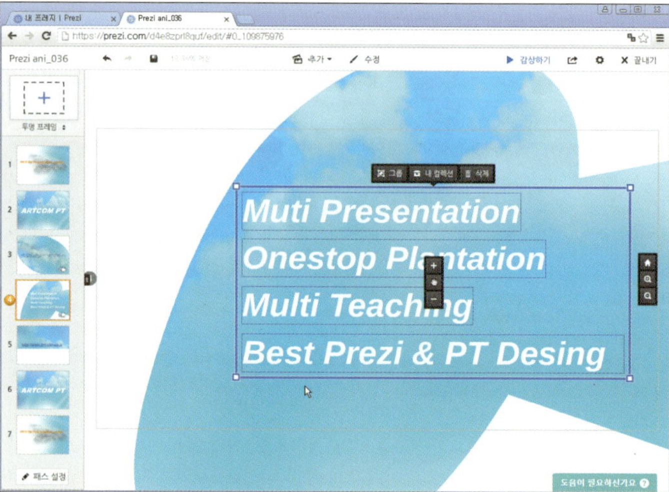

TIP • 프레지에는 파워포인트처럼 정렬 기능이 따로 없습니다. 그러므로 텍스트 행간을 정확하게 맞추기 위해서는 ② 키를 누른 채 4개의 텍스트를 선택합니다. 파란색 텍스트 박스 라인을 확인하면서 간격을 조정합니다.

I4 3개의 텍스트에 투명 프레임 적용하기

01 4개의 텍스트에 맞춰 투명 프레임을 배치하고 텍스트 전체 여백을 고려하면서 크기를 조절합니다.

02 프레임 크기를 줄여 'C'에 알맞게 배열합니다.

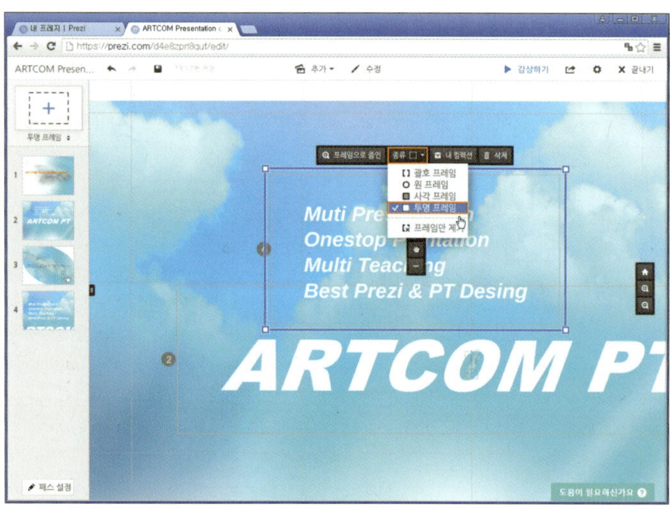

TIP • 큰 텍스트 사이에 작은 텍스트를 배치할 때는 어떤 글자 사이에 배치해야 좋을지 생각해야 합니다. 작은 텍스트가 클로즈업되면서 큰 텍스트 일부분이 디자인 요소로 작용하기 때문입니다. 줌 인, 줌 아웃 과정에서도 애니메이션 미감에 영향을 줄 수 있기 때문에 보편적으로 곡선이 있는 'O', 'C', 'R' 등에 배치하는 것이 좋습니다.

I5 4개의 텍스트에 페이드인 효과 적용하기

01 미리보기 창 아래의 〈패스 설정〉 버튼을 클릭합니다.

02 4번 섬네일의 황갈색 '★' 아이콘을 클릭한 다음 프레임 왼쪽 파란색 '★' 아이콘을 클릭합니다.

03 [페이드인 효과] 대화상자에서 4개의 텍스트에 순서대로 페이드인(나타내기) 효과를 적용한 다음 오른쪽 상단의 〈Done〉 버튼을 클릭합니다.

04 미리보기 창 아래의 〈패스 설정〉 버튼을 클릭하거나 화면 오른쪽 상단 〈완료〉 버튼을 클릭하여 편집 모드로 돌아갑니다.

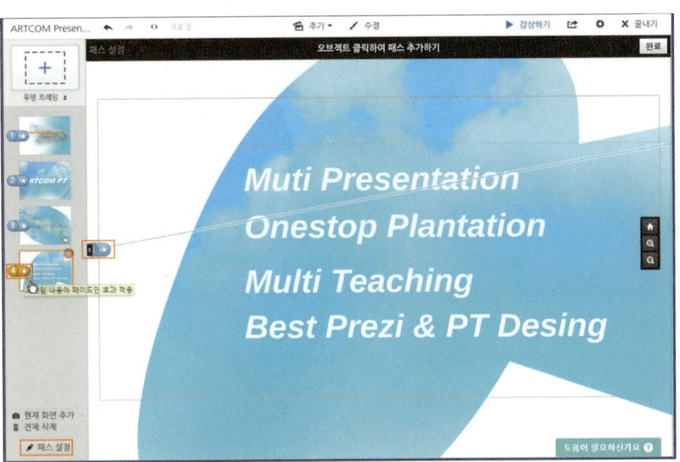

TIP · 페이드인 효과 적용과 같은 방식으로 페이드인 효과를 삭제할 수도 있습니다. 패스 번호의 'X' 아이콘을 클릭하면 페이드인 효과가 삭제됩니다.

I6 URL 텍스트 입력하고 배치하기

01 텍스트 이미지 위 여백을 클릭하고 웹사이트 주소(URL)를 입력합니다.
 · **폰트** : Noto Sans　　· **색상** : 군청색　　· **스타일** : 기울임 꼴

02 URL에 투명 프레임을 적용하고 여백을 적절하게 고려하면서 크기를 조절합니다.

03 'R' 상단에 프레임을 줄이면서 배치합니다.

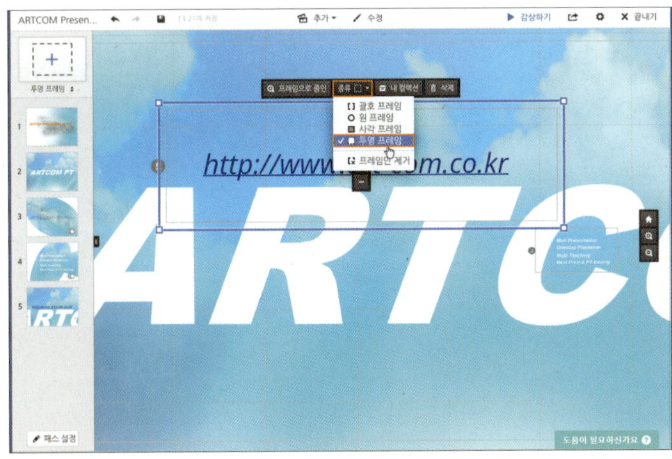

17 투명 프레임 회전하고 크기 재조정하기

01 투명 프레임을 'R' 왼쪽으로 이동한 다음 시계 반대 방향으로 70° 정도 회전합니다.

02 미리보기 창에서 5번 섬네일을 클릭하여 화면을 회전한 다음 프레임 위치와 크기를 재조정합니다.

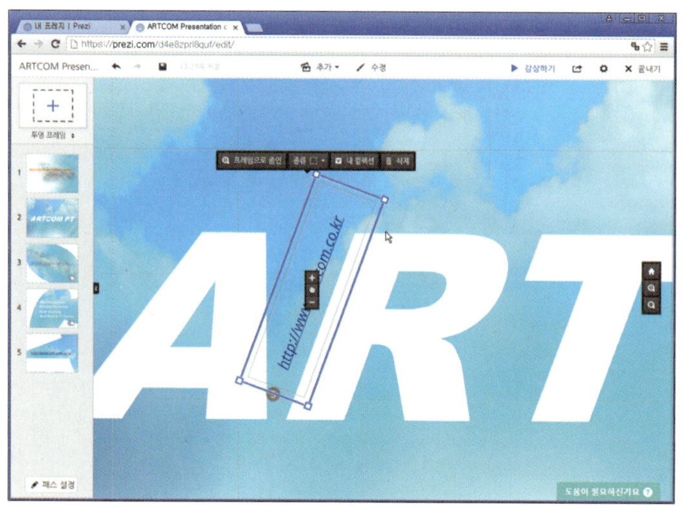
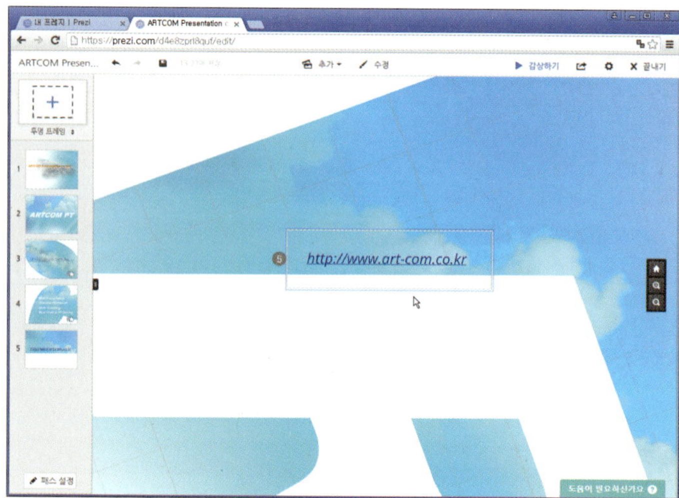

18 처음으로 돌아오기 패스 설정하기

01 미리보기 창 아래의 〈패스 설정〉 버튼을 클릭합니다. 번호와 라인을 통해 패스 경로를 한눈에 확인할 수 있습니다.

02 패스 경로에서 패스②의 투명 프레임 테두리를 클릭하면 패스⑥이 생성됩니다.

03 패스①의 투명 프레임 테두리를 클릭하면 패스⑦이 생성됩니다. 패스 설정을 클릭한 상태에서 해당 프레임을 클릭하면 패스가 지정됩니다.

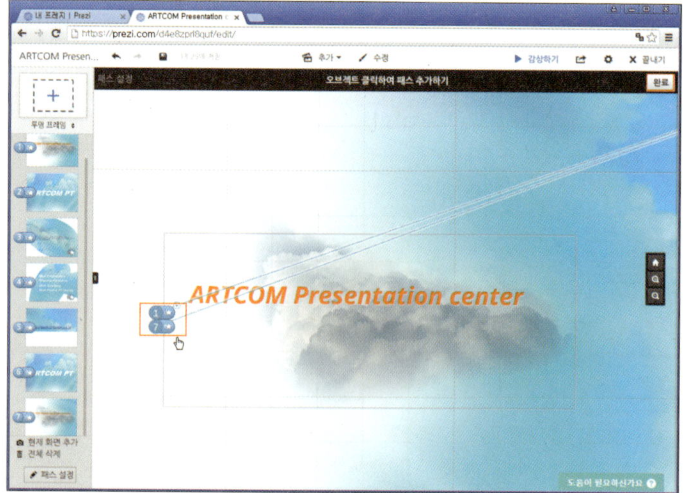

TIP • 프레지에서 패스는 프레젠터의 발표 시나리오에 따라 패스가 지정되어야만 매끄럽게 프레젠테이션할 수 있습니다. 다른 사람이 만든 프레지로 발표하는 것은 힘들 수 있으므로 발표자 성향에 따라 패스를 지정하는 것이 가장 좋습니다.

19 감상하기

01 메뉴 오른쪽의 〈감상하기〉 버튼을 클릭하여 지금까지 작업한 내용을 애니메이션(프레지 쇼)으로 실행합니다.

02 스토리에 맞게 패스가 제대로 지정되었는지, 배경과 개체(텍스트)의 짜임새는 적절한지를 점검합니다.

03 오른쪽 아래의 '자동재생' 아이콘을 클릭하고 [자동재생]을 선택하여 전체적인 애니메이션 흐름을 점검합니다.

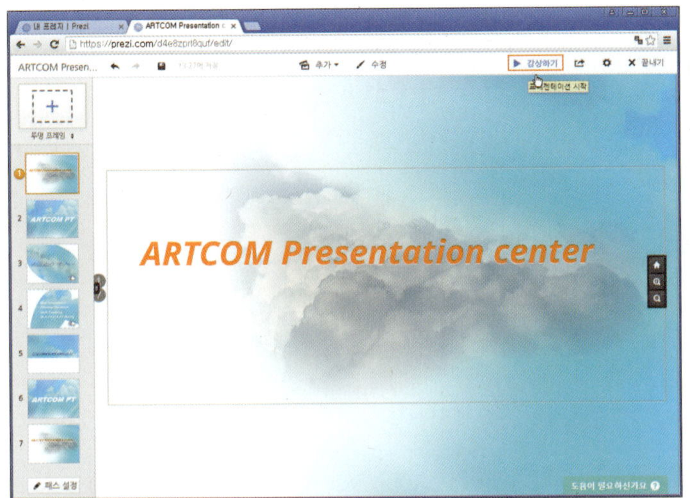

TIP • 애니메이션을 종료하려면 마우스 오른쪽 버튼을 클릭한 다음 **감상하기 마침**을 선택합니다.
자동 재생 시간 설정은 기본적으로 '4sec'가 적절합니다. 그러나 용도에 맞게 10sec, 20sec 등으로 시간을 설정합니다.

20 저장하기

01 메뉴 오른쪽의 〈끝내기〉 버튼을 클릭하면 최종 작업 내용이 자동으로 저장되면서 종료됩니다.

02 왼쪽 아래의 'Untitled Prezi' 텍스트에 파일 이름을 작성합니다.

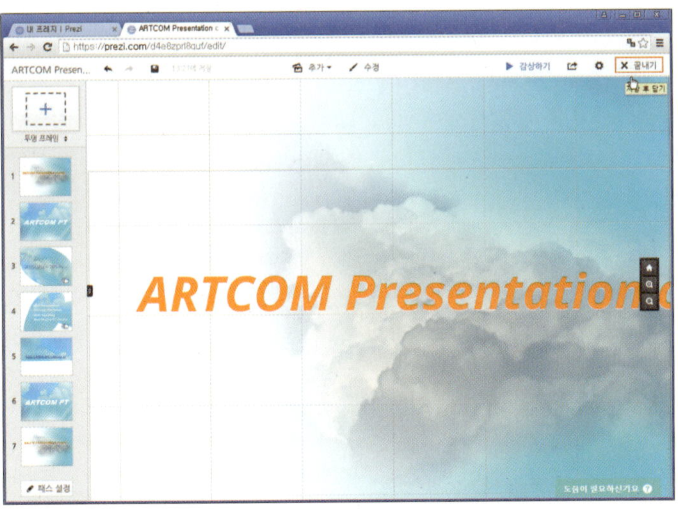

037 파워포인트 도해 활용 애니메이션

파워포인트는 디자인 기능이 탁월하며, 프레지는 역동적인 애니메이션 기능이 강점입니다. 프레지 애니메이션에 도해를 적용해야 할 때 파워포인트에서 디자인하면 퀄리티를 더욱 높일 뿐 아니라 작업 시간까지 크게 단축시킬 수 있습니다. 도해는 PNG 파일로 저장하면 활용하기 좋으며, 애니메이션 의도에 맞게 도해 전체를 그룹화하여 저장하거나 부분별로 나눠서 저장하는 것이 좋습니다.

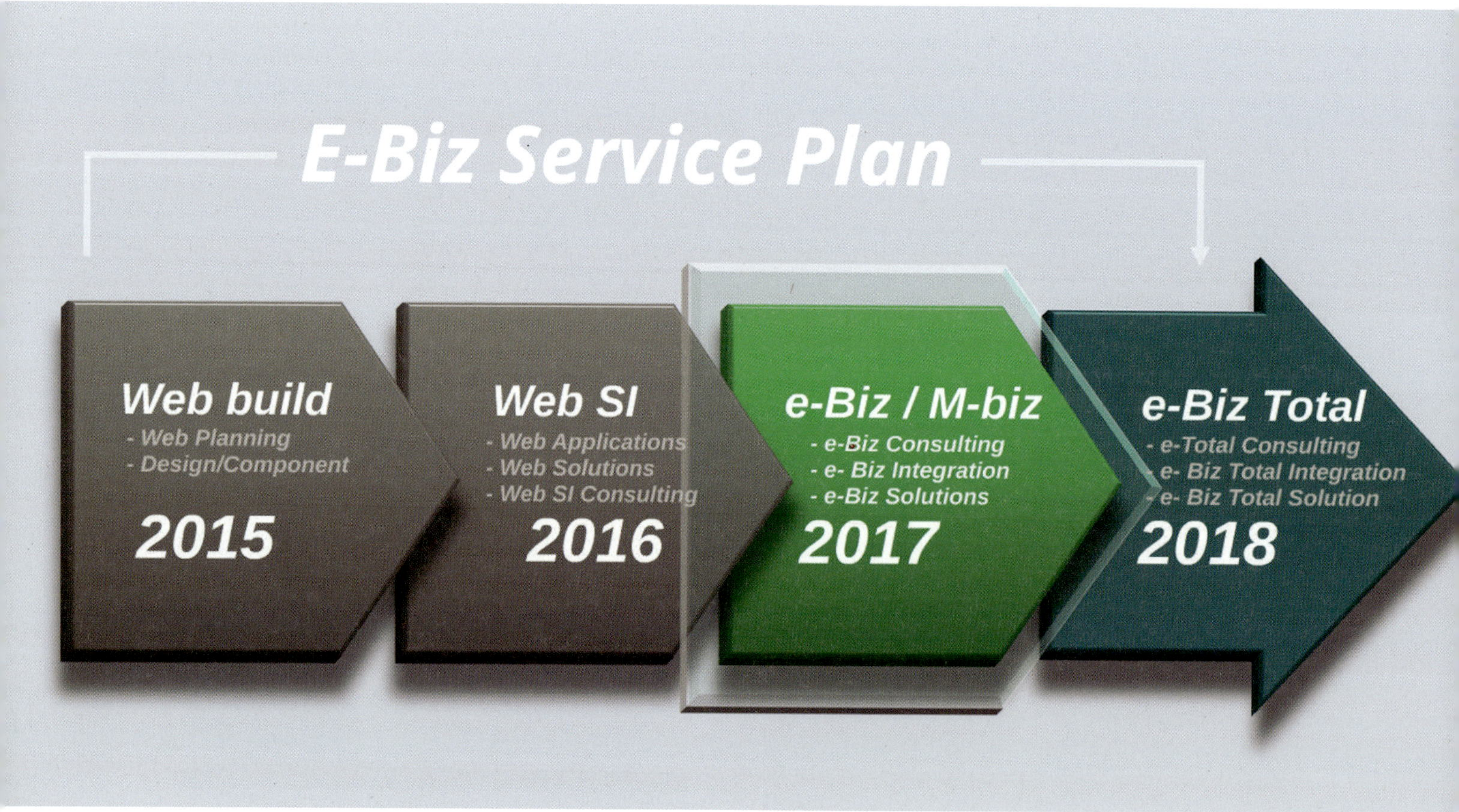

|난이도| ★★★★☆ |디자인 소스 파일| Prezi ani_037\화살표1.png, 화살표2.png, 화살표3.png, 라인_화살표.png, 037_텍스트.txt, 투명_화살표.png, 3단 도해.png
|동영상 파일| Prezi ani_037\prezi ani_037.avi |인터넷으로 보기| http://cafe.naver.com/artcomptacademy/1884

애니메이션 작업 포인트

이번 예제의 중요 테크닉은 파워포인트에서 작성한 도해 활용 애니메이션입니다. 도해를 클로즈업해도 선명하게 나타내도록 텍스트는 프레지에서 작성하고, 도해 이미지는 파워포인트에서 부분적으로 저장한 PNG 파일을 불러들여 조합하였습니다. 프레지에서 도해를 작성할 때 가장 먼저 고려해야 하는 것은 개체나 텍스트를 확대해도 계단 모양으로 깨지지 않게 선명도를 유지하는 것입니다.

OI 테마 설정하기

01 내 프레지에서 '새로운 프레지'를 클릭하고 〈빈 프레지 시작〉 버튼을 클릭하여 캔버스를 엽니다.

02 폰트 및 배경색 등을 설정하기 위해 [수정] 창에서 〈테마 설정〉 버튼을 클릭합니다.

03 [Theme Wizard] 대화상자에서 [Advanced] 탭을 선택하고 배경색을 '옅은 파란색'으로 설정합니다.
- Background Color : R209, G215, B229

04 'Use the Prezi CSS Editor'를 선택하여 폰트를 설정합니다.

05 [Edit CSS] 창에서 제목, 부제목, 본문 폰트를 설정하고 〈Apply〉 버튼을 클릭합니다.
- 본문(body) : NanumGothic-P.keg
- 제목(head) : SangSangTitleOTFM-P.keg
- 부제목(strong) : NanumGothicBold-P.keg

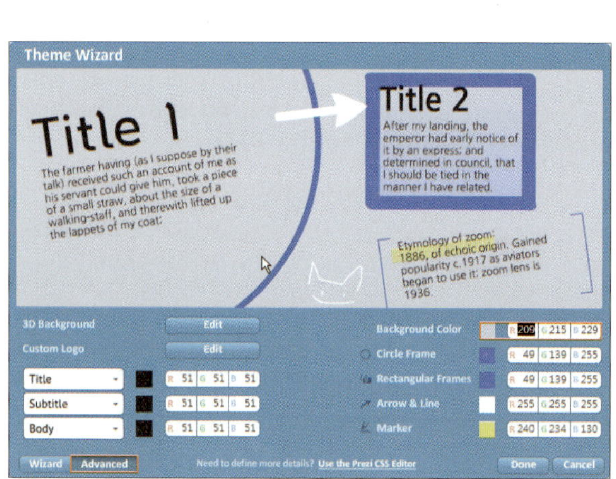
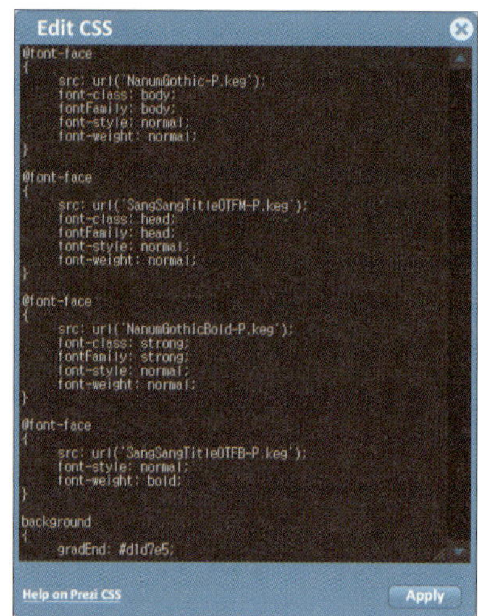

O2 초록색 화살표 이미지 추가하기

01 원 프레임이 작게 보이도록 마우스 휠을 이용하여 화면을 줌 아웃합니다.

02 [이미지 추가] 창에서 〈파일 선택〉 버튼을 클릭하여 '화살표1.png' 이미지를 불러옵니다.

03 원 프레임 오른쪽 하단에 배치하고 원 프레임보다 크게 키웁니다.

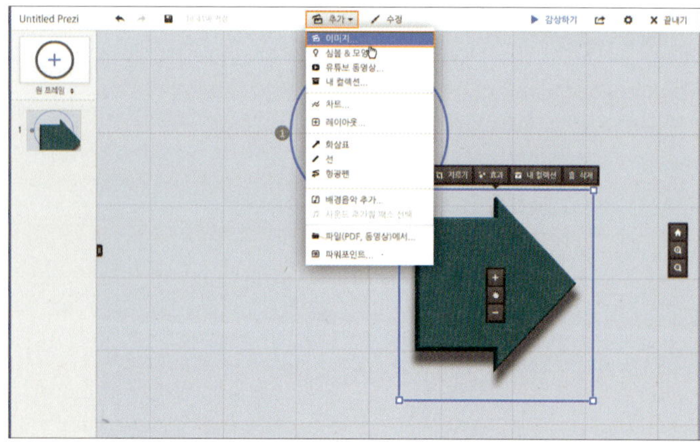

03 화살표 추가하기

초록색 오각형인 '화살표2.png' 파일을 불러와 화살표1 이미지 왼쪽에 배열하고 크기를 맞춥니다.

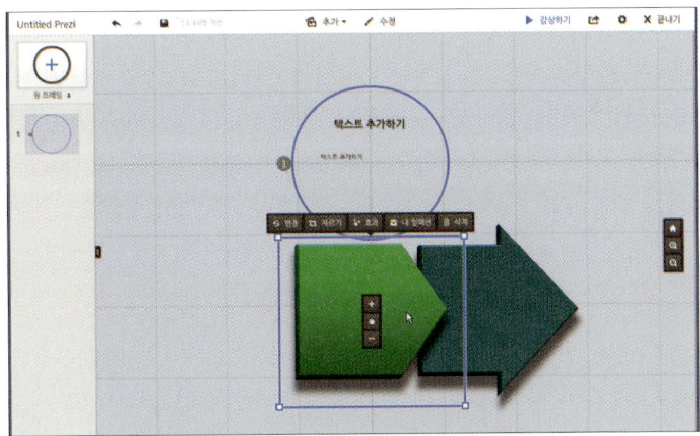

04 회색 화살표 삽입하고 정렬하기

01 어두운 회색 오각형 이미지인 '화살표3.png' 파일을 불러온 다음 화살표2 왼쪽에 배열하고 크기를
맞춥니다.

02 어두운 회색 화살표를 복제하여 '화살표3' 왼쪽에 배치한 다음 크기를 맞춥니다.

03 원 프레임을 삭제합니다.

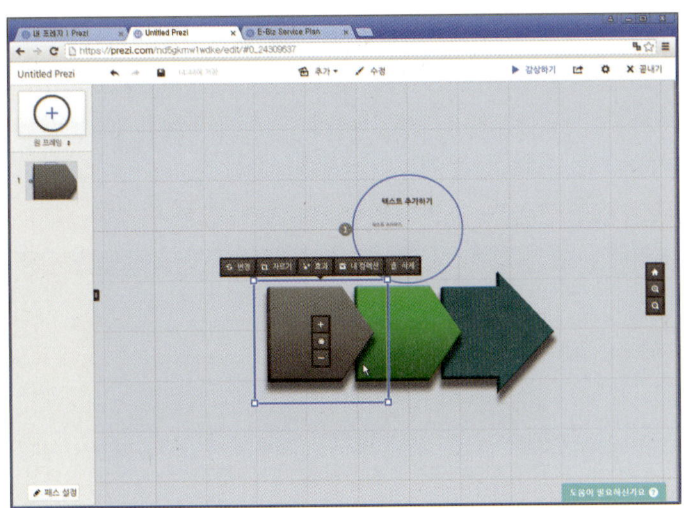

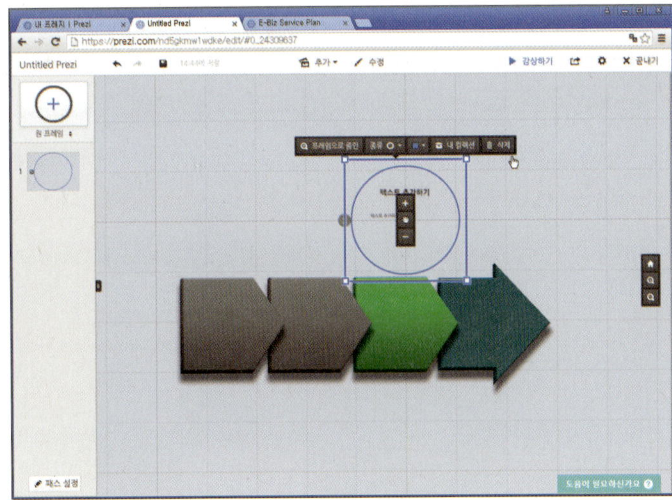

TIP •   화살표 크기가 일정하도록 세밀하게 조정하고 같은 간격으로 배열합니다.

05 라인 추가하고 텍스트 입력하기

01 [이미지 추가] 창에서 〈파일 선택〉 버튼을 클릭하고 [열기] 대화상자에서 '라인_ 화살표.png' 파일을 불러옵니다. 수평으로 나열된 화살표 위에 배열한 다음 크기를 맞춥니다.

02 라인 화살표 이미지 사이에 'E-Biz Service Plan' 텍스트를 입력합니다.

- **색상** : 흰색
- **폰트** : Noto Sans
- **스타일** : 굵게, 기울임 꼴

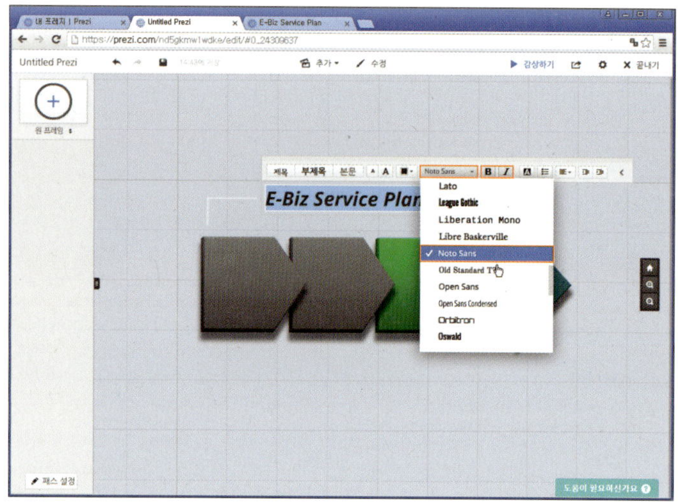
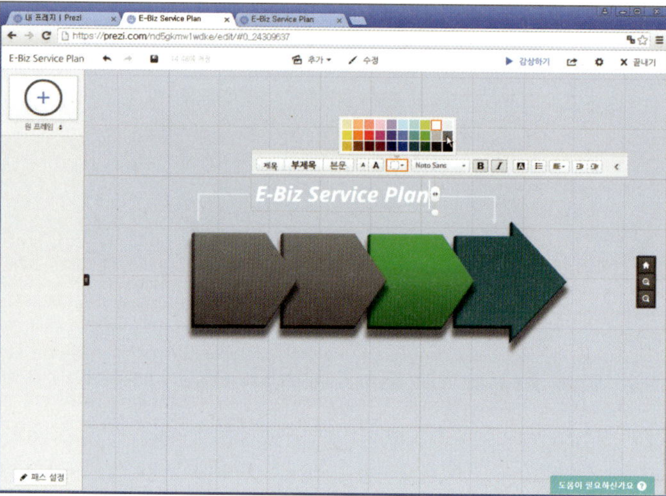

TIP • 라인 화살표는 파워포인트로 작성하여 PNG 파일로 불러들였습니다.

06 화살표에 텍스트 입력하기

01 오각형 화살표에 'Web build' 텍스트를 입력하고 크기를 조절합니다.

- **색상** : 흰색
- **폰트** : Arimo
- **스타일** : 굵게, 기울임 꼴

02 'Web build' 텍스트 아래에 서브 텍스트를 추가하고 '037_텍스트.txt' 파일을 참고하여 크기를 작게 줄입니다.

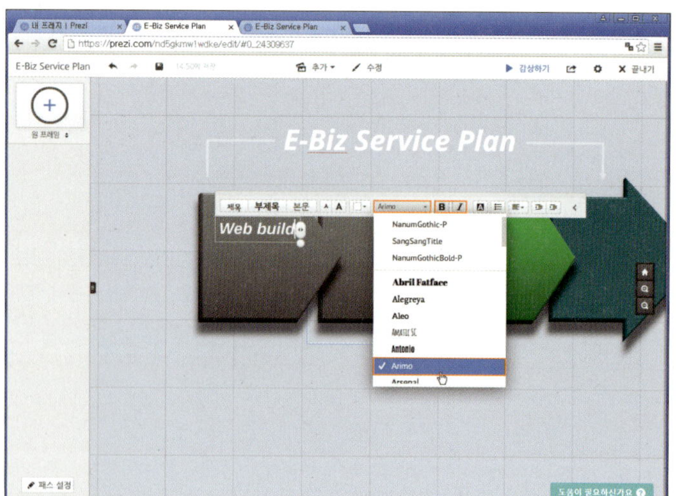
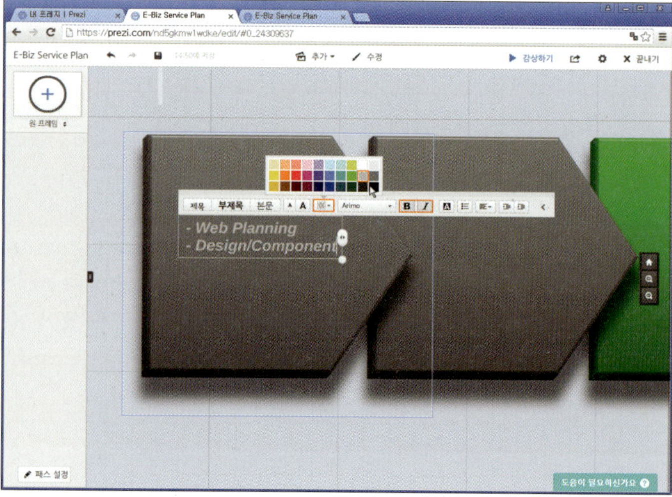

07 화살표에 텍스트 작성하기

오각형 화살표 아래에 '2015' 텍스트를 입력하고 크기를 조절합니다.

- **색상** : 흰색
- **폰트** : Arimo
- **스타일** : 굵게, 기울임 꼴

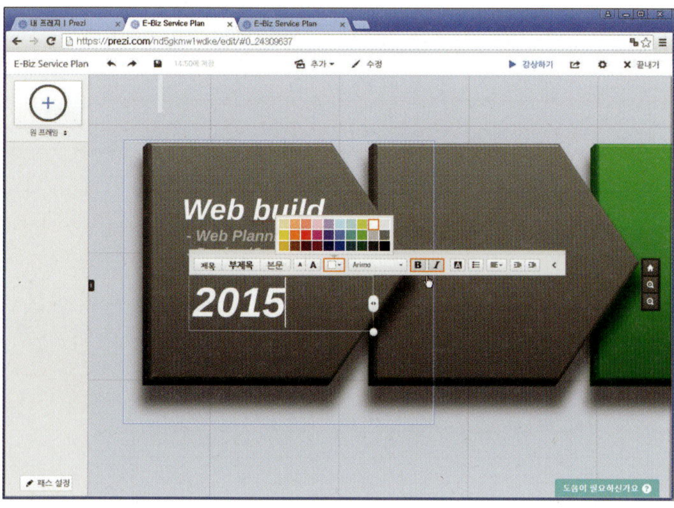

08 텍스트 그룹 복제하여 배치하기

01 이전 과정에서 텍스트들을 모두 선택하고 옵션에서 〈그룹〉 버튼을 클릭하여 그룹으로 설정합니다.

02 텍스트 그룹이 선택된 상태에서 Ctrl+D 키를 3번 눌러 복제하고 화살표에 각각 배치합니다.

03 텍스트 그룹을 선택하고 위쪽 옵션에서 〈그룹 해제〉 버튼을 클릭하여 그룹을 해제합니다.

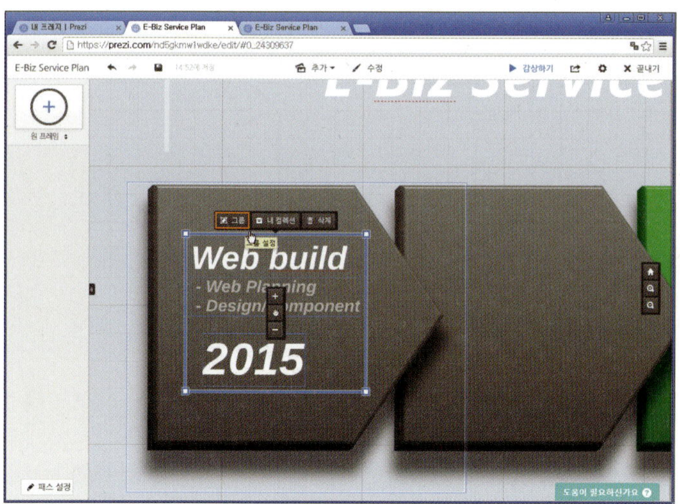

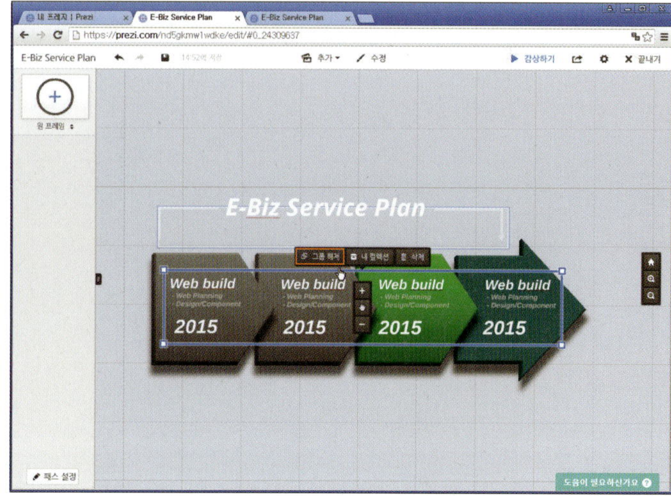

09 복제한 텍스트 내용 바꾸기

01 복제한 텍스트를 '037_텍스트.txt' 파일을 복사하여 해당 내용에 붙여 넣습니다.

02 초록색 화살표 서브 텍스트는 '밝은 회색'으로 변경합니다.

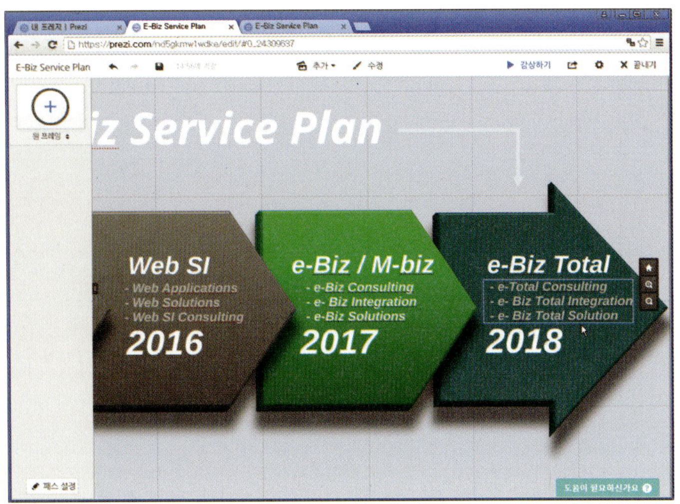
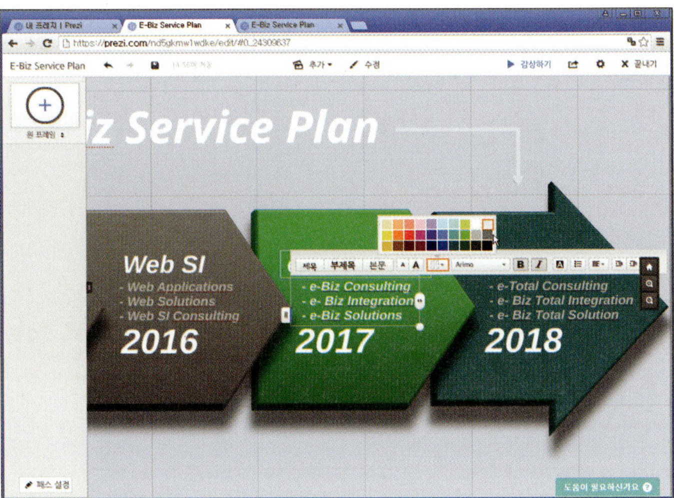

TIP • 간단한 텍스트는 직접 입력하고 내용이 많을 때는 메모장에서 텍스트를 작성한 다음 복사하여 붙여 넣으면 효과적입니다.

10 투명 화살표 삽입하고 투명 프레임 적용하기

01 [이미지 추가] 창에서 〈파일 선택〉 버튼을 클릭하고 [열기] 대화상자가 나타나면 '투명_화살표.png' 이미지를 불러옵니다.

02 세 번째 오각형 화살표 위에 배치하고 크기를 조절합니다.

03 미리보기 창에서 [원 프레임]–[투명 프레임]을 선택합니다.

04 지금까지 작업한 디자인을 모두 포함하고 크기를 조정합니다.

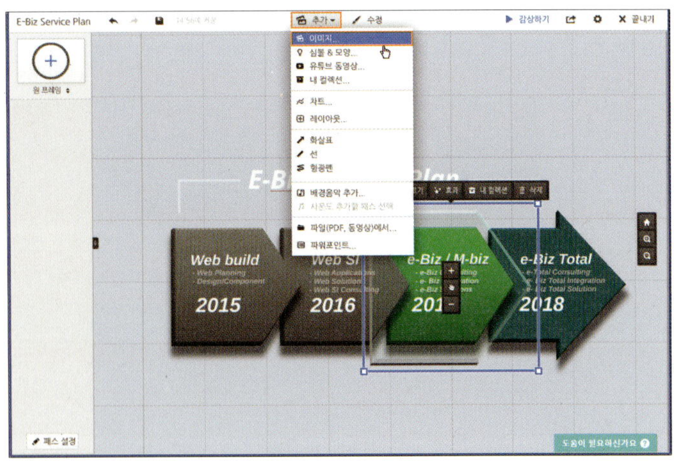
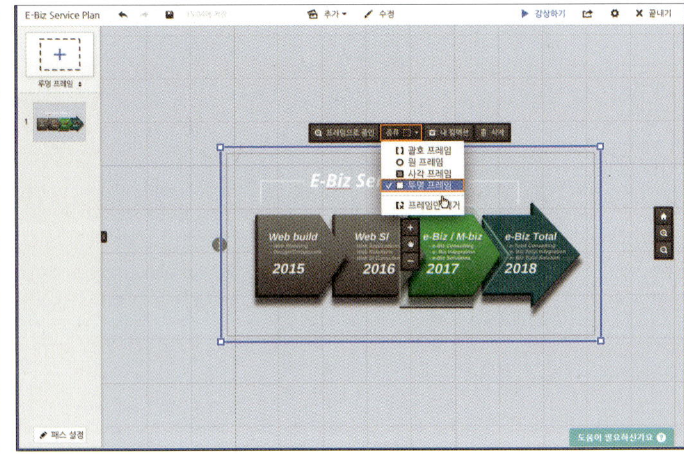

II 주황색 텍스트 입력하고 투명 프레임 적용하기

01 투명 프레임 하단에 'E–Biz Service Plan' 텍스트를 입력합니다.

- **색상** : 주황색　　　• **폰트** : Noto Sans　　　• **스타일** : 굵게, 기울임 꼴

02 텍스트 이미지에 맞춰 투명 프레임을 배치하고 좌우 여백을 고려하면서 크기를 조절합니다.

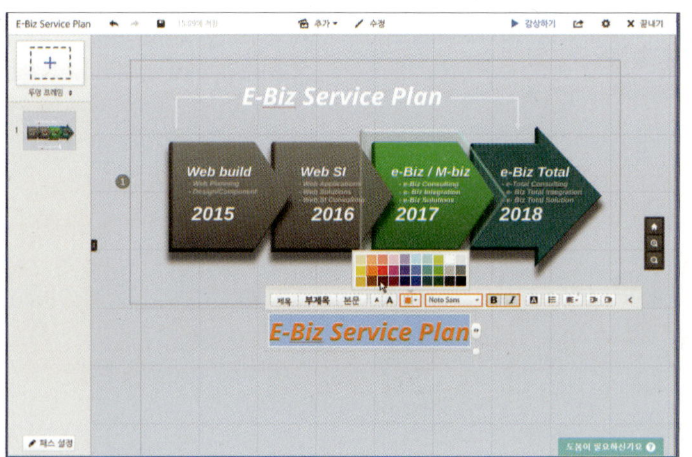
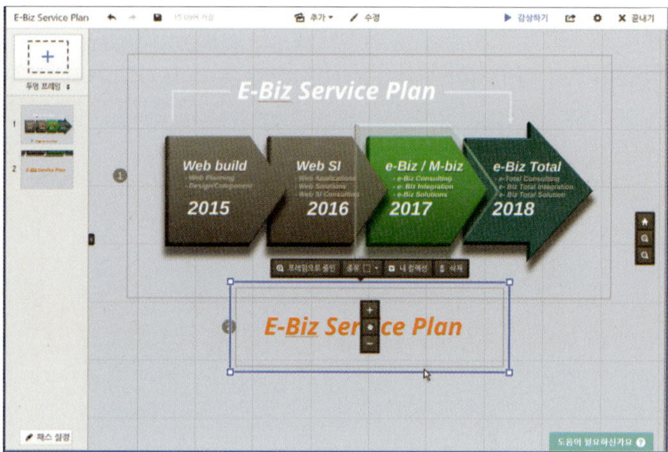

TIP •　이전 과정의 텍스트 작업을 좀 더 쉽게 하기 위해서는 위쪽의 흰색 'E–Biz Service Plan' 텍스트를 선택하고 Ctrl+2 키를 눌러 복제한 다음 색상만 변경합니다.

I2 투명 프레임 회전하고 크기 재조정하기

01 투명 프레임을 시계 방향으로 90° 회전합니다.

02 미리보기 창에서 2번 섬네일을 클릭하여 화면을 회전하고 프레임 위치와 크기를 재조정합니다.

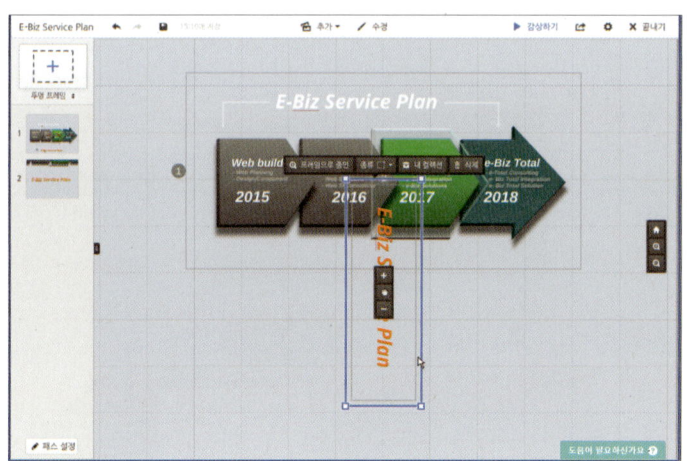
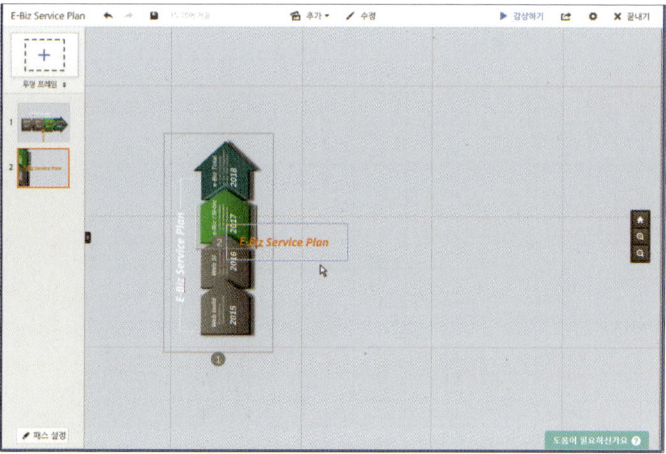

TIP •　프레임을 회전하면 프레임 안쪽 텍스트도 함께 회전해야 합니다. 만약 프레임만 회전되면 레이어에 문제가 없는지 살펴보고 텍스트를 줌 아웃 하거나 프레임을 줌 인해야 합니다.

I3 주황색 텍스트 키우기

01 화살표 도해가 작게 보이도록 마우스 휠을 이용하여 화면을 줌 아웃합니다.

02 화살표 도해 높이만큼 주황색 텍스트를 최대한 크게 키웁니다.

03 화살표 도해 쪽으로 화면을 줌 인한 다음 화살표 프레임을 주황색 텍스트 쪽으로 이동합니다.

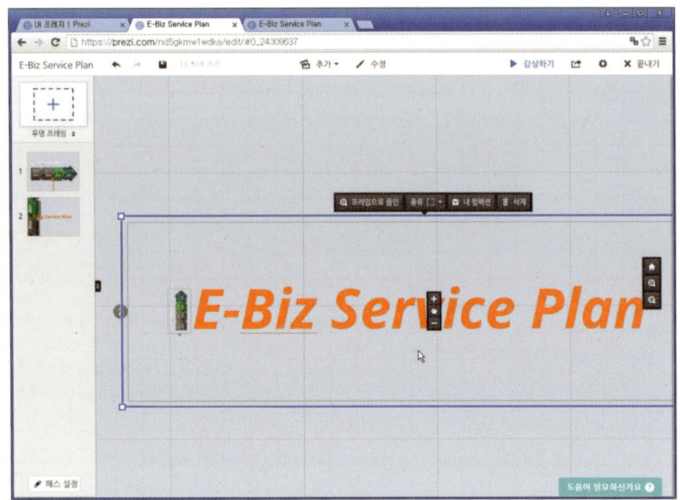
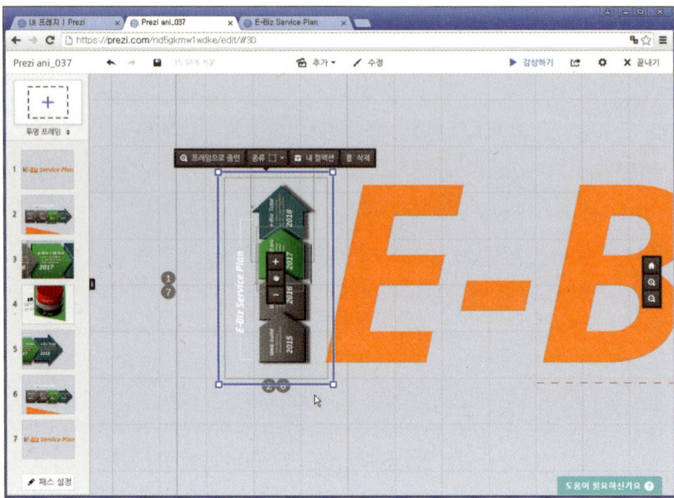

I4 3단 도해 이미지 불러오기

01 미리보기 창에서 1번 섬네일을 클릭하여 화면을 화살표 도해 쪽으로 회전합니다.

02 [이미지 추가] 창에서 〈파일 선택〉 버튼을 클릭하고 [열기] 대화상자가 나타나면 '3단 도해.png' 이미지를 불러옵니다.

03 세 번째 초록색 화살표 쪽으로 '3단 도해' 이미지를 이동합니다.

04 '3단 도해' 이미지에서 마우스 오른쪽 버튼을 클릭하고 맨 앞으로 가져오기를 선택하여 배열합니다.

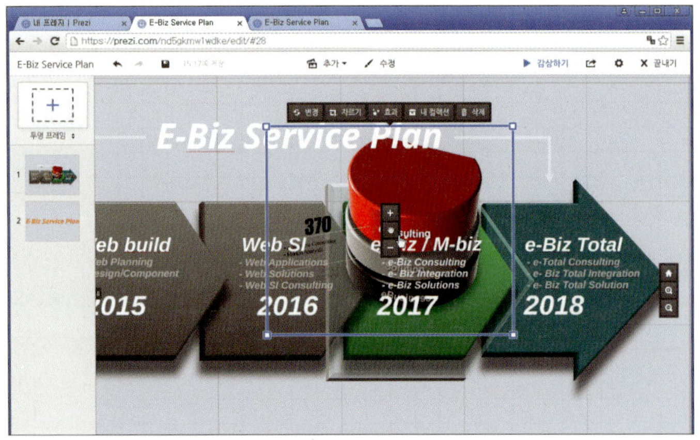
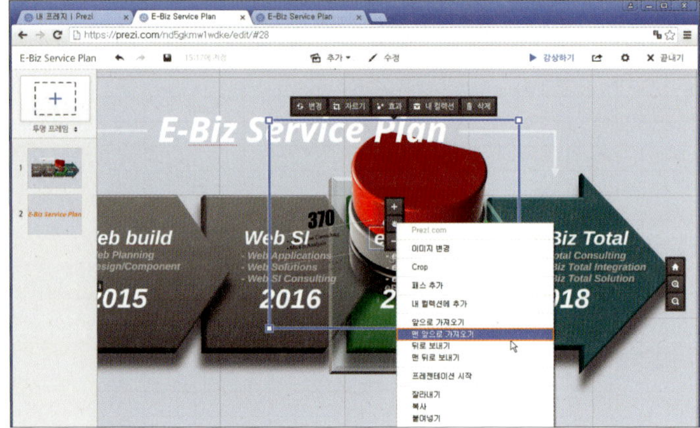

TIP • 이미지를 불러올 때 텍스트나 개체 뒤에 배열되면 이미지에서 마우스 오른쪽 버튼을 클릭하여 **맨 앞으로 가져오기**를 선택합니다.

I5 3단 도해 이미지 줄이고 패스 설정하기

01 세 번째 초록색 화살표(2017) 텍스트 쪽으로 마우스 휠을 이용하여 화면을 줌 인합니다.

02 3단 도해 이미지를 e-Biz 텍스트 쪽으로 이동하고 크기를 작게 줄입니다.

03 미리보기 창에서 〈패스 설정〉 버튼을 클릭하고 3단 도해 이미지를 클릭하여 패스③을 생성합니다.

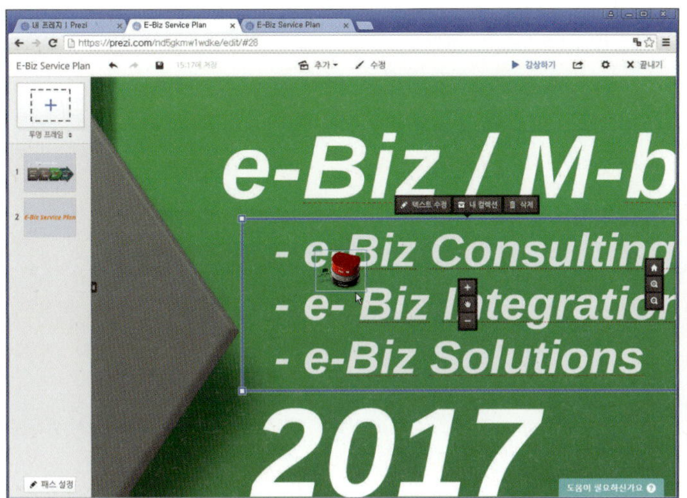
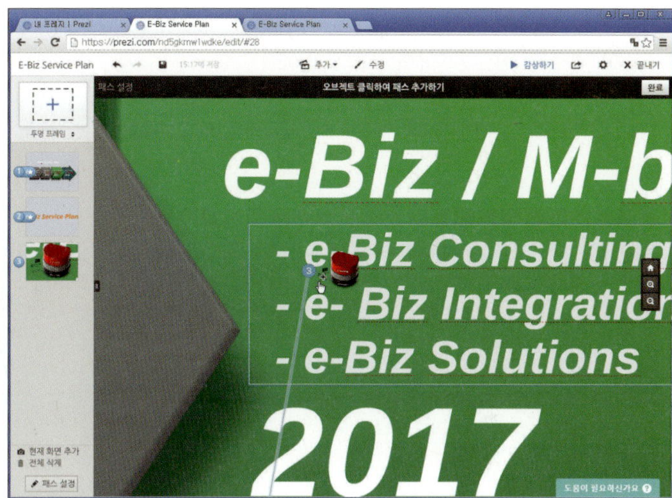

I6 'B' 안에 3단 도해 배치하기

01 3단 도해 이미지 쪽으로 화면을 줌 인합니다.

02 3단 도해 이미지를 선택하고 시계 방향으로 90° 정도 회전합니다.

03 3단 도해 이미지를 'B' 쪽으로 이동한 다음 작게 줄여 배치합니다.

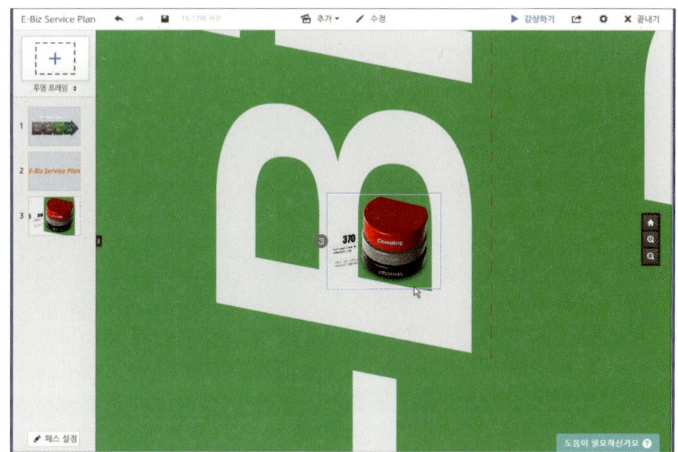

TIP • '3단 도해' 이미지가 매우 작게 축소된 상태이기 때문에 크기를 줄이는 과정에서 더 이상 축소할 수 없다는 [느낌표]가 나올 수 있습니다. 이런 경우 기존에 작업했던 이미지와 텍스트 크기를 전체적으로 키워야 합니다.

17 초록색 화살표에 투명 프레임 배치하기

01 미리보기 창에서 2번 섬네일(E-Biz Service Plan)을 맨 위로 이동시켜 순서를 바꿉니다.

02 화살표 도해가 있는 2번 섬네일을 선택하여 화면에 나타냅니다.

03 세 번째 초록색 화살표(2017)에 투명 프레임을 배치하고 좌우 여백을 고려하면서 크기를 조절합니다.

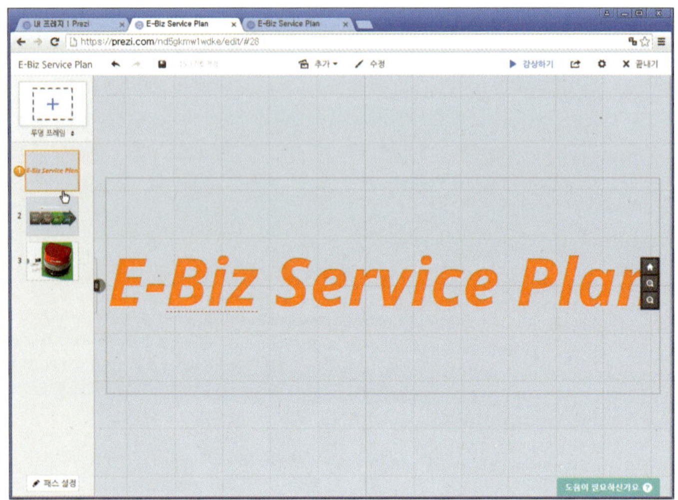

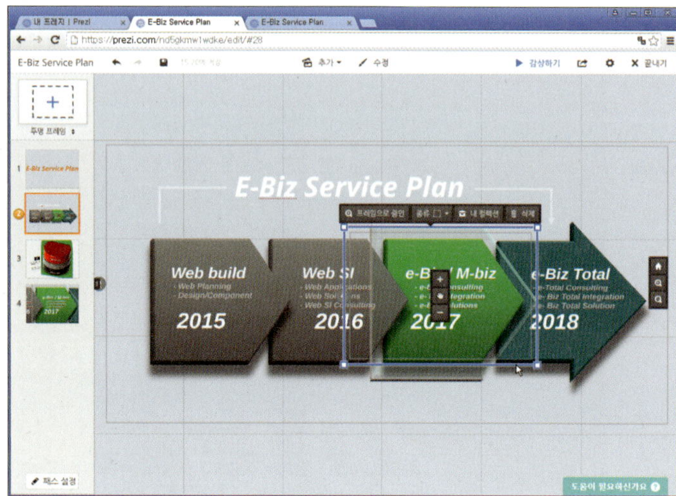

TIP • 애니메이션 순서를 바꾸려면 미리보기 창의 섬네일을 클릭한 다음 상하로 이동합니다.

18 첫 번째 화살표에 투명 프레임 배치하기

01 미리보기 창에서 3단 도해가 있는 3번 섬네일을 맨 아래로 드래그하여 순서를 바꿉니다.

02 오른쪽 화살표(2018)에 투명 프레임을 배치합니다.

03 양쪽에 충분한 여백을 주면서 와이드 형태로 크기를 조절합니다.

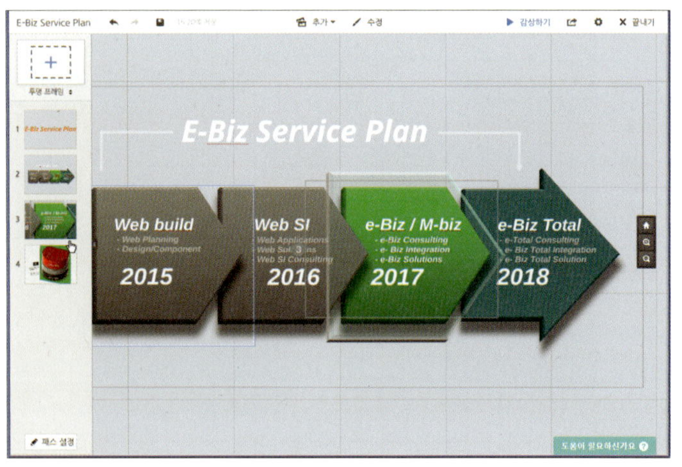

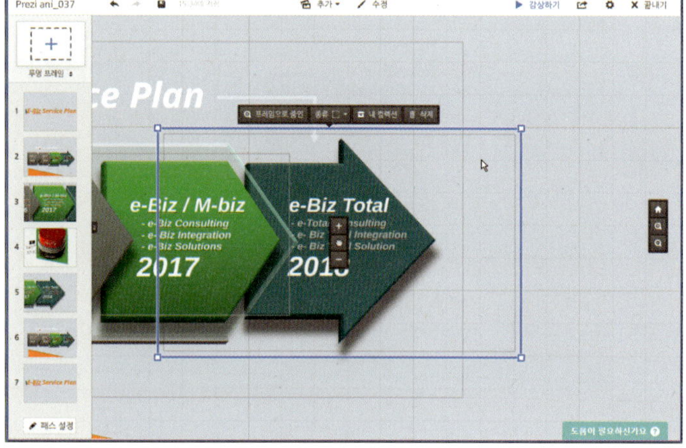

TIP • 좁은 공간에 투명 프레임을 여러 개 배치하다 보면 프레임들이 겹치면서 작업하기 어려울 때가 있습니다. 그러므로 프레임이 섞이지 않도록 작업 과정에서 정리해둘 필요가 있습니다.

19 처음으로 돌아오는 패스 설정하기

01 미리보기 창 아래의 〈패스 설정〉 버튼을 클릭합니다.

02 2번 섬네일을 클릭한 다음 패스②의 투명 프레임 테두리를 클릭하면 패스⑥이 생성됩니다. 패스 설정에서 해당 프레임을 클릭하면 패스가 지정됩니다.

03 1번 섬네일을 클릭한 다음 패스①의 투명 프레임 테두리를 클릭하면 패스⑦이 생성됩니다.

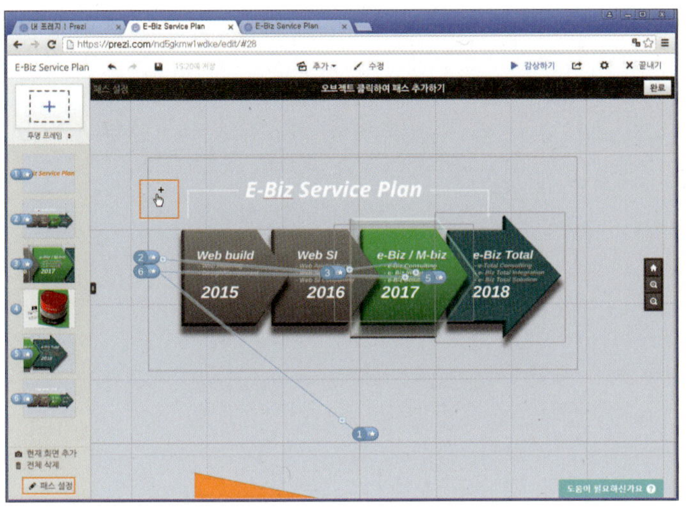

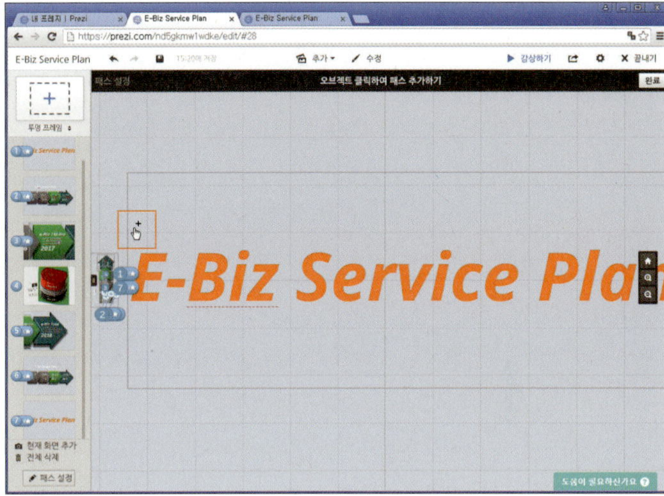

20 감상하기와 저장하기

01 메뉴 오른쪽의 〈감상하기〉 버튼을 클릭하여 지금까지 작업한 내용의 애니메이션(프레지 쇼)을 실행합니다.

02 메뉴 오른쪽의 〈끝내기〉 버튼을 클릭하면 최종 작업 내용이 자동으로 저장되면서 종료됩니다.

03 왼쪽 아래의 'Untitled Prezi' 텍스트에 파일 이름을 작성합니다.

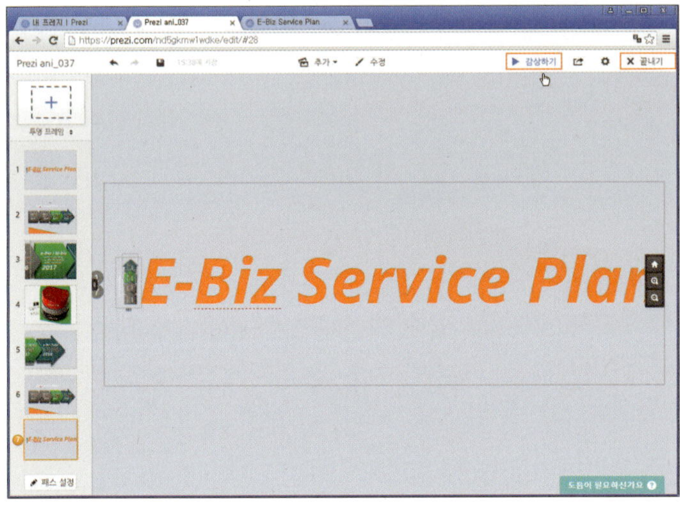

038 동영상 활용 애니메이션

프레지는 이미지뿐만 아니라 동영상을 삽입하여 프레젠테이션할 수 있어 유용합니다. 동영상 삽입에는 크게 2가지 방식이 있으며 유튜브 동영상 삽입과 내 PC에 저장된 동영상 파일 삽입 방법으로 나뉩니다. 뿐만 아니라 파워포인트 애니메이션을 녹화하여 동영상으로 불러들일 수 있어 단조로운 프레지 애니메이션 기능을 극복할 수 있습니다.

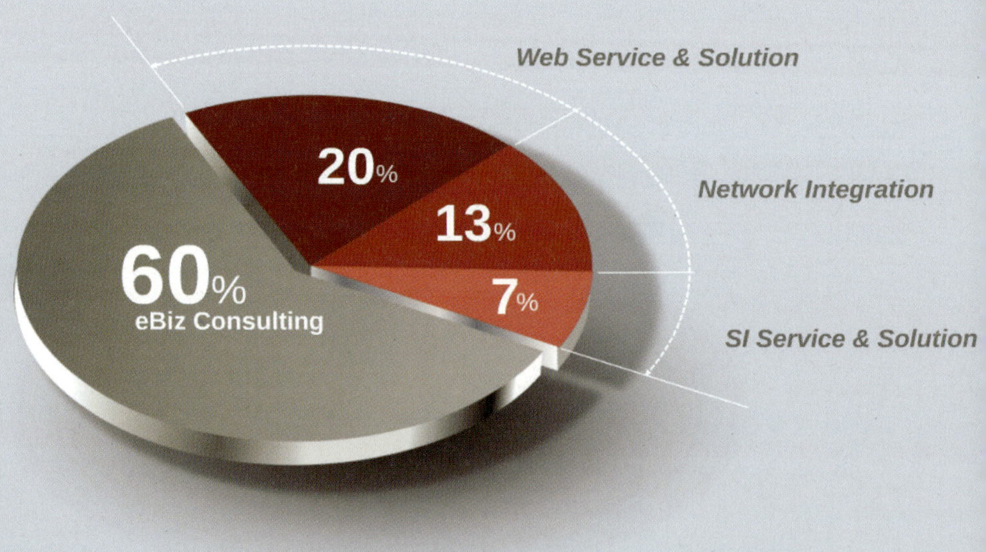

|난이도| ★★★★ |디자인 소스 파일| Prezi ani_038\타원그림자.png, 원형 그래프.png, 보조라인.png, 038_텍스트.txt, 038_가로막대그래프.wmv

|동영상 파일| Prezi ani_038\prezi ani_038.avi |인터넷으로 보기| http://cafe.naver.com/artcomptacademy/1885

애니메이션 작업 포인트

이번 예제의 중요 테크닉은 동영상을 활용한 애니메이션입니다. '가로 막대그래프' 동영상은 파워포인트 2010 버전에서 '비디오 만들기' 기능을 이용해 제작하였습니다. 프레지에서 제공하는 애니메이션 기능은 줌 인, 줌 아웃, 회전 등 극히 제한적이므로 파워포인트 애니메이션 기능이 적용된 동영상을 적절히 활용할 필요가 있습니다. 파워포인트 동영상은 화질이 선명하며, 프레지와 조합하면 한층 시너지 효과를 낼 수 있습니다.

01 테마 설정하기

01 내 프레지에서 '새로운 프레지'를 클릭하고 〈빈 프레지 시작〉 버튼을 클릭하여 캔버스를 엽니다.

02 폰트 및 배경색 등을 설정하기 위해 [수정] 창에서 〈테마 설정〉 버튼을 클릭합니다.

03 [Theme Wizard] 대화상자의 [Advanced] 탭을 선택하고 배경색을 '옅은 파란색'으로 설정합니다.
- Background Color : R209, G215, B229

04 'Use the Prezi CSS Editor'를 선택하여 폰트를 설정합니다.

05 [Edit CSS] 창에서 제목, 부제목, 본문 폰트를 설정하고 〈Apply〉 버튼을 클릭합니다.
- 본문(body) : NanumGothic-P.keg
- 제목(head) : SangSangTitleOTFM-P.keg
- 부제목(strong) : NanumGothicBold-P.keg

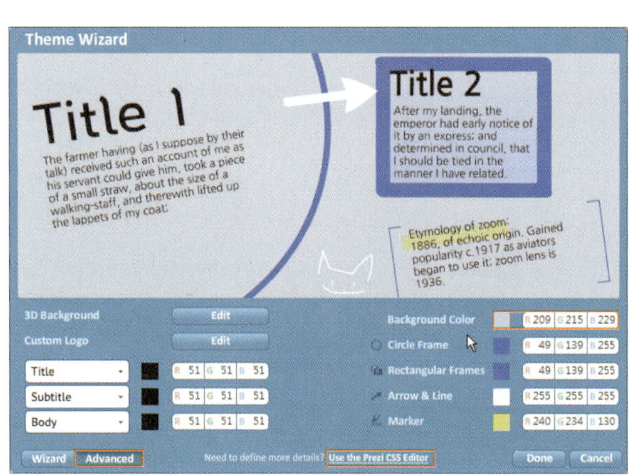
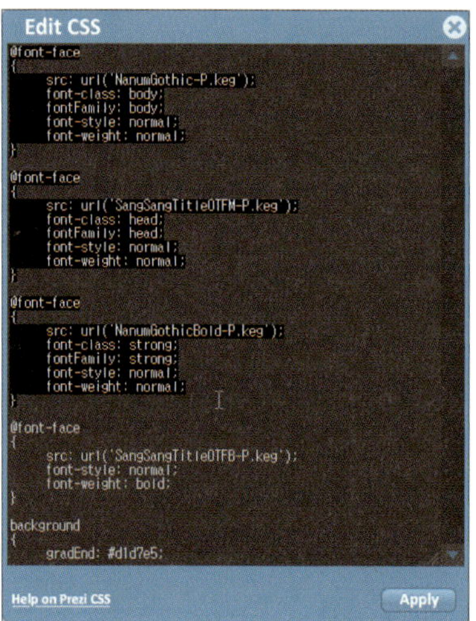

02 타원형 그림자 이미지 삽입하기

01 원 프레임이 작게 보이도록 마우스 휠을 이용하여 화면을 줌 아웃합니다.

02 [이미지 추가] 창에서 〈파일 선택〉 버튼을 클릭하고 [열기] 대화상자가 나타나면 '타원그림자.png' 이미지를 불러옵니다. 원 프레임보다 크기를 키웁니다.

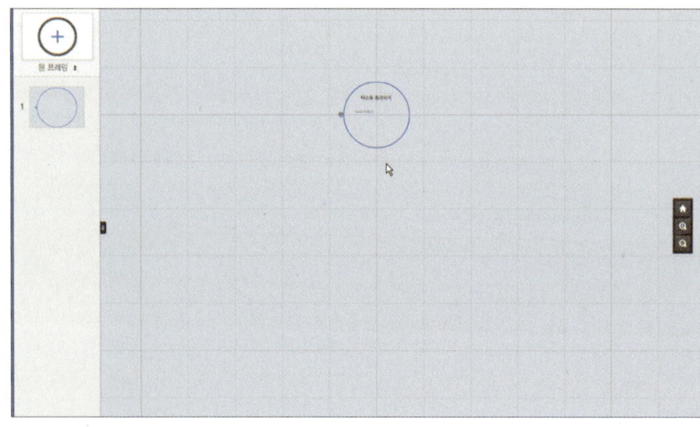
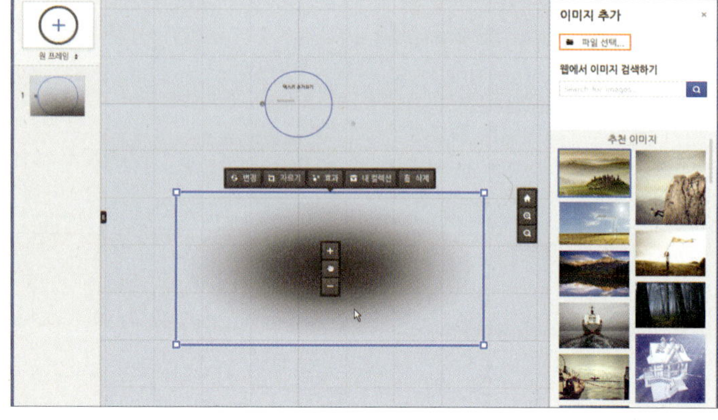

TIP • 화면을 줌 아웃하면 원 프레임이 작게 보입니다.

03 원형 그래프 이미지 추가하기

01 [이미지 추가] 창에서 〈파일 선택〉 버튼을 클릭하고 [열기] 대화상자가 나타나면 '원형 그래프.png' 이미지를 불러옵니다.

02 '원형 그래프' 그림자에 맞춰 타원 그림자를 이동한 다음 크기를 조절합니다.

03 원 프레임을 삭제합니다.

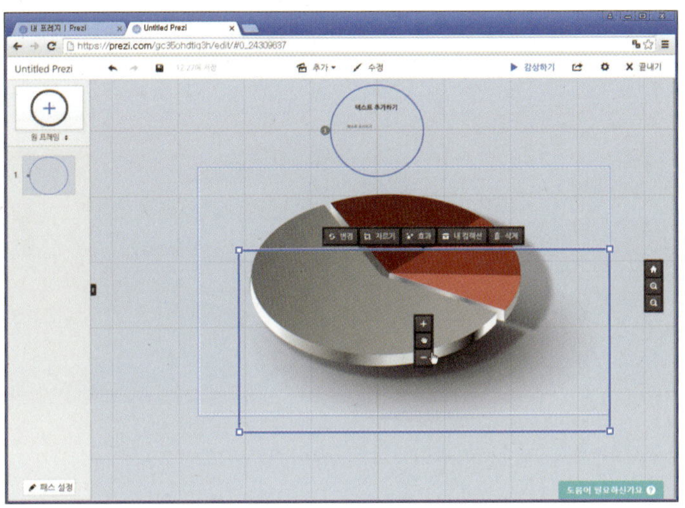
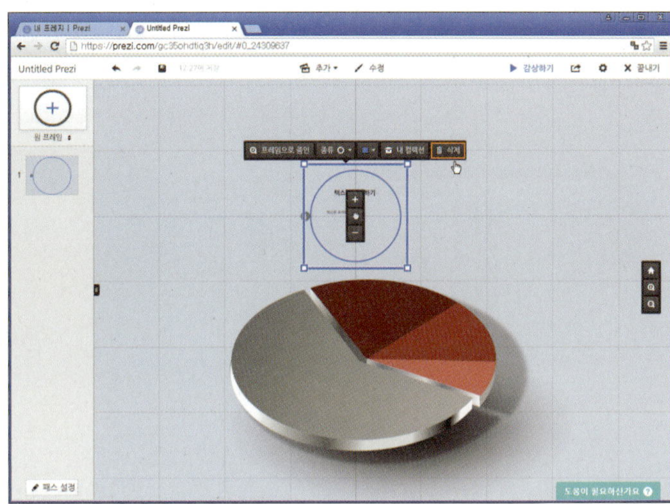

TIP • 원 프레임은 원형 그래프 크기와 위치를 정할 때 기준이 됩니다. 원형 그래프 위치 및 크기 조절이 끝나면 삭제합니다.

04 타이틀 입력하고 편집하기

01 원형 그래프 위에 'eBusiness Total Service' 타이틀을 입력합니다.

- **색상** : 흰색 **폰트** : Noto Sans **스타일** : 굵게, 기울임 꼴

02 원형 그래프 크기를 기준으로 크기를 키웁니다.

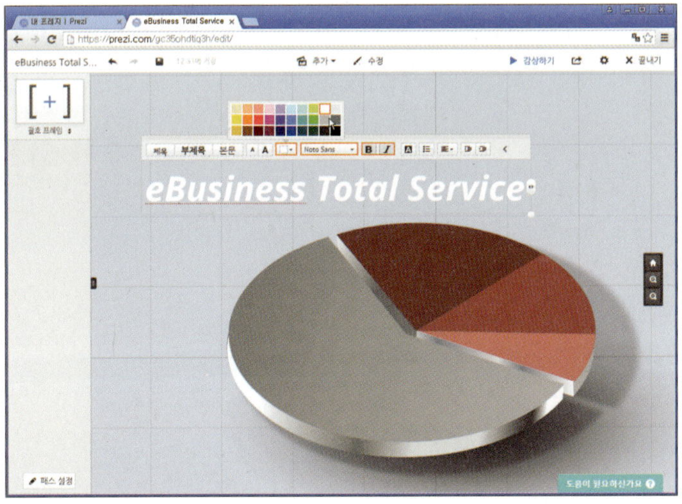
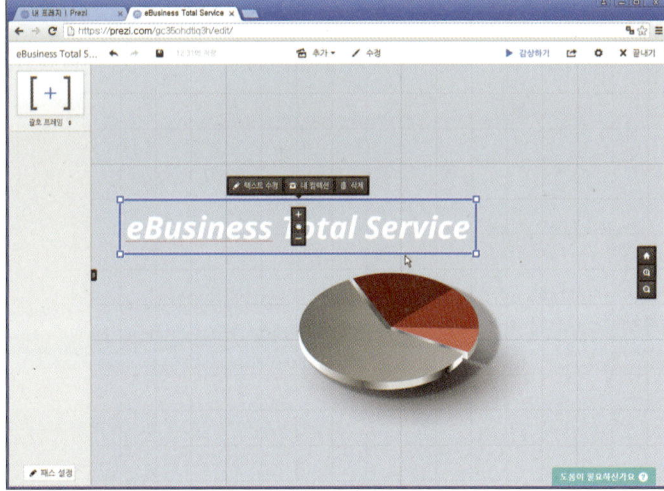

TIP • 텍스트 크기를 조절하는 것은 디자인 감각에 속합니다. 텍스트 크기가 약간 크거나, 약간 작은 차이로 인해 레이아웃에 이상이 생기고 시각적 균형감을 잃을 수도 있습니다. 여기에 자간과 행간도 변수로 작용하므로 텍스트를 편집하면서 감각을 익혀야 합니다.

05 회색 파이에 텍스트 입력하고 편집하기

01 왼쪽 회색 파이에 그래프 수치인 '60'을 입력하고 크기를 조절합니다.
  - **색상** : 흰색　　• **폰트** : Arimo　　• **스타일** : 굵게

02 숫자 옆에 '%'를 입력하고 크기를 조절합니다.
  - **색상** : 흰색　　• **폰트** : Arimo

03 숫자 아래에 'eBiz Consulting'을 입력하고 크기를 조절합니다.
  - **스타일** : 굵게

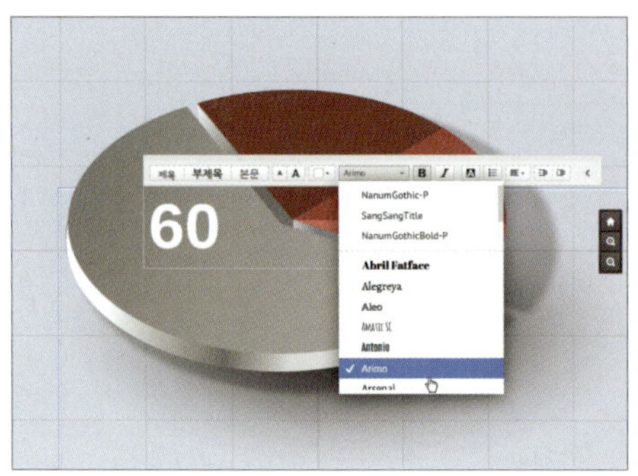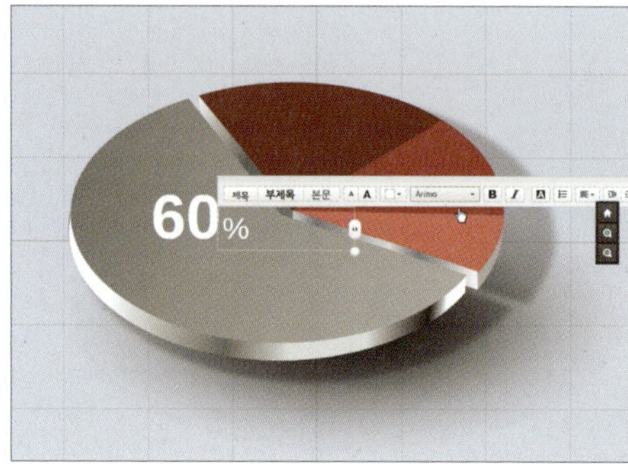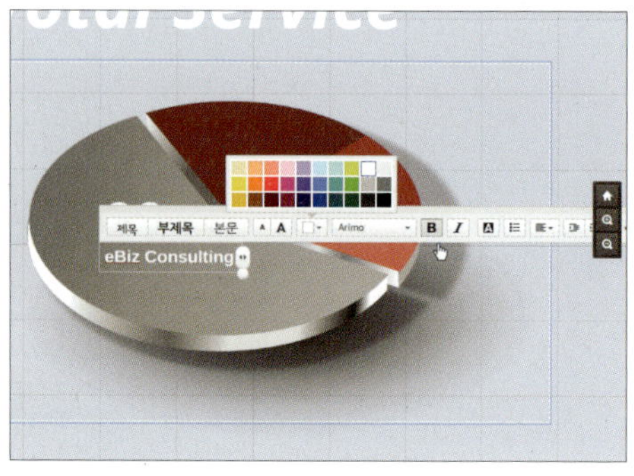

TIP •　여러 개의 텍스트를 작업할 때 폰트가 같다면 완성된 텍스트를 복제하여 내용을 변경한 다음 크기만 조절하여 쉽게 작업할 수 있습니다.

06 오른쪽 파이에 숫자 입력하기

01 '60%' 텍스트를 선택하고 복제(Ctrl + D)합니다.

02 각각의 파이 조각 위에 배치합니다.

03 수치를 변경한 다음 '%'가 있으면 자간을 적절하게 늘립니다.

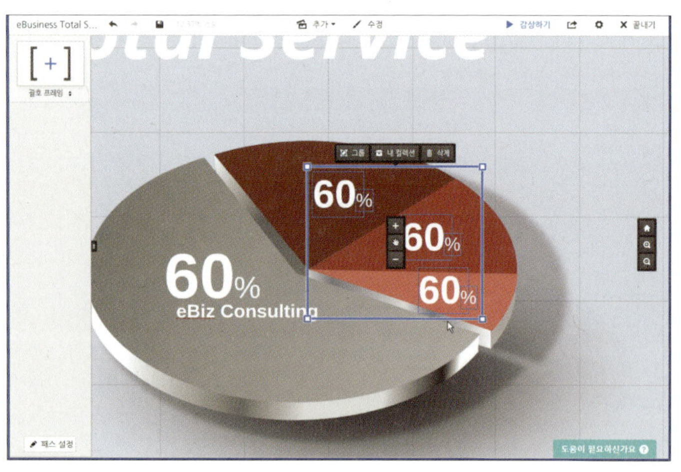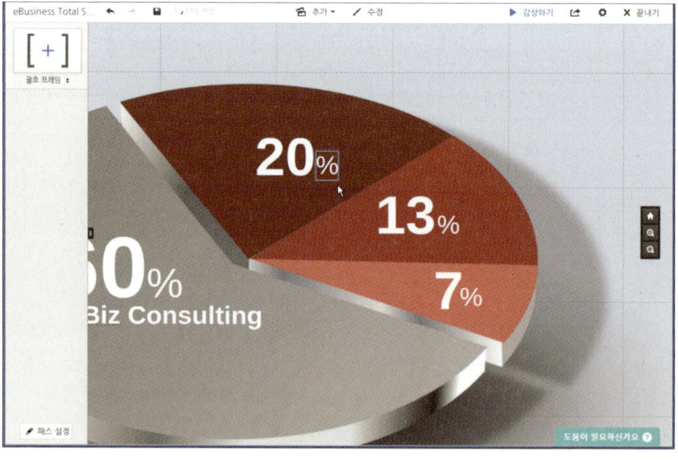

07 보조선 이미지 추가하기

01 [이미지 추가] 창에서 〈파일 선택〉 버튼을 클릭하고 [열기] 대화상자가 나타나면 '보조라인.png' 이미지를 불러옵니다.

02 보조선 이미지를 파이 조각에 맞춰 크기를 조절합니다.

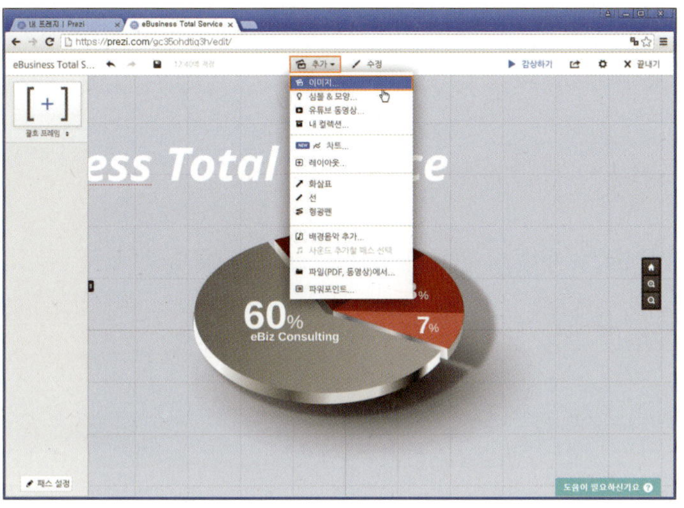

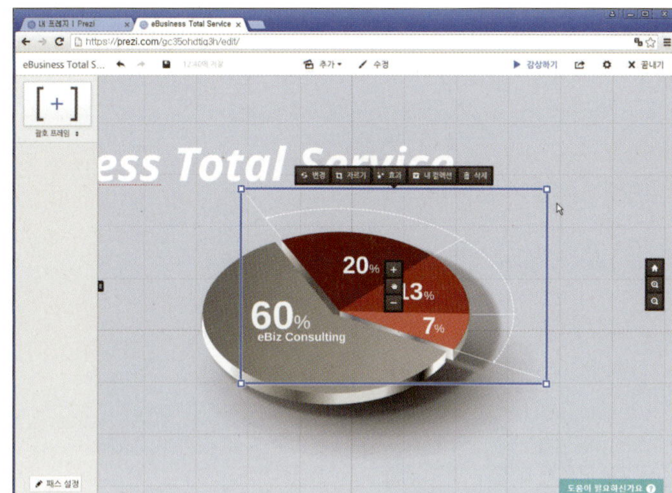

TIP • 보조선 이미지는 파워포인트에서 PNG 파일로 저장하였습니다. 어느 정도 화면을 확대해도 계단 모양으로 깨지지 않도록 저장할 때 적절하게 크기(픽셀)를 키웁니다. 실제 적용할 크기보다 150~200% 정도 키우는 것이 좋습니다.

08 오른쪽 파이 텍스트 삽입하기

01 오른쪽 20% 파이에 'Web Service & Solution'을 입력하고 크기를 조절합니다.
  • 색상 : 검은 회색   • 스타일 : 굵게, 기울임 꼴

02 20% 파이에 'Network Integration'을 입력합니다.

03 7% 파이에 'SI Service & Solution'을 입력하고 크기를 조절합니다.

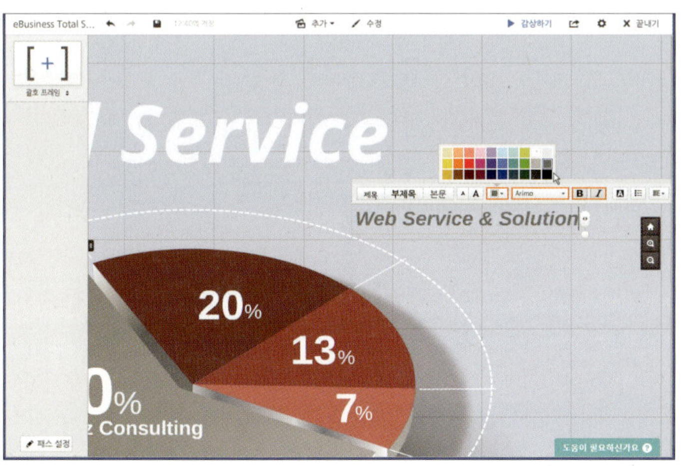

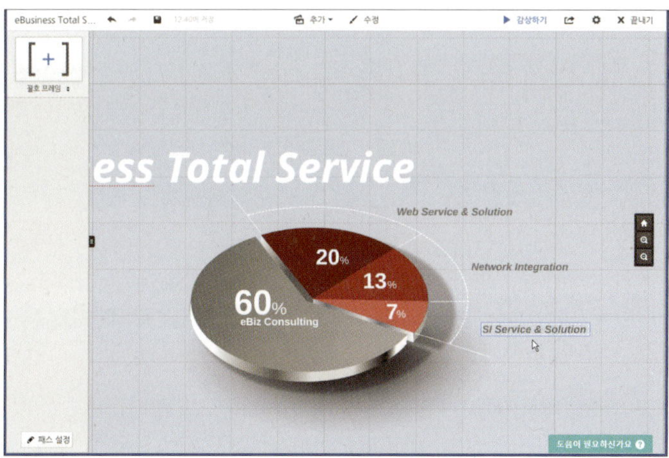

TIP • 06번 과정처럼 완성된 'Web Service & Solution'을 복제(Ctrl+D)한 다음 해당 텍스트를 '038_텍스트.txt' 파일에서 복사하고 붙여 넣으면 쉽게 작업할 수 있습니다.

09 투명 프레임 적용하기

01 지금까지 작업한 원형 그래프와 텍스트를 모두 포함하도록 투명 프레임을 적용합니다.

02 상하 좌우 여백을 적절하게 살려서 프레임 크기를 조절합니다.

03 60% 텍스트 덩어리에 투명 프레임을 적용하고 좌우 여백을 고려하면서 크기를 조절합니다.

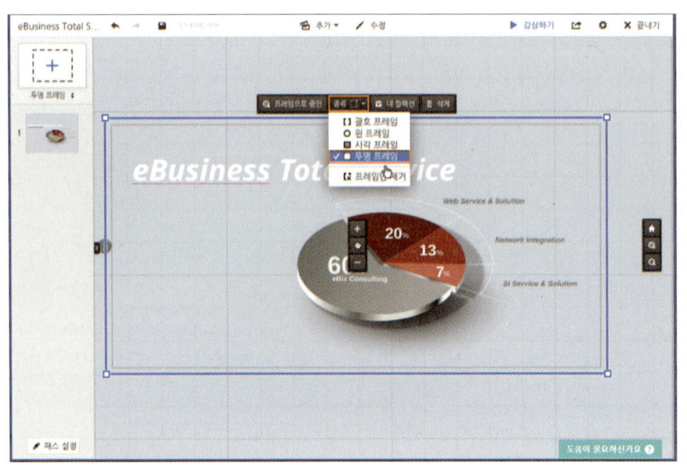
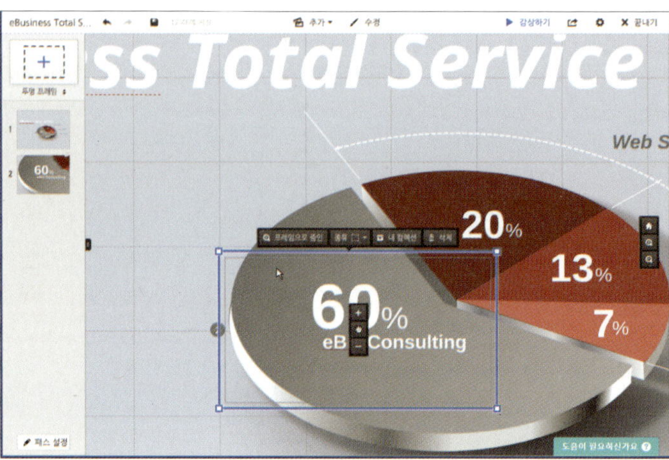

TIP • **투명 프레임을 적용하려면?**
미리보기 창에서 [프레임]–[투명 프레임]을 선택합니다. 미리보기 창에 나타난 투명 프레임 아이콘을 클릭하거나 클릭하고 캔버스 방향으로 드래그하면 캔버스에 투명 프레임이 생성됩니다.
투명 프레임을 적용하면 미리보기 창에 해당 섬네일이 추가됩니다. 섬네일 이미지를 확인하면서 프레임 여백을 조절하는 것도 하나의 방법입니다. 프레임 크기가 바뀔 때마다 해당 섬네일 이미지도 변경됩니다.

10 파란색 서브 텍스트 추가하고 투명 프레임 적용하기

01 '038_텍스트.txt' 파일에서 60% 파이에 해당하는 서브 텍스트를 복사한 다음 붙여 넣고 크기를 작게 줄입니다.

- **색상** : 파란색   • **폰트** : Arimo

02 서브 텍스트에 맞춰 투명 프레임을 배치하고 좌우 여백을 고려하면서 크기를 조절합니다.

03 투명 프레임을 시계 방향으로 37° 회전합니다.

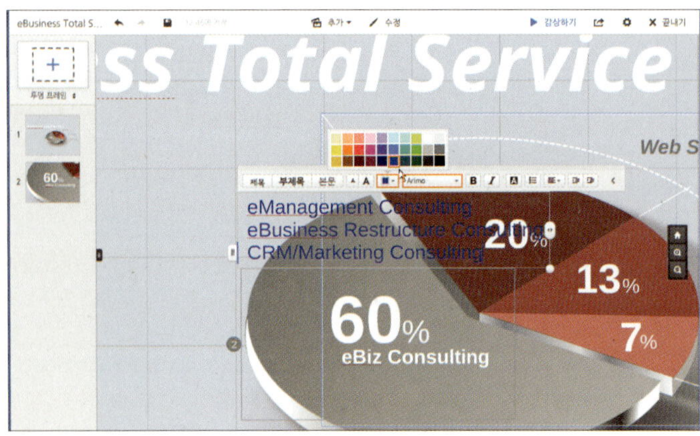
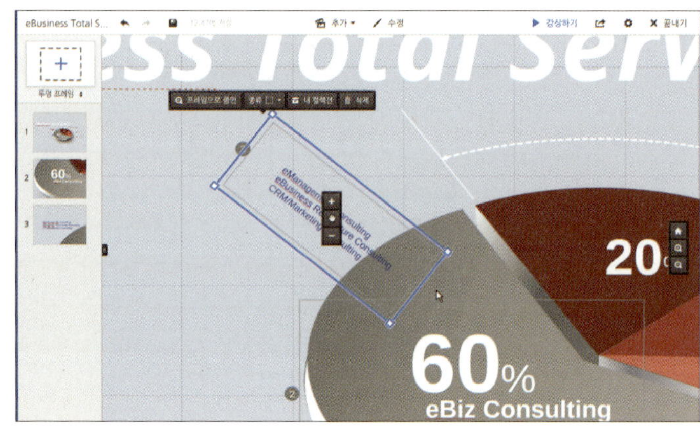

II 'C'에 서브 텍스트 배치하기

01 'C' 쪽으로 서브 텍스트가 있는 투명 프레임을 이동합니다.

02 마우스 휠을 이용하여 'C'가 크게 보이도록 화면을 줌 인합니다.

03 'C' 공간에 서브 텍스트 프레임을 배치하고 텍스트와 투명 프레임 크기를 조절합니다.

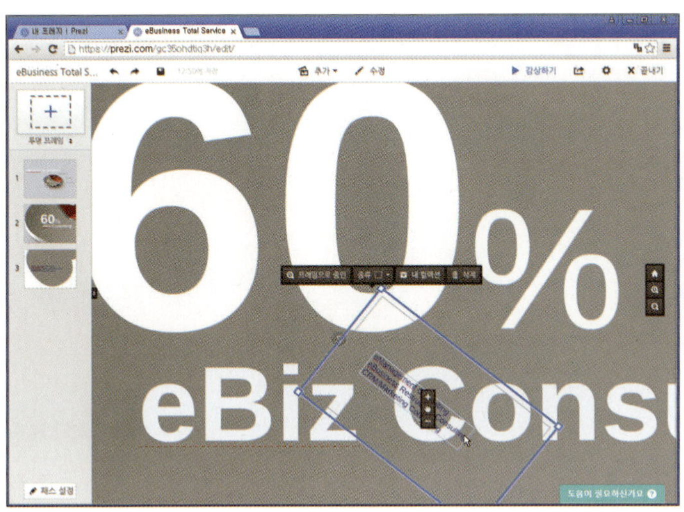 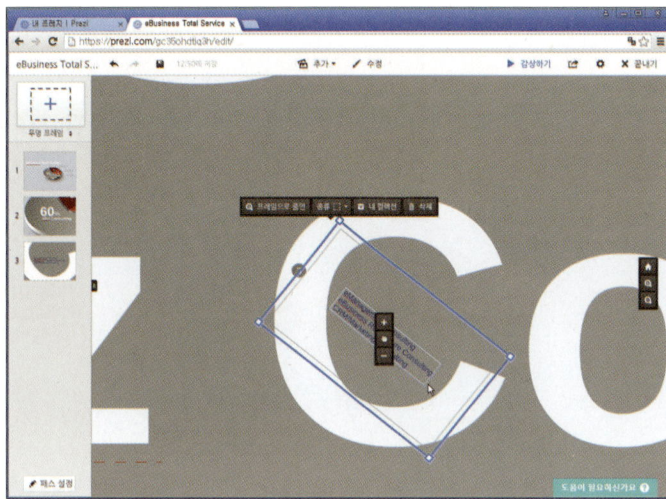

I2 주황색 서브 텍스트 추가하고 투명 프레임 적용하기

01 오른쪽 파이와 텍스트에 투명 프레임을 적용합니다.

02 '038_텍스트.txt' 파일에서 20% 파이에 해당하는 서브 텍스트를 복사한 다음 붙여 넣고 크기를 작게 줄입니다.

- 색상 : 주황색

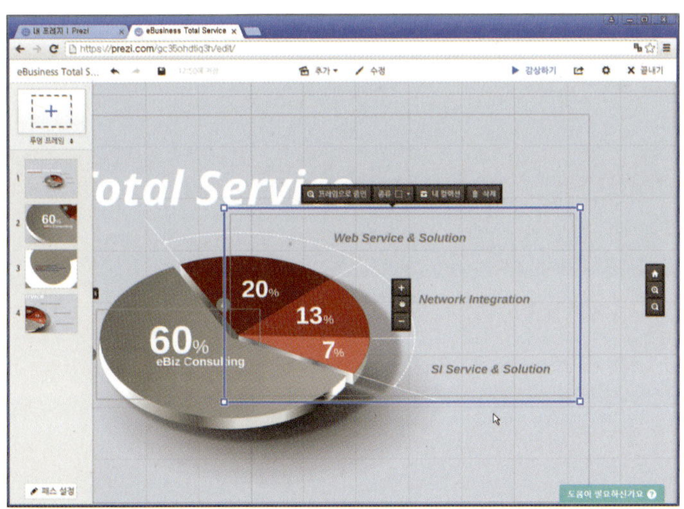 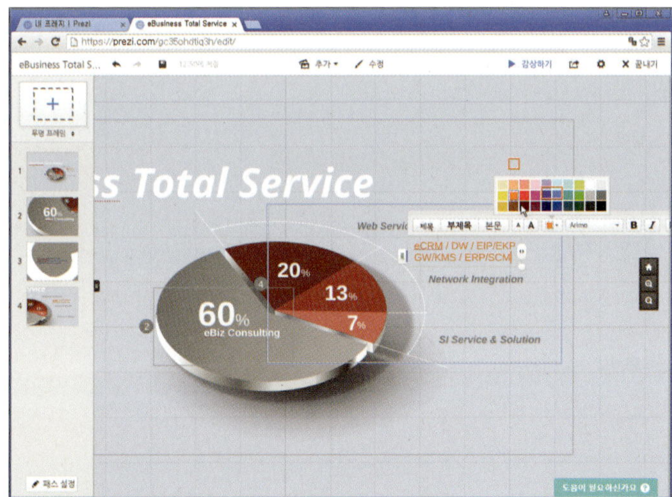

TIP • 투명 프레임 크기를 조절하거나 이동하는 과정에서 텍스트가 따라서 움직이기도 하므로 작업 후에 텍스트나 개체의 위치가 변경되었는지 살펴보아야 합니다.

I3 '2'에 서브 텍스트 배치하기

01 '2' 쪽으로 서브 텍스트를 이동합니다.

02 '2'가 크게 보이도록 마우스 휠을 이용하여 화면을 줌 인합니다.

03 'C' 공간에 텍스트를 배치하고 투명 프레임을 적용합니다.

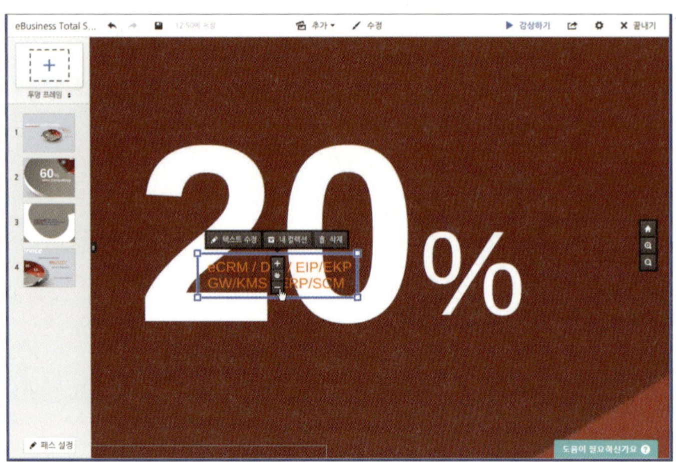

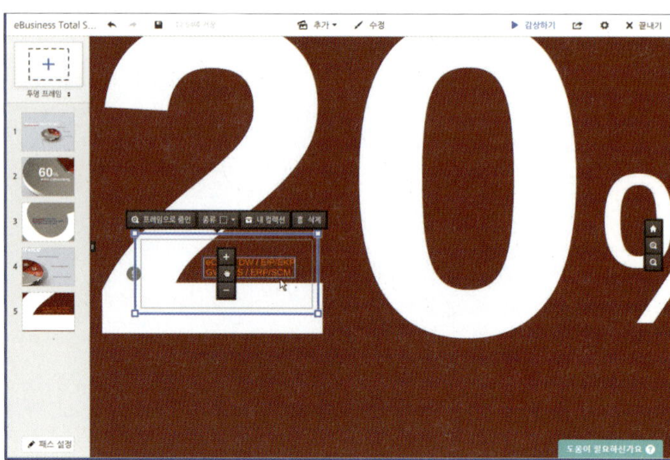

TIP • 투명 프레임을 적용할 때 배경색과 주변의 디자인 요소도 함께 고려해야 하며 텍스트 여백을 충분히 살려야 합니다.

I4 동영상 파일 추가하기

01 'eBusiness Total Service' 타이틀에 투명 프레임을 적용합니다.

02 메뉴에서 [추가]-[파일(PDF, 동영상)에서]를 실행하여 [열기] 대화상자가 나타나면 '038_가로막대
그래프.wmv' 동영상을 불러옵니다.

03 동영상 크기를 타이틀 크기에 맞춰 줄입니다.

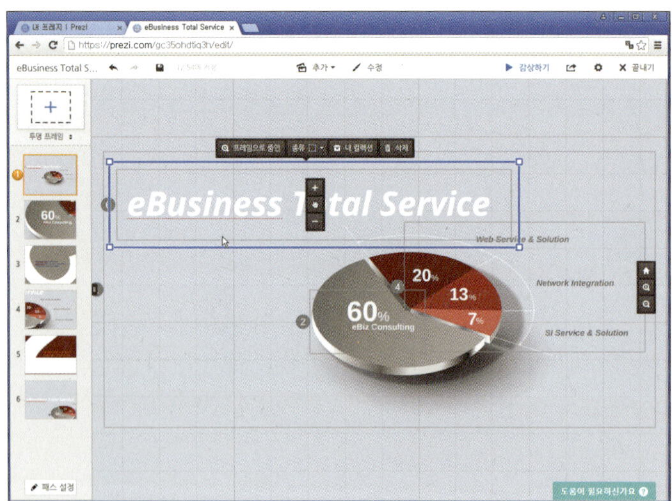

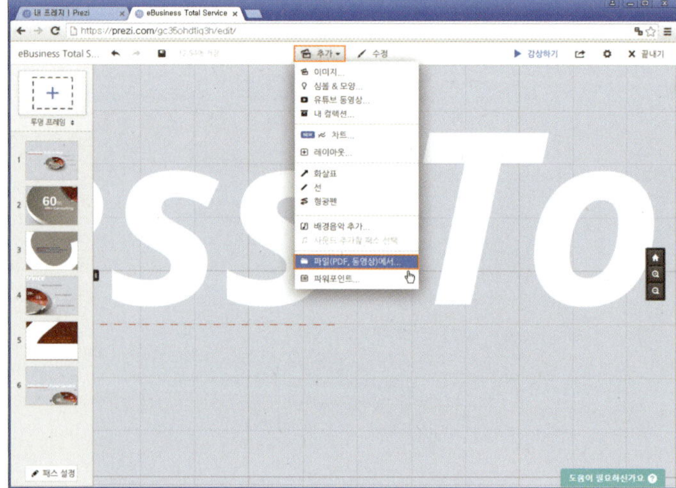

TIP • 프레지에 추가할 수 있는 동영상 파일 형식은 WMV, AVI, MOV 외에도 FLV, F4V, F4V, MPG, MPEG, MP4, M4V, 3GP 형식의 동영상을
추가할 수 있습니다.

15 동영상에 페이드인 효과 적용하고 패스 지정하기

01 eBusiness 텍스트 끝 'S' 오른쪽에 동영상을 작게 줄여 배치합니다.

02 미리보기 창 아래 〈패스 설정〉 버튼을 클릭합니다. 6번 섬네일의 황갈색 '★' 아이콘을 클릭합니다.

03 [페이드인 효과] 대화상자에서 동영상을 클릭하여 페이드인(나타내기) 효과를 적용한 다음 오른쪽 위의 〈Done〉 버튼을 클릭합니다. 동영상을 클릭하여 패스⑦을 생성합니다.

04 미리보기 창의 1번 섬네일을 클릭하고 패스①의 투명 프레임 테두리를 클릭해 패스⑧을 생성합니다.

05 미리보기 창 아래의 〈패스 설정〉 버튼을 클릭하거나 화면 오른쪽 위의 〈완료〉 버튼을 클릭하여 편집 모드로 돌아갑니다.

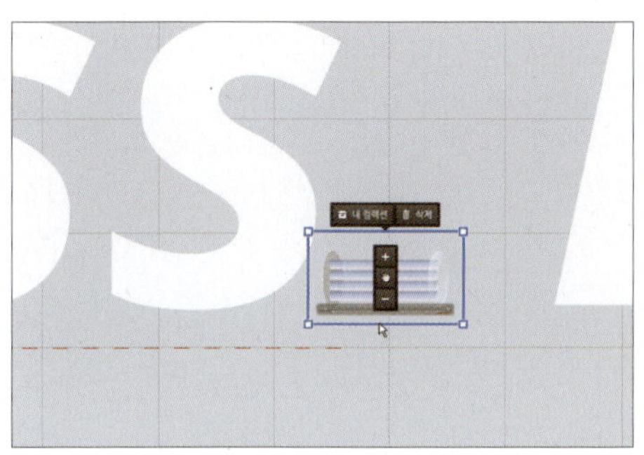

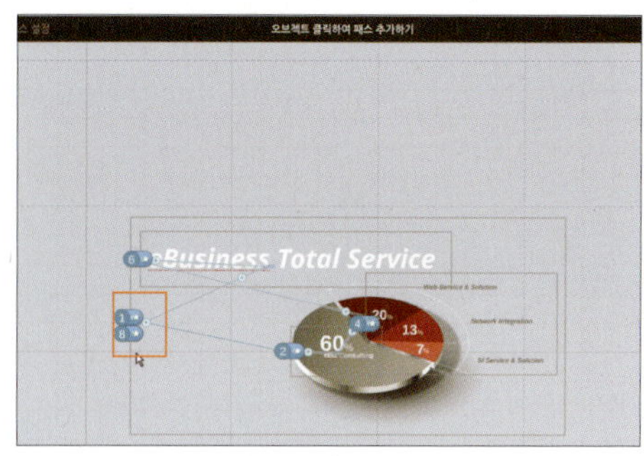

TIP • 동영상에 적용한 페이드인 효과는 〈감상하기〉 버튼을 클릭하여 볼 수 있습니다. 애니메이션에서 동영상이 재생된 다음에는 자동으로 원래대로 되돌아오지 않으므로 동영상 시작점(흰색 삼각형)을 반드시 앞으로 이동해야 합니다. 앞쪽으로 시작점(흰색 삼각형)을 이동하지 않으면 실제 발표 때 동영상 끝부분만 나타나므로 문제가 생길 수 있습니다.

16 감상하기와 저장하기

01 〈감상하기〉 버튼을 클릭하여 지금까지 작업한 내용을 애니메이션(프레지 쇼)으로 실행합니다.

02 메뉴 오른쪽의 〈끝내기〉 버튼을 클릭하면 최종 작업 내용이 자동으로 저장되면서 종료됩니다.

03 왼쪽 아래의 'Untitled Prezi' 텍스트에서 파일 이름을 작성합니다.

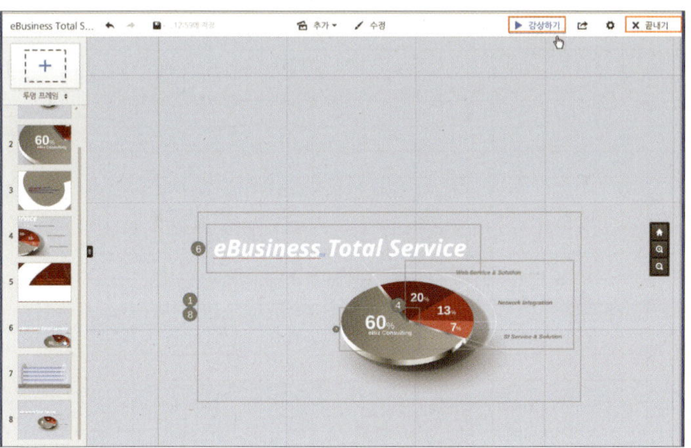

039 파워포인트 템플릿 활용 애니메이션

파워포인트 템플릿(표지+본문 슬라이드 디자인)은 프레지에서 매우 유용하게 활용할 수 있습니다. 파워포인트 템플릿 중에서도 단 한 장의 표지만으로도 수십 페이지의 발표 자료를 뚝딱 만들어낼 수 있습니다. 물론 파워포인트 템플릿이 무조건 프레지에서 활용되는 것은 아닙니다. 파워포인트 템플릿이 지나치게 단조롭거나 스토리 전개상 디자인적으로 맞지 않는 경우도 많습니다. 프레지에 적합한 파워포인트 템플릿을 찾는 것만으로도 디자인 퀄리티의 절반은 해결한 것과 같습니다.

|난이도| ★★★★☆ |디자인 소스 파일| Prezi ani_039\039_템플릿배경.PNG, 본문1_text.png, 본문2_text.png, 본문3_text.png, 039_텍스트.txt
|동영상 파일| Prezi ani_039\prezi ani_039.avi |인터넷으로 보기| http://cafe.naver.com/artcomptacademy/1886

애니메이션 작업 포인트

이번 예제의 중요 테크닉은 파워포인트 템플릿을 활용한 애니메이션입니다. 파워포인트 표지 이미지를 배경으로 줌 인-아웃 효과, 회전 효과와 페이드인 효과 등을 적용하여 본문 내용을 더욱 역동적으로 전개하였습니다. 본문 내용은 파워포인트에서 작성된 것을 PNG 파일로 저장하여 불러들였고, 중요 텍스트는 프레지에서 직접 작성하여 클로즈업할 때 선명도를 유지할 수 있도록 하였습니다.

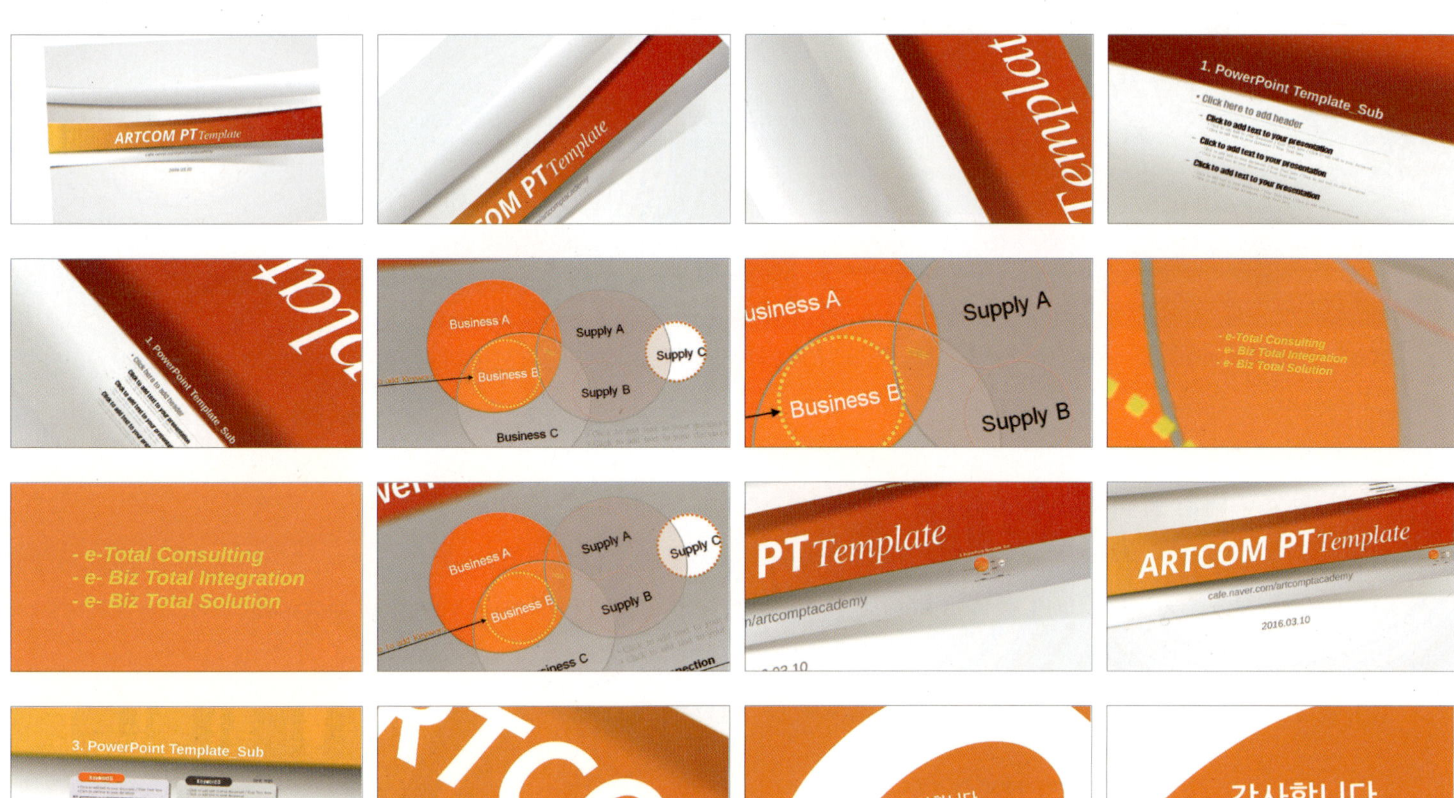

01 테마 설정하기

01 내 프레지에서 '새로운 프레지'를 클릭하고 〈빈 프레지 시작〉 버튼을 클릭하여 캔버스를 엽니다.

02 폰트 및 배경색 등을 설정하기 위해 [수정] 창에서 〈테마 설정〉 버튼을 클릭합니다.

03 [Theme Wizard] 대화상자에서 [Advanced] 탭을 선택한 다음 배경색을 '흰색'으로 설정합니다.
- Background Color : R255, G255, B255

04 'Use the Prezi CSS Editor'를 선택하여 폰트를 설정합니다.

05 [Edit CSS] 창에서 제목, 부제목, 본문 폰트를 설정하고 〈Apply〉 버튼을 클릭합니다.
- 본문(body) : NanumGothic−P.keg　　• 제목(head) : SangSangTitleOTFM−P.keg
- 부제목(strong) : NanumGothicBold−P.keg

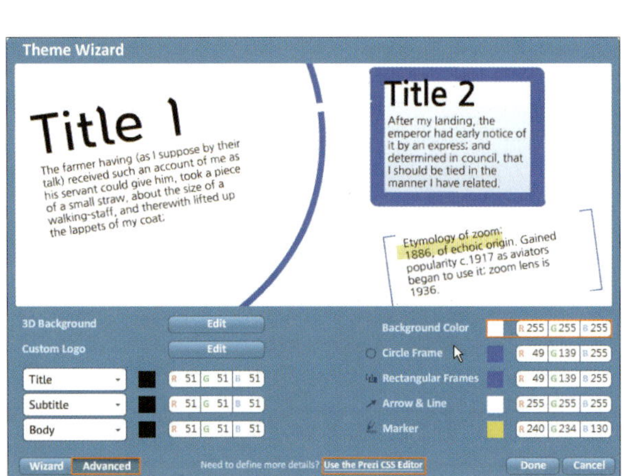
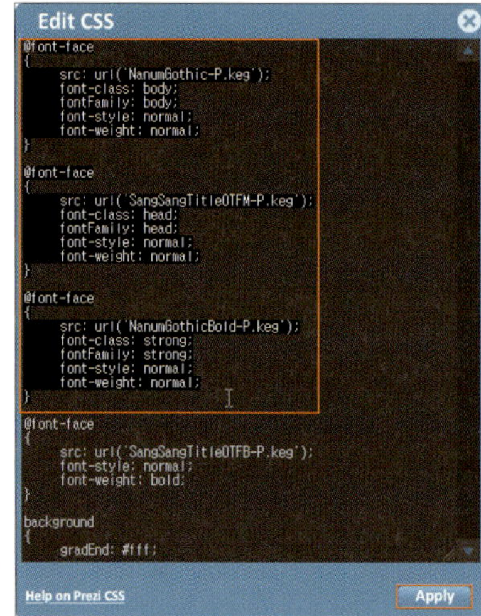

TIP • 　원 프레임은 배경 이미지 크기를 정하기 위한 기준으로 활용됩니다. 배경 이미지 크기를 결정하는 일은 매우 중요합니다. 이후 모든 텍스트 편집과 이미지 작업을 배경을 기준으로 하기 때문입니다.

02 배경 이미지 불러오기

01 원 프레임이 매우 작게 보이도록 마우스 휠을 이용하여 화면을 줌 아웃합니다.

02 [이미지 추가] 창에서 〈파일 선택〉 버튼을 클릭하고 [열기] 대화상자가 나타나면 '039_템플릿배경.PNG' 이미지를 불러옵니다.

03 원 프레임 아래에 배치하고 크기를 크게 키웁니다.

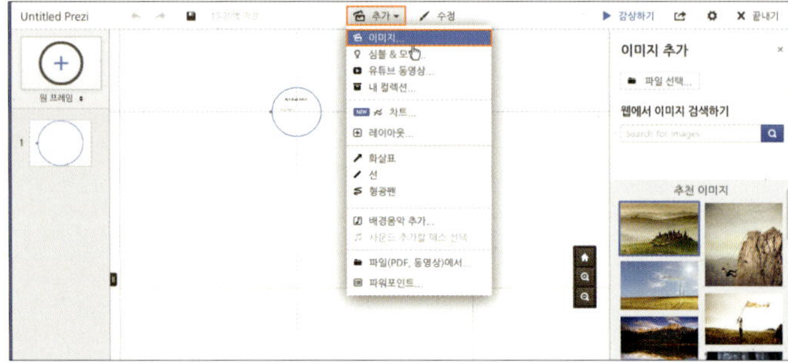
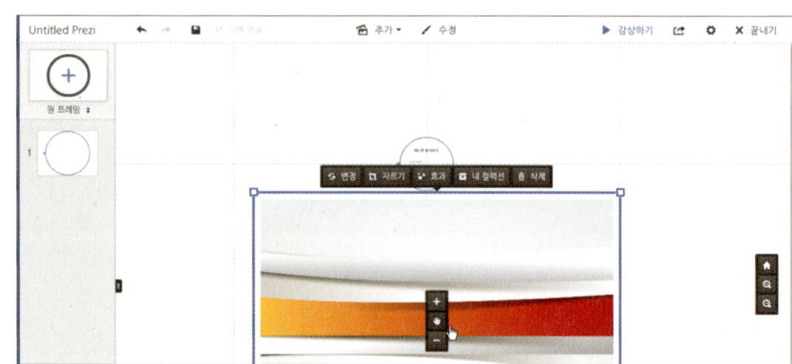

03 타이틀 입력하고 편집하기

01 원 프레임을 삭제합니다.

02 템플릿 타이틀 바 여백에 타이틀 텍스트인 'ARTCOM PT'를 입력합니다.
- **색상** : 흰색   **폰트** : Noto Sans   **스타일** : 굵게, 기울임 꼴

03 'ARTCOM PT' 오른쪽에 'Template'을 입력합니다.
- **색상** : 흰색   **폰트** : FreeSerif   **스타일** : 기울임 꼴

04 타이틀 바에 맞춰 크기를 조절하고 짜임새 있게 배치합니다.

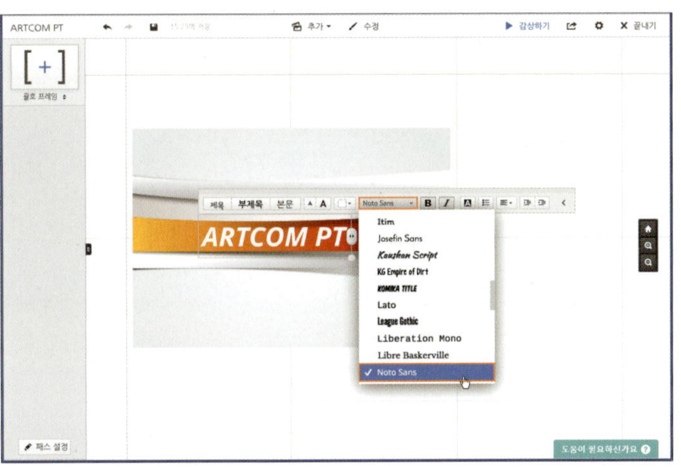
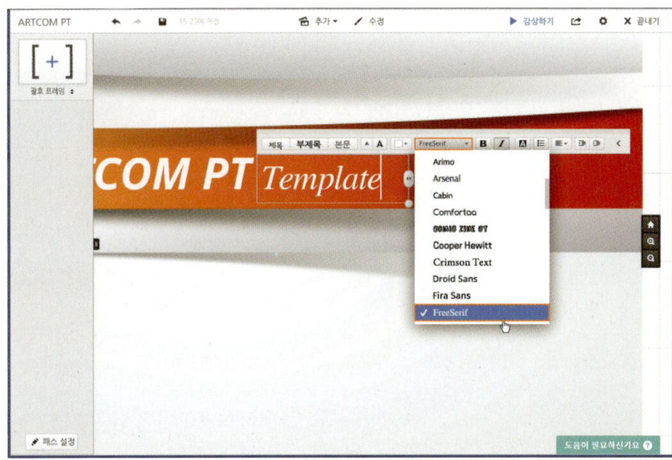

TIP · 이번 작업 과정에서 작성한 텍스트는 실습을 위한 예제입니다. 타이틀 텍스트는 발표 내용으로 교체하세요. 한글 제목일 경우 'NanumGothic Bold-P' 폰트로 설정합니다.

04 URL과 날짜 입력하고 투명 프레임 적용하기

01 타이틀 텍스트 아래에 URL(cafe.naver.com/artcomptacademy)을 입력합니다.
- **색상** : 어두운 회색   **폰트** : Arimo   **스타일** : 기울임 꼴

02 URL을 복제(Ctrl+D)한 다음 날짜를 입력합니다.

03 배경 이미지에 투명 프레임을 적용합니다.

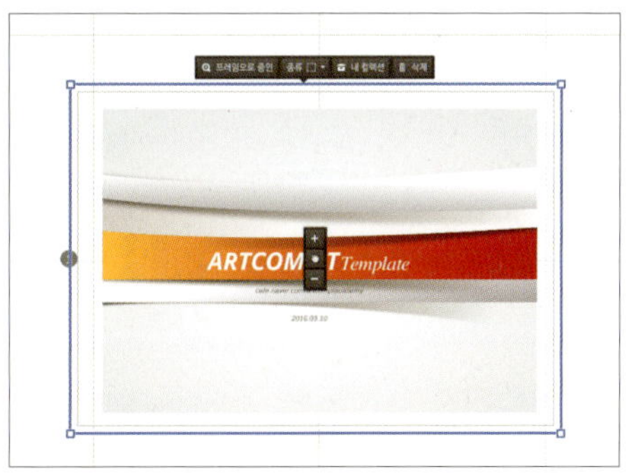

05 첫 번째 슬라이드 만들기

01 템플릿 이미지 위에 첫 번째 본문 슬라이드의 타이틀(1. PowerPoint Template_Sub)을 입력합니다.
- **색상** : 검은색　　　• **폰트** : Arimo　　　• **스타일** : 굵게

02 [이미지 추가] 창에서 〈파일 선택〉 버튼을 클릭하고 [열기] 대화상자가 나타나면 '본문1_text.png' 이미지를 불러옵니다.

03 타이틀과 '본문1' 이미지를 포함하는 투명 프레임을 적용합니다.

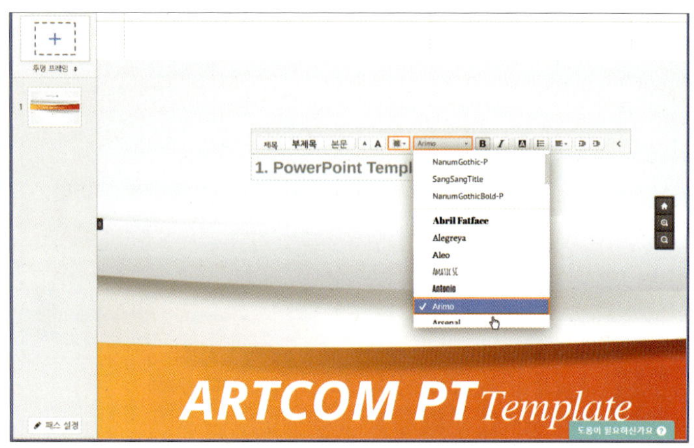
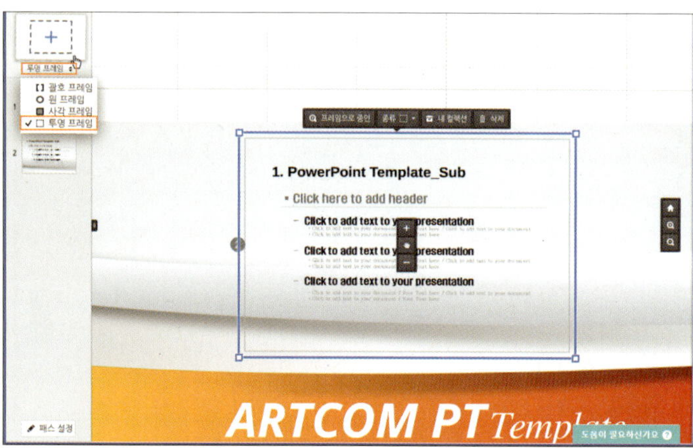

TIP • 　프레지에서 본문 내용을 세세하게 작성하면 시간이 많이 걸리고 디자인 미감도 살리기 어렵습니다. 이런 경우 본문 내용을 파워포인트에서 편집하여 PNG 파일로 저장한 다음 불러들이면 한층 효율적입니다. 텍스트는 줌 인하여 클로즈업하는 부분만 프레지에서 작성합니다.

06 두 번째 슬라이드 만들기

01 완성된 첫 번째 슬라이드를 선택하고 복제(Ctrl+D)합니다.

02 두 번째 슬라이드 타이틀을 '2. PowerPoint Template_Sub'로 변경합니다.
- **색상** : 검은색　　　• **폰트** : Arimo　　　• **스타일** : 굵게

03 [이미지 추가] 창에서 〈파일 선택〉 버튼을 클릭하고 [열기] 대화상자가 나타나면 '본문2_text.png' 이미지를 불러옵니다.

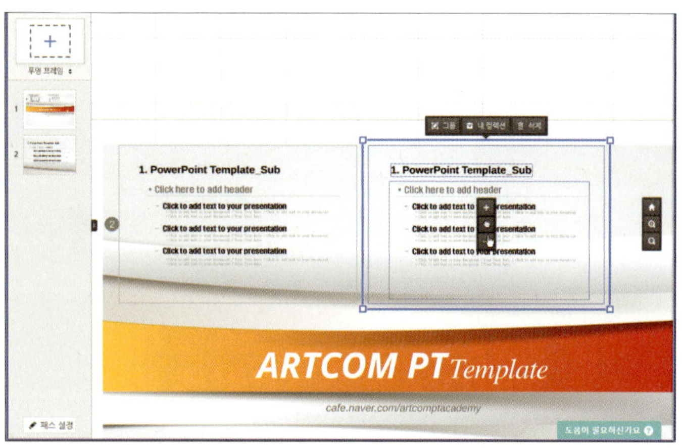
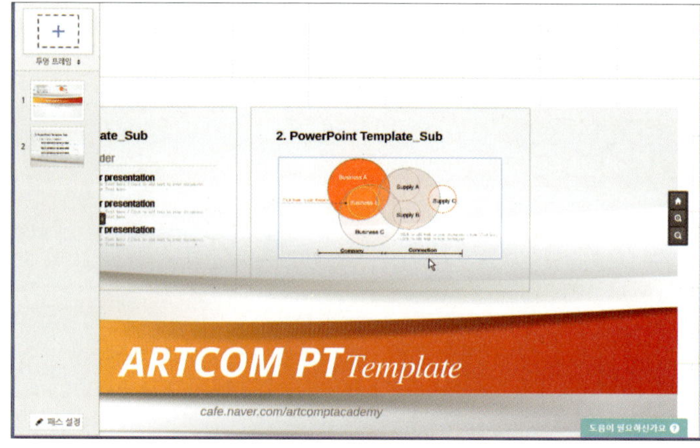

TIP • 　동일한 형식의 디자인은 복제하여 변경해서 작업하는 것이 텍스트와 이미지 크기를 균일하게 하면서 작업 시간을 단축시킬 수 있습니다.

07 세 번째 슬라이드 만들기

01 완성된 두 번째 슬라이드를 복제(Ctrl+D)합니다.

02 세 번째 슬라이드 타이틀을 '3. PowerPoint Template_Sub'로 변경합니다.
- 색상 : 검은색　　• 폰트 : Arimo　　• 스타일 : 굵게

03 [이미지 추가] 창에서 〈파일 선택〉 버튼을 클릭하고 [열기] 대화상자가 나타나면 '본문3_text' 이미지를 불러옵니다.

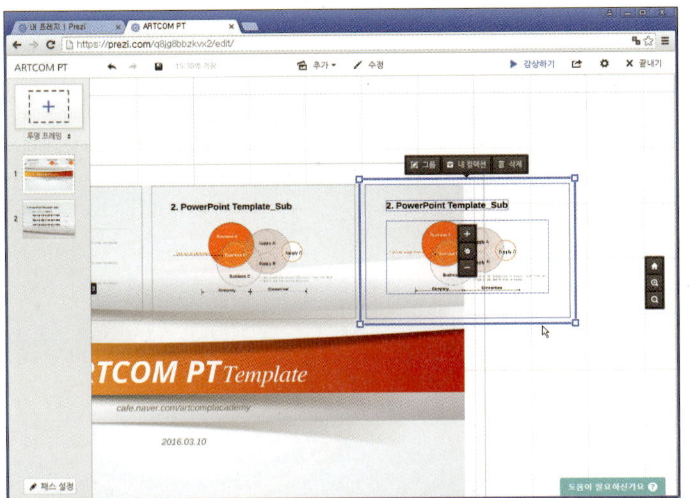 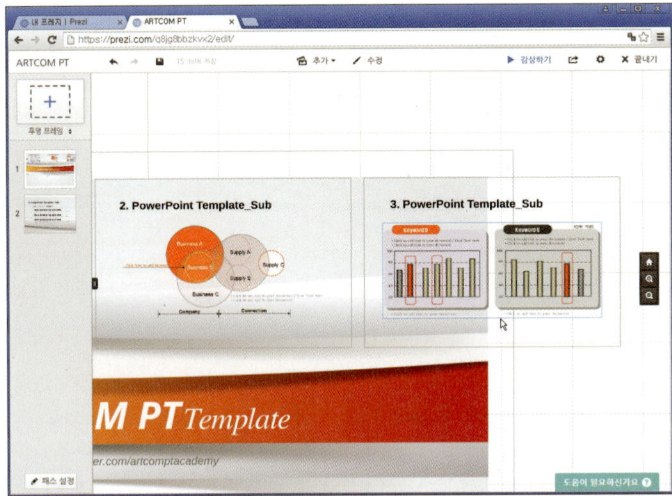

TIP • 비슷한 형식의 디자인은 한꺼번에 작업한 다음 〈패스 설정〉 버튼을 클릭하여 패스를 설정하는 것이 효율적입니다.

08 첫 번째 슬라이드 회전하여 배열하기

01 작업한 3개의 슬라이드를 배열합니다.
- 첫 번째 슬라이드 : 오른쪽 상단　　• 두 번째 슬라이드 : 오른쪽 하단　　• 세 번째 슬라이드 : 왼쪽 하단

02 첫 번째 슬라이드를 시계 방향으로 180° 회전합니다.

03 첫 번째 슬라이드를 줄이고 'Template' 텍스트 위에 배치합니다.

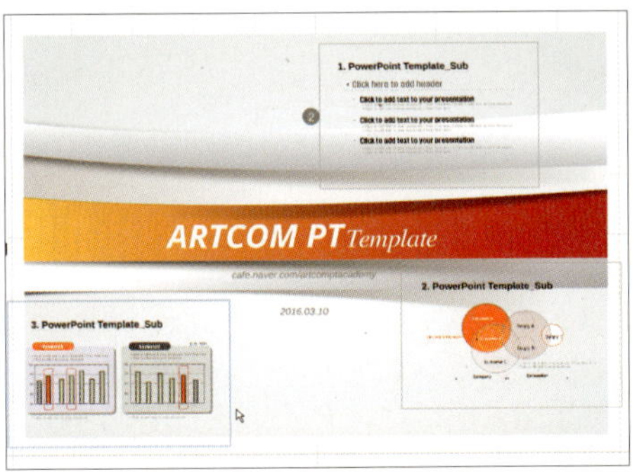 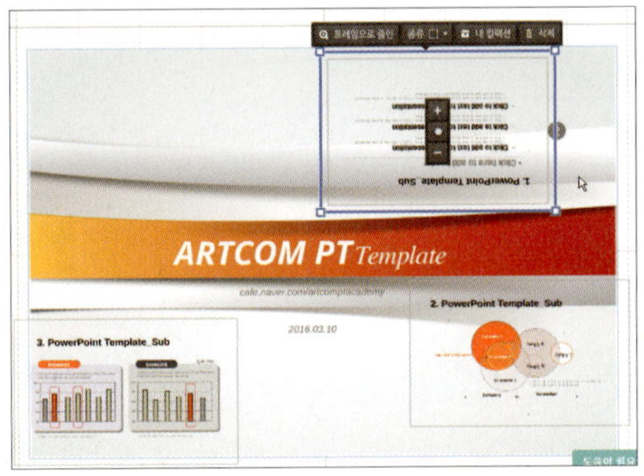 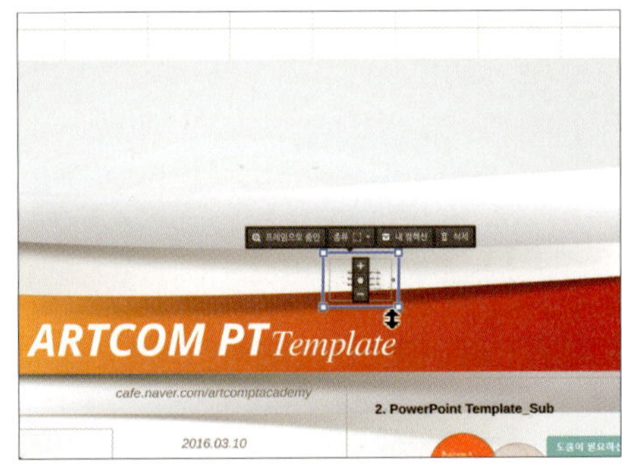

TIP • 프레임을 회전하면 프레임 안에 있는 텍스트와 이미지도 함께 회전해야 정상입니다. 프레임만 회전될 경우 레이어에 문제가 없는지 살펴보고 텍스트를 줄이거나 프레임을 키워야 합니다.

09 첫 번째 슬라이드 크기 조절하기

01 미리보기 창에서 2번 섬네일을 클릭하여 화면을 회전합니다.

02 슬라이드 타이틀 제목 색상을 '흰색'으로 변경합니다.

03 프레임과 타이틀, 본문 이미지 등을 이동하거나 크기를 재조정합니다.

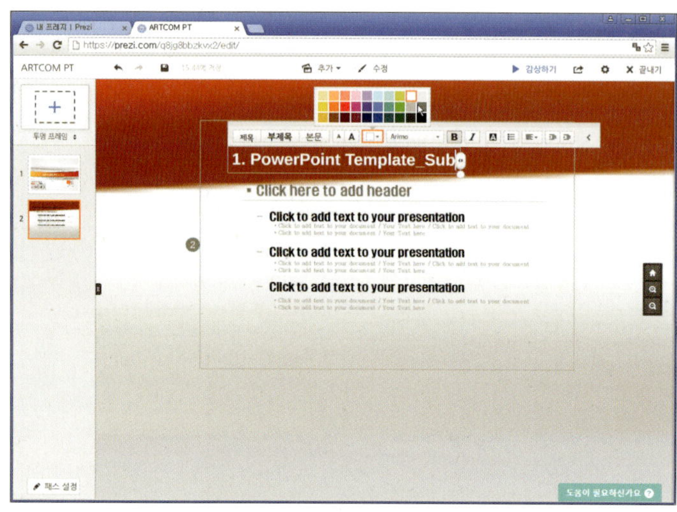
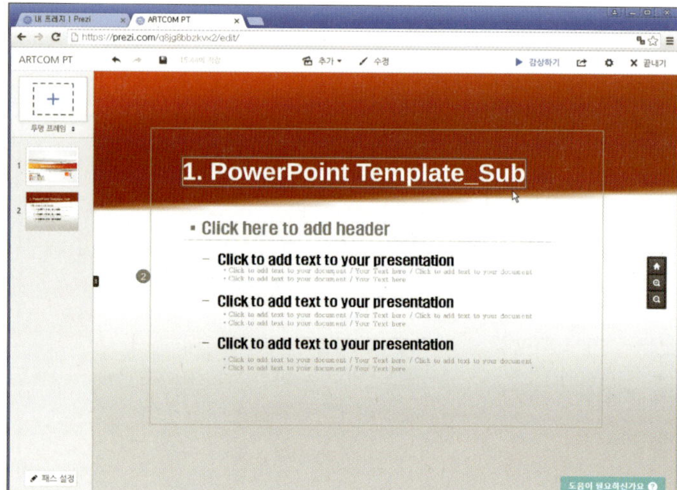

TIP • 이번 과정에서는 파워포인트 슬라이드처럼 짜임새 있게 레이아웃되도록 세심하게 작업해야 합니다. 프레임은 파워포인트 슬라이드와 같으므로 프레임 내부 텍스트와 이미지가 짜임새 있게 구성되어야 합니다.

10 두 번째 슬라이드 키워 배열하기

01 미리보기 창 하단의 〈패스 설정〉 버튼을 클릭합니다.

02 두 번째 슬라이드(투명 프레임)를 클릭하여 패스를 설정해서 패스③을 생성합니다.

03 두 번째 슬라이드를 줄인 다음 'Template' 텍스트 아래에 배치합니다.

04 미리보기 창의 3번 섬네일을 클릭하여 화면을 줌 인하고 타이틀 텍스트를 '흰색'으로 설정합니다.

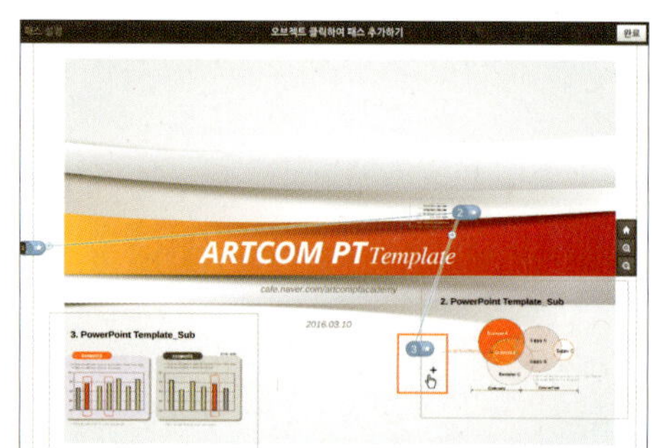
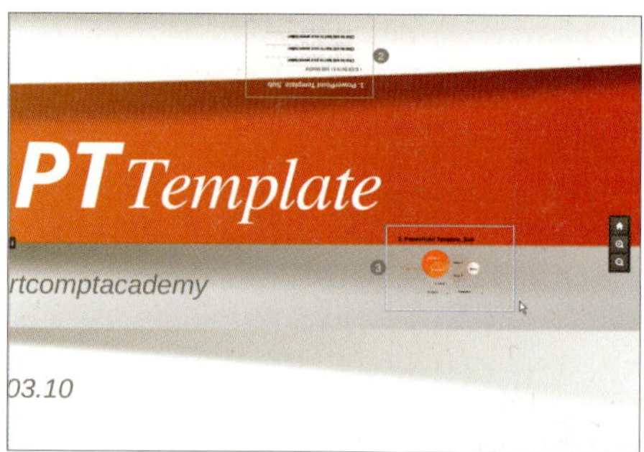
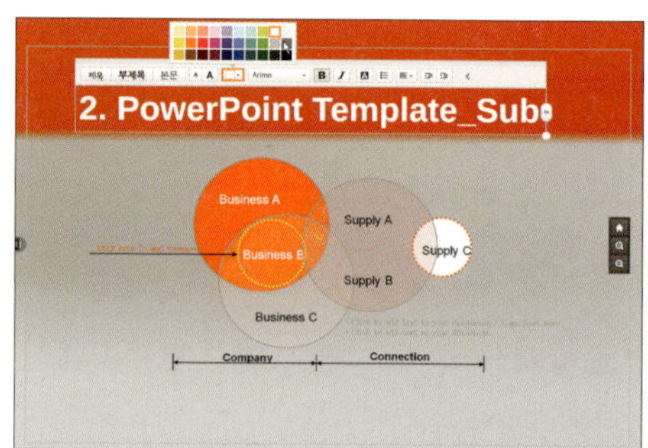

TIP • 이전 과정처럼 화면을 줌 인하여 마치 파워포인트 슬라이드처럼 느껴지도록 섬세하게 작업합니다. 빨간색 부분에 흰색 타이틀을 정확하게 배치하고, 본문 이미지는 회색 부분에 배치합니다. 전반적으로 텍스트 가독성에 문제가 없는지 점검하고 이미지 크기를 조절해도 문제가 해결되지 않으면 본문 이미지를 다시 작업하여 불러오거나 슬라이드를 다른 곳으로 이동해야 합니다.

II 노란색 서브 텍스트 추가하기

01 두 번째 슬라이드에 '039_텍스트.txt' 파일의 서브 텍스트를 복사하고 붙여 넣은 다음 크기를 작게
줄입니다.

   • **색상** : 노란색   • **폰트** : Arimo   • **스타일** : 굵게, 기울임 꼴

02 서브 텍스트를 'Business B' 옆으로 이동한 다음 작게 줄입니다.

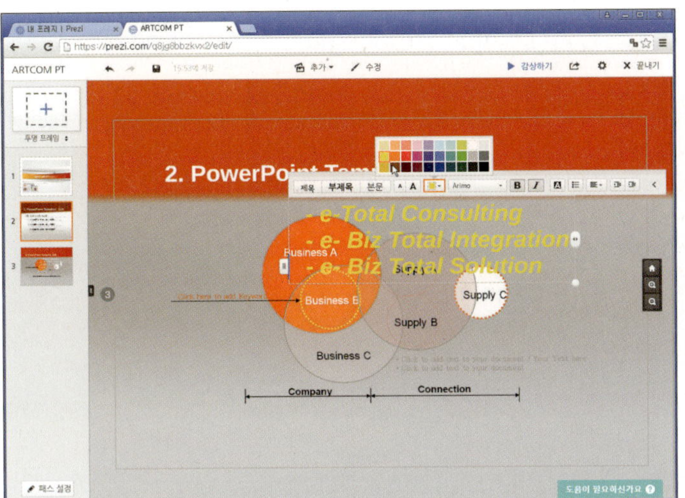

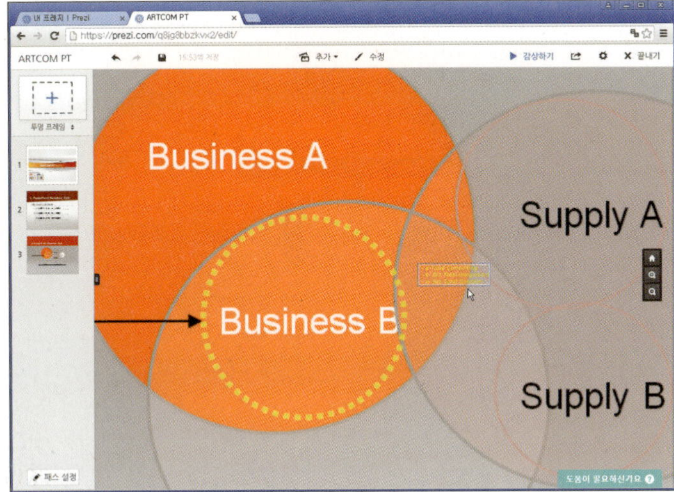

TIP •   프레지에서 개체 크기를 한없이 줌 아웃할 수 없습니다. 최대한 줌 아웃하다 보면 느낌표(!)가 나타나면서 더 이상 줄여지지 않습니다.

I2 투명 프레임 적용하기

서브 텍스트에 맞춰 투명 프레임을 배치하고 여백을 고려하면서 크기를 조절합니다.

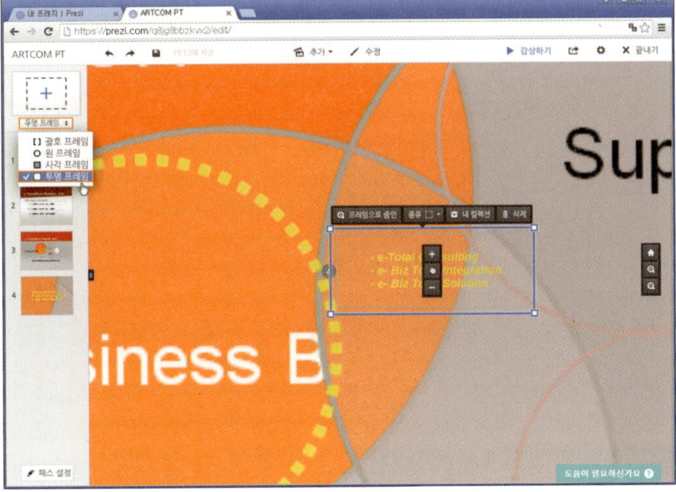

13 프레임 회전하고 크기 조정하기

01 투명 프레임을 시계 방향으로 25° 회전합니다.

02 미리보기 창에서 4번 섬네일을 클릭하여 화면을 회전합니다.

03 텍스트와 프레임 크기를 조정합니다.

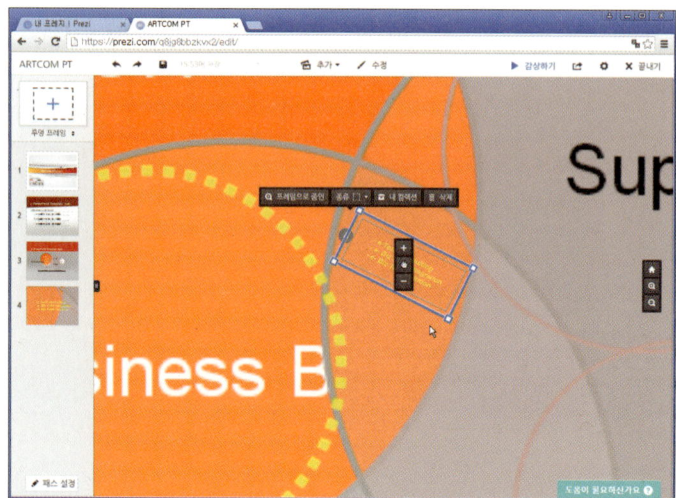
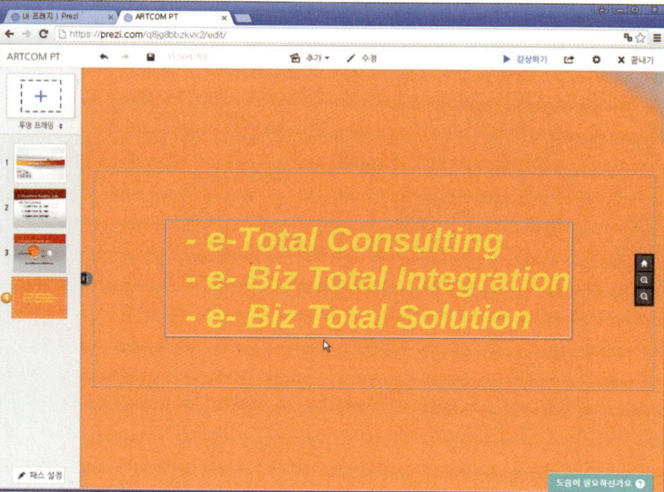

TIP • 프레지는 줌 인, 줌 아웃, 회전 효과가 탁월하지만 과하면 어지럼증을 유발할 수 있습니다. 모든 프레지 작업은 철저하게 청중의 입장을 고려해야 합니다.

14 세 번째 슬라이드 줄여 배열하기

01 미리보기 창의 1번 섬네일을 클릭하여 배경 이미지만큼 화면을 나타냅니다.

02 세 번째 슬라이드(투명 프레임)를 클릭하여 다음과 같이 패스를 설정해서 패스⑤를 생성합니다.

03 세 번째 슬라이드를 줄이고 'ARTCOM PT' 텍스트 왼쪽 아래에 배치합니다.

04 미리보기 창에서 5번 섬네일을 클릭하여 화면을 줌 인한 다음 타이틀 텍스트를 '흰색'으로 바꿉니다.

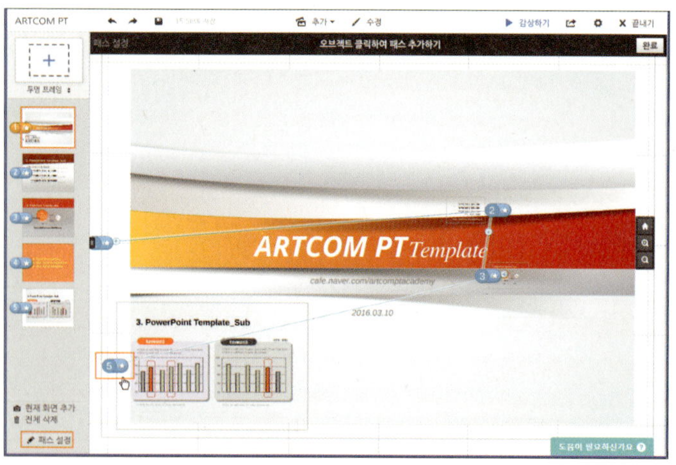

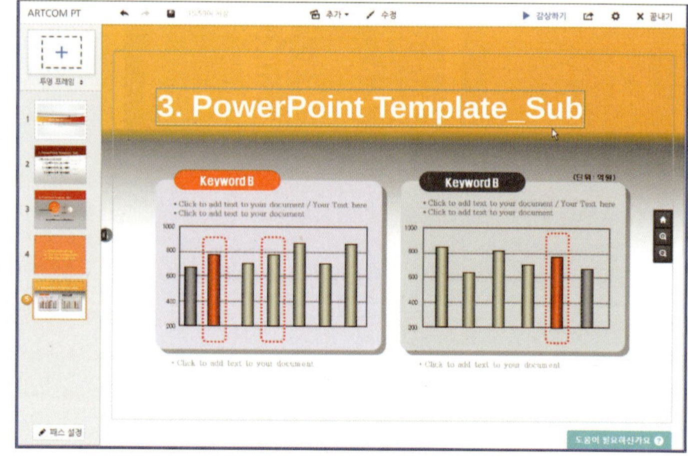

TIP • 첫 번째, 두 번째 슬라이드처럼 가독성과 레이아웃을 고려하며 작업합니다.

15 마무리 텍스트 입력하고 편집하기

<u>01</u> 타이틀 바 위에 '감사합니다' 텍스트를 입력합니다.

- 텍스트 형식 : 부제목
- 색상 : 진회색
- 폰트 : NanumGothicBold-P

<u>02</u> 텍스트 아래에 URL(cafe.naver.com/artcomptacademy)을 입력합니다.

- 색상 : 어두운 회색
- 폰트 : FreeSerif
- 스타일 : 기울임 꼴

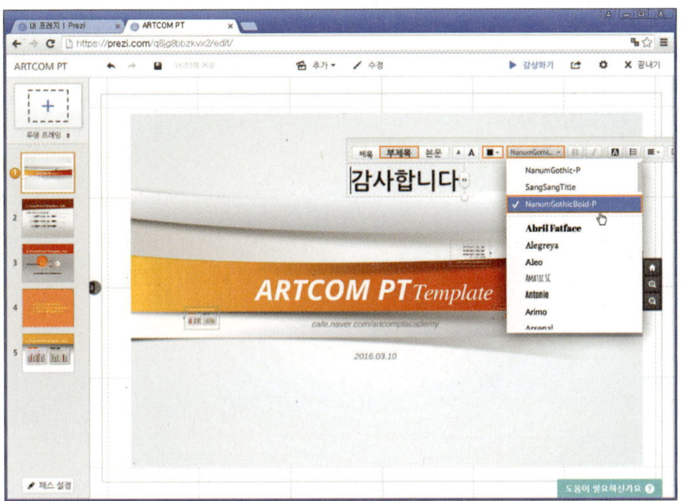
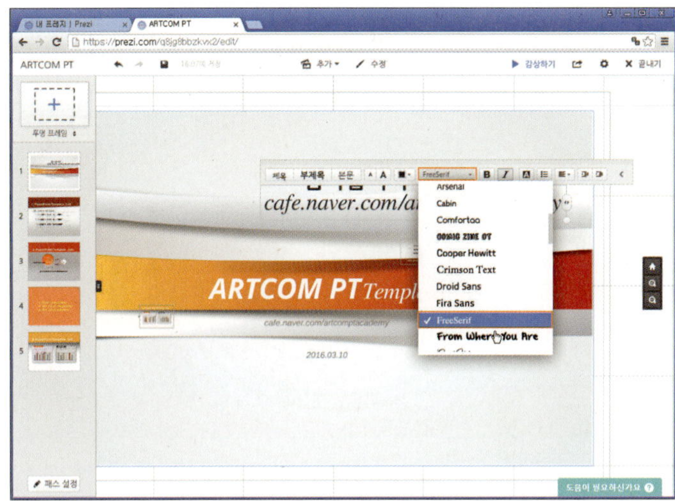

TIP • 텍스트를 편집할 때 한글은 한글 폰트, 영문은 영문 폰트를 사용하는 것이 일반적입니다. 한글 폰트로 영문을 입력하지 않도록 합니다.

16 투명 프레임 적용하기

2개의 텍스트를 가운데 정렬한 다음 투명 프레임을 배치하고 좌우 여백을 고려하면서 크기를 조절합니다.

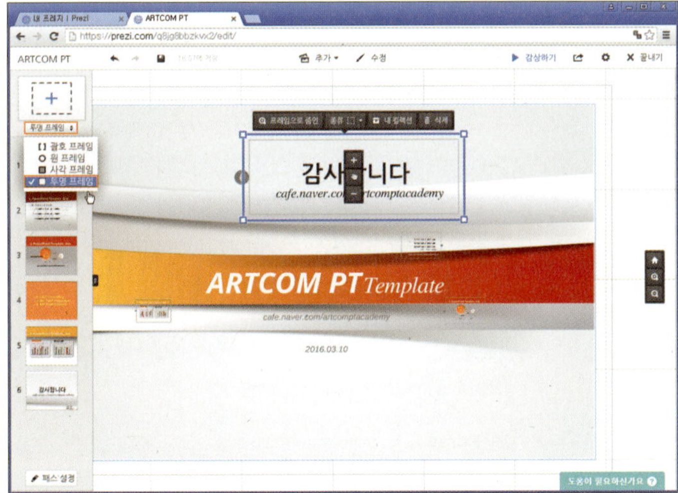

I7 'O'에 서브 텍스트 배치하기

01 ARTCOM의 'O'에 텍스트를 배치하도록 프레임 크기를 작게 줄입니다.

02 투명 프레임을 시계 반대 방향으로 45° 회전합니다.

03 미리보기 창에서 6번 섬네일을 클릭하여 화면을 회전한 다음 프레임 위치와 크기를 재조정합니다.

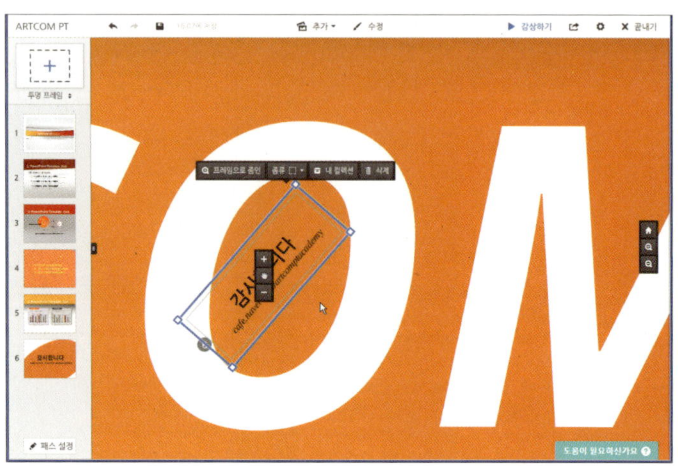
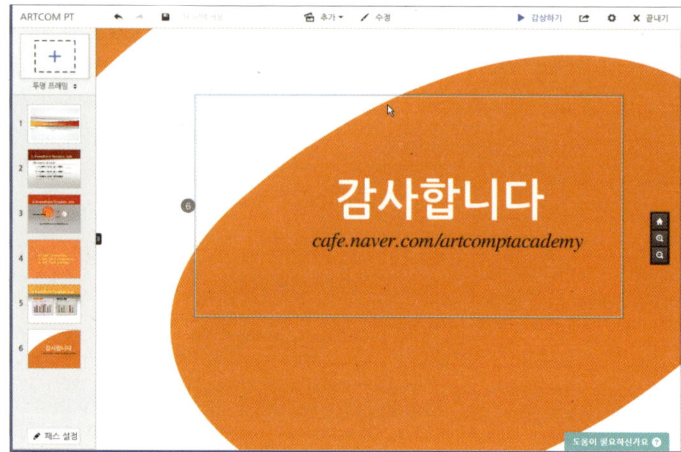

I8 첫 번째 슬라이드에 페이드인 효과 적용하기

01 미리보기 창 하단의 〈패스 설정〉 버튼을 클릭합니다.

02 2번 섬네일에서 황갈색 '★' 아이콘을 클릭합니다.

03 [페이드인 효과] 대화상자에서 타이틀과 본문 이미지를 차례로 클릭하여 페이드인(나타내기) 효과
를 적용합니다.

04 페이드인 효과 적용을 마치면 오른쪽 상단의 〈Done〉 버튼을 클릭합니다.

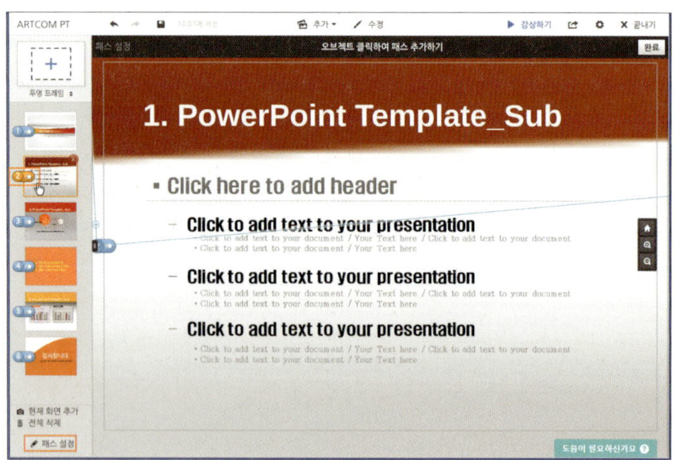

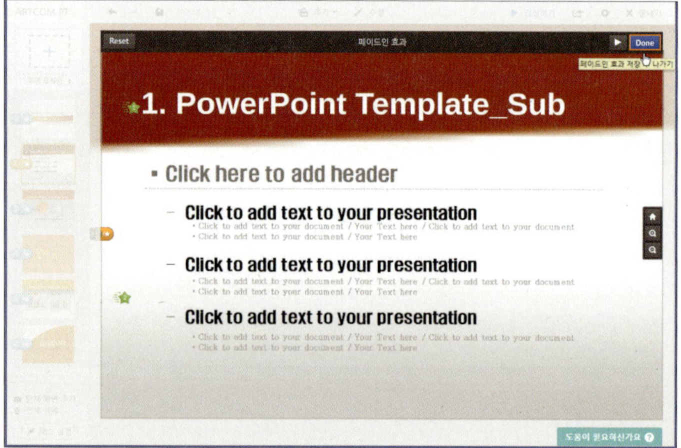

TIP · 텍스트나 이미지를 지나치게 작게 줄이면 페이드인 효과가 적용되지 않을 수 있습니다. 이때 슬라이드를 일괄적으로 키워야 합니다.
페이드인 효과는 〈감상하기〉 버튼을 클릭하여 확인할 수 있습니다.

19 두세 번째 슬라이드에 페이드인 효과 적용하기

01 미리보기 창에서 3번 섬네일의 황갈색 '★' 아이콘을 클릭합니다.

02 [페이드인 효과] 대화상자에서 타이틀과 본문 이미지, 서브 텍스트에 차례로 페이드인 효과를 적용한 다음 〈Done〉 버튼을 클릭합니다.

03 미리보기 창에서 5번 섬네일을 클릭하고 세 번째 슬라이드에 페이드인 효과를 적용한 다음 〈Done〉 버튼을 클릭합니다.

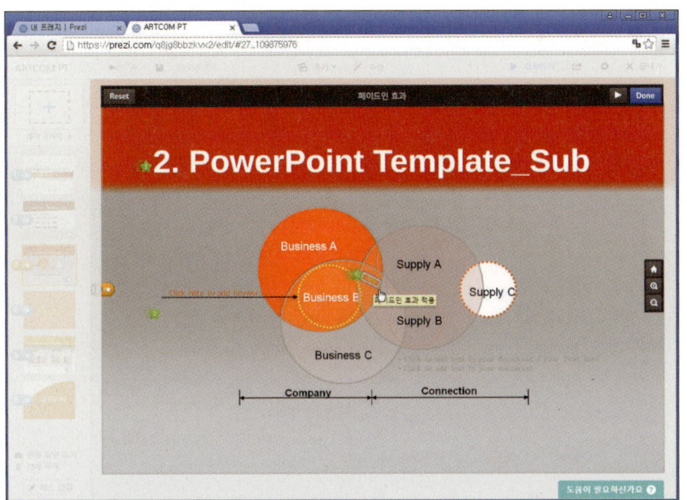

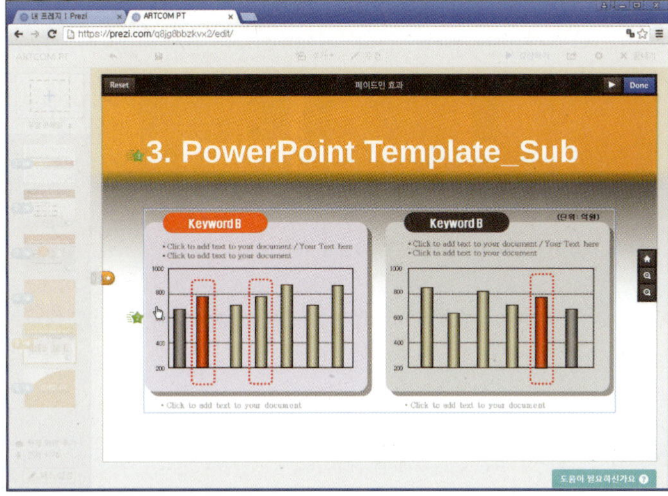

TIP • 페이드인 기능은 프레젠테이션에서 매우 중요하며 특히 스토리텔링 기법으로 발표할 때 자주 이용하므로 반드시 숙지하도록 합니다.

20 감상하기와 저장하기

01 〈감상하기〉 버튼을 클릭하여 지금까지 작업한 내용을 애니메이션(프레지 쇼)으로 실행합니다.

02 메뉴 오른쪽의 〈끝내기〉 버튼을 클릭하면 최종 작업 내용이 자동으로 저장되면서 종료됩니다.

03 왼쪽 아래의 'Untitled Prezi' 텍스트에서 파일 이름을 입력하여 마칩니다.

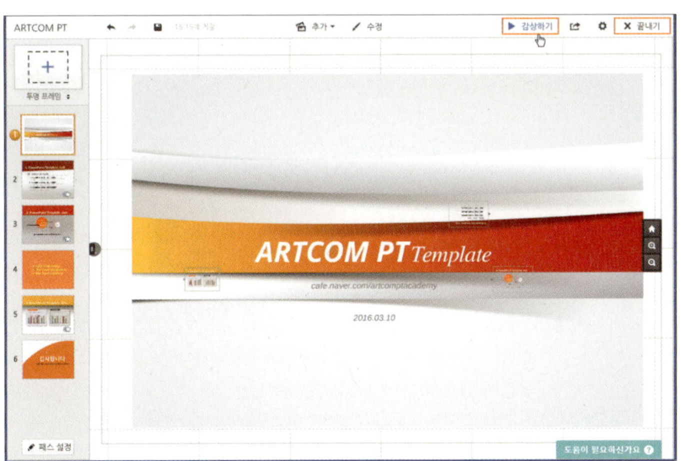

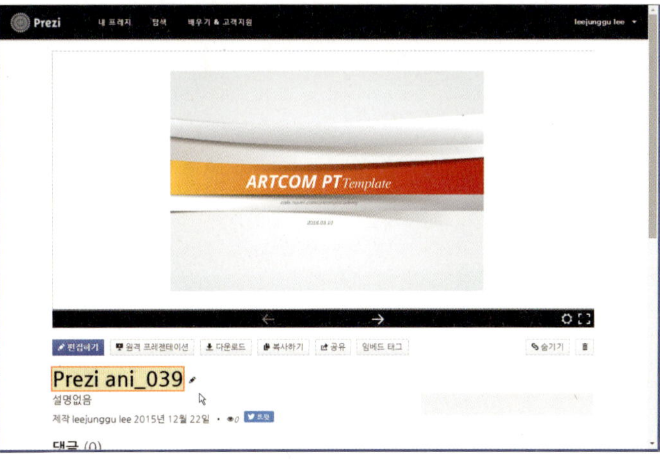

040 캘리그래피 활용 애니메이션

프레지에 캘리그래피를 적용하면 감성적인 느낌을 한층 더 연출할 수 있습니다. 폰트 자체는 가독성이 훌륭하지만 따뜻한 감성을 느낄 수 없으며 회화적으로 연출할 수도 없습니다. 캘리그래피는 그 자체로도 멋스럽지만 줌 인, 줌 아웃 과정에서 하나의 그래픽 요소로 작용하여 텍스트나 개체들과 어우러져서 예상하지 못한 느낌을 만들어 냅니다.

|난이도| ★★★★ |디자인 소스 파일| Prezi ani_040\040_3D 배경.png, 감사합니다_캘리그래피.png, 원형그래프_이미지.png, 꿈_캘리그래피.png, 원형그래프.png, dream _캘리그래피.png
|동영상 파일| Prezi ani_040\prezi ani_040.avi |인터넷으로 보기| http://cafe.naver.com/artcomptacademy/1887

애니메이션 작업 포인트

이번 예제의 중요 테크닉은 캘리그래피를 활용한 애니메이션입니다. 직접 붓으로 쓴 캘리그래피를 스캔하고 포토샵 보정 작업을 거쳐 PNG 파일로 저장하였습니다. 캘리그래피는 비트맵 이미지이므로 클로즈업(줌 인)하면 선명도가 떨어지는 문제가 있습니다. 이때 확대할 부분만 따로 크게 저장하는 것이 좋습니다.

01 테마 설정하기

01 내 프레지에서 '새로운 프레지'를 클릭하고 템플릿 지정 화면에서 〈빈 프레지 시작〉 버튼을 클릭하여 캔버스를 엽니다.

02 폰트 및 배경색 등을 설정하기 위해 [수정] 창에서 〈테마 설정〉 버튼을 클릭합니다.

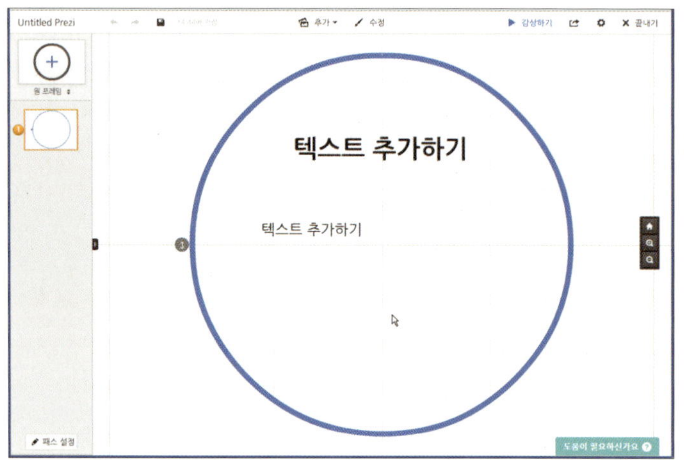 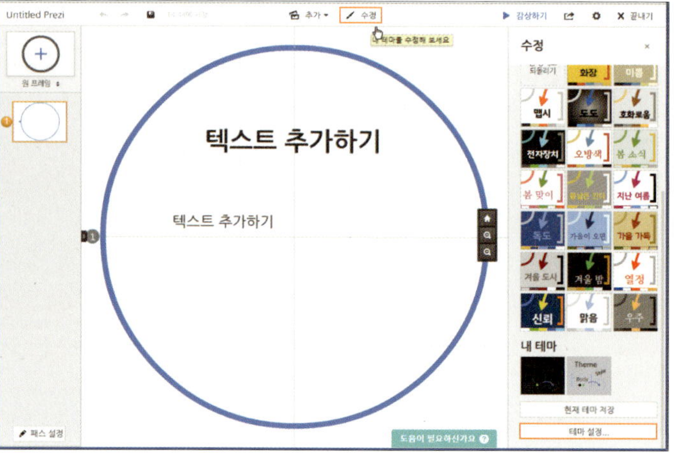

02 배경색과 폰트 설정하기

01 [Theme Wizard] 대화상자의 [Advanced] 탭을 선택하고 배경색을 '흰색'으로 설정합니다.
- Background Color : R255, G255, B255

02 'Use the Prezi CSS Editor'를 선택하여 폰트를 설정합니다.

03 [Edit CSS] 창에서 제목, 부제목, 본문 폰트를 설정하고 〈Apply〉 버튼을 클릭합니다.
- 본문(body) : NanumGothicBold.keg
- 제목(head) : NanumMyeongjoBold–P.keg
- 부제목(strong) : SeoulHangangB–P.keg

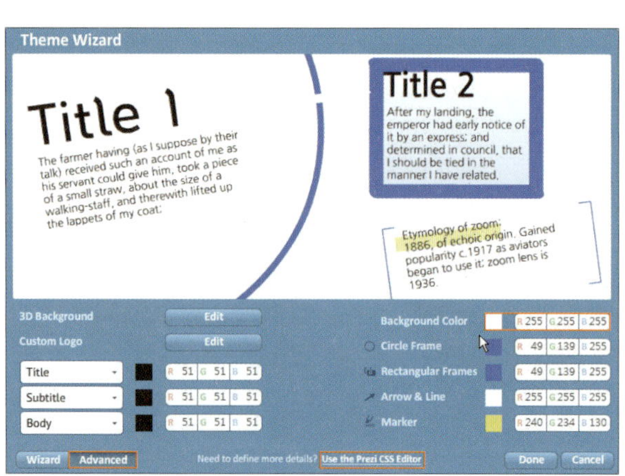
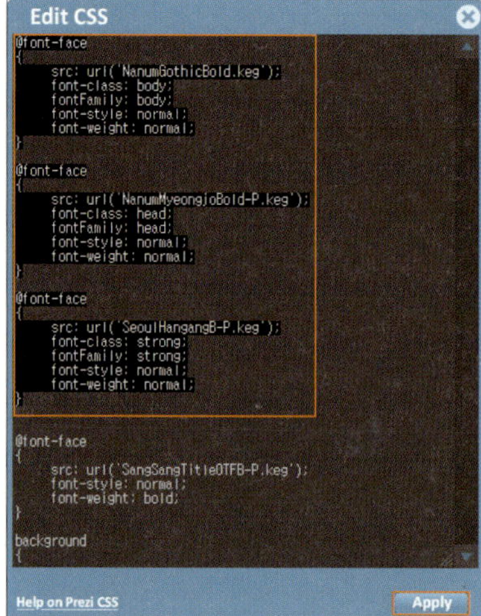

TIP • 본격적으로 프레지 작업을 하기 전에 테마 설정(배경색, 폰트 정의 등)부터 합니다.

03 3D 배경 이미지 설정하기

01 [Theme Wizard] 대화상자에서 3D Background 항목의 〈Edit〉 버튼을 클릭합니다.

02 3D 배경 이미지를 불러오기 위해 [Upload]를 클릭합니다.

03 [열기] 대화상자에서 배경 이미지 파일인 '040_3D 배경.png'을 불러옵니다.

04 캔버스에서 첫 번째로 불러온 배경 이미지를 확인합니다.

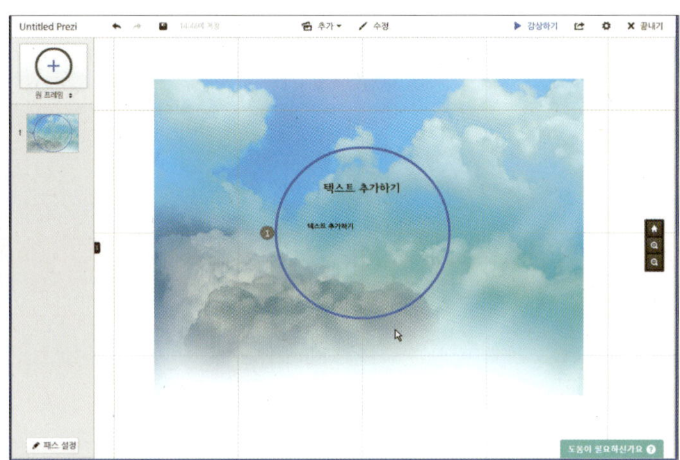

TIP • 3D 배경 이미지는 포토샵에서 작업하였습니다. 배경 이미지는 클로즈업해도 선명도를 유지할 수 있어야 합니다.

04 첫 번째 캘리그래피 이미지 삽입하기

01 [이미지 추가] 창에서 〈파일 선택〉 버튼을 클릭하고 [열기] 대화상자가 나타나면 영문 캘리그래피 이미지인 'dream_캘리그래피.png' 파일을 불러옵니다.

02 원 프레임 안에 들어갈 만큼 크기를 줄입니다.

03 캘리그래피까지 삭제되지 않도록 원 프레임만 삭제합니다.

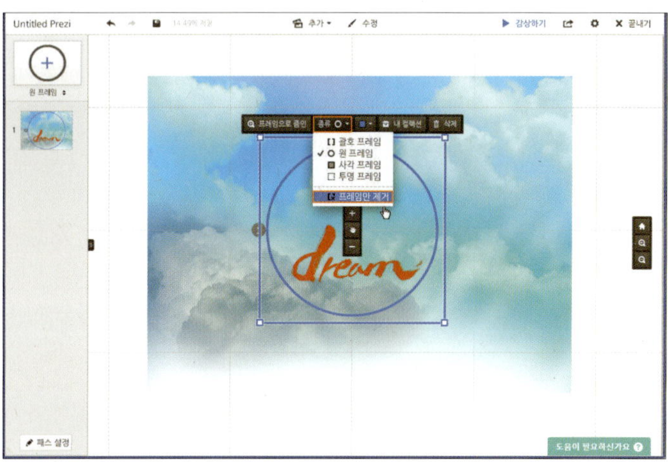

05 텍스트 입력하고 편집하기

01 캘리그래피(dream) 위에 '대부분의 청소년이 이없다' 텍스트를 입력합니다.

- 텍스트 형식 : 제목   · 색상 : 진회색   · 폰트 : NanumMyeongjoBold

02 '꿈'자 부분을 띄어쓰기합니다.

03 캘리그래피(dream) 쪽에 맞춰 배치하고 텍스트 크기를 조절합니다.

TIP · 캘리그래피와 텍스트 크기를 조절하면서 짜임새 있게 배열합니다.

06 두 번째 캘리그래피 이미지 삽입하기

01 메뉴에서 [추가]–[이미지]를 실행합니다. [이미지 추가] 창에서 〈파일 선택〉 버튼을 클릭하고 [열기] 대화상자가 나타나면 한글 캘리그래피인 '꿈_캘리그래피.png' 파일을 불러옵니다.

02 직접 입력한 텍스트 사이에 '꿈' 캘리그래피 크기를 조절하여 배열합니다.

TIP · '꿈' 캘리그래피가 제대로 선택되지 않으면 'dream' 캘리그래피에서 마우스 오른쪽 버튼을 클릭한 다음 **맨 뒤로 보내기**를 선택하여 배열을 수
정합니다. 프레임이나 이미지, 텍스트 등은 모두 레이어로 되어 간혹 뒤쪽의 작은 개체를 앞쪽의 큰 개체가 가려서 선택되지 않는 경우도 있습니다.

07 투명 프레임 적용하기

01 미리보기 창에서 [프레임]-[투명 프레임]을 선택합니다.

02 지금까지 작업한 캘리그래피와 텍스트를 포함하도록 투명 프레임 크기를 키웁니다.

 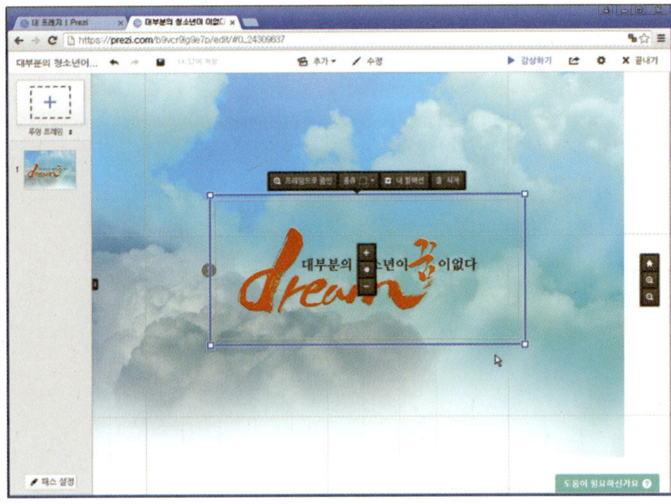

TIP • **투명 프레임을 적용하려면?**
미리보기 창에서 [프레임]-[투명 프레임]을 선택합니다. 또한 미리보기 창에 나타난 투명 프레임 아이콘을 클릭하거나 클릭하고 캔버스 방향으로 드래그
하면 캔버스에 투명 프레임이 생성됩니다.

08 서브 텍스트 입력하고 편집하기

01 캘리그래피(dream) 위에 '나는 정말 간절하게 이루고 싶은 꿈이 없어요' 서브 텍스트를 입력합니다.

 • **텍스트 형식** : 부제목   • **색상** : 진회색   • **폰트** : SeoulHangangB

02 서브 텍스트에 투명 프레임을 적용하고 여백을 살리면서 크기를 조절합니다.

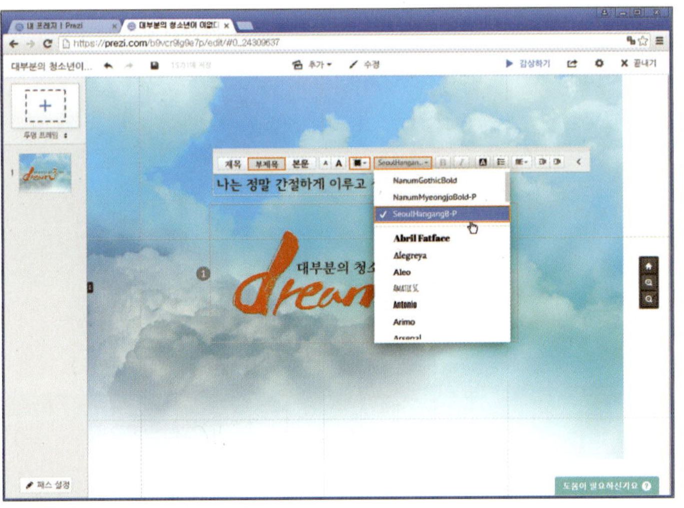 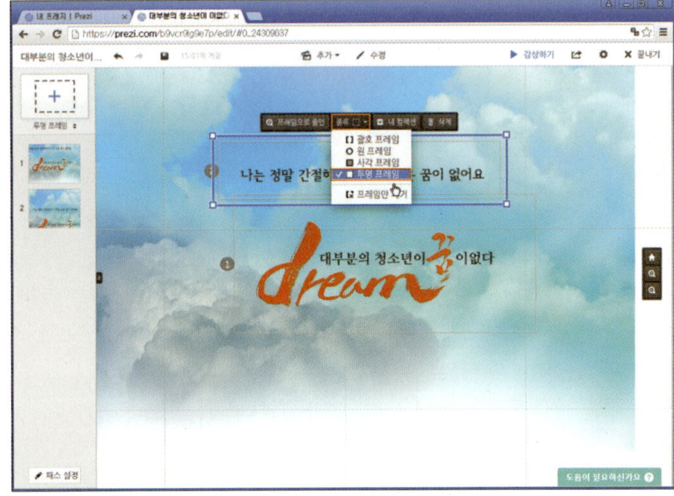

TIP • 장문의 텍스트는 메모장에서 작성하여 복사한 다음 프레지에 붙여 넣는 것이 효과적입니다.

09 'd'에 서브 텍스트 배치하기

01 투명 프레임을 시계 방향으로 110° 회전합니다.

02 'd'에 배치되도록 프레임 크기를 줄입니다.

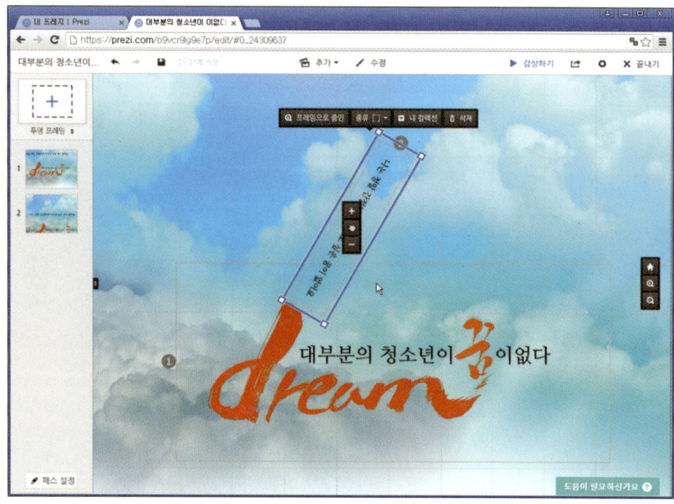

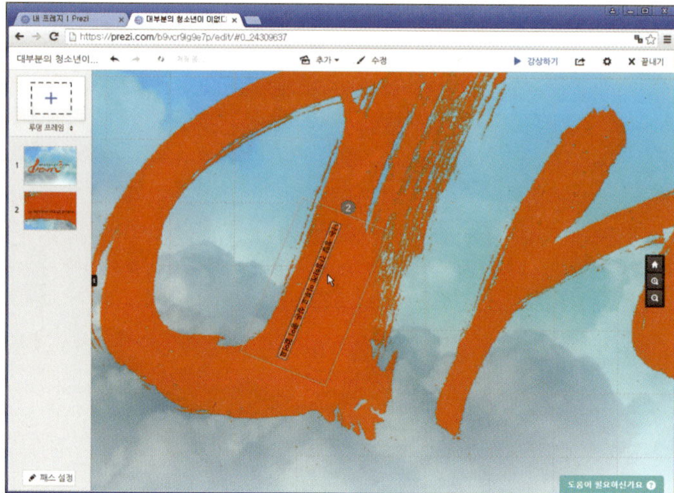

TIP • 프레임을 회전하거나 크기를 조절하면 그 안의 텍스트도 함께 움직여야 정상입니다.

IO 프레임 조정하기

미리보기 창에서 2번 섬네일을 클릭하여 화면을 회전하고 프레임 위치와 크기를 재조정합니다.

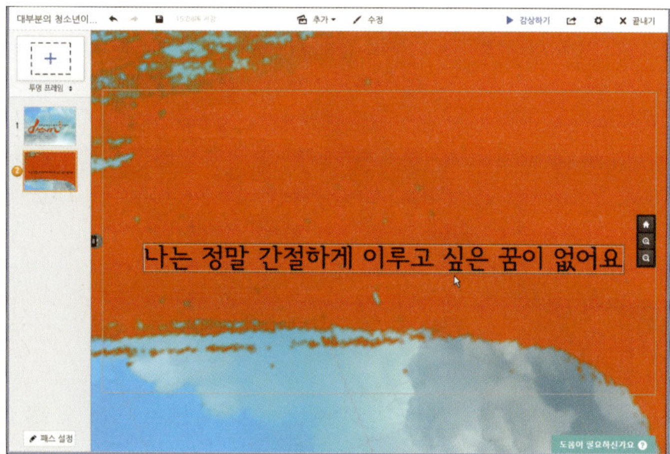

II 두 번째 서브 텍스트 입력하기

01 캘리그래피(dream) 위를 클릭하여 두 번째 서브 텍스트인 '당신은 가슴 설레이는 꿈이 있는가?'를
입력합니다.

- **텍스트 형식** : 부제목　　• **색상** : 흰색　　• **폰트** : SeoulHangangB

02 두 번째 서브 텍스트에 투명 프레임을 적용하고 여백을 살리면서 크기를 조절합니다.

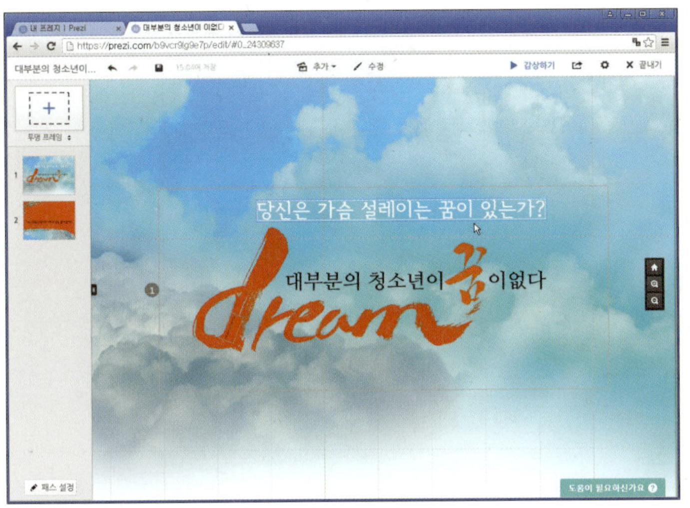
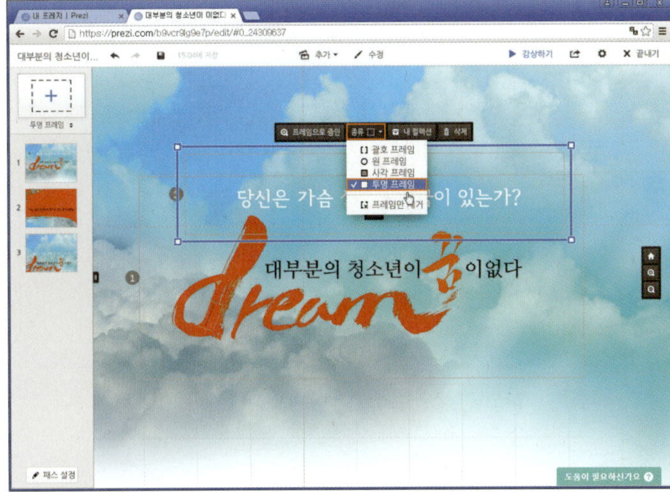

TIP •　　가독성을 높이기 위해 'NanumMyeongjoBold' 폰트를 적용해도 좋습니다.

I2 '꿈'에 두 번째 서브 텍스트 배치하기

01 '꿈'에 배치되도록 프레임 크기를 작게 줄입니다.

02 투명 프레임을 시계 반대 방향으로 22° 회전합니다.

03 프레임과 텍스트 크기를 조절합니다.

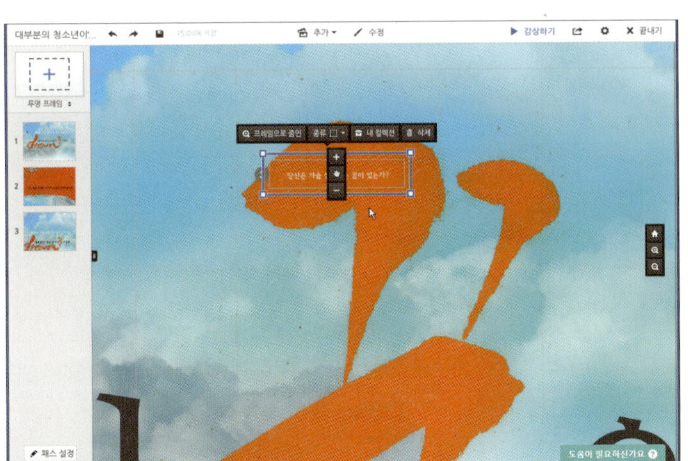
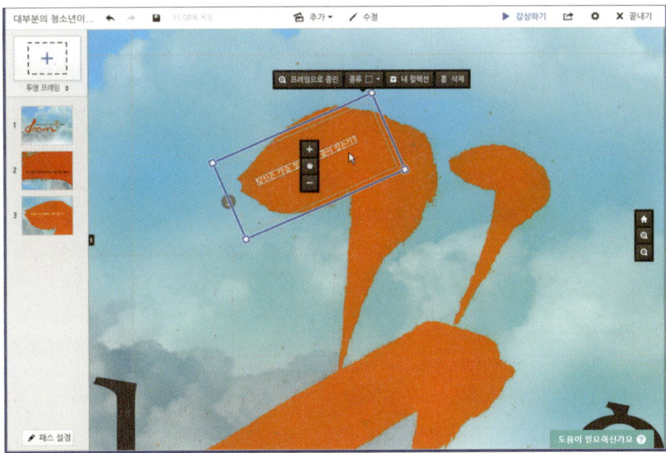

TIP •　　프레임을 회전하거나 크기를 조절할 때 프레임 안쪽의 텍스트 이미지도 함께 조정되어야 합니다. 만약 안쪽 텍스트 이미지가 함께 움직이지 않
으면 텍스트 이미지보다 프레임 크기를 늘려야 합니다.

I3 작업 화면 줌 인하기

01 미리보기 창에서 1번 섬네일을 클릭합니다.

02 '청소년' 텍스트 쪽으로 마우스 휠을 이용하여 화면을 줌 인합니다.

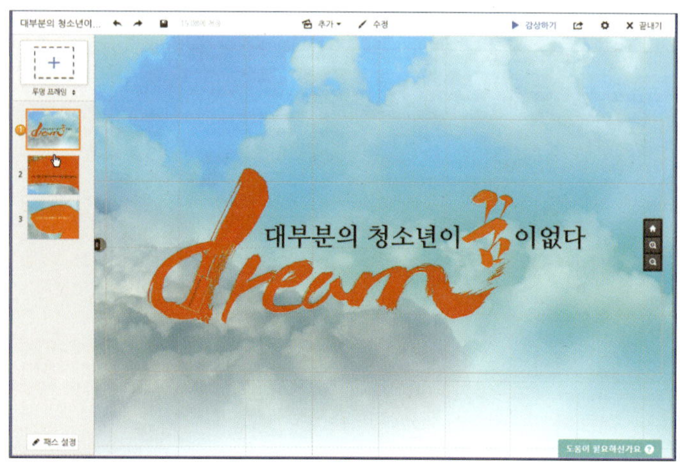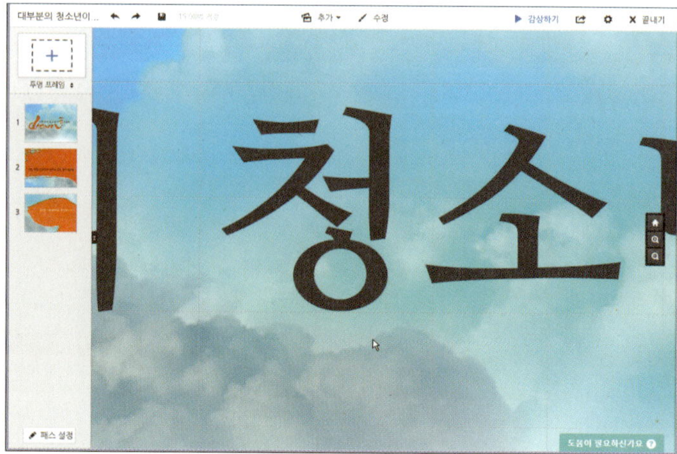

TIP • 해당 화면으로 이동하여 작업하려면 해당 섬네일을 클릭한 다음 마우스 휠을 이용하여 화면을 줌 인 또는 줌 아웃하고 클릭한 채 드래그하여 화면을 이동합니다.

I4 원형 그래프 이미지 추가하기

01 '청' 쪽으로 마우스 휠을 이용하여 화면을 줌 인합니다.

02 [이미지 추가] 창에서 〈파일 선택〉 버튼을 클릭하고 [열기] 대화상자가 나타나면 '원형그래프.png' 이미지를 불러옵니다.

03 원형 그래프 이미지에 투명 프레임을 적용합니다.

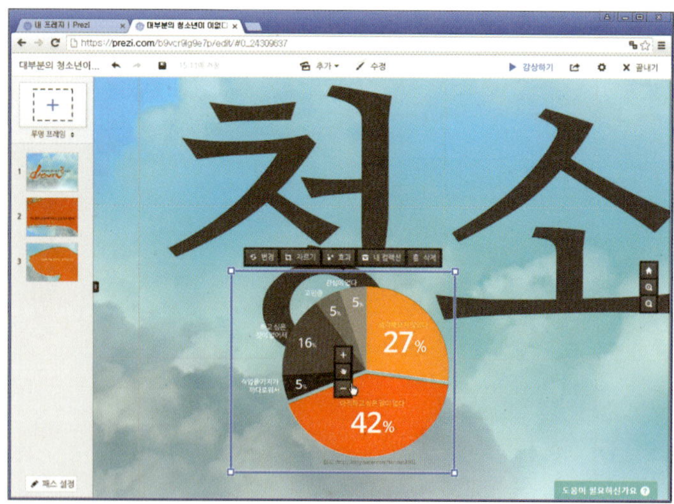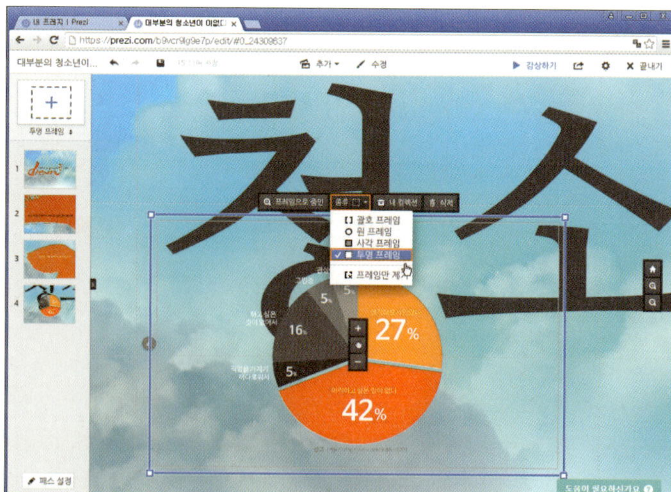

TIP • 원형 그래프 이미지는 파워포인트에서 작업하여 PNG 파일로 저장한 것입니다. 클로즈업해도 선명하도록 A4 크기로 작업하여 저장하였습니다.

15 프레임 줄여 배치하기

01 'O'에 들어가도록 프레임 크기를 작게 줄입니다.

02 투명 프레임을 시계 방향으로 15° 회전합니다.

03 미리보기 창에서 4번 섬네일을 클릭하여 화면을 회전한 다음 프레임과 그래프 크기를 조절합니다.

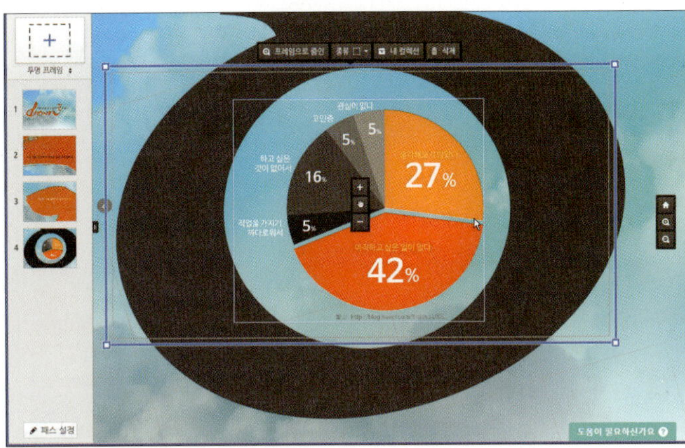

TIP • 　지나치게 이미지가 작게 줄어든 경우 페이드인 효과가 적용되지 않는 경우도 있습니다. 이런 경우 이전에 작업했던 텍스트와 개체들을 일괄적
으로 키워야 합니다.

TIP • 　원형 그래프를 클릭하면 나타나도록 페이드인 효과를 적용하는 것도 좋습니다. 페이드인 효과를 적용하는 방법은 다음과 같습니다.
① 미리보기 창 아래의 〈패스 설정〉 버튼을 클릭합니다.
② 4번 섬네일의 황갈색 '★' 아이콘을 클릭합니다.
③ [페이드인 효과] 대화상자에서 원형 그래프 이미지를 클릭하여 페이드인(나타내기) 효과를 적용합니다.
④ 오른쪽 위의 〈Done〉 버튼을 클릭합니다.

16 처음으로 돌아오기 패스 지정하기

01 미리보기 창에서 1번 섬네일을 클릭합니다.

02 미리보기 창 아래의 〈패스 설정〉 버튼을 클릭합니다.

03 패스 경로를 확인하고 패스①의 투명 프레임 테두리를 클릭하여 패스⑤를 생성합니다.

04 3D 배경 이미지가 아주 작게 보이도록 마우스 휠을 이용하여 화면을 줌 아웃합니다.

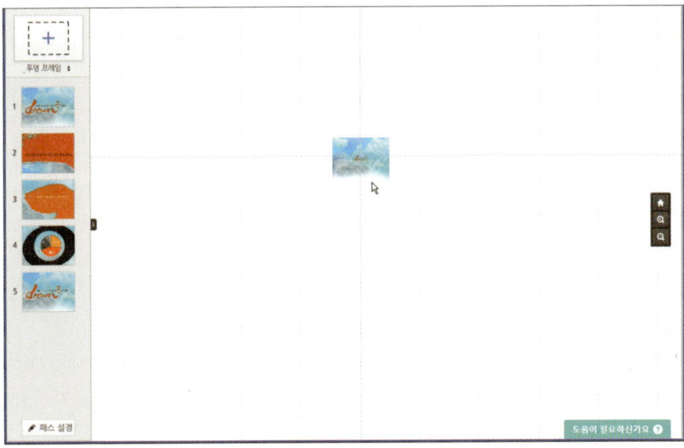

I7 'dream' 캘리그래피 이미지 추가하기

01 [이미지 추가] 창에서 〈파일 선택〉 버튼을 클릭하고 [열기] 대화상자가 나타나면 'dream_캘리그래피.png' 이미지를 불러옵니다.

02 3D 배경 이미지를 기준으로 크기를 크게 키웁니다.

03 'deream' 캘리그래피 이미지에 투명 프레임을 적용하고 크기를 조절합니다.

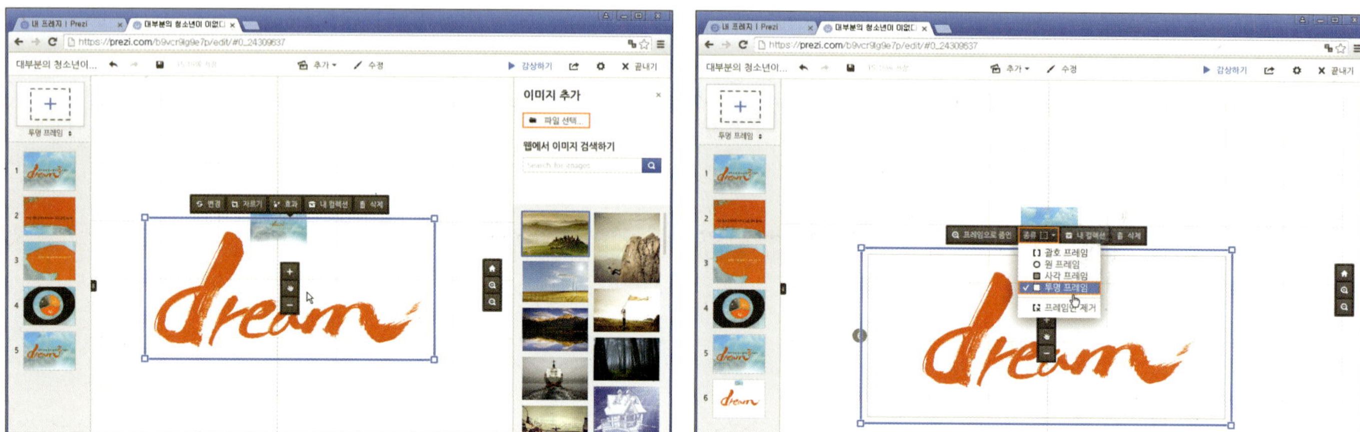

TIP • 크기가 큰 투명 프레임 안쪽에 이전에 작업했던 텍스트나 프레임이 들어가면서 의도하지 않게 개체가 섞일 수 있으므로 주의해야 합니다.

I8 투명 프레임 회전하고 크기 조정하기

01 투명 프레임을 맨 뒤에 배열하고 시계 반대 방향으로 90° 정도 회전합니다.

02 미리보기 창에서 5번 섬네일을 클릭하여 화면을 회전하고 프레임 위치와 크기를 재조정합니다.

03 3D 배경 이미지가 'm'에 위치하도록 캘리그래피 이미지를 이동하면서 크기를 조절합니다.

04 작업에 문제가 생기지 않았는지 점검합니다.

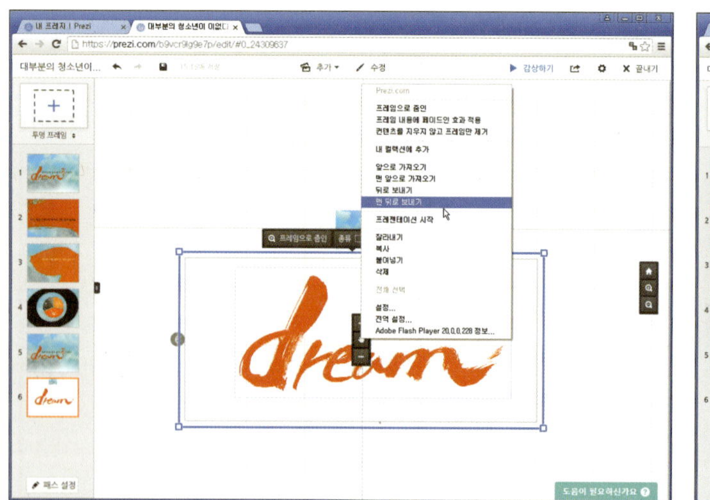
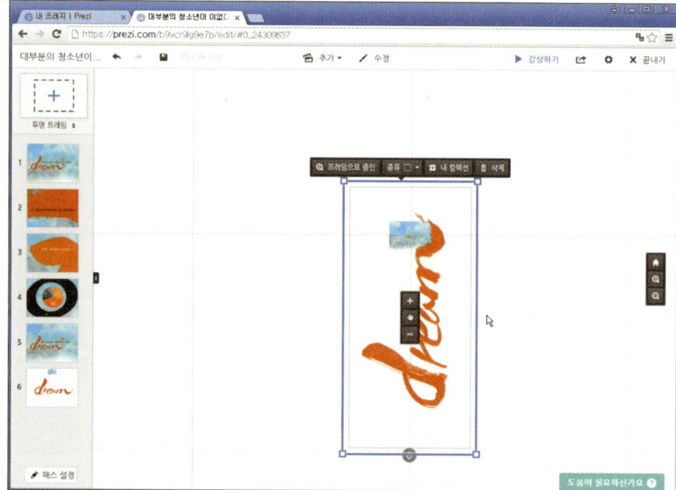

TIP • 큰 투명 프레임을 작업하는 과정에서 이전에 작업했던 텍스트나 프레임이 포함되어 의도하지 않게 작업했던 것들이 이동되었거나 섞이는 경우가 생기므로 주의해야 합니다.

19 점검하기

작업에 문제가 생기지 않았는지 점검합니다.

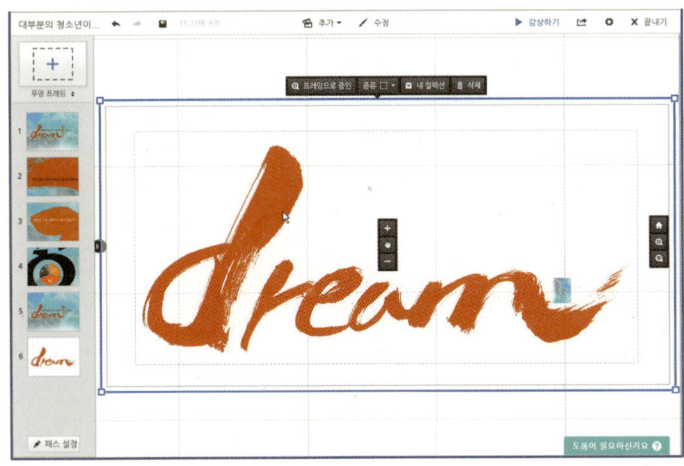

20 감상하기와 저장하기

01 메뉴 오른쪽의 〈감상하기〉 버튼을 클릭하여 지금까지 작업한 내용을 애니메이션(프레지 쇼)으로 실행합니다.

02 메뉴 오른쪽의 〈끝내기〉 버튼을 클릭하면 최종 작업 내용이 자동으로 저장되면서 종료됩니다.

03 왼쪽 아래의 'Untitled Prezi' 텍스트에서 파일 이름을 작성합니다.

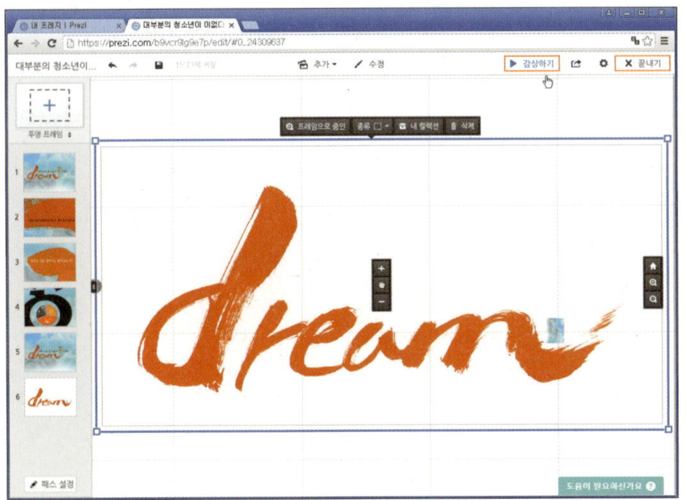

TIP • 애니메이션 감상을 마치려면 마우스 오른쪽 버튼을 클릭한 다음 **감상하기 마침**을 선택합니다.
프레지 작업이 끝난 다음 파일 이름을 입력하는 것이 좋습니다. 'Untitled Prezi' 위에 커서를 위치시키면 연필 모양의 아이콘이 나타납니다. 아이콘을 클릭한 다음 이름을 입력합니다. 이름 바로 아래 '설명없음'도 같은 방법으로 연필 아이콘을 클릭하고 파일 관련 설명을 작성할 수 있습니다.

041 한문 활용 애니메이션

프레지에서 한문을 활용하는 방식에는 여러 가지가 있습니다. 프레지에서 작성하거나 PNG 이미지(비트맵), SWF 이미지(벡터), 그리고 직접 캘리그래피(손글씨)로 써서 이미지로 불러들이는 방법입니다. 프레지에서 이용할 수 있는 한글 폰트 중에서 한문을 입력할 수 있는 폰트는 3가지로, '상상제목', '서울한강', '서울남산'이 있습니다. 한문을 크게 확대해도 깨지지 않게 하려면 한문 폰트를 입력할 수 있는 폰트로 작성하거나 SWF 형식으로 작성된 파일을 불러들여야 합니다.

|난이도| ★★★★ |디자인 소스 파일| Prezi ani_041\먹배경.png, 한문 절차탁마.swf, 절차탁마 가로 한문.png, 절차탁마_한문캘리.png, 041_텍스트.txt, 훈과음.png
|동영상 파일| Prezi ani_041\prezi ani_041.avi |인터넷으로 보기| http://cafe.naver.com/artcomptacademy/1888

애니메이션 작업 포인트

이번 예제의 중요 테크닉은 한문을 활용한 애니메이션입니다. 중심부 한문 키워드(切磋琢磨)는 어도비 일러스트레이터에서 작성한 SWF 파일이며, 주황색 서브 텍스트는 파워포인트에서 PNG 파일로 작성하여 불러들인 것입니다. 한문이 섞인 설명문안은 한문을 입력할 수 있는 '서울한강체(seoulHangangB.keg)', '상상제목체(SanSangTitleOTFB.keg)', '서울남산체(SeoulNamsanB.keg)'를 적용하여 직접 작성하였습니다. 화면을 크게 클로즈업하여 프레젠테이션할 때에도 선명도를 놓치지 않기 위해 SWF 파일과 프레지로 작성한 한문 텍스트를 배치하였습니다.

01 테마 설정하기

01 내 프레지에서 '새로운 프레지'를 클릭하고 〈빈 프레지 시작〉 버튼을 클릭하여 캔버스를 엽니다.

02 폰트 및 배경색 등을 설정하기 위해 [수정] 창에서 〈테마 설정〉 버튼을 클릭합니다.

03 [Theme Wizard] 대화상자에서 왼쪽 아래의 [Advanced] 탭을 선택하고 배경색을 '흰색'으로 설정합니다.
- Background Color : R255, G255, B255

04 'Use the Prezi CSS Editor'를 선택하여 폰트를 설정합니다.

05 [Edit CSS] 창에서 제목, 부제목, 본문 폰트를 설정하고 〈Apply〉 버튼을 클릭합니다.
- 본문(body) : SeoulHangangEB.keg   • 제목(head) : SangSangTitleOTFB.keg
- 부제목(strong) : SeoulNamsanB.keg

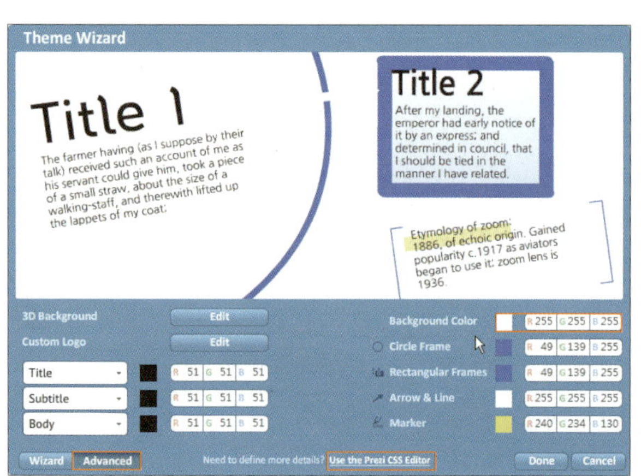
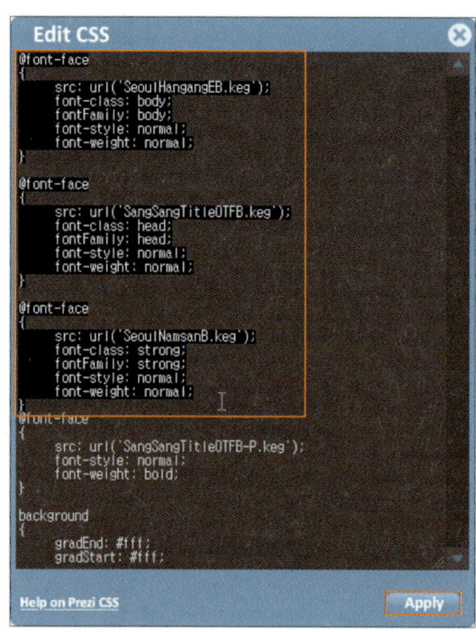

TIP • 한문을 입력할 수 있는 폰트(상상제목, 서울한강, 서울남산)를 본문, 제목, 부제목에 각각 적용하였습니다. 폰트를 설정하고도 한문을 입력할 수 없다면 [Edit CSS] 창에서 철자가 잘못 입력되었거나 대소문자를 구분하지 않았는지 꼼꼼하게 확인해야 합니다.

02 배경 이미지 불러오기

01 원 프레임이 매우 작게 보이도록 마우스 휠을 이용하여 화면을 줌 아웃합니다.

02 메뉴에서 [추가]-[이미지]를 실행합니다. [이미지 추가] 창에서 〈파일 선택〉 버튼을 클릭하고 [열기] 대화상자가 나타나면 '먹배경.png' 이미지를 불러옵니다.

03 먹 배경을 원 프레임 아래에 배치하고 크게 키운 다음 원 프레임을 삭제합니다.

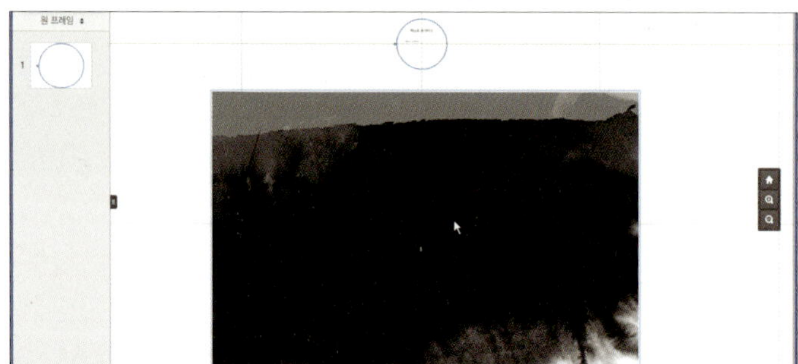
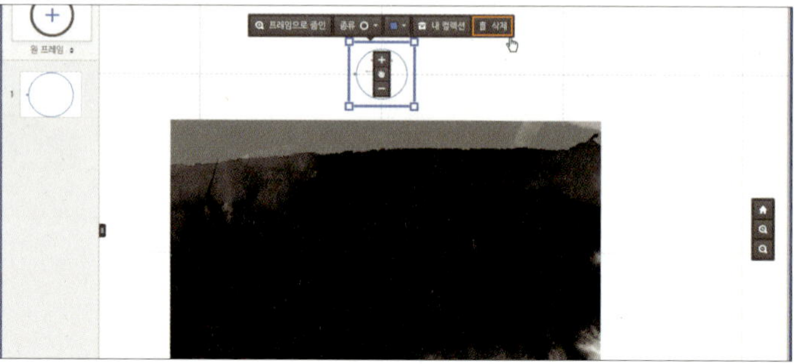

03 중심부 한문 이미지 추가하고 편집하기

01 [이미지 추가] 창에서 〈파일 선택〉 버튼을 클릭하고 [열기] 대화상자가 나타나면 '한문 절차탁마.swf' 이미지를 불러옵니다.

02 같은 방법으로 '절차탁마 가로 한문.png' 주황색 이미지를 불러옵니다.

03 2개의 한문 이미지 크기를 조절하면서 상하에 배열하고 가운데 정렬합니다.

04 작업한 텍스트 이미지를 포함하도록 투명 프레임을 넓게 적용합니다.

04 한문의 음과 훈 텍스트 입력하고 투명 프레임 적용하기

01 '切磋琢磨' 한문 이미지 위에 음과 훈 텍스트(切끊을절 磋갈차 琢다듬을탁 磨갈마)를 입력합니다.

　• **텍스트 형식** : 본문　　• **색상** : 진회색　　• **폰트** : SeoulHangangEB

02 한문 텍스트는 색상을 '노란색'으로 변경합니다.

03 미리보기 창의 [프레임]-[투명 프레임]을 선택하고 음과 훈 텍스트에 맞춰 투명 프레임을 적용합니다.

TIP • 진회색이 검은색 배경에 묻혀 가독성이 떨어진다면 '밝은 회색'으로 변경합니다.

05 '切'에 음과 훈 텍스트 배치하기

01 투명 프레임을 '切'에 맞춰 줄인 다음 시계 반대 방향으로 75° 회전합니다.

02 프레임 크기를 줄여 '切' 공간에 배치합니다.

03 미리보기 창에서 2번 섬네일을 클릭하여 화면을 회전한 다음 프레임과 텍스트 크기를 조정합니다.

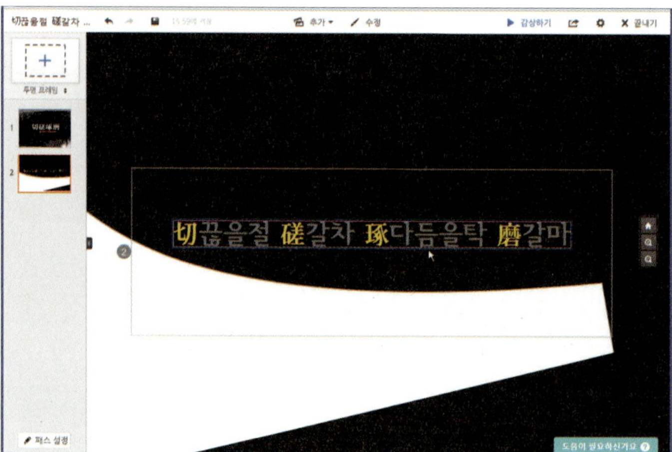

TIP • 切磋琢磨(절차탁마) 이미지는 SWF 파일(벡터 이미지)이므로 최대한 키워도 테두리가 선명하게 보입니다.

06 두 번째 텍스트 입력하기

01 미리보기 창에서 1번 섬네일을 클릭하여 **04**번 과정의 화면으로 이동합니다.

02 '切磋琢磨' 한문 이미지 위에 '切磋琢磨 4단계' 두 번째 텍스트를 입력합니다.

- 텍스트 형식 : 본문   • 색상 : 주황색   • 폰트 : SeoulHangangEB

03 '切磋琢磨 4단계' 텍스트 아래에 '분리하고–잘라내고–쪼아내고–갈아서 옥을 완성한다.' 서브 텍스트를 입력합니다.

- 텍스트 형식 : 본문   • 색상 : 진회색   • 폰트 : SeoulNamsanB

TIP • 서울한강체(SeoulHangangEB)와 서울남산체(SeoulNamsanB)는 한문을 입력할 수 있는 폰트로, 텍스트 내용이 많은 경우 메모장에서 작성한 다음 복사하여 붙여 넣는 방식이 좋습니다.

07 두 번째 텍스트 편집하고 투명 프레임 적용하기

01 한문 텍스트 크기를 조절하면서 상하에 배치한 다음 가운데 정렬합니다.

02 편집한 텍스트에 투명 프레임을 적용합니다.

TIP • 프레지는 파워포인트처럼 정렬 기능이 따로 없으므로 섬세한 감각이 요구됩니다. 눈으로 보면서 어림잡아 행간을 맞추거나 가운데 정렬해야 하기 때문입니다.

08 두 번째 텍스트 배치하기

01 프레임 크기를 줄여 '磋'에 위치시킵니다.

02 프레임 크기를 더욱 줄여 '切' 공간에 배치합니다.

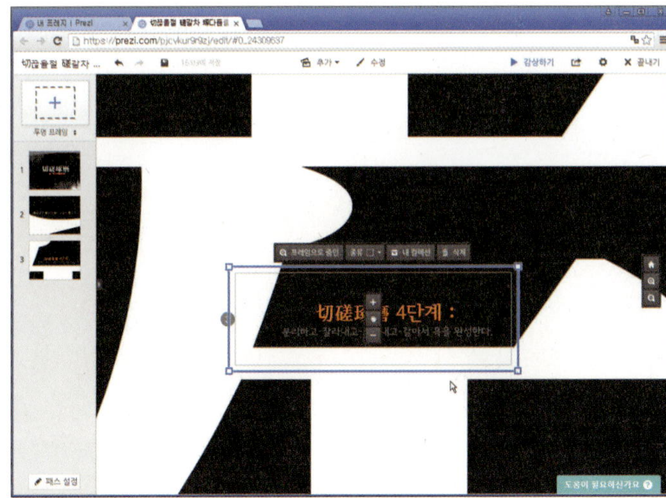

TIP • 텍스트 사이에 서브 텍스트를 작게 줄여 배치할 때에는 레이아웃, 가독성, 그래픽 효과, 애니메이션 느낌 등 여러 가지를 고려해야 합니다.

09 한문 캘리그래피 불러오기

01 미리보기 창에서 1번 섬네일을 클릭하여 전체 화면을 나타냅니다.

02 배경 화면이 작게 보이도록 작업 화면을 줌 아웃합니다.

03 [이미지 추가] 창에서 〈파일 선택〉 버튼을 클릭하고 [열기] 대화상자가 나타나면 '절차탁마_한문캘리.png' 이미지를 불러옵니다.

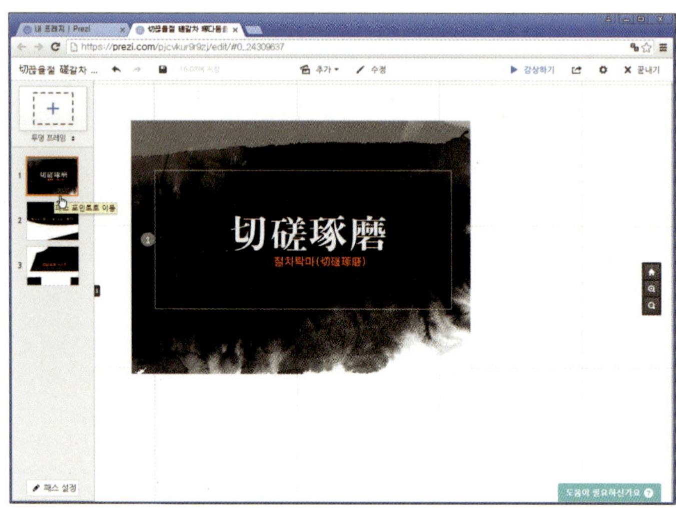

TIP • 작업 화면은 언제나 디자인하기 좋은 상태여야 하므로 마우스 휠을 이용하여 화면을 줌 인, 줌 아웃해서 적절한 작업 화면을 유지합니다.

10 투명 프레임 적용하고 회전하기

01 한문 캘리그래피에 투명 프레임을 적용합니다.

02 투명 프레임을 시계 반대 방향으로 90° 회전합니다.

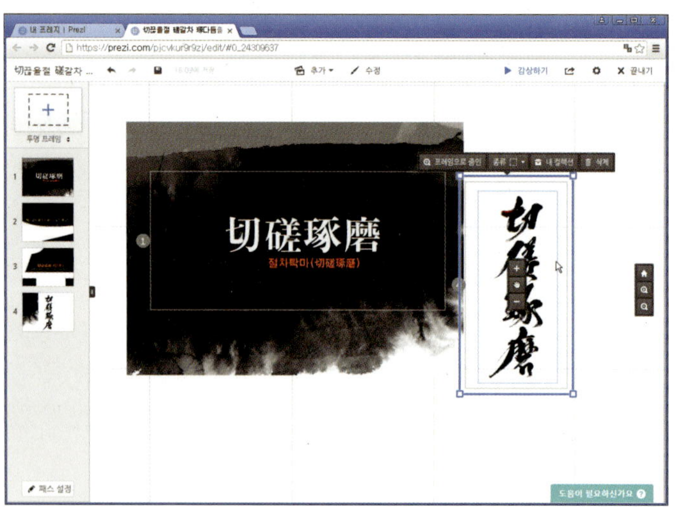

TIP • 한문 캘리그래피가 세로 형태이므로 투명 프레임에서 상하 여백을 약간 적용하여 최대한 크게 나타냅니다.

I I 배경에 맞춰 크기 조정하기

01 먹 배경에 맞춰 투명 프레임 크기를 줄입니다.

02 미리보기 창에서 4번 섬네일을 클릭하여 화면을 회전합니다.

03 프레임과 이미지 크기를 재조정합니다.

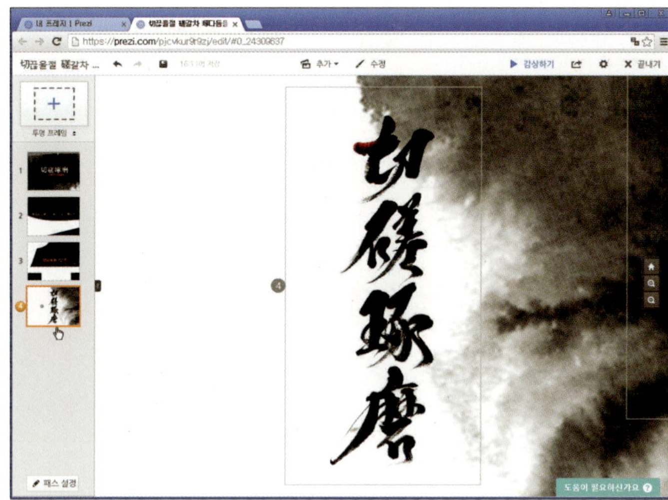

TIP • 배경 이미지와 한문 캘리그래피가 하나의 작품처럼 일체감이 생기도록 위치와 크기를 조정합니다.

I 2 세 번째 텍스트 입력하고 투명 프레임 적용하기

01 한문 캘리그래피 부분의 여백을 클릭하여 세 번째 텍스트를 입력합니다.

- 텍스트 : 좋은 玉은 하루아침에 만들어지지 않는다.　　• 텍스트 형식 : 제목　　• 색상 : 노란색
- 폰트 : SangSangTitleOTFB

02 작성한 텍스트에 투명 프레임을 적용합니다.

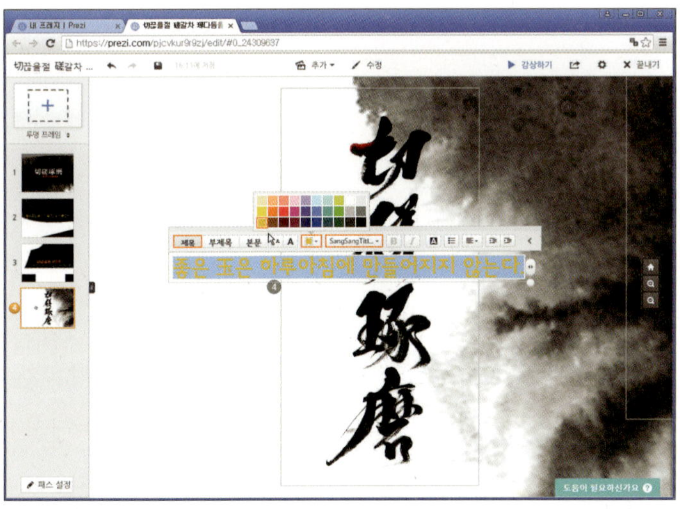

TIP • 한문 캘리그래피 부분이 아니더라도 작업하기 편리한 공간에 텍스트를 입력해도 좋습니다.

I3 세 번째 텍스트 배치하기

<u>01</u> 프레임 크기를 줄여 '切'에 위치시킵니다.

<u>02</u> 투명 프레임을 시계 반대 방향으로 20° 정도 회전합니다.

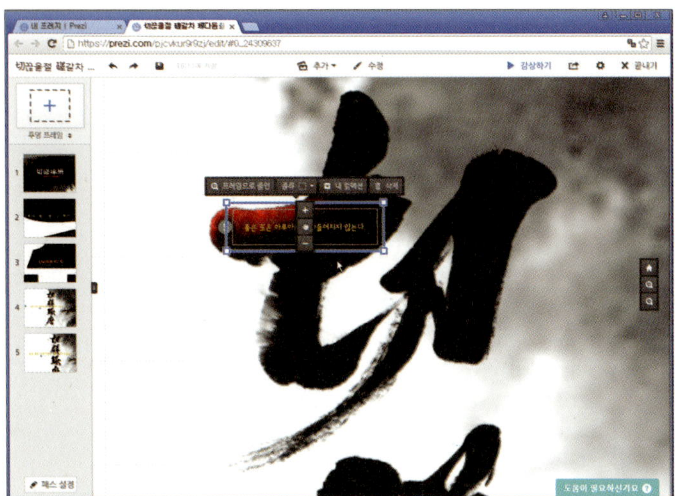 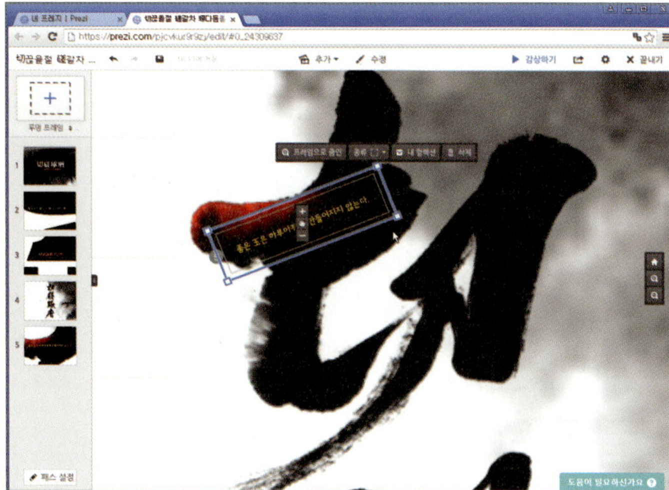

TIP · 줄이는 과정에서 느낌표(!)가 나타나면 더 이상 줄이지 못합니다. 이런 경우 02번 과정에서 배경 화면 크기를 작게 했기 때문입니다. 첫 번째 섬네일을 클릭한 다음 전체적으로 개체와 텍스트를 키우고 이번 과정을 실행합니다.

I4 프레임과 텍스트 크기 재조정하기

<u>01</u> 투명 프레임 크기를 더욱 줄여 빨간색 먹물이 번진 부분에 배치합니다.

<u>02</u> 미리보기 창에서 5번 섬네일을 클릭하여 화면을 회전합니다.

<u>03</u> 프레임과 텍스트 크기를 재조정합니다.

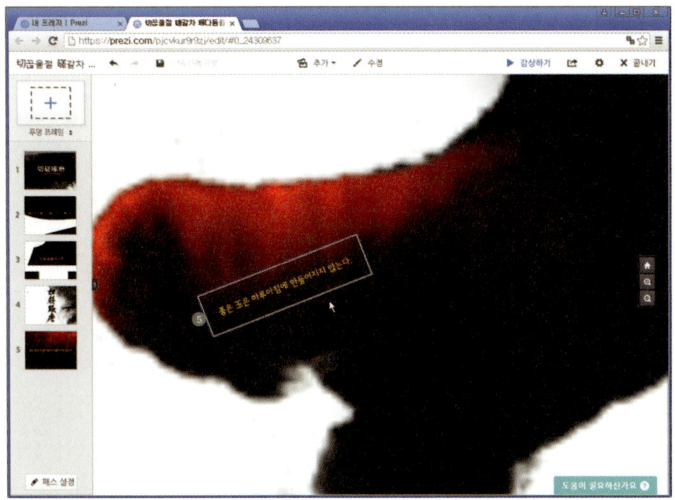 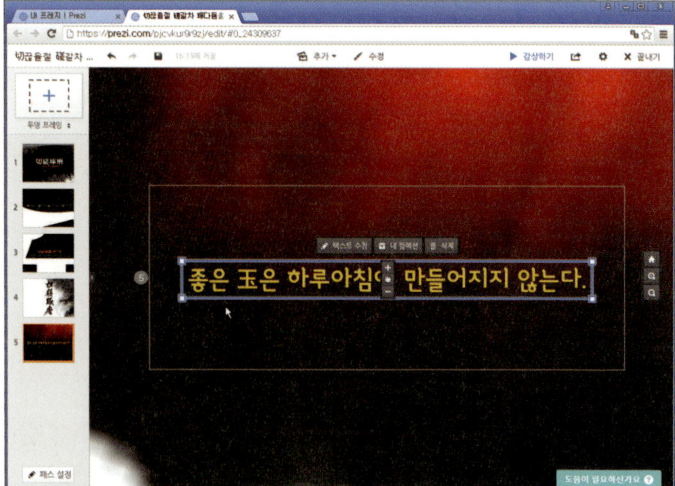

TIP · 이 단계의 작업 내용은 단순하지만 감각이 필요합니다. 텍스트와 배경이 어떻게 조합되어 최종적으로 보일지 고려하면서 작업해야 합니다. 예를 들어, 텍스트가 파란색이고 배경색이 빨간색이면 보색 대비 현상으로 인해 눈에 피로감이 생기고 촌스럽게 느껴집니다. 이때 텍스트 색상을 변경하거나 빨간색 배경을 피해서 배치합니다.

I5　처음으로 돌아오는 패스 지정하기

01 미리보기 창 하단의 〈패스 설정〉 버튼을 클릭합니다.

02 패스 경로를 확인하고 패스①의 투명 프레임 테두리를 클릭하면 패스⑥이 생성됩니다.

TIP • 　프레지에서 패스는 프레젠터의 발표 시나리오에 따라 지정되어야만 매끄럽게 프레젠테이션할 수 있습니다. 그래서 다른 사람이 만든 프레지로
발표하는 것은 힘들 수 있으므로 발표자 성향에 따라 패스를 지정하는 것이 가장 좋습니다.

I6　감상하기와 저장하기

01 메뉴 오른쪽의 〈감상하기〉 버튼을 클릭하여 지금까지 작업한 내용을 애니메이션(프레지 쇼)으로 실
행합니다.

02 메뉴 오른쪽의 〈끝내기〉 버튼을 클릭하면 최종 작업 내용이 자동으로 저장되면서 종료됩니다.

03 왼쪽 아래의 'Untitled Prezi' 텍스트에서 파일 이름을 작성합니다.

042 타이포그래피 활용 애니메이션

타이포그래피(텍스트 편집 디자인)는 파워포인트뿐만 아니라 프레지에서도 매우 중요한 개념입니다. 단순히 텍스트를 나열하는 것으로는 디자인 미감을 살리기 어려울 뿐만 아니라 메시지 전달력도 떨어지기 때문입니다. 타이포그래피는 폰트 종류, 색상, 크기는 물론 입체, 그라데이션, 그림자 효과 등을 어떻게 적용했느냐에 따라 완성도 차이가 현격합니다. 짜임새 있는 타이포그래피에 프레지의 역동적인 애니메이션이 더해지면 전달 효과는 더욱 극대화될 수 있습니다.

|난이도| ★★★★ |디자인 소스 파일| Prezi ani_042\042_배경.PNG, Typography.swf, 042_텍스트.txt
|동영상 파일| Prezi ani_042\prezi ani_042.avi |인터넷으로 보기| http://cafe.naver.com/artcomptacademy/1889

애니메이션 작업 포인트

이번 예제의 중요 테크닉은 타이포그래피를 활용한 애니메이션입니다. 중심부 타이포그래피는 일러스트레이터에서 작업한 다음 불러들인 SWF 파일(벡터 이미지)입니다. 줌 인, 줌 아웃이 심하지 않은 애니메이션에는 파워포인트에서 디자인한 PNG 파일(비트맵 이미지)을 활용해도 좋습니다. 서브 및 본문 텍스트는 모두 프레지에서 작성하고 편집하였습니다. 프레지에서 작성한 텍스트는 아무리 키워도 최상의 선명도를 유지하기 때문에 매우 유용합니다.

01 테마 설정하기

01 내 프레지에서 '새로운 프레지'를 클릭하고 〈빈 프레지 시작〉 버튼을 클릭하여 캔버스를 엽니다.

02 폰트 및 배경색 등을 설정하기 위해 [수정] 창에서 〈테마 설정〉 버튼을 클릭합니다.

03 [Theme Wizard] 대화상자에서 [Advanced] 탭을 선택하고 배경색을 '흰색'으로 설정합니다.
- Background Color : R255, G255, B255

04 폰트를 설정하기 위해 'Use the Prezi CSS Editor'를 선택합니다.

05 [Edit CSS] 창에서 제목, 부제목, 본문 폰트를 설정하고 〈Apply〉 버튼을 클릭합니다.
- 본문(body) : NanumGothicBold.keg
- 제목(head) : NanumMyeongjoBold-P.keg
- 부제목(strong) : SeoulHangangB-P.keg

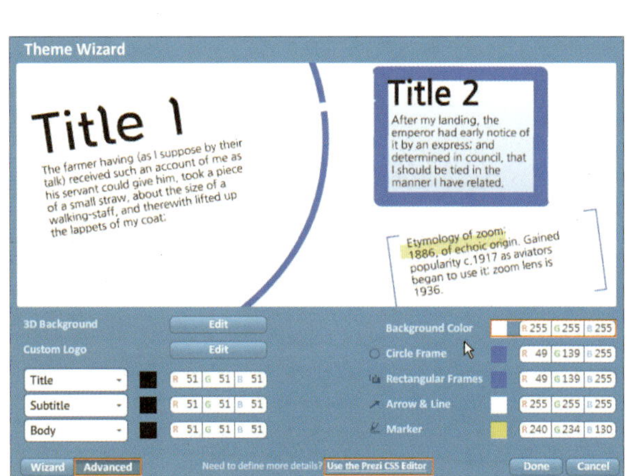

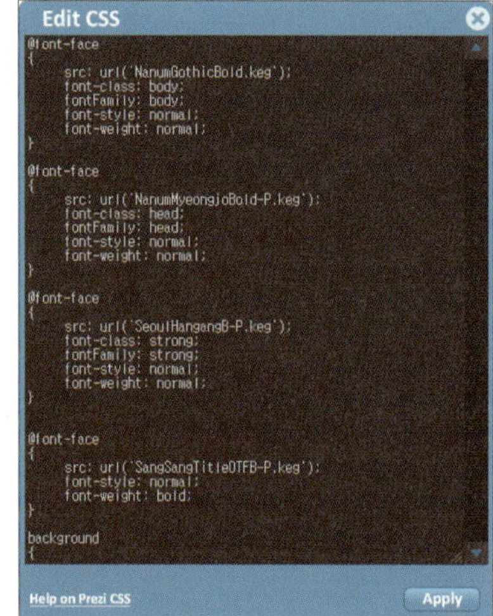

TIP • 배경 이미지는 화면을 줌 인했을 때를 고려하여 최대한 화질이 좋은 상태여야 합니다.

02 3D 배경 이미지 설정하기

01 다시 [Theme Wizard] 대화상자에서 3D Background 항목의 〈Edit〉 버튼을 클릭합니다.

02 3D 배경 이미지를 추가하기 위해 [Upload]를 클릭합니다.

03 [열기] 대화상자에서 배경 이미지 파일인 '042_배경.PNG'를 불러옵니다.

04 작업 창에 첫 번째로 불러들인 배경 이미지가 나타나는지 확인하고 원 프레임을 삭제합니다.

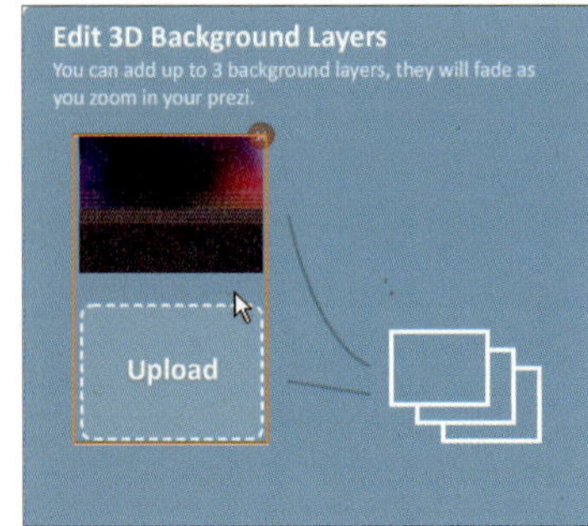

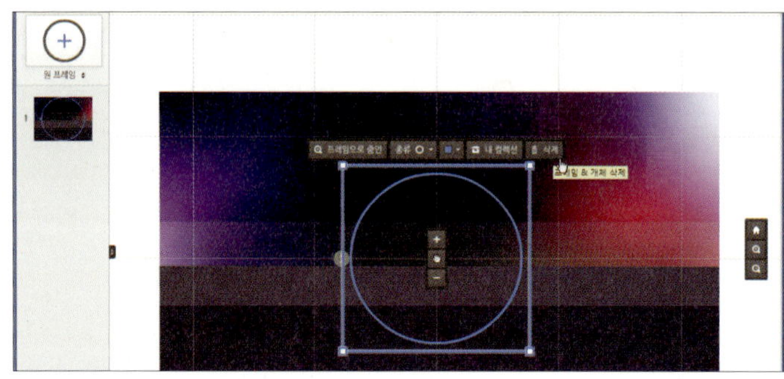

03 중심부 타이포그래피 이미지 삽입하고 텍스트 작성하기

<u>01</u> 메뉴에서 [추가]–[이미지]를 실행합니다. [이미지 추가] 창에서 〈파일 선택〉 버튼을 클릭하고 [열기] 대화상자가 나타나면 'Typography.swf' 이미지를 불러옵니다.

<u>02</u> 'Typography' 이미지 위에 텍스트를 입력합니다.

- **텍스트** : Presentation Design   **색상** : 밝은 회색   **폰트** : Arimo   **스타일** : 굵게, 기울임 꼴

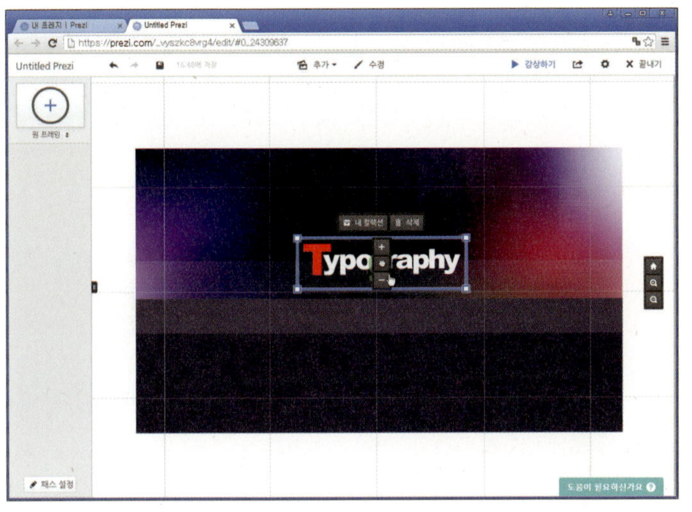
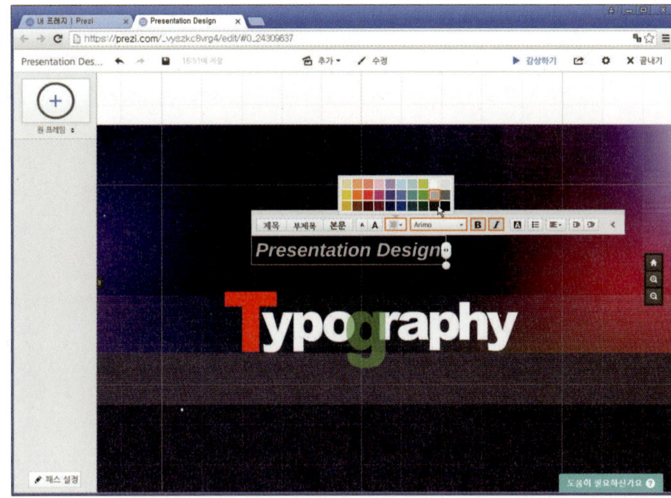

TIP • 텍스트를 더욱 감성적이거나 세련되게 디자인하기 위해서는 외부 프로그램을 이용하는 것이 좋습니다.

04 텍스트 배열하고 투명 프레임 적용하기

<u>01</u> 'Typography' 이미지 위에 맞춰 텍스트 크기를 조절하고 짜임새 있게 배치합니다.

<u>02</u> 편집한 텍스트에 투명 프레임을 적용합니다.

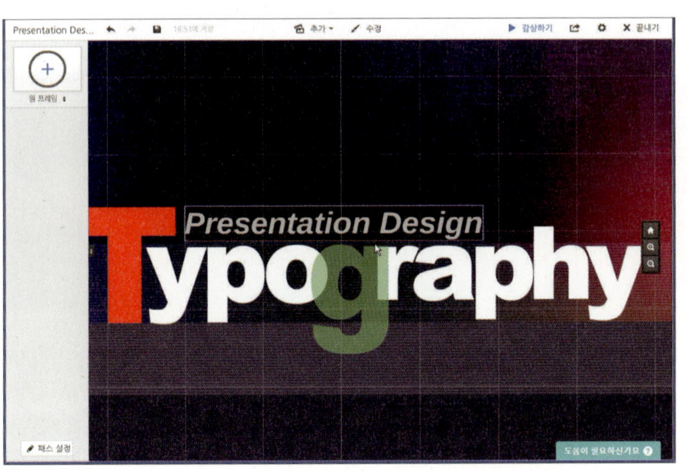
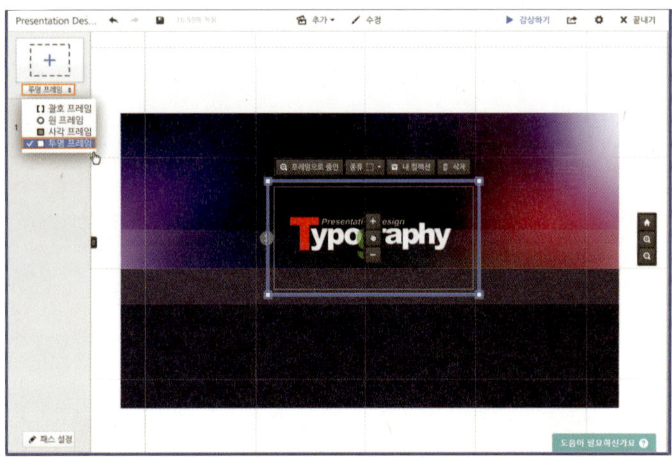

05 'Look & Feel' 텍스트 입력하고 투명 프레임 적용하기

01 'Typography' 이미지 위에 텍스트를 입력합니다.

- **텍스트** : Look & Feel
- **색상** : 주황색
- **폰트** : Libre Baskerville
- **스타일** : 굵게

02 텍스트에 투명 프레임을 적용합니다.

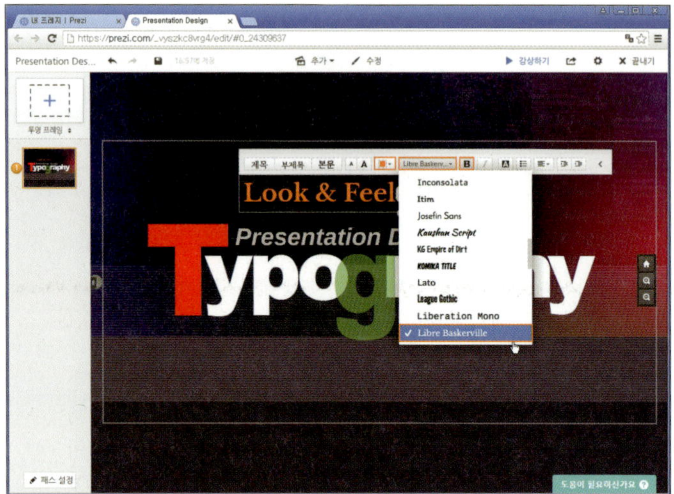
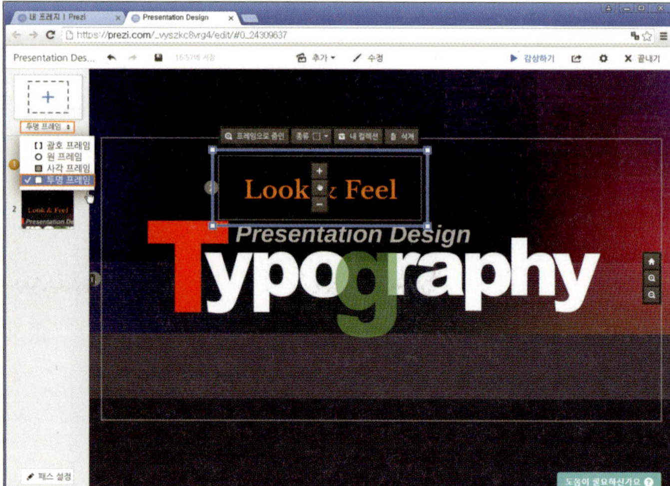

TIP • 텍스트에 투명 프레임을 적용하는 이유는 해당 텍스트에 디자인적인 여백을 확보하기 위해서입니다. 프레임 없이 텍스트 자체에 패스를 설정하면 좌우 여백 없이 가득 차기 때문에 디자인 완성도가 떨어집니다. 동양화에서 여백이 중요하듯이 프레젠테이션 디자인도 같은 개념입니다.

06 'Look & Feel' 텍스트 회전하고 조정하기

01 'g'에 맞춰 화면을 줌 인합니다.

02 텍스트 프레임을 줄이면서 시계 반대 방향으로 70° 정도 회전합니다.

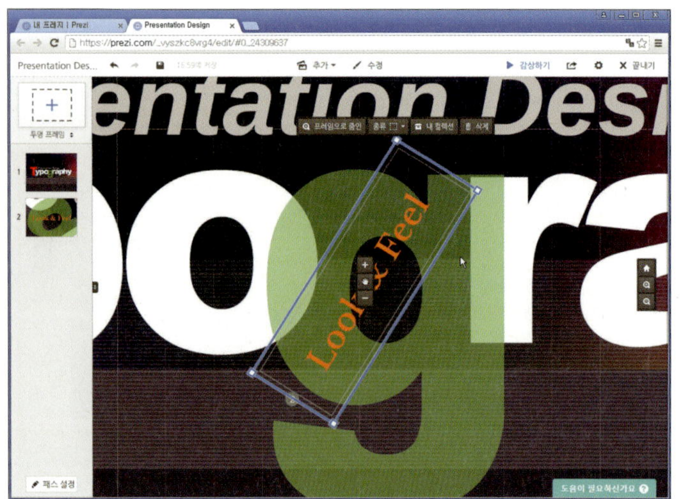
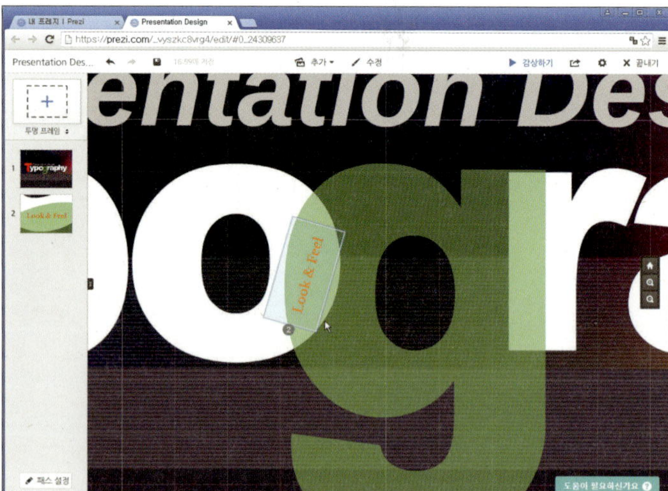

TIP • 프레임을 회전하면 프레임 안에 있는 텍스트와 이미지도 함께 회전해야 정상입니다. 프레임만 회전될 경우 레이어에 문제가 없는지 살펴보고 텍스트를 줄이거나 프레임을 키워야 합니다.

07 화면 회전하고 텍스트 조정하기

미리보기 창에서 2번 섬네일을 클릭하여 화면을 회전하고 더욱 정교하게 프레임 위치와 텍스트 크기를
조절합니다.

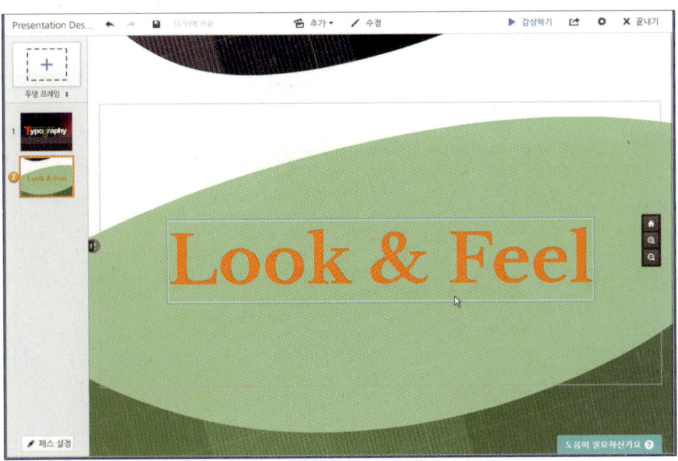

08 첫 번째 명언 입력하기

01 'Look & Feel' 텍스트 위에 '042_테스트.txt' 파일의 명언 텍스트를 복사해서 붙여 넣습니다.
- 텍스트 형식 : 본문   • 색상 : 흰색   • 폰트 : NanumGothicBold

02 명언 텍스트는 가운데 정렬합니다.

03 명언 텍스트 바로 아래에 명언을 이야기한 사람의 이름을 입력합니다.
- 텍스트 : 에릭 스피커만   • 텍스트 형식 : 제목   • 색상 : 검은 회색   • 폰트 : NanumMyeongjoBold-P

04 [Shift] 키를 누른 채 2개의 텍스트를 선택한 다음 옵션에서 〈그룹〉 버튼을 클릭합니다.

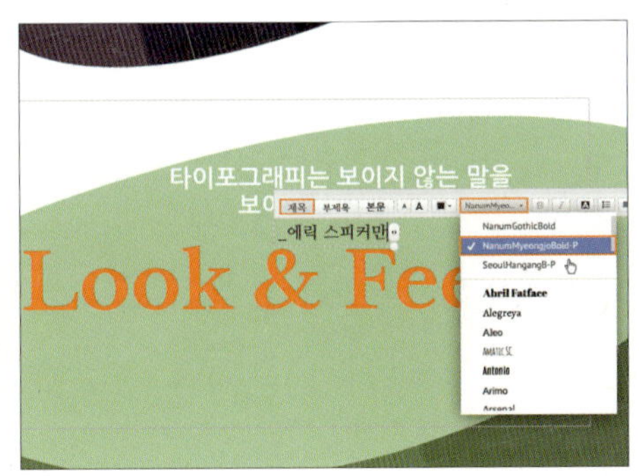

TIP • 명언과 이름은 폰트 종류와 크기, 색상 등을 다르게 설정하는 것이 보기에 좋습니다. 그룹이 설정된 상태에서는 텍스트를 수정할 수 없으므로
텍스트를 수정하기 위해서는 그룹 설정을 해제해야 합니다.

09 명언 텍스트 회전하고 정교하게 조절하기

01 명언 텍스트에 투명 프레임을 적용한 다음 '&'에 맞춰 줄입니다.

02 텍스트 프레임을 줄이면서 시계 방향으로 50° 정도 회전합니다.

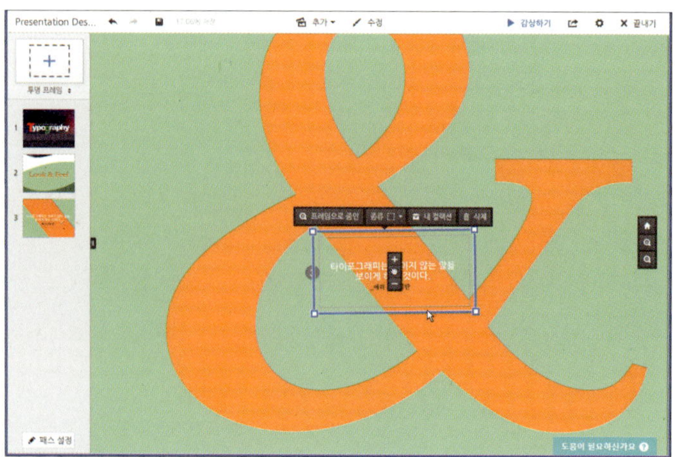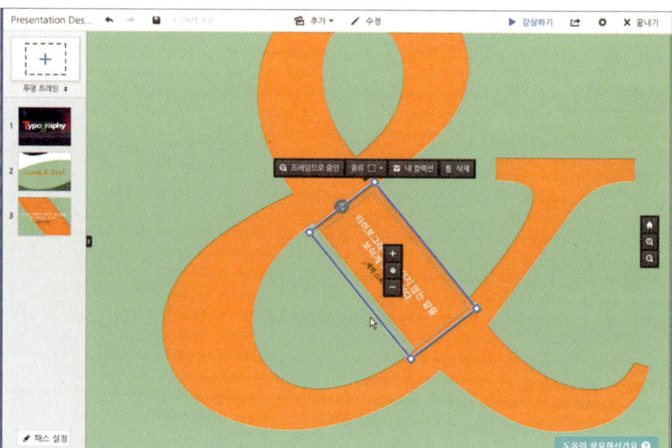

TIP • 프레임 위치와 크기에 따라 배경이 달라집니다. 주황색 배경색을 만들고 싶다면 주황색 텍스트 쪽에 배치하고 프레임을 주황색 부분에 맞춰 매우 작게 줄입니다.

10 화면과 함께 텍스트 크기 조정하기

미리보기 창에서 3번 섬네일을 클릭하여 화면을 회전한 다음 더욱 정교하게 프레임 위치와 텍스트 크기를 조절합니다.

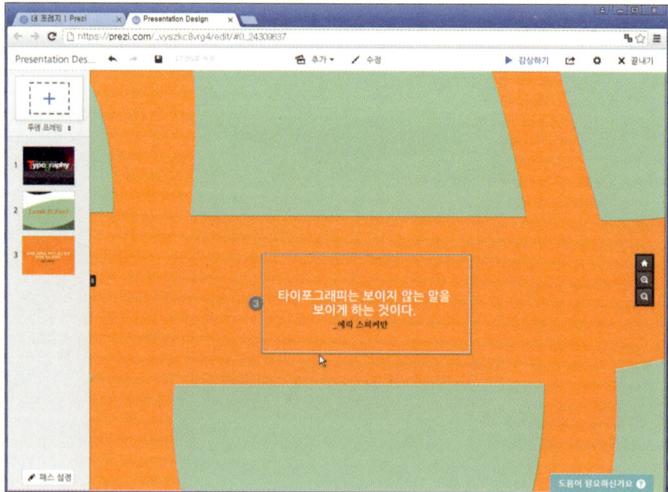

II 첫 번째 설명문안 입력하고 투명 프레임 적용하기

01 미리보기 창에서 1번 섬네일을 클릭하여 배경과 텍스트를 편집할 수 있도록 전체 화면을 나타냅니다.

02 Typo의 'p' 쪽으로 화면을 줌 인합니다.

03 'p' 위에 '042_테스트.txt' 파일의 설명문안 텍스트를 복사해서 붙여 넣습니다.
- 텍스트 형식 : 제목   • 색상 : 적갈색   • 폰트 : NanumMyeongjoBold-P

04 텍스트에 투명 프레임을 적용하고 더욱 정교하게 프레임 위치와 텍스트 크기를 조절합니다.

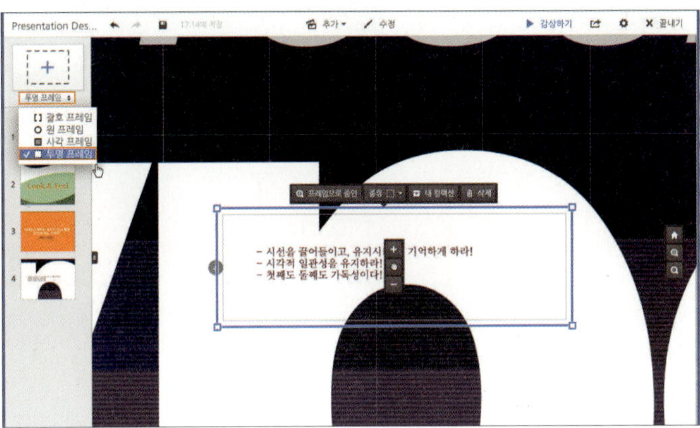

I2 두 번째 설명문안 입력하고 투명 프레임 적용하기

01 미리보기 창에서 1번 섬네일을 클릭하여 배경과 텍스트 전체를 나타냅니다.

02 graphy의 'h' 부분으로 화면을 줌 인합니다.

03 'h' 위에 '042_테스트.txt' 파일의 설명문안 텍스트를 복사하고 붙여 넣습니다.
- 텍스트 형식 : 제목   • 색상 : 주황색   • 폰트 : NanumMyeongjoBold-P

04 설명문안 옆에 괄호와 함께 텍스트를 입력합니다.
- 텍스트 : 3가지 폰트, 크기, 색상   • 텍스트 형식 : 제목   • 색상 : 검은 회색   • 폰트 : NanumMyeongjoBold-P

05 텍스트에 투명 프레임을 적용하고 더욱 정교하게 프레임 위치와 텍스트 크기를 조절합니다.

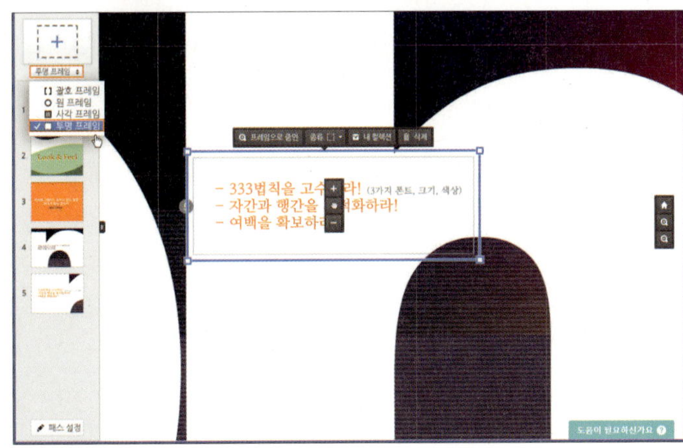

TIP • 작업 화면은 언제나 디자인하기 좋은 상태여야 합니다. 마우스 휠을 돌려 화면을 줌 인, 줌 아웃해서 적절한 작업 화면을 유지합니다.

I3 두 번째 설명문안 회전하여 배치하기

01 2개의 텍스트를 선택한 다음 옵션에서 〈그룹〉 버튼을 클릭합니다.

02 투명 프레임을 시계 반대 방향으로 90° 회전합니다.

03 미리보기 창에서 5번 섬네일을 클릭하여 화면을 회전해서 더욱 정교하게 프레임 위치와 텍스트 크기를 조절합니다.

TIP • 프레지에서는 배치 자체가 중요하기 때문에 배치 자체가 디자인 감각입니다. 어느 곳에 어떻게 배치했느냐에 따라 디자인 미감은 물론 애니메이션 느낌도 달라집니다.

I4 두 번째 명언 입력하기

01 'Presentation Design' 텍스트 중 'e'를 줌 인한 다음 '042_테스트.txt' 파일의 명언 텍스트를 복사하여 붙여 넣습니다.

- **텍스트 형식** : 본문　　• **색상** : 적갈색　　• **폰트** : NanumGothicBold

02 명언 텍스트 바로 아래에 이름을 입력합니다.

- **텍스트** : 엘 리시츠키　　• **텍스트 형식** : 제목　　• **색상** : 검은 회색　　• **폰트** : NanumMyeongjoBold–P

TIP • 비슷한 유형의 텍스트 편집은 이전 단계에서 작업한 것을 복제(Ctrl+D)하여 내용만 변경합니다. 08번 단계의 첫 번째 명언을 복제하여 텍스트 내용을 수정하면 작업 시간을 줄일 수 있습니다.

15 두 번째 명언 그룹 설정하고 투명 프레임 적용하기

01 두 개의 텍스트를 선택한 다음 옵션에서 〈그룹〉 버튼을 클릭합니다.

02 투명 프레임을 적용합니다.

03 미리보기 창에서 6번 섬네일을 클릭하여 화면을 회전하고 더욱 정교하게 프레임 위치와 텍스트 크기를 조절합니다.

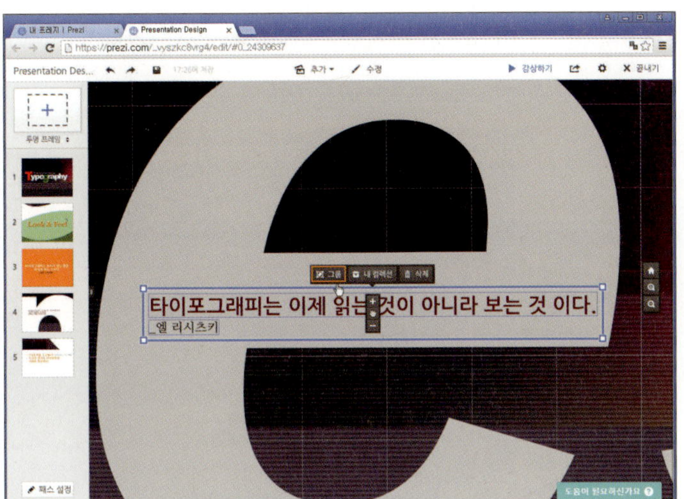
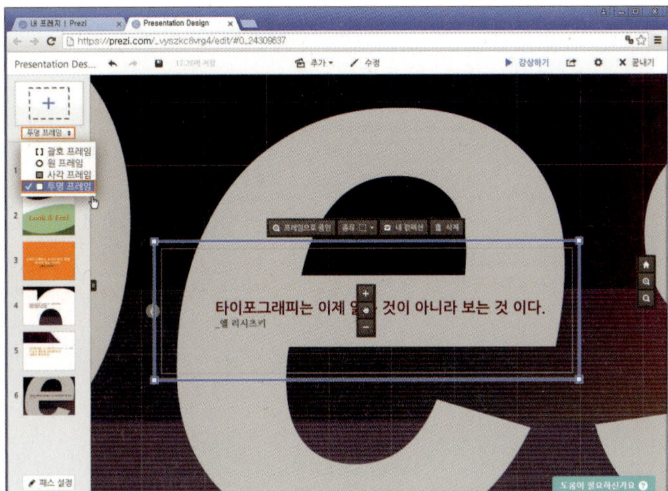

16 'Look & Feel'에 페이드인 효과 적용하기

01 미리보기 창 하단의 〈패스 설정〉 버튼을 클릭합니다.

02 2번 섬네일을 클릭한 다음 황갈색 '★' 아이콘을 클릭합니다.

03 [페이드인 효과] 대화상자에서 'Look & Feel' 텍스트 박스를 클릭하여 페이드인(나타내기) 효과를 적용합니다.

04 페이드인 효과 적용이 끝나면 오른쪽 상단의 〈Done〉 버튼을 클릭합니다.

TIP • 페이드인 기능은 프레젠테이션에서 매우 중요하므로 반드시 숙지하세요. 특히 스토리텔링 기법으로 발표할 때 페이드인 효과를 자주 사용합니다.

17 첫 번째 명언과 설명문안에 페이드인 효과 적용하기

01 미리보기 창에서 3번 섬네일을 클릭한 다음 황갈색 '★' 아이콘을 클릭합니다.

02 [페이드인 효과] 대화상자에서 그룹으로 설정된 텍스트 박스를 클릭하여 페이드인(나타내기) 효과
를 적용한 다음 오른쪽 상단의 〈Done〉 버튼을 클릭합니다.

03 4번 섬네일을 클릭한 다음 황갈색 '★' 아이콘을 클릭합니다.

04 [페이드인 효과] 대화상자에서 텍스트 박스를 클릭하여 페이드인(나타내기) 효과를 적용한 다음
〈Done〉 버튼을 클릭합니다.

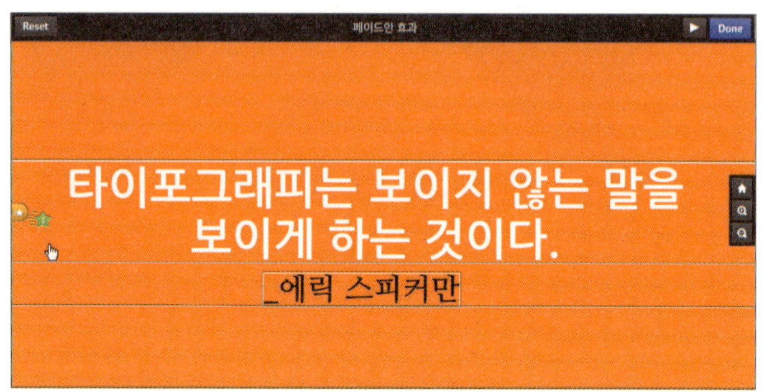

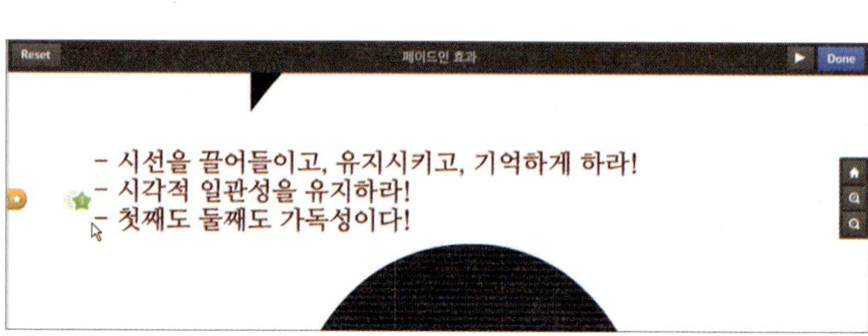

TIP • 페이드인 적용과 같은 방법으로 페이드인 효과를 삭제할 수 있습니다. 번호가 적용된 '★' 아이콘에서 'X' 아이콘을 클릭하면 페이드인 효과가
삭제됩니다.

18 두 번째 설명문안과 명언에 페이드인 효과 적용하기

01 미리보기 창에서 5번 섬네일을 클릭한 다음 황갈색 '★' 아이콘을 클릭합니다.

02 [페이드인 효과] 대화상자에 있는 설명문안을 클릭하여 페이드인(나타내기) 효과를 적용한 다음 오
른쪽 위의 〈Done〉 버튼을 클릭합니다.

03 6번 섬네일을 클릭한 다음 황갈색 '★' 아이콘을 클릭합니다.

04 [페이드인 효과] 대화상자에 있는 명언을 클릭하여 페이드인(나타내기) 효과를 적용한 다음 〈Done〉
버튼을 클릭합니다.

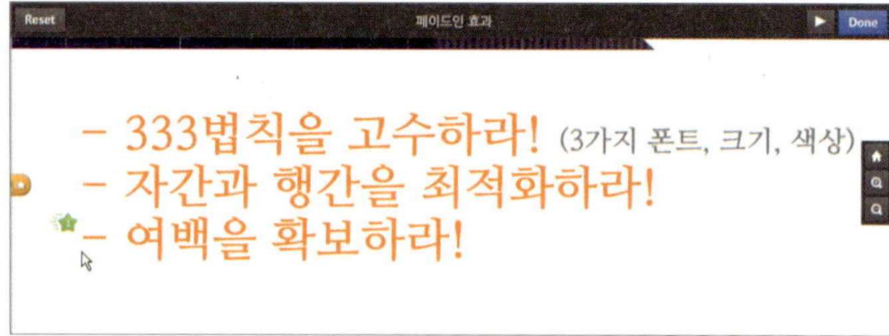

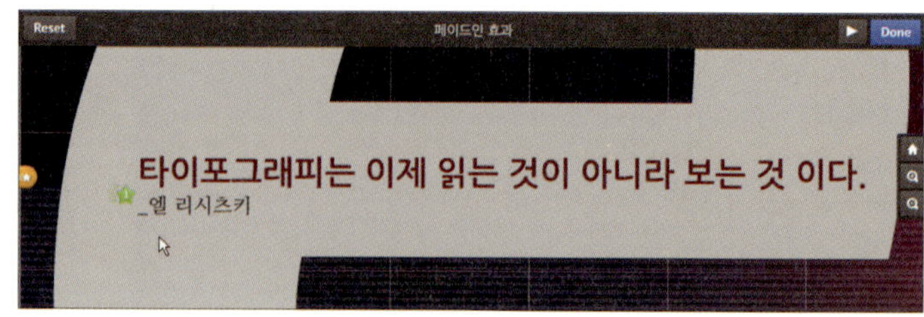

TIP • 페이드인 효과를 지나치게 많이 적용하면 오히려 스토리텔링을 방해할 수 있으므로 유의합니다.

19 처음으로 돌아오는 패스 지정하고 감상하기

01 미리보기 창 하단의 〈패스 설정〉 버튼을 클릭합니다.

02 패스①의 투명 프레임 테두리를 클릭하면 패스⑦이 생성됩니다.

03 메뉴 오른쪽의 〈감상하기〉 버튼을 클릭하여 지금까지 작업한 내용을 애니메이션(프레지 쇼)으로 실행합니다.

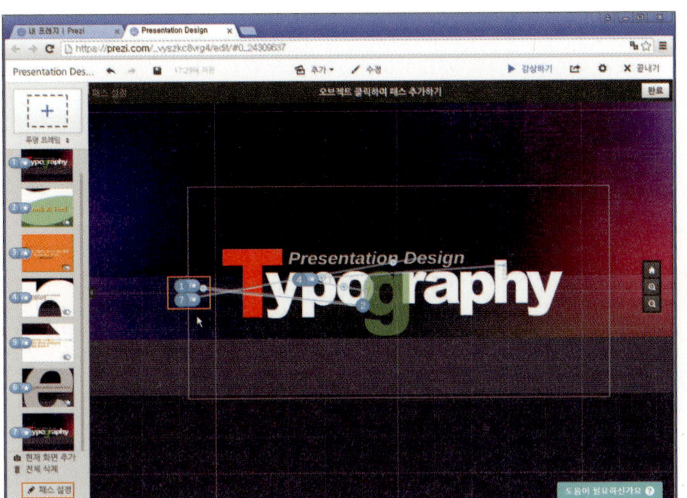
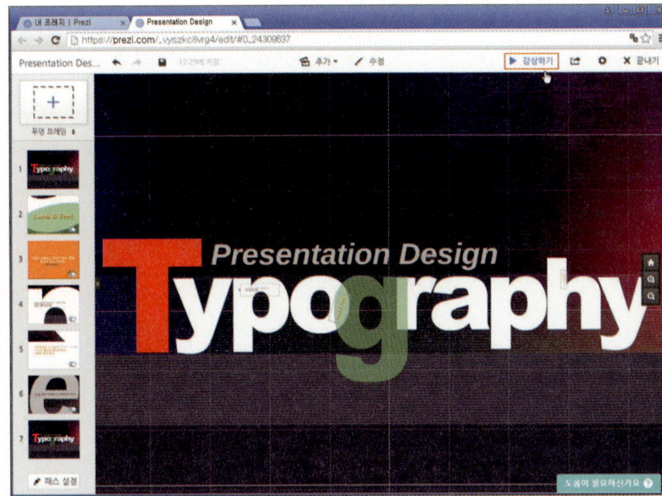

TIP · 애니메이션 감상을 마치려면 마우스 오른쪽 버튼을 클릭한 다음 **감상하기 마침**을 선택합니다.
페이드인 효과가 올바르게 보이는지 〈감상하기〉 버튼을 클릭하여 점검합니다.

20 저장하기

01 메뉴 오른쪽의 〈끝내기〉 버튼을 클릭하면 최종 작업 내용이 자동으로 저장되면서 종료됩니다.

02 인터넷에 연결하지 않고 발표하려면 메뉴 오른쪽 '공유' 아이콘을 클릭한 다음 [휴대용 프레지 다운로드]를 선택합니다.

03 왼쪽 아래의 'Untitled Prezi' 텍스트에서 파일 이름을 작성합니다.

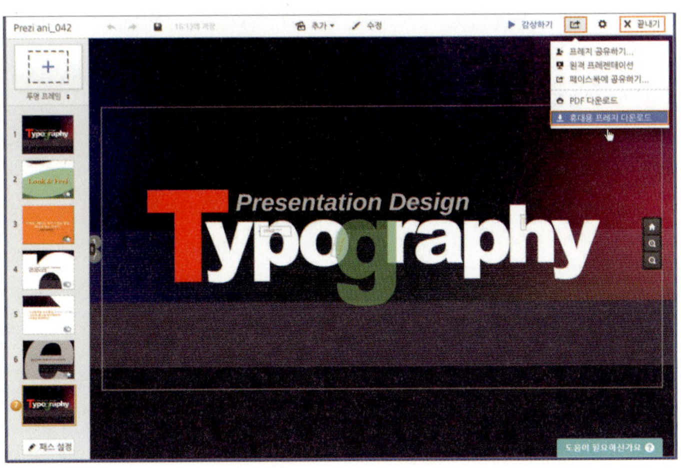
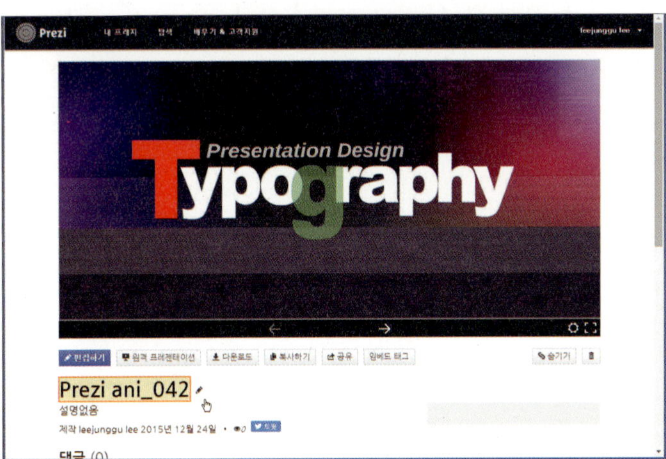

043 파워포인트 디자인 활용 애니메이션

프레지는 디자인 툴이 아니기 때문에 파워포인트를 적극 활용할 필요가 있습니다. 파워포인트에서 기본으로 제공하는 입체, 그라데이션, 그림자, 투명 효과 등을 적용하면 그래픽 프로그램 못지않게 디자인 퀄리티를 높일 수 있습니다. 파워포인트에서 디자인한 PNG 이미지를 불러들이는 것으로도 디자인 문제의 상당 부분을 해결할 수 있습니다. 어도비 포토샵이나 일러스트레이터는 극히 일부분에 필요할 뿐입니다.

|난이도| ★★★★ |디자인 소스 파일| Prezi ani_043\043_배경.png, Presentation_입체.png, Design_입체.png, best ppt prezi_
입체.png, 배경 투명텍스트.png, look&feel.png
|동영상 파일| Prezi ani_043\prezi ani_043.avi |인터넷으로 보기| http://cafe.naver.com/artcomptacademy/1890

애니메이션 작업 포인트

이번 예제의 중요 테크닉은 파워포인트 디자인 효과를 활용한 애니메이션입니다. 핵심 키워드는
파워포인트에서 디자인하여 PNG 파일로 저장한 다음 프레지에서 불러들였습니다. 파워포인트에
서 작업할 때는 항상 프레지에서 일어날 수 있는 문제들을 고려해야 합니다. 무엇보다 클로즈업했
을 때 이미지가 깨지는 현상을 어떻게 최소화할 것인지 생각해야 합니다. 이미지 파일을 지나치게
크게 저장하거나 데이터가 크면 애니메이션을 실행할 때 렉(버벅거림) 현상이 발생할 수 있습니다.

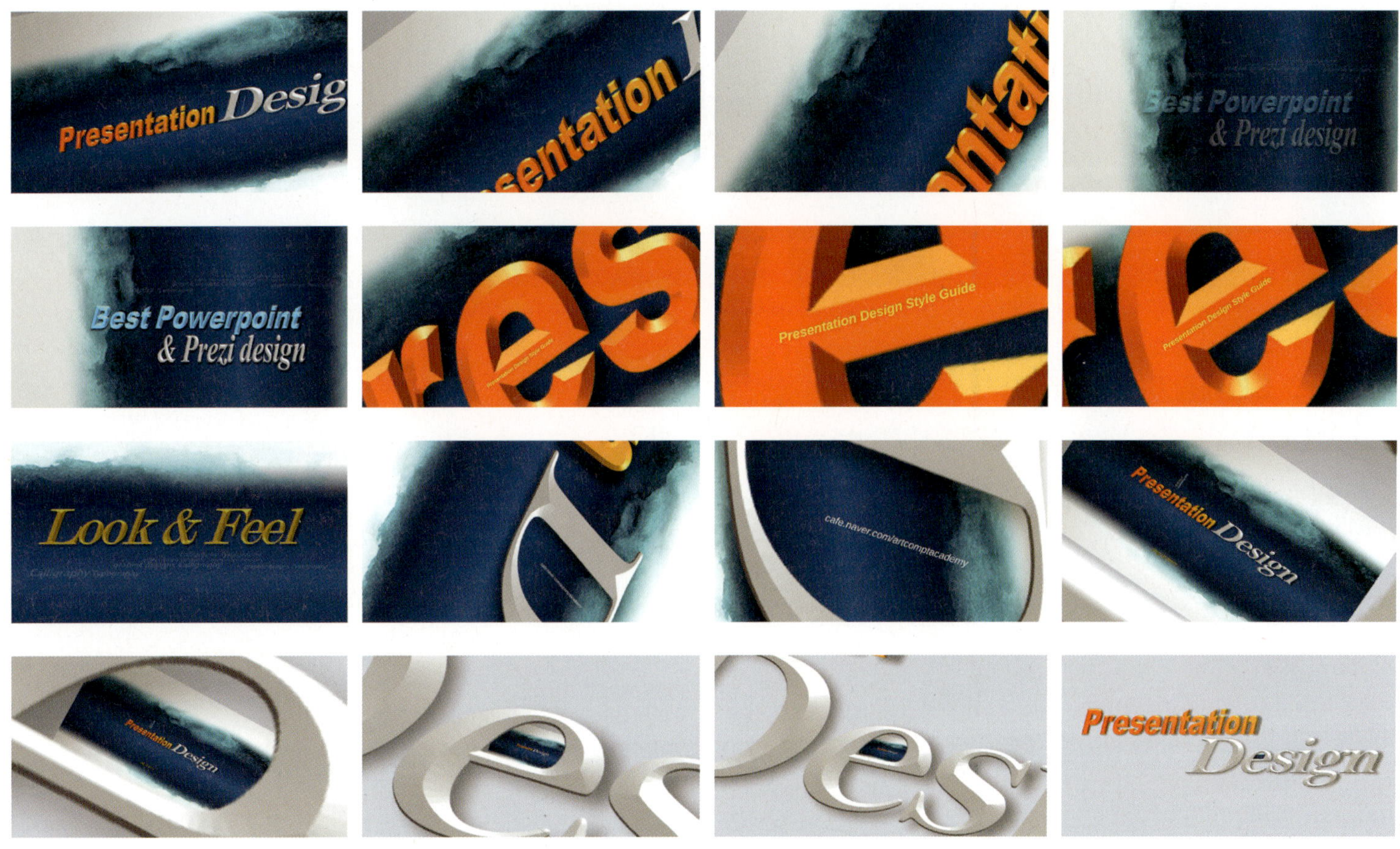

01 테마 설정하기

01 내 프레지에서 '새로운 프레지'를 클릭하고 〈빈 프레지 시작〉 버튼을 클릭하여 캔버스를 엽니다.

02 폰트 및 배경색 등을 설정하기 위해 [수정] 창에서 〈테마 설정〉 버튼을 클릭합니다.

03 [Theme Wizard] 대화상자에서 [Advanced] 탭을 선택하고 배경색을 '옅은 파란색'으로 설정합니다.
  - Background Color : R209, G215, B229

04 폰트를 설정하기 위해 'Use the Prezi CSS Editor'를 선택합니다.

05 [Edit CSS] 창에서 제목, 부제목, 본문 폰트를 설정하고 〈Apply〉 버튼을 클릭합니다.
  - 본문(body) : NanumGothicBold.keg　　• 제목(head) : NanumMyeongjoBold–P.keg
  - 부제목(strong) : SeoulHangangB–P.keg

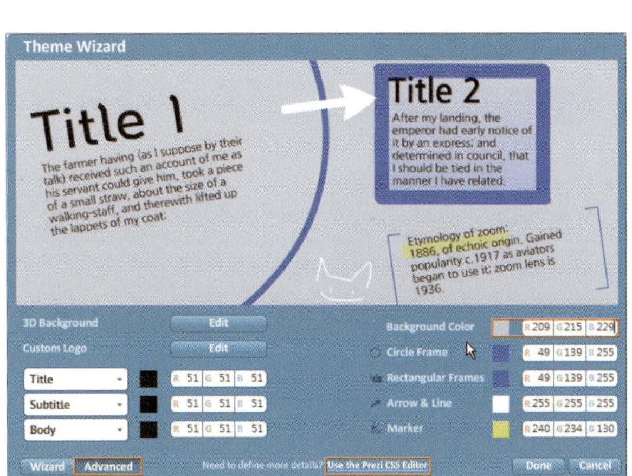

02 3D 배경 이미지 설정하기

01 다시 [Theme Wizard] 대화상자에서 3D Background 항목의 〈Edit〉 버튼을 클릭합니다.

02 3D 배경 이미지를 불러오기 위해 [Upload]를 클릭합니다.

03 [열기] 대화상자에서 배경 이미지인 '043_배경.PNG' 파일을 불러옵니다.

04 불러들인 배경 이미지가 나타나는지 확인한 다음 원 프레임을 삭제합니다.

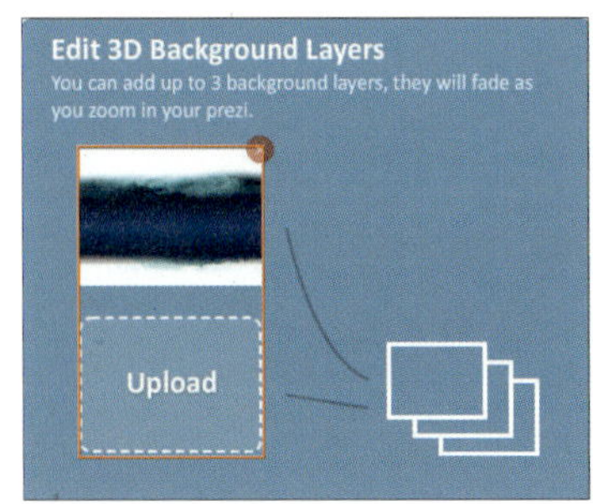

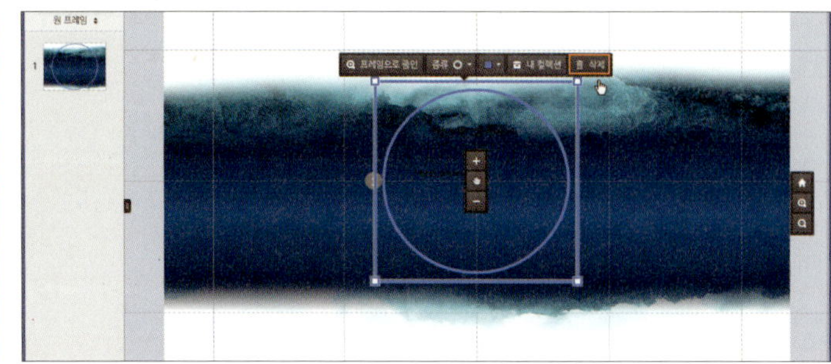

TIP • [Edit 3D Background Layers] 대화상자에서 배경 이미지를 불러들인 다음 반드시 〈Done〉 버튼을 클릭해야 합니다. [Theme Wizard] 대화상자에서도 〈Done〉 버튼을 클릭합니다.

03 중심부에 첫 번째 입체 텍스트 이미지 삽입하고 배치하기

01 메뉴에서 [추가]–[이미지]를 실행합니다. [이미지 추가] 창에서 〈파일 선택〉 버튼을 클릭하고 [열기]
대화상자가 나타나면 'Presentation_입체.png' 텍스트 이미지를 불러옵니다.

02 화면을 줌 아웃하여 배경 이미지 전체적으로 확인하면서 텍스트 이미지 크기를 조정합니다.

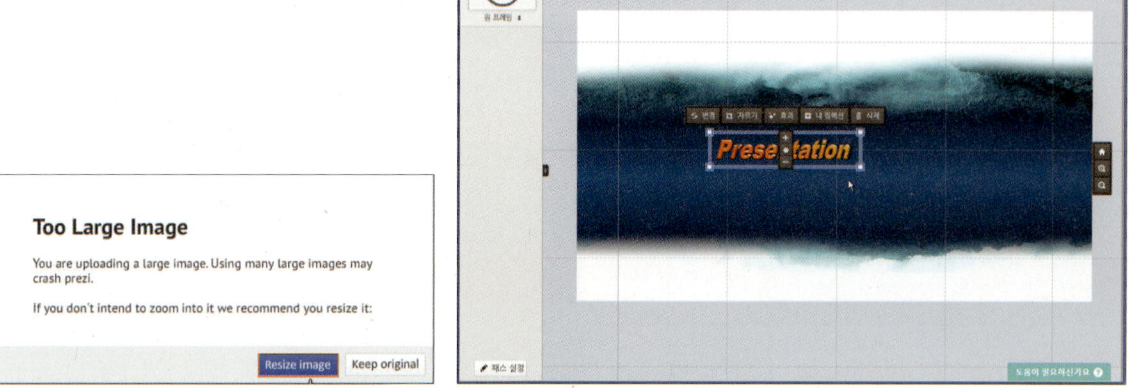

TIP • 　이미지가 크기가 너무 크면 Too Large Image 경고 메시지가 나타납니다. 〈Resize image〉 버튼을 클릭하여 크기를 줄입니다. JPG, PNG,
SWF 파일은 프레지에서 사용할 수 있는 이미지 포맷이며 프레지의 최대 권장 해상도는 2,880×2,880입니다. 프레지에서 사용될 이미지는 항상 크기를
점검해야 합니다.

04 두 번째 입체 텍스트 삽입하고 배치하기

01 [이미지 추가] 창에서 〈파일 선택〉 버튼을 클릭하고 [열기] 대화상자가 나타나면 'Design_입체.png'
텍스트 이미지를 불러옵니다.

02 'Presentation_입체' 텍스트 오른쪽에 줄여 배치합니다.

03 'Presentation_입체' 텍스트보다 높이를 높게 조정합니다.

04 배열한 입체 텍스트에 투명 프레임을 적용합니다.

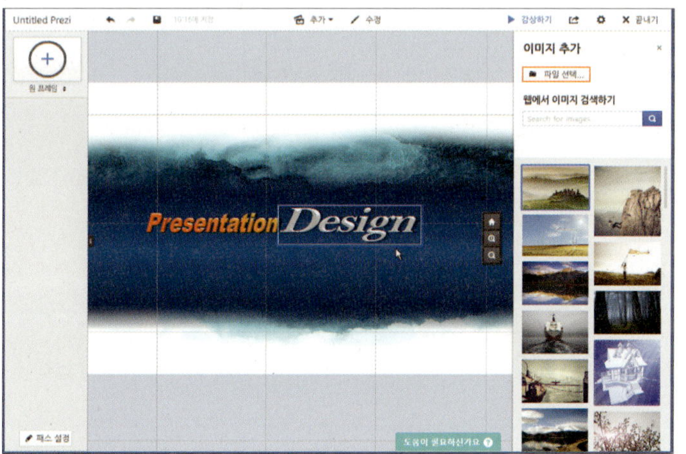

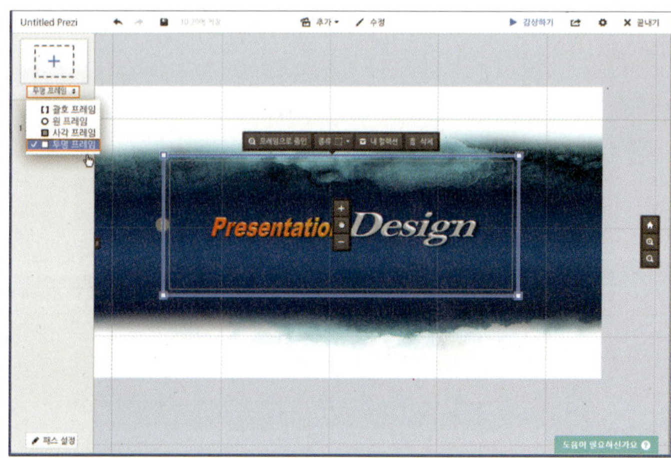

TIP • 　텍스트 조정이 유연하지 않다면 레이어 관계를 점검하고 화면을 줌 아웃하여 넓은 공간에서 조절합니다.

05 세 번째 입체 텍스트 삽입하고 배치하기

01 [이미지 추가] 창에서 〈파일 선택〉 버튼을 클릭하고 [열기] 대화상자가 나타나면 'best ppt prezi_입체.png' 텍스트 이미지를 불러옵니다.

02 텍스트 이미지에 투명 프레임을 적용하고 여백을 조절합니다.

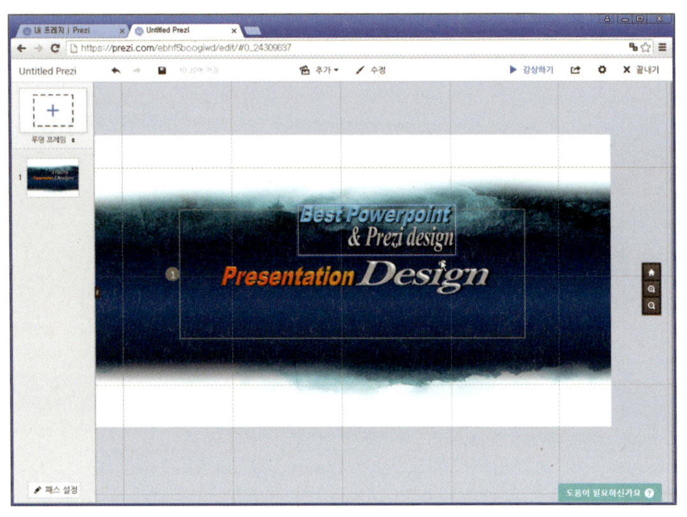
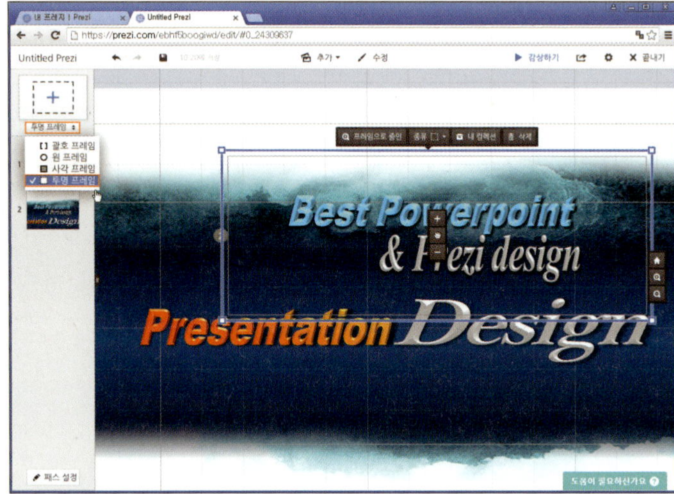

TIP • 텍스트에 투명 프레임을 적용하는 이유는 해당 텍스트에 디자인적으로 여백을 확보하기 위해서입니다. 프레임 없이 텍스트 자체에 패스를 설정하면 좌우 여백 없이 꽉 차기 때문에 디자인 완성도가 떨어집니다. 동양화에 여백이 매우 중요하듯이 디자인도 같은 개념입니다.

06 세 번째 텍스트 이미지 회전하고 투명 텍스트 배열하기

01 투명 프레임을 작게 줄이고 시계 방향으로 90° 회전합니다.

02 'Presentation_입체' 텍스트 상단 중심부에 텍스트 이미지와의 간격을 두고 배치합니다.

03 미리보기 창에서 2번 섬네일을 클릭하여 화면을 회전하고 더욱 정교하게 프레임 위치와 텍스트 크기를 조절합니다.

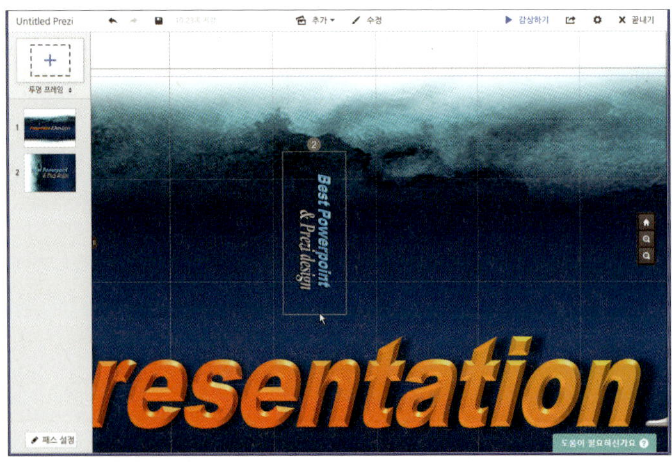
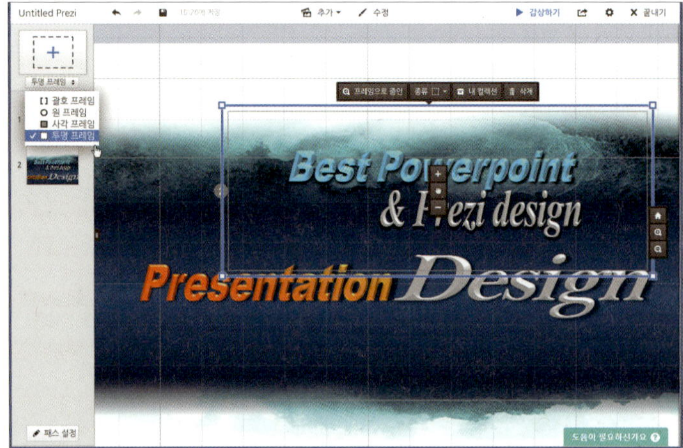

TIP • 배경의 투명 텍스트 이미지는 메시지 전달보다 디자인 미감을 살리기 위한 장식 효과로 활용합니다. 밋밋했던 배경이 더욱 풍성해지고 레이아웃에 짜임새가 생깁니다.

07 투명 텍스트 배열하기

01 [이미지 추가] 창에서 〈파일 선택〉 버튼을 클릭하고 [열기] 대화상자가 나타나면 '배경 투명 텍스트.png' 이미지를 불러온 다음 텍스트 위에 배열합니다.

02 더욱 정교하게 프레임 위치와 텍스트 크기를 조절합니다.

03 미리보기 창에서 1번 섬네일을 클릭하여 전체 화면을 나타냅니다.

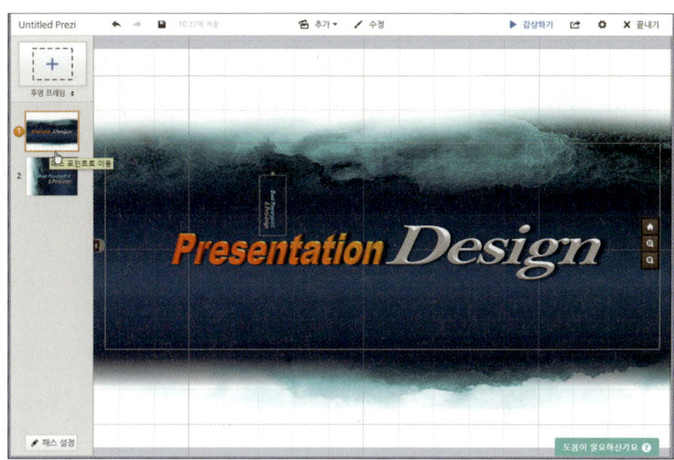

08 텍스트 입력하고 투명 프레임 적용하기

01 'Presentation_입체' 텍스트 위에 텍스트를 입력합니다.

- **텍스트** : Presentation Design Style Guide
- **색상** : 밝은 노란색
- **폰트** : Arimo
- **스타일** : 굵게, 기울임 꼴

02 작성한 텍스트에 투명 프레임을 적용합니다.

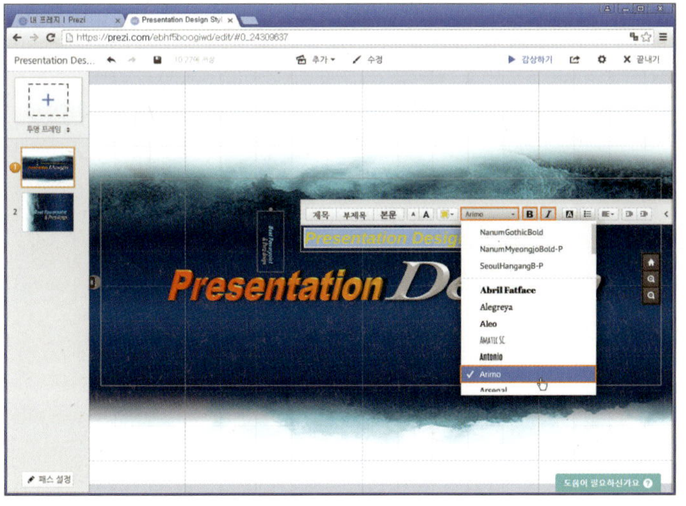

09 'e' 위에 텍스트 배치하기

01 'Presentation_입체' 텍스트 쪽으로 이전 단계에서 적용한 투명 프레임을 이동합니다.

02 'Presentation'의 'e' 중심부에 투명 프레임을 줄여 배치합니다.

03 미리보기 창에서 3번 섬네일을 클릭하여 화면을 줌 인한 다음 더욱 정교하게 프레임과 텍스트 크기
를 조절합니다.

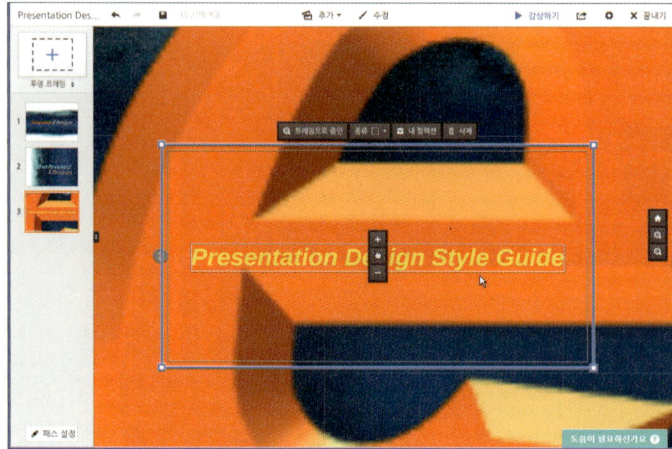

TIP • 'e'가 클로즈업되면 깨져 보이므로 선명하게 나타내려면 파워포인트에서 'e'만 따로 PNG 파일로 작업하여 불러들여야 합니다. 'e'를 A4 크기
만큼 크게 작업하여 PNG 파일로 저장합니다.

10 'Look & Feel' 텍스트 이미지 불러오고 투명 프레임 적용하기

01 미리보기 창에서 1번 섬네일을 클릭하여 전체 화면을 나타냅니다.

02 [이미지 추가] 창에서 〈파일 선택〉 버튼을 클릭하고 [열기] 대화상자가 나타나면 'look&feel.png' 텍
스트 이미지를 불러온 다음 배경 이미지 아래에 배치합니다.

03 텍스트 이미지에 투명 프레임을 적용하고 여백을 조절합니다.

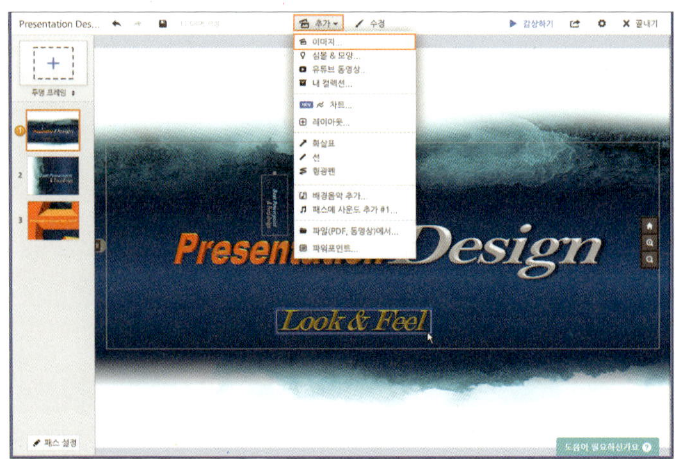

TIP • 'look&feel' 텍스트 이미지는 파워포인트에서 작성한 것으로, 폰트를 'Modern No. 20'으로 지정하고 입체 및 그림자 효과를 적용했으며 색상
은 '노란색'에 투명도는 '50%'로 설정하였습니다.

II 'Look & Feel' 텍스트 이미지 회전하고 투명 텍스트 배열하기

01 투명 프레임을 작게 줄이고 시계 방향으로 180° 회전합니다.

02 배경 이미지 하단에 투명 프레임을 작게 줄여 배치합니다.

03 왼쪽 미리보기 창에서 4번 섬네일을 클릭하여 화면을 회전합니다.

I2 텍스트 추가하기

01 [이미지 추가] 창에서 〈파일 선택〉 버튼을 클릭하고 [열기] 대화상자가 나타나면 '배경 투명 텍스트.png' 이미지를 불러온 다음 텍스트 아래에 배열합니다.

02 더욱 정교하게 프레임 위치와 텍스트 크기를 조절합니다.

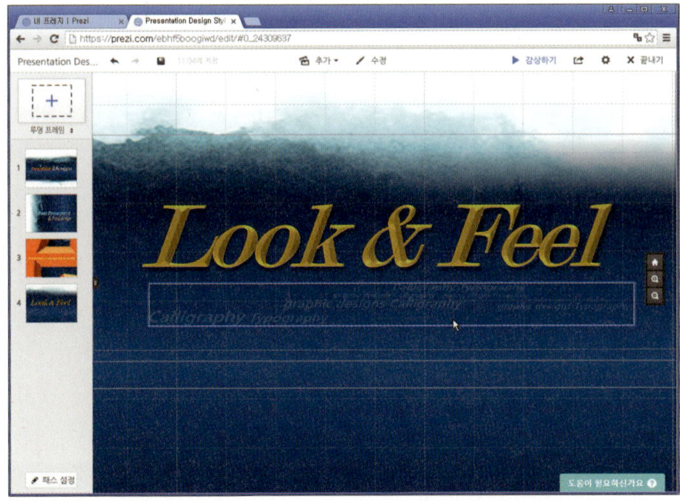

I3 'url' 입력하고 투명 프레임 적용하기

01 미리보기 창에서 1번 섬네일을 클릭하여 전체 화면을 나타냅니다.

02 'Design_입체' 텍스트의 'D' 쪽으로 화면을 줌 인합니다.

03 'Design_입체' 텍스트 위에 URL 텍스트를 입력합니다.
- **텍스트** : cafe.naver.com/artcomptacademy　　**색상** : 흰색　　**폰트** : Arimo　　**스타일** : 기울임 꼴

04 작성한 텍스트에 투명 프레임을 적용합니다.

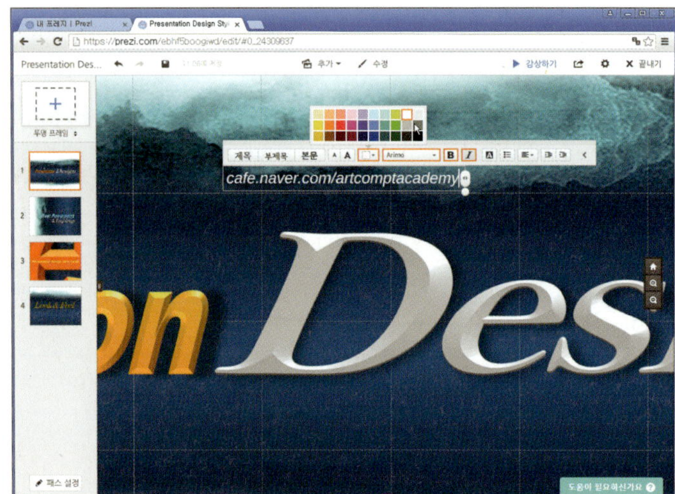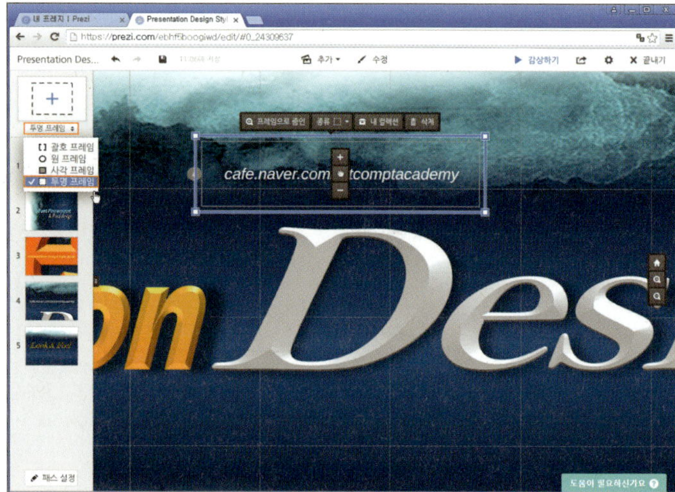

I4 'e' 위에 텍스트 배치하기

01 'Design_입체'의 'e' 중심부에 투명 프레임을 줄여 배치합니다.

02 투명 프레임을 작게 줄이고 시계 반대 방향으로 68° 회전합니다.

03 미리보기 창에서 5번 섬네일을 클릭하여 화면을 회전하고 더욱 정교하게 프레임과 텍스트 크기를 조절합니다.

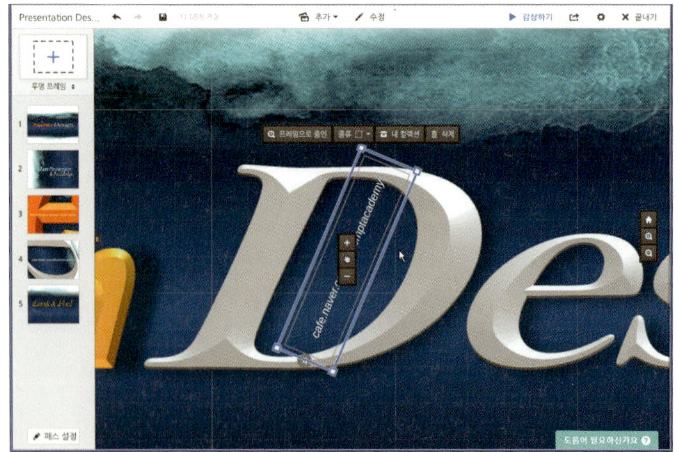

I5 화면 줌 아웃하기

01 미리보기 창에서 1번 섬네일을 클릭하여 전체 화면을 나타냅니다.

02 마우스 휠을 이용하여 배경 이미지가 최대한 작게 보이도록 화면을 줄입니다.

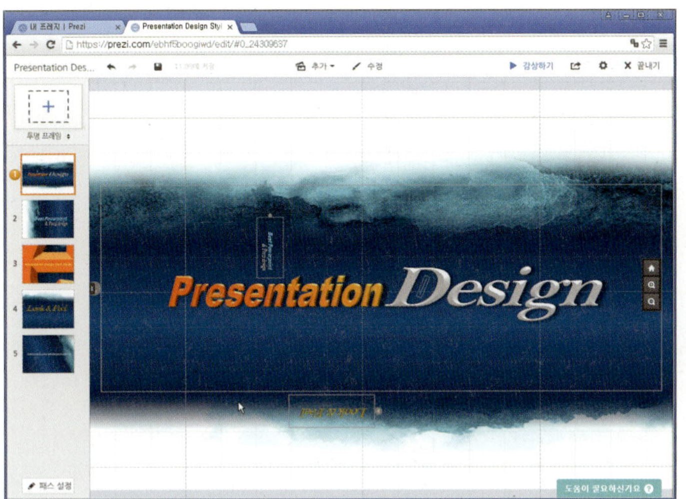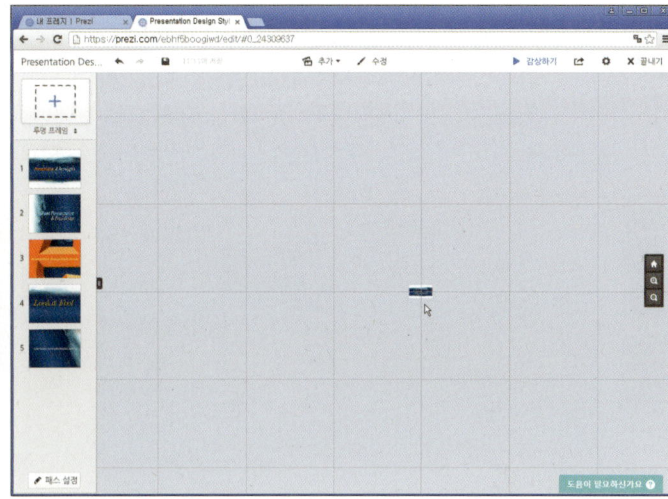

TIP • 미리보기 창에서 1번 섬네일을 클릭하면 화면 전체를 볼 수 있도록 사전에 프레임을 만들어 작업하기 편리합니다.

I6 입체 텍스트 이미지 불러와 배열하기

01 [이미지 추가] 창에서 〈파일 선택〉 버튼을 클릭하고 [열기] 대화상자가 나타나면 'Presentation_입체.png' 텍스트 이미지를 불러옵니다.

02 같은 방법으로 'Design_입체.png' 텍스트 이미지를 불러옵니다.

03 'Design_입체' 텍스트의 'e'에 배경 이미지가 들어가도록 크게 키웁니다.

04 'Presentation_입체' 텍스트와 'Design_입체' 텍스트 크기와 위치를 정교하게 조정합니다.

TIP • 배경 이미지가 'e' 텍스트 밑으로 배열된 형식입니다. 'Design_입체' 텍스트를 크게 키워야 가능합니다. 특히 'e' 안에 배경 이미지가 가득 차도록 텍스트 이미지 크기를 조정합니다.

17 입체 텍스트 이미지에 투명 프레임 적용하기

01 'e' 쪽으로 화면을 줌 인합니다. Shift 키를 누른 채 15번 과정에서 작업한 모든 프레임을 선택한 다음 마우스 오른쪽 버튼을 클릭하고 맨 앞으로 가져오기를 선택합니다.

02 이전 단계에서 작업한 입체 텍스트에 투명 프레임을 적용합니다.

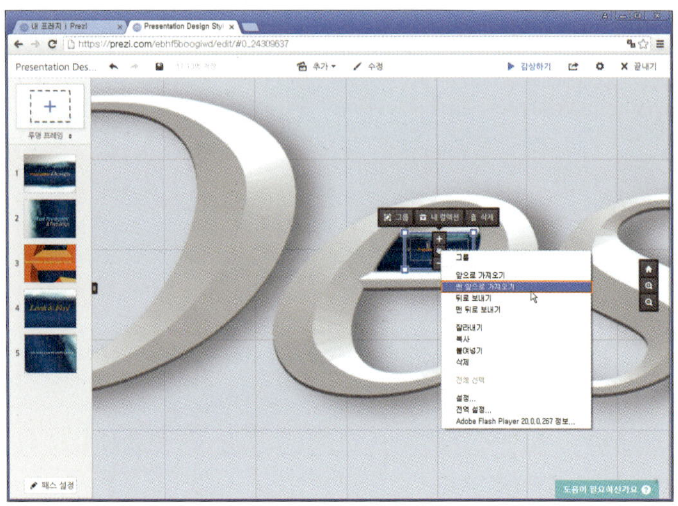
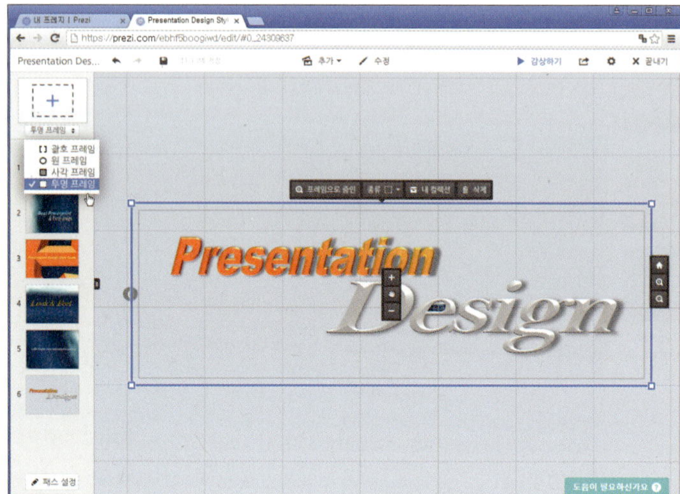

TIP • 'e'에 그림자 효과가 적용되어 하단의 디자인이 어둡게 보이므로 맨 앞으로 가져와 선명하게 나타냅니다.

18 첫 번째와 두 번째 페이드인 효과 적용하기

01 미리보기 창에서 2번 섬네일을 클릭한 다음 황갈색 '★' 아이콘을 클릭합니다.

02 [페이드인 효과] 대화상자에서 그룹화된 텍스트 이미지(Best…)를 클릭하여 페이드인(나타내기) 효과를 적용하고 오른쪽 위의 〈Done〉 버튼을 클릭합니다.

03 미리보기 창에서 4번 섬네일을 클릭한 다음 황갈색 '★' 아이콘을 클릭합니다.

04 [페이드인 효과] 대화상자에서 텍스트 이미지(Look & Feel)를 클릭하여 페이드인(나타내기) 효과를 적용한 다음 오른쪽 상단의 〈Done〉 버튼을 클릭합니다.

TIP • 페이드인 효과가 제대로 나타나는지 〈감상하기〉 버튼을 클릭하여 애니메이션을 통해 점검합니다.

19 패스 점검 및 감상하기

__01__ 미리보기 창 아래의 〈패스 설정〉 버튼을 클릭하여 패스 순서를 확인합니다.

__02__ 메뉴 오른쪽의 〈감상하기〉 버튼을 클릭하여 지금까지 작업한 내용을 애니메이션(프레지 쇼)으로 실행합니다.

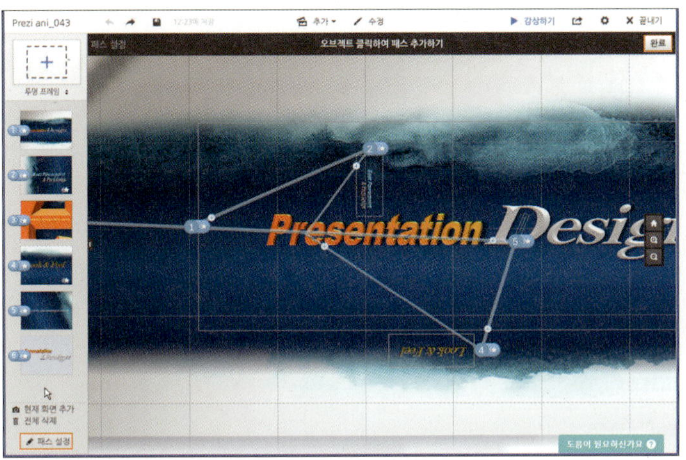
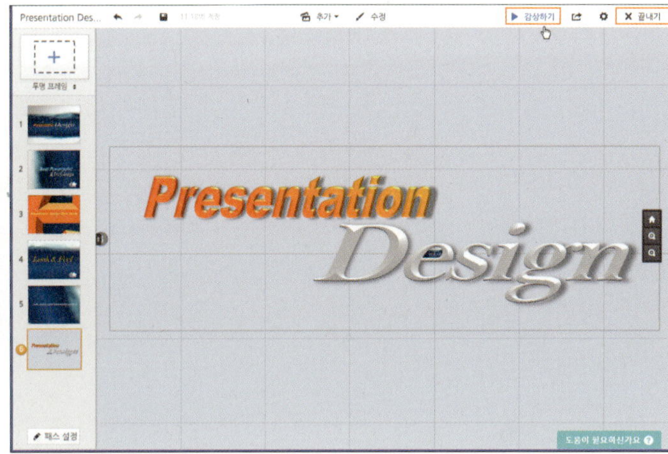

TIP • 〈감상하기〉 버튼을 클릭하여 지금까지 작업한 내용을 검토하면 문제(레이아웃, 페이드인, 패스 등)를 바로 확인할 수 있습니다. 문제 있는 부분은 수정한 다음 다시 〈감상하기〉 버튼을 클릭하여 점검합니다.

20 저장하기

__01__ 메뉴 오른쪽의 〈끝내기〉 버튼을 클릭하면 최종 작업 내용이 자동으로 저장되면서 종료됩니다.

__02__ 왼쪽 아래의 'Untitled Prezi' 텍스트에서 파일 이름을 작성합니다.

__03__ [휴대용 프레지]를 다운로드하여 점검합니다.

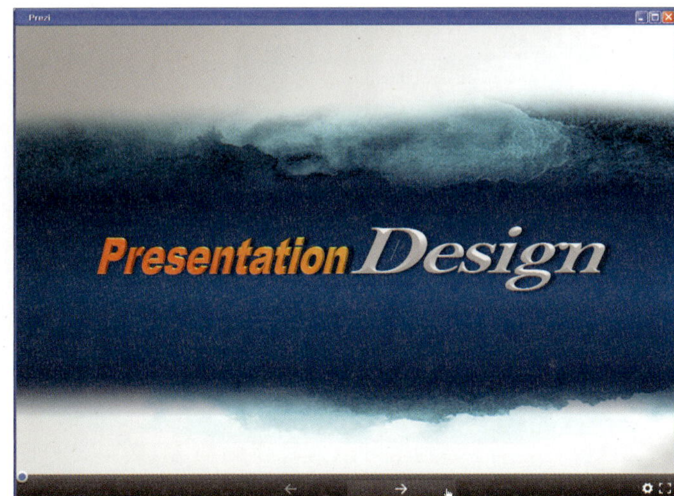

TIP • '휴대용 프레지'는 컴퓨터에 따라 파일이 열리지 않을 수도 있으므로 인터넷에 연결되지 않은 곳에서 발표할 때는 해당 컴퓨터에서 파일이 제대로 열리는지 사전에 확인해둘 필요가 있습니다.

044 문양 활용 애니메이션

프레지 디자인에 빠질 수 없는 것은 바로 '문양'입니다. 문양은 배경의 단조로움을 단번에 해결하며 전체적으로 디자인 미감을 살리기 때문에 본문 내용에 따라 선별해야 하며 여러 가지 문양을 적용하기보다 하나의 컨셉(꽃, 넝쿨, 나비, 전통 문양 등)으로 일관성 있게 전개하는 것이 좋습니다. 프레지에서 활용하는 문양은 복잡한 것보다 단순한 것이 좋으며 클로즈업해도 깨지지 않아야 활용 가치가 높습니다.

|난이도| ★★★★☆ |디자인 소스 파일| Prezi ani_044\flower_적색.swf, flower_노랑.swf, flower_보라.swf, flower_회색.swf, flower_흰색.swf, 044_텍스트.txt, flower_1~3.swf
|동영상 파일| Prezi ani_044\prezi ani_044.avi |인터넷으로 보기| http://cafe.naver.com/artcomptacademy/1891

애니메이션 작업 포인트

이번 예제의 중요 테크닉은 문양을 활용한 애니메이션입니다. 꽃을 단순화한 다음 투명도를 적용하여 셀로판지를 겹친 듯한 느낌을 주었습니다. 투명도가 적용된 문양은 다른 문양과 겹치면 디자인 미감을 살릴 수 있습니다. 클로즈업해도 깨지지 않도록 어도비 일러스트레이터에서 SWF 파일로 저장하여 불러들인 이미지를 활용합니다. 파워포인트로 작업할 경우 PNG 파일로 저장해야 합니다. 클로즈업할 문양은 크기를 최대로 키워서 저장해야 깨지는 현상을 최소화할 수 있습니다.

01 테마 설정하기

01 내 프레지에서 '새로운 프레지'를 클릭하고 〈빈 프레지 시작〉 버튼을 클릭하여 캔버스를 엽니다.

02 폰트 및 배경색 등을 설정하기 위해 [수정] 창에서 〈테마 설정〉 버튼을 클릭합니다.

03 [Theme Wizard] 대화상자에서 왼쪽 아래의 [Advanced] 탭을 선택하고 배경색을 설정합니다.
- Background Color : R51, G39, B69

04 폰트를 설정하기 위해 'Use the Prezi CSS Editor'를 선택합니다.

05 [Edit CSS] 창에서 제목, 부제목, 본문 폰트를 설정하고 〈Apply〉 버튼을 클릭합니다.
- 본문(body) : NanumGothicBold.keg
- 제목(head) : NanumMyeongjoBold-P.keg
- 부제목(strong) : SeoulHangangB-P.keg

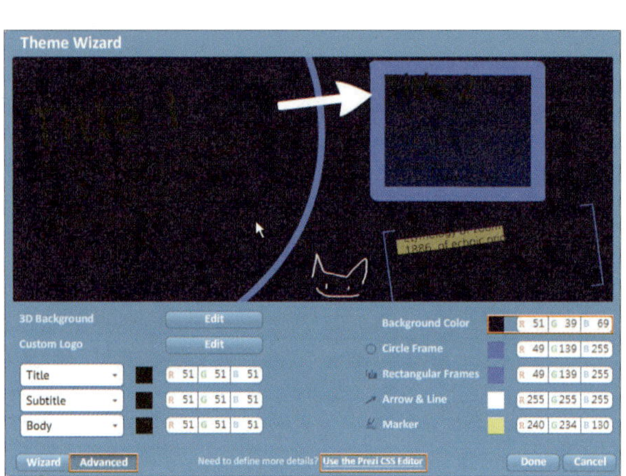

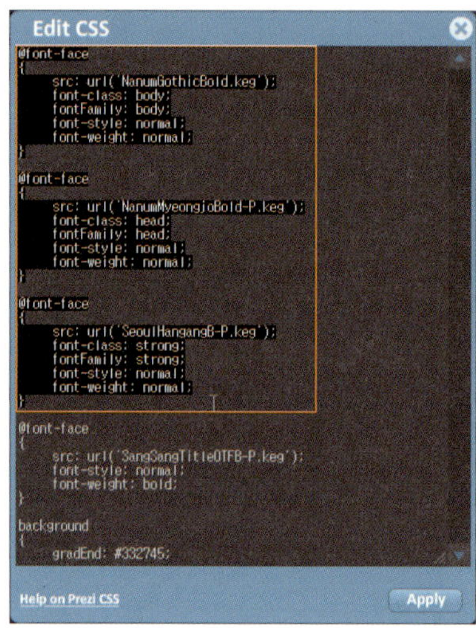

02 3D 배경 이미지 설정하기

01 다시 [Theme Wizard] 대화상자에서 3D Background 항목의 〈Edit〉 버튼을 클릭합니다.

02 3D 배경 이미지를 추가하기 위해 [Upload]를 클릭합니다.

03 [열기] 대화상자에서 배경 이미지 파일인 'flower_적색.swf'을 불러옵니다.

04 [Edit 3D Background Layers] 대화상자에서 불러들인 배경 이미지를 확인한 다음 〈Done〉 버튼을 클릭하고 원 프레임을 삭제합니다.

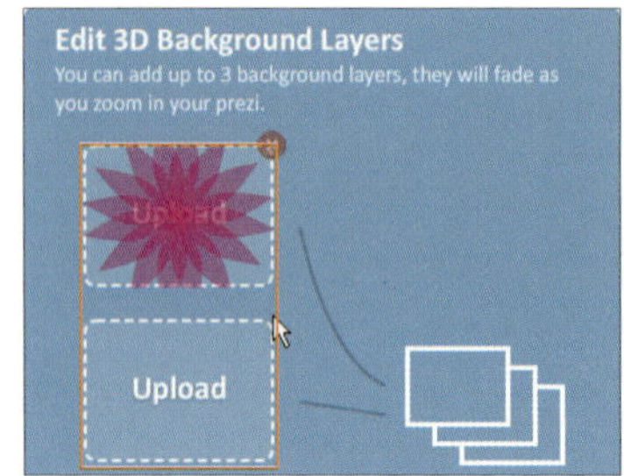

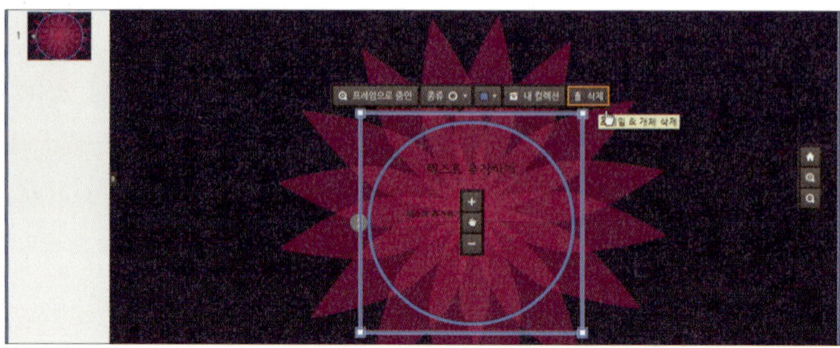

TIP • 앞으로 전개할 모든 디자인과 애니메이션은 3D 배경으로 정해진 문양을 기준으로 전개되기 때문에 신중하게 선택해야 합니다.

03 3개의 꽃문양 이미지 삽입하고 크기 조절하여 배치하기

__01__ 메뉴에서 [추가]–[이미지]를 실행합니다. [이미지 추가] 창에서 〈파일 선택〉 버튼을 클릭하고 [열기] 대화상자가 나타나면 'flower_노랑.swf' 이미지를 불러온 다음 3D 배경 이미지 위에 배열합니다.

__02__ 'flower_보라.swf' 이미지를 3D 배경 이미지 하단에 배열합니다.

__03__ 'flower_2.swf' 이미지를 'flower_노랑' 옆에 배열합니다.

__04__ 3개의 꽃문양 위치 및 크기를 조정합니다.

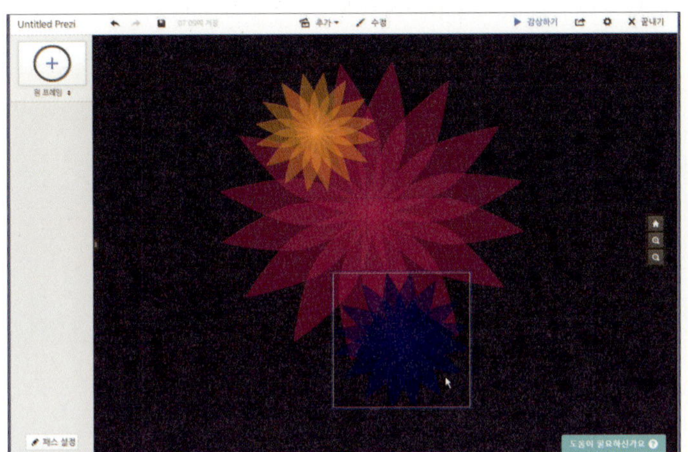 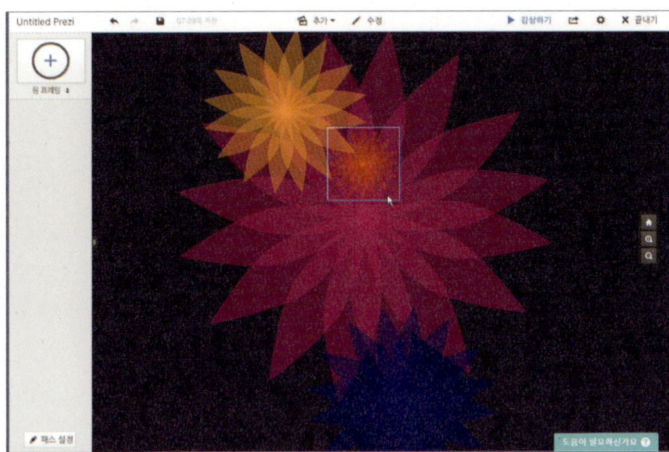

TIP • 디자인을 마칠 때까지 개체의 크기는 확정되지 않기 때문에 단계별로 매끄럽지 못하거나 짜임새가 부족하다고 느껴질 경우 수시로 변경하고 수정해야 합니다.

04 문양을 추가하고 크기 조절 및 배치하기

__01__ [이미지 추가] 창에서 〈파일 선택〉 버튼을 클릭하고 [열기] 대화상자가 나타나면 'flower_회색.swf' 이미지를 불러온 다음 3D 배경과 중심부 하단에 배열합니다.

__02__ 'flower_흰색.swf' 이미지를 'flower_회색' 중심부에 배열합니다.

__03__ 'flower_흰색' 이미지를 복제(Ctrl+D)해 'flower_2.swf' 이미지 하단에 매우 작게 줄여 배열합니다.

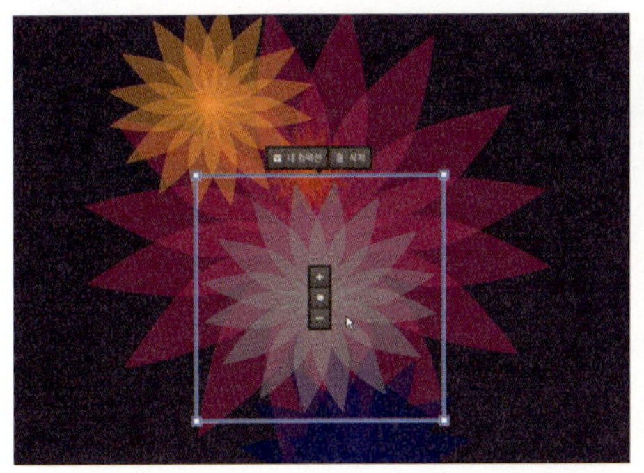  

TIP • 이미지를 불러온 다음 배열하고 텍스트를 입력하면 한 층씩 레이어 상태로 겹치므로 많은 이미지와 텍스트들이 겹치면 특정 이미지와 텍스트를 선택하기 어려울 수 있습니다. 그러므로 작업 과정에서 이러한 문제들을 예상하고 적절하게 배치해야 합니다.

05 투명 프레임 적용하기

01 미리보기 창에서 [프레임]–[투명 프레임]을 선택합니다.

02 배열된 꽃문양에 맞춰 투명 프레임 크기를 조절합니다.

03 중심부 쪽으로 화면을 줌 인하고 텍스트(PSG)를 입력합니다.
- **색상** : 흰색　　• **폰트** : Antonio　　• **스타일** : 굵게

04 'PSG' 텍스트 아래에 서브 텍스트를 입력합니다.
- **텍스트** : Presentation design Style Guide　　• **색상** : 주황색　　• **폰트** : Arimo　　• **스타일** : 굵게, 기울임 꼴

05 2개의 텍스트를 짜임새 있게 배열하고 세밀하게 크기를 조절합니다.

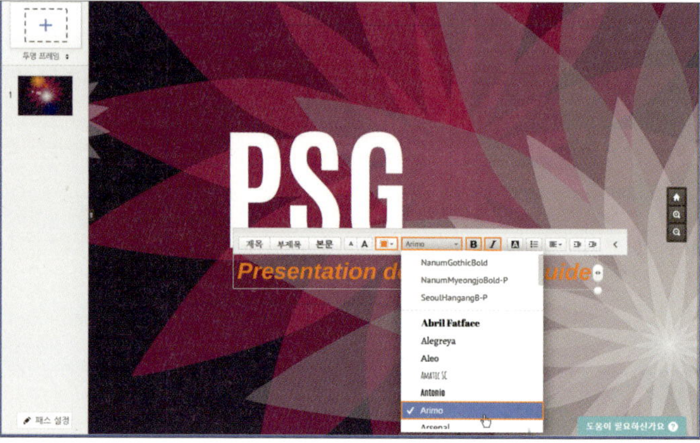

TIP • 첫 번째로 프레임으로 설정하여 만든 섬네일은 모든 작업의 기준이 됩니다.

06 텍스트에 투명 프레임 적용하고 회전하기

01 2개의 텍스트를 선택한 다음 옵션에서 〈그룹〉 버튼을 클릭합니다.

02 그룹으로 설정한 텍스트에 투명 프레임을 적용하고 여백을 넓게 지정합니다.

03 투명 프레임을 작게 줄인 다음 시계 방향으로 55° 회전합니다.

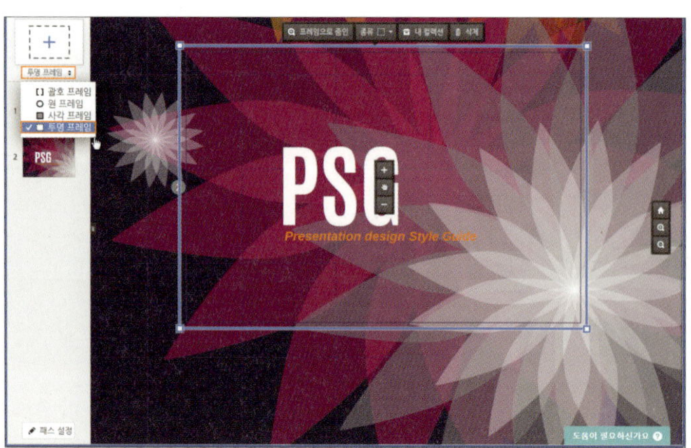

TIP • 투명 프레임의 여백을 넓게 주는 이유는 주변 꽃문양을 더욱 많이 보여주기 위해서입니다. 여백을 넓게 주지 않으면 디자인이 답답해지고, 회전 효과를 리얼하게 살리기 어렵습니다.

07 프레임을 더욱 작게 줄이고 정교하게 조절하기

01 회전한 투명 프레임을 더욱 작게 줄입니다.

02 미리보기 창에서 2번 섬네일을 클릭하여 화면을 회전한 다음 더욱 정교하게 프레임과 텍스트 크기
를 조절합니다.

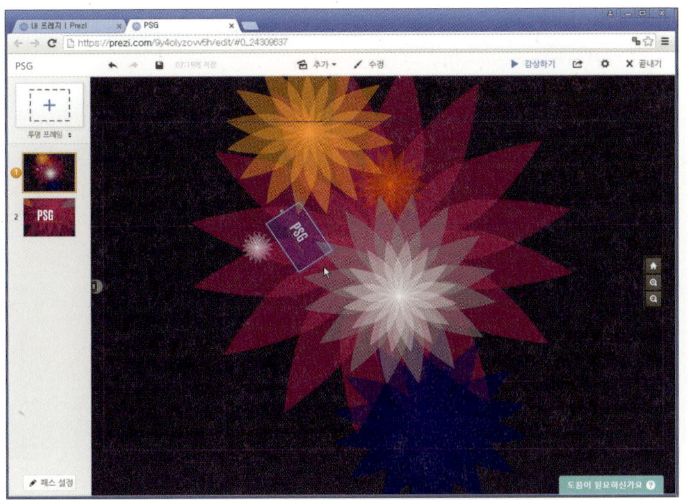

TIP • 배경과 텍스트가 적절하게 조화를 이루는지 항상 점검해야 합니다. 의도한 느낌이 아니라면 프레임과 텍스트 위치를 이동하고 크기를 조절합
니다. 모든 텍스트 편집은 가독성을 우선으로 하며, 다음으로 짜임새와 디자인적 심미감이 중요합니다.

08 첫 번째 설명문안 입력하고 투명 프레임 적용하기

01 미리보기 창에서 1번 섬네일을 클릭합니다.

02 배경 이미지 여백에 설명문안 제목을 입력합니다.
- **텍스트** : PSG디자인 전략이란?　　• **텍스트 형식** : 제목　　• **색상** : 밝은 노란색　　• **폰트** : NanumMyeongjoBold-P

03 제목 아래에 '044_테스트.txt' 파일의 서브 텍스트를 복사해서 붙여 넣습니다.
- **텍스트 형식** : 본문　　• **색상** : 흰색　　• **폰트** : NanumGothicBold

04 편집한 2개의 텍스트에 투명 프레임을 적용하고 여백을 넓게 줍니다.

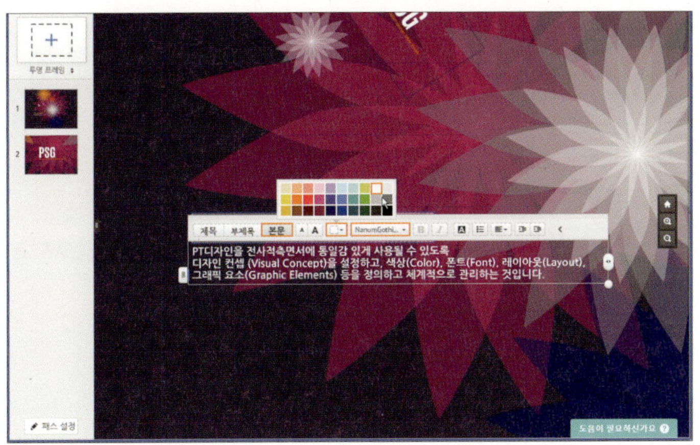
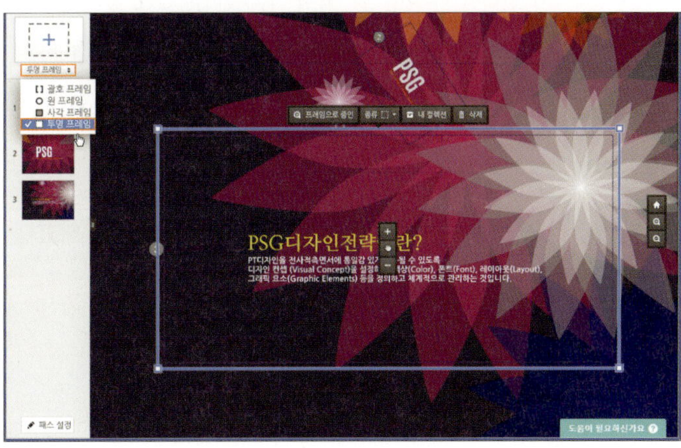

09 투명 프레임 회전하기

01 투명 프레임을 작게 줄이고 시계 반대 방향으로 110° 회전합니다.

02 회전한 투명 프레임을 더욱 작게 줄이고 'flower_보라' 이미지 쪽으로 배치합니다.

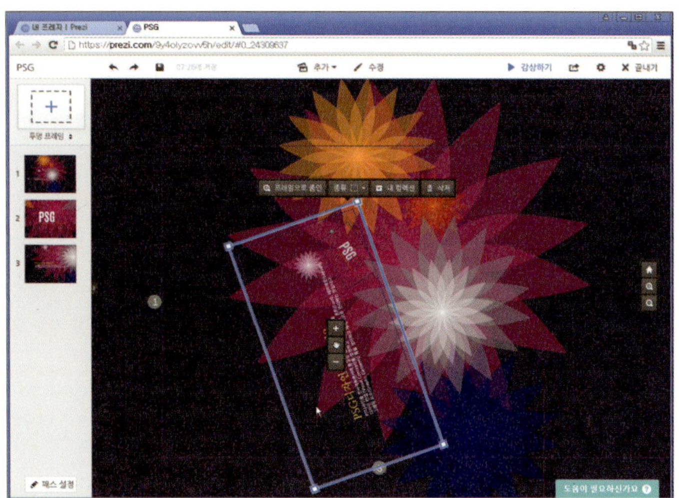 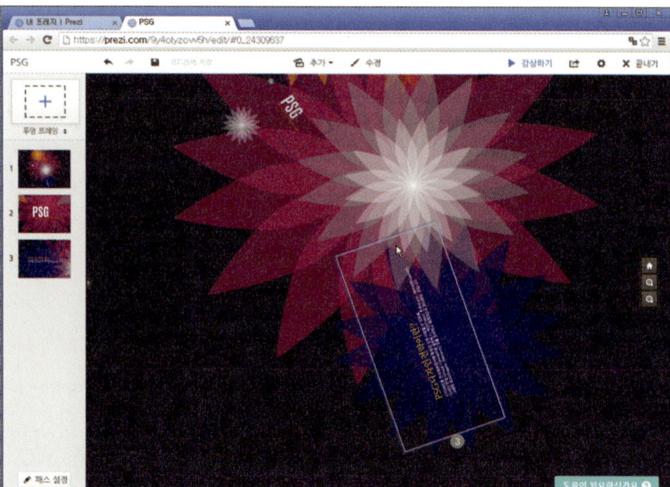

TIP • 프레지 애니메이션에서는 회전 효과가 장점입니다. 파워포인트에서는 절대 구현할 수 없는 차별화된 애니메이션 기능이므로 회전 각도를 과감하게 설정하여 더욱 역동적인 애니메이션을 전개할 필요도 있습니다. 하지만 지나친 회전 효과는 청중에게 어지럼증을 유발할 수 있어 주의가 필요합니다.

10 텍스트를 그룹으로 설정하고 투명 프레임 적용하기

01 미리보기 창에서 3번 섬네일을 클릭하여 화면을 회전하고 그룹으로 설정합니다.

02 더욱 정교하게 프레임과 텍스트 크기를 조절합니다.

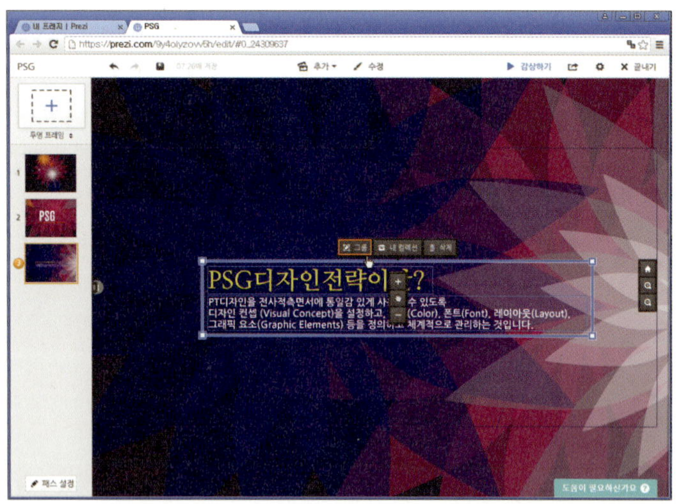 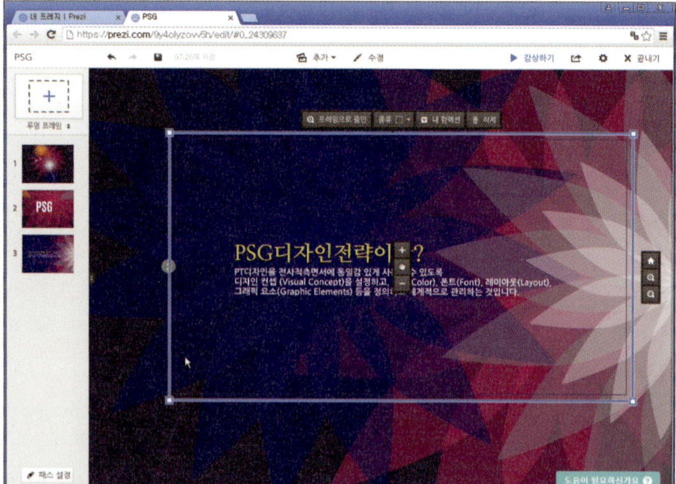

TIP • 프레지 디자인에서 가장 중요한 것은 배치이며 그다음은 크기 조절, 즉 '레이아웃'입니다. 그러므로 개체를 배치하고 크기를 조절하는 자체가 디자인(레이아웃) 감각입니다. 어느 곳에 어떻게 배치하고 크기를 어떻게 조절했느냐에 따라 디자인 미감은 물론 애니메이션 느낌도 달라집니다.

11 영문 텍스트 입력하고 프레임 적용하기

01 미리보기 창에서 1번 섬네일을 클릭합니다.

02 흰색 꽃문양의 여백을 클릭하고 영문 텍스트를 입력합니다.

- 텍스트 : Visual Concept...   • 색상 : 적갈색   • 폰트 : Arimo   • 스타일 : 굵게, 기울임 꼴

03 작성한 텍스트에 투명 프레임을 적용하고 시계 방향으로 35° 회전합니다.

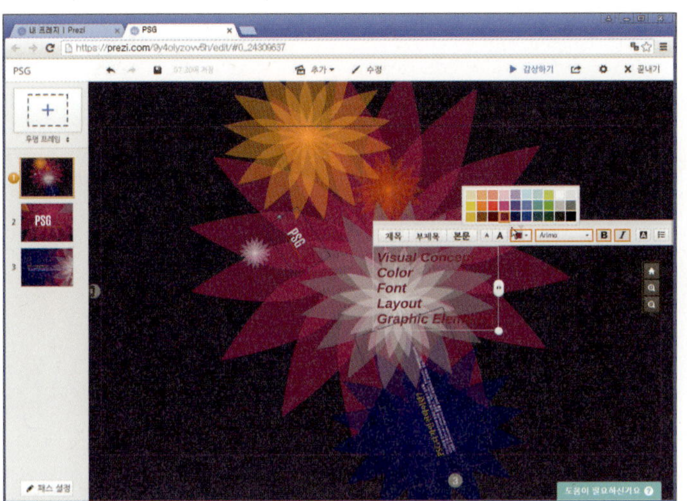
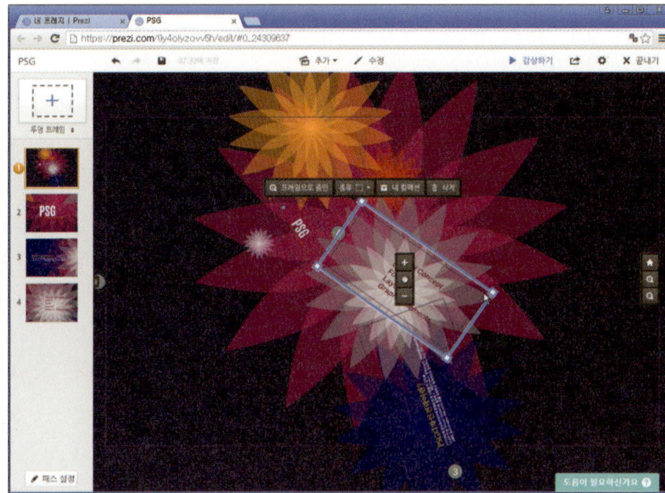

TIP • 밝은 배경에는 텍스트의 명도를 어둡게 해야 가독성이 높습니다. 색상을 지정하기 어려운 경우 일단 주변 색상과 비슷한 색상으로 배색하는 것
이 좋습니다. 예제에서는 주변이 붉은색 계열이므로 시인성을 높이기 위해 어두운 적보라색이나 적갈색을 배색했습니다.

12 텍스트와 프레임 조절하기

01 회전한 투명 프레임을 더욱 작게 줄여 'flower_흰색' 이미지 중심부로 배열합니다.

02 미리보기 창에서 4번 섬네일을 클릭하여 화면을 회전한 다음 더욱 정교하게 텍스트와 프레임 크기
를 조절합니다.

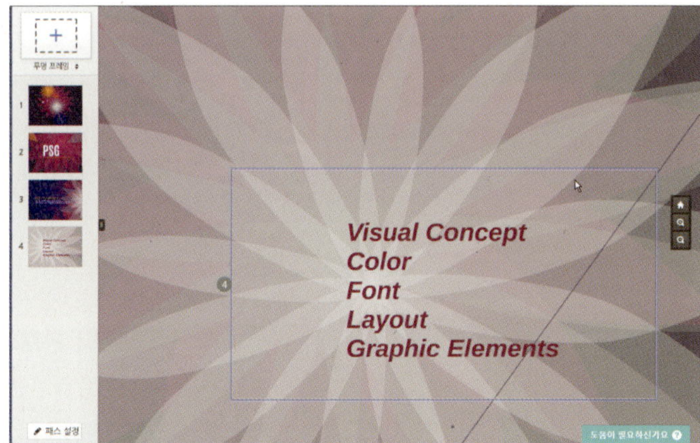

TIP • **해당 프레임이 선택되지 않을 때는?**
해당 프레임이 선택되지 않을 때 마우스 휠을 이용해서 화면을 줌 인, 줌 아웃하여 프레임을 선택합니다. 프레임이 화면에 가득 차 있거나 너무 작게 줄어
들어 보이면 선택되지 않습니다. 그다음에는 레이어의 관계를 점검합니다.

I3 두 번째 설명문안 입력하고 투명 프레임 적용하기

01 미리보기 창에서 1번 섬네일을 클릭합니다.

02 배경 이미지에 설명문안 제목을 입력합니다.
- **텍스트** : PSG디자인 전략의 장점?　　**텍스트 형식** : 제목　　**색상** : 밝은 노란색
- **폰트** : NanumMyeongjoBold–P

03 제목 아래에 '044_테스트.txt' 파일의 서브 텍스트를 복사하고 붙여 넣습니다.
- **텍스트 형식** : 본문　　**색상** : 밝은 회색　　**폰트** : NanumGothicBold

04 미리보기 창에서 [프레임]–[투명 프레임]을 선택하여 편집한 텍스트에 투명 프레임을 적용합니다.

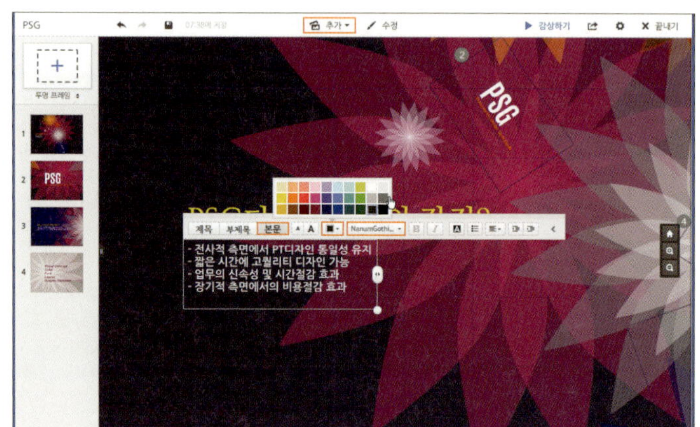
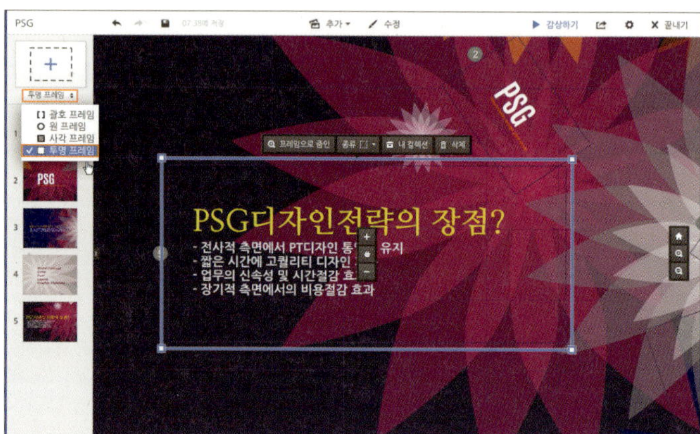

TIP • 　텍스트 편집은 08번 과정과 같습니다. 비슷한 유형의 텍스트 편집은 이전 단계에서 작업한 것을 복제(Ctrl+D)하여 내용만 변경하는 방식을
사용하면 작업 시간을 줄일 수 있습니다.

I4 투명 프레임 회전하고 크기 조절하기

01 편집한 텍스트를 선택한 다음 옵션에서 〈그룹〉 버튼을 클릭합니다.

02 투명 프레임을 시계 방향으로 145° 회전합니다.

03 미리보기 창에서 5번 섬네일을 클릭하여 화면을 회전하고 더욱 정교하게 텍스트와 프레임 크기를
조절합니다.

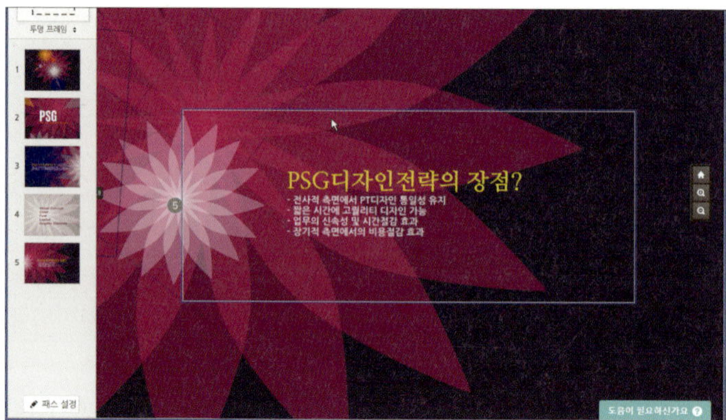

TIP • 　과정을 정확하게 따라했지만 그림과는 결과가 다를 수 있습니다. 정확한 수치를 입력하면서 작업하지 않았으므로 꽃문양 배열, 프레임 위치와
크기, 여백 등에 따라 다양한 변수가 발생할 수 있습니다.

15 'PSG' 텍스트 입력하기

01 마우스 휠을 이용하여 배경 화면을 매우 작게 줌 아웃합니다.

02 꽃문양 배경 상단에 텍스트(PSG)를 입력합니다.
- **폰트** : Antonio　　**색상** : 흰색　　**스타일** : 굵게

03 'PSG' 텍스트 하단에 서브 텍스트를 입력합니다.
- **텍스트** : Presentation design Style Guide　　**폰트** : Arimo　　**색상** : 주황색스타일 : 굵게, 기울임 꼴

04 2개의 텍스트를 짜임새 있게 배열하고 텍스트 크기를 세밀하게 조절합니다.

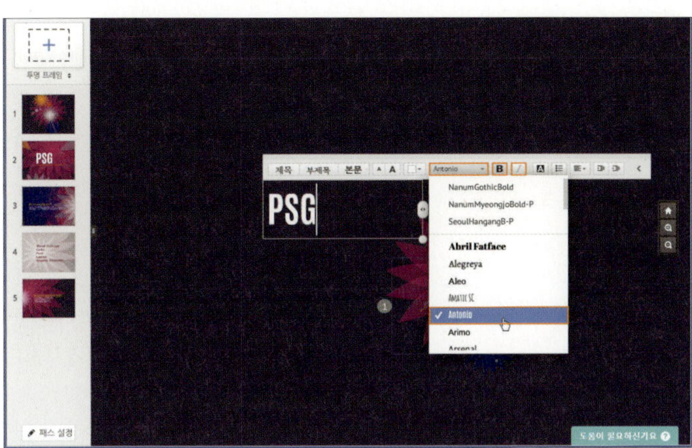
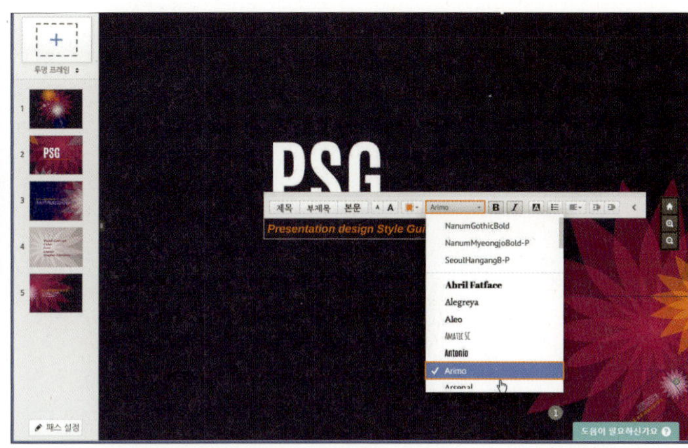

TIP · 　텍스트 편집은 05번 과정과 같습니다.

16 'PSG' 텍스트 크기 키우기

01 편집한 텍스트를 선택한 다음 옵션에서 〈그룹〉 버튼을 클릭합니다.

02 화면을 줌 아웃한 다음 'S'와 'G' 사이에 꽃문양이 보이도록 텍스트 크기를 키웁니다.

03 텍스트에 투명 프레임을 적용합니다.

TIP · 　큰 텍스트에 프레임을 적용하면 그 안의 작은 프레임들이 영향을 받습니다. 큰 프레임이 이동하면 내부 프레임도 함께 움직이므로 큰 프레임을
움직일 때는 지금까지 작업한 것들이 변형되거나 흩어질 수 있기 때문에 주의해야 합니다.

I7 첫 번째와 두 번째 텍스트 배열하기

01 확장한 텍스트 그룹을 선택하고 오른쪽 마우스 버튼을 클릭한 다음 맨 뒤로 보내기를 선택합니다.

02 미리보기 창 하단의 〈패스 설정〉 버튼을 클릭하고 미리보기 창에서 2번 섬네일을 클릭한 다음 황갈색 '★' 아이콘을 클릭합니다.

03 [페이드인 효과] 대화상자에서 그룹화된 'PSG' 텍스트를 클릭하여 페이드인(나타내기) 효과를 적용한 다음 오른쪽 상단의 〈Done〉 버튼을 클릭합니다.

04 미리보기 창에서 3번 섬네일을 클릭한 다음 황갈색 '★' 아이콘을 클릭합니다.

05 [페이드인 효과] 대화상자에서 제목과 텍스트를 차례로 클릭하여 페이드인(나타내기) 효과를 적용한 다음 오른쪽 상단의 〈Done〉 버튼을 클릭합니다.

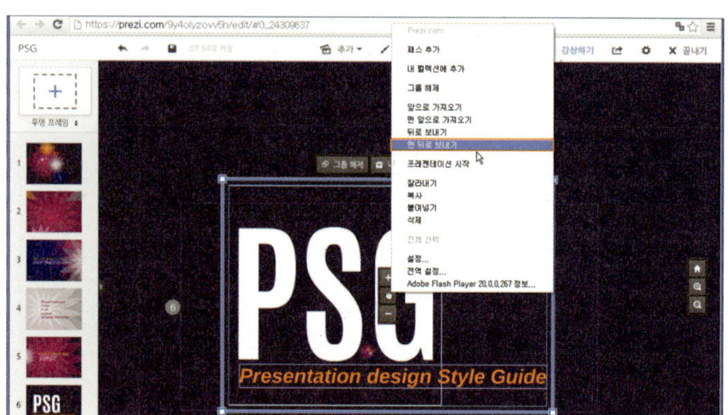

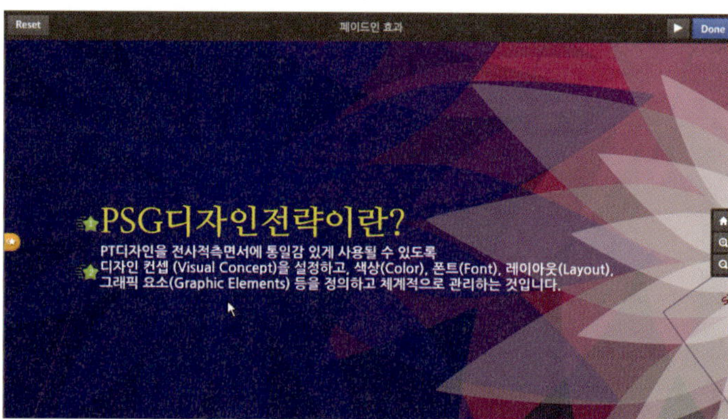

TIP • 앞쪽의 'PSG' 텍스트 그룹을 맨 뒤에 배열해야 페이드인 효과를 적용할 때 편리합니다. 페이드인 효과를 적용하기 위해 텍스트나 이미지를 선택했는데 선택되지 않는다면 레이어에 문제가 있는 것입니다.

I8 서너 번째 페이드인 효과 적용하기

01 미리보기 창에서 4번 섬네일을 클릭한 다음 황갈색 '★' 아이콘을 클릭합니다.

02 [페이드인 효과] 대화상자에서 '영문 텍스트'를 클릭하여 페이드인(나타내기) 효과를 적용한 다음 오른쪽 상단의 〈Done〉 버튼을 클릭합니다.

03 미리보기 창에서 5번 섬네일을 클릭한 다음 황갈색 '★' 아이콘을 클릭합니다.

04 [페이드인 효과] 대화상자에서 '그룹 텍스트'를 클릭하여 페이드인(나타내기) 효과를 적용한 다음 〈Done〉 버튼을 클릭합니다.

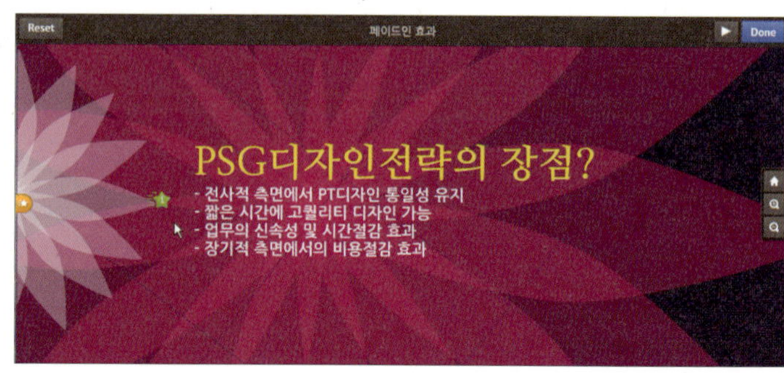

19 감상하기

<u>01</u> 메뉴 오른쪽의 〈감상하기〉 버튼을 클릭하여 지금까지 작업한 내용을 애니메이션(프레지 쇼)으로 실
행합니다. 패스가 제대로 지정되었는지, 배경과 개체(텍스트)의 짜임새는 적절한지 확인합니다.

<u>02</u> '자동재생' 아이콘을 클릭하고 [자동재생]을 선택해서 전체적인 애니메이션 흐름을 점검합니다.

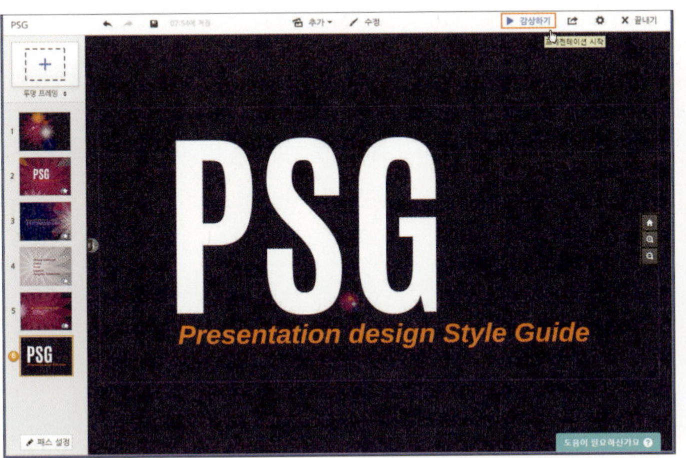 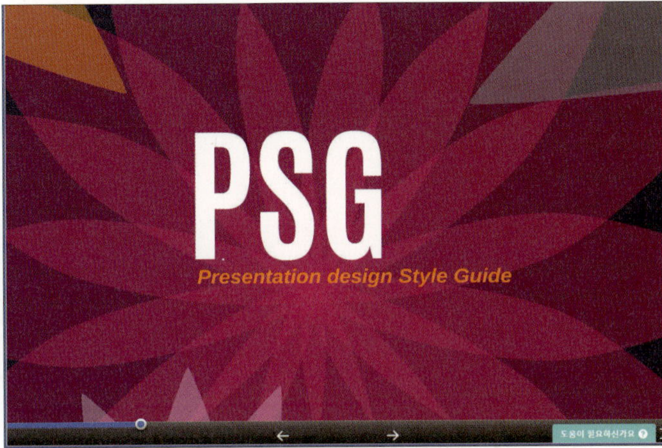

TIP • 상황에 따라 텍스트를 그룹화하여 페이드인 효과를 적용하거나 제목과 서브 텍스트로 분리하여 차례대로 페이드인 효과를 적용할 수 있습니
다. 5줄의 텍스트는 스토리텔링에 따라 한 줄씩 나타나도록 하는 방법도 고려할 필요가 있습니다.

20 저장하기

<u>01</u> 메뉴 오른쪽의 〈끝내기〉 버튼을 클릭하면 최종 작업 내용이 자동으로 저장되면서 종료됩니다.

<u>02</u> 왼쪽 하단의 'Untitled Prezi' 텍스트에서 파일 이름을 작성합니다.

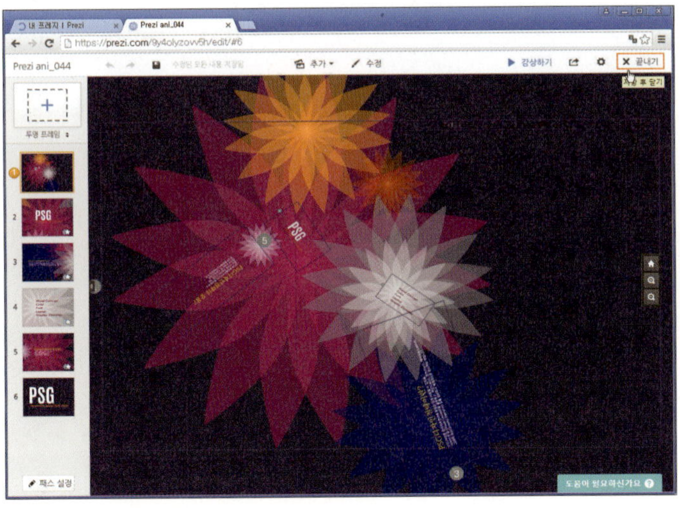 

045 문양 배경 활용 애니메이션

프레지와 파워포인트의 차이점 중 하나는 배경(Background)을 활용하는 방법입니다. 파워포인트에서 배경은 그 자체일 뿐이지만 프레지는 줌 인, 줌 아웃, 회전 효과를 통해 배경을 더욱 다양하게 연출할 수 있습니다. 프레젠테이션 현장에서 남다른 감각으로 시선을 끌고 싶다면 한번쯤 문양 배경을 고려할 필요가 있습니다.

|난이도| ★★★★☆ |디자인 소스 파일| Prezi ani_045\원과 사각_패턴.swf, Presentation텍스트.swf, 045_텍스트.txt, 패턴_한줄.swf
|동영상 파일| Prezi ani_045\Prezi ani_045.avi |인터넷으로 보기| http://cafe.naver.com/artcomptacademy/1892

애니메이션 작업 포인트

이번 예제의 중요 테크닉은 문양 배경을 활용한 애니메이션입니다. 문양 배경은 타원과 사각형으로 패턴화하고 다소 화려한 색상을 이용하여 시인성을 높였습니다. 특정 텍스트를 줌 인하면 배경 이미지가 깨져 보일 수 있으므로 SWF 파일로 만들어 불러왔습니다. 텍스트는 프레지에서 작성하고 문양 배경과 조화를 이루도록 편집하였습니다.

01 테마 설정하기

01 내 프레지에서 '새로운 프레지'를 클릭하고 〈빈 프레지 시작〉 버튼을 클릭하여 캔버스를 엽니다.

02 폰트 및 배경색 등을 설정하기 위해 [수정] 창에서 〈테마 설정〉 버튼을 클릭합니다.

03 [Theme Wizard] 대화상자에서 [Advanced] 탭을 선택하고 배경색을 '흰색'으로 설정합니다.
- Background Color : R255, G255, B255

04 폰트를 설정하기 위해 'Use the Prezi CSS Editor'를 선택합니다.

05 [Edit CSS] 창에서 제목, 부제목, 본문 폰트를 설정하고 〈Apply〉 버튼을 클릭합니다.
- 본문(body) : NanumGothicBold.keg   • 제목(head) : NanumMyeongjoBold-P.keg
- 부제목(strong) : SeoulHangangB-P.keg

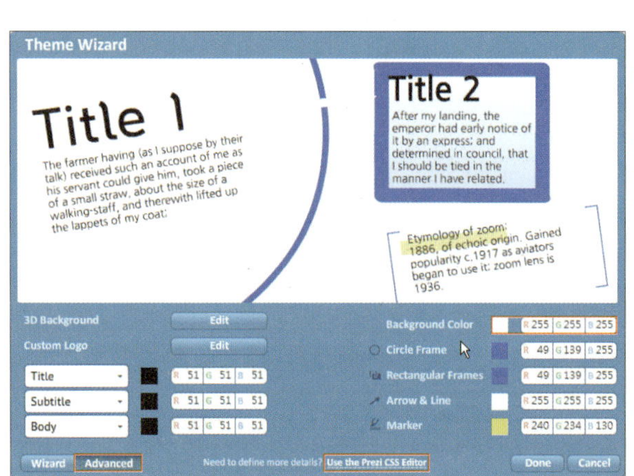
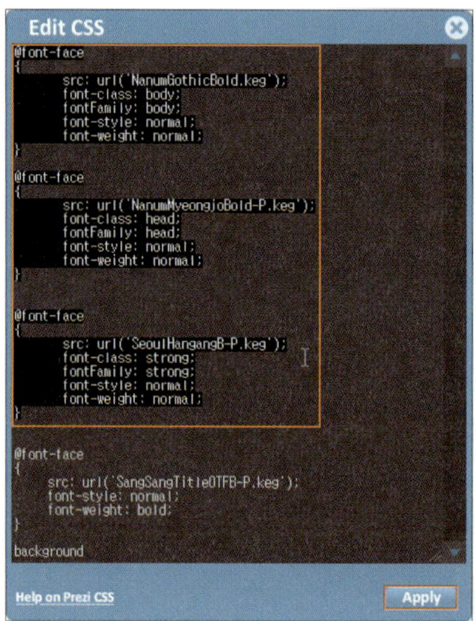

02 3D 배경 이미지 설정하기

01 다시 [Theme Wizard] 대화상자에서 3D Background 항목의 〈Edit〉 버튼을 클릭합니다.

02 3D 배경 이미지를 추가하기 위해 [Upload]를 클릭합니다.

03 [열기] 대화상자에서 배경 이미지 파일인 '원과 사각_패턴.swf'을 불러옵니다.

04 [Edit 3D Background Layers] 대화상자에서 불러온 배경 이미지를 확인합니다.

05 마우스 휠을 이용하여 화면을 줌 아웃해서 배경을 작게 나타냅니다.

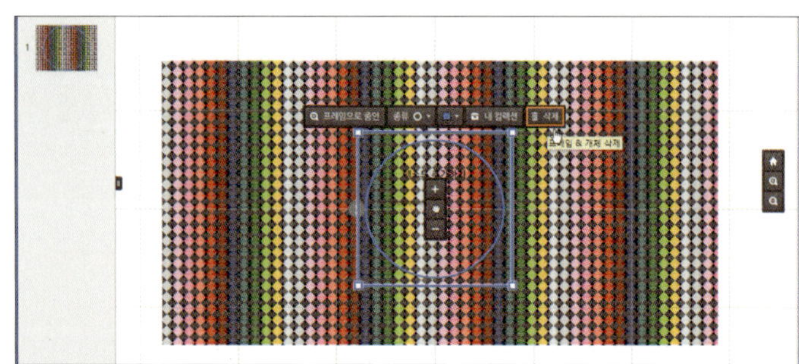
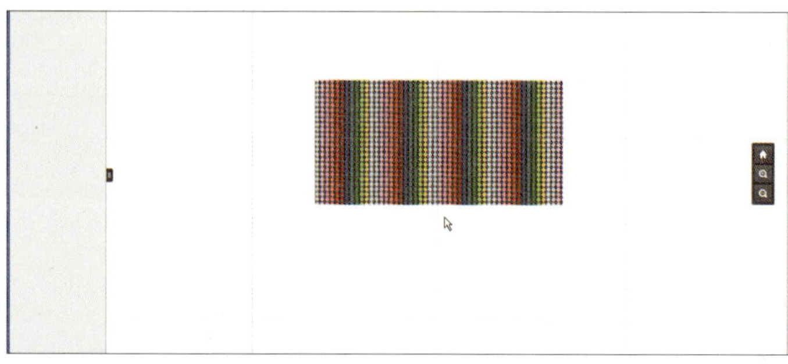

03 텍스트 이미지로 문양 배경 적용하기

<u>01</u> 메뉴에서 [추가]–[이미지]를 실행합니다. [이미지 추가] 창에서 〈파일 선택〉 버튼을 클릭하고 [열기] 대화상자가 나타나면 텍스트가 뚫려 있는 'Presentation텍스트.swf' 이미지를 불러와 3D 배경 이미지 하단에 배열합니다.

<u>02</u> 뚫려 있는 텍스트에 문양 배경이 충분히 보이도록 크기를 조절합니다.

<u>03</u> 문양 배경을 'Presentation텍스트' 이미지로 완전히 덮어 텍스트 외에 문양이 보이지 않도록 합니다.

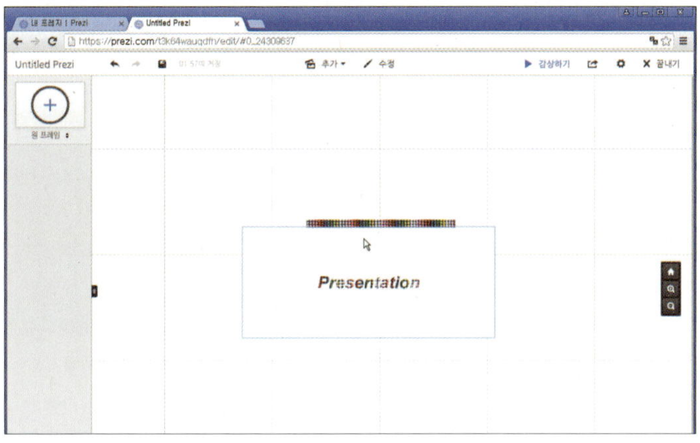
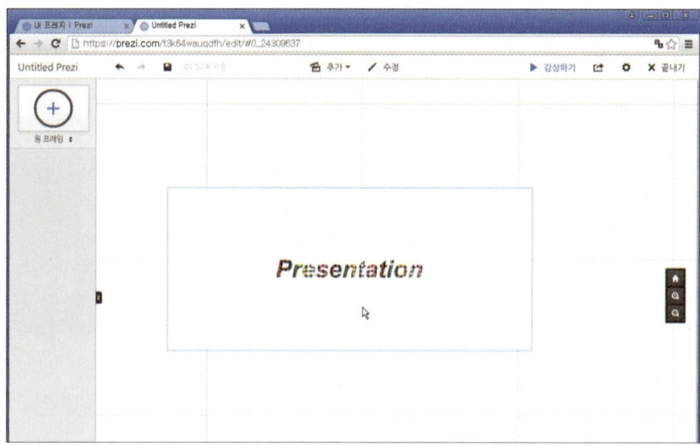

TIP • 이번 과정은 이후 작업의 기준이 되므로 매우 중요합니다.

04 'Design' 텍스트 입력하고 투명 프레임 적용하기

<u>01</u> 뚫려 있는 'Presentation' 텍스트 이미지 옆으로 텍스트(Design)를 입력합니다.
  • **색상** : 주황색   • **폰트** : FreeSerif   • **스타일** : 기울임 꼴

<u>02</u> Presentation 텍스트 이미지를 기준으로 크기를 조금 크게 키웁니다.

<u>03</u> Presentation 텍스트 이미지 쪽에 투명 프레임을 적용합니다.

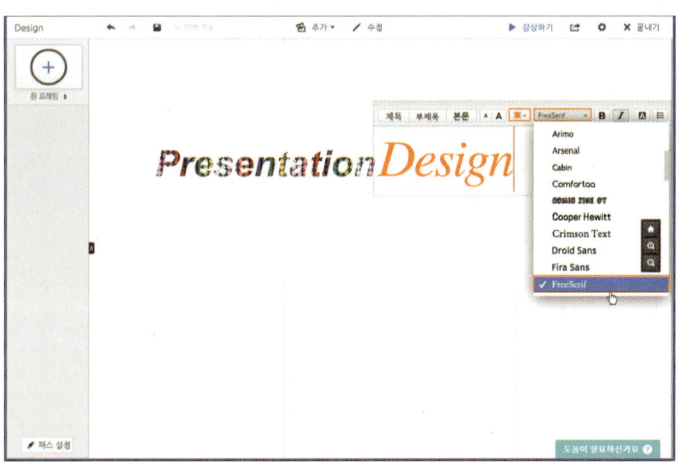

05 'PSG' 텍스트 입력하고 크기 조절하기

01 뚫려 있는 'Presentation' 텍스트 중 'S' 부분으로 화면을 줌 인합니다.

02 'S' 상단 여백에 텍스트(PSG)를 입력합니다.
- **색상** : 흰색
- **폰트** : Antonio
- **스타일** : 굵게

03 'S' 부분으로 화면을 줌 인하고 'PSG' 텍스트를 'S'보다 조금 작게 줄입니다.

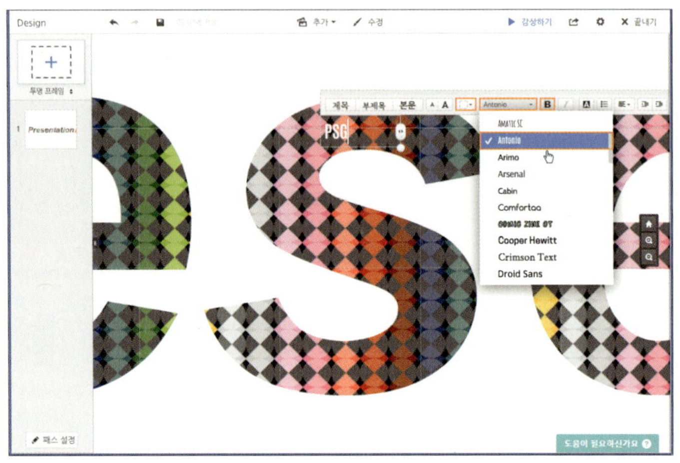

06 텍스트 입력하고 투명 프레임 적용하기

01 'PSG' 텍스트에 투명 프레임을 적용합니다.

02 'PSG' 텍스트 상단 여백에 텍스트를 입력합니다.
- **텍스트** : Presentation design Style Guide
- **색상** : 연지색
- **폰트** : Arimo
- **스타일** : 굵게, 기울임 꼴

03 텍스트에 투명 프레임을 적용합니다.

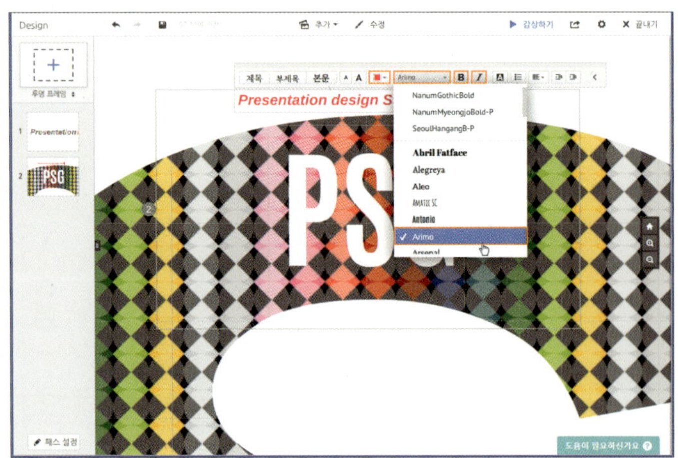

TIP • 흰색 'PSG' 텍스트가 밝은 문양 쪽에 배열되면 가독성이 떨어집니다. 어두운 문양 쪽으로 텍스트가 배열되려면 텍스트를 움직이지 말고 프레임 여백을 조절해야 합니다. 3D 배경이기 때문에 텍스트를 움직이면 배경이 따라 움직입니다.

07 텍스트 회전하고 정교하게 조정하기

01 투명 프레임을 작게 줄이고 'G' 부분으로 이동합니다.

02 투명 프레임을 시계 방향으로 90° 회전합니다.

03 미리보기 창에서 3번 섬네일을 클릭하여 화면을 회전하고 텍스트와 프레임을 더욱 정교하게 조절합니다.

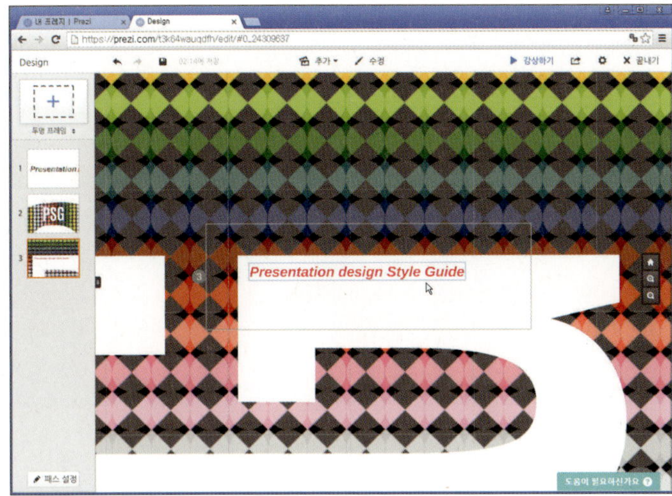

TIP • 이전 단계에서의 프레임 조절이 매우 중요합니다. 프레임 조절이 끝나면 〈감상하기〉 버튼을 클릭하여 텍스트 가독성은 적절한지, 텍스트와 문양은 조화를 이루는지 점검합니다. 의도한 느낌이 아니라면 프레임과 텍스트의 위치를 이동하고 크기를 조절합니다.

08 서브 텍스트 입력하고 투명 프레임 적용하기

01 미리보기 창에서 2번 섬네일을 클릭하여 'PSG' 화면으로 이동합니다.

02 'PSG' 텍스트 위에 '045_테스트.txt' 파일의 서브 텍스트를 복사하고 붙여 넣습니다.

   • 텍스트 형식 : 제목   • 색상 : 적보라색   • 폰트 : NanumMyeongjoBold-P

03 텍스트를 작게 줄인 다음 투명 프레임을 적용합니다.

09 'S' 위에 텍스트 배열하고 크기 조절하기

01 투명 프레임을 작게 줄여 'S' 위에 배치합니다.

02 미리보기 창에서 4번 섬네일을 클릭하여 화면을 줌 인한 다음 텍스트와 프레임을 더욱 정교하게 조절합니다.

TIP • 누군가의 디자인을 보면서 따라하는 것은 그리 어렵지 않지만 텍스트와 배경만으로 일정 시간 작업하다 보면 금세 실력을 확인할 수 있습니다. 초급자의 경우 텍스트를 어떻게 배치해야 할지, 프레임은 어떻게 배치해야 할지 당황하므로 자유롭게, 여러 번 디자인해 보면서 감을 익히기 바랍니다.

10 'Presentation Design' 텍스트 입력하기

01 미리보기 창에서 1번 섬네일을 클릭하여 'Presentation' 전체를 나타냅니다.

02 화면을 약간 줌 인하면서 'tation' 쪽으로 이동합니다.

03 'tation' 텍스트 상단에 텍스트를 입력합니다.

- **텍스트** : Presentation Design　　• **색상** : 주황색　　• **폰트** : Arimo　　• **스타일** : 굵게, 기울임 꼴

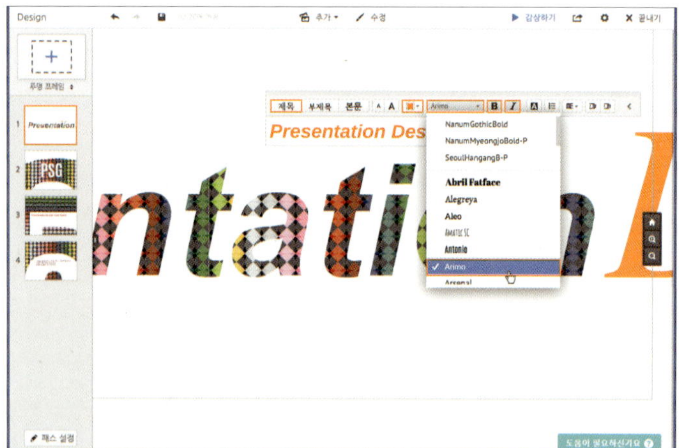

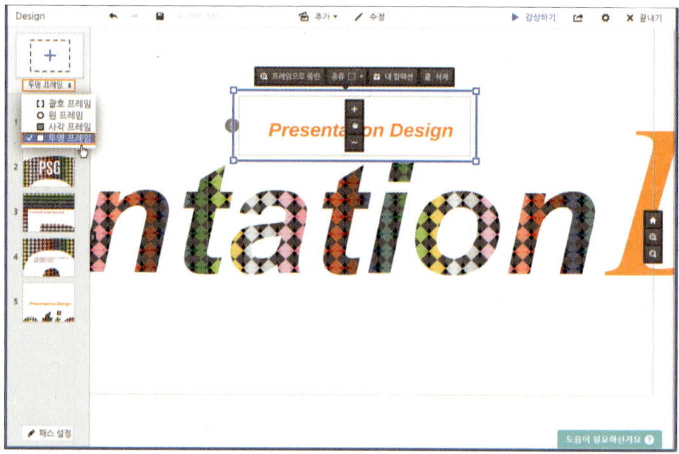

TIP • 영문은 잘 아는 단어라도 반드시 철자를 확인해야 합니다. 단어 중에 앞뒤 철자가 바뀌었는데도 인식하지 못하다가 프레젠테이션 현장에서 발견되어 당황하는 경우가 있으므로 유의합니다.

11 텍스트 회전하고 정교하게 조정하기

01 투명 프레임을 작게 줄이고 'O' 쪽으로 이동합니다.

02 투명 프레임을 시계 방향으로 30° 회전합니다.

03 미리보기 창에서 5번 섬네일을 클릭하여 화면을 회전하고 텍스트와 프레임을 더욱 정교하게 조절합니다.

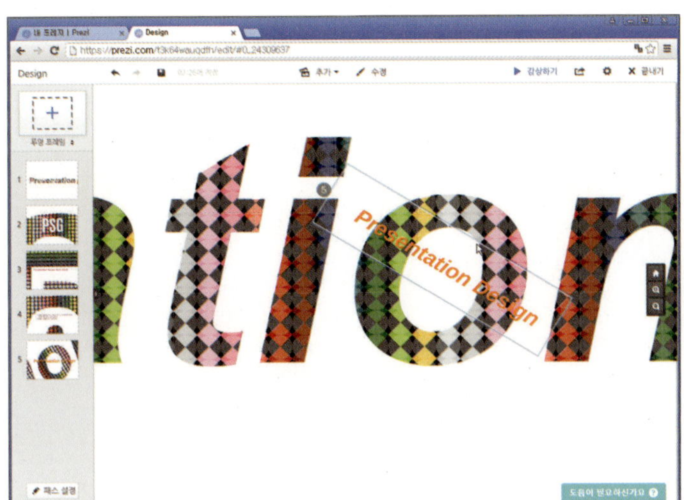
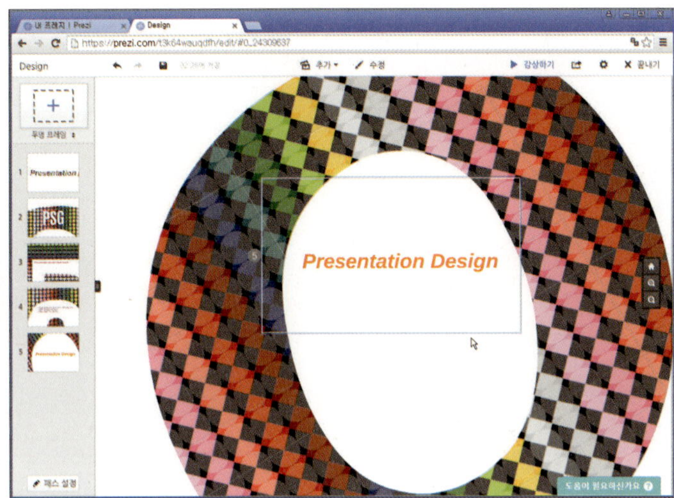

TIP • 프레임 형태는 파워포인트에서는 슬라이드 형태(크기)입니다. 프레임 안쪽의 텍스트와 그래픽 요소, 배경의 정도를 종합적으로 고려하며 프레임 크기를 조정해야 합니다.

12 명언 입력하고 투명 프레임 적용하기

01 'O'를 더 크게 키웁니다.

02 'Presentation Design' 텍스트 하단에 '045_테스트.txt' 파일의 명언을 복사하고 붙여 넣습니다.

- **텍스트 형식** : 제목　　**색상** : 적보라색　　**폰트** : NanumMyeongjoBold–P

03 명언 아래에 이름(_피터 발락)을 입력합니다.

- **텍스트 형식** : 부제목　　**색상** : 어두운 회색　　**폰트** : SeoulHangangB–P

04 텍스트에 투명 프레임을 적용합니다.

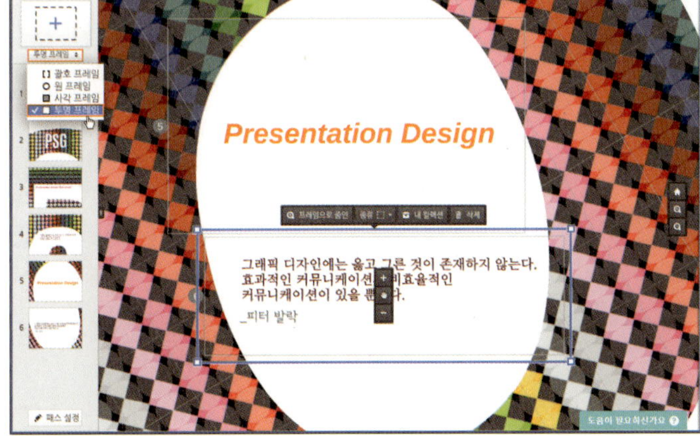

TIP • 프레지는 행간이나 자간 조절이 어렵기 때문에 글줄이 길어지면 가독성이 크게 떨어집니다. 3줄이 넘어가면 다음 화면에 나머지 텍스트를 보여주는 것이 한 번에 6줄 이상 보여주는 것보다 효과적입니다.

13 투명 프레임 회전하여 'D'에 배치하기

01 투명 프레임을 시계 방향으로 135° 회전합니다.

02 투명 프레임을 줄여 'D' 쪽으로 이동합니다.

03 미리보기 창에서 6번 섬네일을 클릭하여 화면을 회전하고 텍스트와 프레임을 더욱 정교하게 조절합니다.

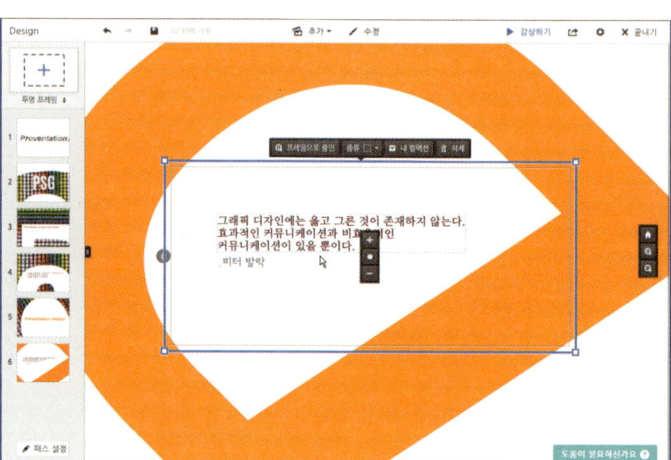

14 'Presentation'과 'Design'에 투명 프레임 적용하기

01 미리보기 창에서 1번 섬네일을 클릭한 다음 전체 텍스트가 보이도록 화면을 줌 인합니다.

02 'Presentation'과 'Design'에 투명 프레임을 적용합니다.

03 투명 프레임 크기를 조절합니다.

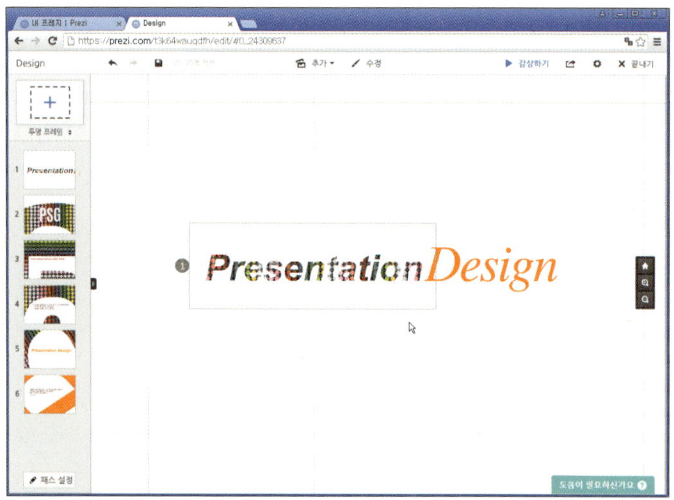

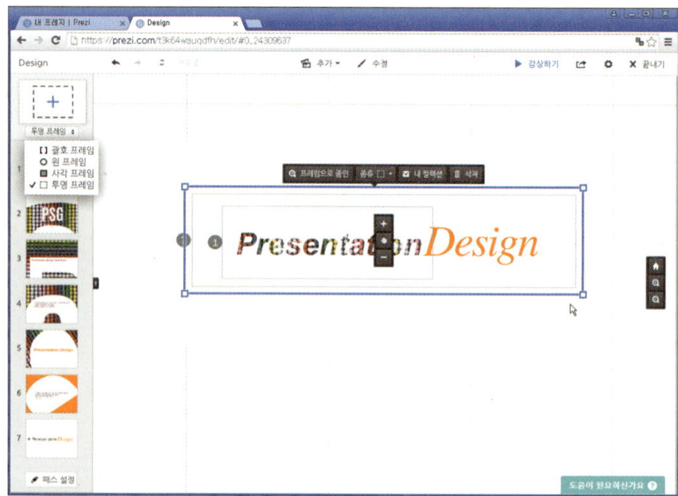

TIP • 큰 텍스트에 프레임을 적용하면 그 안의 작은 프레임들이 영향을 받습니다. 큰 프레임이 이동하면 안의 프레임들도 함께 움직이므로 큰 프레임을 움직일 때는 주의해야 합니다. 지금까지 작업한 것들이 변형되거나 흩어질 수 있기 때문입니다.

I5 패스 점검 및 감상하기

01 미리보기 창 아래의 〈패스 설정〉 버튼을 클릭하고 스토리텔링에 맞게 패스 경로가 지정되었는지 최종적으로 점검합니다.

02 메뉴 오른쪽의 〈감상하기〉 버튼을 클릭하여 지금까지 작업한 내용을 애니메이션(프레지 쇼)으로 실행합니다.

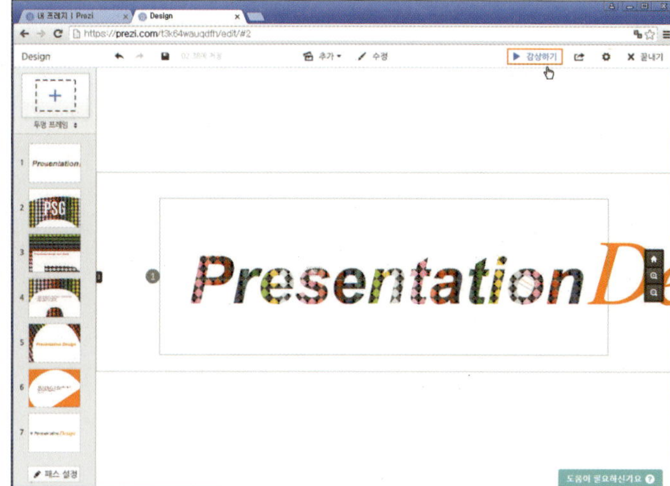

I6 저장하기

01 메뉴 오른쪽의 〈끝내기〉 버튼을 클릭하면 최종 작업 내용이 자동으로 저장되면서 종료됩니다.

02 왼쪽 아래의 'Untitled Prezi' 텍스트에서 파일 이름을 작성합니다.

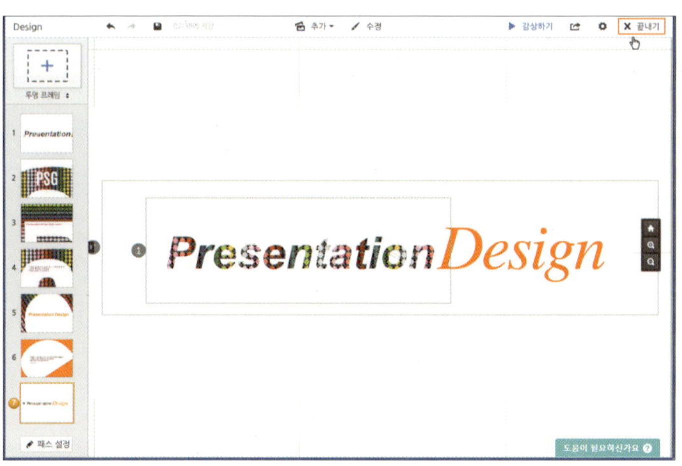

046

PNG 이미지 활용 애니메이션

보고서나 프레젠테이션 자료를 만들다 보면 배경이 없는 PNG 이미지가 필요하기도 합니다. 이처럼 PNG 파일은 배경 삭제는 물론, 이미지나 텍스트, 도형, 라인 등을 반투명하게 저장할 수 있습니다. 프레지에서 PNG 이미지를 제대로 활용하면 디자인 완성도는 물론, 한층 멋스럽고 역동적인 애니메이션을 연출할 수 있습니다. 파워포인트는 그래픽 프로그램 못지않은 기능들이 있어 배경을 쉽게 제거할 수 있습니다. 더욱 정교한 작업을 위해서는 포토샵을 이용해야 하지만 대부분 파워포인트로 충분합니다.

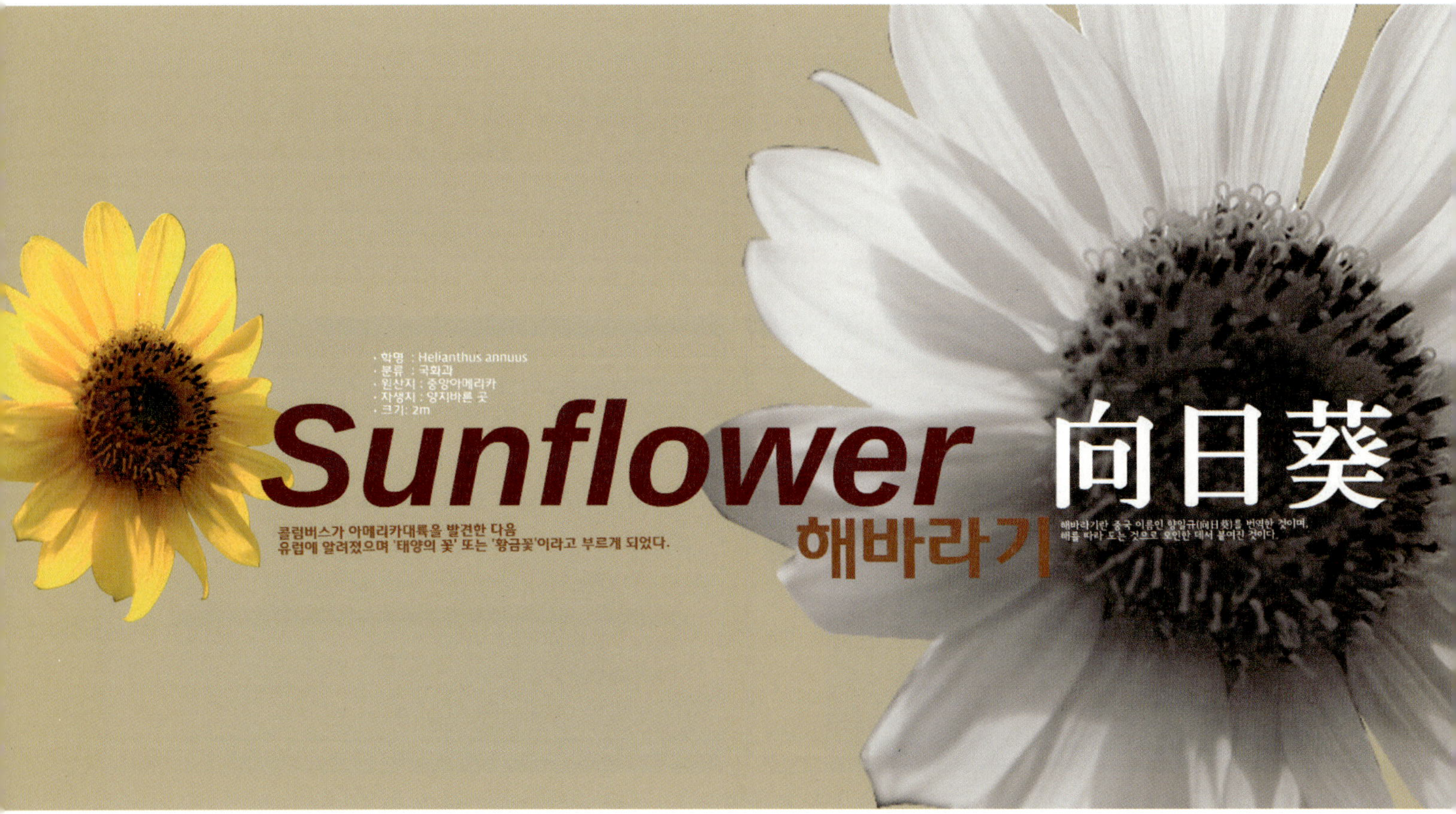

|난이도| ★★★★☆ |디자인 소스 파일| Prezi ani_046\해바라기_컬러.png, 해바라기_흑백.png, 046_텍스트.txt, 갈색_직사각형.png, 투명
스트라이프.png, 한쪽 가로.png
|동영상 파일| Prezi ani_046\prezi ani_046.avi |인터넷으로 보기| http://cafe.naver.com/artcomptacademy/1893

애니메이션 작업 포인트

이번 예제의 중요 테크닉은 배경이 투명한 PNG 파일을 활용하는 애니메이션입니다. 파워포인트
에서 해바라기 배경을 제거하고 PNG 파일로 저장하여 불러들였습니다. 화면을 클로즈업했을 때
흐려지지 않도록 이미지 선명도를 최대한 고려하여 작업하였습니다. 파워포인트의 그래픽 기능과
프레지 애니메이션을 적절하게 활용하면 누구나 최상급의 프레젠테이션 자료를 만들 수 있습니다.

01 테마 설정하기

01 내 프레지에서 '새로운 프레지'를 클릭하고 〈빈 프레지 시작〉 버튼을 클릭하여 캔버스를 엽니다.

02 테마 설정을 위해 메뉴에서 [수정]을 선택하고 [수정] 창에서 20개의 테마 중 '미쁨'을 클릭합니다.

03 아래쪽의 〈테마 설정〉 버튼을 클릭합니다.

04 [Theme Wizard] 대화상자에서 폰트를 설정하기 위해 'Use the Prezi CSS Editor'를 선택합니다.

05 [Edit CSS] 창에서 제목, 부제목, 본문 폰트를 설정하고 〈Apply〉 버튼을 클릭합니다.
- 본문(body) : SeoulHangangEB.keg
- 제목(head) : Daum_Regular.keg
- 부제목(strong) : Daum_SemiBold.keg

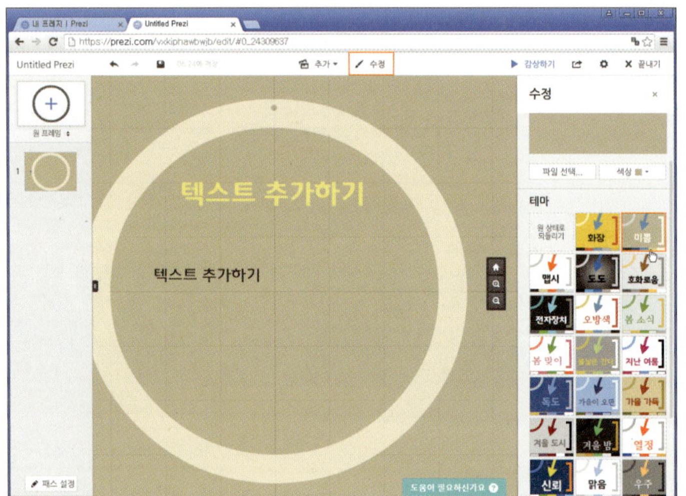
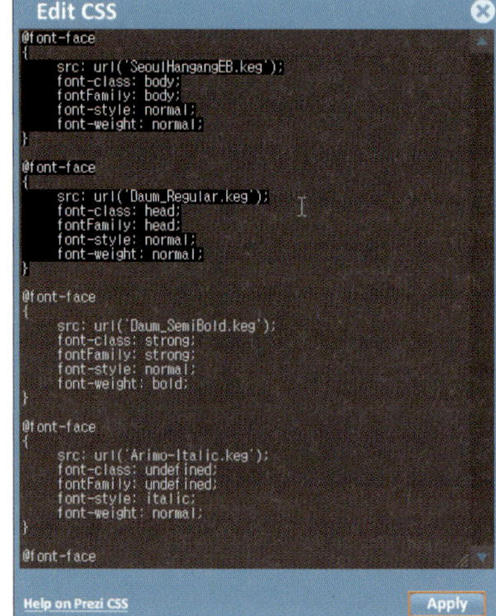

TIP • 20개 한글 테마 중 하나의 항목을 선택하면 배경색이나 폰트, 색상 등을 정의할 수 있습니다. 한문 텍스트를 입력하기 위해 [Edit CSS] 창에서 본문(body)은 '서울한강체(SeoulHangangEB.keg)', 제목 폰트는 단순한 느낌의 '다음 레귤러(Daum_Regular.keg)'로 변경하였습니다.

02 3D 배경 이미지 설정하기

01 다시 [Theme Wizard] 대화상자에서 3D Background 항목의 〈Edit〉 버튼을 클릭합니다.

02 3D 배경 이미지를 불러오기 위해 [Upload]를 클릭합니다.

03 [열기] 대화상자에서 배경 이미지인 '해바라기_컬러.png'를 불러옵니다.

04 [Edit 3D Background Layers] 대화상자에서 불러들인 배경을 확인하고 원 프레임을 삭제합니다.

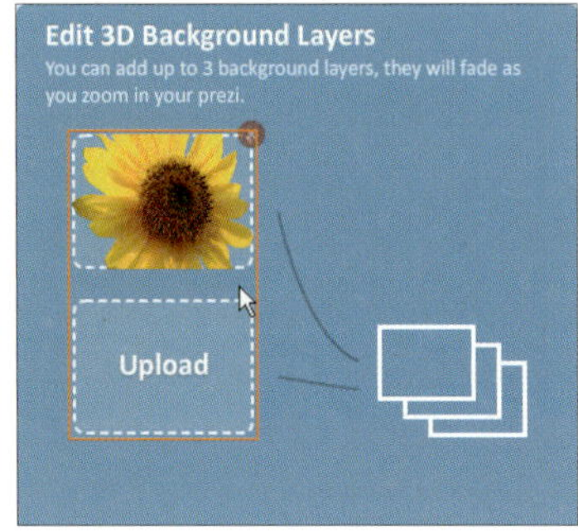

03 텍스트 입력하고 흑백 해바라기 배열하기

01 마우스 휠을 이용하여 화면을 줌 아웃해서 해바라기(3D 배경)를 작게 나타냅니다.

02 해바라기 옆 여백에 텍스트(Sunflower)를 입력합니다.
   - **색상** : 적갈색   　**폰트** : Arimo   　**스타일** : 굵게, 기울임 꼴

03 메뉴에서 [추가]–[이미지]를 실행합니다. [이미지 추가] 창에서 〈파일 선택〉 버튼을 클릭하고 [열기]
대화상자가 나타나면 '해바라기_흑백.png' 이미지를 불러온 다음 텍스트 뒤에 배열합니다.

04 텍스트와 흑백 해바라기 이미지와의 간격과 크기를 조절합니다.

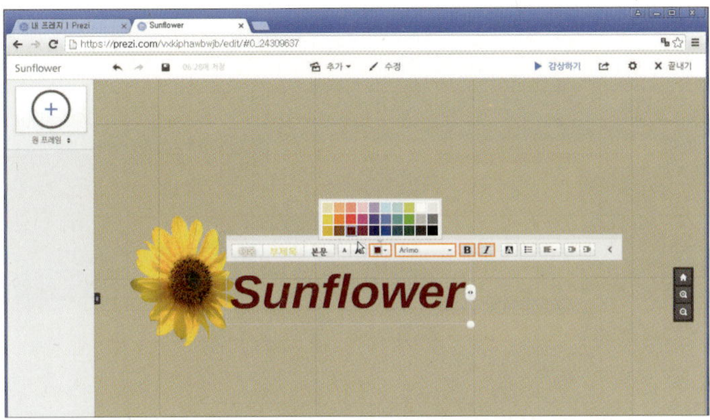
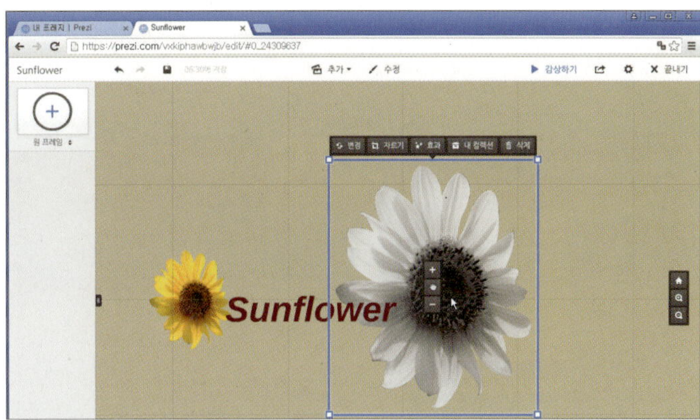

TIP • 　컬러 해바라기(3D 배경)와 흑백 해바라기가 대비되도록 흑백 해바라기 크기를 과감하게 키웁니다.

04 '해바라기_컬러'에 투명 프레임 적용하기

01 '해바라기_컬러' 부분으로 화면을 줌 인하여 해바라기(3D 배경)를 크게 나타냅니다. 해바라기 중심
부가 화면 중심부에 오도록 하고 꽃잎 상하가 약간 잘리도록 화면을 키웁니다.

02 투명 프레임을 적용합니다.

03 해바라기 중심부를 기점으로 정사각형에 가깝게 프레임 형태를 조절합니다.

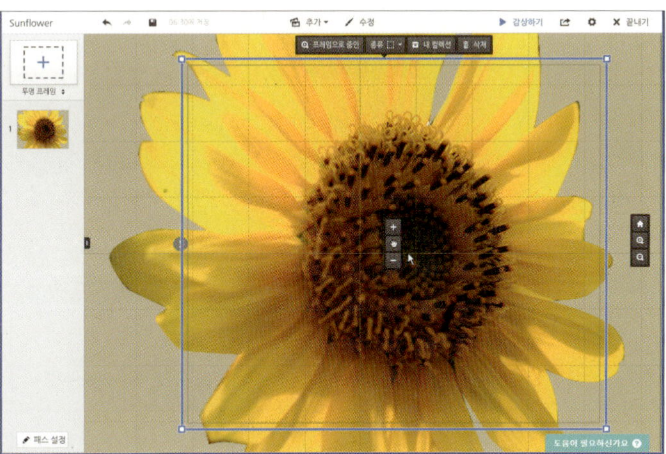

TIP • 　이번 과정에서 작업하는 프레임 형태는 매우 중요합니다. 이후 설정한 투명 프레임의 위치와 크기에 영향을 받기 때문입니다.

05 '해바라기' 텍스트 입력하고 크기 조절하기

01 해바라기 중심부에 화면을 줌 인합니다.

02 여백에 텍스트(해바라기)를 입력합니다.
- **텍스트 형식** : 부제목　　• **색상** : 흰색　　• **폰트** : Daum_SemiBold

03 '해바라기' 텍스트 아래에 '046_텍스트.txt' 파일의 서브 텍스트를 복사하고 붙여 넣습니다. 텍스트
　　중에 한문이 제대로 보이는지 확인합니다.
- **텍스트 형식** : 본문　　• **색상** : 흰색　　• **폰트** : SeoulHangangEB

04 텍스트 크기를 조절하면서 시작 부분을 맞춥니다.

05 텍스트에 투명 프레임을 적용하고 여백을 넉넉하게 줍니다.

06 투명 프레임 회전하고 줄여 배치하기

01 투명 프레임을 시계 방향으로 37° 정도 회전합니다.

02 투명 프레임을 작게 줄이고 해바라기 중심부에서 왼쪽 아래에 배치합니다.

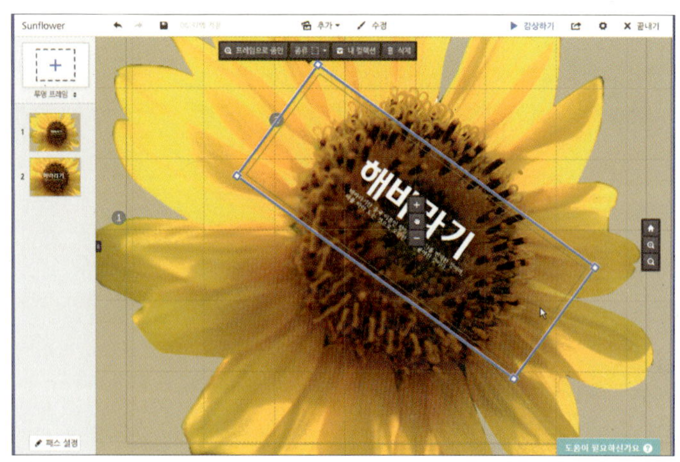

TIP • 　해바라기 중심부 이미지를 기준으로 텍스트가 매우 작게 보이도록 줄입니다.

07 두 번째 서브 텍스트 입력하고 투명 프레임 적용하기

01 미리보기 창에서 2번 섬네일을 클릭하여 화면을 회전합니다.

02 '해바라기' 텍스트 위에 '046_텍스트.txt' 파일의 서브 텍스트를 복사하고 붙여 넣습니다. 텍스트 색상은 이후 변경할 예정입니다.

- **텍스트 형식** : 부제목　　• **색상** : 노란색　　• **폰트** : Daum_SemiBold.keg

03 텍스트에 투명 프레임을 적용합니다.

TIP • 　타이포그래피는 무엇보다 가독성이 중요합니다. 특히 3줄 이상의 문장에서는 주어진 폰트 중에서도 가독성이 좋은 폰트를 적용해야 합니다.

08 투명 프레임 회전하여 배치하기

01 투명 프레임을 작게 줄이고 시계 방향으로 90° 정도 회전합니다.

02 투명 프레임을 '해바라기'의 '라'로 이동합니다.

03 미리보기 창에서 3번 섬네일을 클릭하여 화면을 회전하고 'ㅏ' 끝으로 프레임을 배치합니다.

04 텍스트와 투명 프레임 크기를 정교하게 조절합니다.

TIP • 　글자 일부분에 텍스트를 배치하는 것은 프레지에서 흔히 볼 수 있는 테크닉 중 하나입니다. 이미지를 클로즈업하면 작게 보였던 이미지가 확장되는 방식도 비슷한 유형입니다. 꼬리에 꼬리를 무는 형식으로 애니메이션을 전개하면 한층 흥미를 끌 수 있습니다.

O9 '해바라기' 텍스트 입력하고 크기 조절하기

01 미리보기 창에서 1번 섬네일을 클릭하여 '해바라기' 쪽으로 화면을 줌 인합니다.

02 여백에 텍스트(Sunflower)를 입력합니다.
- **색상** : 밝은 노란색
- **폰트** : Arimo
- **스타일** : 굵게, 기울임 꼴

03 텍스트에 투명 프레임을 적용하고 여백을 적절하게 설정합니다.

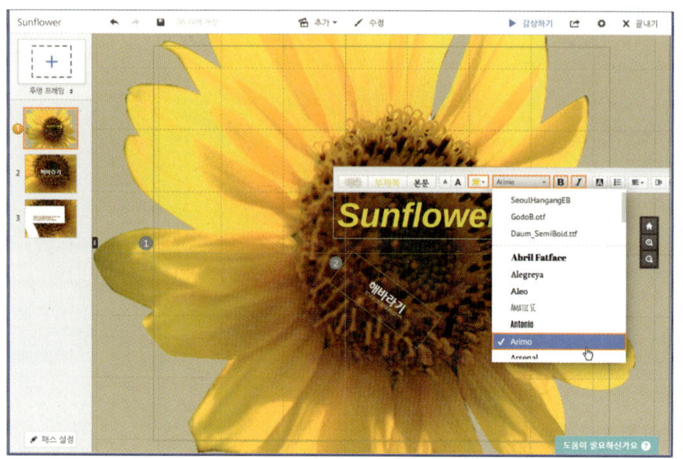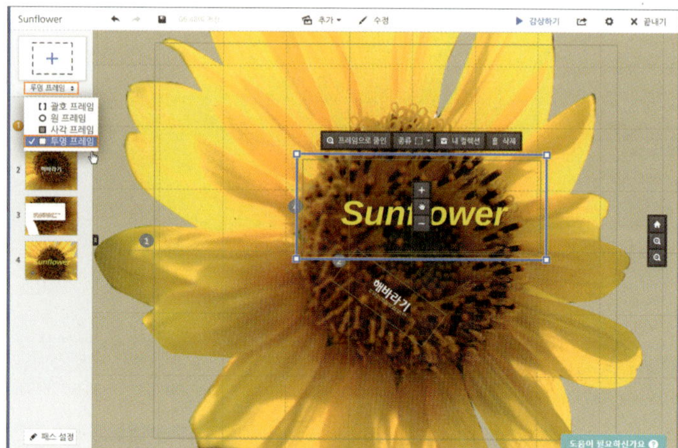

TIP • 06번 과정의 '해바라기' 텍스트보다 작게 줄입니다.

IO 투명 프레임 회전하여 배치하기

01 투명 프레임을 줄입니다.

02 마우스 휠을 이용하여 화면을 줌 아웃해서 꽃이 약간 크게 보이도록 합니다.

03 투명 프레임을 시계 반대 방향으로 80° 정도 회전합니다.

TIP • 해바라기 이미지는 3D 배경이므로 화면이 회전할 때 어지러울 수 있습니다. 청중에 따라 회전 기능이 많이 들어간 애니메이션을 싫어하는 경향이 있으므로 청중의 반응을 예상하여 적절하게 회전 기능(회전 각도)을 적용하는 것이 좋습니다.

II 투명 프레임 줄이기

01 프레임을 작게 줄입니다.

02 미리보기 창에서 4번 섬네일을 클릭하여 화면을 회전합니다.

 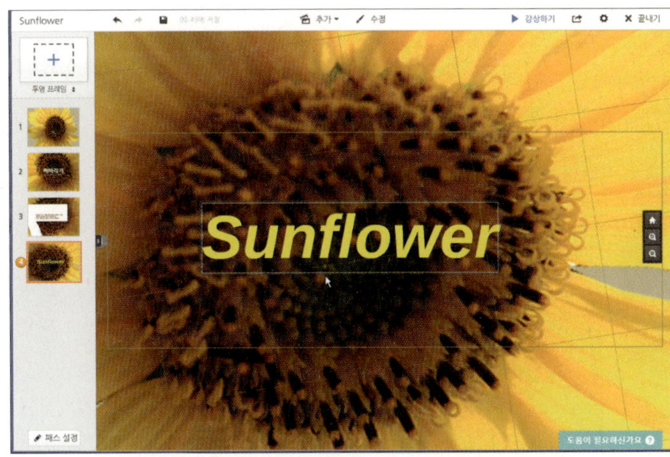

I2 '해바라기' 이미지 삽입하고 설명문안 입력하기

01 [이미지 추가] 창에서 〈파일 선택〉 버튼을 클릭하고 [열기] 대화상자가 나타나면 '해바라기_컬러.png' 이미지를 'Sunflower' 텍스트 상단에 배열합니다.

02 '해바라기_컬러' 이미지 옆에 '046_텍스트.txt' 파일의 설명문안을 복사하고 붙여 넣습니다.

- **텍스트 형식** : 제목   **폰트** : Daum_Regular   **색상** : 노란색

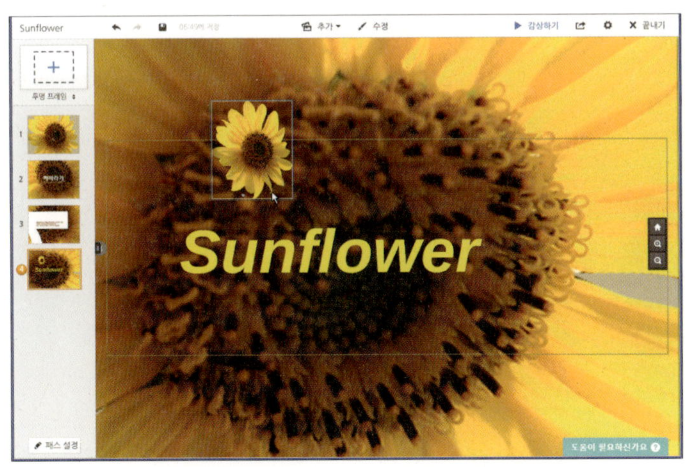 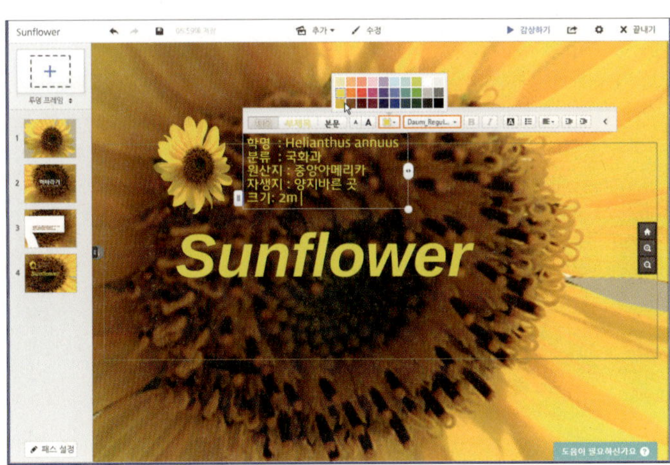

TIP • **글머리 기호를 적용하려면?**
텍스트 앞 부분을 클릭하여 커서를 위치시킨 다음 옵션에서 '글머리 기호' 아이콘을 클릭합니다.

I3 글머리 기호와 설명문안 설정하기

01 텍스트에 '글머리 기호' 아이콘을 클릭하여 적용합니다.

02 해바라기 이미지에 맞춰 설명문안 크기를 조정합니다.

03 해바라기 이미지와 설명문안에 투명 프레임을 적용합니다.

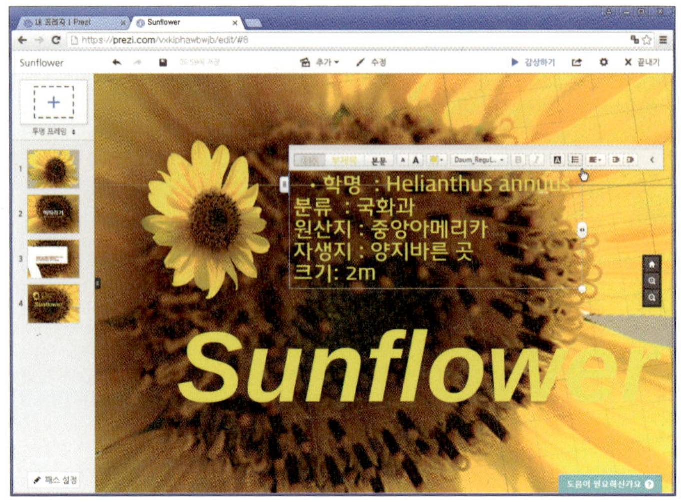

I4 투명 프레임 적용하고 회전하기

01 투명 프레임 크기를 줄여 'Sunflower'의 'O' 쪽으로 이동합니다.

02 투명 프레임을 시계 반대 방향으로 53° 정도 회전합니다.

03 'O' 쪽을 줌 인한 다음 투명 프레임을 작게 줄여 'O' 안에 배치합니다.

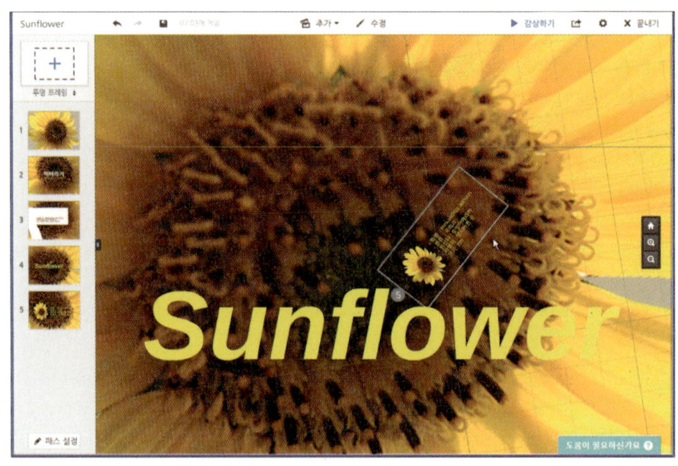

TIP • 프레지 작업을 하다 보면 개인 취향에 빠지기 쉬우므로 작업 전에 발표 상황을 생각하고 디자인과 애니메이션 정도를 결정해야 합니다. 사전 계획 없이 그때그때 생각나는 대로 작업하다 보면 개인 취향대로 만들어집니다.

I5 투명 프레임 크기 조절하고 패스 설정하기

01 미리보기 창에서 5번 섬네일을 클릭하여 화면을 회전합니다.

02 해바라기 중심부에 배치되도록 프레임 좌우 여백을 적절하게 조절합니다.

03 미리보기 창 하단의 〈패스 설정〉 버튼을 클릭합니다.

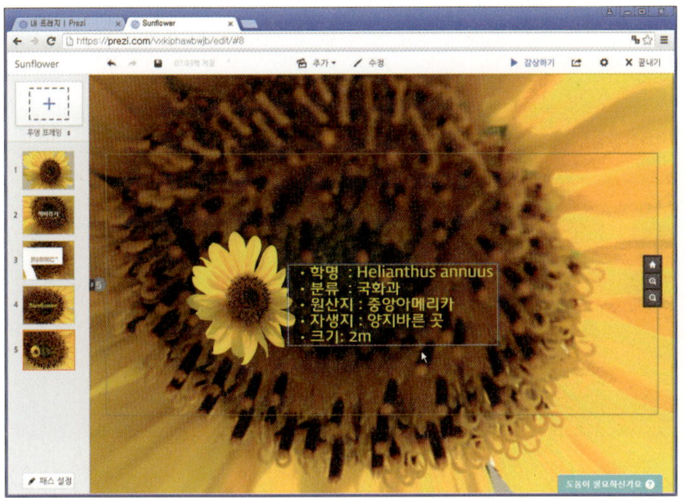

I6 페이드인 효과 적용하기

01 미리보기 창에서 2번 섬네일을 클릭한 다음 황갈색 '★' 아이콘을 클릭합니다.

02 [페이드인 효과] 대화상자에서 해바라기 텍스트와 서브 텍스트를 차례로 클릭하여 페이드인(나타내기) 효과를 적용합니다.

03 오른쪽 상단의 〈Done〉 버튼을 클릭합니다.

04 미리보기 창에서 4번 섬네일을 클릭한 다음 황갈색 '★' 아이콘을 클릭합니다.

05 [페이드인 효과] 대화상자에서 텍스트 이미지(Sunflower)를 클릭하여 페이드인(나타내기) 효과를 적용한 다음 〈Done〉 버튼을 클릭합니다.

TIP • 페이드인 효과를 지나치게 적용하면 오히려 스토리 흐름이 부자연스러워지고 식상해질 수 있으므로 유의합니다.

17 전체 화면이 보이도록 줌 아웃하기

01 미리보기 창에서 1번 섬네일을 클릭하여 컬러 해바라기 이미지를 나타냅니다.

02 마우스 휠을 이용하여 화면을 줌 아웃해서 흑백 해바라기도 나타냅니다.

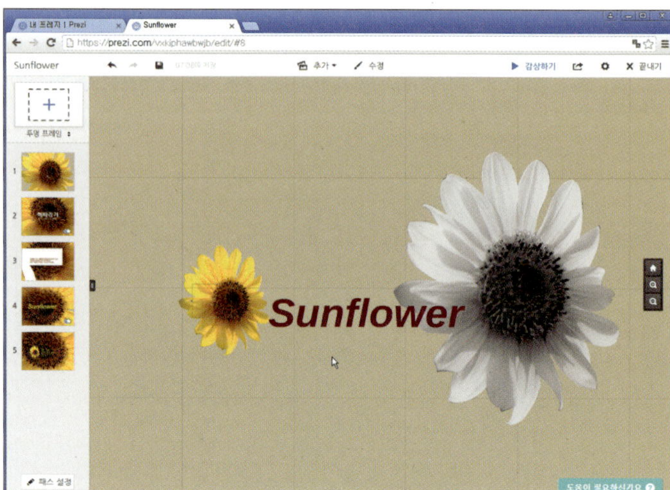

18 투명 프레임을 적용하고 섬네일 이동하기

01 미리보기 창의 [프레임]-[투명 프레임]을 선택하여 투명 프레임을 적용합니다.

02 2개의 꽃이 포함되도록 투명 프레임 크기를 와이드 형태로 조정합니다.

03 미리보기 창에서 6번 섬네일을 클릭하여 첫 번째 프레임으로 이동합니다.

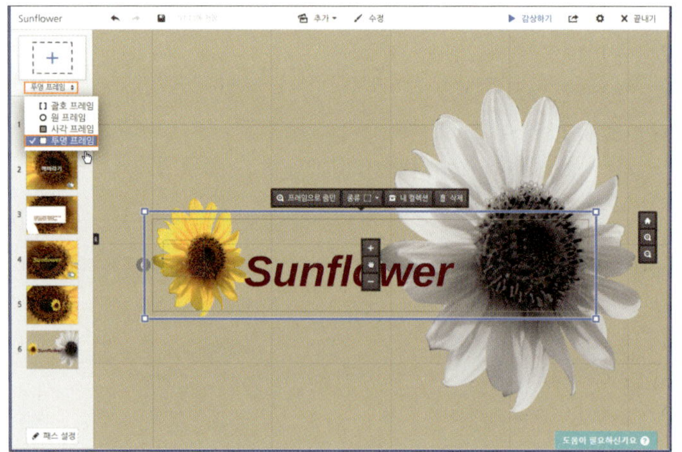

TIP • 미리보기 창에서 섬네일을 이동하면 자동으로 스토리텔링 순서(패스 순서)가 바뀝니다. 패스 순서만 바꿔도 느낌이 크게 달라집니다.

19 패스 점검 및 감상하기

01 미리보기 창 하단의 〈패스 설정〉 버튼을 클릭합니다.

02 1번 섬네일을 클릭한 다음 투명 프레임 테두리를 클릭하여 패스⑦을 추가합니다.

03 스토리텔링에 따라 패스가 설정되었는지 최종 점검합니다.

04 메뉴 오른쪽의 〈감상하기〉 버튼을 클릭하여 지금까지 작업한 내용을 애니메이션(프레지 쇼)으로 실행합니다.

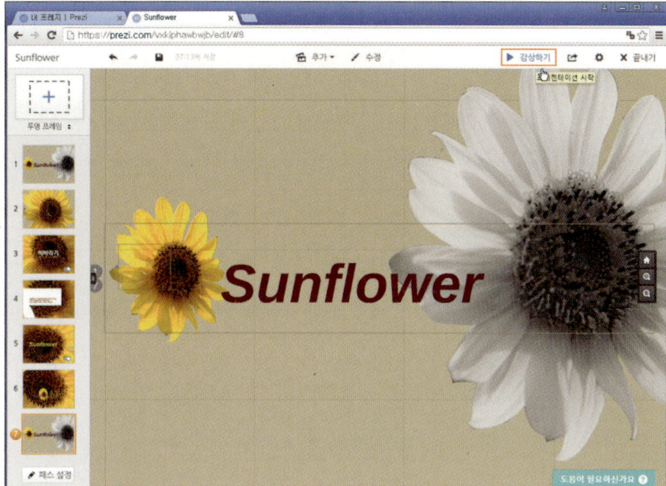

TIP • 〈감상하기〉 버튼을 클릭하여 처음부터 끝까지 애니메이션을 리뷰한 다음 레이아웃이나 애니메이션에 문제가 있는 부분은 다시 편집 모드에서 수정합니다. 감상하기(리뷰)와 수정을 통해 애니메이션의 완성도를 점차 높일 수 있습니다.

20 저장하기

01 메뉴 오른쪽의 〈끝내기〉 버튼을 클릭하면 최종 작업 내용이 자동으로 저장되면서 종료됩니다.

02 왼쪽 아래의 'Untitled Prezi' 텍스트에서 파일 이름을 작성합니다.

047 라인 아트 활용 애니메이션

밋밋한 배경에 라인 아트 이미지를 매우 유용하게 활용할 수 있습니다. 라인 아트는 여러 가닥의 곡선이나 직선이 촘촘하게 이어지는 형식이며, 그래픽 요소로 이용할 때 매우 효과적입니다. 파워포인트뿐만 아니라 프레지 애니메이션에도 적용하면 동적인 느낌과 함께 멋스럽게 표현할 수 있습니다. 라인 아트는 파워포인트나 무료 그래픽 프로그램인 잉크스케이프(Inkscape)로도 디자인할 수 있으며 PNG 파일로 저장하여 활용합니다.

|난이도| ★★★★☆ |디자인 소스 파일| Prezi ani_047\라인 아트_BG.swf, 라인 아트_4단 웨이브.swf, 047_텍스트.txt, 라인 아트_갈색.swf,
라인 아트_회색.swf, 라인 아트_보라.swf
|동영상 파일| Prezi ani_047\prezi ani_047.avi |인터넷으로 보기| http://cafe.naver.com/artcomptacademy/1894

애니메이션 작업 포인트

이번 예제의 중요 테크닉은 라인 아트를 활용한 애니메이션입니다. 라인 아트는 보통 PNG 파일을
활용하는데 이번에는 확대해도 선명한 라인을 유지하기 위해 '잉크스케이프'로 작업하고 어도비 일
러스트레이터에서 SWF 파일로 변환하여 불러왔습니다. 여러 종류의 라인 아트를 사전에 만들어
클립아트처럼 활용하면 디자인 작업 시간은 단축시키고 완성도는 한층 더 높일 수 있습니다.

OI 테마 설정하기

01 내 프레지에서 '새로운 프레지'를 클릭하고 〈빈 프레지 시작〉 버튼을 클릭하여 캔버스를 엽니다.

02 테마 설정을 위해 메뉴에서 [수정]을 실행하여 [수정] 창에서 20개의 테마 중 '맵시'를 선택합니다.

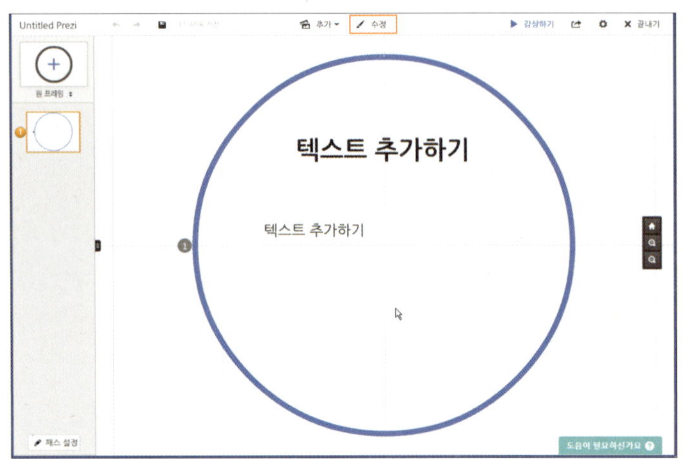
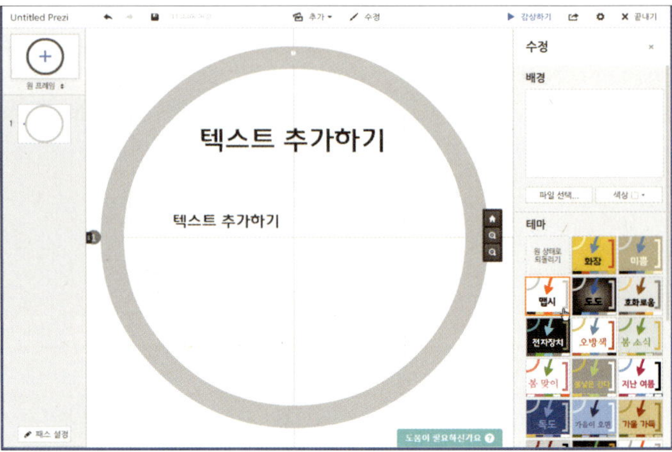

TIP • 20개의 한글 테마 중에서 하나의 항목을 선택하면 배경색이나 폰트, 색상 등을 정의할 수 있습니다.

O2 폰트 일부 변경하기

01 [수정] 창에서 〈테마 설정〉 버튼을 클릭합니다.

02 [Theme Wizard] 대화상자에서 폰트를 설정하기 위해 'Use the Prezi CSS Editor'를 선택합니다.

03 [Edit CSS] 창에서 src: url부분에 제목, 부제목, 본문 폰트를 설정하고 〈Apply〉 버튼을 클릭합니다.
   - 본문(body) : Daum_Regular.keg
   - 제목(head) : SangSangTitleOTFB.keg
   - 부제목(strong) : Daum_SemiBold.keg

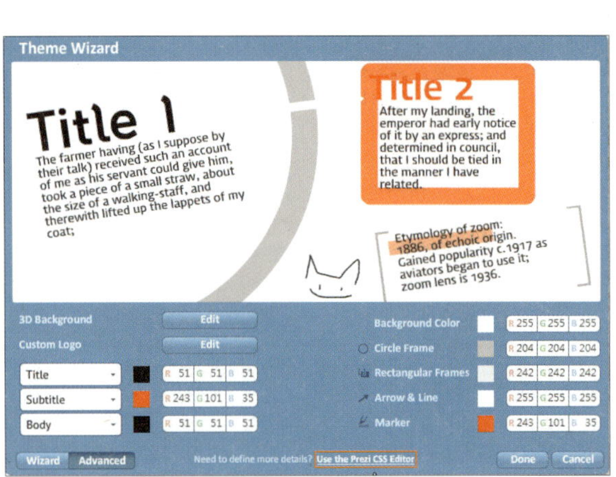
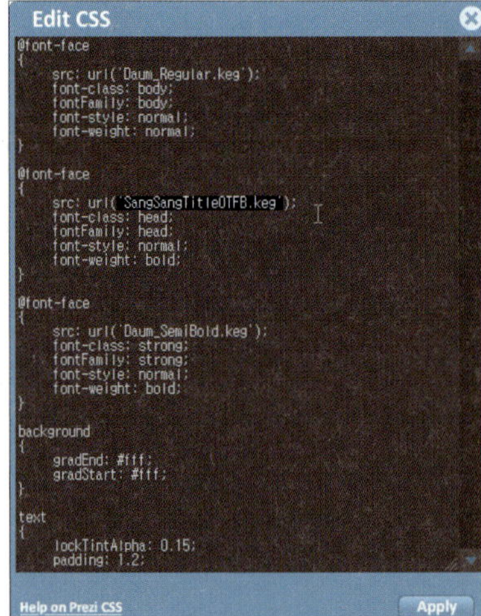

TIP • 한문 텍스트를 입력하기 위해 [Edit CSS] 창에서 본문(body)은 '상상제목체(SangSangTitleOTFB.keg)'로 변경하였습니다.

03 배경 이미지 불러오기

01 원 프레임이 작게 보일 때까지 화면을 줌 아웃합니다.

02 메뉴에서 [추가]−[이미지]를 실행합니다. [이미지 추가] 창에서 〈파일 선택〉 버튼을 클릭하고 [열기]
대화상자가 나타나면 '라인 아트_BG.swf' 이미지를 불러와 원 프레임 아래에 배치합니다.

03 원 프레임을 삭제합니다.

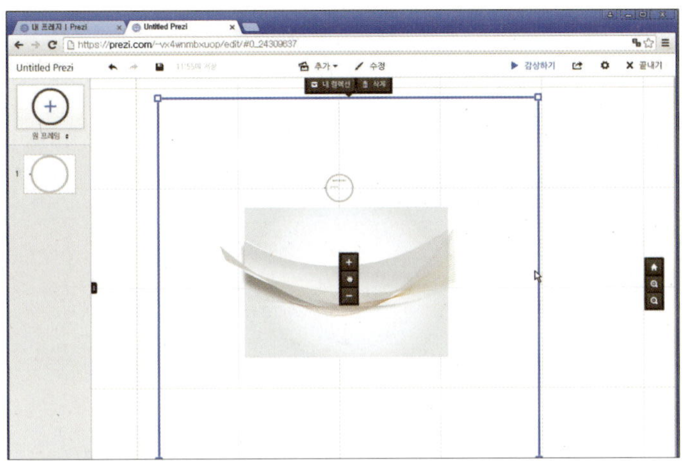

TIP •　이번 과정에서 배경 이미지 크기는 향후 작업의 기준이 되므로 매우 중요합니다. 줌 인, 줌 아웃, 회전 애니메이션을 적용할 때 렉(버벅거림) 현
상이 발생하면 여기서부터 전체적으로 크기를 200~300% 키우는 것이 좋습니다.

04 메인 텍스트 입력하기

01 마우스 휠을 이용하여 화면을 줌 인해서 배경 이미지를 크게 나타냅니다.

02 배경 이미지 중간 여백에 텍스트(Presentation)를 입력합니다.
- **색상** : 주황색　　**폰트** : Arimo　　**스타일** : 굵게, 기울임 꼴

03 'Presentation' 텍스트 아래에 두 번째 텍스트(Animation)를 입력합니다.
- **색상** : 어두운 회색　　**폰트** : FreeSerif　　**스타일** : 기울임 꼴

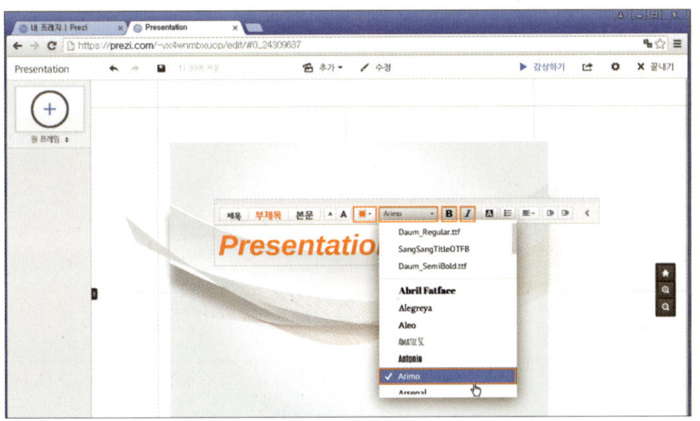
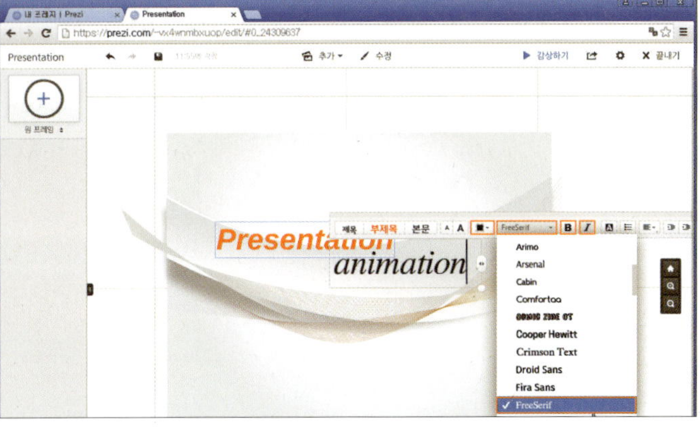

TIP •　2개 이상의 폰트를 구성할 때 대비를 이루면서도 짜임새가 있어야 합니다. 즉, 디자인적으로 조화를 이루어야 합니다. 폰트는 한쪽이 딱딱하면
한쪽은 부드러운 것이 좋으며, 한쪽이 채도가 높은 색이면 한쪽은 무채색 계열로 배색하는 것이 무난합니다.

05 투명 프레임 적용하기

01 정교하게 텍스트 크기 및 위치를 조정합니다.

02 메인 텍스트에 투명 프레임을 적용하고 여백을 넓게 설정합니다.

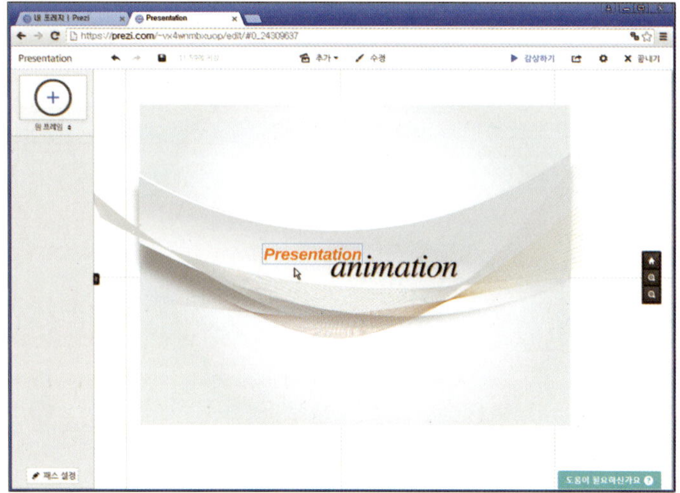
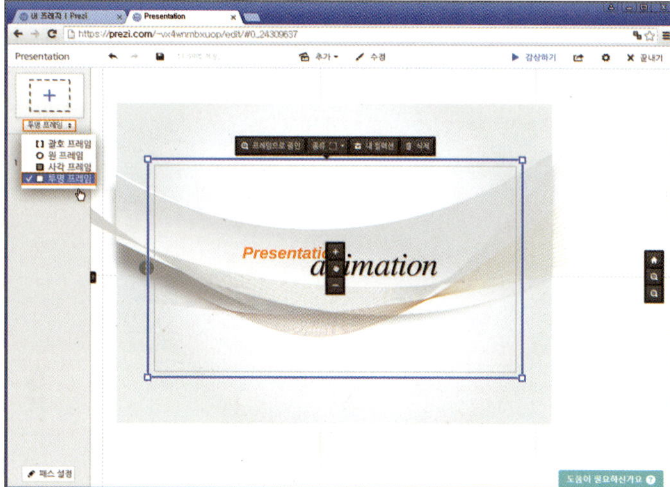

06 텍스트 입력하고 투명 프레임 적용하기

01 'Presentation Animation' 텍스트 하단에 텍스트(PowerPoint?)를 입력합니다.
- **색상** : 적보라색　　**폰트** : Arimo　　**스타일** : 굵게, 기울임 꼴

02 'PowerPoint?' 텍스트 아래에 두 번째 텍스트(Prezi?)를 입력합니다.
- **색상** : 흰색　　**폰트** : Arimo　　**스타일** : 굵게, 기울임 꼴

03 텍스트 크기 및 위치를 조절한 다음 투명 프레임을 적용합니다.

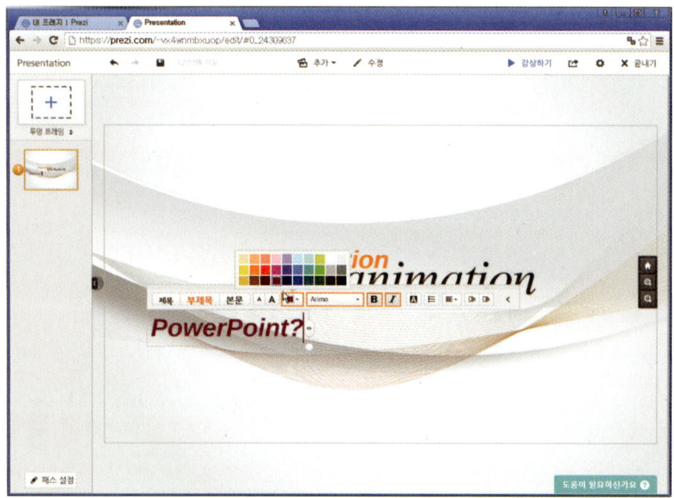
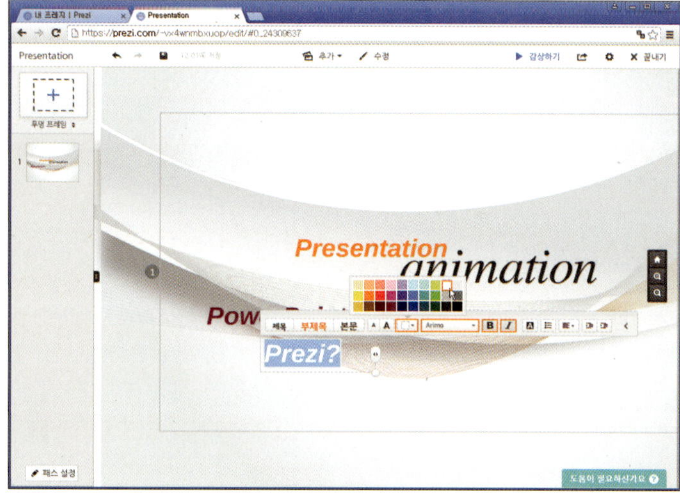

07 투명 프레임 줄이고 회전하기

01 투명 프레임을 시계 방향으로 25° 회전하고 더 작게 줄입니다.

02 왼쪽 미리보기 창에서 2번 섬네일을 클릭하여 화면을 회전하고 텍스트와 프레임을 더욱 정교하게
조절합니다.

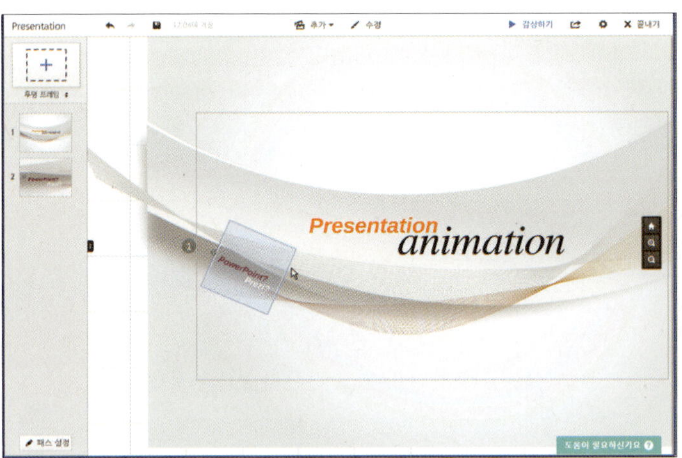
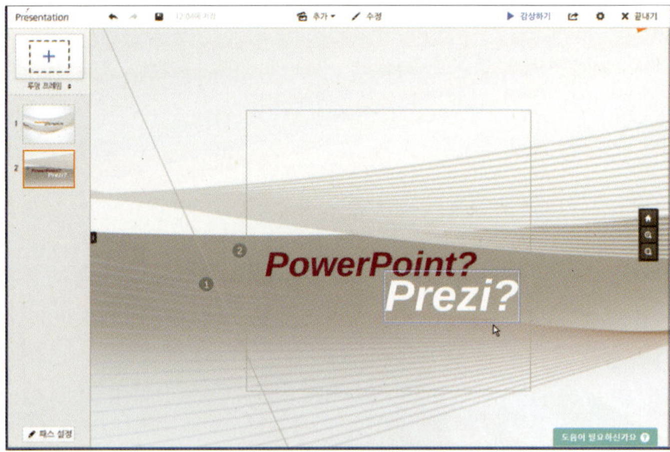

TIP • 　프레임 형태는 파워포인트에서는 슬라이드 형태(크기)입니다. 프레임 안의 텍스트와 그래픽 요소, 배경의 정도를 종합적으로 고려하여 프레임
크기를 조정해야 합니다.

08 주황색 라인 아트 불러와 배치하기

01 미리보기 창에서 1번 섬네일을 클릭하여 배경 이미지 전체를 나타냅니다.

02 'Animation' 텍스트 쪽으로 화면을 줌 인합니다.

03 [이미지 추가] 창에서 〈파일 선택〉 버튼을 클릭하고 [열기] 대화상자가 나타나면 '라인 아트_4단 웨
이브.swf' 이미지를 불러온 다음 'i' 위에 배치합니다.

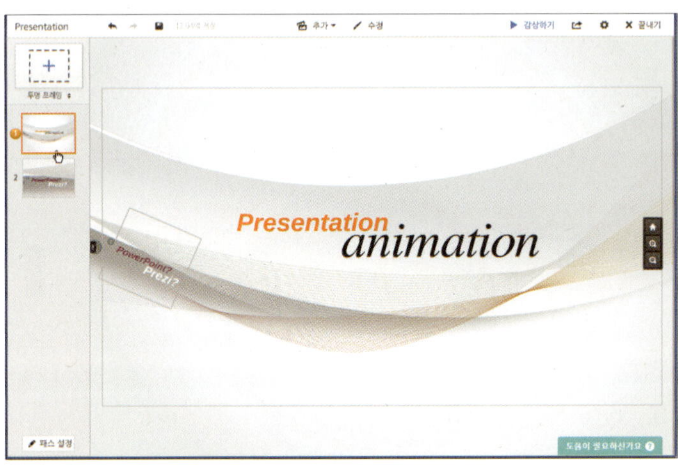

TIP • 　라인 아트에 투명도와 그라데이션 효과가 적용되면 심미감이 높으므로 PNG, SWF 파일로 작업해야 합니다.
① PNG 파일 : 파워포인트, 잉크스케이프, 어도비 일러스트레이터
② SWF 파일 : 어도비 일러스트레이터

O9 주황색 라인 아트 배치 및 텍스트 입력하기

01 마우스 휠을 이용하여 'i' 상단 화면을 줌 인합니다.

02 주황색 라인 아트 이미지를 줄여 'i' 상단에 배치합니다.

03 'i' 상단 여백에 텍스트(PT애니메이션은?)를 입력합니다.
- **텍스트 형식** : 부제목　　 **색상** : 노란색　　 **폰트** : Daum_SemiBold.keg

04 'PT애니메이션은?' 텍스트 아래에 '047_텍스트.txt' 파일의 서브 텍스트를 복사하고 붙여 넣습니다. 텍스트 크기 및 간격을 조정합니다.
- **텍스트 형식** : 본문　　 **색상** : 흰색　　 **폰트** : Daum_Regular.keg

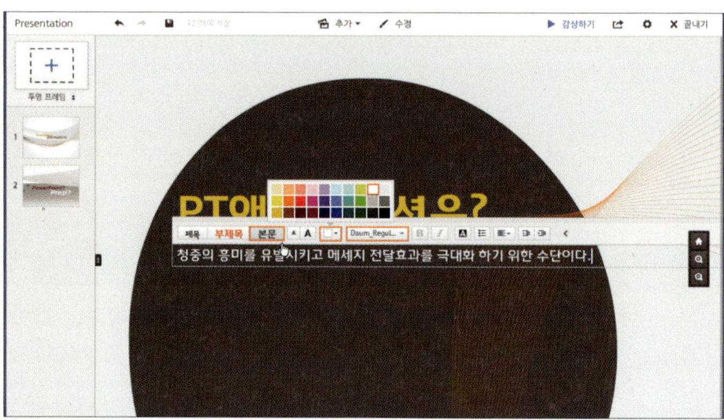

TIP • 　주황색 라인 아트는 검은색 배경에 잘 어울립니다. 텍스트 색상은 노란색과 흰색을 배색하여 가독성을 높였고 배경색과 라인 아트 색상과도 조화를 이루도록 하였습니다.

IO 투명 프레임 적용하고 회전하기

01 텍스트에 투명 프레임을 적용합니다.

02 투명 프레임을 시계 반대 방향으로 50° 회전합니다.

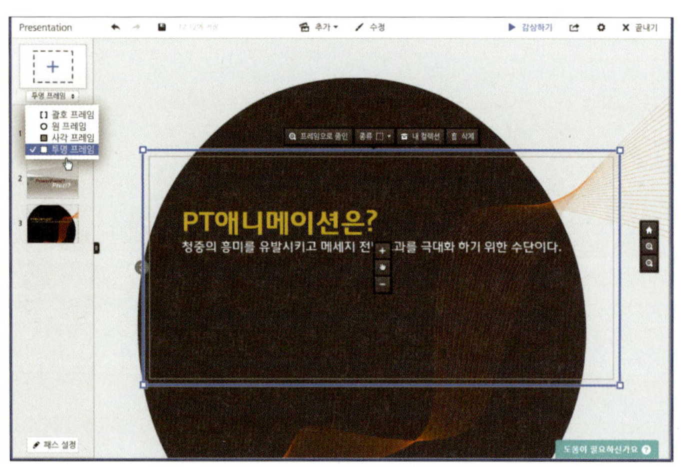
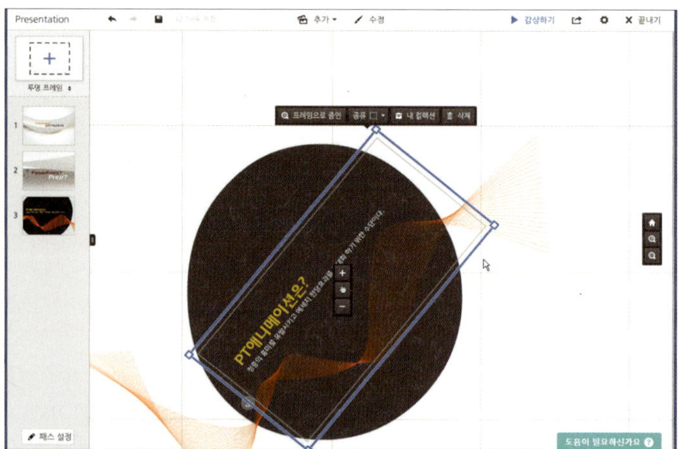

TIP • 　작은 글자 안에 또 다른 텍스트를 줄여 배치하고 회전하면 렉(버벅거림) 현상이 발생할 수 있습니다. 이 경우 03번 과정부터 전체적으로 크기를 키워야 합니다. 프레지 애니메이션은 역동적이면서 부드럽게 움직이는 것이 특징이지만 너무 작게 줄어든 상태에서는 줌 인, 줌 아웃, 회전 애니메이션이 매끄럽게 진행되지 않습니다.

II 한문과 서브 텍스트 입력하기

01 미리보기 창에서 1번 섬네일을 클릭한 다음 화면을 'a' 쪽으로 줌 인합니다.

02 'a' 텍스트 하단에 '과유불급(過猶不及)' 텍스트를 입력합니다.

- 텍스트 형식 : 제목   • 색상 : 주황색   • 폰트 : SangSangTitleOTFB.keg

03 한문 텍스트 아래에 '047_텍스트.txt' 파일의 서브 텍스트를 복사하고 붙여 넣습니다.

- 텍스트 형식 : 본문   • 색상 : 밝은 회색   • 폰트 : Daum_Regular.keg

04 텍스트 크기 및 위치를 조절합니다.

TIP • 프레지에서 한문을 작성할 수 있는 폰트로는 서울한강(SeoulHangangEB.keg), 상상제목(SangSangTitleOTFB.keg), 서울남산(Seoul NamsanB.keg)이 있습니다.

I2 투명 프레임 'a'에 맞춰 회전하기

01 텍스트에 투명 프레임을 적용합니다.

02 투명 프레임을 시계 방향으로 90° 회전하고 크기를 'a'에 맞춰 작게 줄입니다.

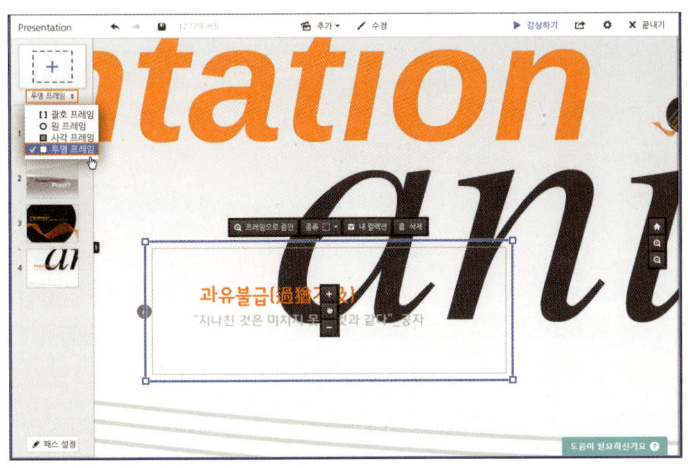
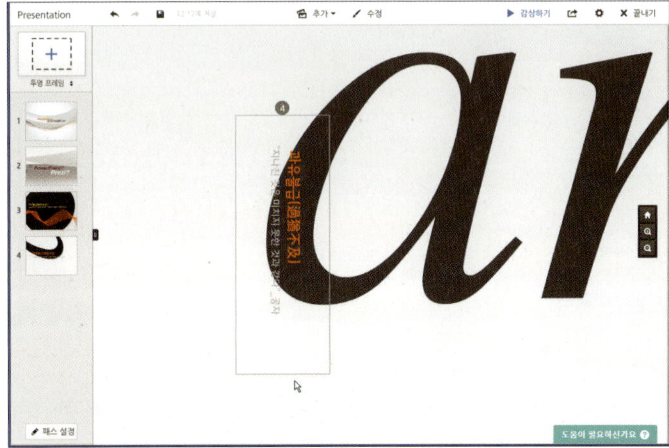

TIP • 지나치게 회전 각도를 크게 설정하면 렉 현상이 발생하거나 발표 현장에서 어지럼증을 일으킬 수 있습니다.

13 갈색 라인 아트 배치하기

01 미리보기 창에서 4번 섬네일을 클릭하여 화면을 회전하고 텍스트와 프레임 크기를 조절합니다.

02 [이미지 추가] 창에서 〈파일 선택〉 버튼을 클릭하고 [열기] 대화상자가 나타나면 '라인 아트_갈색.swf' 이미지를 불러옵니다. 투명 프레임에 이미지를 배치합니다.

03 '갈색 라인 아트'를 시계 반대 방향으로 17° 정도 회전하고 크기를 조절합니다.

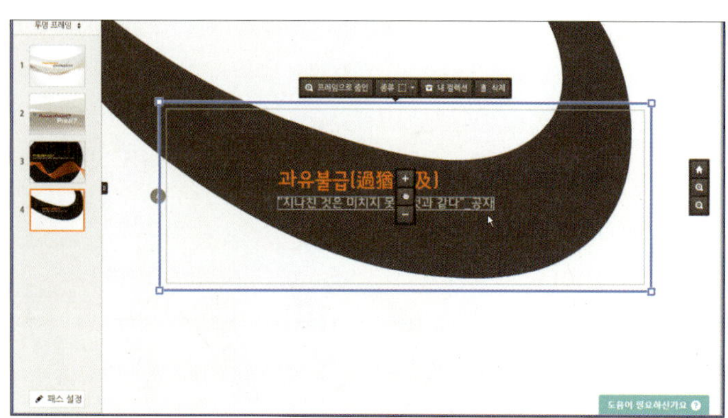
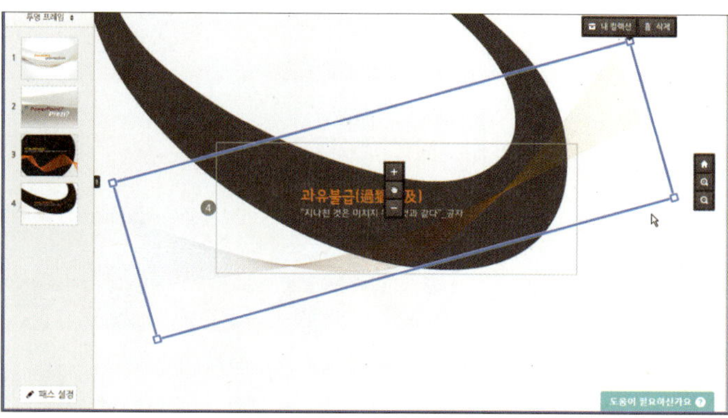

TIP • 갈색 라인 아트만 선택하려면 화면을 약간 줌 아웃하여 라인 아트 이미지가 충분히 나타난 상태에서 선택해야 합니다.

14 영문 텍스트와 URL 입력하고 투명 프레임 적용하기

01 미리보기 창에서 1번 섬네일을 클릭하여 배경 화면을 나타냅니다.

02 메인 텍스트(Presentation Animation) 위에 영문 텍스트를 입력합니다.
  • **텍스트** : Best PPT & Prezi Animation   • **색상** : 어두운 회색   • **폰트** : Arimo   • **스타일** : 굵게, 기울임 꼴

03 영문 텍스트 아래에 URL 텍스트를 입력합니다.
  • **텍스트** : cafe.naver.com/artcomptacademy   • **색상** : 적보라색   • **스타일** : 기울임 꼴

04 텍스트 크기 및 위치를 조절하고 투명 프레임을 적용합니다.

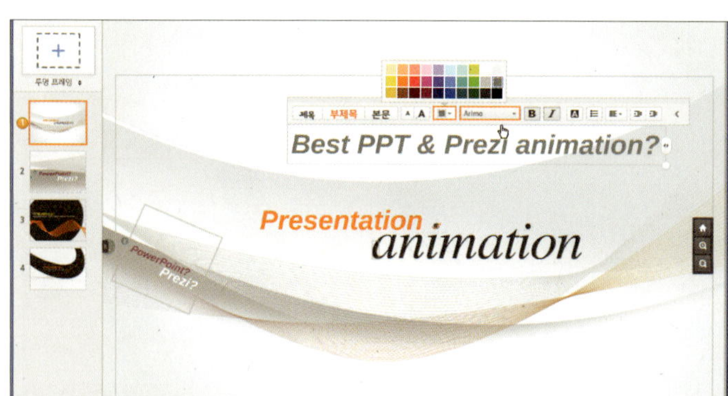

TIP • 영문은 영문 폰트, 한글은 한글 폰트를 적용하는 것이 정석입니다. 다음체나 나눔체, 서울한강체, 서울남산체 등 한글 폰트를 이용하여 영문을 입력하지 않도록 합니다. 영문과 한글 폰트를 혼용하여 발표 자료를 만들어야 할 경우 한글 폰트 3종, 영문 폰트 3종 이내로 사용하는 것이 좋습니다. 즉, 폰트를 최소화해야 디자인에 일관성이 생깁니다.

15 'a'에 맞춰 투명 프레임 줄이고 회전하기

01 투명 프레임을 주황색 'Presentation' 텍스트에서 'a' 쪽으로 이동합니다. 시계 반대 방향으로 80° 정
도 회전하고 크기를 조절합니다.

02 'a'와 기울기가 같아지도록 투명 프레임의 각도를 조절합니다.

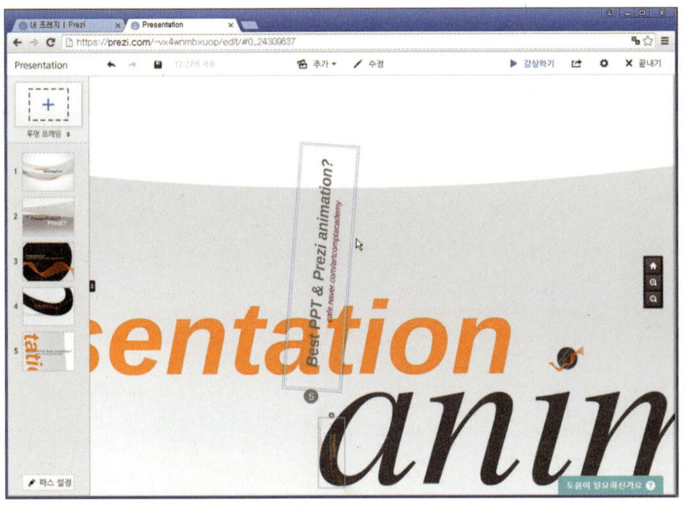

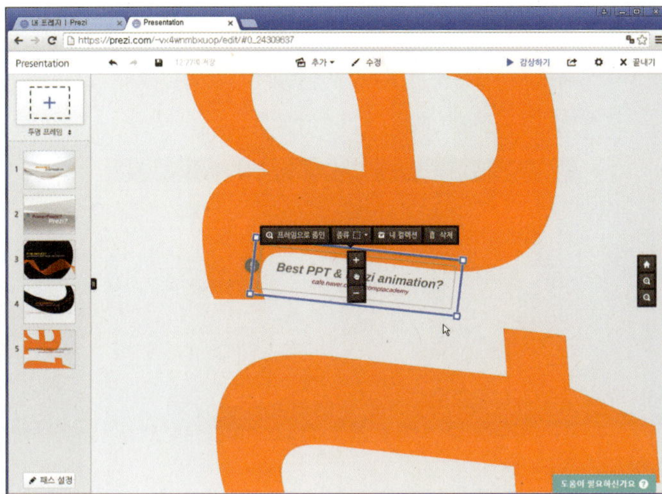

TIP • 글자 옆에 텍스트를 배치할 때는 글자 각도와 맞춰야 시각적으로 안정감이 생깁니다.

16 회색 라인 아트 배치하기

01 미리보기 창에서 5번 섬네일을 클릭하여 화면을 회전합니다.

02 [이미지 추가] 창에서 〈파일 선택〉 버튼을 클릭하고 [열기] 대화상자가 나타나면 '라인 아트_회
색.swf' 이미지를 불러온 다음 투명 프레임에 배치합니다.

03 라인 아트 크기를 조절하고 텍스트 위치와 크기 등을 다시 조정합니다.

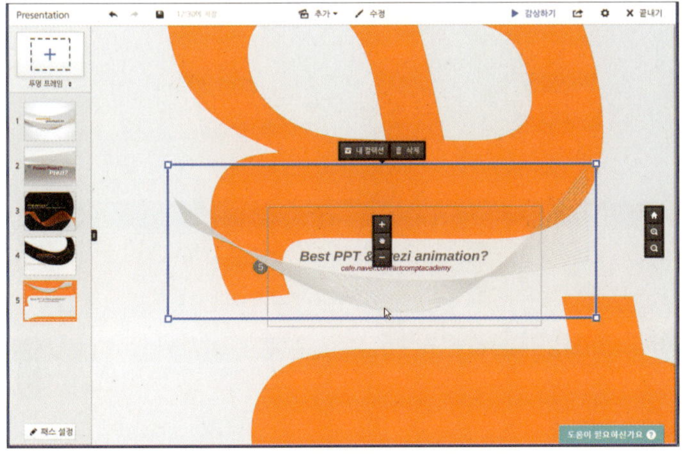

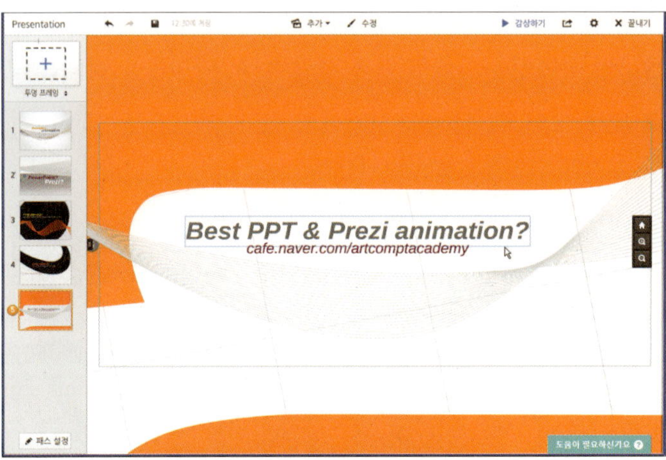

TIP • 동일한 조건에서 작업해도 레이아웃 완성도 면에서 차이가 생길 수 있습니다. 라인 아트의 위치, 크기, 텍스트 크기, 프레임 여백 등을 조절할
때 변수가 생기기 때문입니다. 레이아웃 디자인 역량을 키우려면 디자인 작업을 자주 하면서 몸으로 감각을 익히는 것이 가장 좋습니다.

I7 1, 2번 섬네일에 페이드인 효과 적용하기

01 미리보기 창 하단의 〈패스 설정〉 버튼을 클릭하고 2번 섬네일에서 황갈색 '★' 아이콘을 클릭합니다.

02 [페이드인 효과] 대화상자에서 2개의 텍스트를 차례대로 클릭하여 페이드인(나타내기) 효과를 적용한 다음 오른쪽 위의 〈Done〉 버튼을 클릭합니다.

03 3번 섬네일을 클릭한 다음 황갈색 '★' 아이콘을 클릭합니다.

04 [페이드인 효과] 대화상자에 있는 서브 텍스트를 클릭하여 페이드인(나타내기) 효과를 적용한 다음 〈Done〉 버튼을 클릭합니다.

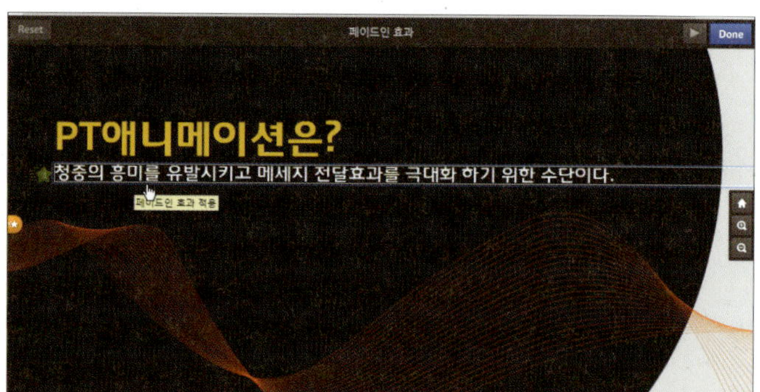

I8 3, 4번 섬네일에 페이드인 효과 적용하기

01 미리보기 창의 4번 섬네일에서 황갈색 '★' 아이콘을 클릭합니다.

02 [페이드인 효과] 대화상자에서 서브 텍스트를 클릭하여 페이드인(나타내기) 효과를 적용한 다음 오른쪽 상단의 〈Done〉 버튼을 클릭합니다.

03 5번 섬네일을 클릭한 다음 황갈색 '★' 아이콘을 클릭합니다.

04 [페이드인 효과] 대화상자에서 URL 텍스트를 클릭하여 페이드인(나타내기) 효과를 적용한 다음 〈Done〉 버튼을 클릭합니다.

TIP • 텍스트가 질문과 답 형식으로 구성된 경우 답에만 페이드인 효과를 적용하는 것이 좋습니다.

19 메인 텍스트 복제하고 키우기

01 〈패스 설정〉 버튼을 클릭하고 미리보기 창에서 1번 섬네일을 클릭합니다.

02 배경 이미지 중심부의 메인 텍스트(Presentation Animation)를 복제(Ctrl+D)합니다.

03 복제한 텍스트를 배경 이미지 위에 배치하고 크게 키웁니다.

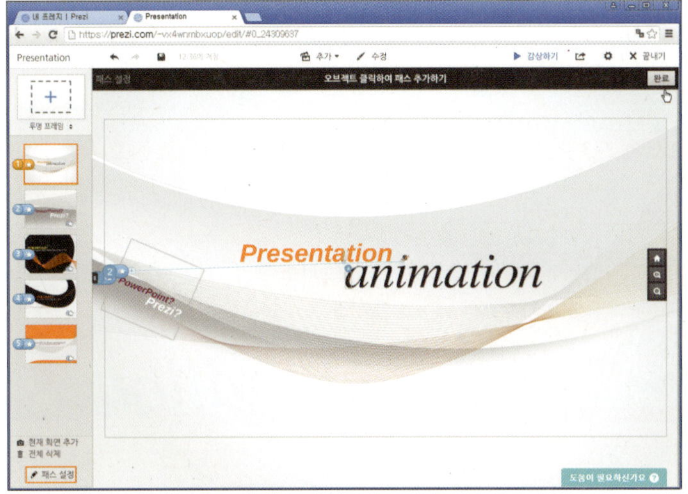

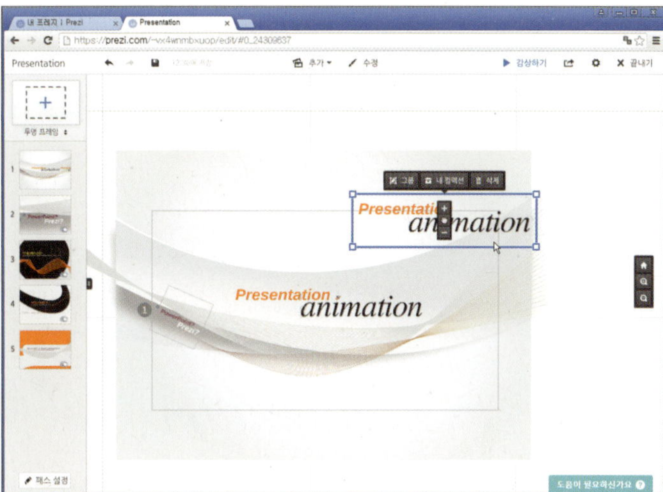

20 투명 프레임 회전하기

01 텍스트를 더 크게 키운 다음 투명 프레임을 적용합니다.

02 투명 프레임을 시계 반대 방향으로 25° 회전합니다.

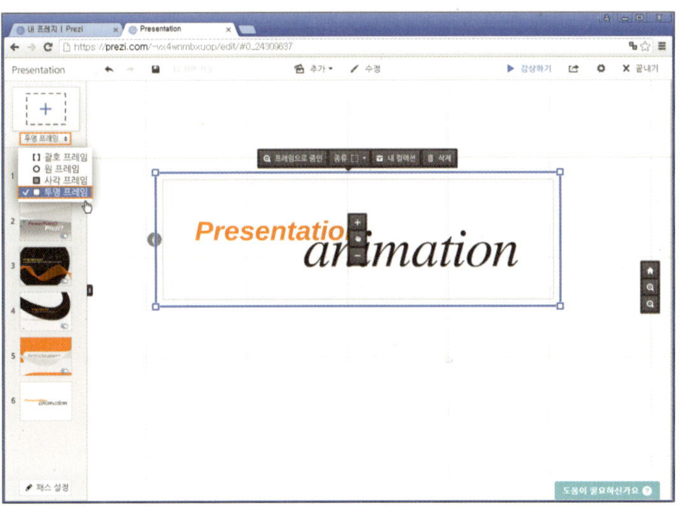

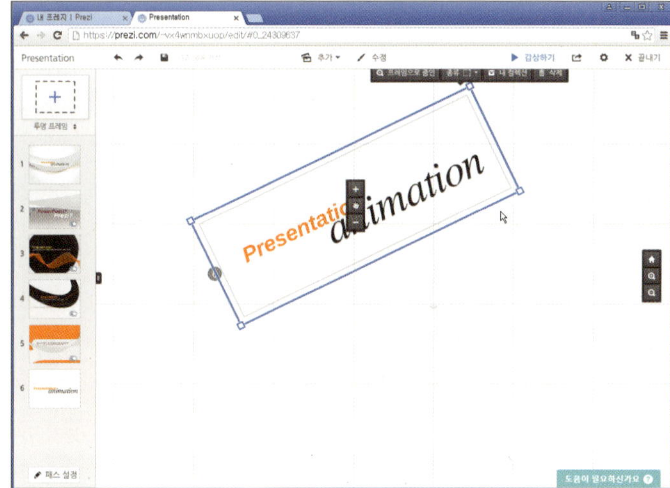

TIP • 마우스 휠을 이용하여 화면을 줌 아웃하면 텍스트를 얼마나 더 키울 수 있는지 알 수 있습니다.

21 갈색 라인 아트 배치하기

01 미리보기 창에서 6번 섬네일을 클릭하여 화면을 회전합니다. [이미지 추가] 창에서 〈파일 선택〉 버튼을 클릭하고 [열기] 대화상자가 나타나면 '라인 아트_갈색.swf' 이미지를 불러와 투명 프레임에 배치합니다.

02 '갈색 라인 아트' 이미지를 시계 방향으로 5° 정도 회전합니다.

03 '갈색 라인 아트' 이미지에 맞춰 정교하게 텍스트 크기와 위치를 조정합니다.

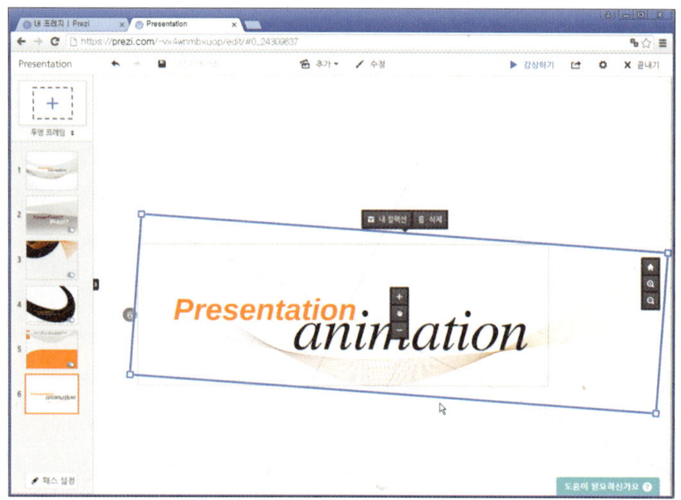
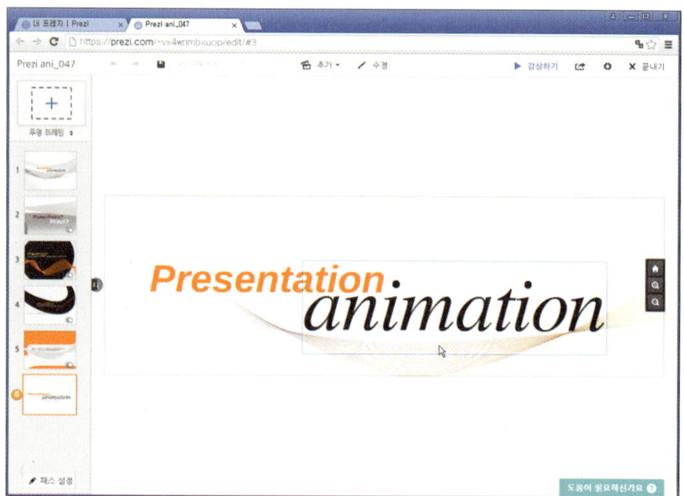

22 배경 및 투명 프레임 키우기

01 배경 이미지를 포함하여 지금까지 작업했던 투명 프레임을 모두 선택하고 키웁니다.

02 이전 과정의 디자인도 모두 포함하여 더욱 크게 키웁니다.

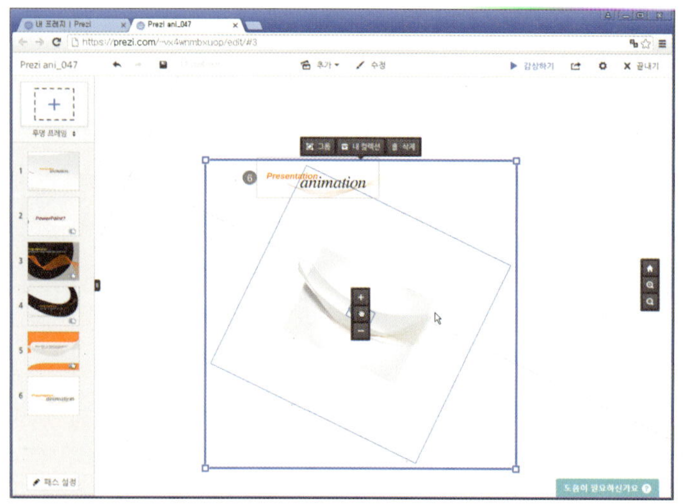
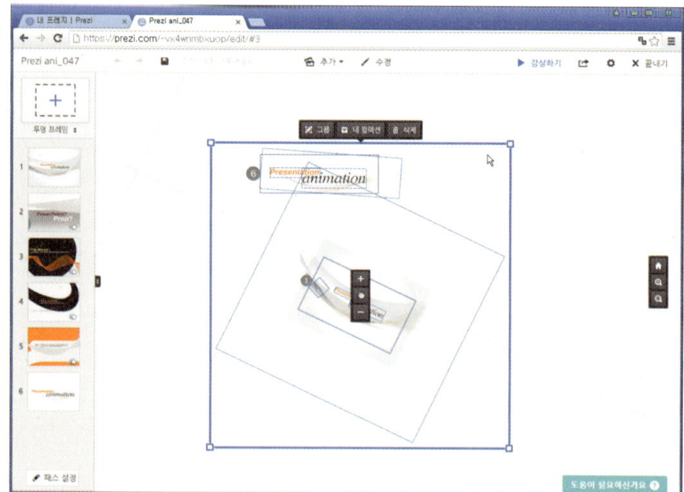

TIP • 이번 과정은 의외로 중요합니다. 프레임이 너무 작으면 줌 인, 줌 아웃, 회전 애니메이션을 적용할 때 렉 현상(버벅거림)이 발생할 수 있기 때문입니다. 이 경우 매끄럽게 애니메이션될 때까지 디자인을 모두 선택하고 크기를 과감하게 키웁니다.

23 패스 점검 및 감상하기

01 미리보기 창 하단의 〈패스 설정〉 버튼을 클릭합니다.

02 스토리텔링에 맞게 패스가 설정되었는지 최종 점검합니다.

03 메뉴 오른쪽의 〈감상하기〉 버튼을 클릭하여 지금까지 작업한 내용을 애니메이션(프레지 쇼)으로 실
행합니다.

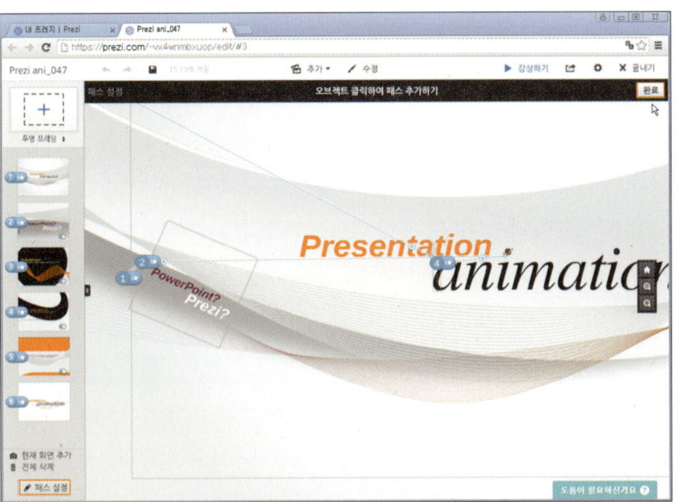

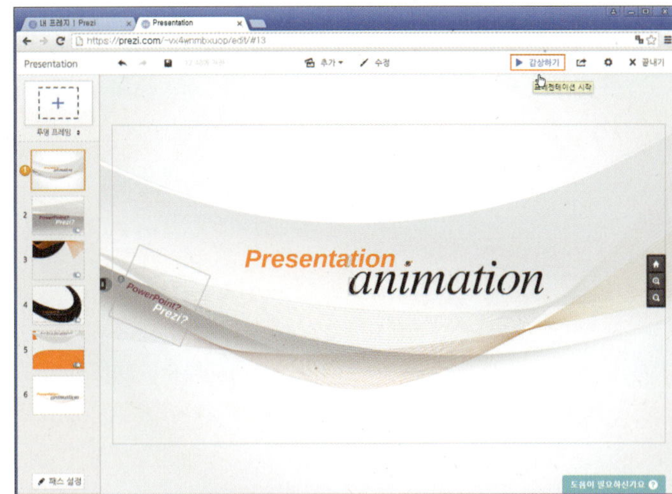

24 저장하기

01 메뉴 오른쪽의 〈끝내기〉 버튼을 클릭하면 최종 작업 내용이 자동으로 저장되면서 종료됩니다.

02 왼쪽 아래의 'Untitled Prezi' 텍스트에서 파일 이름을 입력하여 마칩니다.

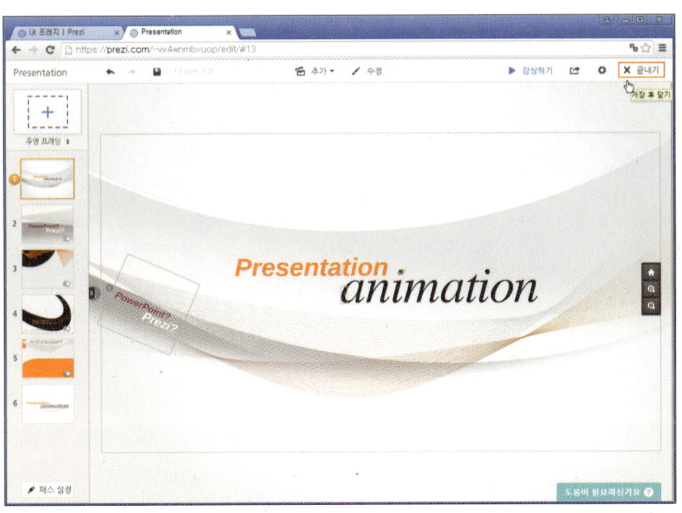

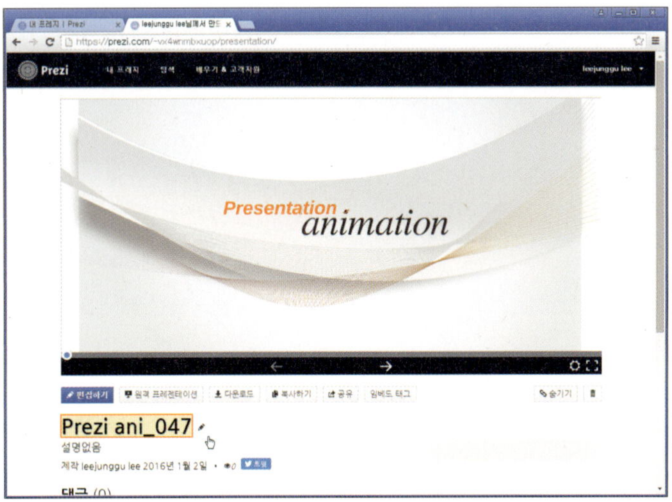

048 셀로판지 느낌 활용 애니메이션

셀로판지 효과는 파워포인트나 프레지 애니메이션에서 매우 유용하게 활용할 수 있습니다. 반투명한 여러 개의 셀로판지는 겹치는 느낌이 산뜻하고 그래픽적으로 색다른 미감을 줍니다. 단순한 도형이나 텍스트만으로도 어렵지 않게 디자인을 살릴 수 있고 의외의 느낌을 연출할 수 있습니다. 셀로판지 효과는 줌 인, 줌 아웃이나 회전 과정에서 의도하지 않은 장면들을 연출할 수 있어 차별화된 프레젠테이션 디자인을 원한다면 한번쯤은 활용할 필요가 있습니다.

|난이도| ★★★★☆ |디자인 소스 파일| Prezi ani_048\Presentation_배경텍스트.swf, Presentation_투명핑크.swf, Presentation_투명
노랑.swf, 048_텍스트.txt, ARTCOMPT_타이포그래피.swf
|동영상 파일| Prezi ani_048\prezi ani_048.avi |인터넷으로 보기| http://cafe.naver.com/artcomptacademy/1895

애니메이션 작업 포인트

이번 예제의 중요 테크닉은 셀로판지 느낌을 활용한 애니메이션입니다. 동일한 3개의 텍스트를 활
용하여 셀로판지 느낌을 연출하였습니다. 텍스트 하나는 3D 배경에 다른 텍스트들은 반투명하게
설정하여 셀로판지 느낌을 살렸습니다. 줌 인, 줌 아웃, 회전 과정에서 셀로판지가 겹치고 흩어지
는 느낌을 연출하였으며, 적절한 공간에 텍스트를 배열하여 메시지 전달력을 높였습니다.

01 테마 설정하기

01 내 프레지에서 '새로운 프레지'를 클릭하고 〈빈 프레지 시작〉 버튼을 클릭하여 캔버스를 엽니다.

02 테마 설정을 위해 메뉴에서 [수정]을 실행하고 [수정] 창에서 20개의 테마 중 '맵시'를 선택합니다.

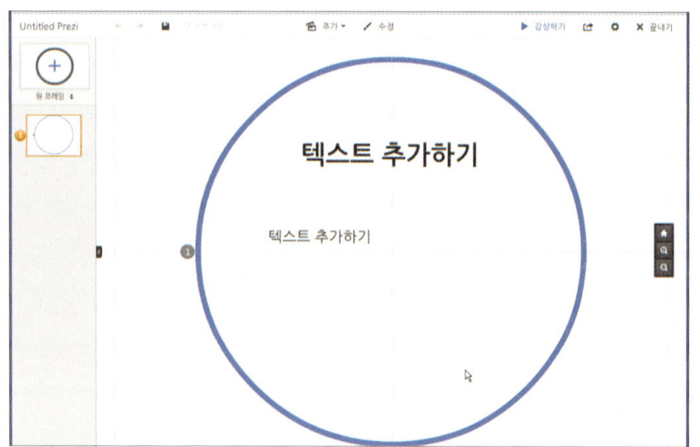

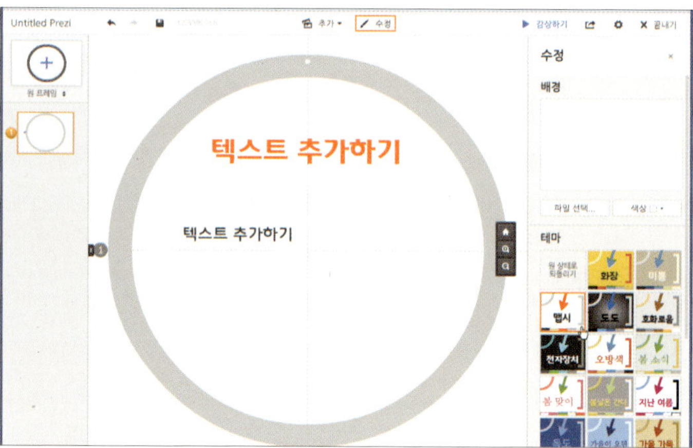

02 폰트 일부 변경하기

01 [수정] 창에서 〈테마 설정〉 버튼을 클릭합니다.

02 [Theme Wizard] 대화상자에서 [Advanced] 탭을 선택하고 배경색을 '주황색'으로 설정합니다.
  - Background Color : R255, G91, B0

03 'Use the Prezi CSS Editor'를 선택하여 폰트를 설정합니다.

04 [Edit CSS] 창에서 제목, 부제목, 본문 폰트를 설정하고 〈Apply〉 버튼을 클릭합니다.
  - 본문(body) : Daum_Regular.keg   • 제목(head) : GodoB.keg
  - 부제목(strong) : Daum_SemiBold.keg

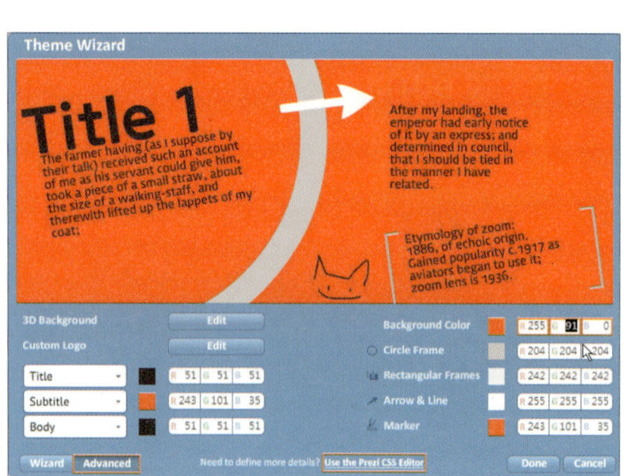

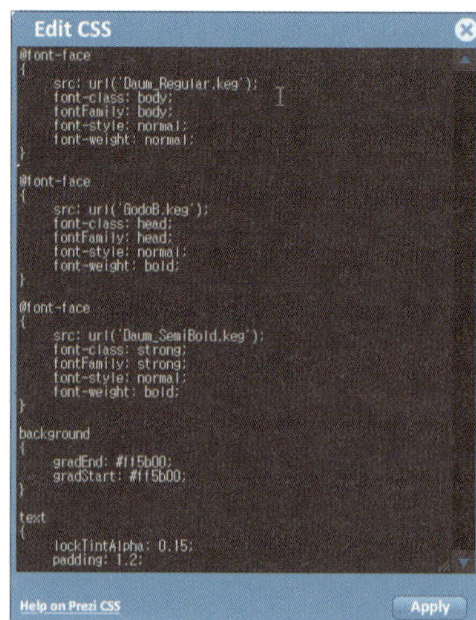

TIP • 배경색은 프레지보다 파워포인트에서 테스트하는 것이 편리합니다. 프레지에서 사용할 텍스트와 디자인 요소 등을 배치한 다음 배경색을 바꾸면서 분위기, 가독성 등을 테스트합니다. 가장 적합한 배경색을 찾으면 RGB 값을 확인하고 프레지에서 배경색으로 설정합니다. 파워포인트에서 RGB 값을 확인하려면 [색] 대화상자의 '사용자 지정'을 확인합니다.

03 3D 배경 이미지 설정하기

01 다시 [Theme Wizard] 대화상자에서 3D Background 항목의 〈Edit〉 버튼을 클릭합니다.

02 3D 배경 이미지를 추가하기 위해 [Upload]를 클릭합니다.

03 [열기] 대화상자에서 배경 이미지 파일인 'Presentation_배경텍스트.swf'를 불러옵니다.

04 [Edit 3D Background Layers] 대화상자에서 불러들인 배경 이미지를 확인한 다음 〈Done〉 버튼을 클릭하고 원 프레임을 삭제합니다.

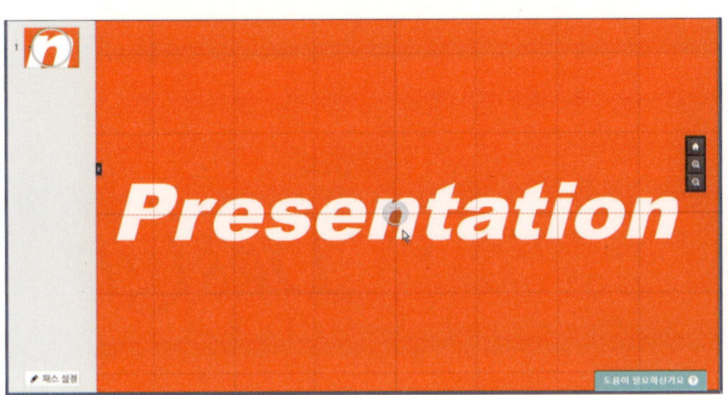
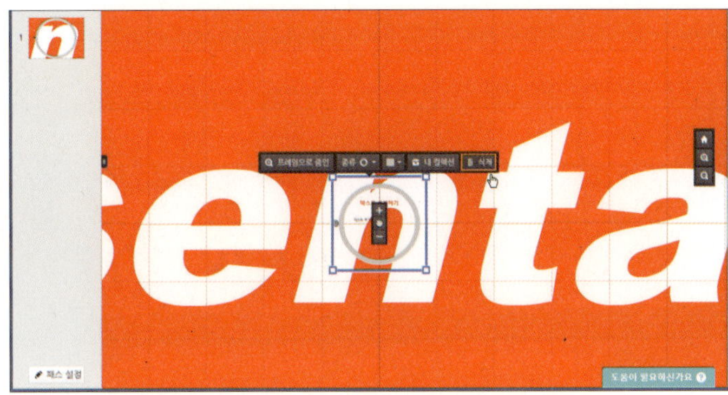

TIP • 본 예제는 연습용이므로 용도에 맞게 텍스트 내용을 변경합니다. SWF 파일로 만들기 어려운 경우 파워포인트에서 PNG 파일로 만들어 배경 이미지로 삽입하는 방법도 있습니다. 그러나 PNG 파일을 키우면 깨지는 현상이 나타납니다.

04 'Design' 텍스트 입력하고 배열하기

01 마우스 휠을 이용하여 화면을 줌 아웃한 다음 Presentation 배경 텍스트를 줄입니다.

02 Presentation 배경 텍스트 아래에 텍스트(Design)를 입력합니다.

　　• **색상** : 검은색　　• **폰트** : Heuristica　　• **스타일** : 기울임 꼴

03 짜임새 있게 배치하고 크기를 조절합니다.

04 Presentation 배경 텍스트와 Design 텍스트에 투명 프레임을 적용합니다.

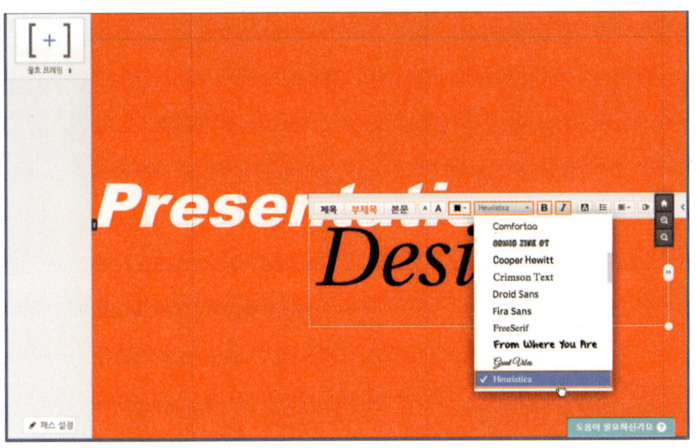

TIP • 최초 프레임을 설정할 때 브라우저 크기가 중요할 수 있으므로 참고합니다. 크롬 브라우저 크기는 '1153×851'입니다.

05 투명 핑크 텍스트 이미지 배치하기

01 메뉴에서 [추가]–[이미지]를 실행합니다. [이미지 추가] 창에서 〈파일 선택〉 버튼을 클릭하고 [열기] 대화상자가 나타나면 'Presentation_투명 핑크.swf' 텍스트 이미지를 불러옵니다.

02 흰색 Presentation 배경 텍스트에 맞춰 크기를 조절하여 겹칩니다.

03 겹친 투명 핑크 텍스트를 배경 텍스트가 보일 정도로 약간 어긋나게 이동합니다.

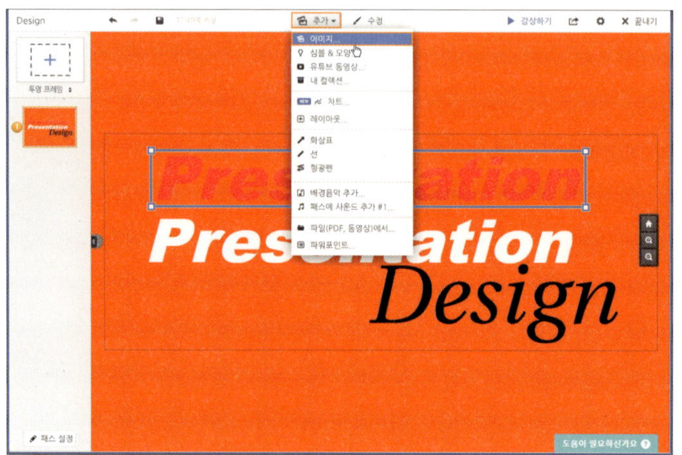

TIP • 배경 텍스트와 투명 핑크 텍스트를 완전히 딱 맞출 필요는 없습니다. 화면을 줌 인 및 줌 아웃하다 보면 겹쳐 보이던 텍스트가 크게 어긋나기 때문에 정확하게 맞출 필요는 없습니다.

06 투명 노랑 텍스트 이미지 불러와 배치하기

01 [이미지 추가] 창에서 〈파일 선택〉 버튼을 클릭하고 [열기] 대화상자가 나타나면 'Presentation_투명노랑.swf' 텍스트 이미지를 불러옵니다.

02 이전 과정처럼 배경 텍스트 크기에 맞춰 겹칩니다.

03 투명 핑크 텍스트 이미지를 오른쪽 상단으로 약간 어긋나게 이동합니다.

TIP • 투명 핑크 텍스트 이미지 영향 때문에 투명 노랑 텍스트 크기를 조절하기 어려울 수 있습니다. 이때 투명 핑크 텍스트를 잘라냈다가 투명 노랑 텍스트 작업을 마친 다음 붙여 넣으면 됩니다. 텍스트를 겹치는 작업이 끝나면 투명 노랑 텍스트 이미지가 맨 앞에 위치하는지 확인합니다. 레이어 순서를 변경하려면 해당 개체(텍스트)를 선택하고 마우스 오른쪽 버튼을 클릭한 다음 '앞으로 가져오기', '뒤로 보내기' 등을 선택합니다.

07 텍스트 입력하기

01 미리보기 창에서 1번 섬네일을 클릭합니다.

02 상단에 영문 텍스트(Presentation Design?)를 입력합니다.
- **색상** : 흰색　　• **폰트** : Arimo　　• **스타일** : 굵게, 기울임 꼴

03 영문 텍스트 아래에 '048_테스트.txt' 파일의 서브 텍스트를 복사하고 붙여 넣습니다.
- **텍스트 형식** : 본문　　• **색상** : 어두운 회색　　• **폰트** : Daum_Regular

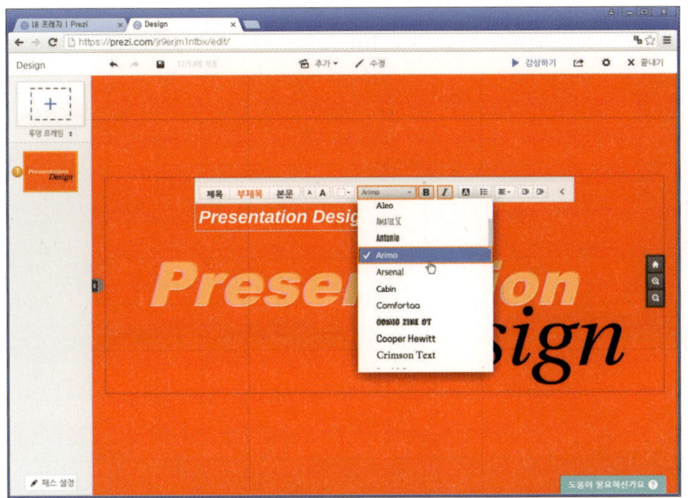
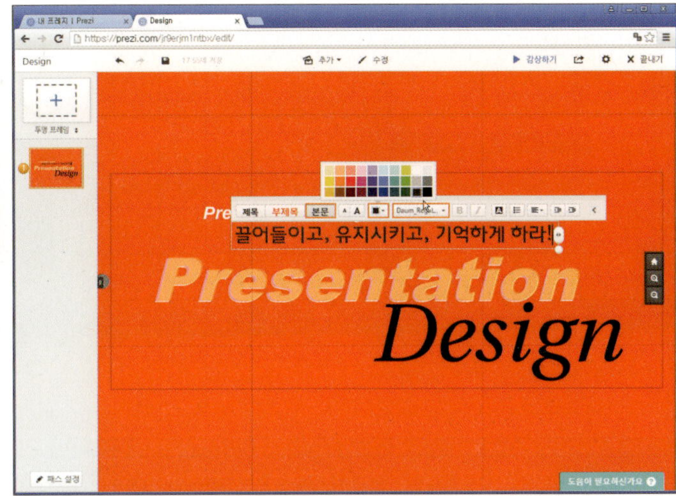

TIP • 　텍스트 편집은 쉬운 작업이 아닙니다. 적절한 폰트 선정과 배색만으로 끝나지 않습니다. 텍스트 위치, 크기, 행간에 따라 짜임새에 문제가 생기고 완성도에서도 차이가 생깁니다. 텍스트 편집 역량은 감각에 해당하므로 많은 경험을 통해 체화되어야 합니다.

08 투명 프레임 적용하기

텍스트를 짜임새 있게 편집하고 투명 프레임을 적용합니다.

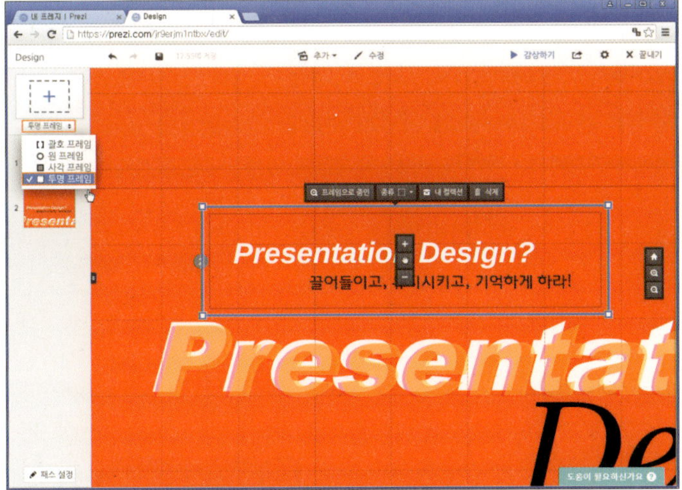

09 투명 프레임 회전하고 크기 조절하기

01 투명 프레임을 줄여 'P' 쪽으로 이동합니다.

02 투명 프레임을 시계 방향으로 100° 정도 회전합니다.

03 미리보기 창에서 2번 섬네일을 클릭하여 화면을 회전한 다음 정교하게 텍스트와 프레임 크기를 조절합니다.

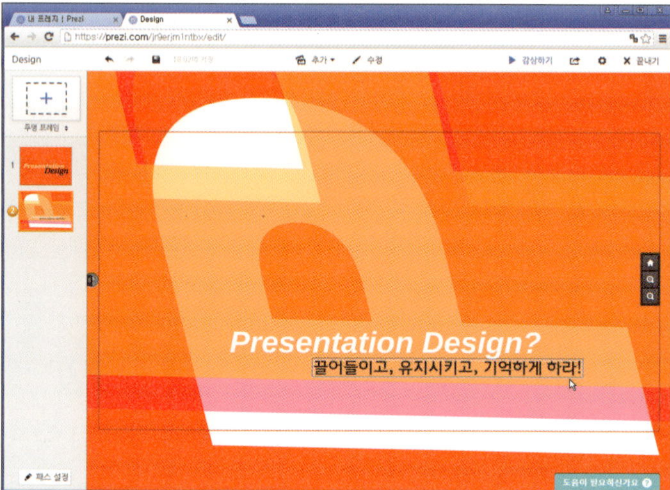

TIP • 이번 과정에서 가장 중요한 작업은 프레임 크기 조절입니다. 프레임의 상하 좌우를 조절하다 보면 겹치는 부분이 달라지고 레이아웃에도 변화가 생깁니다. 왼쪽 미리보기 창에 나타나는 레이아웃 정도를 살펴보면서 프레임 크기를 조절하는 것도 하나의 방법입니다.

10 'PSG 디자인 전략' 텍스트 입력하기

01 미리보기 창에서 1번 섬네일을 클릭합니다.

02 상단에 제목 텍스트(PSG디자인전략?)를 입력합니다.
   • **텍스트 형식** : 부제목   • **색상** : 어두운 회색   • **폰트** : Daum_SemiBold

03 제목 텍스트 아래에 서브 텍스트(Visual Concept...)를 입력합니다.
   • **색상** : 흰색   • **폰트** : Arimo   • **스타일** : 굵게, 기울임 꼴

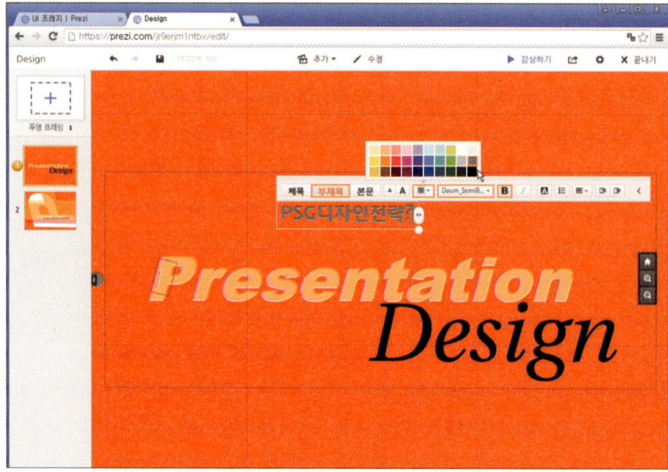
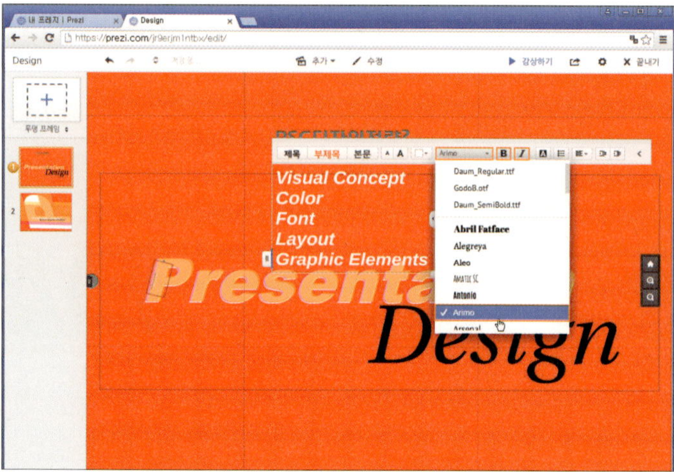

II 투명 프레임 적용하기

01 텍스트를 짜임새 있게 편집하고 투명 프레임을 적용합니다.

02 투명 프레임을 줄여 'O' 쪽으로 이동합니다.

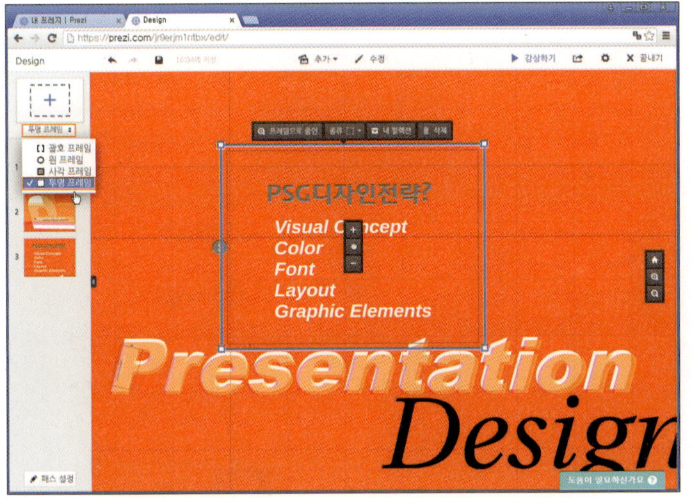

I2 투명 프레임 회전하고 크기 조절하기

01 투명 프레임을 시계 반대 방향으로 70° 정도 회전합니다.

02 미리보기 창에서 3번 섬네일을 클릭하여 화면을 회전하고 더욱 정교하게 텍스트와 프레임 크기를
조절합니다.

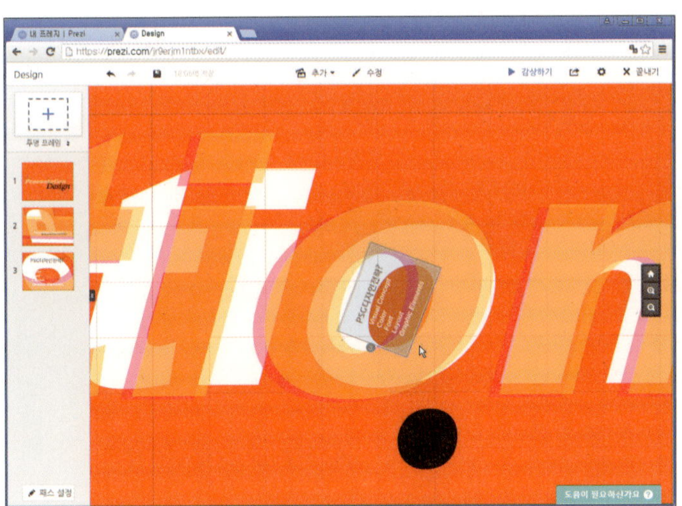

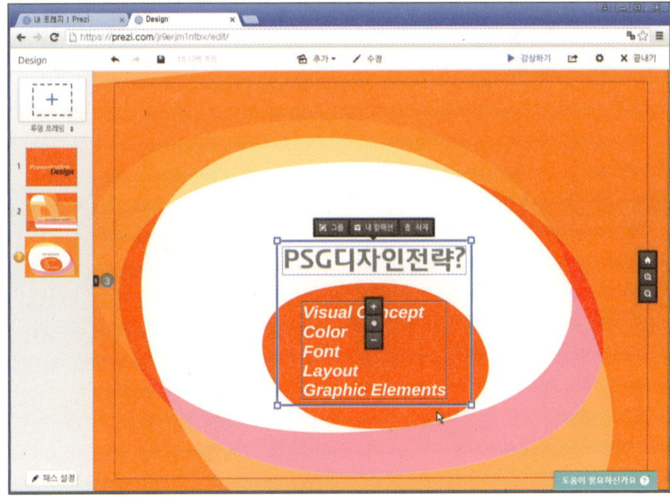

TIP • 　텍스트는 가독성이 매우 중요합니다. 텍스트가 너무 크거나 작아도 가독성이 떨어집니다. 또한 배경이 어두우면 텍스트 색상은 밝아야 하고, 배경이 밝으면 텍스트는 어두워야 합니다. 텍스트 배색을 어떻게 해야 할지 모를 경우에는 흰색이나 검은색, 회색 등의 무채색으로 배색합니다.

I3 'Best Powerpoint' 텍스트 입력하고 투명 프레임 적용하기

01 미리보기 창에서 1번 섬네일을 클릭합니다.

02 상단에 첫 번째 줄 텍스트(Best Powerpoint)를 입력합니다.
- **색상** : 흰색　　**폰트** : Arimo　　**스타일** : 굵게, 기울임 꼴

03 두 번째 줄 텍스트(& Prezi design)를 입력합니다.
- **색상** : 검은색　　**폰트** : Arimo　　**스타일** : 굵게, 기울임 꼴

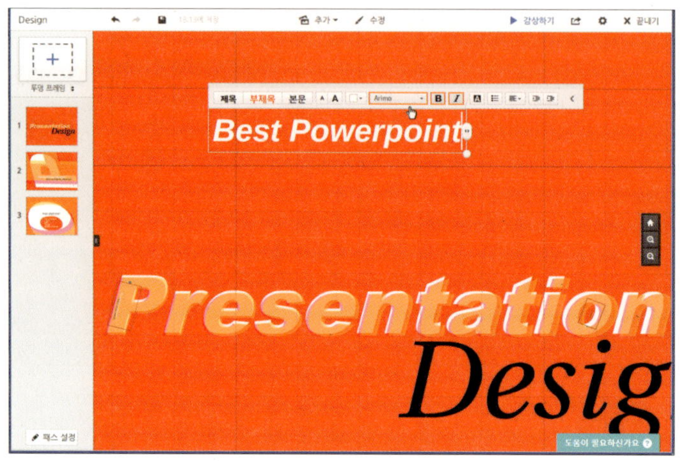

TIP • 배경색이 주황색 계열일 때 텍스트 색상은 검은색과 흰색, 밝은 노란색 등이 잘 어울립니다.

I4 투명 프레임 회전하고 크기 조절하기

01 투명 프레임을 적용하고 줄여 'a' 쪽으로 이동합니다.

02 투명 프레임을 시계 반대 방향으로 30° 정도 회전합니다.

03 미리보기 창에서 4번 섬네일을 클릭하여 화면을 회전하고 더욱 정교하게 텍스트와 프레임 크기를 조절합니다.

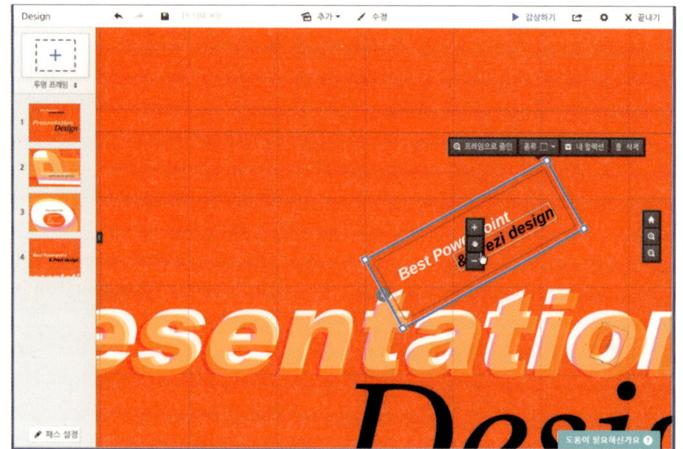

TIP • 텍스트를 배치할 때 가독성은 물론이고 배경과의 조화가 중요합니다. 사진을 찍을 때 좋은 배경을 찾듯이 프레지에서도 프레임을 움직이고 크기를 조절하여 최적의 배경을 만들어야 합니다.

I5 'ARTCOM PT academy' 텍스트 입력하고 투명 프레임 적용하기

01 미리보기 창에서 1번 섬네일을 클릭합니다.

02 위쪽에 텍스트(ARTCOM PT academy)를 입력합니다.
- **색상** : 흰색　　　**폰트** : Arimo　　　**스타일** : 굵게, 기울임 꼴

03 투명 프레임을 적용합니다.

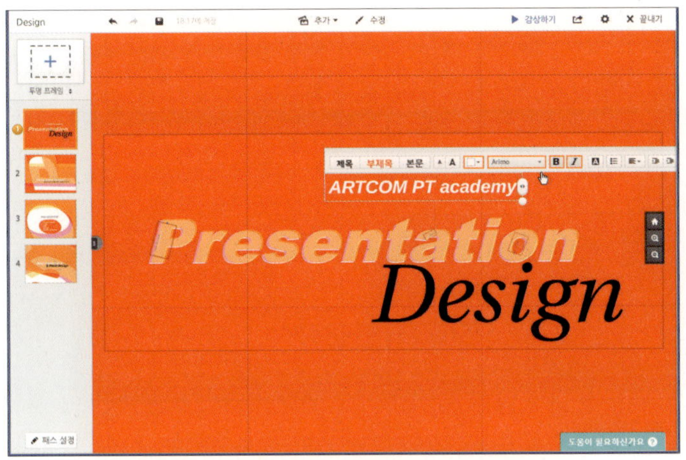
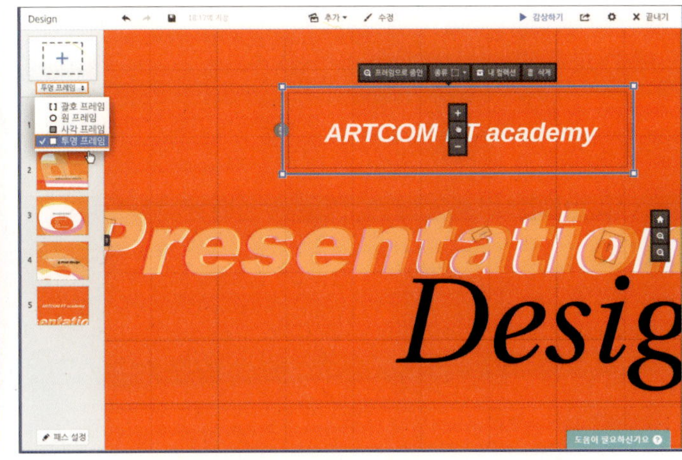

TIP • 　타이포그래피 작업은 항상 1번 섬네일을 클릭하여 전체 화면에서 작업하는 것이 좋습니다.

I6 투명 프레임 회전하고 크기 조절하기

01 투명 프레임을 줄이고 'n' 쪽으로 이동합니다.

02 투명 프레임을 시계 방향으로 105° 정도 회전합니다.

03 미리보기 창에서 5번 섬네일을 클릭하여 화면을 회전하고 더욱 정교하게 텍스트와 프레임 크기를
조절합니다.

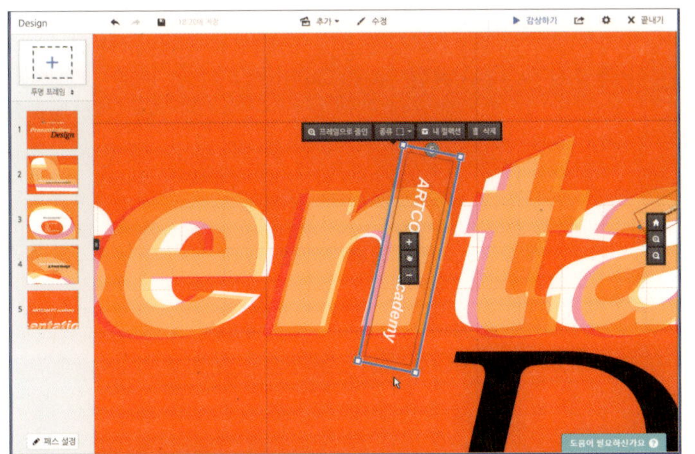
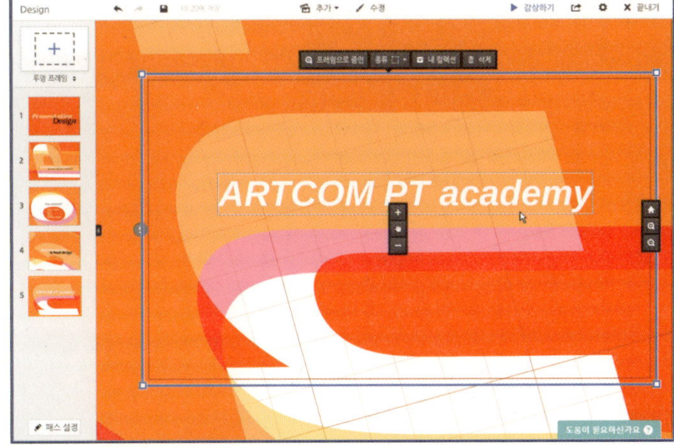

TIP • 　프레지 디자인에서 가장 중요한 것은 배치이며, 다음은 크기 조절, 즉 '레이아웃'이므로 개체를 배치하고 크기를 조절하는 자체가 디자인(레이아웃) 감각입니다. 어느 곳에 어떻게 배치하고 크기를 어떻게 설정하느냐에 따라 디자인 미감은 물론 애니메이션 느낌도 달라집니다.

01 미리보기 창 하단의 〈패스 설정〉 버튼을 클릭하고 2번 섬네일에서 황갈색 '★' 아이콘을 클릭합니다.

02 [페이드인 효과] 대화상자에서 서브 텍스트를 클릭하여 페이드인(나타내기) 효과를 적용한 다음 오른쪽 상단의 〈Done〉 버튼을 클릭합니다.

03 3번 섬네일을 클릭한 다음 황갈색 '★' 아이콘을 클릭합니다.

04 [페이드인 효과] 대화상자에서 다섯째 줄의 영문 텍스트를 클릭하여 페이드인(나타내기) 효과를 적용한 다음 〈Done〉 버튼을 클릭합니다.

TIP • 페이드인 효과를 지나치게 많은 곳에 적용하면 오히려 스토리 흐름이 부자연스러워지고 식상할 수 있습니다. 과유불급입니다. 과하면 모자람과 같다는 말입니다.

01 미리보기 창에서 1번 섬네일을 클릭합니다.

02 마우스 휠을 이용하여 지금까지의 디자인이 작게 보이도록 화면을 줌 아웃합니다.

03 [이미지 추가] 창에서 〈파일 선택〉 버튼을 클릭하고 [열기] 대화상자가 나타나면 'ARTCOMPT academy.swf' 이미지를 불러옵니다.

04 '타이포그래피' 이미지 크기를 크게 키웁니다.

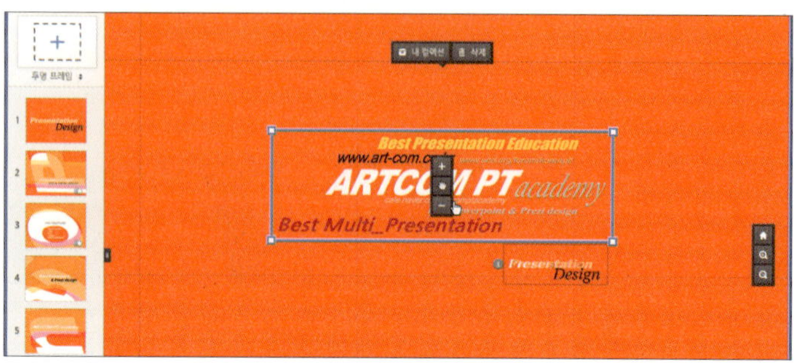

TIP • 타이포그래피 이미지는 SWF 파일(벡터 이미지)이므로 최대한 크기를 키워도 깨지지 않습니다. 파워포인트에서 타이포그래피 작업을 한 다음 PNG 파일(비트맵 이미지)로 저장하여 불러와도 좋습니다. 프레지에서 사용할 PNG 이미지는 A4 크기만큼 키워 저장하면 활용하기 좋습니다.

I9 '타이포그래피' 이미지에 패스6 설정하기

01 '타이포그래피' 이미지를 더 키워 지금까지 작업한 것들이 모두 ARTCOM 텍스트의 'C'에 들어가도록 합니다.

02 미리보기 창의 〈패스 설정〉 버튼을 클릭하고 타이포그래피 이미지에 패스⑥을 추가한 다음 〈완료〉 버튼을 클릭합니다.

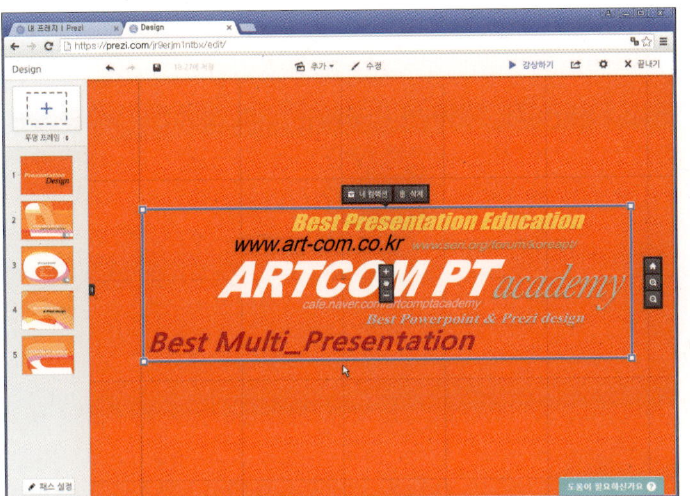
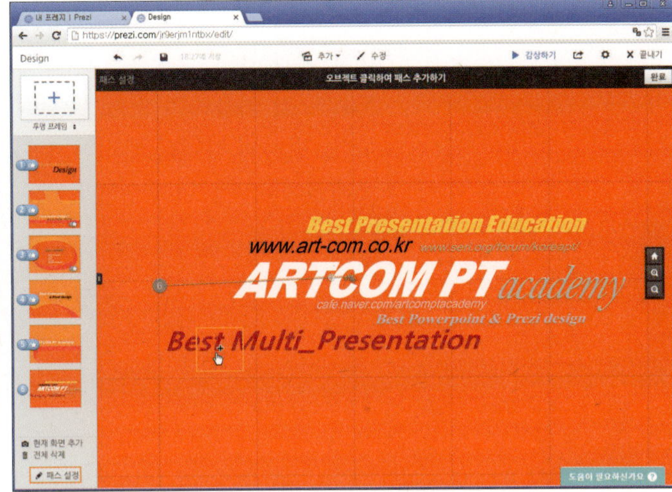

TIP • 마지막 단계에서 삽입된 큰 이미지는 '맨 뒤로 보내기'를 실행해야 지금까지 작업한 디자인에 영향을 주지 않습니다. 큰 이미지가 앞에 있을 경우 프레임이나 개체가 제대로 선택되지 않을 수 있습니다.

20 감상하기와 저장하기

01 메뉴 오른쪽의 〈감상하기〉 버튼을 클릭하여 지금까지 작업한 내용을 애니메이션(프레지 쇼)으로 실행합니다. 애니메이션 감상을 마치려면 마우스 오른쪽 버튼을 클릭한 다음 감상하기 마침을 선택합니다.

02 메뉴 오른쪽의 〈끝내기〉 버튼을 클릭하면 최종 작업 내용이 자동으로 저장되면서 종료됩니다.

03 왼쪽 아래의 'Untitled Prezi' 텍스트에서 파일 이름을 작성합니다.

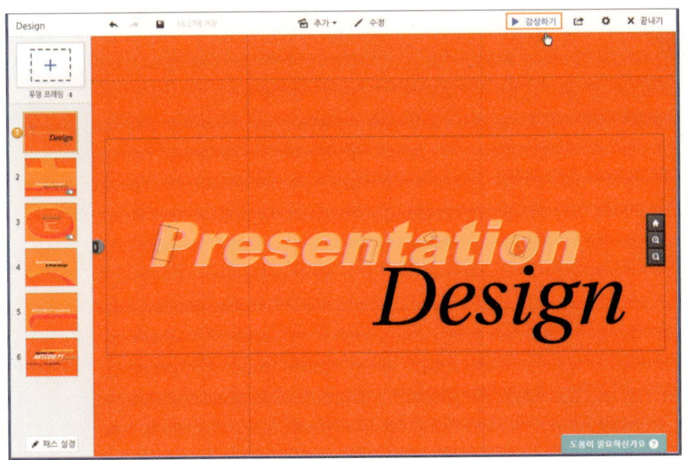

049 먹물 번짐 효과 애니메이션

먹물 번짐 효과는 감성을 전할 수 있어 애니메이션에서 자주 활용하는 요소입니다. 한글이나 한문과도 잘 어울리며 의외로 영문에도 효과적입니다. 먹물 번짐 효과는 천의 얼굴을 가지고 있습니다. 번지게 하거나 뿌려서 수십, 수백 가지 이미지를 어렵지 않게 만들 수 있습니다. 차별화된 프레젠테이션을 위해 한번쯤 먹물 번짐 효과를 적용해볼 필요가 있습니다.

|난이도| ★★★★☆ |디자인 소스 파일| Prezi ani_049\검정 먹번짐_BG.png, 흰색판_로고.swf, 갈색번짐_투명.png, 노란색번짐_1.png, 노란색번짐2_1.png, 049_텍스트.txt, 먹번짐_갈색.png, 먹번짐_청색.png, 백색_로고.swf
|동영상 파일| Prezi ani_049\prezi ani_049.avi |인터넷으로 보기| http://cafe.naver.com/artcomptacademy/1896

애니메이션 작업 포인트

이번 예제의 중요 테크닉은 먹물 번짐 효과를 활용한 애니메이션입니다. 도화지에 잉크를 뿌리거나 먹물을 번지게 하고 스캔하여 PNG 파일로 만들었습니다. 만들어둔 먹물 효과는 PNG 파일로 저장했다가 클립아트처럼 필요할 때마다 활용할 수 있어 좋습니다. PNG 형식은 배경뿐만 아니라 이미지 자체를 투명하게 저장할 수 있어 디자인 요소로 유용하게 활용할 수 있습니다.

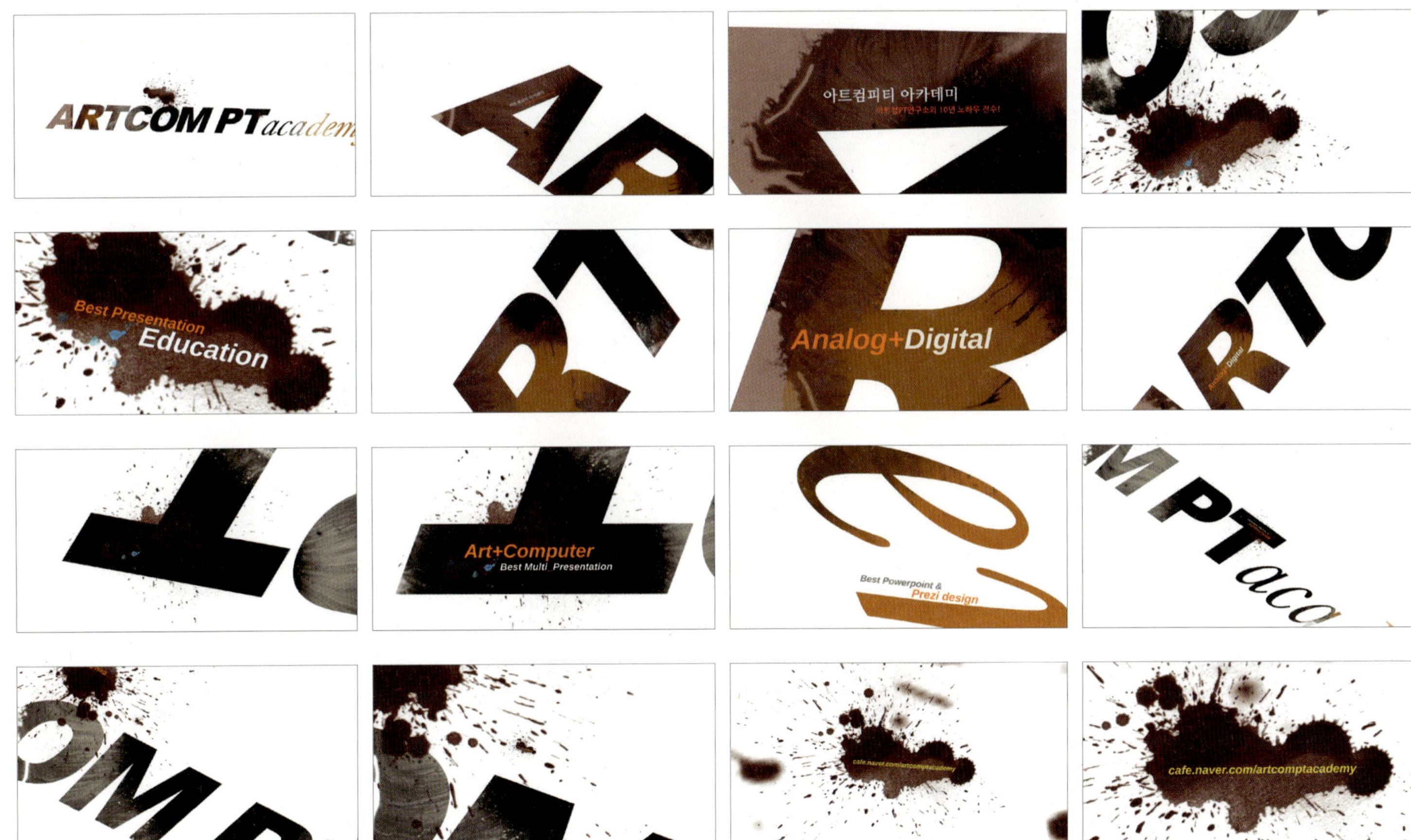

01 테마 설정하기

01 내 프레지에서 '새로운 프레지'를 클릭하고 〈빈 프레지 시작〉 버튼을 클릭하여 캔버스를 엽니다.

02 테마를 설정하기 위해 [수정] 창에서 20개의 테마 중 '봄 맞이'를 선택합니다.

03 [수정] 창에서 〈테마 설정〉 버튼을 클릭합니다. [Theme Wizard] 대화상자에서 'Use the Prezi CSS Editor'를 선택하여 폰트를 설정합니다.

04 [Edit CSS] 창의 src: url 부분에 제목, 부제목, 본문 폰트를 설정하고 〈Apply〉 버튼을 클릭합니다.
- 본문(body) : NanumMyeongjo–P.keg
- 제목(head) : NanumMyeongjoBold–P.keg
- 부제목(strong) : NanumGothicBold.keg

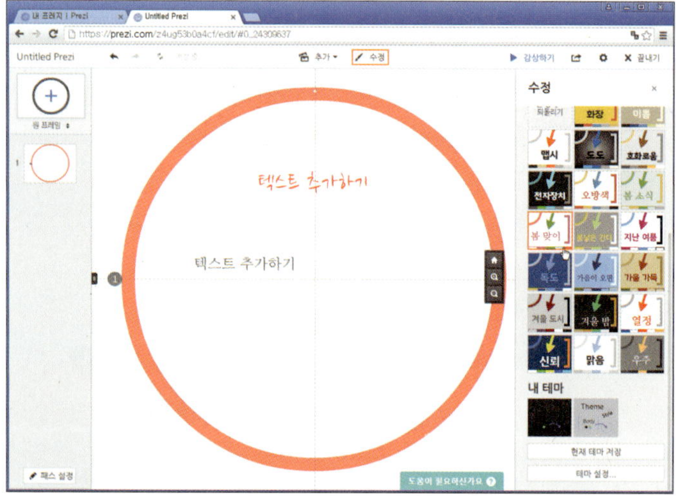
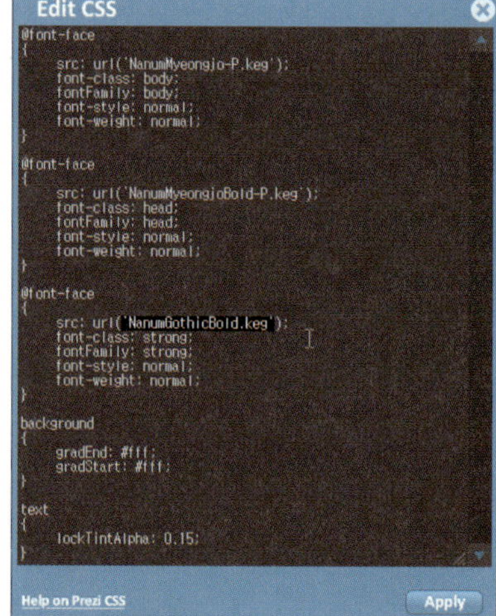

02 3D 배경 이미지 설정하기

01 다시 [Theme Wizard] 대화상자에서 3D Background 항목의 〈Edit〉 버튼을 클릭합니다.

02 3D 배경 이미지를 추가하기 위해 [Upload]를 클릭합니다.

03 [열기] 대화상자에서 배경 이미지 파일을 찾아 '검정 먹번짐_BG.png' 파일을 불러옵니다.

04 [Edit 3D Background Layers] 대화상자에서 불러들인 배경 이미지를 확인한 다음 〈Done〉 버튼을 클릭하고 원 프레임을 삭제합니다.

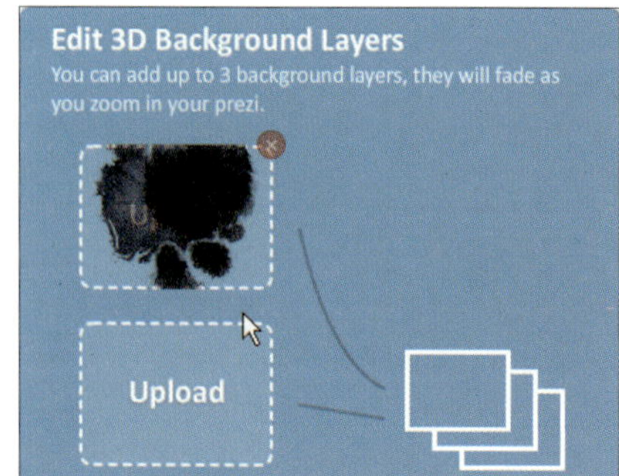

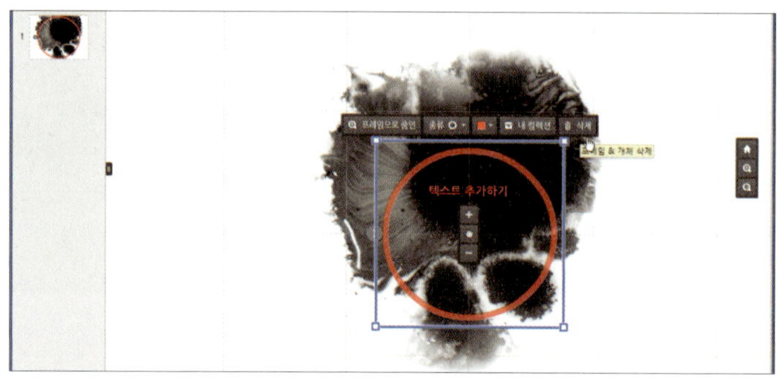

03 로고 이미지 불러와 배치하기

01 [이미지 추가] 창에서 〈파일 선택〉 버튼을 클릭하고 [열기] 대화상자가 나타나면 '흰색판_로고.swf' 이미지를 불러옵니다.

02 '흰색판_로고' 이미지를 검은색 먹 번짐 배경에 맞춰 줄입니다.

03 '흰색판_로고' 이미지 크기로 투명 프레임을 적용합니다.

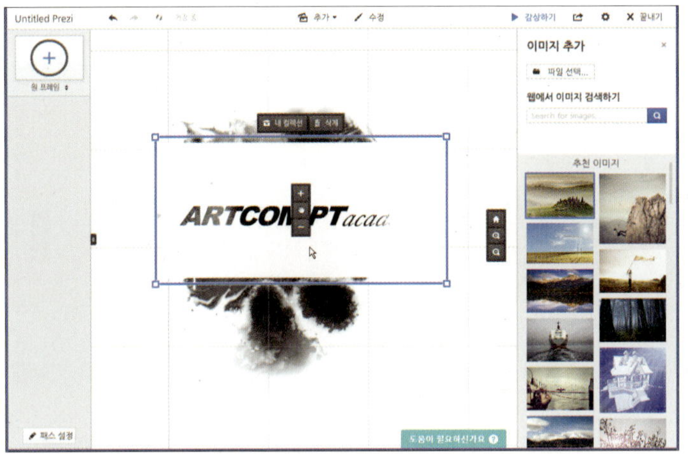

TIP • '흰색판_로고' 이미지 위치와 크기는 이후 작업의 기준이 되므로 매우 중요합니다.

04 사각형 모양으로 로고 이미지 주변 가리기

01 메뉴에서 [추가]–[심볼 & 모양]을 실행합니다. [Styles] 창에서 '모양'을 선택하고 첫 번째 '사각형'을 캔버스로 드래그합니다.

02 사각형 크기를 조절하고 하단으로 복제(Ctrl+D)합니다.

03 복제한 사각형을 '흰색판_로고' 이미지 하단에 배치하고 크기를 조절합니다.

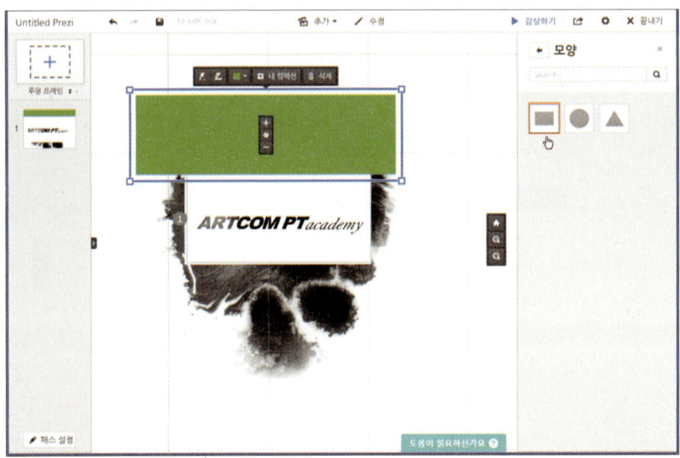
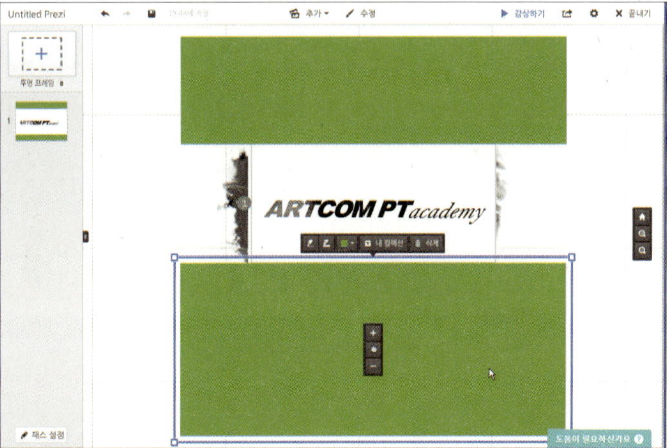

TIP • '흰색판–로고' 이미지의 사방을 메워 3D 배경(검은색 먹 번짐) 중에서 불필요한 부분을 보이지 않게 합니다.

05 직사각형 색상 변경하고 맨 뒤로 보내기

01 연두색 사각형을 하나씩 선택하고 색상을 '흰색'으로 설정합니다.

02 사방에 배열된 4개의 사각형을 모두 선택하고 그룹으로 설정합니다.

03 그룹화된 사각형에서 마우스 오른쪽 버튼을 클릭하고 맨 뒤로 보내기를 선택합니다.

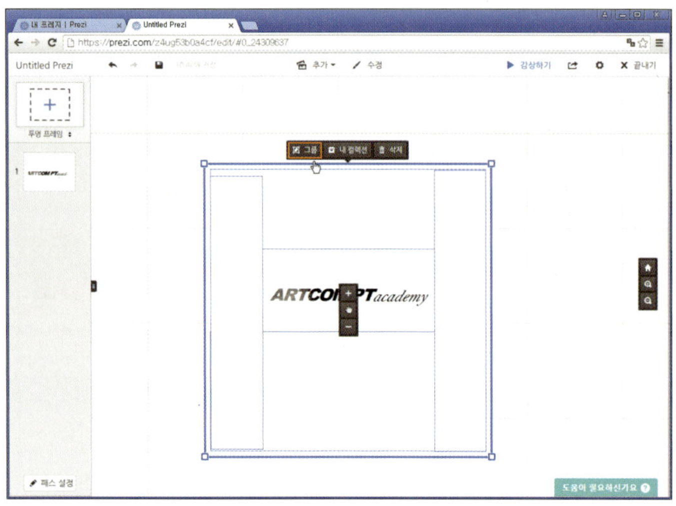
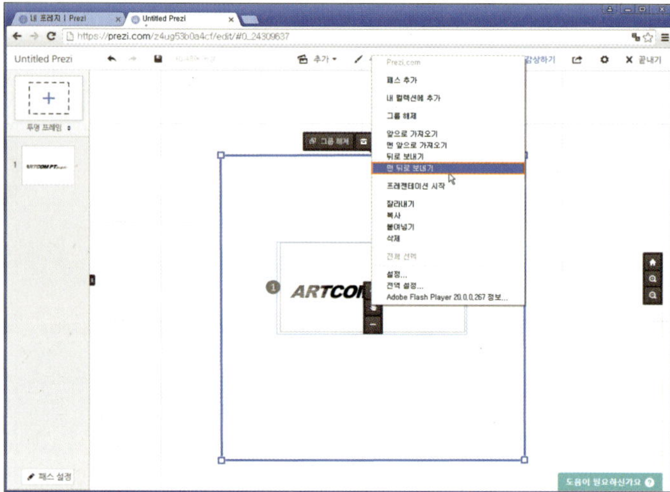

TIP • 사각형을 맨 뒤로 보내지 않으면 이후 작업이 불편한 점이 많아집니다.

06 '갈색 번짐' 이미지를 불러와 '흰색판–로고' 뒤로 보내기

01 [이미지 추가] 창에서 〈파일 선택〉 버튼을 클릭합니다. [열기] 대화상자가 나타나면 '갈색번짐_투명.png' 이미지를 불러와 ARTCOM PT 앞에 배치하고 크기를 조절합니다.

02 '갈색번짐' 이미지를 선택하고 마우스 오른쪽 버튼을 클릭한 다음 맨 뒤로 보내기를 선택하여 '흰색판_로고' 이미지 뒤에 배열합니다.

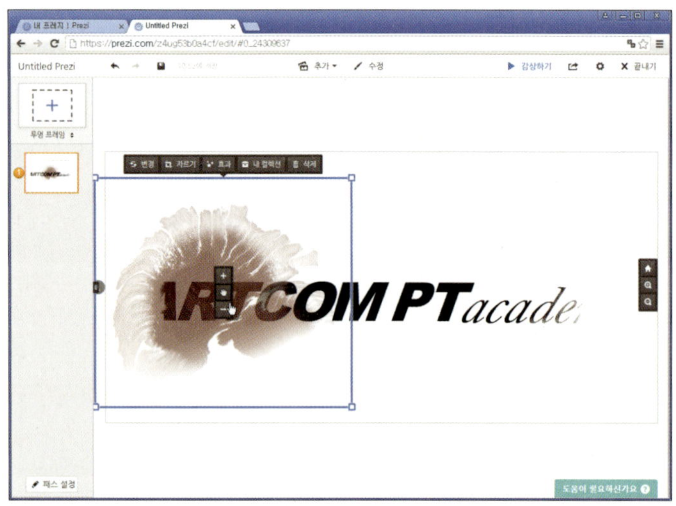
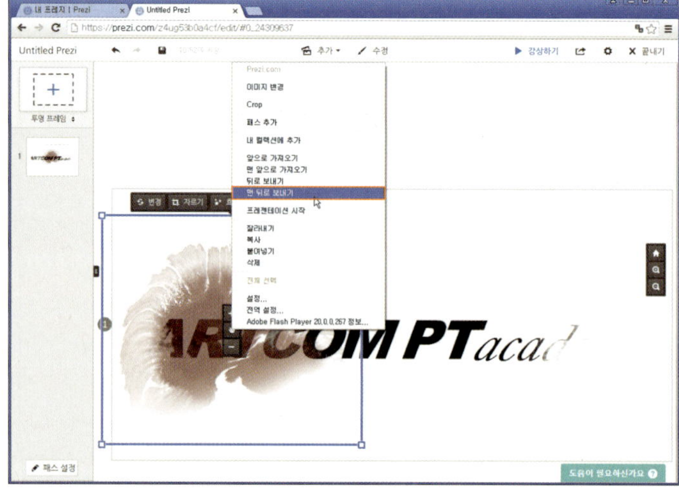

TIP • 갈색 번짐 이미지는 '흰색판_로고' 이미지 중에서 일부 안 보였던 부분을 보충하는 역할을 합니다. 또한 단조로운 텍스트에 변화를 줄 뿐만 아니라 이후 애니메이션 효과에서 테크니컬한 디자인 요소로 활용됩니다.

07 '노란색번짐' 이미지를 불러와 '흰색판–로고' 뒤로 보내기

01 ARTCOM PT 텍스트 중 'R' 쪽으로 화면을 줌 인합니다.

02 [이미지 추가] 창에서 〈파일 선택〉 버튼을 클릭하고 [열기] 대화상자가 나타나면 '노랑색번짐_1.png' 이미지를 불러와 'R' 쪽에 배치하고 크기를 조절합니다.

03 '노랑색번짐_1' 이미지를 선택하고 마우스 오른쪽 버튼을 클릭한 다음 뒤로 보내기를 선택하여 갈색 번짐 이미지보다 뒤로 가게 배열합니다.

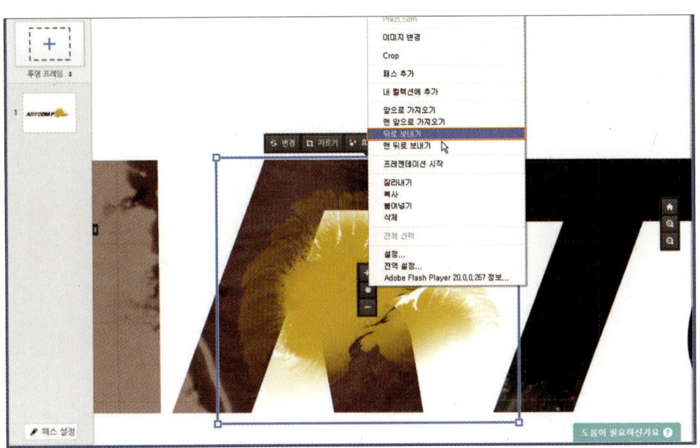

TIP • 프레지는 앞뒤 순서를 바꿔야 하는 경우가 종종 발생합니다. 레이어로 배열되기 때문에 해당 개체를 선택하고 마우스 오른쪽 버튼을 클릭한 다음 **앞으로 가져오기, 뒤로 보내기**를 선택하여 순서를 바꿀 수 있습니다.

08 '노랑색번짐' 이미지를 불러와 '흰색판–로고' 뒤로 보내기

01 'academy' 텍스트 부분으로 화면을 줌 인합니다.

02 [이미지 추가] 창에서 〈파일 선택〉 버튼을 클릭하고 [열기] 대화상자가 나타나면 '노랑색번짐2_1.png' 이미지를 불러와 'academy' 텍스트 끝에 배치하고 크기를 조절합니다.

03 '노랑색번짐2_1' 이미지를 선택하고 마우스 오른쪽 버튼을 클릭한 다음 뒤로 보내기를 선택합니다.

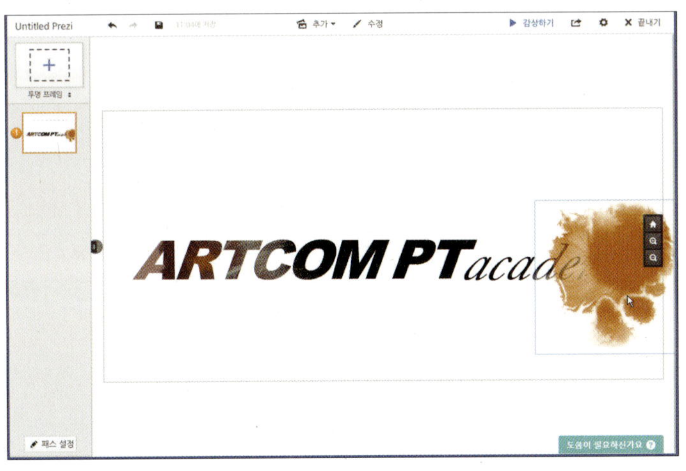
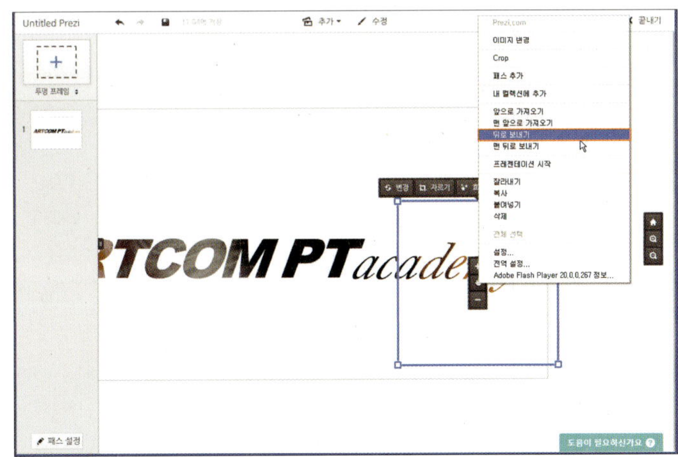

TIP • 로고 중 일부가 흰색이라면 06~08번 과정의 작업이 잘못된 것입니다. '노랑색번짐2_1' 이미지는 '흰색판_로고' 이미지 중 일부 안 보였던 부분을 보충합니다.

09 텍스트 입력하고 투명 프레임 적용하기

01 '흰색판_로고' 전체를 확인하고 위에 텍스트(아트컴피티 아카데미)를 입력합니다.

- **텍스트 형식** : 제목　　　　**색상** : 밝은 빨간색　　　　**폰트** : NanumMyeongjoBold–P

02 '아트컴피티 아카데미' 텍스트 아래에 '049_텍스트.txt' 파일의 두 번째 텍스트를 복사하고 붙여 넣습니다.

- **텍스트 형식** : 부제목　　　　**색상** : 밝은 빨간색　　　　**폰트** : NanumGothicBold

10 투명 프레임 회전하고 크기 조절하기

01 텍스트에 투명 프레임을 적용하고 'A' 쪽으로 이동한 다음 줄입니다.

02 투명 프레임을 시계 반대 방향으로 55° 정도 회전합니다.

03 미리보기 창에서 2번 섬네일을 클릭하여 화면을 회전하고 더욱 정교하게 텍스트와 프레임 크기를 조절합니다.

04 텍스트 색상을 변경합니다.

- **첫 번째 줄** : 흰색　　　　**두 번째 줄** : 주황색

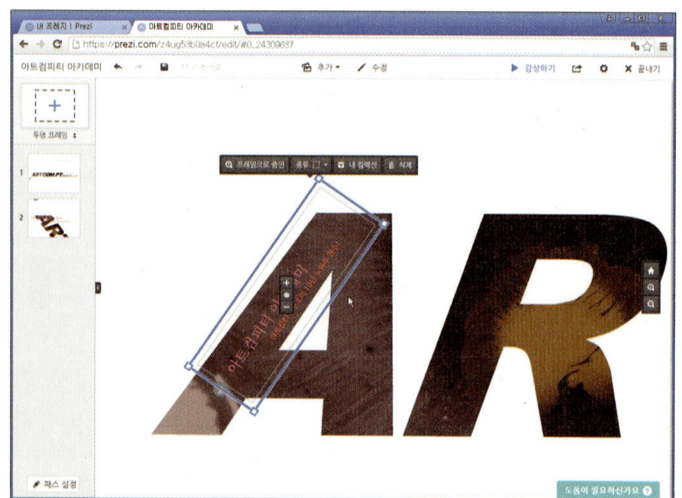
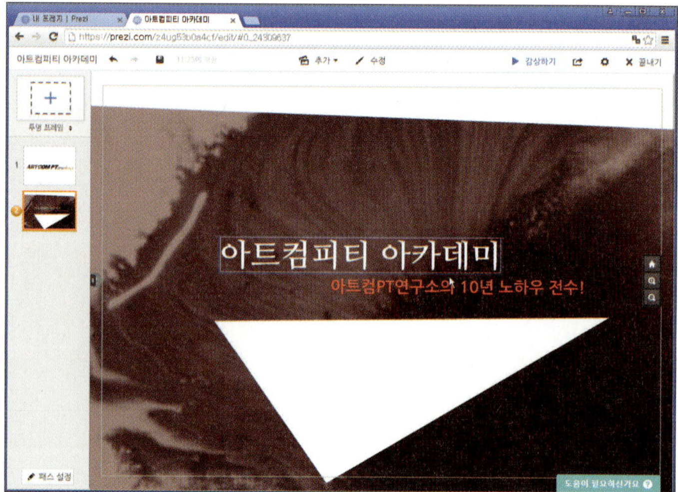

TIP • 이번 과정에서 가장 중요한 작업은 프레임 크기 조절입니다. 프레임의 상하 좌우를 조정하다 보면 레이아웃에도 변화가 생깁니다. 미리보기 창 섬네일에 나타나는 레이아웃을 확인하면서 프레임 크기와 여백을 조절하는 것도 하나의 방법입니다.

II '먹번짐' 이미지 불러와 배치하고 회전하기

01 [이미지 추가] 창에서 〈파일 선택〉 버튼을 클릭하고 [열기] 대화상자가 나타나면 '먹번짐_갈색.png' 이미지를 불러와 'PT' 텍스트 위에 배치한 다음 크기를 조절합니다.

02 '먹번짐_갈색' 이미지를 시계 방향으로 160° 정도 회전합니다.

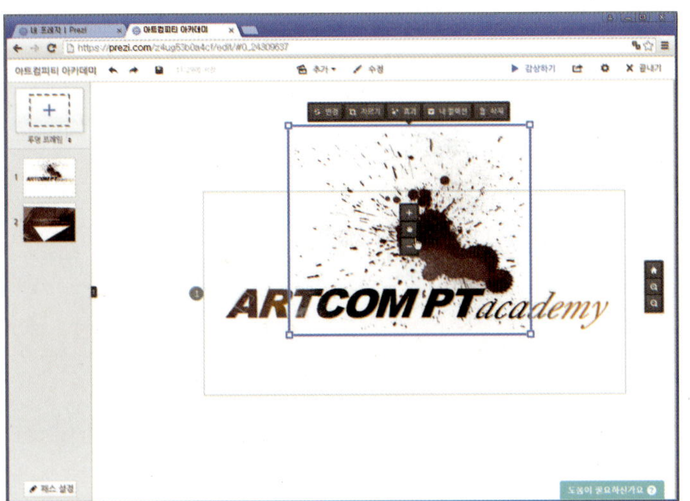
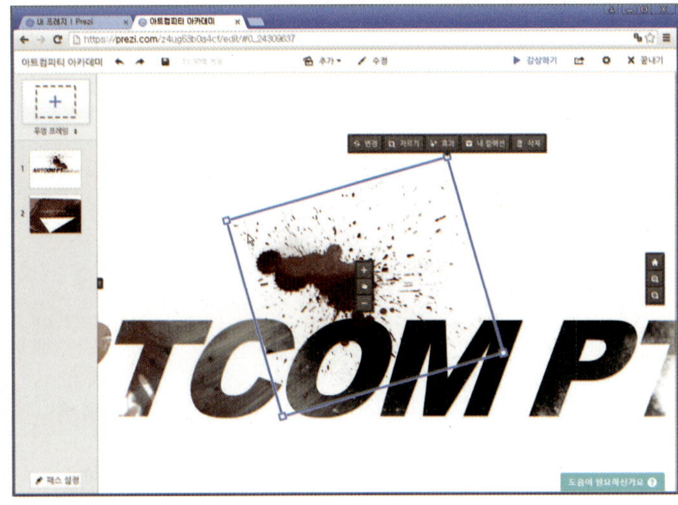

TIP • 이번 과정은 레이아웃 감각에 해당하므로 이미지 위치, 크기 및 각도 등을 감각적으로 조절해야 합니다. "이쯤이면 좋겠다!", "이 정도 크기면 적절하겠다!", "이 정도로 회전시키면 좋겠다!" 등을 생각하며 작업해야 합니다.

I2 텍스트 입력하고 투명 프레임 적용하기

01 '먹번짐_갈색' 이미지 쪽으로 화면을 줌 인하고 텍스트(Best Presentation)를 입력합니다.

   • **색상** : 주황색   • **폰트** : Arimo   • **스타일** : 굵게, 기울임 꼴

02 'Best Presentation' 텍스트 하단에 두 번째 텍스트(Education)를 입력합니다.

   • **색상** : 흰색   • **스타일** : 굵게, 기울임 꼴

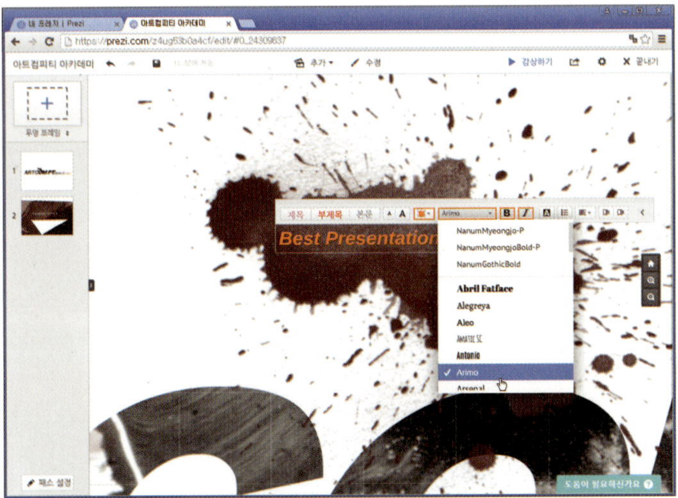
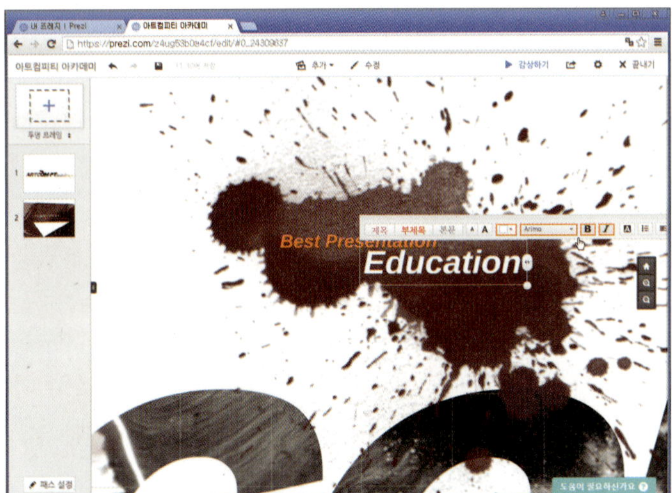

13 투명 프레임 회전하고 크기 조절하기

01 텍스트에 투명 프레임을 적용하고 크기를 조절한 다음 시계 반대 방향으로 180° 회전합니다.

02 미리보기 창에서 3번 섬네일을 클릭하여 화면을 회전하고 더욱 정교하게 텍스트와 프레임 크기를 조절합니다.

03 [이미지 추가] 창에서 〈파일 선택〉 버튼을 클릭하고 [열기] 대화상자가 나타나면 '먹번짐_청색.png' 이미지를 불러와 왼쪽 아래에 배치한 다음 크기를 조절합니다.

TIP • '먹번짐_청색' 이미지를 배치하여 더욱 회화적인 느낌을 살렸고, 갈색 계열 색상에 변화를 주었습니다.

14 텍스트 입력하고 투명 프레임 적용하기

01 'R' 쪽으로 화면을 줌 인합니다.

02 'R' 가운데에 텍스트(Analog+Digital)를 입력합니다.
   - **폰트** : Arimo   • **스타일** : 굵게, 기울임 꼴

03 텍스트 색상을 변경합니다.
   - **Analog+** : 주황색   • **Digital** : 흰색

04 텍스트에 투명 프레임을 적용하고 크기를 조절합니다.

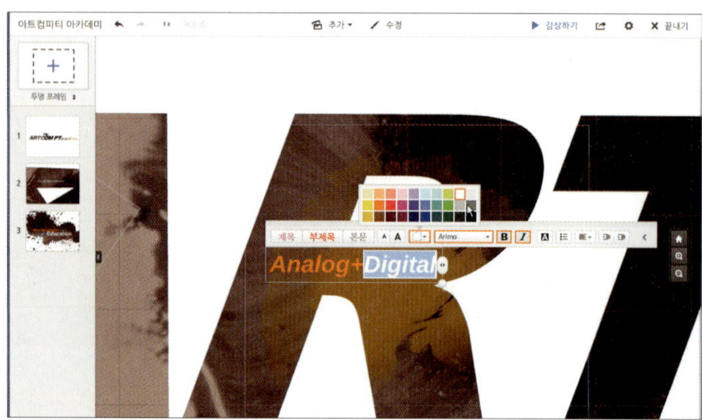

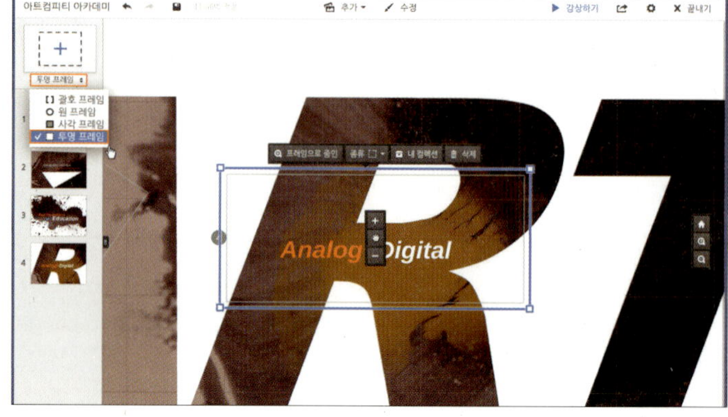

TIP • 투명 프레임에 여백을 많이 적용하여 'R'을 전체적으로 나타냅니다.

I5 '먹번짐_갈색' 이미지 복제하고 텍스트 입력하기

01 II번 과정에서 작업한 '먹번짐_갈색' 이미지를 복제(Ctrl+D)하여 시계 반대 방향으로 60° 정도 회전합니다. 이때 '먹번짐_갈색' 이미지를 불러와 작업해도 좋습니다.

02 '먹번짐_갈색' 이미지 쪽으로 화면을 줌 인합니다.

03 '먹번짐_갈색' 이미지 중간에 텍스트(Art+Computer)를 입력합니다.
- **색상** : 주황색   • **폰트** : Arimo   • **스타일** : 굵게, 기울임 꼴

04 'Art+Computer' 아래에 텍스트(Best Multi_Presentation)를 입력합니다.
- **색상** : 흰색   • **스타일** : 굵게, 기울임 꼴

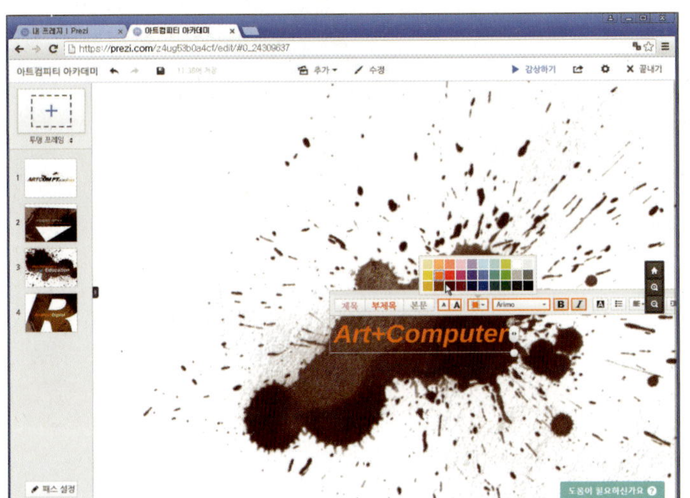
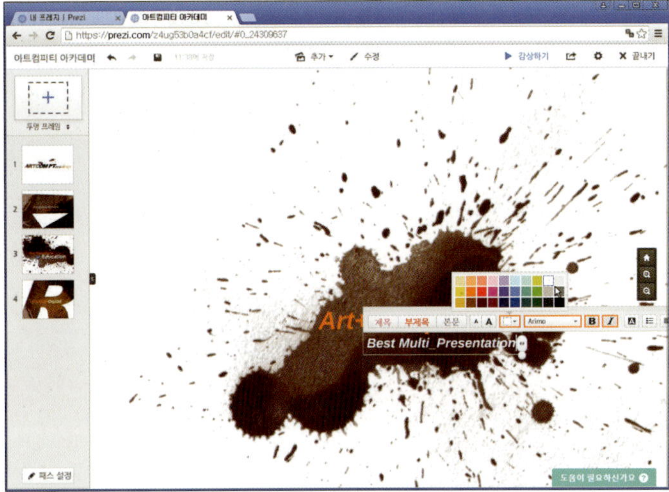

I6 투명 프레임 적용하고 회전하기

01 이전 과정에서 작업한 디자인이 모두 포함되도록 넓게 투명 프레임을 적용합니다. 이때 프레임에 '먹번짐-갈색' 이미지가 포함되어야 합니다.

02 투명 프레임을 시계 방향으로 180° 회전합니다.

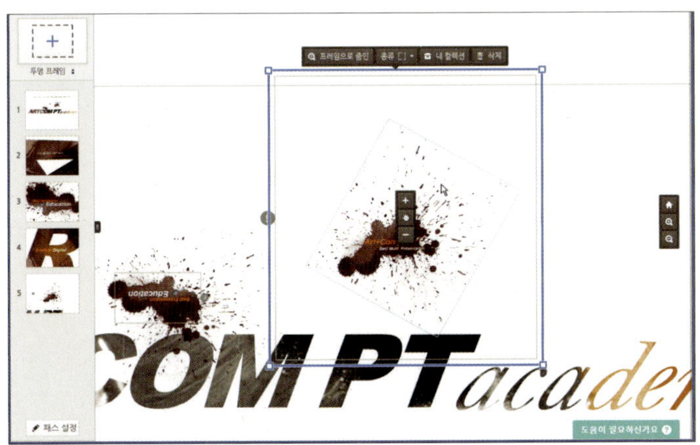
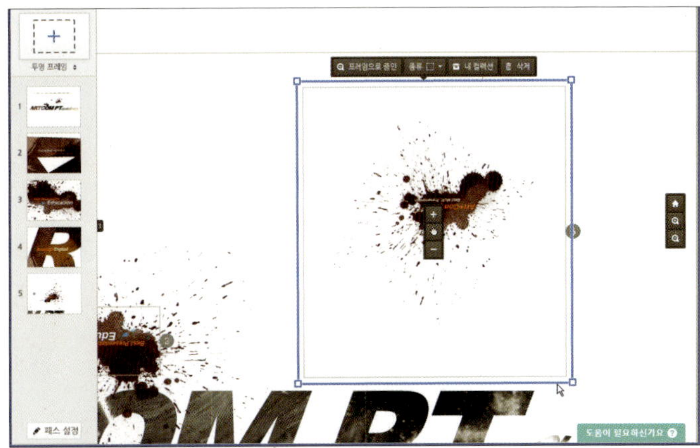

TIP • 디자인 작업은 꼭 이래야 한다는 법은 없습니다. 결과가 같다면 자신이 편한 방식으로 작업하면 됩니다. 예를 들어 텍스트를 입력할 때 처음부터 입력하고 다음 단계로 가는 방식도 있고 다른 작업을 먼저하고 중간이나 마지막 단계에서 텍스트를 입력하고 마무리하는 방식도 있습니다.

I7 'T'에 투명 프레임 배치하기

01 'PT'로 프레임을 이동하고 줌 인한 다음 미리보기 창에서 5번 섬네일을 클릭해 화면을 회전합니다.

02 [이미지 추가] 창에서 〈파일 선택〉 버튼을 클릭하고 [열기] 대화상자가 나타나면 '먹번짐_청색.png'
이미지를 불러와 왼쪽 하단에 배치하고 크기를 조절합니다.

03 텍스트와 프레임을 더욱 정교하게 조절합니다.

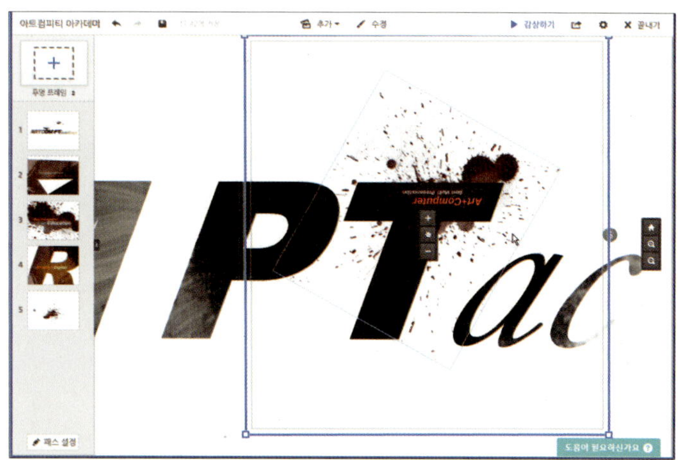
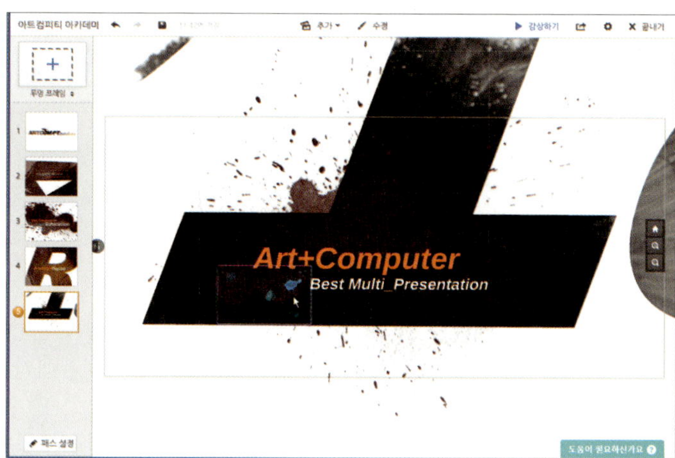

TIP • 프레임 여백을 설정할 때 미리보기 창의 섬네일에 나타나는 레이아웃 정도를 보면서 조절하는 것도 하나의 방법입니다. 프레임 크기를 조절할
때마다 섬네일 화면이 바로바로 바뀝니다.

I8 'm'에 텍스트 입력하여 배치하기

01 미리보기 창에서 1번 섬네일을 클릭합니다.

02 상단 공간에 텍스트를 각각 입력합니다.
- **텍스트** : Best Powerpoint & / Prezi design
- **색상** : 어두운 회색, 주황색
- **폰트** : Arimo
- **스타일** : 굵게, 기울임 꼴

03 텍스트에 투명 프레임을 적용한 다음 'academy'의 'm' 쪽으로 이동하고 크기를 작게 줄입니다.

04 투명 프레임을 시계 방향으로 58° 정도 회전하여 'm' 앞에 배치합니다.

05 미리보기 창에서 6번 섬네일을 클릭하여 화면을 회전한 다음 더욱 정교하게 텍스트와 프레임 크기
를 조절합니다.

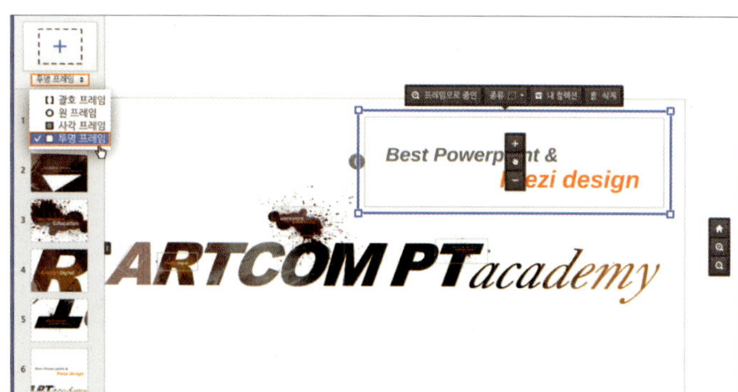

I9 URL 텍스트 입력하고 회전하기

__01__ '먹번짐_갈색' 이미지를 복제(Ctrl+D)하고 시계 반대 방향으로 90° 정도 회전합니다.

__02__ 여백에 URL 텍스트(cafe.naver.com/artcomptacademy)를 입력합니다.

　　• __색상__ : 주황색　　• __폰트__ : Arimo　　• __스타일__ : 굵게, 기울임 꼴

__03__ 시계 방향으로 90° 정도 회전하고 '먹번짐_갈색'에 배치한 다음 크기를 조절합니다.

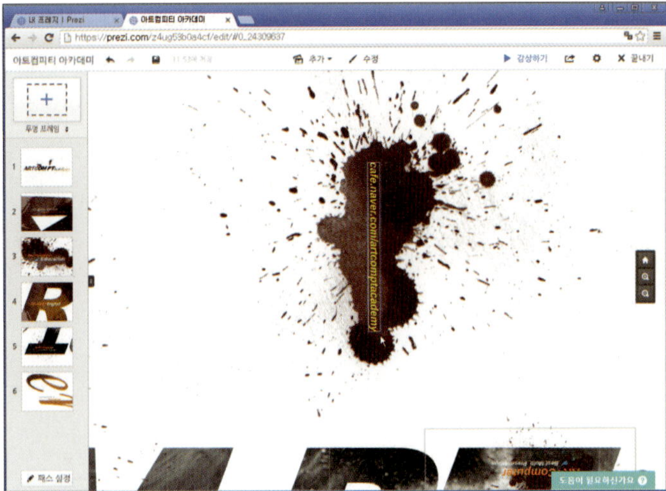

20 그룹화한 다음 매우 작게 줄이기

__01__ '먹번짐_갈색' 이미지와 텍스트를 선택하고 그룹으로 설정합니다.

__02__ 그룹화된 개체를 먹물의 일부처럼 작게 보이도록 줄입니다.

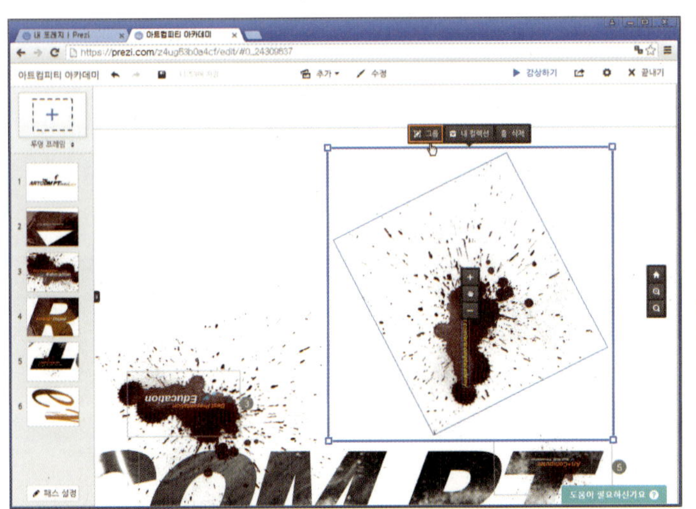
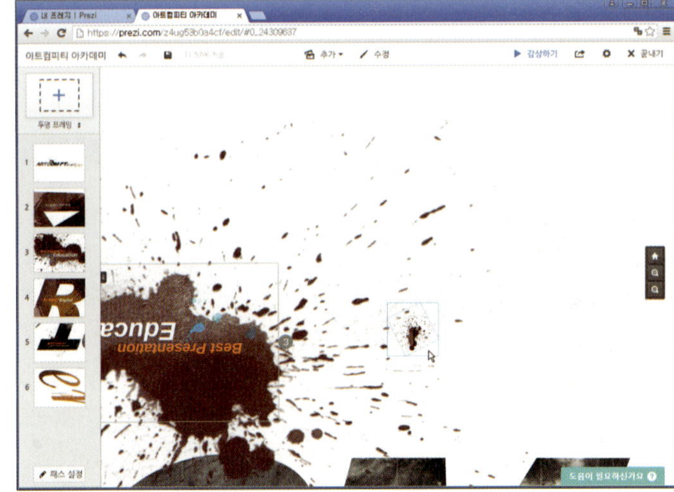

TIP • 　프레지에서 줌 인, 줌 아웃이 무한대로 되는 것은 아닙니다. 최대한 줌 인, 줌 아웃하다 보면 느낌표가 나타나면서 더 이상 줌 인, 줌 아웃되지 않습니다.

21 회전하고 투명 프레임 적용하기

01 화면을 그룹화된 개체 쪽으로 줌 인한 다음 개체를 시계 반대 방향으로 90° 회전합니다.

02 개체 일부에 투명 프레임을 적용합니다. 프레임을 적용하면 미리보기 창에 7번 섬네일이 생성됩니다.

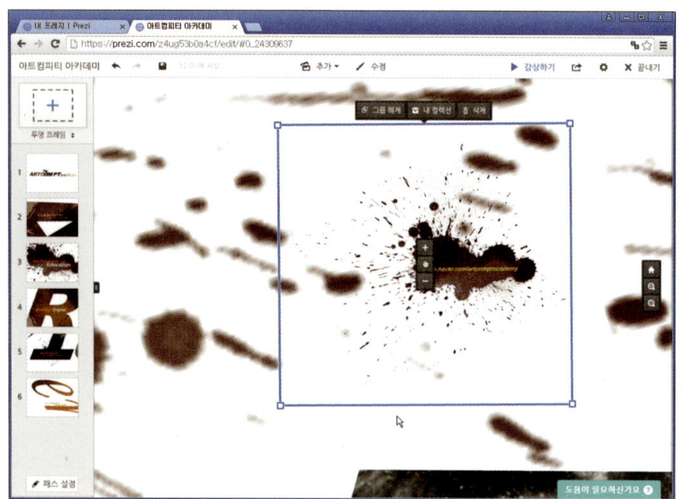
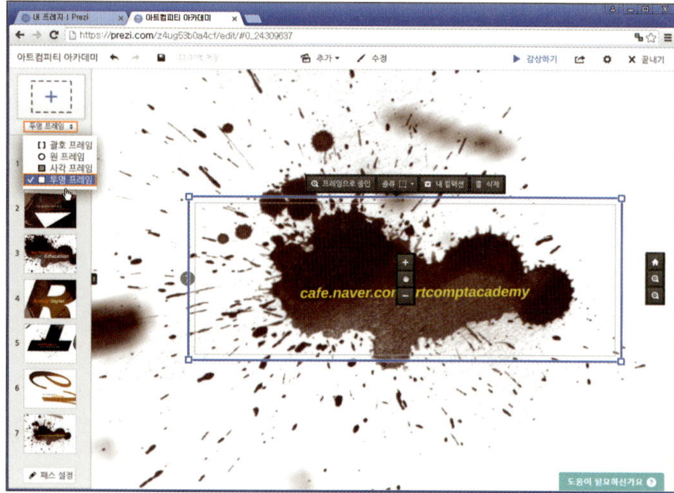

TIP • 19~21번 작업 과정이 복잡해 보일 수도 있지만, 반드시 이렇게 해야 한다는 법은 없으므로 자신의 스타일에 맞춰 자유롭게 작업하기 바랍니다.

22 페이드인 효과 적용하기

01 미리보기 창 아래의 〈패스 설정〉 버튼을 클릭하고 3번 섬네일에서 황갈색 '★' 아이콘을 클릭합니다.

02 [페이드인 효과] 대화상자에서 텍스트를 차례대로 클릭하여 페이드인(나타내기) 효과를 적용한 다음 오른쪽 상단의 〈Done〉 버튼을 클릭합니다.

03 미리보기 창에서 4번 섬네일을 클릭한 다음 황갈색 '★' 아이콘을 클릭합니다.

04 [페이드인 효과] 대화상자에서 'Analog + Digital' 텍스트를 클릭하여 페이드인(나타내기) 효과를 적용한 다음 〈Done〉 버튼을 클릭합니다.

23 페이드인 효과 적용하고 패스 순서 확인하기

01 미리보기 창에서 5번 섬네일을 클릭한 다음 황갈색 '★' 아이콘을 클릭합니다.

02 [페이드인 효과] 대화상자에서 텍스트를 차례로 클릭하여 페이드인(나타내기) 효과를 적용한 다음
〈Done〉 버튼을 클릭합니다.

03 1번 섬네일을 클릭한 다음 전체적으로 패스 순서를 확인하고 〈완료〉 버튼을 클릭합니다.

TIP • 일부 섬네일 순서를 바꿔도 애니메이션 느낌이 다를 수 있습니다. 예를 들어, 미리보기 창에서 7번 섬네일을 4번 섬네일 자리로 이동하면 더욱
역동적으로 느껴질 수 있습니다.

24 감상하기와 저장하기

01 메뉴 오른쪽의 〈감상하기〉 버튼을 클릭하여 지금까지 작업한 내용을 애니메이션(프레지 쇼)으로 실
행합니다.

02 메뉴 오른쪽의 〈끝내기〉 버튼을 클릭하면 최종 작업 내용이 자동으로 저장되면서 종료됩니다.

03 왼쪽 아래의 'Untitled Prezi' 텍스트에서 파일 이름을 작성합니다.

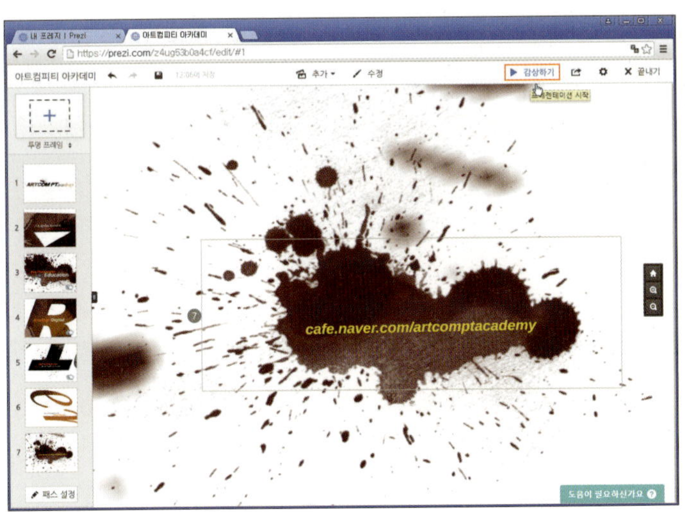

050 회화적인 느낌을 살린 애니메이션

회화적인 배경은 수채화 물감을 이용하여 번지게 하거나 붓터치 효과를 살려 표현하였습니다. 회화적 느낌의 배경은 패턴이나 사진 배경보다 한층 심미적이고 인간적인 느낌을 살릴 수 있어 효과적입니다. 프레지의 3D 배경으로 활용하면 단순한 배경에 머무르지 않고 텍스트와 디자인 요소가 애니메이션과 어우러지면서 환상적인 느낌을 연출할 수 있습니다.

|난이도| ★★★★☆ |디자인 소스 파일| Prezi ani_050\050_배경.jpg, ARTCOMPT academy_로고.swf, 잉크번짐_1~2.png,
ARTCOMPT academy_텍스트조합.swf
|동영상 파일| Prezi ani_050\prezi ani_050.avi |인터넷으로 보기| http://cafe.naver.com/artcomptacademy/1897

애니메이션 작업 포인트

이번 예제의 중요 테크닉은 회화적 느낌을 살린 애니메이션입니다. 타이포그래피, 회화적인 3D 배
경 이미지, 잉크 번짐 PNG 이미지 파일 등이 어우러져 환상적인 애니메이션을 연출합니다. 줌 인,
줌 아웃, 회전 기능을 테크니컬하게 적용하여 품격을 살리면서도 최대로 역동적인 프레지 쇼를 연
출하였습니다.

OI 빈 프레지에서 원형 프레임 제거하기

01 내 프레지에서 '새로운 프레지'를 클릭하고 〈빈 프레지 시작〉 버튼을 클릭하여 캔버스를 엽니다.

02 원형 프레임과 텍스트 박스를 삭제합니다. 프레임을 제거하면 텍스트 박스가 함께 제거됩니다.

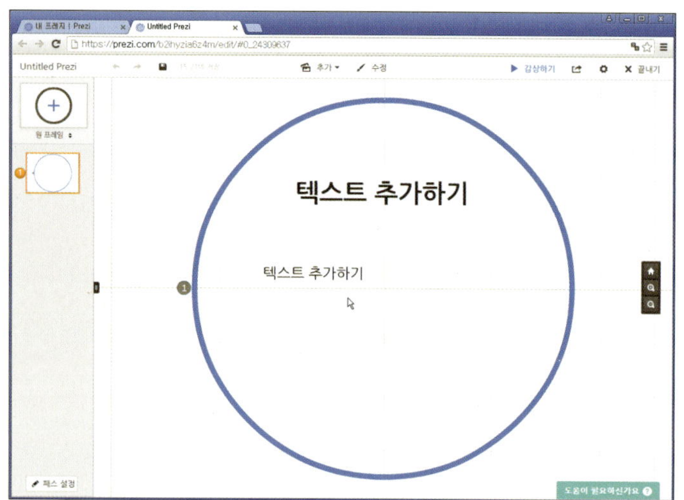
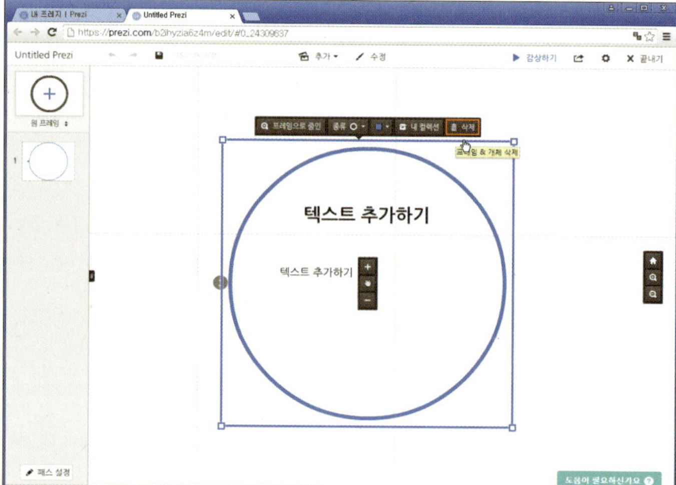

TIP • 내 프레임에서 [빈 프레지 시작]에 대한 상세한 내용을 알고 싶으면 Prezi 애니메이션 테크닉 031 예제를 참고하세요.
텍스트 박스와 프레임을 삭제하려면 마우스 오른쪽 버튼을 클릭하고 **삭제**를 선택하거나 ① 키를 누른 채 프레임을 선택하면 프레임 상단에 나타나는 옵션에서 〈삭제〉 버튼을 클릭합니다.
+ 동영상으로 작성 방법 보기 : http://blog.naver.com/prezi_kor/220052706587

O2 테마 설정하기

01 폰트 및 배경색 등을 설정하기 위해 [수정] 창에서 〈테마 설정〉 버튼을 클릭합니다.

02 [Theme Wizard] 대화상자에서 [Advanced] 탭을 선택하고 배경색을 '흰색'으로 설정합니다.
  • Background Color : R255, G255, B255

03 'Use the Prezi CSS Editor'를 선택합니다.

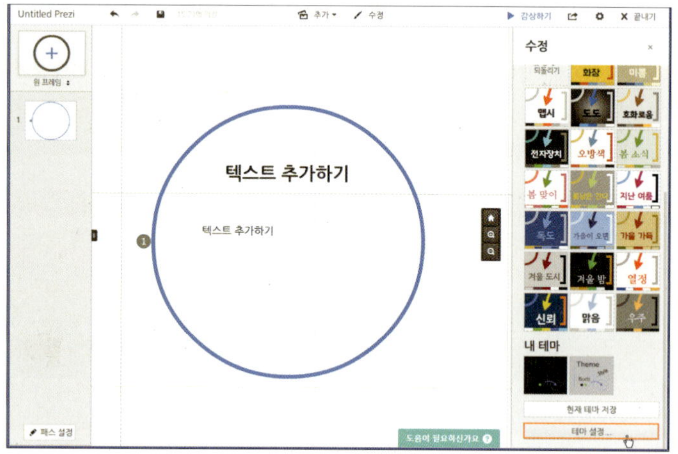
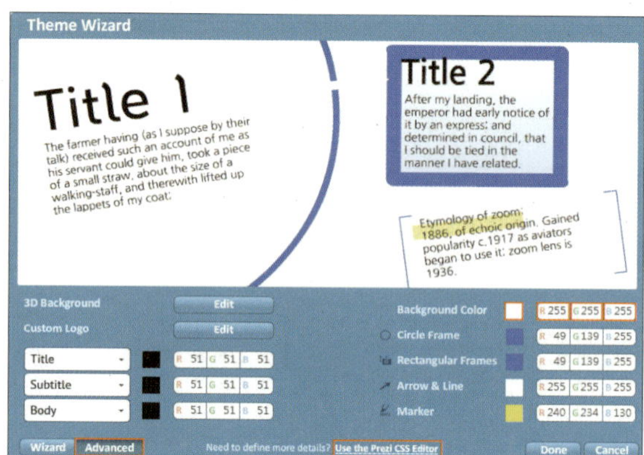

TIP • 일반적으로는 프레지에서 기본 제공되는 20개의 테마 중에서 선택할 수 있지만 의도한 디자인 컨셉에 따라 폰트 및 배경색 등을 재설정하는 것이 좋습니다.

03 폰트 종류 설정하기

[Edit CSS] 창에서 제목, 부제목, 본문 폰트를 설정하고 〈Apply〉 버튼을 클릭합니다.

- 본문(body) : NanumGothicBold.keg
- 제목(head) : NanumMyeongjoBold-P.keg
- 부제목(strong) : SeoulHangangB-P.keg

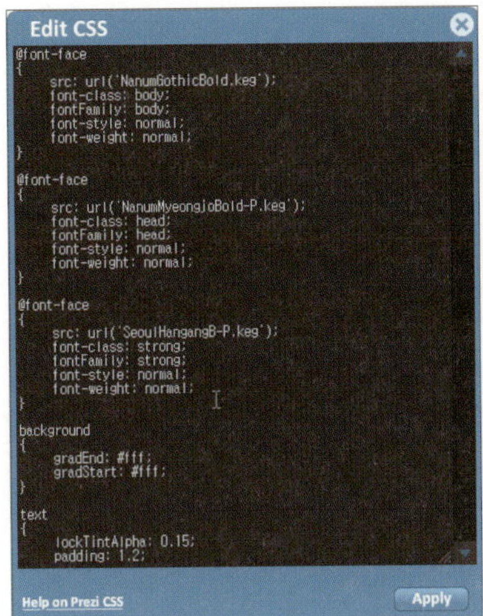
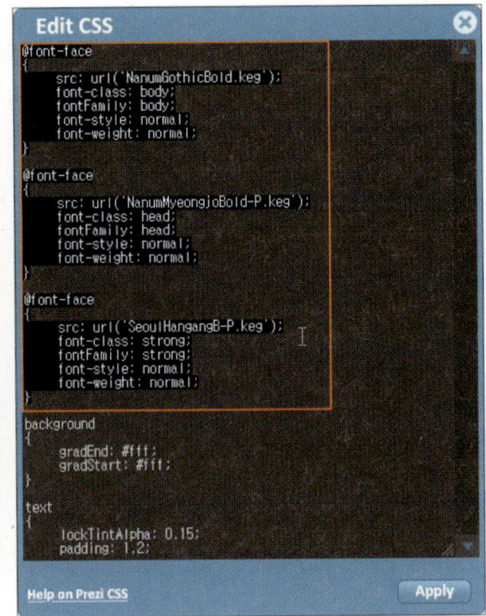

TIP • 　[Edit CSS] 창의 CSS에 대해 더욱 자세히 알고 싶다면 다음의 웹 주소를 참고하세요.
http://cafe.naver.com/artcomptacademy/609
프레지에서 사용할 수 있는 한글 폰트를 알고 싶다면 다음의 웹 주소를 참고하세요.
http://blog.naver.com/prezi_kor/30166082941

04 3D 배경 이미지 적용하기

01 [Theme Wizard] 대화상자에서 3D Background 항목의 〈Edit〉 버튼을 클릭합니다.

02 [Upload]를 클릭하여 배경 이미지인 '050_배경.jpg' 파일을 불러오고 〈Done〉 버튼을 클릭합니다.

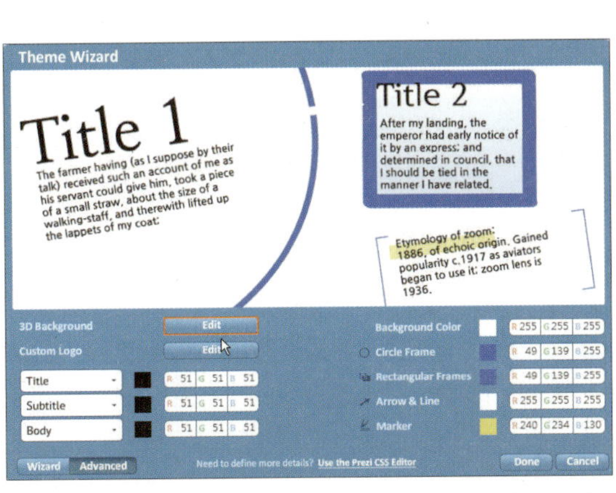

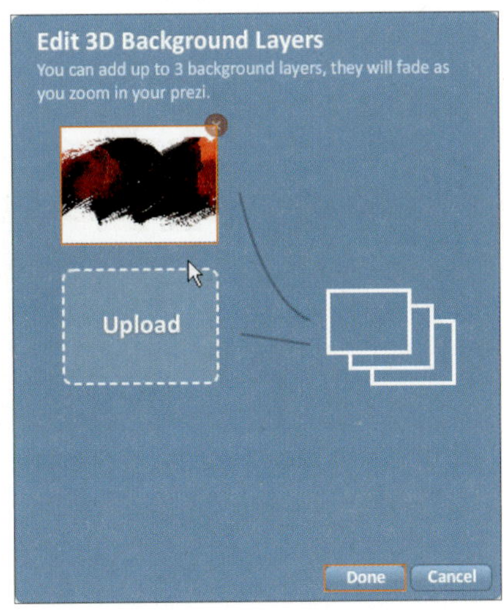

TIP • 　[Edit 3D Background Layers] 대화상자에서 [Upload]를 클릭하여 3장의 배경 이미지를 삽입할 수 있습니다. 배경 이미지를 삽입한 다음 캔버스에서 계속 줌 인하면 순서대로 배경 화면이 바뀝니다. 프레지의 3D 배경 이미지 기능은 파워포인트와는 근본적으로 다른 프레지만의 기능이며 프레젠테이션 현장에서 단번에 청중의 시선을 사로잡을 수 있습니다. 프레지에서 권장하는 최대 이미지 크기는 가로, 세로 모두 '2,880'픽셀입니다.

05 추가 수정 사항 점검하고 텍스트 입력 준비하기

01 [Theme Wizard] 대화상자에서 추가로 변경할 사항이 없는지 확인한 다음 〈Done〉 버튼을 클릭하여
테마 설정 작업을 마무리합니다. 이때 워터마크 추가 여부도 확인합니다.

02 캔버스에 배경 이미지가 나타나면 마우스 휠을 이용하여 줌 인, 줌 아웃을 실행합니다.

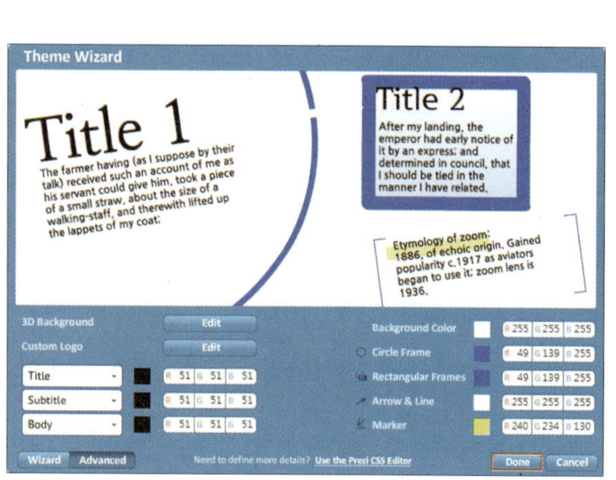

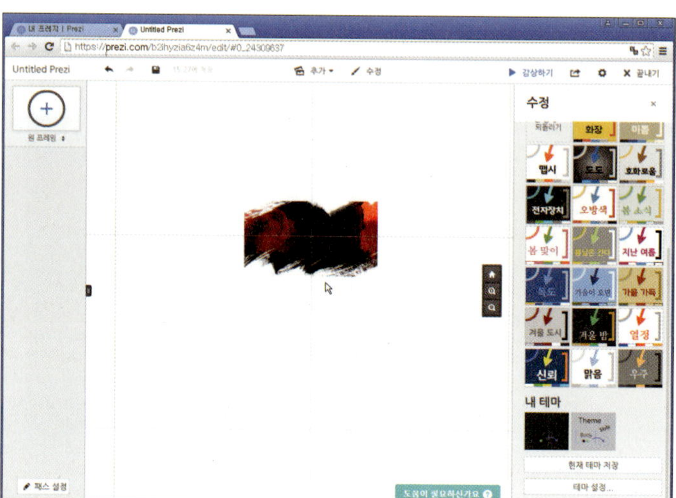

TIP • [Theme Wizard] 대화상자에서 왼쪽 하단의 [Wizard] 탭을 선택하면 Custom Logo를 설정하여 프레지 로고를 회사 로고나 자신만의 워터
마크로 바꿀 수 있습니다. 단, Public 계정에서는 변경할 수 없고 Enjoy와 Pro 라이선스에서만 수정 가능합니다.

06 일러스트에서 작성한 텍스트(SWF 파일) 이미지 불러오기

01 메뉴에서 [추가]-[이미지]를 실행합니다.

02 [이미지 추가] 창에서 〈파일 선택〉 버튼을 클릭하여 [열기] 대화상자가 나타나면 'ARTCOMPT
academy_로고.swf' 파일을 불러옵니다.

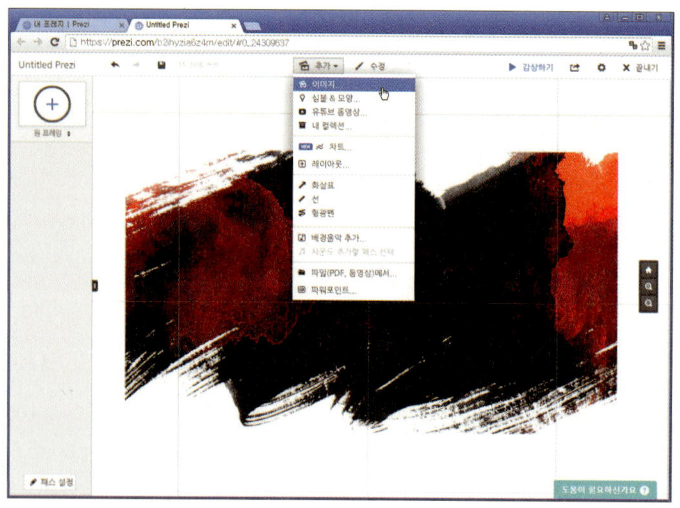

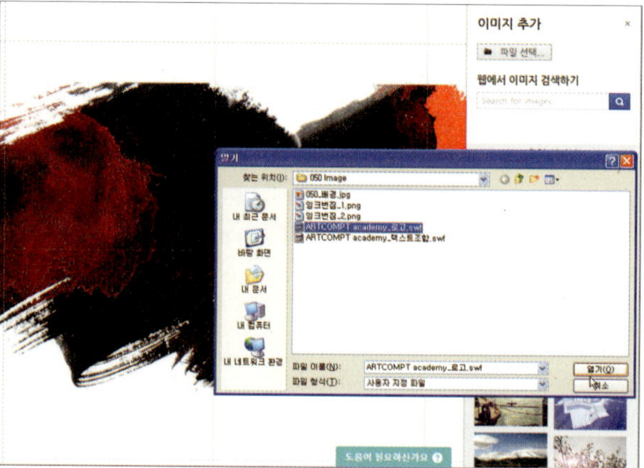

TIP • SWF 파일은 어도비 일러스트레이터에서 만들 수 있습니다. 벡터 방식이기 때문에 최대로 키워도 깨지지 않는 특성이 있습니다. 한문이나 특
정 키워드를 SWF 파일로 변환하여 프레지에 삽입하면 디자인 미감을 그대로 살릴 수 있습니다.

TIP • 프레지에서 삽입할 수 있는 파일 포맷은 JPG, PNG, SWF입니다. 어도비 일러스트레이터에서 저장한 PDF 파일도 이미지처럼 이용할 수 있습니다.

07 텍스트 이미지 크기 조절 및 회전하기

텍스트 이미지를 클릭하면 변환 도구가 나타납니다. 모서리에 마우스를 포인터를 위치시켜 회전 핸들이
나타나면 드래그하여 190° 회전합니다.

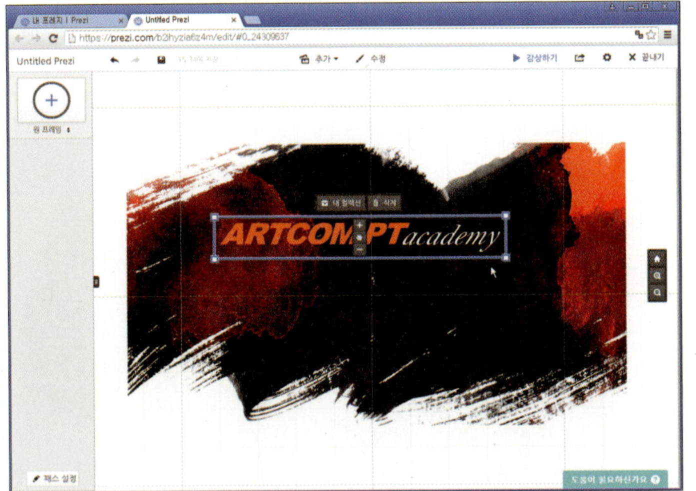

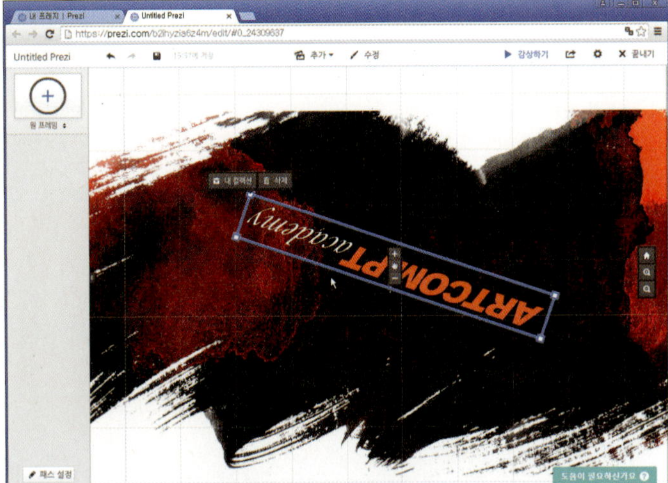

TIP •　텍스트 이미지 크기 조절을 위해 변환 도구에서 ＋, －를 클릭하거나 모서리 부분의 크기 조절 핸들을 드래그하면서 개체 크기를 조절할 수 있
습니다. 이처럼 변환 도구를 이용하여 이동, 크기 조절, 회전 등을 실행할 수 있습니다. 이미지뿐만 아니라 텍스트에도 동일하게 변환 도구가 적용됩니다.

TIP •　이번 작업 작업은 매우 중요합니다. 향후 모든 작업은 이번 단계의 텍스트 이미지 크기와 각도에 따라 배열되기 때문입니다. 완성된 결과물이
예제와 같지 않다면 이번 단계에서 잘못되었을 것입니다.

08 패스 설정하여 배경 회전하기

01 미리보기 창 하단의 〈패스 설정〉 버튼을 클릭하고 텍스트 이미지를 선택합니다.

02 패스가 추가되면 미리보기 창에서 패스를 확인할 수 있습니다.

TIP •　회전 기능이 적용된 텍스트 이미지는 3D 배경과 어우러지면서 한층 역동적입니다. 예제에서는 190° 회전했지만 패스를 설정하면서 바로 놓인
것처럼 보입니다. 배경을 확인하면 회전된 것을 알 수 있습니다.

TIP •　패스를 설정할 때 프레임을 적용하는 것이 일반적인데 작업 편의상 프레임 없이 이미지에 바로 패스를 적용하기도 합니다.

09 텍스트 이미지 조절 및 이미지 추가하기

01 캔버스에 배경 이미지가 전체적으로 나타나도록 마우스 휠을 이용하여 줌 아웃하고 텍스트 이미지를 조절합니다.

02 [이미지 추가] 창에서 〈파일 선택〉 버튼을 클릭하여 [열기] 대화상자가 나타나면 2개의 '잉크번짐_1~2.png' 파일을 불러옵니다.

03 회전 및 크기를 조절하여 적절하게 배치합니다.

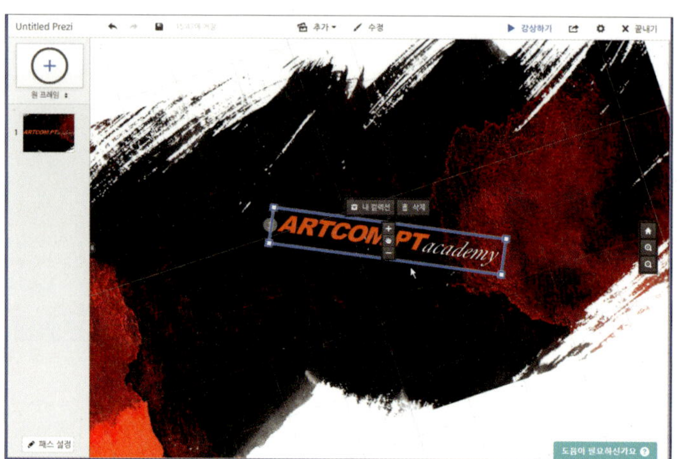
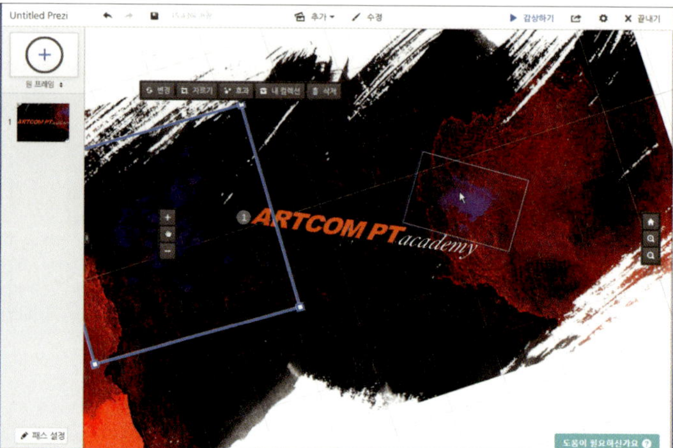

TIP • 이미지나 텍스트 작업은 한 번에 끝나는 것이 아닙니다. 이후 작업 과정 중에서 전체 레이아웃이나 가독성 여부에 따라 수시로 크기와 각도, 위치 등을 조정해야 합니다. 이후 작업 과정에서 '잉크번짐_1'과 '잉크번짐_2' 이미지는 수시로 수정할 필요가 있습니다.

IO 텍스트 이미지에 투명 프레임 설정하기

왼쪽 미리보기 창에서 [프레임]–[투명 프레임]을 선택합니다. 또는 투명 프레임의 아이콘을 클릭하거나 캔버스로 드래그하여 투명 프레임을 적용합니다.

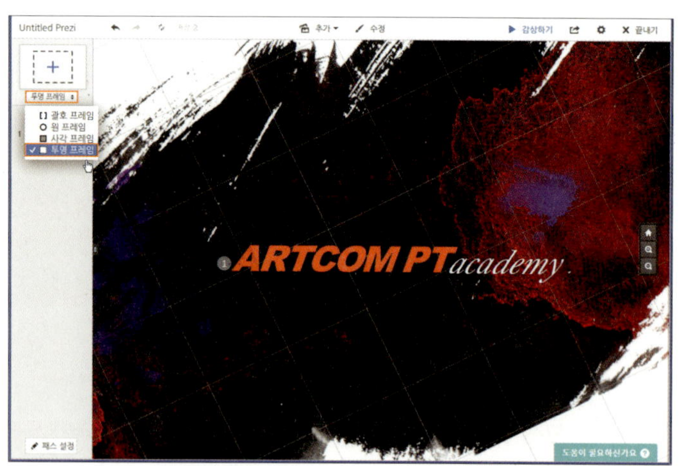
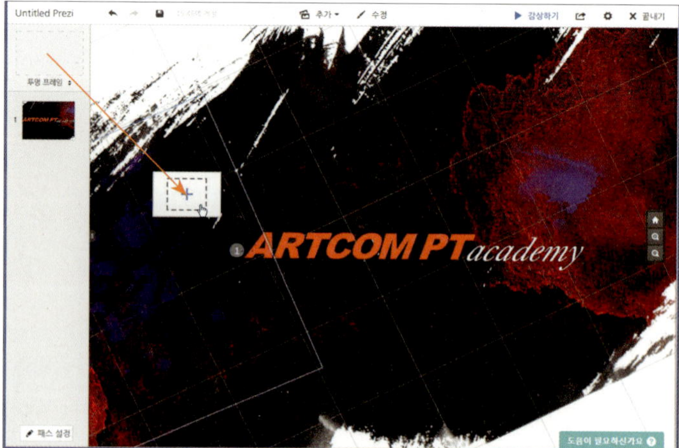

TIP • 프레지의 프레임에는 '괄호 프레임', '원 프레임', '사각 프레임', '투명 프레임'이 있으며 프레임 옵션을 이용해 형식을 손쉽게 변경할 수 있습니다. 프레지의 프레임은 파워포인트에서 슬라이드와 같은 개념이므로 프레임의 기능을 정확하게 이해하지 않으면 작업에 어려움이 많고 완성도가 크게 떨어질 수 있습니다. 프레임을 잘 다룰 수 있느냐, 없느냐가 프로와 아마추어를 가르는 척도이기도 합니다. 프레임에 대해 자세히 알고 싶다면 다음의 웹 주소를 확인하세요.

http://cafe.naver.com/artcomptacademy/612

11 프레임 크기 조절하기

01 이전 과정에서 텍스트 이미지에 패스를 설정했던 부분을 삭제합니다. 미리보기 창에서 1번 섬네일 오른쪽 상단에 나타나는 빨간색 'X' 아이콘을 클릭합니다.

02 투명 프레임을 텍스트 이미지에 적용하고 크기를 조절합니다. 텍스트 이미지에 딱 맞추면 실제로는 답답해 보일 수 있으므로 여백을 적절하게 적용하는 것이 중요합니다. 가로와 세로 크기를 조절하여 여백을 조절합니다.

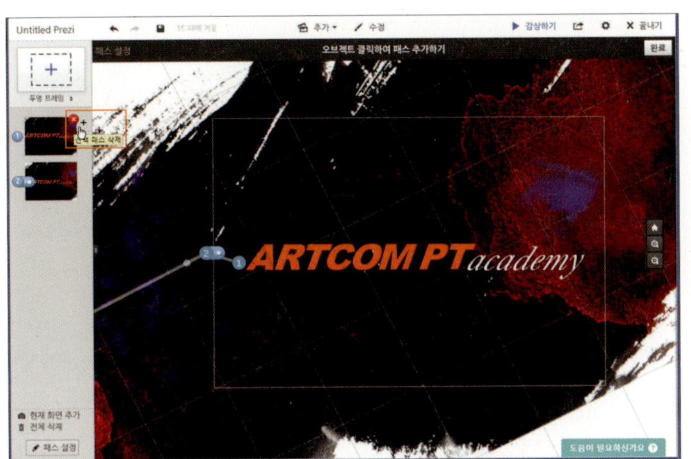
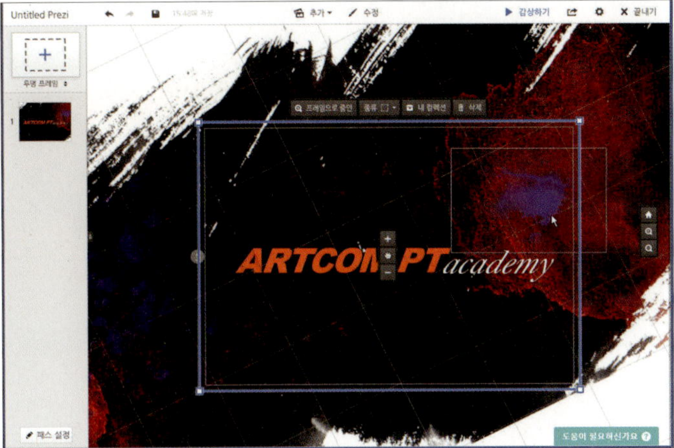

TIP • 동양화에서 여백이 중요하듯이 프레지에서도 여백은 무척 중요합니다. 꽉 찬 느낌도 문제지만 너무 헐렁할 정도로 여백이 많은 것도 문제일 수 있습니다. 감상하기를 통해 전체적인 레이아웃과 함께 여백을 점검하고 프레임 크기를 조절해야 완성도를 높일 수 있습니다.

12 텍스트 이미지 프레임 적용하고 회전하기

01 [이미지 추가] 창에서 〈파일 선택〉 버튼을 클릭하고 [열기] 대화상자가 나타나면 텍스트 조합 이미지인 'ARTCOMPT academy_텍스트조합.swf' 파일을 불러옵니다.

02 투명 프레임을 적용하고 시계 반대 방향으로 30° 정도 회전합니다.

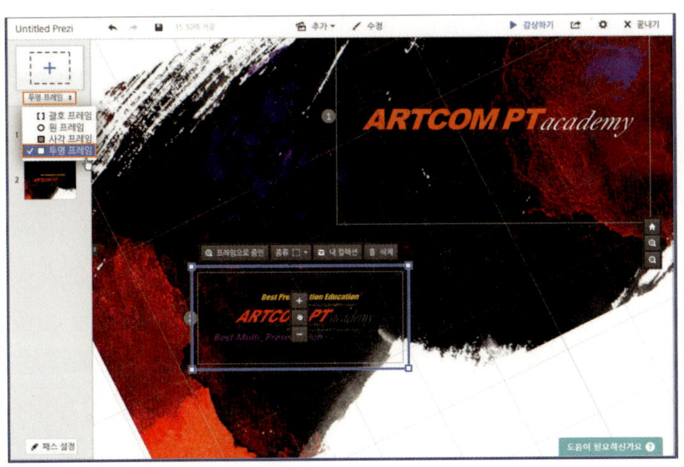
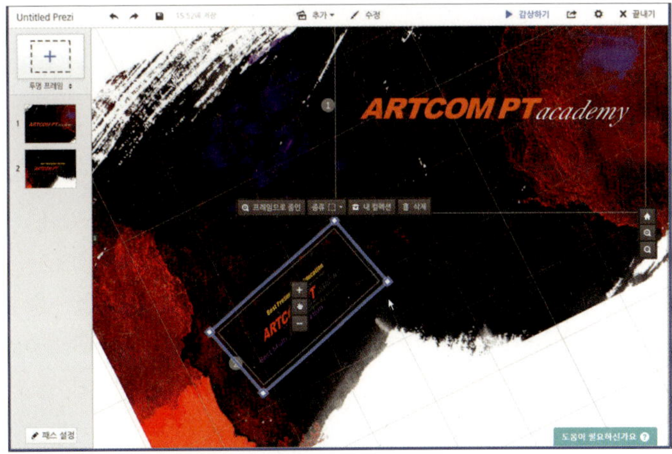

TIP • 프레지 기능만으로 텍스트를 조합하여 디자인 미감을 살리기는 어렵습니다. 파워포인트나 어도비 일러스트레이터, 포토샵 등에서 디자인하여 추가하는 방식이 효과적이며 완성도를 높일 수 있습니다. 크게 키워도 깨지지 않게 하려면 어도비 일러스트레이터에서 작업하여 SWF 파일로 저장하는 것이 좋습니다.

13 작게 줄이고 맨 앞으로 가져오기

이미지를 작게 줄입니다. 잉크 번짐 이미지가 텍스트 앞에 있다면 텍스트 조합 이미지를 선택하고 마우스 오른쪽 버튼을 클릭한 다음 맨 앞으로 가져오기를 선택합니다.

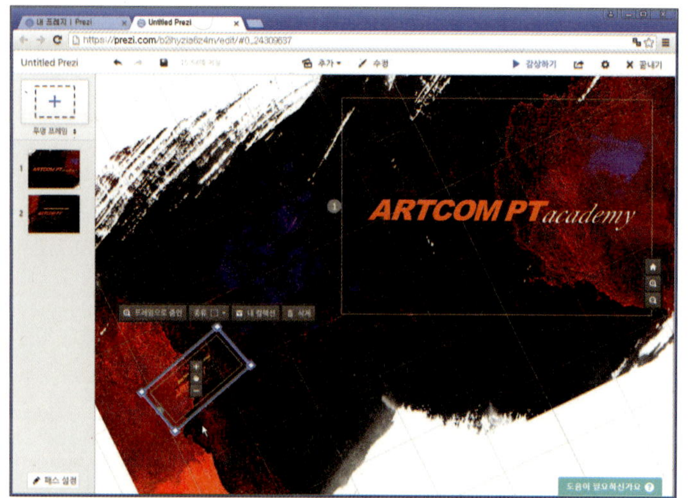

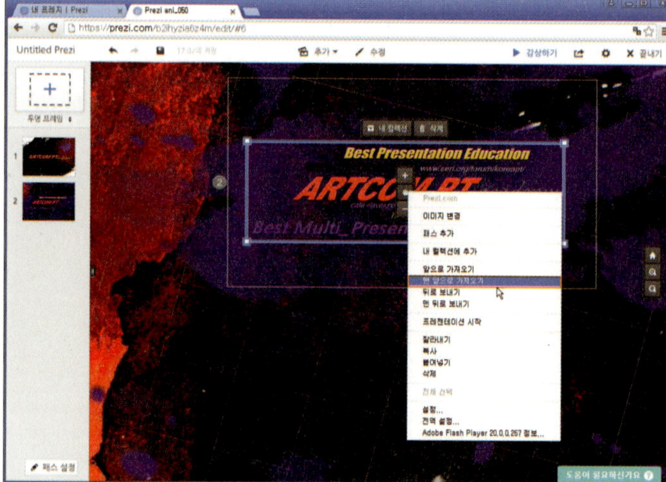

TIP • 프레지는 이미지를 삽입할 때마다 층으로 나뉘어 겹칩니다. 즉, 레이어로 배열되기 때문에 앞 또는 뒤에 배열할 개체를 제대로 정리하지 않으면 전체적으로 완성도가 떨어집니다. 무슨 일이든 정리정돈이 중요하므로 개체나 프레임을 선택하여 **맨 앞으로 가져오기**를 선택하고 원하는 만큼 앞으로 배열되지 않을 경우 여러 번 반복합니다.

TIP • 이전 개체와 다음 개체 간 크기 차이가 클수록 역동적이면서 시인 효과는 높아집니다. 그러나 시연할 때 부분적으로 끊김 현상이 생겨 매끄럽지 않을 수 있으므로 주의해야 합니다.

14 이미지 및 프레임 크기 조절하기

01 배경과 텍스트가 짜임새 있게 어울리도록 프레임 크기를 조절합니다.

02 미리보기 창에서 2번 섬네일을 클릭하여 전체 화면에서 디자인 상태를 점검합니다.

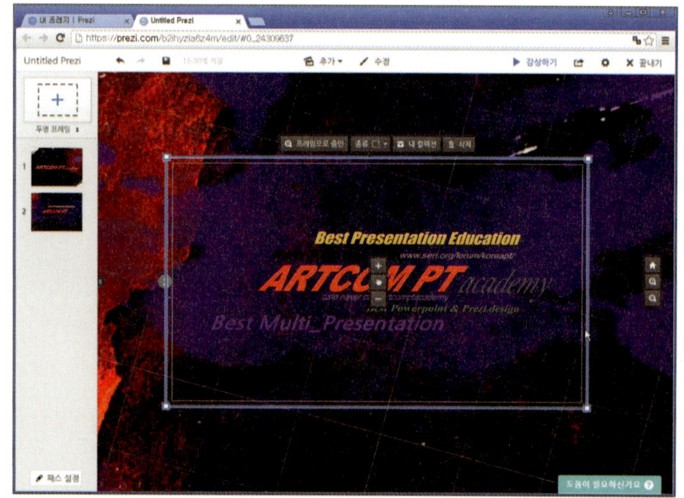

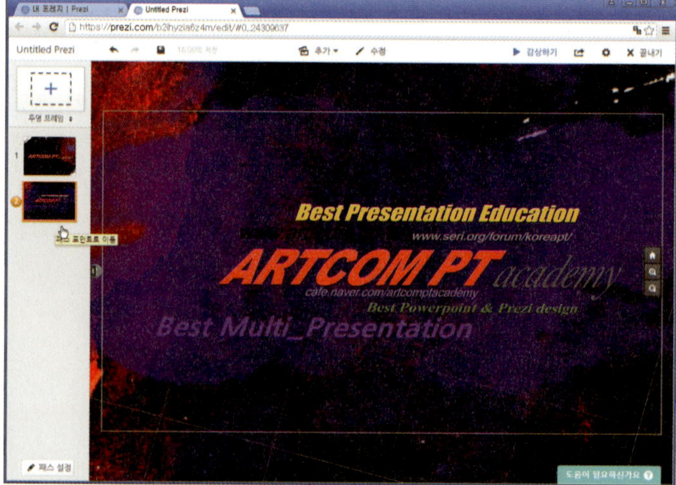

TIP • 3D 배경을 적용하면 가독성에 문제가 있을 수 있기 때문에 텍스트가 잘 보이도록 이미지 크기를 조절하거나 프레임을 이동하며 텍스트의 가독성 여부를 점검하고 수정하는 것이 좋습니다. 원하는 느낌이 나타날 때까지 지속적으로 프레임을 조정해야 합니다. 특히 3D 배경을 적용했을 경우 단번에 완성하려 하지 말고 지속적으로 시뮬레이션하면서 수정해 나가야 완성도를 높일 수 있습니다.

 하단에 텍스트 입력하고 색상 적용하기

01 ARTCOM PT academy 이미지 왼쪽 하단에 '아트컴피티 아카데미' 텍스트를 입력합니다.

- **텍스트 형식** : 본문　　• **색상** : 흰색　　• **폰트** : NanumGothicBold

02 같은 방법으로 여백에 'Best Presentation Education'을 입력합니다.

- **텍스트 형식** : 본문　　• **색상** : 노란색　　• **폰트** : NanumGothicBold

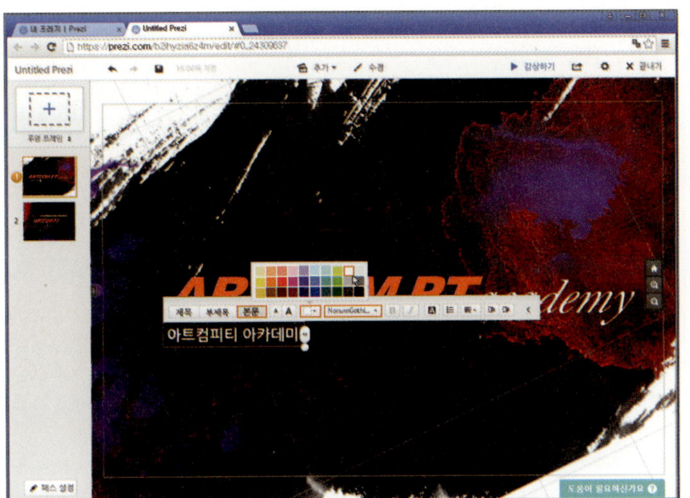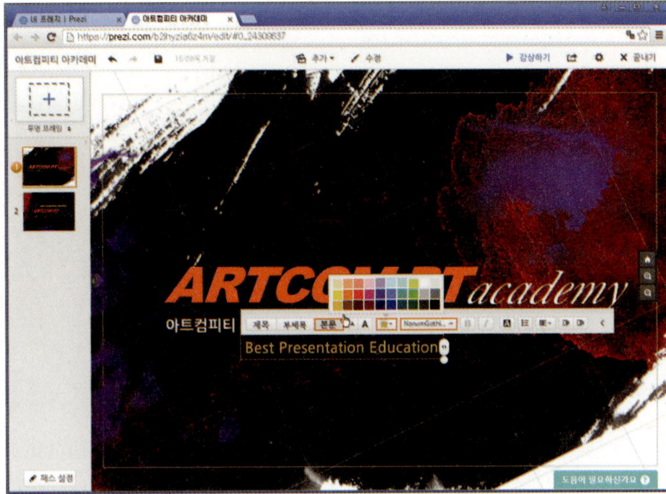

TIP　•　프레지는 캔버스 어느 곳이든 클릭하면 텍스트를 입력할 수 있는 텍스트 박스가 생성됩니다. 텍스트 박스는 텍스트 입력뿐만 아니라 웹 링크,
유튜브 동영상 주소 등을 입력하여 텍스트 박스에서 바로 유튜브 동영상을 재생할 수 있습니다.

I6 텍스트에 투명 프레임 적용하고 크기 조절하기

01 미리보기 창에서 투명 프레임의 ⊞를 클릭하면 투명 프레임이 생성됩니다.

02 2줄의 텍스트를 모두 포함하도록 프레임 크기를 조절합니다.

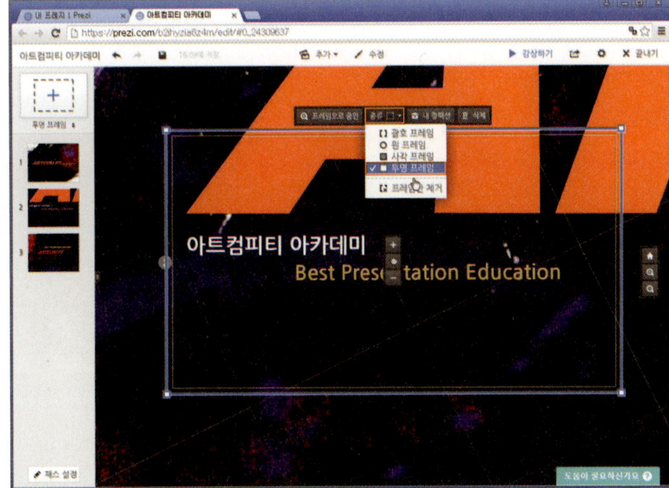

TIP　•　이전 작업에서 투명 프레임을 적용했다면 미리보기 창 위에 투명 프레임 아이콘이 나타납니다. 투명 프레임을 적용한 다음에는 텍스트와 주변
디자인 요소가 짜임새 있도록 여백을 살리면서 프레임 크기를 조절합니다.

I7 두 번째 텍스트 입력하고 색상 적용하기

01 이전 과정과 동일한 방법으로 텍스트(아트컴PT연구소..)를 입력합니다.
  - 텍스트 형식 : 본문   • 색상 : 노란색   • 폰트 : NanumGothicBold

02 투명 프레임을 적용하고 프레임 크기를 조절한 다음 'd' 상단에 줄여 배열합니다.

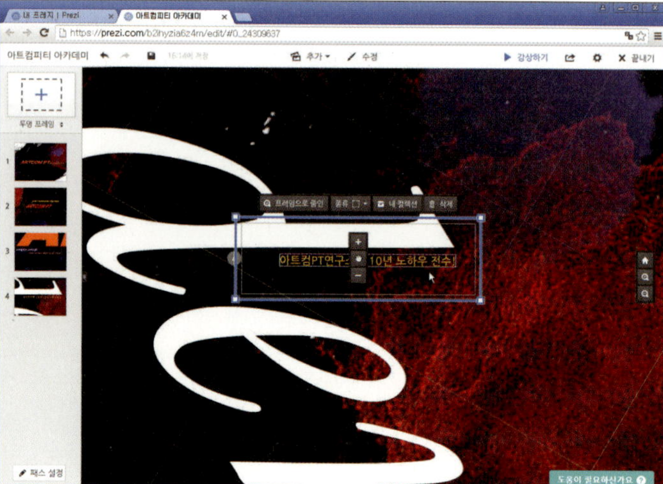

TIP • 텍스트를 한쪽에 배치할 때 각도가 삐뚤어져 보이지 않도록 세심하게 작업해야 합니다. 대상 개체에 너무 가까이 배치하거나 멀게 배치하는 것
도 디자인 완성도를 떨어트릴 수 있으므로 주의해야 합니다.

I8 세 번째 텍스트 입력하고 색상 적용하기

01 캔버스 왼쪽 하단에 텍스트를 입력합니다.
  - 텍스트 : Art+Computer   • 텍스트 형식 : 본문   • 색상 : 주황색+흰색   • 폰트 : NanumGothicBold
  - 텍스트 : Best Powerpoint & Prezi design   • 텍스트 형식 : 본문   • 색상 : 밝은 회색
  - 폰트 : NanumGothicBold

02 투명 프레임을 적용하고 크기를 조절하여 배열합니다. 3D 배경과 텍스트가 조화를 이루면서 가독성
을 유지하도록 위치를 조금씩 변경해 봅니다.

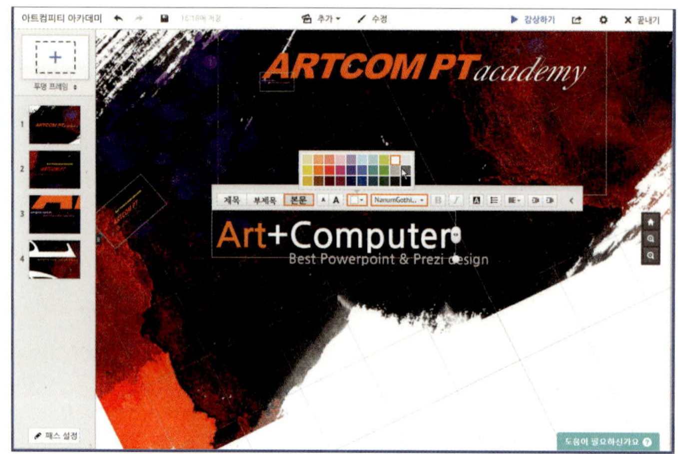

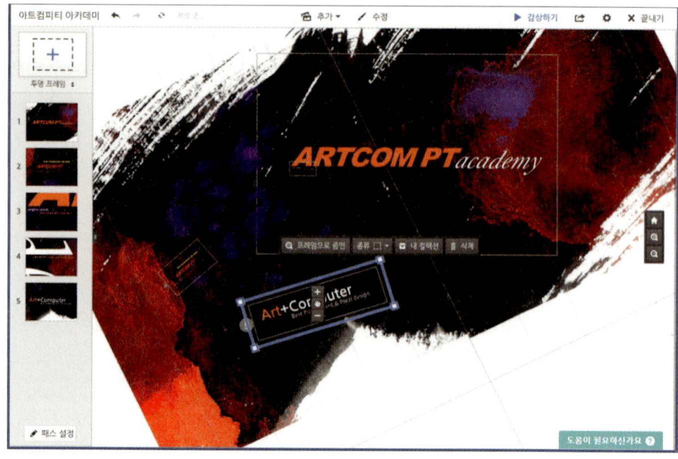

I9 네 번째 텍스트 입력하고 색상 적용하기

01 캔버스 오른쪽 상단에 텍스트를 입력합니다.

- • **텍스트** : Analog+Digital　　• **텍스트 형식** : 본문　　• **색상** : 흰색+빨간색　　• **폰트** : NanumGothicBold
- • **텍스트** : Best Multi_Presentation　　• **텍스트 형식** : 본문　　• **색상** : 중간 회색
- • **폰트** : NanumGothicBold

02 투명 프레임을 적용하고 프레임 크기를 조절하여 ARTCOM PT academy 끝에 시계 방향으로 90°
회전하여 배열합니다.

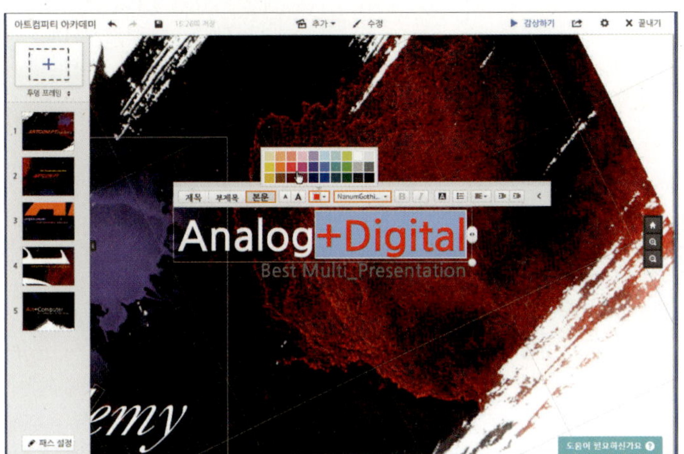
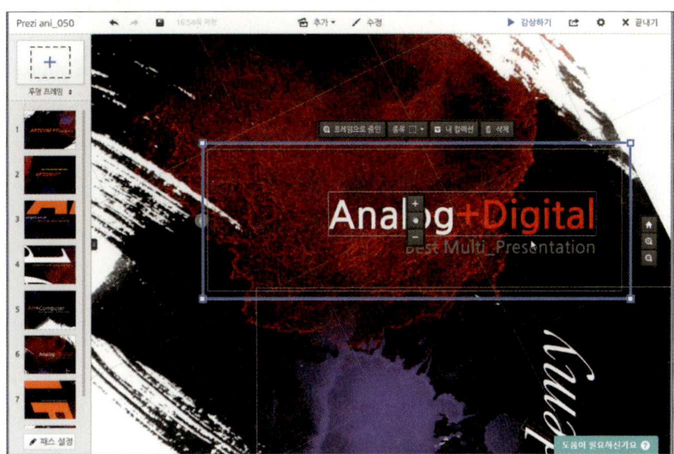

20 URL 텍스트 입력하고 프레임 적용하기

01 캔버스 중심부 상단 여백을 클릭하여 텍스트를 입력합니다.

- • **텍스트** : cafe.naver.com/artcomptacademy　　• **텍스트 형식** : 본문　　• **색상** : 흰색
- • **폰트** : NanumGothicBold

02 투명 프레임을 적용하고 크기를 조절한 다음 'P' 앞쪽 상단에 줄여 배열합니다.

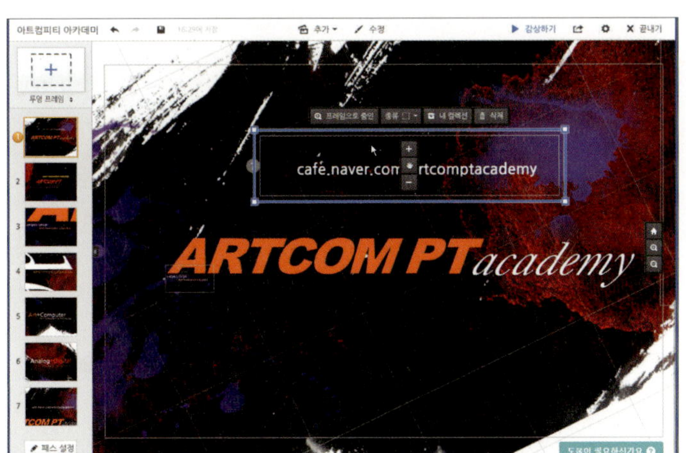
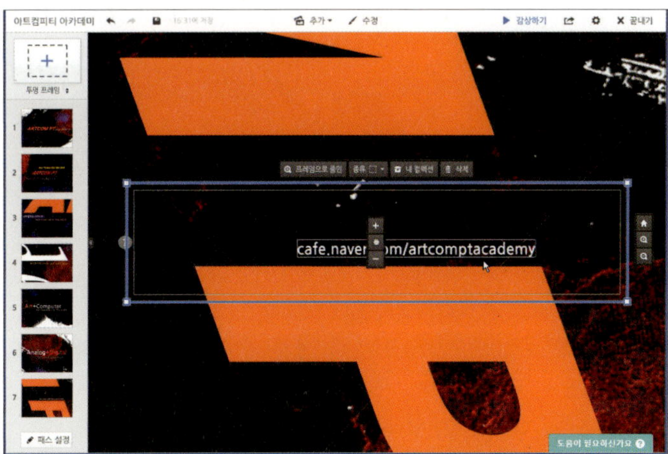

TIP　•　프레임을 적용할 때마다 왼쪽 미리보기 창에 섬네일이 추가되면서 자동으로 패스가 설정됩니다. 〈패스 설정〉 버튼을 클릭하면 패스 상태를 확
인할 수 있습니다.

2I 처음으로 돌아오기 패스 설정하기

01 미리보기 창 하단의 〈패스 설정〉 버튼을 클릭합니다. 번호와 라인을 통해 패스 경로를 한눈에 알 수 있습니다.

02 패스① ARTCOM PT academy 프레임을 클릭하여 패스⑧을 생성합니다.

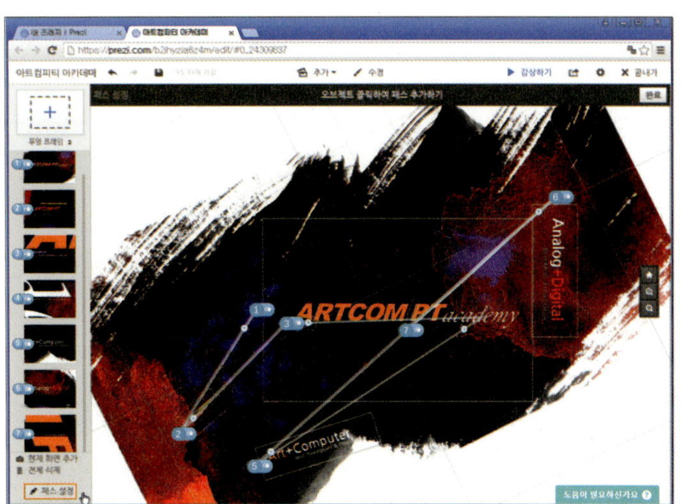 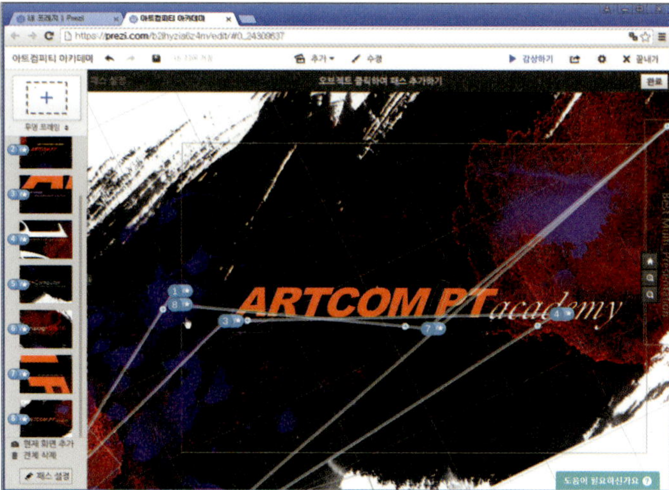

TIP • 프레지에서는 같은 프레임에 여러 개의 패스를 지정할 수 있습니다. 섬네일 순서를 일부 바꿔보세요. 애니메이션 느낌이 달라질 수 있습니다.

22 감상하기 및 저장하기

01 메뉴 오른쪽의 〈감상하기〉 버튼을 클릭하여 지금까지 작업한 내용을 애니메이션(프레지 쇼)으로 실행합니다. 패스가 제대로 지정되었는지, 배경과 개체(텍스트)의 짜임새는 적절한지를 확인합니다. 감상하기 과정에서 레이아웃이나 가독성에 문제가 있는 부분은 해당 섬네일을 클릭하여 수정합니다.

02 메뉴 오른쪽의 〈끝내기〉 버튼을 클릭하면 자동으로 저장되면서 종료됩니다.

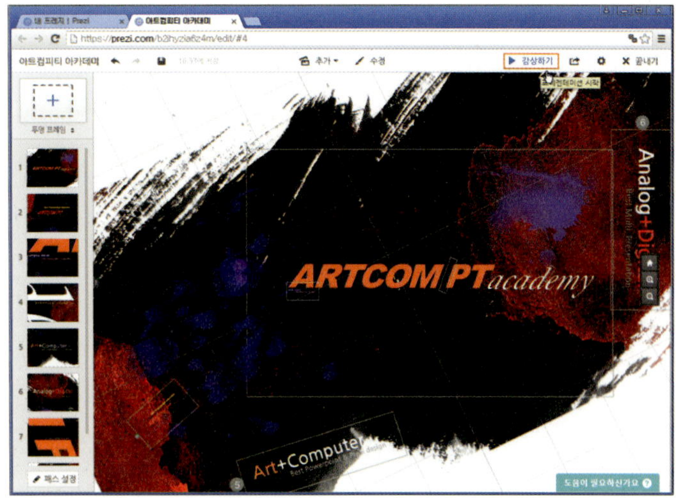 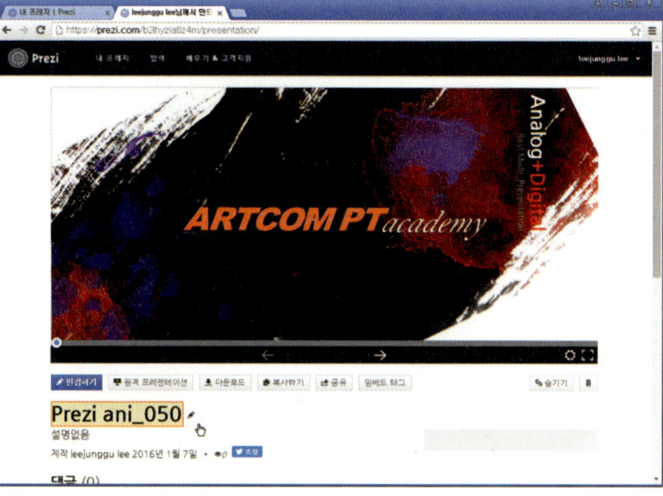

TIP • 인터넷에 연결되지 않은 곳에서도 프레지(Prezi)를 시연하려면 메뉴에서 [공유]–[휴대용 프레지 다운로드]를 실행하여 저장하세요. 휴대용 프레지 다운로드에 대해 자세히 알고 싶다면 다음의 웹 주소를 참고합니다.
http://cafe.naver.com/artcomptacademy/600

$\mathcal{Index}$